COMPRAR LA BLANCURA

Tiempo Emulado
Historia de América y España
89

La cita de Cervantes que convierte a la historia en "madre de la verdad, émula del tiempo, depósito de las acciones, testigo de lo pasado, ejemplo y aviso de lo presente, advertencia de lo porvenir", cita que Borges reproduce para ejemplificar la reescritura polémica de su "Pierre Menard, autor del Quijote", nos sirve para dar nombre a esta colección de estudios históricos de uno y otro lado del Atlántico, en la seguridad de que son complementarias, que se precisan, se estimulan y se explican mutuamente las historias paralelas de América y España.

Consejo editorial de la colección:

Walther L. Bernecker
(Universität Erlangen-Nürnberg)

Arndt Brendecke
(Ludwig-Maximilians-Universität, München)

Jorge Cañizares Esguerra
(The University of Texas at Austin)

Jaime Contreras
(Universidad de Alcalá de Henares)

Pedro Guibovich Pérez
(Pontificia Universidad Católica del Perú, Lima)

Elena Hernández Sandoica
(Universidad Complutense de Madrid)

Clara E. Lida
(El Colegio de México, México D. F.)

Rosa María Martínez de Codes
(Universidad Complutense de Madrid)

Pedro Pérez Herrero
(Universidad de Alcalá de Henares)

Jean Piel
(Université Paris VII)

Barbara Potthast
(Universität zu Köln)

Hilda Sabato
(Universidad de Buenos Aires)

Ann Twinam

COMPRAR LA BLANCURA

LA BÚSQUEDA DE LA MOVILIDAD SOCIAL DE PARDOS Y MULATOS EN LAS INDIAS ESPAÑOLAS

Traducción de Magdalena Holguín

Iberoamericana - Vervuert - 2023

Cualquier forma de reproducción, distribución, comunicación pública o transformación de esta obra solo puede ser realizada con la autorización de sus titulares, salvo excepción prevista por la ley. Diríjase a CEDRO (Centro Español de Derechos Reprográficos) si necesita fotocopiar o escanear algún fragmento de esta obra (www.cedro.org; 91 702 19 70 / 93 272 04 47).

Este libro es una traducción actualizada y aumentada de *Purchasing Whiteness: Pardos, Mulattos, and the Quest for Social Mobility in the Spanish Indies* publicado por Stanford University Press en 2015.

Derechos reservados

© Iberoamericana, 2023
Amor de Dios, 1 – E-28014 Madrid
Tel.: +34 91 429 35 22
Fax: +34 91 429 53 97

© Vervuert, 2023
Elisabethenstr. 3-9 – D-60594 Frankfurt am Main
Tel.: +49 69 597 46 17
Fax: +49 69 597 87 43

info@iberoamericanalibros.com
www.iberoamericana-vervuert.es

ISBN 978-84-9192-315-2 (Iberoamericana)
ISBN 978-3-96869-359-0 (Vervuert)
ISBN 978-3-96869-360-6 (e-book)

Depósito legal: M-16636-2023

Impreso en España

Diseño de cubierta: Rubén Salgueiros

Ilustración de cubierta: *Eespañol quarterona de mulato produce quinterona de mulato* (cuadros de mestizaje de la serie peruana encargados por el virrey Manuel Amat y Junyent [1761-1776] para dar a conocer en Europa las mezclas raciales existentes en el Virreinato de Perú). Óleo sobre lienzo, c. segunda mitad del siglo XVIII. Foto de Javier Rodríguez Barrera, © Museo Nacional de Antropología, Madrid

Este libro está impreso íntegramente en papel ecológico sin cloro.

Esta obra está dedicada a todos aquellos que aparecen en sus páginas, que lucharon por una vida mejor y un mundo más justo.

El doctor José Manuel Valdés Busione, insigne médico y
distinguido literato, anónimo, c. 1890-1910, agua sobre papel.
© Museo de Arte de Lima.

ÍNDICE

Agradecimientos de la edición en inglés 13
Agradecimientos de la edición en español 17
Prefacio 19

PRIMERA PARTE
INTRODUCCIONES

1. CONCLUSIONES. UN SIGLO DE HISTORIOGRAFÍA 25
   Internet: el nuevo reto 27
   Los académicos estadounidenses y las primeras investigaciones
   sobre las gracias al sacar 28
   La búsqueda de documentos: Lanning y King 31
   Españoles e hispanoamericanos sobre las gracias al sacar 37
   Los documentos Konetzke 38
   Blanqueamiento: las décadas de 1960 y 1970 40
   Conexiones venezolanas: Santos Rodulfo Cortés 45
   El debate de casta versus clase 49
   Gracias al sacar: identidad y racismo latinoamericano 51
   Equívocos comunes 54
   Encontrar las gracias al sacar: ingeniería inversa en los archivos 56
   Primeras respuestas, preguntas adicionales. 60

2. INTRODUCCIONES. ENFOQUES ALTERNATIVOS 69
   Metodología *emic* y *etic*: análisis procesual 70
   Gracias al sacar: ¿una perspectiva comparativa? 73
   Contextos 1: vocabularios de cambio 77
   Contextos 2: vasallos: justicia, reciprocidad, inconvenientes 98
   Consideraciones éticas: público, privado, transición, honor 103
   Los actores, flujos de papel y cadenas de mando 111
   Cronologías: lineal, congelada, atlántica, tradicional 124

SEGUNDA PARTE
TIEMPO LARGO

3. INTERSTICIOS. BÚSQUEDA DE ESPACIOS PARA LA MOVILIDAD 133
   Introducción 133
   De esclavos a hombres libres 137

Vientres libres: fin de la esclavitud para la siguiente generación	147
Los esclavos y la obtención de privilegios blancos	157
Nacidos libres: la sociedad de castas	162
Las décadas de 1620 a 1700: primeros movimientos hacia la blancura	169
Continuidades después de 1700: tributos y milicias	180
1700: obtener prerrogativas de los blancos	187
Conclusiones	191

4. CONEXIONES. MATEMÁTICAS GENEALÓGICAS 195
   Introducción 195
   Mulatas y pardas 200
   Mulatos y pardos 206
   Blancas con pardos 211
   Resultados: partidas de bautismo 214
   Vías alternativas 219
   Conclusiones 225

TERCERA PARTE
BLANQUEAMIENTOS: CASOS PRECURSORES

5. PUNTOS DE REFERENCIA. MERCANTILIZAR LA BLANCURA, CUBA Y PANAMÁ 229
   Introducción 229
   Cirujanos cubanos: primeros precedentes, décadas de 1750 y 1760 ... 231
   Notarios panameños: precedentes adicionales, décadas de 1760 y 1770 . 247
   El caso que sirvió de prueba concluyente: Panamá, 1786 ... 253
   Conclusiones 259

6. BALANCES. SOPESAR LOS PRECIOS DE LA BLANCURA COMPLETA ... 261
   Introducción 261
   Primeras peticiones de blanqueamiento completo ... 263
   Esfuerzos guatemaltecos: Bernardo Ramírez 271
   Peticiones reiteradas 279
   Conclusiones 283

7. EXCEPCIONES. EL GRUPO VENEZOLANO 287
   Introducción 287
   Primeras peticiones 290
   La excepcionalidad venezolana 295
   Cartas de protesta al rey 308
   La Real Audiencia investiga 313
   Peticiones blancas 316
   Indecisiones de la Cámara 323
   Conclusiones 329

CUARTA PARTE
EL BLANQUEAMIENTO DE LAS GRACIAS AL SACAR: 1795-1814

8. OPORTUNIDADES. BLANQUEAMIENTO, EL PRIMER AÑO, 1795-1796. 335
   Introducción 335
   Los Ayarza: un caso de prueba 336
   Los primeros solicitantes: respuestas y blanqueamientos ... 344
   Los Ayarza: reconsideración 351
   Primeros veredictos y política de blanqueamiento 354
   Reacciones de Caracas: el cabildo y la Real Audiencia responden .. 357
   Conclusiones 369

9. DISENSOS Y DISCORDIAS, 1796-1803 373
   Introducción 373
   Madrid: el conflicto sobre el blanqueamiento 374
   Los pardos contratacan: el Gremio de los Pardos Libres de Caracas ... 379
   Madrid: primeras aplicaciones y complicaciones en Caracas ... 382
   La élite de Caracas ataca de nuevo 387
   Madrid: peticiones y tensiones 387
   El problema del don 391
   Gracias al sacar: la versión de 1801 394
   Lima no es Caracas 397
   Conclusiones 402

10. DESENLACES, 1803-1806 407
    Introducción 407
    La oficina del fiscal bajo presión 408
    Respuestas locales a los decretos de blanqueamiento 411
    Poniendo a prueba el blanqueamiento 417
    Interpretaciones alternativas: obispo y gobernador 421
    Oposición de Caracas 424
    Consejo de Indias: reproches y retirada 427
    Conclusiones 434

11. RECALIBRACIONES. LA "CONSULTA MISTERIOSA" DE 1806, LA CONSULTA VIAÑA DE 1808 Y LAS CORTES, 1806-1810 437
    Introducción 438
    La "consulta misteriosa": antecedentes 439
    La "consulta misteriosa" de 1806 y el *establishment* 441
    La "consulta misteriosa" y la política frente a pardos y mulatos ... 445
    La "consulta misteriosa" y su influencia sobre la política de blanqueamiento 449
    La consulta Viaña, 1808 457
    Acontecimientos posteriores 461

Conclusiones	463
El blanqueamiento de las gracias al sacar sobrepasado por los acontecimientos	466

12. Evoluciones. ¿De vasallos a ciudadanos?	471
Introducción	471
Del 24 de septiembre al 15 de octubre de 1810: ¿son iguales españoles y americanos?	473
Del 16 de diciembre de 1810 al 7 de febrero de 1811: el problema latente de las castas	480
La Constitución de 1812: ¿quiénes son españoles, quiénes son ciudadanos?	488
Los delegados americanos continúan apoyando la ciudadanía de las castas	502
La intervención del consulado mexicano	505
El acuerdo sobre las castas	508
Respuestas de Lima	509
Conclusiones	513

Quinta parte
Conclusiones

13. Retrospectivas. Detalles, pedazos y conclusiones	519
Introducción	519
Metodologías: estrategias digitales alternativas	520
El blanqueamiento: resultados directos	522
Vías alternativas	524
Resultados variables y ambiguos	531
Conclusiones y procesos	543
Contextos: tradiciones, tiempo, patrones, genealogía, ubicación	544
Los actores: castas, funcionarios reales, élites locales	546
Cronologías: largas, lineales, congeladas, atlánticas, tradicionales	551
Conclusiones	555

Anexos

Anexo A. Adenda: nuevas investigaciones y actualizaciones	559
Anexo B. Referencias de archivo/impresas a los casos de blanqueamiento	577
Anexo C. Fechas de servicio, vacantes, y experiencia de los fiscales para Perú y Nueva España	583
Bibliografía	587
Índice onomástico y conceptual	625

Agradecimientos de la edición en inglés

Como sucede con todo proyecto largo y complejo, lo que sigue nunca habría sido posible sin los aportes de muchas otras personas. Mi primer agradecimiento debe ir a aquellos cuyos nombres desconozco, quienes, a lo largo de varios siglos, han recopilado índices y catálogos en archivos y bibliotecas en España y América. Sin ellos, esta investigación no habría podido llevarse a cabo.

Otro agradecimiento especial va a un grupo más reciente: los digitalizadores. Su reproducción en línea de materiales de archivo, en especial a través del Portal de Archivos Españoles (PARES) del Archivo General de Indias (Sevilla) y del Archivo Histórico Nacional (Madrid), fueron de inmensa ayuda. Las reproducciones realizadas gracias a Google Libros resultaron igualmente cruciales, pues modificaron de manera significativa los parámetros de la investigación. Aunque es posible que la marca registrada "Google" sea sustituida en las próximas décadas por nuevas formas de investigar, este será siempre un libro posterior a Google.

El personal del Archivo General de Indias (Sevilla), el Archivo Histórico Nacional (Madrid), la Biblioteca Nacional (Madrid), la Real Academia de la Historia (Madrid), el Archivo General de la Nación (Caracas), el Registro General del Sello (Caracas) y la Perry-Castañeda Library en University of Texas at Austin merecen un reconocimiento especial. Un cálido abrazo a todas las personas que trabajan en la Nettie Benson Latin American Collection de University of Texas at Austin. Ha sido un extraordinario privilegio trabajar con ustedes y tener la oportunidad de usar esta maravillosa biblioteca. Mis agradecimientos especiales a Margo Gutiérrez, Michael Hironymous y Adán Benavides.

Algunas personas se esforzaron más allá de lo esperado. Quiero reconocer en especial la asistencia de María Antonia Colomar Albajar, Pilar Fajardo de la Escosura, Manuel Romero Fallafigo y Rosario Parra en Sevilla; Raquel Rosario en Puerto Rico; Dora Dávila, Luis Pellicer y Olga González-Silen en Caracas y California. Esta última no solo cambió dólares por bolívares, sino que compartió conmigo su extenso conocimiento de los archivos de Caracas, me envió documentos, y me ayudó a desenredar las complejidades de la independencia venezolana. Mauricio Pajon se mantuvo atento a los nombres mientras investigaba en los archivos guatemaltecos, y me remitió algunos documentos cruciales. Jesse Cromwell solucionó el misterio de un legajo faltante en el Archivo General de Indias. William Phillips me explicó la esclavitud española. Gabriela de Vlachochaga compartió conmigo sus ideas sobre la acuarela de José Manuel Valdés. Sergio Paolo Solano me envió maravillosos documentos de Colombia. Laura Matthew me ayudó, literalmente, a concluir el relato, al compartir la asombrosa carta de José Antonio Goicoechea y la consulta de 1808.

Este trabajo cubrió titularidades en dos universidades. Comencé a escribirlo cuando era profesora en University of Cincinnati, y terminé el manuscrito en University of Texas at Austin. Colegas de ambos lugares hicieron valiosos aportes, entre ellos mis compañeros de Ohio Barbara Ramusack, Zane Miller y Roger Daniels, quienes estuvieron allí al comienzo. Ahora tengo el privilegio de trabajar con una serie de distinguidos académicos latinoamericanistas, entre ellos Susan Deans-Smith, Virginia Burnett, Seth Garfield, Frank Guridy, Jonathan Brown, Matthew Butler y Lina del Castillo. El director del Departamento de Historia, Allan Tully, así como mis colegas Jorge Cañizares-Esguerra, Julie Hardwick, Jackie Jones, Neil Kamil y James Sidbury, me ofrecieron ideas y recursos en momentos decisivos. Siempre supe que el Teresa Lozano Long Institute of Latin American Studies y el Charles R. Hale me respaldaban cuando lo necesitaba.

Puesto que *Comprar la blancura* comparte documentos sobre las gracias al sacar recolectados durante la investigación que realicé para *Public Lives, Private Secrets*, hay dos personas cuyas importantes contribuciones se extienden a ambos proyectos y merecen especial reconocimiento. En primer lugar, Asunción Lavrin, su principal editora y crítica, así como mi incentivadora, que ofrece siempre comentarios sabios, productivos y divertidos —¡incluso corrige mis tildes!—. La persona a quien recurrí para comprender el funcionamiento interno del imperio español fue siempre Mark Burkholder, quien hizo aportes de particular importancia al capítulo 2.

Resulta difícil redactar una monografía a lo largo de los años sin perder el norte, seguir adelante sin desfallecer. La asistencia anual, así como la lectura de una ponencia en el Consejo de Latinoamericanistas de Rocky Mountain —el escenario principal para los colonialistas— recargó siempre mis baterías intelectuales. Conversar y festejar con tantos de ustedes —saben quiénes son— me mantuvo en forma. No solo debemos compartir las investigaciones que adelantamos, ¡espero que cada uno de ustedes compre una copia de este libro y lo asignen como lectura en sus clases!

Agradezco también a aquellos estudiantes de posgrado con quienes he tenido el privilegio de trabajar en University of Texas at Austin. Incluso si no siempre los he inspirado, ellos ciertamente me han motivado. Si es algún consuelo para cuando soportan mis constantes incitaciones y correcciones, he intentado ser tan rigurosa conmigo misma como lo soy con ustedes. Un reconocimiento especial a mis estudiantes del seminario de investigación de la primavera de 2014, que comentaron algunos de los capítulos finales.

Los recursos para apoyar esta investigación fueron fundamentales. Agradezco al National Endowment for the Humanities y a la Charles Phelps Taft Research Center Funding de University of Cincinnati. En University of Texas at Austin, el Teresa Lozano Long Institute of Latin American Studies me otorgó una beca de investigación; el College of Liberal Arts me dio una beca de investigación de la Decanatura y una beca del Instituto de Humanidades; la universidad y el Departamento de Historia me otorgaron, asimismo, una beca de investigación del Instituto de Investigación Histórica. Reconozco también con agradecimiento el apoyo financiero de la Oficina de la Presidencia de University of Texas at Austin para la publicación de este libro.

Este proyecto se inició con un breve correo electrónico enviado hace muchísimos años al editor Norris Pope de Stanford University, quien apoyó con entusiasmo la idea desde un comienzo. Agradezco también a Stacy Wagner y a Fredericke Sundaram, quienes se ocuparon de este proyecto durante toda su trayectoria, así como al nuevo editor de historia Eric Brandt, quien contribuyó a que llegara a feliz término. Todavía me asombra la atención que presta el gerente del proyecto, Fran Andersen, a la precisión en los detalles. Mi profunda gratitud a

Matthew Restall y al R. Douglas Cope, los lectores del manuscrito. Sencillamente no podría haber deseado preguntas y comentarios más perceptivos de parte de dos distinguidos expertos en este campo. He aceptado con la mayor sinceridad sus observaciones y críticas, y como resultado de ello el manuscrito mejoró apreciablemente. Mil gracias.

Por último, pero sin duda no por ello menos importante, debo agradecer a L. J. Andrew Villalon, mi compañero del alma durante estos muchos años. Desde que nos mudamos a Austin, Andy y yo hemos disfrutado muchos atardeceres con un vaso de vino en la mano, mirando el paisaje de las colinas y comentando nuestras actividades del día. Mi conversación inevitablemente regresaba al "libro", lo que había aprendido, aquello que no podía entender, por qué estaba frustrada o entusiasmada. Compartir nuestras respectivas investigaciones, así como nuestra vida juntos, sigue siendo un raro y atesorado "valor agregado" que nunca dejo de agradecer.

Agradecimientos de la edición en español

Es un placer escribir esta introducción a *Comprar la blancura*, la edición de Iberoamericana Vervuert de *Purchasing Whiteness*. Ha sido un largo viaje desde la investigación inicial y la escritura, su publicación por Stanford University Press y, ahora, esta edición en español. Sigo estando particularmente en deuda con los numerosos académicos y amigos de España y América Latina que durante décadas me han ayudado y apoyado en mi investigación. Siempre he sentido que un pequeño pago de esa enorme deuda ha sido facilitar las traducciones a una audiencia de habla hispana. Debo confesar que siempre me emociona devolver las citas al español original, revelar las voces de pardos y mulatos que lucharon por la movilidad y la justicia, así como rastrear las respuestas de amigos, enemigos, élites y funcionarios reales que respondieron a sus peticiones. Simplemente ha sido un privilegio: un privilegio, primero, descubrir estos documentos y luego, recuperar esta esclarecedora historia. Para esta edición, he agregado una nueva sección en anexos para sugerir nuevos descubrimientos y caminos a seguir, dadas las direcciones posteriores en las investigaciones.

Tanto los colegas conocidos como los nuevos merecen más que un agradecimiento por facilitar esta edición. Un primer abrazo enorme siempre debe ir para mi querida amiga y perpetua mentora Asunción Lavrin. Como de costumbre, demostró ser alentadora, disciplinante y correctora gramatical. Ella me ayudó en la búsqueda de un editor, me animó cuando necesitaba seguir trabajando y arregló mi español siempre que fue necesario. Otro agradecimiento especial a la traductora, Magdalena Holguín, a quien inmediatamente le encantó el tema, emprendió con entusiasmo el proyecto y lo llevó a esta elegante conclusión. Te lo prometo: ¡todavía te debo esa cena especial en el mejor restaurante de Bogotá!

El apoyo de University of Texas at Austin fue fundamental. La Facultad de Artes Liberales y el Departamento de Historia proporcionaron recursos clave para facilitar tanto la traducción como la publicación, incluidos tanto el honor como los recursos de la Walter Prescott Webb Chair in History. Dean Ann Huff Stevens, los jefes de departamento Jackie Jones y Daina R. Berry nunca fallaron en el apoyo necesario. El genio administrativo del asociado administrativo Michael Johnson fue primordial: navegó por múltiples vericuetos burocráticos para obtener los permisos necesarios y transferir documentos de Texas a España.

Un profundo agradecimiento a la editora Anne Wigger, de Iberoamericana Vervuert, quien compartió mi entusiasmo por una edición en español. La editora Rebecca Aschenberg demostró ser la más paciente de las gurús que respondieron a mis preguntas, ¡e incluso disfrutó de mis fotos de gatos! ¡Finalmente, debo confesar una relación de odio/amor con el corrector de estilo Simón Bernal! A veces, podía ser quisquilloso en formas que podrían enloquecer a un autor, pero lo compensó con creces con su atenta lectura del texto y sus excepcionales sugerencias. Esta edición en español es mucho mejor gracias a su contribución.

Un último, pero no menos importante, agradecimiento a mi esposo, Andy, también conocido en algunos círculos como el historiador L. J. Andrew Villalon. Me guiñó un ojo por primera vez desde su pupitre durante un seminario de posgrado de Paleografía en Yale y ha demostrado ser mi alma gemela durante todos estos años. Compartir nuestras investigaciones, carreras y gatos sigue siendo muy divertido, camaradería personificada por el brindis que nosotros y nuestros vecinos compartimos al final del día, mientras observamos la puesta de nuestro espectacular Sol texano y cantamos "Come back, come back, come back tomorrow", festejando ¡que todavía estemos aquí!

Ann Twinam, Austin, Texas 2023

Prefacio

Es el momento de las confesiones. Parece que fue mi destino y privilegio que el lugar donde comenzaron mis libros fuera Antioquia, Colombia. Como estudiante de posgrado, me preguntaba por qué Medellín, la moderna capital del departamento de Antioquia, era uno de aquellos pocos sitios de América Latina donde, a comienzos del siglo XX, sus habitantes cargaron maquinaria textil a sus espaldas a través de la cordillera de los Andes para iniciar una de las pocas industrializaciones autóctonas de Latinoamérica. La investigación de los orígenes del empresariado antioqueño en *Miners, Merchants and Farmers in Colonial Colombia* me regresó a una época anterior, a una sociedad donde la presencia y la ausencia de recursos naturales exigía múltiples inversiones y conceptos flexibles de riqueza.[1] Esto promovió un *ethos* empresarial que, en el siglo XIX, llevó a algunas personas a describir a los antioqueños como los judíos de Colombia. La acumulación de capital que tuvo como resultado la exportación del café alimentó aquella industrialización posterior, y sería un legado más de aquel anterior *modo de ser*.

El conocimiento del mundo de la Antioquia del siglo XVIII me condujo también a Gabriel Muñoz quien, a pesar de ser un rico comerciante, se encontró excluido de un prestigioso cargo en el cabildo, el concejo municipal de Medellín. Al negársele públicamente el título honorífico de don en las calles, demandó al funcionario real

---

1 Twinam, *Miners*.

que lo había desdeñado. Aunque ganó el litigio, advirtió que su proveniencia ilegítima lo hacía vulnerable a posteriores menosprecios, así que compró unas gracias al sacar, una cédula real que borraba el *defecto* de su nacimiento.[2] Logró también su aceptación por parte de las élites locales y, eventualmente, asumió aquella ansiada posición en el cabildo.

La pregunta acerca de si había otras personas que hubieran experimentado una discriminación análoga y buscado su reparación me llevó al Archivo de Indias en Sevilla, y a archivos en todas partes de Hispanoamérica. En *Public Lives, Private Secrets*, rastree la vida de 244 personas que habían solicitado unas gracias al sacar para eliminar su ilegitimidad.[3] Sus historias no solo me dieron una mejor comprensión de sus mundos públicos y privados, sino que iluminaron también los de sus familias, amigos, élites locales y funcionarios imperiales, mientras negociaban cuestiones en torno al género, el honor, la sexualidad y la ilegitimidad en la Hispanoamérica del siglo XVIII.

Una confesión final. Una de las preguntas más frecuentes de mis colegas cuando envié al editor *Public Lives, Private Secrets* era: "¿Y qué sucedió con los mulatos y los pardos que compraron la blancura a través de las gracias al sacar? ¿No vas a escribir sobre ellos?".[4] La pregunta surgió porque el mismo proceso que permitió a Gabriel Muñoz pagar para eliminar su ilegitimidad, permitió también a pardos y mulatos comprar la blancura. En 1795, la Corona española promulgó un arancel para las Américas que incluía la legitimación, así como la blancura entre setenta y una opciones de compra. Mi respuesta entonces fue que acababa de terminar un enorme manuscrito y, aunque en él mencionaba la opción de comprar la blancura, no había espacio ni tiempo para hacer justicia al tema en aquel momento. Admití que era un asunto apasionante y prometí que me ocuparía de él.

---

2   Los testimonios habitualmente incluyen términos tales como "defecto" o "mancha" para describir ancestro africano o ilegitimidad. Esto creó un dilema sobre cómo permanecer fiel a su uso y comprensión en el siglo XVIII, sin desconocer que las conceptualizaciones actuales los rechazan como defectos o manchas. La solución fue incluir citas cuando estos términos provienen de documentos, pero también emplearlos como descriptores a lo largo del texto de manera *emic* (véase capítulo 2), entendiendo que estos términos reflejaban el vocabulario y construcciones de aquella época (pero ciertamente no de la actual).
3   Twinam, *Public*.
4   Véase el capítulo 2 para una discusión de las similitudes y diferencias entre los términos "pardo" y "mulato".

Con esta monografía cumplo esa promesa. Sin embargo, no podía saber, cuando exploraba aquello, que concebí originalmente como un tema centrado únicamente en la compra de la blancura, a dónde me llevaría eventualmente. Comencé a preguntarme por qué aquellos pardos y mulatos que presentaban sus peticiones a la Corona a mediados del siglo XVIII para obtener las gracias al sacar sentían que podían hacerlo y por qué el monarca tomaría en serio sus peticiones. Resultó imperativo para mí entender los logros de sus antepasados, los procesos históricos que facilitaron las búsquedas de generaciones anteriores, las que abrieron caminos cada vez más amplios para sus descendientes.

Advertí que la historia de la blancura de las gracias al sacar solo podía contarse como algo inextricablemente vinculado a siglos de luchas, mientras los africanos y sus descendientes mestizos (castas) pasaron de la esclavitud a la libertad, a la condición de vasallos y, finalmente, a obtener la ciudadanía.[5] Muchos de quienes aparecen en las páginas siguientes resultaron ser los pioneros imprevistos de los derechos civiles. Aun cuando rara vez pusieron directamente en duda la legitimidad de la jerarquía imperante, se enfrentaron a los funcionarios españoles y a las élites locales, e impugnaron las normas imperiales mientras luchaban por eliminar la discriminación. Incluso en el ocaso del imperio, cuando la Monarquía amenazaba con derrumbarse, los delegados peninsulares y americanos reunidos en las Cortes de Cádiz continuaron debatiendo la igualdad de condiciones para las castas.

Lo que sigue sugiere que el blanqueamiento de las gracias al sacar surgió únicamente como una variante, un reflejo oficial de prácticas difundidas que facilitaron la movilidad de pardos y mulatos durante siglos. Incluso a quienes el Consejo de Indias les negó la blancura pudieron tomar vías alternativas y, en ocasiones, conseguir sus objetivos. Más importante aún, miles de personas desconocidas disfrutaron informalmente el beneficio de un blanqueamiento parcial o total. Las gracias al sacar demostraron ser liminales, pero no por las pocas personas que las solicitaron, ni por las aún menos que las recibieron. Más bien, su historia coincide con el relato más amplio, y en su mayor parte no contado, de la movilidad de castas en Hispanoamérica. La medida en que estas luchas tuvieron éxito o fracasaron ofrece una comprensión sorprendente de aquellos procesos de exclusión e inclusión que moldearon la textura de la discriminación dentro del imperio español.

---

5 Para el uso variable del término "casta", véase la discusión que aparece en el capítulo 2.

Parece apropiado que, al menos una parte de este relato, comience de nuevo en Antioquia, pues los hermanos Valenzuela, ricos mercaderes de esa capital colonial, fueron los primeros pardos de las Indias en recibir una cédula de la Corona que los hacía blancos. No obstante, hay mucho que explorar antes de que aparezcan. La mejor manera de empezar sería con algunas primeras "conclusiones", para considerar de nuevo más de un siglo de fascinación académica con la idea de que pardos y mulatos pudieran comprar la blancura.

Primera parte
Introducciones

Capítulo I
Conclusiones. Un siglo de historiografía

> "Por la dispensa de la calidad de Pardo...
> 500 reales.
> Por la dispensa de la calidad de Quinterón...
> 800 reales".
> Cedula Real ... *de los cargos pecuniarios de las gracias al sacar*[1]

---

1 RC, Doc. 7, 1795. Nota: he establecido los siguientes procedimientos para las citas, notas, ortografía, referencias geográficas e itálicas. Las referencias se presentan con las abreviaciones de las colecciones de archivo y de los materiales citados. Las referencias completas a las cuarenta peticiones parciales o totales de blanqueamiento aparecen en el Anexo A. Para hacer más expeditas las citas, estos casos aparecen en orden cronológico con el número de caso, nombre y fecha. Cuando hay más de una referencia, el caso cita también otras fechas. Si las fechas son iguales, la referencia incluye adicionalmente las fuentes, bien sea el Archivo General de Indias (AGI) o Rodulfo Cortés (RC). Estas citas se aplican únicamente a los cuarenta casos. Si bien algunos de estos documentos aparecen también en Konetzke, él rara vez reproduce el expediente completo; por lo tanto, las referencias de archivo ofrecen la mejor información. Otras referencias de archivo aparecen en la forma habitual. En el texto, presentaré una cita cuando haga la primera mención en un análisis, y no lo citaré de nuevo si los materiales o citas proceden del mismo documento de archivo o de la misma página impresa. Cito de nuevo cuando son páginas diferentes o hay pies de página intercalados.

He simplificado también la ortografía y los lugares. Un nombre, José, por ejemplo, puede aparecer en el mismo documento como Josef y Joseph. Decidí utilizar José cuando aparece así, y convertir el resto a Joseph y Josepha (Josefa), y usar una ortografía análoga para Raphaela (Rafaela).

Algunas designaciones geográficas de las Indias españolas difieren de sus contrapartes modernas. Las páginas 100-103 brindan detalles sobre el cambio de nombres y divisiones del imperio español. He abreviado algunas referencias, por ejemplo, usando las más familiares Bogotá o Caracas en lugar de sus topónimos coloniales completos (Santa Fe de Bogotá o Santiago de León de Caracas), que las designaban como capitales de audiencias dentro del Virreinato de Nueva Granada (Colombia, Venezuela). Me refiero a México cuando hablo de la Real Audiencia de México, pero a la Nueva España cuando hablo del virreinato. A veces utilizo designaciones contemporáneas —e. g. México, Venezuela, Argentina, Colombia— al referirse a investigaciones recientes.

En 1912, el historiador brasilero Manoel de Oliveira Lima dictó una conferencia en Stanford University sobre un tema controvertido. Al referirse a la "siempre ardiente cuestión del sentimiento de raza", observó agudamente que "es un sentimiento que, entre ustedes, ha alcanzado un grado de intensidad que nunca ha sido igualado entre los americanos de ascendencia ibérica".[2] Sugirió que quizás una de las razones por las cuales los "escrúpulos de sangre" pudieran causar menos división en América Latina era que el mestizaje estaba "resolviendo silenciosamente" el "problema del color". Usó como ejemplo histórico de tal "liberalismo" hispánico las "famosas cédulas de gracias al sacar" mediante las cuales la Monarquía española vendía "certificados de sangre blanca".[3]

Oliveira Lima hizo prueba de cierto valor al plantear un tema tan provocador: estaba hablando a un público estadounidense que vivía en un mundo donde se institucionalizaba la separación, se prohibía el mestizaje y se legitimaba el racismo. No hay duda de que él —como muchos autores que escribieron sobre las gracias al sacar— subestimaron fundamentalmente la presencia de la consciencia racial y de la discriminación en Latinoamérica. No obstante, estos comentarios, que introdujeron el concepto de comprar la blancura a un público de habla inglesa, iniciaron una tendencia. Los académicos consideraron entonces que la opción de comprar la blancura ofrecía una comprensión comparativa, no solo de un pasado angloamericano, sino también de algo que aludía a problemáticas de su propia realidad. Mediante silencios cargados o agudos comentarios, vincularon el blanqueamiento de las gracias al sacar a acontecimientos del momento, mientras Estados Unidos pasaba del *apartheid* de la época de Oliveira Lima, a través de las luchas del movimiento de los derechos civiles, hasta las políticas identitarias actuales.[4]

Aun cuando la idea de comprar la blancura ha fascinado permanentemente a los investigadores, varias preguntas sin responder e inexactitudes aquejan buena parte de la historiografía existente. Este capítulo

---

2   Oliveira Lima, "Evolution", 22.
3   Para una discusión sobre los términos "pardo", "mulato" y "casta", véase el capítulo 2. Oliveira Lima, *Evolution* (1914) ha sido reimpreso recientemente como Oliveira Lima, *Evolution* (2009).
4   En las décadas de 1920 y 1930, otros intelectuales que promovieron la idea de América Latina como una democracia racial incluyen a Gilberto Freyre, José Vasconcelos y Fernando Ortiz. Para una interpretación positiva reciente de este "mito de la democracia racial", véase Bailey, 108-113.

explora algunas primeras "conclusiones". Rastrea la forma en que los académicos buscaron documentos de blanqueamiento, apoderándose de las gracias al sacar como un indicador sugestivo, mientras exploraban temas cruciales, entre los cuales hubo estudios comparativos sobre la esclavitud y la ciudadanía en las Américas, la importancia de casta versus clase, la preeminencia de la identidad y los beneficios y problemáticas de la comparación. Revela asimismo cómo los historiadores omitieron indicios interesantes al sugerir que debían pensar de nuevo por qué había aparecido el blanqueamiento de las gracias al sacar y qué significaba. Mientras escribían sin cesar sobre la compra de la blancura, sus interpretaciones comenzaron a desviarse del registro documental. Solo la "ingeniería inversa" de documentos conocidos, el desciframiento de un código de archivo y la recolección sistemática de las peticiones de blancura han generado algunas primeras respuestas. También han suscitado nuevas preguntas.

Uno de los principales objetivos de lo que sigue es centrarnos en aquello que Ben Vinson llamó el "lente del éxito" para explorar aquellas variables que podrían combinarse para permitir que generaciones sucesivas de africanos y sus descendientes consiguieran la movilidad en las Américas.[5] Quienes aparecen en las páginas siguientes conformaron un grupo único. Sus luchas por la blancura no deben oscurecer nunca el reconocimiento de los miles de personas que nacieron o murieron en la esclavitud, o vivieron en los márgenes aun cuando eran libres. No obstante, es evidente también que las transiciones exitosas de esclavo a hombre libre, y de vasallo a ciudadano, constituyeron progresiones esenciales que vincularon las complejas historias de los africanos y sus descendientes en las Indias.

Internet: el nuevo reto

Cualquier revisión de la bibliografía existente sobre la compra de la blancura se ha convertido en algo mucho más complejo, aunque más revelador, a medida que los historiadores ingresaron en la era digital. Mientras este trabajo va a la imprenta, una búsqueda en internet revela que las palabras exactas "gracias al sacar" aparecen en 39.700 monografías y en 630 artículos. Anteriormente, era poco probable que una

---

5 Vinson, "From", 99.

breve mención apareciera en un índice y tendía a ser ignorada; ahora, por el contrario, los motores de búsqueda revelan inexorablemente cada presencia y permiten una evaluación más matizada. El nuevo desafío consiste en hallar una metodología para contextualizar una inmensa historiografía como esta.

Las búsquedas digitales revelan una notable división en los escritos académicos sobre el blanqueamiento de las gracias al sacar. Los autores de habla inglesa, principalmente los estadounidenses, bien sea implícita o explícitamente, presentan la compra de la blancura como un pararrayos conceptual. El hecho mismo de su presencia existe como una taquigrafía inmediata, una dramática ilustración de las diferentes maneras en que los mundos anglo e hispano han conceptualizado y vivido las diferencias raciales. Varios de ellos han sugerido que la compra de la blancura no solo ofrece una comprensión del pasado, sino también de los problemas contemporáneos atinentes a las relaciones raciales en ambas Américas.

A diferencia de ellos, los académicos españoles o latinoamericanos no consideran que la compra de la blancura sea un concepto particularmente novedoso. Mientras algunos no desconocen el enfoque comparativo estadounidense, su inquietud principal es contextualizar las gracias al sacar dentro de los temas imperiales o locales. Estos incluyen conflictos relativos a la jerarquía social y étnica, o el posterior impacto de la controversia sobre la blancura en la independencia. Historiadores venezolanos e historiadores de Venezuela han desempeñado un papel especial, pues buena parte de este debate tuvo lugar en Caracas. Solo recientemente han aparecido las gracias al sacar en esta bibliografía como algo que ofrece ideas sobre las relaciones raciales o la identidad en el mundo hispano. Rastrear estas diferentes aproximaciones ilustra la manera en que las preocupaciones contemporáneas dieron forma a una agenda académica y a un siglo de publicaciones.

Los académicos estadounidenses y las primeras investigaciones sobre las gracias al sacar

Aun cuando, en 1912, los comentarios de Manoel de Oliveira Lima sobre la compra de la blancura ante un público de Stanford fueron desafiantes, resultaron ser, en su mayor parte, un callejón sin salida. Como no sustentó sus observaciones con citas, no dejó un rastro documental que pudieran investigar los historiadores estadounidenses, aunque estos tampoco mostraron mayor interés en hacerlo. La confirmación de una creciente consciencia de la opción del blanqueamiento se manifestó en la década de 1930, cuando, al aumentar el interés por América Latina, los historiadores estadounidenses que redactaban libros de texto comenzaron a referirse a ella, si bien solo de paso. En su edición de 1933 de *Colonial Hispanic America*, Charles E. Chapman inició aquello que habría de convertirse en una tendencia algo divertida: los intentos por traducir "gracias al sacar" para un público de habla inglesa. El problema era que la traducción literal al inglés —*thanks to take*— no transmite la sutileza del significado en español.

Puesto que Chapman no sabía que las gracias al sacar incluían numerosos favores adquiribles, moldeó su traducción únicamente con base en la compra de la blancura. Tradujo gracias al sacar como "decretos reales de gracias por salir de una situación, i. e. salir de la categoría de la gente de color a aquella de los hombres blancos".[6] Cuando, en 1946, John Crow escribió *Epic of Latin America*, de forma algo más elegante, pero igualmente equivocada, tradujo gracias al sacar como "decreto de agradecimiento por salir… de la categoría de la gente de color".[7]

Desde entonces, los académicos han luchado por traducir gracias al sacar —algunos con mayor éxito que otros— al combinar el concepto de agradecer con el de movimiento, ser llevado de un estado a otro. Versiones posteriores han incluido: "concession of exceptions" (1951) "removal thanks" (1967), "thanks for the exclusion" (1978), "thanks for getting out of it" (1979), "grateful for deliverance" (1980), "permission to pass" (1983), "document of thanksgiving for being pulled up" (1989), "thanks to be taken out, removed or freed" (1996), "document of grace upon receipt" (1997), "thanks for rescuing me" (2003), "proceeding to change legal status" (2004), "conceded grace" (2007), "thank you for removing" (2008), y "thanks for taking that background out" (2008).[8] La solución más elegante parece ser traducir menos literalmente "gracias" como *thanks*, y considerarla más bien como algo que refleja el concepto medieval de "venia" o "permiso"

---

6 Chapman, 118.
7 Crow, 260.
8 King, "Case", 641; Wauchope y Nash, 14; Shafer, 154; Fiehrer, 53; Domínguez, 37; Liss, 163; Flora y Torres-Rivas, "Central America", 23; Haas, 31; Foster y Altamiranda, 287; Herzog, *Defining*, 263; Mirow, 292; Morrison, "Creating", 61; López, 169; Reales, 20.

concedido por el monarca a un vasallo meritorio.⁹ Se convierte entonces en una "venia para tomar" o, más coloquialmente, un "permiso de tomar" una condición, por ejemplo, el estado de ser pardo y pasar a otro tal como la blancura.

Bien sean las mencionadas por Chapman o por Crow en sus libros de texto en las décadas de 1930 o 1940, o por académicos más recientes, las alusiones a las gracias al sacar son menos significativas por sus traducciones que por su proliferación. En casi todos los estudios históricos sobre la América hispana colonial escritos para un público de habla inglesa se encuentra una mención de la opción del blanqueamiento; esto incluye libros de texto de Snow (1967), Davis (1968), Worcester y Schaeffer (1970), Burkholder y Johnson (1994), Keen (1996), Beezley y MacLachlan (1999), y Chasteen (2001), así como la *Cambridge History of Latin America*.¹⁰ Tampoco fueron únicamente los historiadores quienes se interesaron por este tema. Antropólogos (Wauchope y Nash, 1967; Willems, 1975; Flora y Torres-Rivas, 1989b), así como politólogos (Friedman, 1984) se refirieron también al blanqueamiento.¹¹ Las gracias al sacar figuran asimismo en compendios relativos a la esclavitud (Finkelman y Miller, 1998; Heuman y Burnard, 2011), a la raza (Levine, 1980; Appiah y Gates, 1999) y a la diáspora (Davies, 2008).¹² A pesar de tantas referencias al blanqueamiento, las investigaciones serias sobre el tema se estancaron, pues era imposible hallar las fuentes pertinentes. Los historiadores se dedicaron, entonces, literalmente, a perseguir estos elusivos documentos.

Una mirada retrospectiva sugiere cuatro etapas de una cacería que no solo descubrió las peticiones de blanqueamiento, sino también prometedores indicios sobre lo que había ocurrido y lo que significaba. En primer lugar, las publicaciones iniciales en 1944 y 1951 —por John Tate Lanning y James F. King, respectivamente— de unas pocas páginas de una cédula de blanqueamiento. En 1962, cuando Richard Konetzke publicó sus monumentales cinco volúmenes de documentos sobre la historia social hispanoamericana, incluyó unos pocos casos adicionales. Aparecieron luego dos volúmenes, uno de análisis y otro

---

9   Bermejo Cabrero, 369.
10 Snow, 58; Davis, *History*, 142; Worcester y Schaeffer, 154; Burkholder y Johnson, 196; Keen, *History*, 154; Beezley y MacLachlan, 3; Chasteen, 86; Lynch, "Origins", 30.
11 Wauchope y Nash, 14; Willems, 42; Flora y Torres-Rivas, "Central America", 23; Friedman, 81.
12 Finkelman y Miller, 706; Heuman y Burnard, 235, 239; Levine, 31; Appiah y Gates, 657; Davies, 676.

de documentos, publicados en 1978 por el historiador Santos Rodulfo Cortés, el primero que investigó sistemáticamente las peticiones de blanqueamiento, en este caso para Venezuela.

La última contribución fue la mía, donde apliqué una metodología de ingeniería inversa en el Archivo de Indias (AGI) para ubicar peticiones de gracias al sacar en todo el imperio. Comprender cómo buscaron los historiadores los documentos, qué información tenían, de qué carecían y cómo divagaron ofrece una mejor comprensión de la cambiante historiografía sobre el blanqueamiento.

La búsqueda de documentos: Lanning y King

Aun cuando Oliveira Lima había mencionado el blanqueamiento en una conferencia de 1912 y algunos historiadores se refirieron posteriormente a él en algunos libros de texto, fue solo en 1944 cuando los estudiosos hallaron algún rastro documental que llevara a las gracias al sacar. En medio de la Segunda Guerra Mundial, John Tate Lanning, para entonces editor de la *Hispanic American Historical Review* (en lo sucesivo *HAHR*), decidió publicar una edición especial dedicada a "The Negro on the Spanish-American Mainland" ("El negro en el continente hispanoamericano"). Imprimió un documento en español que trataba el caso de Joseph Ponciano de Ayarza, un estudiante mulato que asistió a la Universidad de Santa Fe, en Bogotá, pero luego descubrió que no podía graduarse, pues las leyes de Indias reservaban los títulos universitarios para los blancos.[13] El documento, de dieciséis páginas, contenía su petición a la Corona, testimonios locales a su favor, e incluía la cédula real que eliminaba su condición de mulato, lo hacía blanco y le permitía graduarse.[14]

Aun cuando Lanning redactó una pequeña introducción en inglés al documento en español, no reconoció que él era el autor, quizás de-

---

13 Lanning, "Caso", 432-451. Hay varias formas de escribir Ponseano (Ponceano); la más utilizada en la época era Ponciano.
14 Como lo señala acertadamente Asunción Lavrin, "la terminología" empleada por Lanning en aquel momento fue también "evidencia de su falta de comprensión de los matices de la raza, pues un mulato no es un negro". No obstante, tales confluencias eran frecuentes, especialmente cuando autores estadounidenses escribían en inglés, puesto que, como señala Lavrin, existía la propensión a "traducir equivocadamente debida al rechazo mental de los americanos a ver la diferencia en los matices" (comunicación personal, 2013).

bido al carácter de la publicación. Después de todo, él era profesor de una universidad del Sur (Duke University), y escribía en plena guerra, cuando en las tropas estadounidenses aún estaba vigente la segregación, al igual que en muchos otros lugares. Estos incluían universidades, muchas de las cuales nunca habrían admitido como estudiante a un mulato como Joseph Ponciano, y mucho menos aceptado su transformación en blanco. Dado el ambiente de las relaciones raciales en los Estados Unidos en la década de 1940, el blanqueamiento de las gracias al sacar era un documento desafiante.

Es importante subrayar el contexto en el que Lanning halló este primer documento sobre el blanqueamiento, pues casi con seguridad lo descubrió accidentalmente. Al investigar la historia de las universidades, encontró una copia de esta cédula en la sección de educación colonial del Archivo Nacional en Bogotá. En su introducción al documento, lo trató como una extraña curiosidad. Decidió que el aprieto en el que se encontraba Joseph Ponciano era resultado de un aumento, a fines del siglo XVIII, de los prejuicios en las universidades. Lanning no sabía que la petición hacía parte de las gracias al sacar. Tampoco entendió que era posible que Joseph Ponciano no fuera el único, que podría haber un procedimiento oficial que les permitía a los pardos comprar la blancura y, por lo tanto, otros casos y otras peticiones.

Como Lanning publicó el documento sobre el blanqueamiento en español, en una revista académica, este no tuvo mucha circulación más allá de los especialistas. La segunda mención habría de tener una influencia mucho más perdurable. En 1947, Frank Tannenbaum publicó la primera de las que serían varias ediciones de su clásica, pero controvertida comparación entre los esclavos y los hombres libres en Estados Unidos y América Latina, *Slave and Citizen*. Aunque ninguno de ellos suministró una cita ni mencionó las gracias al sacar, Tannenbaum, sin embargo, observó que, en Hispanoamérica, era posible que el "negro" libre comprara la blancura "por un precio específico".[15] Una opción semejante respaldaba su tesis de que la esclavitud ibérica era más humana que su contraparte angloamericana, pues los hispanoamericanos reconocían en el esclavo a otro católico, poseedor de un alma, y que, por lo tanto, era merecedor de la protección jurídica de la Monarquía.

Tannenbaum concluyó que un reconocimiento semejante de su "personalidad jurídica y condición moral" había facilitado el paso de

---

15 Tannenbaum, *Slave*, 93.

esclavo a ciudadano.¹⁶ Una vez liberado de su servidumbre, el "negro" podía incluso comprar la blancura, una opción evidentemente imposible para cualquiera de sus contrapartes estadounidenses. Su mención prolongó la tendencia a hacer referencia a las gracias al sacar como un indicador que resaltaba las diferencias entre hispanos y angloamericanos.

Slave and Citizen concluye con la influyente "tesis de Tannenbaum". Sugiere esta que las costumbres y leyes de los regímenes de esclavitud angloamericanos e hispanoamericanos no solo impedían o facilitaban el paso de la esclavitud a la ciudadanía. Formaban parte también del núcleo de las profundamente conflictuadas relaciones raciales estadounidenses, o las más armoniosas relaciones raciales latinoamericanas características del siglo XX.¹⁷ Si bien académicos posteriores habrían de poner en duda muchos aspectos de la conclusión de Tannenbaum, tema del que nos ocuparemos en el capítulo siguiente, surgió un problema inmediato respecto a su referencia a comprar la blancura. Hasta entonces, los historiadores solo habían hallado un caso.

Correspondió al coeditor de John Tate Lanning en aquella publicación de *HAHR* sobre los "negros" en América del Sur, James F. King, descubrir las siguientes pistas. En 1950, cuando investigaba en el Archivo de Indias en Sevilla, descubrió, en un legajo de documentos, otra versión de la cédula de blanqueamiento de Joseph Ponciano.¹⁸ Esta copia, sin embargo, incluía algunos comentarios burocráticos que ofrecieron información adicional. Reveló que Joseph Ponciano, después de haber recibido la autorización para volverse blanco, había pagado por este privilegio en la Contaduría, de acuerdo con una lista de precios fijos (aranceles). King siguió esta pista, buscó la legislación imperial, y descubrió que la Corona había expedido tres listas de gracias al sacar, en las que detallaba una serie de dispensas adquiribles. Había una versión de 1773 para España, que no contenía cláusulas de blanqueamiento, una contraparte de 1795 para América, que enumeraba setenta y una categorías de favores vendidos por la Corona —incluyendo las últimas dos, que eran las cláusulas de blanqueamiento— y una revisión de 1801, en la cual se incrementaba el precio de los favores.

King sugirió que Lanning se había equivocado al presentar el blanqueamiento de Joseph Ponciano como un "episodio raro y aislado,

---

16 Tannenbaum, "Slavery", 5.
17 Winn, 111, lo pone sucintamente.
18 Caso 22, Ayarza, 1797.

que quizás solo podría darse en las aulas académicas".[19] Por el contrario, concluyó que el caso "implicaba más bien un ejemplo bastante típico de concesión de una cédula de gracias al sacar", que permitía a "algunas personas seleccionadas de clase alta que tuvieran en parte sangre negra" obtener "los derechos jurídicos y privilegios de los blancos mediante el pago de unos honorarios fijos a la Corona". Su artículo de siete páginas se convirtió en un documento fundacional de la bibliografía sobre el blanqueamiento, pues autores posteriores lo citaron constantemente y, con frecuencia, lo tergiversaron.

King introdujo temas cruciales que habrían de dominar la historiografía. Se preguntó quiénes recibían estas cédulas, reflexionó sobre el número de peticiones concedidas, se cuestionó sobre el costo, especuló acerca de por qué la Corona lo permitía, y consideró las consecuencias que resultaban de ello. Comprendió que este proceso no estuvo restringido a la compra de la blancura, sino que era mucho más amplio e incluía múltiples excepciones disponibles para la venta. No obstante, su análisis posterior suscitó tantas preguntas como las que respondía.

King advirtió de inmediato dos indicios desconcertantes respecto a las categorías y al costo. Se preguntó por qué las excepciones de blanqueamiento solo cubrían oficialmente dos clasificaciones: las personas pardas, o de un mestizaje de piel más oscura, y los quinterones, aquellos que tenían un quinto de ascendencia africana. Se preguntaba por qué la lista de precios distinguía únicamente estas dos designaciones de casta mestiza y no otras. ¿Por qué no los mulatos (africano/blanco), castizos (más o menos blancos), zambos (africano/indígena), mestizos (indígena/blanco), o una miríada de designaciones diferentes?

El costo diferencial era también inconsistente pues, según el arancel, los pardos, a quienes por lo general se los consideraba de piel más oscura, pagaban menos (500 reales) que los quinterones (800 reales) aunque estos tendían a ser de tez más clara.[20] Al concluir que no podía "explicarse" tal discrepancia, King ingeniosa (aun cuando equivocadamente) especuló que "un quinterón, al ser prácticamente blanco y probablemente comprometido ya en el proceso de 'transición' podría estar más dispuesto a pagar una suma mayor para garantizar su condición y

---

19 King, "Case", 641.
20 Oliveira Lima, "Evolution", 22; Crow, 260; Blanco-Fombona y Gabaldón Márquez, 314, figuran entre una serie de autores que supusieron que aquellas personas de tez más oscura pagaban más.

dispondría de más recursos para hacerlo".[21] Estos dos sugerentes indicios —por qué las gracias al sacar incluían únicamente dos categorías, y por qué la variación en el costo— habrían de revelarse posteriormente como fundamentales para la comprensión de su origen.

Otro de los temas introducidos por King fue el relativo a por qué, en primer lugar, la Corona habría expedido una legislación sobre el blanqueamiento. La existencia de una lista de honorarios sugería que tal acción se debía "en parte, sin duda, a los ingresos que reportaba".[22] Sin embargo, en un párrafo citado muchas veces por académicos posteriores, King ofreció un largo listado de consideraciones conflictivas sobre estas políticas que, en su concepto, pudieron originar las gracias al sacar. Entre ellas, estaba "el deseo de recompensar el mérito individual entre los súbditos de color, eliminar el liderazgo potencial de las masas de color y crear nuevos partidarios agradecidos a la Corona". Si bien las personas que recientemente recibían el blanqueamiento se agregarían a "las filas de la minoría blanca", esto podría, simultáneamente, "socavar las pretensiones de la aristocracia criolla".

Si bien King identificó temas sustantivos en relación con el blanqueamiento, no concluyó que fuese un proceso bastante difundido que permitiera a muchos pardos y quinterones cambiar de condición. Dudó de que "una porción numéricamente importante del elemento de color" adquiriera la blancura, pues la mayor parte de los "hombres de color" habrían "carecido de los recursos necesarios". Desde el comienzo, la especulación sobre el costo del blanqueamiento y el número de personas que lo obtuvieron habría de seguir siendo otro de los aspectos controvertidos de las gracias al sacar.

Aunque el descubrimiento de King fue fundamental, basó sus conclusiones en una evidencia mínima. Únicamente citó dos casos: los documentos originales de Joseph Ponciano de Ayarza encontrados por Lanning en Bogotá, y su hallazgo de páginas adicionales en Sevilla. Había encontrado asimismo una segunda petición, una cédula de Venezuela por la cual se concedía el blanqueamiento a Ángela Inés Rodríguez, la esposa de un oficial del rey en Trinidad. Su lectura de los dos casos sugirió que existía un "cuidadoso proceso de tamizaje" mediante el cual "solo personas que, por su ocupación, posición social o sangre habían llegado ya a la periferia de la condición de blancas", recibían las cédulas que les acreditaban dicha condición.

---

21 King, "Case", 642.
22 *Ibid.*, 644.

King descubrió al menos un indicio de que las élites locales no serían receptivas al blanqueamiento. Cita documentos publicados por los historiadores venezolanos José Félix Blanco y Ramón Azupurú en los cuales se reproducían las actas de concejo municipal de Caracas de 1796, donde los funcionarios del Ayuntamiento protestaban con vehemencia contra el blanqueamiento y las gracias al sacar.[23] Nada se sabía de la respuesta de los cabildos de otros lugares de las Indias.

En publicaciones posteriores, James F. King y John Tate Lanning siguieron especulando sobre las gracias al sacar, intentando ubicarlas dentro de contextos históricos más amplios. King observa la ausencia de toda mención de la opción de blanqueamiento en la década de 1810, cuando en España, invadida por los ejércitos napoleónicos, y con el rey en el exilio, las Cortes de Cádiz se esforzaron por redactar una Constitución que rigiera el imperio. Aun cuando hubo un acalorado debate sobre si se debía contar a la población de las castas de la misma forma que a los blancos, King advirtió que "no se dijo una palabra" sobre las gracias al sacar.[24] Concluyó que esto era "evidencia de su relativa falta de importancia" como mecanismo de movilidad social.

A diferencia de él, Lanning se mostró más optimista. Su investigación sobre la Ilustración y las universidades coloniales lo persuadió de que el blanqueamiento podría haber sido algo más común. Al citar el caso de Joseph Ponciano de Ayarza como ejemplo, Lanning sugiere que, incluso si alguien ponía en duda la legalidad de que un pardo asistiera a la universidad, y "se le llamaba la atención, el estudiante negro podía apelar al apoyo de profesores y compañeros de estudio y graduarse mediante dispensa real".[25]

Como los historiadores habían conseguido ubicar únicamente dos casos de blanqueamiento, el debate sobre los costos adquirió mayor importancia. Era una manera de especular si el precio restringía el blanqueamiento a unos pocos pardos adinerados, o bien —si la suma era modesta— pudo haber ofrecido una posible movilidad a una población más amplia. En 1956, Lanning puso en duda la conclusión de King según la cual el blanqueamiento era costoso y, por lo tanto, prohibitivo para personas diferentes a los pardos y mulatos más ricos.

Lanning observó acertadamente que los honorarios cobrados por el blanqueamiento parecían extrañamente modestos. Mientras que la

---

23 *Ibid.*; Blanco y Azupurú, 263-275.
24 King, "Colored", 57.
25 Lanning, "Church", 337.

lista de precios exigía 4.000 reales por la compra de otro favor de gracias al sacar, la legitimación, solo cobraba a pardos y quinterones 500 u 800 reales, respectivamente, para ser blancos. Lanning describe el costo "como una cifra tan baja entre las otras del arancel que resulta casi nominal".[26] Tenía razón: esta fijación diferencial de precios continuaría siendo otro indicio sugestivo cuando eventualmente se desenmarañaron los orígenes de la opción de blanqueamiento. ¿Por qué habría de ser la compra de la blancura, presuntamente una transformación mucho mayor de la condición, mucho menos costosa que la legitimación?

Españoles e hispanoamericanos sobre las gracias al sacar

El interés en las gracias al sacar no se limitó a las publicaciones de habla inglesa: historiadores españoles y venezolanos estaban escribiendo también sobre el blanqueamiento. A diferencia de sus contrapartes estadounidenses, no pensaban que el hecho de que los pardos pudieran comprar la blancura fuese particularmente extraordinario. Más bien, exploraron el impacto de las gracias al sacar sobre las tendencias imperiales o locales.[27]

Los historiadores españoles identificaron algunos problemas. En 1945, Salvador de Madariaga sugirió que las cédulas de blanqueamiento representaban una disonancia dentro del imperio, pues los esclavos y negros libres no tenían "lazo alguno natural con el régimen español". Esta fue una de las razones, concluyó, por las cuales la élite venezolana protestó sobre la movilidad social inherente a las cláusulas de blanqueamiento, pues temían que pardos y mulatos no fuesen leales a la Corona.[28] Cuando José María Ots Capdequi comentó el arancel de las gracias al sacar en 1968, consideró la venta de tales favores como evidencia de "un sistema jurídico en franca decadencia".[29]

No es de sorprender, entonces, que los académicos venezolanos, muchos de los cuales no eran historiadores, se concentraran en las respuestas locales al blanqueamiento de las gracias al sacar. Consideraban

---

26 Lanning, *Eighteenth*, 10.
27 Vallenilla Lanz, 25, efectivamente señaló que la lista de las gracias al sacar fue "sumamente curiosa".
28 Madariaga, 541.
29 Ots Capdequi, "Sobre", 12.

la controversia de fines del siglo XVIII sobre el blanqueamiento como algo que marcó profundas divisiones.[30] En una reseña de 1960 sobre cómo los sociólogos interpretaban la historia de Venezuela, José Rafael Mendoza describe las disputas locales sobre el blanqueamiento como algo que prefiguró la futura "lucha de las castas" de la independencia, así como los conflictos de fines del siglo XIX.[31]

Para el sociólogo Laureano Vallenilla Lanz (1961), la existencia de las gracias al sacar suscitaba una pregunta sugerente: ¿quiénes eran los opresores del pueblo venezolano?, ¿era el imperio español, cuya promulgación del decreto de blanqueamiento abrió el camino para una "evolución democrática" y "para la igualación de las castas"? O bien ¿eran las élites locales que, en la década de 1790, se habían opuesto a las gracias al sacar, y que "lucharán hasta las mismas vísperas de la revolución por conservar las ondas desigualdades sociales?".[32]

Incluso cuando, posteriormente, las élites venezolanas cambiaron radicalmente de dirección y proclamaron los "derechos del hombre" en 1810 y "la república democrática" en 1811, pardos y mulatos no habían olvidado su oposición al blanqueamiento. El resultado natural, concluyó Vallenilla Lanz, fue una novedosa alineación de coaliciones que apoyó y se opuso a la independencia. En sus primeras fases, la "gran mayoría de los plebeyos y gente de color" respaldó a la Monarquía española y no a Simón Bolívar. A pesar de todas las especulaciones de Vallenilla Lanz, sin embargo, no se supo cuántos pardos en Venezuela se habían beneficiado de las cédulas de blanqueamiento.

Los documentos Konetzke

Mientras que académicos estadounidenses, españoles y venezolanos seguían especulando, sin documentos adicionales resultaba todavía difícil responder a las preguntas suscitadas por las gracias al sacar. Fue solo en 1962 cuando, con la publicación de Richard Konetzke de sus

---

30 Blanco-Fombona y Gabaldón Márquez, 314, criticaron a la Monarquía española definiéndola como "apurada de dinero y poco escrupulosa" al vender las gracias al sacar, alienando así a las élites blancas que actuaron a la vez contra las "clases étnicas inferiores" y contra el "rey", pues la "gente de color" no consiguió obtener "preponderancia social ni política" durante la colonia.
31 Mendoza, 382.
32 Vallenilla Lanz, 62-63. Para un análisis de su influencia y sus opiniones sobre la raza en Venezuela, véase Von Vacaro, 91-100.

cinco volúmenes sobre la historia social de la colonia en Hispanoamérica, cuando los historiadores hallaron otras fuentes.

Konetzke no solo había rastreado las colecciones publicadas, sino que había pasado varios años en el Archivo General de Indias reuniendo documentos. Imprimió cientos de decretos y ordenanzas imperiales relativas a los esclavos, los negros libres, los pardos y los mulatos desde la conquista hasta la independencia. Evidentemente, estaba buscando casos de blanqueamiento, pues publicó de nuevo la petición de Ayarza que había aparecido en la *HAHR* en 1944, y agregó nuevos hallazgos: una cédula de una página que concedía, en 1796, el blanqueamiento a Julián Valenzuela de Antioquia, y una confirmación real de tres páginas del blanqueamiento del caraqueño Diego Mexías Bejarano. Este último presentó su petición en 1805 para que su hijo Diego Lorenzo pudiera asistir a la Universidad de Caracas.[33]

Otros dos grupos de fuentes publicados por Konetzke incluían indicios importantes que habrían de permitir más tarde una recuperación sistemática de los documentos de las gracias al sacar. Hubo cinco casos precursores de la década de 1760 que ofrecieron intrigantes sugerencias, según las cuales, antes de 1795, pardos y mulatos habían solicitado cédulas reales que no les concedían un blanqueamiento completo, pero que habían mitigado la discriminación lo suficiente para que pudieran ejercer como cirujanos, ocupación legalmente reservada a los blancos.[34] Konetzke halló también una petición de 1783, presentada por el guatemalteco Bernardo Ramírez, para obtener el blanqueamiento completo.[35] Imprimió ejemplos de otros favores de las gracias al sacar, que incluían legitimaciones (seis) y la concesión de nobleza (cinco).[36] Infortunadamente, como sucedió con los casos de Lanning y King, estos descubrimientos parecieron ser hallazgos aleatorios. No existía todavía una manera sistemática de rastrear el número de solicitantes, ni de determinar quiénes habían recibido las codiciadas cédulas.

Para mediados de la década de 1960, el concepto de blanqueamiento se había extendido más allá de las investigaciones históricas a la ima-

---

33 Konetzke, vol. 3, Doc. 349, 1797; Doc. 347, 1796; Doc. 367, 1805.
34 *Ibid.*, vol. 3, Doc. 177, 1760; Doc. 178, 1760; Doc. 189, 1763; Doc. 191, 1764; Doc. 192, 1764.
35 *Ibid.*, vol. 3, Doc. 272, 1783.
36 *Ibid.*, vol. 3 (legitimaciones Doc. 222, 1771; Doc. 254, 1780; Doc. 257, 1780; Doc. 258, 1781; Doc. 324, 1791; Doc. 343, 1795) (nobleza Doc. 228, 1774; Doc. 266, 1783; Doc. 287, 1785; Doc. 299, 1787; Doc. 295, 1786).

ginación popular, de hecho, ultramundana. En una de sus más extrañas iteraciones, las gracias al sacar figuraron en un relato de ciencia ficción de 1965, escrito por el famoso autor Frank Herbert. En "Greenslaves", en un momento dramático, cuando el alienígena se aproxima a los "puestos de control... con un gesto casi humano, toca la cédula de gracias al sacar, el certificado de sangre blanca".[37] Entretanto, en la Tierra, mientras los académicos continuaban su búsqueda de estos elusivos documentos, comenzaron a incorporar los hallazgos de Konetzke a sus análisis posteriores.

Blanqueamiento: las décadas de 1960 y 1970

Entre los primeros que contextualizaron los nuevos casos de blanqueamiento estuvo el historiador sueco Magnus Mörner, quien prefiguró una serie de publicaciones relativas al blanqueamiento a finales de las décadas de 1960 y 1970.[38] En su influyente libro *Race Mixture in the History of Latin America* (1967), sugirió que el blanqueamiento era consistente con un aumento de la intervención de la Monarquía de los Borbones en los asuntos americanos. Consideraba que el final del siglo XVIII había marcado un prejuicio creciente contra pardos y mulatos, y en respuesta a él, la Corona había "lanzado una nueva política" que permitía comprar la blancura para promover la movilidad social.

Con base en los documentos de Konetzke, Mörner observa que, mientras en 1783 Bernardo Ramírez había solicitado sin éxito la blancura; en 1796, Julián Valenzuela recibió con facilidad una cédula de blanqueamiento. No obstante, una mirada retrospectiva revela que Mörner pasó por alto un indicio decisivo. Quedaba todavía un misterio respecto a las gracias al sacar: ¿por qué, en 1783, solicitaría un mulato el blanqueamiento cuando la opción de comprar la blancura solo apareció oficialmente en 1795?

Aunque Mörner consideró que el blanqueamiento podría ofrecer movilidad, dudaba de su efectividad. Observó que, si bien el pardo Diego Mexías Bejarano había comprado la blancura, la Universidad de Caracas, en 1805, aún se negaba a permitir que su hijo Diego Lorenzo asistiera a las clases. En un comentario que revela cómo el concepto de blanqueamiento siguió siendo atractivo, no solo respecto a

---

37 Herbert, 695.
38 Mörner, *Race*, 45.

problemas del pasado, sino a problemas más contemporáneos, Mörner comparó esta confrontación en Caracas con una ocurrida en su pasado reciente, solo cinco años antes de la publicación de *Race Mixture* en 1967. Recordó el año 1962, cuando el fiscal general de Estados Unidos, Robert Kennedy, se vio obligado a llamar a las tropas federales, ocasionando un violento enfrentamiento que llevó eventualmente a la admisión de James Meredith en la Universidad de Mississippi y a su integración forzada.

Al preguntarse si Diego Lorenzo se habría graduado, Mörner especuló, "es probable que algo más que palabras fuese necesario en esta 'Ole Miss', hispanoamericana".[39] Seguía dudando de que la Universidad de Caracas recibiera pardos, incluso cuando se les había concedido el blanqueamiento oficial. La evidencia, sin embargo, sugería también que, aun si la Corona, los pardos y mulatos, y las élites locales habían estado debatiendo y discutiendo, también habían tratado de manera abierta y pacífica este problema en 1805, en lugar de hacerlo en 1962.

Otro historiador que dudaba de la eficacia del blanqueamiento de las gracias al sacar, y que también comparó deliberadamente la práctica estadounidense con la hispanoamericana, fue Edgar Love. En 1967, se basó en la legislación y en fuentes secundarias para su artículo "Negro Resistance to Spanish Rule" ("La oposición de los negros al gobierno español"). Love no solo describió los procesos informales del paso de los mulatos a otra condición, sino que observó también que las gracias al sacar ofrecían "blanqueamiento jurídico".[40] Ponía en duda que, dadas sus "circunstancias económicas e inferior condición social", muchas personas hubieran podido comprar estas dispensas. Concluyó con una comparación: si bien "la suerte del negro en el México colonial no fue feliz", era evidente también que tenía "mayor movilidad social" y que "estaba en mejores condiciones para desafiar al hombre blanco que su contraparte, el negro estadounidense".[41]

En su libro del año siguiente, 1968, el historiador español Juan Bautista Oleachea Labayen se mostró impresionado también por el contraste entre hispanos y estadounidenses.[42] Puso en duda que la

---

39 *Ibid.*, 64.
40 Love, 93.
41 *Ibid.*, 103.
42 En *Slavery*, 247, Elkins desarrolla las comparaciones de Frank Tannenbaum para señalar que un hombre libre en las Indias española podía "comprar un 'certificado de blancura' que le permitía acceder a los más altos círculos sociales y políticos".

Corona hubiese emitido las gracias al sacar como manera de generar ingresos. Más bien, siguiendo a Lanning, comparó la suma "relativamente pequeña" que se cobraba por este favor con los costos mucho más altos de otras dispensas como la legitimación.[43] Sugirió que la Corona pudo haber tenido "otros fines", incluyendo la "promoción de los morenos en casos particulares". El descubrimiento, por parte de Oleachea Labayen, de muchos casos de movilidad mulata informal, lo llevó a especular, al contrario de Love, que el rey habría podido promulgar "no pocas" dispensas oficiales de blanqueamiento.[44]

Así como las consideraciones de Mörner sobre el blanqueamiento de las gracias al sacar lo habían llevado a evocar la integración forzada en la Universidad de Mississippi, y así como Love había contrastado deliberadamente los aprietos del "negro" mexicano y el estadounidense, también Oleachea Labayen concluye su ensayo con una "nota de actualidad".[45] Cita un editorial del *New York Times*, del 10 de mayo de 1963, titulado "El significado de Birmingham", donde se consideraban las tensiones y futuras implicaciones de los enfrentamientos derivados de la integración en las *lunch counters* —barras de comida rápida— que eran comunes en pequeños comercios como farmacias y tiendecitas y figuro entre los primeros lugares seleccionados para la integración.

En un esfuerzo por ofrecer a sus lectores algún contexto, el editorial citaba el análisis realizado por Frank Tannenbaum en *Slave and Citizen* de las "llamativas diferencias" entre la historia estadounidense y la iberoamericana, así como sus diferentes actitudes frente a los esclavos y a los negros libres. El *New York Times* concluía:

> Los latinos, preservando la tradición heredada de España y Portugal, trataban a los esclavos negros menos como animales domésticos y más como seres humanos, cuya inferioridad era jurídica y económica y no moral... la emancipación se dio pacíficamente en todos los países latinoamericanos, y los ajustes sociales, aunque lejos de perfectos, han sido efectuados relativamente sin contratiempos y con tolerancia.

Vale la pena mencionar también aquello que Oleachea Labayen no citó, pues la editorial de 1963 concluía ominosamente: "Un maremo-

---

43 Oleachea Labayen, 231.
44 *Ibid.*, 245. Por desgracia, su investigación no estuvo ampliamente disponible para el público de habla inglesa.
45 *Ibid.*, 247.

to golpeó a los Estados Unidos en 1860 y luego se calmó. Otro, un siglo más tarde está tomando fuerza".[46] A lo largo de las décadas siguientes, mientras Estados Unidos luchaba más abiertamente con sus demonios racistas, varios historiadores habrían de seguir el ejemplo de Mörner, Love y Oleachea Labayen. Miraron hacia el sur y hallaron el blanqueamiento de las gracias al sacar, que habría de convertirse en un epíteto histórico, una comparación para evocar una inmediata y espectacular evidencia de las diferencias históricas entre las prácticas raciales estadounidenses e ibéricas.

Si bien el concepto de comprar la blancura continuó ejerciendo gran fascinación, los historiadores seguían dedicados a la infructuosa búsqueda de casos reales: hasta entonces, habían hallado cuatro, dos de King (Ayarza, Rodríguez) y dos de Konetzke (Mexías Bejarano, Valenzuela). Cuando, en 1966, Magnus Mörner revisó la historiografía en torno a "La historia de las relaciones raciales" en la *Latin American Research Review* comentó, lamentándose, que "una investigación sistemática de este asunto sería del mayor interés".[47] En 1972, cuando Frederick P. Bowser exploró las publicaciones recientes sobre "The African in Colonial Spanish America" ("El africano en la Hispanoamérica colonial") en aquella misma revista, repitió el llamado de Mörner, al observar que una "investigación sistemática del tema aún no ha evocado una respuesta académica".[48] Bowser seguía siendo escéptico sobre la efectividad de una cédula de blanqueamiento, al afirmar que el "valor práctico de tales documentos es controvertido". Al igual que los historiadores que lo precedieron, evocó la importancia de la investigación de temas semejantes: "Durante las últimas cuatro décadas, fuerzas y acontecimientos excesivamente evidentes y demasiado amenazadores como para repetirlos aquí, han motivado un drástico incremento en las investigaciones académicas sobre todas las facetas de la experiencia africana en el hemisferio occidental".[49]

Cuando David W. Cohen y Jack P. Greene publicaron un volumen colectivo aquel mismo año (*Neither Slave nor Free*, 1972) en el que comparaban la experiencia de hombres liberados en las colonias españolas, portuguesas, inglesas, francesas y holandesas, admitieron también que "la renovada urgencia de los problemas raciales en las Améri-

---

46 *New York Times*, 10 de mayo, 1963.
47 Mörner, "History", 26.
48 Bowser, "African", 86.
49 *Ibid.*, 77.

cas" había supuesto un "estímulo inicial".⁵⁰ En el ensayo de Frederick P. Bowser publicado en tal volumen, regresó de nuevo al problema del blanqueamiento de las gracias al sacar, pero se mostró más optimista respecto a su impacto. Como todavía basaba sus conclusiones en los cuatro casos conocidos, observó que la Corona había "implementado" el blanqueamiento de forma "cautelosa e incluso al azar", pues el arancel solo fue promulgado en 1795 y, al parecer, la decisión de emitir decisiones positivas o negativas tenía poca justificación.⁵¹ No obstante, cuando Bowser presentó una suma de variables que consideraba cruciales para facilitar la movilidad a "personas de color libres", incluyó "riqueza, influencia, servicios distinguidos, piel relativamente clara y gracias al sacar".⁵² La presencia de esta opción continuó ejerciendo una poderosa influencia sobre la interpretación.

No solo historiadores, también antropólogos meditaron sobre las maneras en que las gracias al sacar ofrecían una comprensión de las diferencias entre estadounidenses e hispanos. En *Latin American Culture* (1975), Emilio Willems sugirió que "el prejuicio racial, tal como lo entendemos" era diferente en la Hispanoamérica colonial, pues se basaba en una discriminación legislativa contra aquellas personas definidas como desprovistas de "limpieza de sangre", que incluían judíos, moros o personas de ascendencia africana.⁵³ Este se diferenciaba del racismo basado en el concepto de "inferioridad biológica", que "no puede alterarse". Willems concluía que, si bien el "auténtico prejuicio racial" fue "inflexible", en América Latina, "el tejido de la sociedad colonial estaba permeado de compromisos y de inconsistencias evidentes respecto a la raza".⁵⁴ Puso en duda que prevaleciera un "auténtico" racismo en Iberoamérica, y citó como prueba de ello el blanqueamiento de las gracias al sacar, pues la "inferioridad biológica no puede eliminarse mediante procesos jurídicos".⁵⁵

Leslie B. Rout fue otro historiador que vinculó el blanqueamiento de las gracias al sacar con el presente y el pasado en *The African Experience in Spanish America* (1976). En una sección sugestivamente titulada "Black 'White Men'" ("Hombres blanquinegros"), Rout cita

---

50 Cohen y Greene, 1.
51 Bowser, "Colonial", 46.
52 *Ibid.*, 47.
53 Willems, 40.
54 *Ibid.*, 41.
55 *Ibid.*, 42.

el documento, publicado por Konetzke, en el cual el Consejo de Indias, en 1805, ordena a la Universidad de Caracas que admita a Diego Lorenzo Mexías Bejarano, pues su padre había comprado la blancura.[56] Rout concluye que, "para variar, parece que la justicia triunfó por sobre la intolerancia".[57]

Rout procede después a preguntar si Diego Lorenzo se habría matriculado alguna vez, y a sugerir los posibles efectos negativos de la opción de comprar la blancura. Su propósito principal, concluyó, era dividir a "negros, mulatos y zambos en grupos enfrentados", pues únicamente los mulatos podían comprar la blancura. Al utilizar una analogía con el béisbol, propone que las gracias al sacar "no pueden ser caracterizadas como un pase para el palco, sino como un boleto para las graderías, donde el negro o mulato que lo tuviese podía mirar con desdén a otros negros a quienes no se permitía entrar al estadio".[58] Para Rout, los efectos de las gracias al sacar fueron perniciosos: funcionaron para separar "líderes potenciales de las... masas negras", y para permitir a los mulatos "una justificación para enseñorearse por encima de los negros".[59] Pese ello, admitió también que el "programa no estuvo vigente el tiempo suficiente" como para juzgar si, en efecto, provocó aquel resultado divisorio, pues "no hay cifras disponibles sobre cuántos de estos documentos fueron comprados".[60]

CONEXIONES VENEZOLANAS: SANTOS RODULFO CORTÉS

Mientras los académicos continuaban frustrados por la ausencia de casos de blanqueamiento, un equipo de venezolanos trabajaba ya en el Archivo de Indias y comenzaba a llenar este vacío. En 1955, el gobierno venezolano comisionó un enorme proyecto que, durante los siguientes treinta y un años, habría de trabajar en la recuperación del pasado del país. El distinguido historiador, geógrafo y sacerdote hermano Nectario María pasó varios años supervisando equipos de paleógrafos y copistas que, en ocasiones, hicieron duplicados completos de los documentos pertinentes y, otras veces, elaboraron índices de

---

56 Rout, 156.
57 *Ibid.*, 158.
58 *Ibid.*, 159.
59 *Ibid.*, 319.
60 *Ibid.*, 159.

las colecciones relevantes del archivo.⁶¹ Para cuando concluyó el proyecto, en 1986, habían producido 1.594 volúmenes de documentos y guías. Como grandes secciones del Archivo de Indias permanecían sin indexar, el índice de veintidós volúmenes a los documentos contenidos en los 976 volúmenes de la Audiencia de Caracas elaborado por el equipo resultaría invaluable.

Sería este recurso el que hizo posible a Santos Rodulfo Cortés redactar su disertación sobre las gracias al sacar en Venezuela, publicada en 1978 como una monografía de título *El régimen de las gracias del sacar*. Añadió un valioso segundo volumen con más de doscientas páginas de documentos transcritos relativos a las peticiones de blanqueamiento.⁶² Había descubierto valiosos materiales sobre el caso venezolano (Mexías Bejarano) publicado por Konetzke, así como siete peticiones adicionales. Agregó a la colección de documentos pertinentes documentos locales, tales como las protestas del Ayuntamiento de Caracas y materiales adicionales del Archivo Nacional de Venezuela.

En una época anterior a internet, con estos dos volúmenes publicados en español y en una edición limitada, los hallazgos de Rodulfo Cortés permanecieron aislados y tuvieron un impacto mínimo sobre la historiografía del blanqueamiento durante las dos décadas siguientes.⁶³ Aunque no cita a Magnus Mörner, coincide con él en la idea de que la Corona había promulgado el blanqueamiento de las gracias al sacar con el fin de "restablecer el equilibrio" que "se había roto como consecuencia del congelamiento de los ascensos sociales".⁶⁴ Su objetivo era reducir en cierta medida la "desigualdad de la

---

61 Rodríguez, *Hoja*.
62 La publicación de estos documentos fue esencial. Después de la investigación realizada por Rodulfo Cortés y la compilación del índice de veintidós volúmenes para Caracas, el Archivo de Indias posteriormente consolidó la sección de Caracas. Trasladaron muchos de los casos de blanqueamiento que se encontraban en Caracas 976, el último legajo de Caracas, y dispersaron los documentos en otros volúmenes. Desde entonces, han perdido la guía que indicaba dónde pusieron los casos. Por lo tanto, los documentos publicados por Rodulfo Cortés siguen siendo los más accesibles, dado que se desconoce la ubicación de algunos casos. Agradezco a Jesse Cromwell por ayudarme a ubicar esta historia.
63 McKinley, *Pre-revolutionary*, suministró una referencia a los documentos de Rodulfo Cortés, pero esta no fue recogida por académicos ajenos a la historia venezolana; Wright mencionó la colección en 1990, y pocos la citaron; Twinam, *Public*, citado en 1999. Varios académicos se han referido a ella con mayor frecuencia en años recientes.
64 RC, 1, 272.

población" pues "una política rígida" había privilegiado "jerarquías y discriminaciones".

¿Cumplieron su propósito las gracias al sacar? Es posible que las conclusiones de Rodulfo Cortés hubieran escandalizado a los académicos estadounidenses, pues su juicio —repetido con las mismas palabras varias veces a lo largo de la monografía— fue que el blanqueamiento era "una burla".[65] Concluyó:

> En realidad, no pasó nada, todo quedó igual. Los mantuanos [la élite caraqueña] siguieron gozando de los privilegios que el monarca quería hacer compartir con sus antiguos esclavos. Las castas de color no acudieron masivamente a comprar dispensas para su condición. Los que pudieron obtener alguna nunca fueron reconocidos ni respetados como tales. Hubo una burla permanente en cuanto a la cuestión de solicitarlas, adquirirlas o disfrutarlas.[66]

Rodulfo Cortés consideró que las gracias al sacar no eran más que una "ficción jurídica", pues no consiguieron igualar a quienes las recibían en "trato, alternativas, vestimenta, adornos, uniones nupciales, ingreso al sacerdocio, ascensos eclesiásticos, acceso a las universidades o escuelas, y posesión o uso de distintivos de hidalguía".[67] Concluyó que el blanqueamiento de las gracias al sacar era una "burla contra esta población humilde que se había sacrificado durante tres siglos" por su lealtad a la Corona.[68]

Si bien Rodulfo Cortés consideró que el blanqueamiento de las gracias al sacar había sido un fracaso para promover la movilidad, no negó que había tenido un profundo impacto sobre la historia venezolana. Enfureció a la élite de Caracas, precipitando su apoyo a la independencia. La "revolución inmediata", argumentó, fue acelerada "no tanto por los acontecimientos europeos derivados de las guerras na-

---

65 *Ibid.*, 99.
66 *Ibid.*, 641.
67 *Ibid.*, 642. Es probable que la falta de acceso de Rodulfo Cortés a los documentos afectara a su evaluación de los orígenes e impacto final del blanqueamiento de la gracias al sacar. No disponía de los casos de Cuba, Panamá y Guatemala anteriores a 1785, como tampoco de algunas de las peticiones posteriores provenientes de Venezuela, ni, con excepción de los extractos de un caso de Nueva Granada (Ayarza), de las peticiones del resto de las Américas. No pudo rastrear las discusiones internas del Consejo de Indias sobre el blanqueamiento, como tampoco calibrar la mayor movilidad potencial para quienes enviaban peticiones desde fuera de Venezuela.
68 *Ibid.*, 338.

poleónicas, ni por los motivos municipales o razones económicas".[69] Más bien, creía que la "urgencia" de la élite caraqueña en romper con España se derivaba de las gracias al sacar: "el ascenso de las castas que habían promovido los ministros de la corte borbónica".[70]

Como demostrarán capítulos posteriores, el pesimismo de Rudolfo Cortés era ciertamente válido, pues Venezuela demostraría ser un caso único. Las élites de Caracas enviaron torrentes de documentos a Madrid protestando contra el blanqueamiento de las gracias al sacar. Significativamente, apenas habría un goteo procedente del resto de las Indias.[71] Algunos de los pardos venezolanos que habían pedido el blanqueamiento habrían de enfrentar una feroz y sostenida oposición, lo cual justificaba la sombría evaluación de Rodulfo Cortés. No obstante, parece que hubo otros que se beneficiaron: quizás subestimó su potencial de variabilidad.[72] Al igual que Mörner, Rodulfo Cortés

---

69 *Ibid.*, 420.
70 Esta habría de convertirse en la visión estándar de la independencia de Venezuela. Recientes investigaciones, sin embargo, han complicado el papel de las élites caraqueñas, así como el de los pardos y mulatos urbanos y provinciales. Para interpretaciones más recientes, véanse Langue, "Pardos"; Gómez, "Revolución"; y Gómez, "'Pardo Question'", 29-39, 51-60, 63-72. Las élites pardas de Caracas, en particular aquellas vinculadas con las milicias, se unieron a los mantuanos en la decisión del 18 de abril de 1810 de no reconocer la Regencia después de la caída de Andalucía, sino de declarar su propia cuasi independencia bajo la "máscara de Fernando", al fingir lealtad al rey exiliado. Las élites pardas apoyaron la declaración de Independencia del 5 de julio de 1811, y la Constitución de diciembre de aquel año que declaraba ciudadanos a los pardos, aunque limitando el sufragio según su mérito. El objetivo de la élite parda no era conseguir la abolición de la esclavitud ni la igualdad para las castas de un sector inferior, sino más bien lograr su propia igualdad con los criollos blancos basándose en los requisitos de propiedad para lograr el derecho al sufragio. El resultado fue que las castas que se encontraban fuera de Caracas se unieron eventualmente a los ejércitos realistas, que les prometían mayores beneficios. Como señalaron Salcedo-Bastardo y McDermott, 43: "En lo que concernía a los pardos, sin embargo, un monarca distante, si era comprensivo, era preferible a una orgullosa y arrogante aristocracia local, decidida a mantener la distancia social". Para una comparación con estrategias análogas e identidad de las élites pardas en Haití y Venezuela, véase Gómez, "Revoluciones", par. 25. Véase también Thibaud, 15, sobre cómo el temor en Haití unió a los mantuanos y a la élite de los pardos.
71 Caso 22, Ayarza, 1803, aclaró la cuestión de si, después de recibir el blanqueamiento, podría ejercer el Derecho, aun cuando esta indagación no era una queja, y como los funcionarios correctamente supusieron, la respuesta fue afirmativa.
72 Las esposas pardas casadas con maridos blancos no suscitaron protestas por parte de las élites de Caracas; estas centraron sus quejas en los hombres pardos —un cirujano y oficiales de las milicias que buscaron el blanqueamiento—. Caso 21, Rodríguez, AGI, 1796; Caso 21, Rodríguez, RC, 1796. Véanse también Caso 19,

parece haber pasado por alto también una inconsistencia temporal: dos pardos de Caracas habían solicitado la blancura antes de 1795, cuando las gracias al sacar se convirtieron en una opción oficial.[73] Lo que parece evidente es que lo sombrío de sus conclusiones, así como la riqueza de los documentos de Venezuela, debían ser evaluados dentro del contexto de las peticiones de blanqueamiento en todas las Indias.

El debate de casta versus clase

Puesto que los casos de blanqueamiento descubiertos por Rodulfo Cortés solo fueron conocidos en Venezuela, los análisis académicos adelantados en otras partes del mundo continuaron basándose únicamente en cuatro ejemplos. A medida que el ritmo de las publicaciones sobre la historia comparativa de la esclavitud y la raza comenzó a declinar, el blanqueamiento apareció con menos frecuencia en esta bibliografía, al igual que las deliberadas referencias a problemas raciales de actualidad o de derechos civiles en los Estados Unidos.[74] Sin embargo, la escasez de las fuentes no disuadió a los historiadores de evocar la opción del blanqueamiento para apuntalar ambos lados de aquello que Ben Vinson caracterizó como "uno de los más importantes [debates] en la historia latinoamericana".[75] A mediados del siglo, cuando los académicos se volcaron hacia la historia social como centro de interés, comenzaron a considerar el peso relativo que debían asignar a variables tales como casta y clase para determinar las categorías básicas de la compleja sociedad colonial.

En un artículo seminal publicado en *HAHR* en 1963, Lyle McAlister sugirió que, hacia el final de la época colonial, la clase resultó cada vez más importante que la casta como determinante de la condición social. Uno de sus muchos ejemplos del enturbiamiento de la condición étnica fue que "las castas podían conseguir la blancura jurídica mediante la compra de cédulas llamadas gracias al sacar".[76] En efec-

---

Mexías Bejarano, AGI, 1796; Caso 19, Mexías Bejarano, 1789-1801; Caso 14, Landaeta, 1798; Caso 28, Arévalo, 1802-1803.
73 Caso 19, Mexías Bejarano, 1789-1801; Caso 14, Landaeta, 1798; Caso 28, Arévalo, 1802-1803.
74 Domínguez, 38, fue una excepción, pues caracterizó la gracias al sacar de blanqueamiento como una forma de "acción afirmativa".
75 Vinson, "Free", 180.
76 McAlister, "Social", 369.

to, el dinero podía imponerse sobre la raza y la etnia. Otra posible "implicación" de este análisis, como observó más tarde Vinson, fue la engañosa sugerencia según la cual "la mayor parte de los países latinoamericanos estaban a punto de convertirse en paraísos raciales", pues quienes disponían de capacidad económica podrían comprar la blancura, escapando así a la discriminación.[77]

Cuando Magnus Mörner publicó *Race Mixture* en 1967, aún no estaba convencido. Por el contrario, concluyó que la "Sociedad de castas [...] siguió conformando la base de la estratificación social hasta el final de la época colonial".[78] Así como McAlister había usado el blanqueamiento de las gracias al sacar para apoyar la preeminencia de la clase, Mörner lo utilizó igualmente para demostrar la primacía de la casta. Si bien los pardos tenían la "capacidad de comprar [...] una de las gracias al sacar", el sistema de castas fijaba todavía los límites a lo que el dinero podía lograr.

Al citar el intento presuntamente fallido de Diego Lorenzo Mexías Bejarano de matricularse en la Universidad de Caracas, Mörner concluye que la casta había triunfado sobre la clase, pues el "blanqueamiento jurídico no garantizaba la admisión de un hijo preparado en la universidad". Ni siquiera el "poder real" podría "garantizar la condición social en el caso de personas manchadas con el estigma de tener antepasados esclavos de piel oscura".[79]

Durante las dos décadas siguientes, los historiadores utilizaron los censos coloniales y análisis estadísticos para sopesar comparativamente los factores determinantes de casta versus clase.[80] Quizás debido a la novedad del uso de técnicas cuantitativas, quizás porque había solo cuatro casos conocidos, el blanqueamiento rara vez aparece en la bibliografía posterior. En lo sucesivo, el debate giraría en torno a la controversia sobre el método estadístico apropiado y sobre sus divergentes conclusiones.

A medida que los historiadores desarrollaban una comprensión más matizada del desorden y complejidad de aquellos procesos que daban forma a las sociedades de las Indias, comenzaron a evitar el "ca-

---

77 Vinson, "Free", 180.
78 Mörner, *Race*, 70.
79 Mörner, "Economic", 355.
80 Chance y Taylor, "Estate and Class in a Colonial City", 454-487; McCaa, Schwartz, y Grubessich, 421-433; Chance y Taylor, "Estate and Class: A Reply", 434-442; Seed, 569-606; Seed y Rust, 703-710; Mörner, "Economic", 335-369; Anderson, 209-243.

llejón sin salida terminológico" de la dicotomía entre casta y clase, rechazándola como "excesivamente delimitada".[81] Cuando R. Douglas Cope publicó *The Limits of Racial Domination* (1994), la interpretación que sucedió al libro de Mörner *Race Mixture*, puso el énfasis en que la raza era "extremadamente compleja", así como "llena de ambigüedades y significados transversales".[82] Cope concluyó que "la raza de una persona puede describirse como una suma abreviada de su red social".[83] Como el barrido cronológico de Cope terminaba en 1720, décadas antes de la aparición de la opción de blanqueamiento, no la menciona, aunque, en general, no consideraba que este "tránsito" fuese "un medio eficaz de movilidad social".[84]

GRACIAS AL SACAR: IDENTIDAD Y RACISMO LATINOAMERICANO

Incluso cuando los historiadores se mostraban más escépticos acerca de la eficacia de la opción de blanqueamiento, otro grupo de académicos comenzó a apropiarse de las gracias al sacar, utilizándolas como evidencia de aquellos procesos flexibles que crearon las identidades mexicana, latina y chicana. La opción de comprar la blancura se convirtió en el emblema de la experiencia única de antepasados que habían creado imágenes distintivas diferentes a las angloamericanas. En *The Roots of Lo Mexicano* (1978), Henry C. Schmidt especuló sobre cómo los "expósitos mexicanos compraban cédulas de gracias al sacar para simular que eran españoles".[85] Carlos B. Gil menciona el blanqueamiento como una variable que debe tenerse en cuenta en *An Essay Concerning Chicano Character* (1982).[86] La estrategia habitual de los autores fue, sencillamente, mencionar las gracias al sacar como algo que contribuía a la evolución distintiva de las identidades, bien sea en

---

81 Cohen y Greene, 11, mencionan el "*cul-de-sac* terminológico"; Vinson, "Free", 180, lo describe como "excesivamente limpio". Más recientemente, Gates, 196, ha regresado al asunto para sugerir que, en las gracias al sacar "la clase […] podía triunfar sobre la raza". Lewis, 181, concluye que "ambas, raza y clase asumieron una importancia cada vez mayor" en México, y no que la clase superara a la raza como variable decisiva.
82 Cope, 84.
83 *Ibid.*, 83, 84.
84 *Ibid.*, 84.
85 Schmidt, 6.
86 Gil, 10.

The Mexican and Mexican American Experience (1989), *Constructing Collective Identities* (1998), *The Language of Blood: The Making of Spanish-American Identity* (2004) o *Deconstructing Creole* (2007).[87] Si bien anteriormente los académicos habían utilizado las gracias al sacar como símbolo de la diferencia entre los conceptos angloamericanos e hispanos de raza, ahora la opción de blanqueamiento aparecía como parte de un legado histórico que había creado las identidades distintivas mexicana, mexicana-americana, latina y chicana.

Nueve décadas después de que Manoel de Oliveira Lima evocara el blanqueamiento de las gracias al sacar como evidencia de un abismo entre las prácticas angloamericanas respecto a la raza y las más benignas prácticas iberoamericanas correspondientes, la posición comenzó a invertirse. Algunos académicos ya no interpretaban la potencial compra de la blancura como un reflejo positivo de la flexibilidad iberoamericana, sino más bien como un proceso deletéreo que encubría el racismo. En 1993, David M. Guss sugirió que "tal vez ninguna institución demuestra con mayor claridad la manera como esta ideología presuntamente ciega al color confundió los problemas de raza y clase que las gracias al sacar".[88]

Académicos como Carlos Hasenbalg denunciaron que aquellos elementos que presuntamente encarnaban el "mito racial latinoamericano", tales como el "matrimonio interétnico", la ausencia de un "racismo disfrazado" de "abierto conflicto racial" o de "discriminación legal" aún incorporaban elementos racistas.[89] Aun cuando la creencia en la existencia de esta presunta armonía racial pudo haber permitido a los latinoamericanos alguna "superioridad moral sobre sus económicamente poderosos vecinos angloamericanos del norte", había llevado también a "tímidas respuestas a un racismo disfrazado". El ideal, incluso en América Latina, seguía siendo la blancura. Hasenbalg observa que esta lucha por la inclusión en los "grupos blancos dominantes" tenía una larga historia, ejemplificada en Hispanoamérica por un "certificado especial llamado cédula de gracias al sacar, vendido por la Corona española".

Publicaciones académicas más recientes han rastreado también los vínculos conceptuales entre el blanqueamiento de las gracias al sacar

---

87 Rodríguez O., *Mexican*, 11; Roniger y Sznajder, 57; Nieto-Phillips, 28; Ansaldo, Matthews y Lim, 245.
88 Guss, 270.
89 Hasenbalg, 165. Véase también Cottrol, *Long*, 266-291.

y diálogos republicanos posteriores que ocultan el racismo. Como señaló Aline Helg (2004), uno de los resultados más importantes de la independencia en Colombia fue que los negros "obtuvieron de inmediato la igualdad sin considerar la raza".[90] La discriminación, sin embargo, continuó, si bien ahora "disfrazada por un discurso de igualdad jurídica".[91]

En 2007, Marixa Lasso regresó al caso de Joseph Ponciano de Ayarza para sugerir que el proceso que subyacía a su petición de blanqueamiento prefiguraba aquel mito republicano posterior de "armonía racial e igualdad".[92] Observó que el padre de Joseph, Pedro Antonio de Ayarza, había argumentado con éxito que el particular "mérito" y "educación" de su hijo deberían "ser usados oficialmente para contrarrestar sus orígenes raciales".[93] El resultado fue sugerir "la noción radical de que la condición jurídica y social no deberían basarse en la raza, sino en el mérito". Como concluyó Aline Helg, "En un contexto jurídico semejante, cualquier discurso sobre la igualdad exigía silencio sobre la cuestión de la raza, y las exigencias de igualdad no se presentaban con base en el propio color, sino en el valor personal y los servicios prestados a la sociedad".[94]

En realidad, tanto los intercambios de las gracias al sacar como el diálogo posterior a la independencia fracasaron en confrontar directamente la intolerancia existente, al borrar el racismo como categoría definitoria. Su efecto negativo fue crear situaciones en las cuales, como señala Lasso, aunque "los negros podían disfrutar de la igualdad jurídica", enfrentaban "grandes dificultades al luchar contra el prejuicio y la discriminación informal".[95] El "ambiente cultural" prevaleciente hacía de "la denuncia del tabú del racismo y las organizaciones negras un signo de división antipatriótica". El blanqueamiento de las gracias al sacar, así como el discurso republicano sobre la igualdad y la armonía resultaron tener una doble cara, como Jano.[96]

---

90 Helg, *Liberty*, 148.
91 *Ibid.*, 257.
92 Lasso, *Myths*, 9.
93 *Ibid.*, 26, 27.
94 Helg, *Liberty*, 148.
95 Lasso, *Myths*, 158.
96 Wright, 125, discutió también el "credo de la democracia racial" venezolano, el cual daba por hecho que los venezolanos "no admitirían que existía la discriminación racial en su país y, como corolario, consideraron cualquier expresión de discriminación racial como de origen foráneo o no propia de Venezuela".

Equívocos comunes

Esta visión general de la historiografía sobre el blanqueamiento de las gracias al sacar revela cómo las agendas de los historiadores han influido en los temas tratados y las preguntas formuladas. Adicionalmente, muestra que los académicos tienen una pronunciada tendencia a extraviarse. A lo largo de décadas, mientras los historiadores se apartaban cada vez más de la consulta de los cuatro documentos originales publicados por Lanning, King y Konetzke, seguían sin conocer los escritos de Rodulfo Cortés y, más bien, comenzaron a citarse mutuamente sobre las gracias al sacar; de esta manera ingresó una serie de contradicciones y confusiones en la bibliografía sobre el tema.[97]

Los estudiosos siguieron disintiendo acerca de la frecuencia y costo de los blanqueamientos. En 1973, John Lynch concluyó que "pocos pardos invocaron esta ley", mientras que, al año siguiente, Stephen K. Stoan (1974) conjeturó que "cualquier persona nacida libre de nacimiento legítimo", con recursos suficientes, podría "obtener los derechos correspondientes a la blancura".[98] Emilio Willems (1975) consideró que "esta institución fue ampliamente utilizada durante el siglo XVIII", al igual que Tamar Herzog (1998), quien supuso que la Corona concedía el blanqueamiento "automáticamente, condicionado únicamente a la necesidad de solicitarlo".[99]

El debate sobre los costos continuaba también: Lanning había mostrado que el precio del blanqueamiento de las gracias al sacar era sustancialmente menor que otros favores. No estaba claro si esta fue una suma que los pardos más acaudalados podrían pagar. Algunos supusieron que debía ser un "gasto oneroso" (Borah, Hardoy y Stelter, 1980). de manera que solo los "pocos" que eran "ricos" (Friedman, 1984) podían costearlo.[100] Otros (Lau, 1998) sugirió que habría sido

---

97 Algunos, tales como Glenn, 45, y Wade, 62, tienen la fecha incorrecta. Esto parece haber surgido del comentario de Rout, 156, según el cual, en 1783, el rey había declarado que "una persona de origen impuro podría ser declarada limpia". No resulta claro de dónde salió esta referencia, aunque es probable que procediera de los comentarios del fiscal Antonio de Porlier acerca de uno de los primeros casos de blanqueamiento, el de Bernardo Ramírez, que tuvo lugar en 1783. Véase Caso 11, Ramírez, 1783.
98 Lynch, *Simon*, 11; Stoan, 17.
99 Willems, 42; Herzog, "Stranger", 57.
100 Borah, Hardoy y Stelter, 42; Friedman, 44.

"relativamente poco costoso para las clases elitistas [de los pardos]".[101]

Una comprensión errada que habría de persistir hasta nuestros días fue que no solo los pardos y los mulatos, sino también los mestizos (mezcla de españoles y nativos) podían comprar la blancura. Tal inferencia se inició en el libro clásico de C. H. Haring *The Spanish Empire in America* (1947), donde observa que, en las Indias, existía una "dispensa [...] de la calidad de mestizo".[102] El historiador venezolano Rufino Blanco-Fombona (1981) sugirió asimismo que la Corona "vendía a pardos y mestizos" la oportunidad de comprar la blancura.[103] En 1966, Charles Gibson repitió este cliché en su libro *Spain in America*, anotando que la gracias al sacar dispensaba de "la condición de mestizo o de mulato".[104] Desde entonces hasta hoy, varios académicos continuaron repitiendo este error.[105]

Aunque los historiadores (salvo Rodulfo Cortés) habían ubicado únicamente cuatro casos de blanqueamiento, dos en Colombia y dos en Venezuela, una fusión natural comenzó a proliferar en la historiografía. Los estudiosos supusieron implícitamente que, como pardos y mulatos tenían la oportunidad de solicitar la blancura en todas las Américas, debieron hacerlo. Como resultado, los historiadores difundieron la injustificada presunción de que pardos y mulatos en México, Nicaragua, Perú, Argentina, Puerto Rico, Cuba, las Filipinas, California, Nuevo México, Florida y Luisiana *podrían* (resaltado mío) haberse beneficiado de la opción de blanqueamiento.[106] Algunos supusieron que las "cédulas de blancura" habían sido "comunes en muchas

---

101 Lau, 431.
102 Haring, 198.
103 Blanco-Fombona, 158.
104 Gibson, *España*, 20.
105 Worcester y Schaeffer, 154; Salcedo-Bastardo y McDermott, 43; Blanco-Fombona, 158; Brown, 165; Gómez-Muller, 19; Lau, 436; Wickberg, 49; Herzog, *Defining*, 242; Montaner, 80; Urrieta, 159; Daniel, 111; Richmond, 208; Vázquez, 40; Wolfe, 179; Sloan, xvii. Martínez, *Genealogical*, 258-259, señala que los indígenas nunca fueron considerados impuros y tampoco los mestizos.
106 México (Schmidt, 50; Booker, *Veracruz*, 14; Castillo Palma, 39; Swarthout, 42; González, 56), Nicaragua (Wolfe, 179), Ecuador (Phelan, *Kingdom*, 15), Perú (Brown, 107; Hünefeldt, 14; Cahill, 336), Argentina (Socolow, *Bureaucrats*, 106), Puerto Rico (Kinsbruner, 26; Guerra, 21), Cuba (Domínguez, 39; López Núñez, 55; Gates, 196), Filipinas (Bankoff, 225; Wickberg, 34), California (Haas, 31; Moss, 224-225), Nuevo México (Nieto-Phillips, 74), Florida (Landers, *Black*, 282; Sweet, *Legal*, 225), y Luisiana (Macdonald, Kemp y Haas, 24; Frederick, "Blood", 77). Wolfe nombra a un posible solicitante en 1815 en Nicaragua, 179, pero, al parecer, el Consejo de Indias no consideró su petición.

partes de las Américas".¹⁰⁷ Puesto que fue la ausencia de documentos de blanqueamiento tanto como su presencia lo que fundamentalmente dio forma a la historiografía, parece conveniente explicar cómo surgieron eventualmente a la superficie y suministraron algunas de las primeras respuestas.

Encontrar las gracias al sacar: ingeniería inversa en los archivos

A mediados de la década de 1980, cuando visité por primera vez el Archivo General de Indias, no tenía idea de cómo encontrar las gracias al sacar. Al no conocer los índices pioneros elaborados por los venezolanos, ni la publicación de 1978 de Santos Rodulfo Cortés, las únicas pistas con las que contaba eran los documentos publicados por Lanning, King y Konetzke. La idea original era investigar varias opciones de gracias al sacar disponibles en los aranceles de 1795. Estas incluían la compra de legitimaciones, naturalización como español, mayorazgos y títulos de nobleza, así como blancura. La primera estrategia era lanzar la red ampliamente y registrar toda referencia a cada caso de gracias al sacar en el Archivo General de Indias anteriormente ubicados por King y Konetzke.

El paso siguiente implicaba aplicar una versión aproximada de la ingeniería inversa a los archivos: una búsqueda de patrones espaciales, marcando los números de catálogo donde se encontraban los casos conocidos de las gracias al sacar en los "índices" del Archivo. Muchas de estas guías hacían referencia a miles de volúmenes descritos únicamente como "Indiferente General" o "Cartas y Expedientes". Por lo tanto, fue necesario descubrir primero dónde tendían a estar los casos de gracias al sacar ya encontrados en el catálogo del Archivo General de Indias. La respuesta fue que los números de catálogo de los documentos de las gracias al sacar se agrupaban principalmente en la sección del siglo XVIII titulada "Cartas y Expedientes", que se extendía aproximadamente de la década de 1760 a 1819.

El problema siguiente era que cada una de las trece divisiones administrativas (reales audiencias) de las Indias (Buenos Aires, Caracas, Charcas, Chile, Cuzco, Guadalajara, Guatemala, Lima, México, Pa-

---

107 Burdick, 42; Guss, 270; Rodríguez, *Slavery*, 407, 432.

namá, Quito, Santa Fe de Bogotá, Santo Domingo) incluía una sección titulada "Cartas y Expedientes". Puesto que habitualmente se encontraban tres volúmenes de documentos para cada año, la sección de "Cartas y Expedientes" para cada jurisdicción contenía aproximadamente ciento ochenta volúmenes. Al multiplicar ciento ochenta por trece, el número de reales audiencias sugerían que los casos de las gracias al sacar estaban probablemente ubicados en algún lugar de aproximadamente 2.300 volúmenes sin indexar, cada uno de los cuales incluía cientos de páginas. Este fue un comienzo, pues el Archivo General de Indias contiene más de 38.000 legajos.[108]

Como sería excesivamente dispendioso consultar más de dos mil volúmenes, la mala noticia era que, sin alguna guía, resultaría imposible ubicar sistemáticamente las gracias al sacar. La buena noticia era que la burocracia española adoraba los precedentes. Cuando los funcionarios del Consejo de Indias adoptaban decisiones sobre los casos, especialmente cuando estaban confundidos acerca de cómo proceder, consultaban a menudo veredictos anteriores para orientarse. Esto significaba que la práctica administrativa creaba habitualmente guías internas escritas a mano —en ocasiones generadas a medida que llegaban los documentos; a veces, más tarde— que permitían a los funcionarios buscar precedentes.[109] La única esperanza de encontrar los casos de las gracias al sacar era que tales índices existieran para la sección de "Cartas y Expedientes" para cada una de las trece reales audiencias. Como al comienzo del catálogo para cada una de ellas había también una sección con el vago título de "Índices", que contenía varios volúmenes de contenido desconocido, la mejor oportunidad de hallar lo que buscaba era identificarlos y ver si en realidad eran localizadores de "Cartas y Expedientes".

Una semana de leer los índices llevó al descubrimiento de un listado interno de documentos para la sección de "Cartas y Expedientes" de Buenos Aires. Este resultó ser un libro manuscrito, de varios cientos de páginas, donde se detallaba cada año en el que habían llegado las cartas y los expedientes desde Buenos Aires al Consejo de Indias. El archivista había anotado, por ejemplo, que en 1771, el documento 14 contenía la petición de don Manuel de Escalada para legitimar a sus dos hijos; o que el documento 12 de 1790 era de don Juan Ville, un

---

108 http://lanic.utexas.edu/project/tavera/espana/indias/indias.html.
109 Álvarez-Coca González ofrece la idea de un proceso paralelo en la forma en que la Cámara de Castilla organizó internamente sus documentos.

francés que solicitaba la ciudadanía española; o que, en 1797, la carta 24 era de Pedro de Olmedo, solicitando la blancura.[110] En su totalidad, el índice manuscrito para la Audiencia de Buenos Aires ofrecía información sobre más de ochenta peticiones de favores de gracias al sacar, que incluían cartas de naturalización, títulos nobiliarios, mayorazgos, legitimaciones y blanqueamientos.

El paso final fue ubicar los documentos. El índice interno manuscrito para Buenos Aires no se correlacionaba directamente con el catálogo del Archivo General de Indias. No obstante, era posible buscar en el catálogo actual y descubrir que había tres volúmenes para 1771 en "Cartas y Expedientes" de Buenos Aires y los números de catálogo correspondientes para consultarlos. Si el índice interno manuscrito mostraba que había llegado una petición de legitimación como documento 14, había una buena posibilidad de que el documento se encontrara en el primero de los tres volúmenes para 1771 (AGI, Buenos Aires 183) y, de lo contrario, ciertamente en el volumen siguiente.

Había, entonces, una correlación aproximada, aunque no siempre perfecta, entre el índice interno manuscrito y el listado archivístico moderno. Las gracias al sacar podían ahora ser ubicadas con precisión, pues era posible encontrar índices similares para cada sección de cada audiencia y recolectar metódicamente los casos.[111] Cerca del final de esta investigación, un archivista me llamó a la zona privada de las oficinas del Archivo, donde me reveló el índice de los veintidós volúmenes de la Audiencia de Caracas. El resultado de esta ingeniería inversa fue el descubrimiento de 244 peticiones de legitimación, 182 solicitudes de naturalización, 77 de títulos de Castilla, 45 mayorazgos y 19 peticiones para llevar el título de don.

Las peticiones de blanqueamiento resultaron más difíciles de cuantificar. Un conteo final identificó cuarenta peticiones. De estas, veintinueve casos existían en "Cartas y Expedientes", mientras que las referencias internas a otras peticiones identificaban siete peticiones más.[112] Cuatro solicitantes adicionales, dos encontrados por Konetzke, uno

---

110 AGI, Buenos Aires 300.
111 Los índices de las secciones de Cartas y Expedientes del AGI pueden encontrarse en Buenos Aires 300; Charcas 455; Chile 231; Cuzco 14; Guadalajara 367; Guatemala 592; Lima 982; México 1687; Panamá 298; Quito 277; Santa Fe 731, 985, y 1184; Santo Domingo 1347. Un índice impreso, Audiencia de Caracas, ofrece acceso a los documentos venezolanos.
112 Véase discusión en Anexo A.

Mapa 1. Ciudades de los peticionarios de blanqueamiento.
Nota: se indica el nombre de los países actuales donde se ubican las ciudades.

por Rodulfo Cortés y uno proveniente de Guatemala aparecieron también eventualmente (véase Anexo A para más detalles). Los casos de blanqueamiento se originaron principalmente en los alrededores del Caribe, centrados en Guatemala (cuatro), Cuba (ocho), Panamá (nueve) y Venezuela (trece), con unas pocas localidades apartadas,

Honduras (uno), México (uno). Argentina (uno), Perú (uno) y Colombia (dos). Las primeras peticiones procedían sobre todo de Cuba, Panamá y Venezuela, mientras que aquellas que se enviaron posteriormente estaban diseminadas por todo el imperio.

Las fechas de las peticiones de blanqueamiento resultaron ser sugestivas de inmediato, pues el 43% de ellas (diecisiete de cuarenta) llegaron antes de la publicación de las gracias al sacar de 1795. Únicamente seis de estas peticiones "precursoras" solicitaban la blancura total. Los solicitantes, por lo general, pedían excepciones para ejercer profesiones o para disfrutar de privilegios reservados a los blancos, que incluían la dispensa para ejercer como boticario (una), cirujano (dos), notario (cinco) y para graduarse en la universidad (tres). La pregunta seguía siento la misma: ¿por qué pidieron pardos y mulatos un blanqueamiento parcial o completo antes de la publicación de las gracias al sacar?, ¿cuál era el vínculo entre estas primeras solicitudes y la promulgación de la lista oficial de precios?

Inicialmente, las respuestas a estas preguntas debieron esperar, pues el descubrimiento de las numerosas y ricas peticiones de legitimación ocuparon muchos años de investigación y redacción, y llevaron a la publicación de mi libro *Public Lives, Private Secrets* en 1999. En aquella monografía, concluía que el reducido número de casos de blanqueamiento nunca hubiera podido servir como fuente significativa de movilidad social para los pardos y mulatos. Dados aquellos criterios, fue "letra muerta casi desde el momento de su aparición", y la reforma social "menos importante" de las emprendidas a finales del siglo XVIII.[113] No obstante, la investigación puede ahora resolver muchas de las primeras preguntas suscitadas durante casi un siglo de historiografía. Más importante aún, reveló por qué estas respuestas abrieron caminos más sugerentes de exploración.

Primeras respuestas, preguntas adicionales

Quizás una de las razones por las cuales el concepto de comprar la blancura continúa siendo tan atrayente es que sigue siendo tan elusivo que permite múltiples y contradictorias interpretaciones. Una respuesta engañosamente sencilla resuelve muchas de las primeras preguntas

---

113 Twinam, *Public*, 310.

formuladas acerca del blanqueamiento: ¿por qué se aplicó apenas a dos categorías de casta?, ¿por qué los pardos, de piel más oscura, pagaban menos que los quinterones?, ¿por qué era mucho menos costoso que otros favores de gracias al sacar?, ¿por qué había pardos que la solicitaron antes de que se promulgara la lista de precios en 1795? La respuesta es que la Corona no promulgó la opción de blanqueamiento como parte de una política calculada para mejorar la condición de pardos y mulatos en las Indias. Más bien, el blanqueamiento de las gracias al sacar apareció gracias a los precedentes y a un súbito deseo burocrático de poner orden. En este caso, Ann Laura Stoler y Frederick Cooper lo comprendieron con gran exactitud: con excesiva frecuencia, los historiadores "han asumido que existía más coherencia en los proyectos coloniales de la que merecían".[114] Todos los autores que escribieron sobre el blanqueamiento supusieron —erróneamente— que se había originado como una política deliberada de la Monarquía española.

¿Cómo es posible que el blanqueamiento hubiera aparecido como resultado de un accidente en vez de por una deliberada toma de decisiones? La evidencia revela que, antes de 1795, pardos y mulatos habían solicitado al Consejo de Indias un remedio parcial o total para sus problemas.[115] Rastrear estos casos precursores revela cómo las decisiones internas dentro del Consejo de Indias fueron creando una resbalosa pendiente burocrática que llevó, eventualmente, a la promulgación de una opción oficial de blanqueamiento.

El proceso se inició en la década de 1760, cuando algunos funcionarios imperiales establecieron el precedente de subsanar las trabas sufridas por los pardos con el fin de que pudieran ejercer profesiones prohibidas por la ley, en este caso, para que algunos mulatos cubanos pudieran practicar la cirugía. En estos casos, el Consejo de Indias no cobró por estas concesiones. Desde la década de 1760 hasta la de 1780, los ministros comenzaron a otorgar excepciones a los pardos y quinterones que pedían ser notarios en Panamá. En esta ocasión, los funcionarios dieron el paso siguiente y cobraron por el favor. Lo solicitantes no solo debían pagar el costo habitual de las gracias al sacar para comprar el título de notario; debían pagar un costo adicional para liberarlos de su condición inferior de casta.

Las sumas cobradas para poner fin a estas dos condiciones de casta —500 reales para los pardos y 800 para los quinterones— fueron aque-

---

114 Cooper y Stoler, "Between", 6.
115 Caso 9, Báez y Llerena, 1773, ofrece un temprano ejemplo de ello.

llas que aparecerían décadas más tarde en las gracias al sacar de 1795. El Consejo de Indias nunca hizo un cálculo racional sobre quiénes tenían la piel más oscura o clara y si debían pagar más o menos; más bien, los precedentes del caso fijaban el precio del blanqueamiento. En un conjunto final de casos precursores, pardos y mulatos realizaron peticiones que excedían la mera excepción de ejercicio laboral: sencillamente, aunque de forma infructuosa en aquel momento, pedían al Consejo de Indias que los hiciera blancos.

Cuando, a comienzos de la década de 1790, los funcionarios de la Contaduría General recibieron órdenes de compilar un listado de favores de gracias al sacar en las Américas para aumentar los ingresos de la Corona, siguieron el procedimiento habitual: buscaron precedentes. El prefacio a esta compilación de 1795 explica que los funcionarios de Hacienda se basaron en las gracias al sacar de 1773 promulgadas para España, así como en la "práctica" de las Indias.[116] Los ministros recurrieron primero a las gracias al sacar españolas como un modelo para enumerar numerosas opciones adquiribles, incluyendo legitimaciones, mayorazgos y títulos de nobleza, todas las cuales tenían una larga historia, pues la Corona había concedido estos favores desde el siglo xv.

Los funcionarios siguieron también su procedimiento habitual y buscaron en los archivos del Consejo de Indias favores adicionales aplicados en las Américas que pudieran ser idóneos. Hallaron los casos precursores donde se pedían dispensas ocupacionales, así como peticiones donde los pardos solicitaban la blancura completa. Es posible, incluso, que encontraran una anotación sorprendente de parte de un fiscal de la Corona, según la cual la eliminación del "defecto" de quinterón era una de las "gracias al sacar".[117]

El resultado de lo anterior fue que las cláusulas finales de las gracias al sacar de 1795 consistieron en una lista de favores comparables adicionales, específicos de las Indias. Esta incluía los costos pagados por extranjeros que deseaban "residir en estos reinos"; el precio para que una persona no española obtuviera "cartas de naturaleza" para vivir en las Américas; permiso para quienes tenían encomiendas —el derecho a recibir tributos de las poblaciones indígenas— para residir

---

116 RC, Doc. 7, 1795. García, *Intendencia*, 188, sugiere que el arancel español de 1773 pudo haber precipitado la petición de blanqueamiento de Juan Gabriel Landaeta en 1788, pero esto parece altamente improbable, pues la Corona no publicó la lista de precios en las Américas, y el blanqueamiento no aparecía en la versión peninsular.

117 Caso 13, Paz, 1786.

en España en lugar de las Indias.[118] Otra adquisición única para las Américas —que más tarde sería asociada con el blanqueamiento— era el permiso para comprar el título de don, pues esta dignidad honorífica designaba a quien lo llevaba como blanco, legítimo y miembro de la élite. Finalmente, las últimas dos cláusulas incluidas al final eran los favores de gracias al sacar que permitían a pardos y quinterones pagar para eliminar su defecto, adquiriendo la blancura.

A diferencia del Consejo de Indias, que había rechazado peticiones para obtener la blancura completa antes de 1795, y únicamente había eliminado la condición de ser pardo a efectos de desempeñar una ocupación, los funcionarios de la Contaduría General ignoraron estas distinciones. Más bien, tomaron estas piezas de evidencia de dispensas esporádicas y enumeraron indiscriminadamente "dispensa de la cualidad de pardo" y de "la calidad de quinterón" para venderlas sin ninguna restricción o limitación. De ahí resultó la concesión de la blancura total. La despreocupación con la cual estos burócratas pusieron estas cláusulas, potencialmente explosivas, en manos de los funcionarios del Consejo de Indias, sigue siendo asombrosa. No obstante, visto desde la perspectiva del precedente administrativo, los funcionarios se habían limitado, sencillamente, a dar el paso siguiente: habían transformado procesos de blanqueamiento ya existentes, informales y parciales, en la concesión de una blancura oficial y completa.

Otro tema debatido en la historiografía de las gracias al sacar tampoco ha sido considerado todavía: el asunto de la frecuencia. ¿Por qué hubo tan pocos solicitantes? ¿Fue por el costo, otro asunto controvertido en la bibliografía? Esto último parece poco probable, pues las conversaciones entre los funcionarios reales, las élites locales y los peticionarios pardos revelan que todos coincidían en que el costo era considerablemente bajo en relación con el beneficio. Un solicitante argentino ofreció pagar el cuádruple del precio si recibía el favor; es probable que algunos solicitantes gastaran más dinero en asesorías jurídicas y en peticiones repetidas de lo que hubieran pagado por las gracias.[119]

Tampoco fue el blanqueamiento una importante fuente de ingresos para la Corona, pues las sumas totales recolectadas alcanzaron solo 8.500 reales, poco más que el precio de dos legitimaciones. Estas minúsculas cifras —incluso considerando el reducido número (cuarenta) de solicitantes— se debieron a que el Consejo de Indias, en

---

118 RC, Doc. 7, 1795.
119 Caso 24, Olmedo, 1797; Caso 22, Ayarza, 1803.

ocasiones, concedía las excepciones gratuitamente, rechazaba los casos o bien los posponía.[120] Como las peticiones de blancura generaban varios miles de páginas de intercambios entre los funcionarios imperiales, los peticionarios y las élites locales, estas solo supusieron pérdidas a las arcas reales.

¿Hubo pocas solicitudes porque el blanqueamiento era, como afirmaba Santos Rodulfo Cortés, una "burla"?[121] Alternativamente, podríamos acogernos a la hipótesis de Aline Helg respecto a Cartagena, según la cual ciertos lugares ofrecían bastante movilidad social, de manera que quienes estaban muy cerca de la blancura no sintieron la necesidad de comprar unas gracias al sacar, pues ya disfrutaban de una más que razonable movilidad.[122] ¿Qué otras razones podrían explicar la escasez de peticiones?

Aunque en los capítulos siguientes exploraremos esta enigmática pregunta, una posibilidad intrigante es que, en algunos lugares, pardos y mulatos sencillamente no sabían que existía la opción de comprar la blancura. Aun cuando la Corona había concedido muchos favores de gracias al sacar durante siglos —legitimaciones, naturalizaciones, títulos de nobleza— estos eran de interés principalmente para las élites. Quienes poseían los recursos y la motivación para beneficiarse de estas compras ya eran conscientes de la existencia de estas opciones mucho antes de la aparición de cualquier compilación en 1795.

A diferencia de estas gracias, los funcionarios imperiales añadieron los nuevos favores reservados para las Indias a la lista de precios debido a unos pocos precedentes esporádicos y sin ninguna ceremonia. Además de la posible lectura del arancel de las gracias al sacar por los pregoneros locales, la Corona no hizo esfuerzo alguno por difundir las nuevas opciones, y es probable que las élites locales tampoco estuvieran ansiosas por alentar este conocimiento entre la población mulata susceptible de acogerse a ellas.[123] Estas variables pueden comenzar a explicar por qué tan pocas personas solicitaron los nuevos favores adicionales, como los títulos de don (19) o poner fin a la condición de pardo y quinterón (40)

---

120 La Corona recaudó 3.400 reales antes de 1794 de los notarios panameños. Después de 1795, los funcionarios recibieron 5.100 reales en pagos. Para la disposición de los casos, véase Anexo A.
121 RC, 1, 99.
122 Helg, *Liberty*, 94-95.
123 RC, 1, xxvii, se pregunta también si "la simple lectura [...] en las esquinas de las ciudades [...] despertara tal interés".

comparados con aquellos que compraban gracias de larga data como las legitimaciones (244) o las naturalizaciones (182).

Otro indicio de que posiblemente la información sobre el blanqueamiento no fuera muy difundida es que un buen número de las peticiones resultaron ser solicitudes en grupo. Estas revelaron vínculos familiares u ocupacionales entre los solicitantes, donde uno de ellos se enteraba de las gracias al sacar e inspiraba a otros. Dos cubanos resultaron ser hermanos: el primero las solicitó en la década de 1760 para ejercer como cirujano y su hermano, décadas después, solicitó la blancura completa.[124] Las dos peticiones de blanqueamiento parcial de 1760 provinieron de pardos cubanos que trabajaban en el mismo hospital.[125] Entre los solicitantes panameños que pedían ejercer como notarios había un padre y su hijo, así como un maestro y su practicante.[126] En Argentina, el único solicitante pardo se enteró de las opciones de las gracias al sacar porque su hijo adoptivo (posiblemente su hijo biológico), había comprado una legitimación. Un funcionario real compró el blanqueamiento para su primera esposa, y luego para la segunda.[127]

Las conexiones anteriores sugieren la posibilidad de que el conocimiento del blanqueamiento de las gracias al sacar no estuviera muy difundido entre los grupos de élite pardos y mulatos que tenían los medios y la motivación para beneficiarse de él. La única notable excepción a esta suposición fue Caracas, pues allí las protestas de las élites locales contra el blanqueamiento de las gracias al sacar difundieron su existencia dentro de la población general. Aun cuando más venezolanos solicitaron el blanqueamiento que personas de otros lugares, es probable también que esta oposición disuadiera de solicitarlo a una serie de personas elegibles. Aunque parece probable que un número apreciable de pardos y mulatos adicionales podrían haber tenido los recursos necesarios, es posible que su costo fuese prohibitivo para la mayoría.

La investigación inicial ha suministrado unas primeras respuestas: por qué la Corona promulgó las cédulas, por qué las dos categorías, los costos variables y el número de casos. No obstante, otras pregun-

---

124 Caso 4, Báez y Llerena, 1760; Caso 9, Báez y Llerena, 1773.
125 Caso 5, Avilés, 1763; Caso 6, Cruz y Mena, 1764.
126 Caso 8, Borbúa, 1767; Caso 29, Borbúa, 1803.
127 AGI, Buenos Aires 280, n. 14, 1796 (don Joseph Ramón de Olmedo legitimación); Caso 24, Olmedo, 1797; Caso 21, Rodríguez, AGI, 1796; Caso 40, Rodríguez, 1816.

tas más urgentes siguen sin respuesta: ¿quiénes eran aquellos pardos y mulatos de la década de 1760 que crearon los precedentes que condujeron finalmente al blanqueamiento de las gracias al sacar?, ¿cómo consiguieron llegar hasta ese punto?, ¿por qué los escuchó el Consejo de Indias y, más aún, concedió algunas de sus peticiones? Sus solicitudes sugieren que la historia del blanqueamiento debió tener raíces más profundas, incorporadas a las tradiciones españolas, durante aquellos siglos de mestizaje que produjeron la sociedad de castas, y durante generaciones enteras de esfuerzos de pardos y mulatos por conseguir la movilidad social.

Igualmente confuso fue lo que sucedió después de 1795. ¿Cuál fue la respuesta del Consejo de Indias cuando descubrió que los funcionarios de la Contaduría General habían sustituido algunos blanqueamientos ocupacionales informales concedidos en las décadas de 1760 y 1779 por una lista oficial de precios que sancionaba la compra de la blancura total?, ¿modificó sus políticas?, ¿cómo respondieron pardos y mulatos, y las élites locales, a la publicación de la opción de blanqueamiento?, ¿cuáles fueron sus consecuencias?

Incorporadas a miles de páginas de los intercambios sobre gracias al sacar hubo conversaciones excepcionales sobre normas y excepciones a las normas. Estas iluminan aquello que Ann Laura Stoler y Frederick Cooper han identificado como "un punto central [...] de los recientes estudios coloniales": el reconocimiento de que la "alteridad de la persona colonizada no era inherente a ella ni estable", pues "la diferencia debía ser definida y preservada".[128] Esta ambigüedad social y racial expone las dinámicas que subyacen a la "tensión" siempre presente entre una "dominación" que encarnaba tanto "incorporación como distanciamiento".[129] Es fundamental determinar el grado en que persistían los prejuicios tradicionales incorporados a los conceptos, prácticas y leyes españolas, que excluían a pardos y mulatos, o si, por el contrario, se abrieron caminos a la movilidad social y al disfrute de los privilegios de la blancura.

Finalmente, ¿qué hay tras el abismo que existe entre las posiciones respecto a la compra de la blancura en un siglo de historiografía producida por académicos de habla inglesa y de habla hispana?, ¿por qué el primer grupo unánimemente consideró que el blanqueamiento era una opción novedosa, e incluso radical, mientras que los his-

---

128 Cooper y Stoler, "Between", 7.
129 Stoler, *Carnal*, 202.

toriadores hispanos aceptaron, por lo general, que este concepto no era controversial?, ¿hasta qué punto refleja esta disparidad actitudes históricas y prevalecientes, diferencias comparativas en los procesos angloamericanos e hispanos dirigidos a organizar la inclusión y la exclusión social y racial?

Responder a estas preguntas requiere no solo la exploración de las peticiones de blanqueamiento de las gracias al sacar, sino también rastrear aquellos elementos fundamentales que las hicieron posibles y que afianzaron siglos de movilidad de casta. ¿Qué procesos crearon la posibilidad de que los africanos y sus descendientes mestizos pasaran de la esclavitud a la libertad, de su condición de vasallos a la de ciudadanos? En este capítulo se han respondido algunas de las preguntas originales que surgen de un siglo de historiografía sobre el blanqueamiento. El capítulo 2 presenta enfoques metodológicos para explorar la historia de las movilidades de casta. Los capítulos 3 y 4 adoptan un enfoque de "largo plazo", al rastrear los esfuerzos de pardos y mulatos durante siglos para identificar intersticios que les permitieran escapar a la discriminación, disfrutar de las gratificaciones de los blancos y conseguir que las generaciones posteriores fuesen cada vez más blancas. Los capítulos 5 a 11 restringen la cronología, al seguir los intercambios que se dieron mientras las castas presentaban peticiones, los funcionarios reales decidían y algunas élites protestaban contra el blanqueamiento de las gracias al sacar en particular, y contra la movilidad de pardos y mulatos en general. El capítulo 12 se enfoca en conversaciones posteriores que tuvieron lugar en las Cortes de Cádiz, pues, a medida que se avecinaba la independencia, los delegados peninsulares y ultramarinos debatieron de nuevo el destino de las castas como elemento fundamental para la preservación del imperio. En la conclusión se narran algunas historias posteriores de los solicitantes de las gracias al sacar, ubicando sus vidas dentro del panorama más amplio de la búsqueda de movilidad social por parte de pardos y mulatos a lo largo de los siglos.

Capítulo 2
Introducciones. Enfoques alternativos

"Más pesa el rey que la sangre"
Luis Vélez de Guevara.[1]

En 1783 —doce años antes de que el blanqueamiento apareciera como una opción de compra en las gracias al sacar—, Bernardo Ramírez, un pardo de Guatemala, apeló al Consejo de Indias para que le concediera la blancura.[2] Esta petición tuvo muchos aspectos únicos, pero el más extraordinario de ellos resultó ser un comentario de Antonio de Porlier, el fiscal de la Corona que revisó su caso.[3] Sugirió que la gracia o favor que Bernardo solicitaba era "repugnante o, al menos, excesiva", porque era "evidente" que él "no puede desfigurar ni desvanecer su infecta calidad aunque se empeñe en ello".[4]

La conclusión en apariencia evidente —de que, como pardo no podía ocultar su "infecta cualidad", no podía volverse blanco— resultó extraordinaria debido a su carácter excepcional. Este fue el único caso en el que alguien, en los documentos de gracias al sacar, puso en duda la idea de que pardos y mulatos pudieran lograr la blancura.[5] Aun cuando los funcionarios reales rechazaran estas peticiones, o las

---

1 Maravall, 84.
2 Elementos de este capítulo han aparecido en Twinam, "Purchasing".
3 Véase este capítulo para la metodología usada para identificar a los fiscales que ocuparon este cargo, y Rípodas Ardanaz, *Ilustrado*, sobre la carrera de Porlier.
4 Caso 11, Ramírez, 1783.
5 Véase la cita de Porlier con la que comienza el capítulo 6. Aun cuando no abrigaba duda alguna de que el rey detentaba el poder de conceder la blancura, la pregunta era si funcionaría.

élites locales protestaran por sus consecuencias, nadie, con excepción de Porlier, cuestionó jamás la proposición fundamental según la cual la blancura era un objetivo alcanzable.

¿Qué sucedió aquí?, ¿por qué nadie nunca puso en duda la idea de que pardos y mulatos pudieran volverse blancos? Semejante ausencia tan resonante subraya que, en ocasiones, lo que calla la historia puede ser más revelador que lo que dice. En este capítulo se introducen metodologías —el enfoque *emic* y *etic*, y el análisis procesual— que ofrecen una mejor comprensión de estas tendencias menos evidentes.

Metodología *emic* y *etic*: análisis procesual

La distinción entre *emic* y *etic* está en el centro de buena parte de la interpretación histórica que sigue. Desarrollada originalmente por lingüistas como Kenneth Pike, revisada por algunos antropólogos, entre ellos Marvin Harris, y adoptada por académicos de numerosas disciplinas, un enfoque *emic* privilegia la descripción de las "distinciones culturales intrínsecas que son significativas para los miembros de una sociedad determinada".[6] El análisis *etic*, por el contrario, explora "los conceptos y categorías extrínsecos que tienen significado para los observadores científicos". Una interpretación *emic* privilegia las fuentes, permitiéndoles sugerir los temas de estudio; un enfoque *etic* utiliza temáticas desarrolladas por historiadores o por científicos sociales para orientar la agenda de investigación.

Consideremos la diferencia en la manera como un enfoque *emic* o *etic* puede operar cuando un lingüista encuentra una tribu brasilera oculta con un idioma hasta entonces desconocido. Al adoptar un análisis *emic*, el estudioso intentaría comprender este nuevo idioma desde la perspectiva de quienes lo hablan, considerar cómo dividieron los componentes del habla y cómo asignaron significados. Desde un enfoque *etic*, el investigador podría sobreponer las categorías generalmente aceptadas de las estructuras lingüísticas —quizás relaciones entre sustantivos y verbos, o prefijos y sufijos—, y aplicar estas categorías conocidas para clasificar el nuevo idioma y compararlo con otros.

En ocasiones, el conocimiento acumulado mediante un proceso *emic* puede usarse posteriormente de manera *etic*. En enfoque *emic*, por

---

6 Lett, 382-383.

ejemplo, de aquellas tendencias subyacentes que emergen a la superficie en las peticiones de legitimación analizadas en *Public Lives* (Twinam, 1999) podría después convertirse en un análisis *etic*, y ciertamente lo hará. Las conclusiones obtenidas respecto a las legitimaciones de las gracias al sacar ofrecen un contexto para compararlas con las peticiones de blanqueamiento, y para calibrar maneras semejantes o diferentes de dar forma a las políticas sociales por parte del Consejo de Indias.

Tanto los enfoques *emic* como los *etic* son esenciales, pues resulta imperativo saber cómo las personas de aquella época construyeron sus mundos, y a la vez, contextualizar estos descubrimientos dentro del flujo más amplio de la investigación comparada. No obstante, al menos para los historiadores, privilegiar un enfoque *emic* al comienzo parece dejar abierto un espacio mayor para descubrir lo inesperado. Permite, como observa Ward Goodenough, "encontrar el lugar donde algo hace una diferencia para nuestros informantes".[7] O bien, según el reto que plantea Frederick Cooper, el objetivo es "no perder de vista la búsqueda de la gente en el pasado por desarrollar conexiones o maneras de pensar que eran importantes para ellos, mas no para nosotros".[8] Concluye que "la buena práctica histórica debería ser sensible a las disyunciones entre el marco de los actores del pasado y los intérpretes de hoy".

Semejante distinción consciente entre lo *emic* y lo *etic* resulta de particular utilidad cuando el enfoque de la investigación es la compra de la blancura. La primera aproximación privilegiará necesariamente el vocabulario, las conceptualizaciones y las acciones de los actores históricos. Su objetivo será determinar cómo concibieron la condición de mulato y de pardo, cómo se originó, cómo se transmitió, qué significó, qué discriminación implicaba, y si podría ser alterada. A diferencia de este enfoque, la aproximación *etic* podría introducir historiografía contemporánea adicional, al comparar la movilidad social en la América de habla inglesa, francesa o hispana, o considerar construcciones variables de raza, aun cuando es posible que estos temas no aparecieran de manera tan directa en los discursos del siglo XVIII relativos a las gracias al sacar.

Si bien los enfoques *emic* y *etic* provienen inicialmente de enfoques lingüísticos y antropológicos para diferenciar y privilegiar las indagaciones desde dos puntos de vista, desde adentro hacia afuera (*emic*) o de afuera hacia adentro (*etic*), la metodología procesual tuvo su origen en

---

7 Harris, 331.
8 Cooper, 18-19.

análisis sociológicos y comerciales. Su objetivo original, como explica el teórico Andrew M. Pettigrew, fue "explorar las cualidades dinámicas de la conducta humana y de la vida organizacional, e incorporarlas a lo largo del tiempo".[9] El enfoque procesual ha demostrado ser de invaluable importancia por su insistencia en las interacciones, en cómo un complejo de variables puede combinarse de diversas formas para producir una gama diferente de resultados. Estas fuerzas se encuentran en el centro de cualquier proyecto histórico, pues los estudios de procesos "se ocupan de describir, analizar y explicar el qué, por qué y el cómo de una secuencia de acciones individuales y colectivas".[10]

Comprender la conexión entre tres variables fundamentales —actores, contexto y tiempo— sugiere cómo estos factores podrían dar forma a interacciones procesuales. La evaluación de los actores indaga quiénes son las "personalidades críticas" y "los ganadores y perdedores en el proceso, los dubitativos, los que no se comprometen y los adalides del cambio".[11] Si bien los actores pueden "impulsar procesos", se encuentran también limitados por los "contextos" que los rodean. Esto pueden "limitar su información, comprensión e influencia", o bien verse impactados por "acontecimientos que ocurren en otros niveles relacionados con ellos" que alteran "el flujo central de actividad". La cronología afecta asimismo la interrelación entre actores históricos y contextos, pues "qué", "cómo" o "por qué" algo sucede "depende también de *cuándo* sucede, de su ubicación en la secuencia procesual, su lugar en el ritmo de los acontecimientos característicos de un proceso determinado" (subrayado mío).[12]

Pettigrew no asegura que el análisis procesual descubra ineludiblemente "programas predeterminados" ni "secuencias ordenadas e inevitables". Es posible que el análisis, igualmente de forma inevitable, descubra procesos que son "inherentemente discontinuos y abiertos". Una aproximación similar se asemeja a la observación de Ann Laura Stoler según la cual resulta útil también aprender de lo inacabado y fracasado, de aquello que "fue considerado posible, pero no se realizó", de "proyectos abortados".[13] Aunque las dinámicas generadas por las interacciones entre actor, contexto y cronología no ofrezcan

---

9   Pettigrew, 347.
10 *Ibid.*, 338.
11 *Ibid.*, 345.
12 *Ibid.*, 339.
13 Stoler, *Along*, 108.

garantía alguna de llegar a conclusiones precisas, sí suscitan preguntas sugestivas acerca de las dinámicas interrelacionadas, y estas resultan, a menudo, tan sugerentes como cualquier "conclusión".

Como la especificidad histórica relativa al contexto, actores y cronologías resulta esencial para cualquier análisis de las gracias al sacar y del blanqueamiento, en lo que sigue emplearemos enfoques *emic*, *etic* y procesuales para introducir temas ubicuos. Una primera sección ofrece contextos, sondea la validez de la metodología comparada y sugiere enfoques. Luego, introduce variables subyacentes que dieron forma a las dinámicas de exclusión e inclusión, entre ellas las profundamente arraigadas experiencias y tradiciones que moldearon las ideas oficiales y populares acerca de "raza", "color", "clase", "casta", la esencia de la condición de pardo y de mulato, y su potencial de modificación. Fueron decisivos también los conceptos de justicia, reciprocidad e "inconvenientes", pues estos establecieron los parámetros dentro de los cuales pardos y mulatos solicitaron reparación, y dentro de los cuales los funcionarios reales decidieron los resultados.

Un segundo segmento considera a los actores históricos: pardos y mulatos, élites locales y funcionarios imperiales. Su objetivo es comprender los papeles que desempeñaron en promover u obstruir el cambio de condición social. Introduce una metodología revisionista para identificar quiénes tomaban las decisiones.

Finalmente, prestar atención a las cronologías sigue siendo fundamental. Algunos acontecimientos proceden al mismo ritmo de referentes históricos más "tradicionales", por ejemplo, las Reformas Borbónicas de mediados del siglo XVIII. Otras secuencias fundamentales fluyen por senderos menos conocidos: tiempo "largo", "lineal", "congelado" y "atlántico". Básico para la investigación en este capítulo y los que le siguen es comprender aquellas dinámicas que promovieron la movilidad general de casta, y permitieron también a un grupo élite solicitar la blancura.

Gracias al sacar: ¿una perspectiva comparativa?

Una pregunta preliminar, *etic*, aguarda respuesta. Si bien la interrogación es sencilla, la respuesta es compleja: ¿comparar o no comparar? Como he delineado en el capítulo anterior, desde su temprana aparición en la conferencia de 1912 de Manoel de Oliveira Lima, hasta el día de hoy, buena parte de la historiografía en torno a las gracias al sacar aparece desde una perspectiva comparada. Los académicos describieron la compra de la blancura como un indicio de excepcionalismo. No solo reflejaba un potencial superior para la movilidad en Hispanoamérica, especialmente en comparación con Estados Unidos, sino que marcaba diferencias radicales en sus respectivos regímenes raciales. Incluso más recientemente, cuando los académicos describen las gracias al sacar como algo que refleja procesos hispanoamericanos que privilegiaron la blancura y enmascararon el racismo, se los contrasta todavía con el progreso racial del norte angloamericano.

Durante los últimos años, varios académicos han puesto en duda la validez de construir contrastes tan amplios y abarcadores. Los argumentos de quienes los niegan, así como de quienes los afirman giran, por lo general, en torno a las virtudes y deficiencias del libro clásico de Frank Tannenbaum *Slave and Citizen* (1947), el cual, más de seis décadas después de su publicación, no solo sigue reimprimiéndose, sino que continúa suscitando controversias académicas.[14]

En *Slave and Citizen*, Tannenbaum resalta variables cruciales que diferenciaron a Hispanoamérica de su contraparte angloamericana: los esclavos tenían personalidad jurídica y moral, eran católicos con alma, podían apelar a las leyes sobre la esclavitud que facilitaban la manumisión, podían demandar por malos tratos ante un tribunal, podían comprar su libertad y la abolición se produjo pacíficamente.[15] Describió a los Estados Unidos como un lugar donde, por el contrario, los esclavos aparecían como una mera propiedad, no gozaban de derechos jurídicos, no podían contraer matrimonio ni comprar la libertad y la abolición causó una guerra civil. Mientras que Hispanoamérica desarrolló una población mestiza numerosa de personas libres con extensos derechos, que incluían la posibilidad de comprar la blancura, en el norte, por el contrario, estas poblaciones siguieron siendo relativamente insignificantes y sometidas a graves discriminaciones. Tannenbaum argumentó que estas diferencias en los sistemas de esclavitud conformaron el núcleo subyacente a las distinciones más contemporáneas entre el tratamiento de la raza en América Latina y en Estados Unidos.

Como es comprensible, sucesivos años de investigación han complicado, matizado y demolido muchas de las conclusiones de Tannen-

---

14 Winn, 112.
15 Estas distinciones provienen de Tannenbaum, *Slave*; y Fuente, "From Slaves", 156-157.

baum. Para citar algunos: los historiadores aceptaron generalmente la importancia de la ley que garantizaba el acceso de los esclavos al sistema jurídico español, el papel del catolicismo al ofrecer una condición moral a las personas esclavizadas, el potencial de movilidad concedido a poblaciones libres, en su mayor parte individuos de raza mezclada. No obstante, ponen en duda la frecuencia y la facilidad de la manumisión, y más aún, el que la abolición de la esclavitud fuese generalmente pacífica.[16] Tampoco estaba en lo cierto Tannenbaum cuando afirmó que, "en América Latina, no había, a efectos jurídicos y prácticos, una clase separada de hombres libres. El hombre liberado era un hombre libre".[17] Como se revelará en los capítulos siguientes, las castas libres de Hispanoamérica sufrieron una brutal discriminación institucionalizada. Tampoco fueron los Estados Unidos tan rígidos en su tratamiento de las personas de raza mezclada como describe Tannenbaum, pues hubo mucha mayor flexibilidad en la primera mitad del siglo XIX de la que se produjo en la segunda mitad de dicha centuria.

Varios investigadores no solo criticaron las conclusiones de Tannenbaum, sino también su metodología. *Slave and Citizen* pintó amplios y rígidos contrastes, absteniéndose de considerar que los regímenes de esclavitud se manifestaron en múltiples y complejas versiones en todas las Américas y cambiaron con el transcurso del tiempo. Nunca hubo un esclavo típico, y tampoco era la ciudadanía una categoría incuestionable.[18]

Tannenbaum falló también en rastrear evoluciones. Si bien expuso las diferencias entre la América hispana y la angloamericana en yuxtaposiciones profundamente persuasivas, aunque simplistas, no describió en detalle los procesos intermedios que dieron forma a la transición de esclavo a ciudadano. Como concluye Alejandro de la Fuente: "La mayor parte de *Slave and Citizen* está dedicada a analizar estas diferencias, y no los procesos mediante los cuales resultaron en patrones 'contrastantes' de relaciones raciales".[19] Frederick Cooper denomina a estos saltos metodológicos "legados que saltan", los cuales afirman que "algo en el tiempo A causó algo en el tiempo C, sin considerar el tiempo B, que se encuentra en el medio".[20]

---

16 Fuente, "From Slaves", 162-163. Véase también Hünefeldt, 200-201.
17 Tannenbaum, *Slave*, 105.
18 Schmidt-Nowara, 381.
19 Fuente, "From Slaves", 157.
20 Cooper, 17.

Otra crítica, esgrimida por Christopher Schmidt-Nowara, es que *Slave and Citizen* no contextualiza. Cuando los historiadores comparan, deben hacerlo con categorías más extensas, agregando las experiencias del régimen de esclavitud francés, holandés o portugués a la dicotomía anglo-hispana.[21] Tampoco eran los proyectos imperiales algo aislado; por lo tanto, los académicos deben estar alerta a las mezclas e "historias enmarañadas" mientras amos, esclavos y personas libres atravesaban barreras permeables a lo largo de las Américas, el Caribe, y el Atlántico.[22] Arlene Díaz (2004) insiste en que la disciplina debe "avanzar más allá de Tannenbaum", pues su defectuosa agenda "acecha el [...] debate hasta el día de hoy".[23]

En contraste con estas denuncias, Alejandro de la Fuente (2004a, 2004b, 2010) continúa apoyando en mayor medida la utilidad de los contrastes específicos. No obstante, como concede irónicamente, "A menos que se haga en términos abiertamente críticos, incluir 'esclavitud' y 'Tannenbaum' en la misma frase es un ejercicio intelectual cargado de peligros".[24] Y esto se debe a que, al menos para algunos críticos:

> La sola mención de Tannenbaum evoca imágenes de benevolentes amos españoles y portugueses en contraste con los crueles propietarios de esclavos anglosajones, o de rígidas dicotomías entre la racista Norteamérica y la racialmente armoniosa América Latina.

No obstante, de la Fuente concluye que "las ideas de Tannenbaum forman parte de la conversación académica actual", pues los historiadores "se refieren a menudo a algunos de sus argumentos, y no siempre para desestimarlos".[25]

Como Frederick Cooper, Thomas Holt y Rebecca Scott sugieren en su introducción a un volumen colectivo sobre esclavitud: "Tannenbaum, en efecto, comprendió correctamente el problema esencial. El destino de los esclavos después de la esclavitud estuvo estrechamente relacionado con la evolución política, ideológica y cultural de las sociedades metropolitanas a las que estaban vinculados".[26] De la Fuente

---

21 Schmidt-Nowara, 378-379.
22 Véase Gould para el concepto de historias "entrelazadas".
23 Díaz, "Beyond", 371-374.
24 Fuente, "Slavery", 383.
25 Cottrol, "Clashing", coincide también.
26 Cooper, Holt y Scott, 17, critican también sus conclusiones sobre el tratamiento de los esclavos, sobre la influencia específica de las instituciones jurídicas y religiosas, y sobre los vínculos intermedios entre la esclavitud y la ciudadanía.

afirma otra conclusión evidente: que la América inglesa y la ibérica "son diferentes, al menos en algunos aspectos importantes, es indiscutible".[27] Puesto que inevitablemente habrá contrastes, corresponde a los estudiosos ser sensibles a las metodologías de comparación.

Entonces, ¿dónde se ubica la historia de la movilidad de casta y del blanqueamiento de las gracias al sacar dentro de este diálogo continuado? Existe un enfoque dirigido a llenar uno de los vacíos denunciados por los críticos de Tannenbaum, el hecho de no haber rastreado etapas intermedias. En los capítulos siguientes, un tema persistente será el de explorar las posibles formas de movilidad de los africanos y sus descendientes. Se concluye que los momentos decisivos ocurrieron menos en el paso abrupto de esclavo a ciudadano que en las transiciones, más graduales, pero identificables, de esclavo a liberto, vasallo y ciudadano.

La metodología utilizada consistirá en aislar estas dinámicas procesuales incorporadas a contextos, autores y cronologías que se combinaron de maneras específicas para producir distintos resultados. Privilegia el análisis de las dinámicas más que centrarse en estudios de caso específicos o resultados finales. Si algunas variables que influyeron en el colonialismo inglés, francés, holandés o portugués salen a la superficie como elementos pertinentes, aparecerán en el texto o en las notas a pie de página, aunque se evitarán contrastes semejantes a los de Tannenbaum. Sin embargo, cualquier comprensión de los elementos que estructuraron estas inclusiones y exclusiones exige primero una consideración de aquellos vocabularios históricos que ofrecen los contextos. Requiere, entre otros, deshacerse implacablemente de estereotipos preconcebidos acerca de la "raza".

Contextos i: vocabularios de cambio

El de la raza es un tema endiabladamente difícil. Cada lector trae consigo diferentes comprensiones personales de lo que constituye la "raza", parte de los cuales puede ser simplista y ahistórica, y otra parte compleja y matizada. Como señala David Hollinger, las "comunidades raciales" y "étnicas", bien sea blancas, mulatas, negras, indígenas, anglo, latinas o afroamericanas, han sido con frecuencia "ciegas a sus

---

27 Fuente, "From Slaves", 166.

propias acciones dirigidas a crear y preservar estos límites, tomando como primordial el contenido de la historia que ellas mismas habían contribuido a crear".[28]

Quizás la forma más sencilla (y, ciertamente, la más quijotesca) de considerar diferentes aproximaciones a la raza sea considerar las analogías del pato y el edredón. La del pato encarna la concepción esencialista de la raza: si se ve como un pato, se mueve como un pato y grazna como un pato, es un pato. Toda sociedad tiene patos; toda sociedad, raza y racismo. El edredón, por el contrario, o el enfoque constructivista, ve el concepto de raza como algo que se configura de diversas manera, puede adoptar diferentes formas, distintos colores, muchos patrones: es un tejido caleidoscópico que puede modificarse y cambiar dependiendo de un complejo de variables.

Ann Laura Stoler ha delineado provechosamente la tensión y la sinergia entre los enfoques esencialista y construccionista, donde el primero considera la raza como un componente universal y el segundo, como un concepto cambiante.[29] El resultado es un "sistema de clasificación social que aparece como fijo, permanente y de sentido común" —el argumento esencialista (pato)— "aunque permanece poroso y flexible" —el enfoque construccionista (edredón)—. Es fundamental considerar tanto el carácter "fijo" de las esencias universales del racismo como la "fluidez" de las variaciones construidas cultural e históricamente.

Hispanoamérica, por ejemplo, fue universalista y racista en la forma en que asignó la negrura a una categoría inferior que justificaba la discriminación. Fue construccionista en la medida en que reconocía condiciones variables entre el blanco, el negro, el trigueño, los españoles, africanos e indígenas, y permitió movilidad entre las categorías. Por esta razón, la referencia común en este caso no será a la "raza" sino a la condición "socio-racial", pues esta expresión combina mejor el concepto construccionista de fluidez, que se basa en múltiples variables cambiantes, con la comprensión esencialista de la permanencia de la jerarquía.[30]

---

28 Hollinger, 1388. Véase Jones, ix-xvii, sobre el "mito de la raza" en Estados Unidos.
29 Stoler, "On Political", 102-104. Spickard ve esto como un "momento racial", en el cual un grupo intenta "racializar", "para ejercer poder sobre el otro".
30 Restall, *Black*, 91, señala que la posición de "casta" y "socio-racial" podría modificarse a causa de la conversión, un cambio de nacimiento, condición social o reputación pública.

Incluso el uso deliberado de socio-racial no basta para subrayar cómo las teorías sobre la raza de fines del siglo XIX opacan construcciones históricas anteriores. La antropóloga Audrey Smedley ofrece luces sobre ese pasado al rastrear una trayectoria que va del mundo clásico y medieval, donde la "identidad 'étnica' no se percibía como algo ineluctablemente grabado en piedra", hasta el desarrollo de posteriores conceptos biológicos de "raza".[31] Sugiere que fue únicamente a fines del siglo XIX cuando el mundo de habla inglesa "hizo que la raza [...] sustituyera a todos los otros aspectos de la identidad".[32] Como consecuencia de ello,

> La identidad de "raza" tomó prioridad sobre la religión, el origen étnico, la educación y el entrenamiento, la clase socioeconómica, la ocupación, el idioma, los valores, la moral, los estilos de vida, la ubicación geográfica y todos los demás atributos humanos que, hasta entonces, habían suministrado a todos los grupos y personas un sentido de quiénes eran.

Como resultado, "identidad" llegó entonces a equipararse con "biología" y a considerarse como algo "permanente e inmutable".[33]

Esto no siempre fue así, no solo en el mundo clásico o medieval, sino en los Estados Unidos de comienzos del siglo XIX. Varios historiadores reconocen ahora que había más construcción social y flexibilidad en el Sur de los Estados Unidos de la que generalmente se admite. La forma, por ejemplo, en que Ariela Gross rastreó el vocabulario racial y la identidad en los procesos judiciales realizados en el Sur antes de la Guerra de Secesión, la llevó a concluir que "la raza de una persona no era necesariamente fija, sino que dependía más bien de "la aceptación social, las creencias de otros sobre la propia identidad, y las relaciones sociales entabladas", tanto como los propios "actos".[34] Una descripción semejante no dista mucho de la discusión que presenta R. Douglas Cope de la condición socio-racial en el capital de México del siglo XVIII.[35]

---

31 Smedley, 691.
32 *Ibid.*, 695.
33 *Ibid.*, 696.
34 Gross, 132-133, cita una declaración de *Thurman v. State* (1857) en Alabama: "Un mulato debe ser conocido, no únicamente por el color, cabello rizado o una leve mezcla de sangre negra, o por una mayor mezcla de ella que no llegue a un medio, sino por su reputación, por su aceptación en la sociedad, y por el ejercicio de ciertos privilegios". Hodes, 103, señala, asimismo, la ausencia de categorías rígidas en el Sur antes de la guerra.
35 Cope, 83-84. Restall, *Black*, 82, sugiere que hubo actitudes similares a comienzos de la década de 1900 en Dallas.

Antes de la Guerra de Secesión, muchos de los estados del Sur —como sucedía en Hispanoamérica— reconocían grados de blancura. Algunos categorizaron oficialmente a quienes tenían un cuarto o un octavo de antepasados africanos como blancos.[36] La infame "regla de una gota", según la cual una gota de sangre africana hacía negra a quien la tuviera, fue un desarrollo de finales del siglo XIX, que solo ingresó a los códigos legales de los estados en las décadas de 1910 y 1920.[37]

Análogas conclusiones surgen de la investigación sobre la flexibilidad socio-racial en la Jamaica del siglo XVIII, donde se desarrolló una variante del blanqueamiento social, aunque nunca fue puesta a la venta ni codificada como cédula real. A partir de 1708, un grupo de élite de mulatos comenzó a solicitar la posibilidad de disfrutar de privilegios "como si hubiesen nacido de padres blancos".[38] Una ley

---

36 Gross, 118. Hodes, 97, observa que, cuando el distrito de Columbia abolió la esclavitud en 1862, describió a los antiguos esclavos según una gama de clasificaciones que iba de "negro oscuro, bastante negro, negro claro, trigueño oscuro, trigueño claro, castaño, castaño oscuro, cobrizo, cobrizo oscuro, cobrizo claro, amarillo, amarillo oscuro, amarillo brillante, amarillo pálido, muy claro y casi blanco". Hoefte y Vrij, 157, señalan que, en la Guayana Neerlandesa, actual Surinam, las personas con un octavo de sangre africana contaban como blancos, y aquellos con un cuarto de sangre africana (cuarterones) figuraban como blancos si eran legítimos, pero como "de color" si eran ilegítimos. A diferencia de lo anterior, Schafer, 78-85, rastrea el establecimiento de la supremacía blanca antes de la Guerra de Secesión (1820-1850) en el momento en que la Florida pasó de control español al de Estados Unidos. Rebecca J. Scott, 261-262, nos recuerda que incluso "múltiples términos para el color" no necesariamente llevaban a una "fluidez socio-racial". Por el contrario, "el racismo no se basaba necesariamente en categorías dicotómicas imaginadas como biológicas; podía enmarcarse en un continuo, cuyo contenido se concibe como parcialmente cultural, en el cual la 'blancura' social permanecía en la parte más alta, con múltiples categorías por debajo de ella".
37 Elliott, "Telling", 617. Hodes, 157-158, rastrea la transición desde un Sur anterior a la Guerra de Secesión, que, por lo general, no reaccionaba violentamente contra las relaciones sexuales interraciales entre hombres negros y mujeres blancas, a las respuestas posteriores a dicho conflicto, consistentes en "amenazas y violencia letal". Hodes concluye que, "sin la condición jurídica de la esclavitud y la libertad como línea divisoria, los sureños blancos tuvieron que basarse en las variables categorías de 'negro' y 'blanco' para definir la supremacía blanca". El resultado de ello fue la "regla de una gota". Una manipulación semejante se hizo posible porque no existía el reconocimiento de una importante población mixta en el Sur, comparado con Hispanoamérica, donde las castas habían evolucionado hasta convertirse en una de las principales y más reconocidas demografías. Wright, 7, citando a Carl Degler, señala que no existía una "escotilla de emergencia para los mulatos".
38 Sturtz, 65; Gardner, 172, 206-207. Estas primeras peticiones tenían un alcance limitado: disfrutar de la condición de blancos con el fin de que "negros y esclavos" no

semejante de 1733 otorgaba "todos los derechos de ingleses nacidos de ancestros blancos", aun cuando su redacción limitaba el privilegio a la persona.[39] En Jamaica, existía también el reconocimiento de categorías intermedias, tales como mulato, zambo, mestizo cuarterón y ochavón. La mezcla entre ochavón y blanco llevaba a *musteefino*, condición que equivalía a blanco.[40] Fue solo más tarde, como sucedió en Estados Unidos, cuando comenzaron a surgir variantes extremas del racismo biológico.

El reto es mirar esta línea divisoria histórica y cultural de fines del siglo XIX. Una autoconciencia semejante es obligatoria, pues existen todavía elementos de rigidez. Cualquier autor que escriba sobre la raza debe tener en cuenta, por ejemplo, que lectores provenientes de diferentes contextos pueden entender las mismas palabras de forma distinta.

Tomemos, por ejemplo, los términos "pardo" y "mulato". Aunque son de origen español, el primero no es tan conocido en inglés, pero el segundo tiene su propio equivalente prestado, *mulatto*. ¿Cómo, entonces, se representaría una persona originalmente de habla hispana o inglesa a un pardo o a un mulato? Una posibilidad, dadas las diferencias históricas en las construcciones raciales, es que un guatemalteco o un peruano podrían suponer que un pardo y un mulato aparecerían en algún punto de un continuo entre el blanco y el negro, siendo posible que esta persona tuviera la piel bastante clara. Por el contrario, alguien con una visión anglo de la raza quizás fuera menos sensible a los estadios intermedios, y es probable que describa a todas las personas de ancestro africano y blanco como "negro". Por lo tanto, en este trabajo, se agrupará deliberadamente a "pardo", menos conocido, con "mulato", para recordar a los lectores que muchos de quienes aparecen en estas páginas experimentaron una condición "intermedia", que abarcaba tanto lo "blanco" como lo "negro".

Como dice Kathryn Burns a manera de desafío, es necesario que los lectores "no consideren la raza como algo fijo, para indicar que las categorías que reconocemos como raciales no son estables ni pan-históricas".[41] Más bien, "el objetivo de hacer un cuidadoso rastreo histórico de los usos raciales es comprender mejor el racismo del comien-

---

       pudieran testificar contra ellos, o el derecho a ser juzgados por un jurado. Sturtz, 80; Heuman, 6.
39 Newman, 174; Sturtz, 82, sugieren que hubo entre 120 y 500 peticiones semejantes.
40 Heuman, 15.
41 Burns, "Unfixing", 189.

zo de la modernidad y el de nuestra época". El objetivo es explorar aquellas variables que hicieron posible, para algunos, en las Indias españolas, dar forma a sus "principales identidades con base en otras características" diferentes de las de un determinismo biológico racial, incluso dentro de un régimen que, no obstante, concedía superioridad a la blancura.[42]

Primero, el complejo asunto del color. ¿Hasta qué punto veían los españoles a aquellas personas de apariencia trigueña o negra como inferiores? James Sweet ha rastreado siglos de desarrollo de prácticas ibéricas, a las que caracteriza como "racismo sin raza".[43] Aunque los españoles manifestaron prejuicios contra personas de color más oscuro, no legitimaron tal discriminación con una "ideología racista bien desarrollada y articulada".

Buena parte de las actitudes de españoles y portugueses hacia la gente de color derivaron originalmente de su contacto con infieles: musulmanes trigueños y negros del norte y el centro de África. Como resultado de ello, esta apariencia a menudo se entretejió confusamente con la religión. Sweet observa también que incluso desde el siglo IX, el mundo islámico asignó una jerarquía a los colores, diferenciando mediante el lenguaje y las tareas asignadas entre los blancos superiores, y los negros inferiores, esclavos.

La población cristiana conquistada de la península adoptó estas prácticas discriminatorias, y se mostró "bien dispuesta a adoptar el prejuicio del color de sus vecinos musulmanes".[44] Como resultado, la "retórica de la humanidad inferior de los negros africanos reflejó un conjunto de ideas compartidas por cristianos y musulmanes en la península ibérica".[45] Si bien no había una "ideología de raza plenamente desarrollada" para la época de la conquista de América, los españoles y portugueses blancos "hicieron distinciones entre los pueblos con base en el color de la piel, y atribuyeron un menor valor a los seres humanos de piel negra o trigueña".[46]

Algunos comentarios que aparecen en los documentos de las gracias al sacar revelan que funcionarios reales, pardos y mulatos, y élites

---

42 Smedley, 696.
43 Sweet, "Iberian", 165. Véase también Gómez, "Estigma", donde rastrea la "desmitificación de los africanos" y la posterior denigración de su imagen.
44 Sweet, "Iberian", 146-150.
45 *Ibid.*, 152.
46 *Ibid.*, 165.

reconocían una jerarquía de color, aunque importaba si se usaba la palabra como adjetivo o como sustantivo. De lejos, su uso más común adscrito a la persona era descriptivo, por ejemplo, que alguien era de "color pardo" o de "color trigueño", o se acercaba al "color blanco".[47] Cuando se usaba como sustantivo, "color" describía agrupaciones más generales: "personas de color", "familias de color", "gente de color" o "vasallos de color".[48]

¿Hubo diferencias populares en la designación de las categorías comunes de pardo comparado con mulato? Como sucede con la mayor parte de los términos, las generalizaciones resultan difíciles, pues su uso es casi siempre situacional, y varía por región, época, y según la perspectiva de la persona. No obstante, una búsqueda de palabras de aquellos casos de blanqueamiento donde aparece "pardo" o "mulato" revela que, habitualmente, se los usaba conjuntamente, con excepción de algunos pocos casos en los que los implicados hacían distinciones explícitas entre las categorías. Un solicitante cubano, por ejemplo, explicó que "mulato" designaba a alguien "inmediatamente nacido de blanco y de negro".[49] Por el contrario, agregó, su familia no era "mulata", sino más bien "parda", pues existían seis generaciones posteriores de mezclas con "blanco".

En Caracas, el concejo municipal intentó distinguir entre mulato y pardo en una campaña adelantada para anular una concesión de blancura, argumentando que el candidato no era elegible pues era "mulato" y no entraba en la categoría de "pardo" especificada en las gracias al sacar.[50] Sin embargo, negaron de inmediato su propio argumento cuando, en una carta posterior al rey, admitieron que la diferencia entre "pardos, mulatos o zambos" en "la común acepción no es conocida o casi es ninguna".[51] Su intento por anular la cédula de blanqueamien-

---

47 Para el uso de "color pardo", véanse ejemplos en el Caso 4, Báez y Llerena, 1760; Caso 13, Paz, 1786; Caso 22, Ayarza, 1803; Caso 33, Cruz Márquez, RC, 1806. Para "trigueño", Caso 40, Rodríguez, 1816; para blanco, Caso 20, Valenzuela, 1796.
48 Las peticiones de Landaeta incluían los tres primeros usos con sustantivos, Caso 14, Landaeta, 1798; mientras que Yáñez hizo la observación sobre los vasallos, Caso 26, Yáñez, AGI, 1800. Véase también Caso 26, Yáñez, RC, 1800. En ocasiones, el significado era incluso más vago, como sucedía en "dispensas de color" o "diferencia de color", Caso 20, Valenzuela, 1796; Caso 14, Landaeta, 1798.
49 Caso 3, Flores, 1760.
50 Véase capítulo 8. Caso 19, Mexías Bejarano, 1789-1801.
51 RC, Doc. 11, 1796.

to resultó fútil, pues estos intercambios posteriores revelaron también que habían reconocido oficialmente a aquel mismo candidato como pardo en otros registros.⁵²

Resulta difícil analizar la distinción de "casi ninguna" que el cabildo de Caracas concedía que pudiera haber entre las designaciones de pardo y mulato. Aun así, las categorías aparecen con frecuencia conjuntamente, lo cual sugiere cierto consenso de que merecían mención separada. Los registros bautismales, por ejemplo, tenían a menudo una sección para "pardos y mulatos", un fiscal de la Corona describía a un candidato como "mulato o pardo", mientras que otro ministro describía el régimen social como compuesto por "pardos, mulatos y demás de casta aficionada".⁵³ Las variaciones en el uso podrían depender asimismo del hablante: en un caso, los solicitantes se denominaban a sí mismos pardos, mientras que un miembro de la élite los describía como mulatos.⁵⁴ Para fines del siglo XVIII, pardo parece ser el término más frecuentemente usado y, posiblemente, el menos discriminatorio. Quienes solicitaban el blanqueamiento comúnmente lo citaban, puesto que las gracias al sacar eliminaban específicamente la "calidad de pardo".⁵⁵

Había otras complicaciones atinentes al uso popular de "español" y de "blanco/blanca". Incluso cuando se vinculaban ambos, como sucedía con pardo y mulato, se daban variaciones situacionales. Un cubano, por ejemplo, podría enfatizar la geografía, observando que era "hijo por línea paterna de hombres blancos españoles", esto es, peninsulares, españoles nacidos en España.⁵⁶ Sin embargo, los funcionarios reales podrían vincular "español" y blanco de una manera diferente, como cuando los ministro afirmaron de manera general que el título de don era exclusivo de "españoles blancos", significando, en este caso, toda persona en las Américas que fuese blanca.⁵⁷ En algunos lugares, los registros bautismales usaban "español" y "blanco" indistintamente, pues ciertas parroquias tenían una única categoría para

---

52 Caso 19, Mexías Bejarano, 1789-1801.
53 Caso 9, Báez y Llerena, 1787; Caso 11, Ramírez, 1783; RAH, Colección Mata. Linares, vol. 77 (reproducido en Konetzke, vol. 3, n. 370, 1806, y RC, Doc. 31).
54 Caso 22, Ayarza, 1803.
55 AHN-Madrid, Consejos lib. 1498, n. 4, 1795; RC, Doc. 7, 1795; RC, Doc. 22, 1801.
56 Caso 9, Báez y Llerena, 1773, "línea paterna de hombres blancos españoles".
57 RC, Doc. 18, 1797, "españoles blancos".

"españoles"; en otras, la única categoría era "blanco".⁵⁸ De lejos, el uso más común de "español" era distinguir aquellos blancos nacidos en España de aquellos nacidos en las Américas, como en "españoles notorios y americanos de distinción" o "naturales de esta Provincia y vecinos españoles".⁵⁹

Cuando los solicitantes pedían el blanqueamiento, nunca —con una temprana excepción— pedían específicamente el beneficio de volverse "españoles".⁶⁰ Tampoco pedían directamente volverse "blancos", aun cuando, con la eliminación de su defecto, esperaban disfrutar de los beneficios de la blancura. Un ministro aclaró cuál sería su efecto último: el candidato a quien se le concediera el favor obtendría "cargos y empleos de honor ser propios de los blancos".⁶¹

Funcionarios reales, élites locales, y pardos y mulatos fueron inflexibles acerca de otra consecuencia: quienes tuvieran éxito en la petición podrían casarse con blancos. Los solicitantes manifestaron sus expectativas de que podrían "casarse con persona blancas de nacimiento" o "contraer matrimonio con blancos".⁶² Incluso el cabildo de Caracas, aunque protestó vehementemente contra las gracias al sacar, coincidió en que a los solicitantes favorecidos "se les permita contraer matrimonio con personas blancas".⁶³ Las discusiones acerca de los efectos de las gracias al sacar, giraban, entonces, en torno a si —aunque no una transformación directa en blancos— ciertamente se concedía el disfrute de los privilegios de quienes eran "blancos".

Otra palabra utilizada a menudo para describir la jerarquía era "clase". Si bien la definición expresaba una condición diferencial, no necesariamente denotaba una diferencia económica y, ni siquiera, étnica. Como manifestó el fiscal Porlier, la sociedad se dividía en sus "respectivas clases".⁶⁴ Estas podían basarse en el color, e iban desde la

---

58 Por ejemplo, del uso de los españoles en los registros bautismales: Caso 38, Caballero Carranza, 1808; para blancos, Caso 31, Ximénez, 1806.
59 Caso 11, Ramírez, 1783, "españoles notorios y americanos de distinción"; RC, Doc. 11, 1796, "naturales de esta Provincia y vecinos españoles".
60 Bernardo Ramírez pidió obtener los "empleos, honores y gracias propios de los españoles". Caso 11, Ramírez, 1783.
61 Caso 23, Cowley, 1797.
62 Caso 9, Báez y Llerena, 1773, "blancas de nacimiento"; Caso 14, Landaeta, 1798, "contraer matrimonio con los blancos"; Caso 28, Arévalo, 1802-1803, "contraer matrimonio con los blancos del estado llano".
63 Caso 19, Mexías Bejarano, 1789-1801, "se le permita contraer matrimonio con personas blancas".
64 Caso 9, Báez y Llarena, 1773.

"clase de blancos" hasta la "clase de pardos".⁶⁵ Una referencia semejante a la clase no siempre implicaba el tono de la piel, pues los funcionarios reales y los solicitantes se referían también a la "clase de los nobles", la "clase de los españoles", la "clase inferior", y los "vasallos de todas las clases".⁶⁶

El término "casta" designaba otro concepto asociado con la condición socio-racial. Casta aparecía popularmente como un adjetivo que describía las famosas series de pinturas de casta del siglo XVIII. Estas consistían en conjuntos tradicionales de dieciséis imágenes que nombraban y retrataban a los hijos de diversas mezclas de españoles, indígenas y africanos, así como combinaciones de estas mezclas que llevaban a la blancura.⁶⁷ Presuntamente, este tipo de arte era una descripción visual de la jerarquía de las Indias, caracterizada como una sociedad de castas.⁶⁸ En otras ocasiones, el término "casta" aparecía de manera separada como sustantivo.

Más recientemente, algunos historiadores han puesto en duda el valor interpretativo de algunas de las concepciones de casta. Joanne Rappaport y Pilar Gonzalbo Aizpuru, por ejemplo, han cuestionado de manera convincente la rigidez socio-racial expresada en las pinturas de casta. Rappaport se pregunta si la jerarquía de casta descrita en este tipo de arte era en realidad "un sistema general que gobernaba la vida de la gente como lo han imaginado los historiadores modernos".⁶⁹ Gonzalbo Aizpuru coincide con ella, al describir las pinturas de casta como algo que ofrecía una "nomenclatura pintoresca" que "nunca se aplicó formalmente a los habitantes del virreinato y no tuvo el más mí-

---

65 Para blancos, véanse Caso 16, Briceño, 1794; Caso 19, Mexías Bejarano, 1789-1801. Para pardos, Caso 16, Briceño, 1794; Caso 26, Yáñez, AGI, 1800.

66 Caso 15, Almeyda, 1792; Caso 11, Ramírez, 1783; Caso 22, Ayarza, 1803; Caso 26, Yáñez, RC, 1800. Lasso, "Republican", 8, equipara "clases" con "razas", pero el uso sugiere que hubo elementos no étnicos implicados, y que el vínculo fue menos uniforme. Martínez, "Religión", 20, por el contrario, considera que "clase" denota "factores socioeconómicos, en particular la ocupación".

67 Sobre las pinturas de las castas, véanse Katzew; Carrera, *Imagining*; Martínez, *Genealogical*; Deans-Smith, "Creating"; Deans-Smith, "Dishonor." Estos autores coinciden en afirmar que las pinturas de castas no son retratos precisos de la sociedad de las Indias.

68 Carrera, "Nuevo", 59, sugiere que el observador moderno de las pinturas de castas podría verlas como "categorías de la 'raza' en el siglo XXI", mientras que los observadores del siglo XVIII las habrían visto de manera diferente.

69 Rappaport, *Disappearing*, 210.

nimo valor probatorio como reflejo de la sociedad virreinal".⁷⁰ Rappaport comparte esta idea cuando se pregunta si "prácticas de clasificación, tales como casta" son "pertinentes como marcos conceptuales para interpretaciones académicas".⁷¹

Tanto el rechazo de parte de Rappaport de la "estabilidad de las categorías de casta" como la negación de Gonzalbo Aizpuru de que "existiera un auténtico sistema, que [...] incluyera una escala jerárquica" ofrecen un útil correctivo analítico.⁷² No obstante, deberían incluir ciertas advertencias, pues es evidente también que algunos habitantes de las Indias diseccionaban casi obsesivamente a sus antepasados, aunque evitaban algunas de las designaciones más esotéricas que aparecían en las pinturas de casta. Posteriores capítulos, por ejemplo, demostrarán que con frecuencia pardos y mulatos se apropiaban de categorías tales como tercerón, cuarterón o quinterón (un tercio, un cuarto o un quinto africano) para calcular la proporción de sus mezclas con blancos, o que otros utilizaban terminologías convencionales de casta tales como zambaigo o zambo.⁷³ Incluso las gracias al sacar reflejaron esta nomenclatura, pues diferenciaban entre pardo y quinterón.⁷⁴

Varios historiadores acertadamente rechazan las detalladas jerarquías y rigidez epitomizadas en las pinturas de casta o inherentes a las descripciones de un sistema inflexible de castas. Sin embargo, deben reconocer, asimismo, la existencia de prácticas populares mediante las cuales las personas de ascendencia mixta se dedicaban conscientemente a formas de matemática genealógica semejantes a la casta. Más aún, un rechazo radical del término "casta" desconoce su difundido uso histórico, aunque su definición pueda variar según la cronología y la frecuencia geográfica de su empleo.⁷⁵ Por esta razón, Rappaport sugiere a los historiadores explorar generalmente el significado de casta y preguntarse "qué terminologías usaba la gente".⁷⁶

---

70 Gonzalbo Aizpuru, 27.
71 Rappaport, *Disappearing*, 209.
72 *Ibid.*, 208; Gonzalbo Aizpuru, 42.
73 Véanse capítulos 3, 4 y 7 para ejemplos de ello.
74 RC, Doc. 7, 1795.
75 Rappaport, *Disappearing*, 7, señala que casta "se refería al linaje en un sentido más general" en el siglo XVI, y era "altamente restringida", 299, en su uso en Colombia. Gonzalbo Aizpuru, 25, coincide con ella acerca de las definiciones que cambian con el tiempo, aunque ve un aumento en su uso, 149, a fines del siglo XVIII en Nueva España.
76 Rappaport, *Disappearing*, 225.

Al analizar minuciosamente las referencias a la casta en los documentos de blanqueamiento, se revela que el término parece haber tenido una definición más restringida que aquella que se expresa en las pinturas o en referencias a la sociedad de castas. Significativamente, estas dos últimas incluían mezclas como mestizo y castizo, o bien otras variantes de combinaciones entre indígenas y españoles. En contraste con lo anterior, los documentos de blanqueamiento sugieren que una práctica común en el siglo XVIII y comienzos del XIX reservaba el término "casta" más restringidamente para aquellas personas con algún ancestro africano. Los funcionarios reales eran particularmente específicos a este respecto, al identificar "mulatos, pardos, zambos, zambaigos y otras castas" o "mulatos, negros, coyotes e individuos de castas".[77] Señalaron "la gran variedad de castas que se ha producido de la introducción negros y la mezcla de ellos con los naturales del país".[78]

Hubo incluso un mayor número de referencias que vinculan el ancestro africano con la condición de casta en los debates de las Cortes de Cádiz (1810-1814) respecto a quiénes habría de definir la Constitución como ciudadanos. Los delegados americanos utilizaron casta exclusivamente como una expresión alternativa de pardos, mulatos y otras mezclas africanas, concediendo que los "ascendientes" de las castas "traen origen de África" o al reconocer que "nuestras castas" eran "en verdad, originarias de África".[79] Dada la ubicuidad de estos usos en los siglos XVIII y XIX, la referencia más estrecha a casta como un sinónimo que incluye a pardos y mulatos parece ser una convención histórica adecuada, convención que se sigue en el presente texto.[80]

Es revelador que, aunque tales referencias al color, la clase o la casta pudieran aparecer cuando los funcionarios imperiales, las élites de las Indias o los pardos y mulatos describían individuos o grupos, este no era el vocabulario acostumbrado para explicar el proceso que facilitara

---

77 RAH, Colección Mata Linares, vol. 77 (reproducido en Konetzke, vol. 3, n. 370, 1806, y RC, Doc. 31). Una importante distinción entre pardos y mulatos comparados con mestizos es que estos últimos tenían limpieza de sangre. Véase capítulo 3.
78 Konetzke, vol. 3, n. 225, 1772.
79 *DDAC*, V. 8, 9/4, 1811, 148; *ibid*., 158. Véase capítulo 12.
80 La inclusión de los mestizos bajo el rubro de castas parece haber variado considerablemente. Rappaport, *Disappearing*, 224, sugiere que, en Colombia, casta se refería a "todos los que no eran españoles, indígenas o esclavos". Gonzalbo Aizpuru, 62, propone que el grupo original incluido en los registros bautismales bajo el título de castas eran "negros", aun cuando para fines del siglo XVIII, "se considerase que los mestizos formaban parte de las castas" en Nueva España.

cualquier transición a la blancura. Nadie implicado en las peticiones de gracias al sacar afirmó jamás que esto produjese un cambio "racial". Más bien, las tradiciones históricas españolas suministraron un vocabulario compartido que guiaba las discusiones de todos los involucrados respecto a la naturaleza de pardo o de mulato, su presencia, transmisión, ausencia y alterabilidad. Este lenguaje no había sido inventado con este fin; derivaba de experiencias pasadas y de las maneras en que los españoles acostumbraban a construir otros atributos positivos o negativos que influían en la inclusión y la exclusión, tales como nobleza, judaísmo e ilegitimidad.

Los documentos del blanqueamiento revelan un plano conceptual en el que todas las partes compartían un lenguaje, no solo para explicar cómo se originó la naturaleza de pardos y mulatos, sino como podría transmitirse (naturaleza, limpieza), lo que significaba (limpieza, calidad/cualidad), y si podía alterarse (defecto). En ocasiones, las personas implicadas utilizaban estas palabras aisladamente; otras veces, combinaban variantes de este vocabulario. Comprender el lenguaje desde la perspectiva de pardos y mulatos, funcionarios reales y élites locales explica por qué parecía haber un entendimiento común según el cual, aunque ser pardo o mulato marcaba una condición inferior, esta no era permanente y podía modificarse.

¿Cómo llegó a darse la naturaleza de pardo? Un mulato de La Habana expresó su comprensión de este proceso cuando pidió que la Cámara "dispense todo defecto, mácula o imperfección" debidos a su "naturaleza".[81] Otro explicó que su problema se originaba porque era "de naturaleza quinterón".[82] Expresiones tempranas acerca de la naturaleza se remontan a las *Siete Partidas*, el código jurídico de la Castilla medieval compilado durante el reinado de Alfonso X (1252-1284). Las *Partidas* definían 'naturaleza' como algo vinculado estrechamente a lo natural: "Ca natura es vna virtud que faze ser todas las cosas en aquel estado que Dios las ordeno".[83] La "naturaleza", explicaban las *Partidas*, "es cosa que semeja a la natura, e que ayuda a ser, e mantener todo lo que desciende della". "Natura" era la esencia dada por Dios que fijaba lo que "era". En contraste con lo anterior, "naturaleza" era lo que gobernaba el flujo de aquella esencia positiva o negativa desde el padre y la madre a sus descendientes.

---

81 Caso 9, Báez y Llerena, 1773; Brubaker y Cooper han informado esta discusión.
82 Caso 13, Paz, 1786.
83 *SP*, P. iv, Tit. xxiiii, ley I. Véase https://7partidas.hypotheses.org/8032.

Esta distinción en la transmisión era fundamental, dado el concepto de herencia español que se determinaba por el género. Para algunas características —tales como nobleza— los españoles consideraban que solo contaba la herencia paterna. Si el padre, por ejemplo, era noble y la madre plebeya, cualquiera de sus hijos heredaba este rasgo positivo del padre.[84] Por el contrario, en la transmisión a través de la naturaleza, si solo uno de los padres tenía una deficiencia, tal como la ilegitimidad, ser judío o mulato, la condición de este padre o madre bastaba para transmitir la mancha a todos sus descendientes.

Si la naturaleza gobernaba las esencias que fluían de la madre y el padre a su prole, entonces ¿cuál era la relación entre la apariencia externa de una persona, su "color" y su naturaleza? Los funcionarios reales se preguntaron específicamente sobre esta cuestión cuando consideraron un enojoso problema en 1802 respecto al pago de tributos.[85] Aun cuando se entendía que si alguien era blanco debía pagar el impuesto a las ventas, o alcabala, o si era pardo, mulato, negro o indígena debía pagar el tributo, el desarrollo de una sociedad de castas había creado una apreciable población intermedia. El problema de asignar el nivel del pago de los impuestos solo se exacerbó aún más cuando el posible contribuyente era expósito, alguien sin padres conocidos, cuya condición socio-racial resultaba ambigua.

Un funcionario observó que "las señales de color, pelo y fisonomía eran muy falibles" y, por lo tanto, con frecuencia resultaba imposible decidir qué tributo debía pagar un expósito. No obstante, en este caso, como en muchos otros, los burócratas rechazaron directamente la clasificación por color. La forma correcta, sugirió, era no juzgar "por los colores y aspectos, sino por sus naturalezas".[86] Puesto que los padres de los expósitos eran desconocidos por definición, resultaba imposible determinar sus naturalezas y, por consiguiente, qué características, positivas o negativas, habrían transmitido a sus descendientes.

Cuando era imposible localizar a los padres para determinar su naturaleza, los funcionarios reales decidieron que la mejor práctica era

---

84 Aubert, "Blood", 453, 463, presenta un argumento de género similar para la transición en Francia en el siglo XVII.
85 Konetzke, vol. 3, Doc. 358, 1802.
86 Si bien Vinson, "Studying", 31, no usa el concepto de naturaleza, señala también que las "categorías de casta" no se originaron tanto en "el fenotipo como en el parentesco", pues los funcionarios que hacían el censo evaluaban la condición de los padres y solo después calculaban la posición de casta de sus descendientes.

negarse a categorizar la condición de un expósito. Concluyeron que el procedimiento más adecuado sería permitirles decidir qué tributo debían pagar. Fundamental en esta decisión fue el reconocimiento de que el color era un atributo superficial, no tan determinante como los aspectos heredados de la naturaleza.[87] Una distinción semejante entre color y naturaleza ofrece una comprensión reveladora de las dinámicas conceptuales que subyacen al proceso de blanqueamiento. Los funcionarios nunca consideraron que el blanqueamiento oficial cambiara el color de una persona; más bien, creyeron que el blanqueamiento eliminaba un defecto interno de naturaleza.

La idea española de limpieza de sangre estaba también íntimamente relacionada con el concepto de naturaleza. Cuando un pardo solicitaba el blanqueamiento, pedía una "cédula [...] en que dispensa desde ahora en el punto de limpieza".[88] Esta sencilla palabra hacía referencia a una fundamental "categorización" externa, la definición que ofrecía la Monarquía española de la condición de "limpieza" y de las consecuencias que habría para quienes la poseían o no. Cristalizada en la época formativa del tardío siglo XV, los edictos sobre la pureza de sangre animaron a los españoles a identificarse mutuamente mediante la discriminación compartida del desdeñado "otro". En la península, el "otro" contra quien principalmente se dirigían resultaba ser de carácter religioso: el que no era católico: judío, musulmán, o hereje.[89]

Más de trescientos años después, los españoles aún se identificaban en todas partes por referencia a la presencia o ausencia de limpieza. Aunque es posible que una cláusula de limpieza de sangre típicamente peninsular —en este caso, de 1760— usara la palabra "raza", su significado no era estrictamente biológico. Raza designaba más bien un "defecto de linaje", pues aquellos definidos como de "mala raza" eran los no católicos, como los herejes y otras personas condenadas por

---

87 Rappaport, "Asi", 622-623, observa cómo el color transmitido de padres a hijos complejizaba una comprensión de las categorías etno-raciales. En el siglo XVII, por ejemplo, el jesuita Alonso de Sandoval sugirió que la "imaginación" podría "influencias el color de los seres humanos", de modo que, si una "madre europea" viera "imágenes de una mujer etíope embarazada", es posible que su hijo "naciera negro". Dudas semejantes respecto a cómo se trasmitía el color influyeron también en la fascinación con los albinos, pues su existencia sugería que "el color de la piel tenía un carácter mutable".
88 Caso 4, Báez y Llerena, 1760.
89 Para la limpieza de sangre en España, véanse Sicroff; Poole; Martínez, *Genealogical*, especialmente 265-275.

la Inquisición, que tenían una raza defectuosa.[90] Quienes poseían la limpieza eran "Cristianos viejos, limpios de toda mala raza de judíos, moros, hereges y sectarios recién convertidos a nuestra religión católica, penitenciados por el santo tribunal de la Inquisición".[91]

En las Indias, la definición del "otro" no católico resultó complicada por la adición de pardos y mulatos al concepto de pureza de sangre, aun cuando todavía no resulte claro qué fue lo que precipitó el cambio ni cuándo ocurrió.[92] María Elena Martínez ha rastreado un discurso del siglo XVII en el que juristas, la Inquisición, funcionarios reales y colonizadores, debatían si los indígenas o los africanos poseían limpieza.[93] Martínez concluye que el origen religioso siguió siendo una elemento definitorio fundamental para determinar quién poseía o no limpieza de sangre durante todo el siglo XVII.

Martínez esboza dos interpretaciones históricas incorrectas que racionalizaron la divergencia en la forma en que la Monarquía concedió a los indios limpieza de sangre mientras se la negaba a personas con ancestros africanos.[94] La primera postulaba, erróneamente, que los indígenas —cuando se les dio la oportunidad— aceptaron plenamente el catolicismo y, por lo tanto, satisfacían los criterios de la limpieza.

---

90 Hering Torres, 458, presenta una discusión sobre el origen y uso de la raza. Burns, "Unfixing", 188, rastrea una trayectoria en la cual las definiciones de raza de comienzos del siglo XVII (en el *Tesoro de la lengua castellana* de Sebastián de Covarrubias) se referían a las razas de caballos pura sangre, a marcas distintivas en las telas o a un linaje, como ser descendiente de judíos o de moros. Como señala Mignolo 317-318, "Los animales eran clasificados por 'raza' y las personas por 'etnia', por ejemplo, español o portugués". Propone un "deslizamiento" en el uso posterior de "raza" para describir un linaje moro o judío, o "sangre", refiriéndose a un defecto de "religión". Esta yuxtaposición de linaje y religión sembró la semilla del fundamento histórico del racismo como una clasificación jerárquica de la gente. En las reformulaciones propias de fines del siglo XVIII y del siglo XIX, "el color de la piel comenzó a reemplazar a la sangre como indicador racial".
91 AHN-Madrid, Consejos Suprimidos, L. 4539, n. 128. 1760.
92 Caso 19, Mexías Bejarano, 1805. El obispo Francisco de Ibarra y Herrera señaló que era una "práctica antiquísima" incluir en las cláusulas de limpieza de sangre de Venezuela que la persona no tenía "raza" de "mulato".
93 Martínez, *Genealogical*, 158. Véase también Martínez, "Religion", "Black" y "Language". Aubert, "Blood", 460, sugiere asimismo que las conceptualizaciones francesas del siglo XVII de la limpieza de sangre fueron también "culturales más bien que raciales, con especial énfasis en las diferencias religiosas". Nazzari, 502, señala que, en Brasil, la "lista predecible" de aquellas personas de sangre impura incluía a judíos, moros, mulatos e indígenas, con procesos locales para solicitar a las autoridades eclesiásticas la eliminación de la "sangre manchada".
94 Martínez, *Genealogical*, 168-169, 204-205.

Los africanos, por el contrario —según esta representación histórica, igualmente dudosa— no habían adoptado el catolicismo cuando se les había ofrecido en el Viejo Mundo, y habían sido convertidos a la fuerza de camino a las Américas y, por lo tanto, no encajaban dentro de los lineamientos de la limpieza.

Otro posible origen de la convicción de que negros, pardos y mulatos carecían de limpieza de sangre pudo derivar de la anterior discriminación contra los moros. Aun cuando originalmente fueron prejuiciados debido al islam, los moros podrían haberse convertido en una plantilla visual sobre la cual se sobrepuso la imagen del moro más oscuro, racionalizando así la extensión de la discriminación por limpieza de sangre a todo el que tuviera algún ancestro africano.[95] Si bien los orígenes temporales y conceptuales de la definición de limpieza siguen siendo confusos, para el siglo XVIII, los criollos hispanoamericanos definían habitualmente a las personas con limpieza de sangre como aquellos que "han sido siempre habidos y tenidos y comúnmente reputados por personas blancas cristianos viejos de estado noble, limpios de toda mala raza y sin mezcla alguna de villano, judío, moro, *mulato* o converso en ninguno grado por remoto que sea" (énfasis mío).[96]

En las Américas, las ordenanzas sobre limpieza de sangre crearon una categoría de españoles peninsulares y criollos blancos con plenos derechos civiles y privilegios, al lado de las categorías inferiores de los demás. Contradiciendo la conclusión de Tannenbaum, incluso cuando pardos y mulatos lograron la libertad, no se volvieron iguales. Su ausencia de "limpieza de sangre" equivalía a la "muerte civil". Tanto las leyes imperiales como las coloniales prohibían que ocuparan cargos políticos, ejercieran profesiones prestigiosas (notario público, abogado, cirujano, boticario, fundidor), o disfrutaran de una condición social igual a la de los blancos.[97] Las órdenes militares, las congregaciones religiosas y las universidades promulgaron análogas ordenanzas discriminatorias que restringían el servicio militar a pardos y mulatos, prohibían profesar el sacerdocio, la asistencia a universidad y graduarse de ella.[98]

---

95 Branche, 71, observa una "importante fusión de referencias contra los negros con las imágenes generales contra el islam" en la literatura barroca, sugiriendo el vínculo de los negros con los moros.
96 AGI, Santo Domingo 1474, n. 11, 1789, incluye una versión hispanoamericana.
97 Sicroff, 293.
98 *Ibid.*, 119-120.

De manera análoga a como sucedió con las dinámicas de transmisión asociadas con la naturaleza, también con la limpieza las características negativas de uno de los padres resultaban suficientes para perjudicar la limpieza de sangre de generaciones posteriores. Había, sin embargo, un límite de tiempo a tal discriminación, pues la Monarquía, la Iglesia, la universidad y otras instituciones exigían habitualmente prueba de tres generaciones anteriores de limpieza, la del solicitante, sus padres y los padres de ellos. Quienes podían hacerlo, por lo general rastreaban su limpieza de sangre aún más atrás en su árbol genealógico.

No todos los pardos aceptaban estas categorizaciones, ni la definición americana revisada, ni sus atinentes discriminaciones. Siempre que era posible, ponían el énfasis en su ancestro blanco. Por ejemplo, aun cuando un solicitante concedió que su padre tenía ancestros pardos, declaró asimismo que "ellos eran hijos de españoles blancos y tenidos por cristianos viejos".[99] Otro pardo afirmó su limpieza al poner en duda las definiciones de limpieza de sangre de las Indias. En su petición de blanqueamiento, citaba la versión tradicional española, que no se refería a pardos y mulatos. Aun cuando omitió a una bisabuela parda, afirmó correctamente que "ni descendientes de moros, judíos, ni los nuevamente convertidos al gremio de nuestra fe católica, y de cristianos viejos".[100]

A lo largo de los siglos y en todas partes del imperio, los pardos y mulatos que deseaban ascender socialmente ingeniaron estrategias para evadir las restricciones de la limpieza de sangre. Aun cuando quienes solicitaban el blanqueamiento reconocían que eran objeto de estas discriminaciones —en efecto, esta era la razón de su petición—, este grupo había probado que tenía bastante éxito en evadirlas. Como se demostrará en posteriores capítulos, muchos ya disfrutaban informalmente de privilegios reservados a los blancos, tales como graduarse en la universidad, ejercer como notarios o cirujanos o bien, en el caso de las mujeres pardas, contraer matrimonio con hombres blancos. Eventualmente, un número innumerable de ellos se hizo blanco debido a la "regla de un

---

99 Caso 4, Báez y Llerena, 1760.
100 Caso 38, Caballero Carranza, 1808. Martínez, *Genealogical*, 222, presenta ejemplos análogos del siglo XVII en Nueva España. En España, las definiciones americanas influyeron también en las variantes de la limpieza de sangre. Una petición de legitimación de 1787, proveniente de Cádiz, incluyó a los "mulatos" entre las categorías prohibidas. AHN, L. 4605, n. 66, 1787.

octavo", pues si la mezcla africana caía por debajo de esta marca, la persona conseguía automáticamente la condición de blanca.[101]

Otro vocabulario común que dio forma a los conceptos de inclusión y exclusión fue el que rodeó a las definiciones de calidad (cualidad), que se traducían como "cualidad" "estado" o "condición".[102] Pardos, mulatos, funcionarios reales y élites locales utilizaba "calidad" como una expresión abreviada de los efectos de la naturaleza y la limpieza, y que —así como estas características— derivaba de ambos padres.[103] Fueron estas presuposiciones las que subyacieron a una petición del Consejo de Indias para que los funcionarios locales en Panamá verificaran "la calidad de sus natales" de un solicitante.[104] En el caso de pardos y mulatos, el término "calidad" usualmente conllevaba adjetivos que describían su inferioridad, pues poseían una "humilde calidad" o sufrían de un "defecto notorio" de calidad.[105] La referencia a la calidad apareció también en la redacción del arancel de las gracias a sacar de 1795, pues las dos cláusulas pertinentes dispensaban de "la calidad de pardo" y de la "calidad de quinterón".[106]

Después de 1795, los solicitantes emplearon el vocabulario de la calidad con mayor frecuencia, pues usualmente citaban las palabras de las gracias al sacar para pedir la blancura. Uno de los solicitantes pidió a la Cámara "se le dispense de la dicha calidad de pardo" para que " sea tenido y reputado y estimado por persona blanca".[107] Otro rogó que se remediara la "cualidad que ahora les falta".[108] También los funcionarios reales utilizaron esta referencia, pues al virrey de la Nueva Granada le preocupaba "el inconveniente de que esto sería abrir la

---

101 Katzew, 49, discute varias teorías del mestizaje; Jenks, 666-678, presenta un análisis de comienzos del siglo XX del impacto de los porcentajes de mezclas en Estados Unidos.
102 Rappaport, "Asi", 607, pone el énfasis en la naturaleza condicional de la calidad, al describirla como "la intersección de múltiples ejes que marcaban la posición individual de acuerdo con etnia o raza, congregación, moralidad, privilegio y aspecto".
103 Si bien las referencias a la calidad en los documentos de las gracias al sacar parecen ser una abreviación para limpieza, en el mundo real, cuando los observadores evaluaban la calidad, incluían por lo general un espectro de cualidades que abarcaban, como lo señala Rappaport, "Quién", 46, "el color, el ancestro de una persona, su condición de legitimidad, religión, lugar de residencia, oficio, género, estado moral, vestimenta y su condición de noble, plebeyo, libre o esclavo".
104 Caso 13, Paz, 1786.
105 Caso 6, Cruz y Mena, 1764; Caso 16, Briceño, 1794.
106 RC, Doc. 7, 1795.
107 Caso 22, Ayarza, 1803.
108 Caso 33, Cruz Márquez, AGI, 1806; Caso 33, Cruz Márquez, RC, 1806.

puerta para todos los de igual calidad".¹⁰⁹ En 1806, los funcionarios debatieron la petición de un padre blanco de que "dispense la calidad" de su esposa e hijos pardos.¹¹⁰

No solo las partes que describían la esencia de ser pardo y mulato compartían un vocabulario común acerca de cómo se originó (defectos en la naturaleza), cómo se transmitía (por naturaleza o por limpieza), qué prejuicios implicaba (limpieza), y qué condición inferior (calidad/ cualidad) producía, compartían también presuposiciones acerca de su alterabilidad. Puesto que ser pardo o mulato eran defectos, podían borrarse. O, como bien tituló una de sus comedias el dramaturgo y novelista español del Siglo de Oro Luis Vélez de Guevara, "Más pesa el rey que la sangre".¹¹¹

Inherente al diálogo sobre el blanqueamiento era la idea de que el monarca había intervenido durante siglos para eliminar diversos tipos de defecto de naturaleza, limpieza o calidad. En España, en algunos casos excepcionales, el rey había incluso dispensado la condición de personas de ancestro judío. En el caso de Pablo de Santa María, una cédula real ordenó que los descendientes de este antiguo rabino pudieran ser elegibles para "todos los honores, oficios, beneficios y encomiendas" que correspondían a "caballeros, hijosdalgo, [y] cristianos viejos limpios de toda mala raza".¹¹²

Según lo trazado en *Public Lives*, las eliminaciones más comunes de defecto se daban en los casos de nacimientos ilegítimos. De 1475 a 1800, más de cinco mil españoles solicitaron legitimaciones al Consejo de Castilla, y varios cientos de españoles de las Américas pidieron cédulas análogas al Consejo de Indias.¹¹³ El vínculo conceptual según el cual la reparación de la legitimación y el blanqueamiento compartían una dinámica común se hizo aún más explícito cuando ambos aparecieron como favores que podían comprarse en la lista americana de gracias al sacar de 1795.

Siglos de tradición española, según la cual la Corona eliminaba imperfecciones de naturaleza, limpieza y calidad, racionalizaron un proceso análogo. Así como una persona de antepasados judíos podía ser trans-

---

109 Caso 22, Ayarza, 1803; Twinam, "Pedro", 194-210.
110 Caso 32, Aristimuño, AGI, 1806; Caso 32 Aristimuño, RC, 1806.
111 Maravall, 84.
112 Sicroff, 218.
113 Twinam, *Public*, explora las legitimaciones hispanoamericanas y actualmente investiga las legitimaciones españolas.

formada en un cristiano viejo, o un hijo ilegítimo en legítimo, pardos y mulatos podrían volverse blancos. Esto era así, aunque manchas como el judaísmo, la herejía o la ilegitimidad pudieran ser más invisibles físicamente, y ser pardo o mulato, en ocasiones, no lo eran. Como sucedía con cualquier otra imperfección derivada de la naturaleza, los defectos tenían un remedio habitual, pues una dispensa real podría eliminarlos.

Mientras pardos y mulatos solicitaban el blanqueamiento y los funcionarios reales revisaban sus casos, lo hacían dentro de este contexto histórico de mutabilidad. Los solicitantes nunca pusieron en duda que aquello que un pardo caracterizó como "estos precisos defectos americanos" podrían ser corregidos como cualquier otro.[114] Un pardo apeló a la dispensa "del defecto de limpieza", otro para que se eliminara el "defecto de ser descendiente de pardos por línea materna", otro más dado su "defecto casi ya estinguido (sic) de la calidad de pardo".[115]

Los funcionarios del Consejo de Indias respondían en un lenguaje similar, al hacer referencia a sus acciones como liberar de mancha, conceptualizándolo como una ausencia que debía llenarse mediante el favor real. Por lo tanto, en respuesta a una petición de blanqueamiento de un pardo, el fiscal de la Corona la aprobó "liberando [al solicitante] del defecto de limpieza de sangre".[116] Otro sugirió que la Cámara indultara a un solicitante pardo "dispensándosele del defecto de quinterón que padece".[117]

Cuando las élites locales atestiguaban en favor de un blanqueamiento, empleaban un lenguaje parecido. Un testigo concedió que, aunque una esposa parda sufría "el [...] defecto de mulatos y otras mesclas", había sido "admitida a la comunicación de las más decentes".[118] Otro testificó que las "operaciones, modo y trato" de un solicitante pardo "suplen muy bien todo defecto que pudiera notársele".[119]

Los documentos de blanqueamiento revelan que los solicitantes, los burócratas imperiales y las élites locales entablaban una conversación convencional sobre la esencia de ser pardo y mulato que giraba en torno a las ideas de naturaleza, limpieza, calidad, y remedio de ellas. El

---

114 Caso 6, Cruz y Mena, 1764, incluye este sorprendente comentario.
115 Caso 9, Báez y Llerena, 1773; Caso 4, Báez y Llerena, 1760, incluye un comentario similar de su hermano; Caso 23, Cowley, 1797; Caso 38, Caballero Carranza, 1808. Véase también Caso 13, Paz, 1786.
116 Caso 9, Báez y Llerena, 1787.
117 Caso 8, Borbúa, 1767. Véase también Caso 13, Paz, 1786, y Caso 20, Valenzuela, 1796.
118 Caso 16, Briceño, 1794.
119 Caso 29, Borbúa, 1803.

ser pardo o mulato traía consigo inferioridad: era un defecto de la naturaleza que se transmitía a la descendencia, privándola de la limpieza y generando una ausencia de calidad. No obstante, como ser pardo o mulato era un defecto —al igual que descender de judíos conversos o la ilegitimidad— podía ser modificado por el rey. Comprender cómo, durante siglos, los españoles conceptualizaron la eliminación de la mancha explica por qué, aun cuando los funcionarios imperiales y las élites pudieran rechazar el blanqueamiento de una persona en particular, nadie, excepto el fiscal Porlier puso jamás en duda la proposición general de que un mulato podría eliminar este defecto al volverse blanco.

Contextos 2: vasallos: justicia, reciprocidad, inconvenientes

Aun cuando existía un consenso compartido de que el rey podía eliminar defectos, hubo menos acuerdo respecto a los detalles específicos que regían esta movilidad. ¿Cuándo podía el Consejo de Indias otorgar concesiones a pardos y mulatos?, ¿cuándo debía rechazarlas? Incertidumbres semejantes motivan otra de esas preguntas engañosamente sencillas que son siempre las más difíciles de responder: ¿qué animó a los funcionarios imperiales a conceder la blancura a pardos y mulatos en primer lugar?, ¿por qué se aventuraron en ese territorio inexplorado y potencialmente traicionero, que llevaría eventualmente a la inclusión del blanqueamiento en la lista de precios de 1795?

Después de todo, el Consejo de Indias tenía opciones: cuando recibió peticiones de blanqueamiento parcial o total, habría podido sencillamente ignorarlas o rechazarlas rotundamente. Antes de 1795, no había un arancel publicado en una legislación española que sustentara el blanqueamiento, como tampoco una razón urgente para que los funcionarios imperiales lo concedieran. Entender lo que motivó a los burócratas es descubrir su profundo y sentido compromiso de honrar algunos de los más profundos conceptos que mantenían unido al imperio. Su mandato fundamental era impartir justicia, sopesando las recompensas positivas contra los inconvenientes negativos.

Alejandro Cañeque ha explorado las dinámicas de esta "economía de favores", según la cual el monarca tenía la "ineludible obligación" de regir "en beneficio del bien común".[120] El soberano "debía admi-

---

120 Cañeque, 157.

nistrar justicia, procurando la seguridad y bienestar de sus súbditos". Debía "recompensar a los buenos súbditos y castigar a los malos".[121] El vehículo de tales intercambios eran las "relaciones patrón-cliente", en las cuales "el patrón daba beneficios materiales, promoción y protección, a cambio de la lealtad y el servicio del cliente, demostraciones de respeto y estima, información y consejo".[122] Esta "obligatoria liberalidad" resultó ser fundamental para el concepto de "justicia distributiva", según el cual, el rey recompensaba "aquellos servicios prestados por sus vasallos, dando a cada uno de acuerdo con sus méritos".[123] Si bien los esfuerzos de los Borbones por centralizar la burocracia e introducir administradores asalariados disminuyeron un poco la intensidad de los vínculos entre monarca y vasallo, tales vínculos siguieron siendo fuertes durante todo el siglo XVIII.

¿Dónde entran pardos y mulatos en estos cálculos? Como se detallará en el capítulo siguiente, cuando los africanos llegaron originalmente a las Indias como esclavos, o incluso cuando algunos negociaron los primeros caminos a la libertad, los funcionarios reales no los incluyeron dentro de la rúbrica de vasallos.[124] Había un agudo contraste entre su situación y la de los indígenas, pues la reina Isabel I había ordenado, en 1501, que los indígenas fuesen "bien tratados", pues eran "nuestros súbditos y nuestros vasallos".[125] Incluso cuando los españoles debatieron si los indígenas podrían ser esclavos por naturaleza, nunca pusieron en duda su condición de vasallos del rey.[126]

A diferencia de ellos, los africanos, que no eran nativos ni de España ni de las Américas, cayeron en una categoría nebulosa.[127] La legislación imperial los marcó tempranamente como elementos disruptivos

---

121 *Ibid.*, 160.
122 *Ibid.*, 159. Kettering, 18, hace la misma declaración para la Francia del siglo XVII.
123 *Ibid.*, 161.
124 Villella, 649, cita a Juan de Palafox, el obispo de Tlaxcala, con sede en la por entonces llamada Puebla de los Ángeles, de 1640 a 1653, quien negó el ingreso a la universidad a negros y mulatos, pero agregó que "los indígenas, como vasallos de Su Majestad, pueden y deben ser admitidos". Bennett, *Africans*, 41, sugiere que los africanos "al llegar a Hispanoamérica, se convirtieron en vasallos [del monarca]". Sustenta esta conclusión en el hecho de que el rey reglamentaba el comercio de esclavos y ordenaba que hubiera licencias de importación de africanos. No obstante, como se señala en el capítulo 3, puesto que licencias análogas eran necesarias también para los caballos, estas no parecen ser un indicador especial de la condición de vasallo.
125 Pagden, *Fall*, 33-34.
126 *Ibid.*, 36-37, 49, 59.
127 Martínez, *Genealogical*, 221.

que corrompían a los indígenas y perturbaban la paz de las ciudades.[128] Esta actitud restrictiva y negativa comenzó a cambiar en el siglo XVII, cuando negros, pardos y mulatos libres —muchos para entonces descendientes de varias generaciones nacidas en las Américas— empezaron a servir a la Corona. Defendieron puertos contra invasores extranjeros y se unieron a milicias segregadas.

El servicio militar demostró ser uno de los principales puntos de inflexión en la forma como veía la monarquía a pardos y mulatos, y en cómo se veían a sí mismos. Como señaló Herbert Klein años atrás, "representaba el derecho básico de los ciudadanos a defender *su* Estado".[129] David Sartorius observó que el servicio militar permitió a los pardos fundamentar sus "exigencias de ser incluidos como súbditos del imperio en un lenguaje de lealtad al gobierno colonial".[130] Como resultado de ello, como Ben Vinson, S. R. King y M. A. Seminary han concluido, el servicio en la milicia "se convirtió en una expresión de lo que significaba ser un 'ciudadano' colonial".[131]

Una progresión semejante hace eco a un tema constante en esta monografía: la complicación de la sugerencia de Frank Tannenbaum, según la cual la etapa fundamental del paso de la esclavitud a la libertad fue de "esclavo" a "ciudadano". Por el contrario, la transición de esclavo a persona libre, y de persona libre a vasallo reconocido, demostraron ser etapas intermedias decisivas. Para comienzos del siglo XVIII, los pardos que eran miembros de la milicia figuraban como súbditos leales, merecedores de consideración real. En 1714, Felipe V observó, de manera reveladora, que los negros y mulatos que servían en las milicias cubanas se encontraban entre "mis vasallos", dada la "completa satisfacción que siempre han mostrado al estar a mi real servicio".[132] Ordenó que "debía dárseles el buen trato que merecen".

---

128 Los historiadores deben rastrear el origen del uso oficial de vasallo con mayor precisión. Si bien los autores reconocen que los africanos no se convirtieron automáticamente en vasallos, no determinan cuándo sucedió el paso a esa condición. O'Toole, 4, 20, 22, 31, 33, 38, por ejemplo, acertada y constantemente menciona a indígenas y africanos y el asunto del vasallaje, y se refiere a los africanos como "vasallos cristianos", 124, pero no ofrece un contexto histórico de cuándo o cómo surgió el consenso de que hubieran conseguido el vasallaje.
129 Klein, "Free", 26.
130 Sartorius, "My Vassals", par 2.
131 Vinson y King, par. 2. Vinson, *Bearing*, 85-89, distingue entre las actitudes de los oficiales pardos, que podrían ver el servicio militar como una forma de movilidad, y las de los soldados rasos.
132 Klein, "Free", 18. Véase también Sartorius, "My Vassals", par. 3.

Generaciones de posterior movilidad y lealtad significaron que los pardos y mulatos que solicitaban el blanqueamiento se identificaran también a sí mismos como vasallos, aunque reconocían que su condición era inferior a la de otros. Uno de ellos se consideró "vuestro leal vasallo, aunque de color pardo", y pidió ser "igualado a los demás vasallos".[133] Otro concluyó que él "solo deseaba contarse entre los honrados vasallos de Vuestra Majestad".[134] Aun cuando un solicitante no quería "ofender la sabiduría" que establecía "la diferencia entre vasallos de varios colores", sin embargo, esperaba que sus "particulares servicios" y "su honrado proceder" lo llevarían a ser incluido "entre los vasallos blancos de Su Majestad".[135] Otro se vanaglorió del "suave y glorioso dominio de un monarca que se desvela por el bien de sus vasallos".[136]

En sus respuestas a las peticiones de blanqueamiento, los funcionarios reales reconocieron que pardos y mulatos eran vasallos. Dejaron claro, sin embargo, que poseían una condición inferior, pues pertenecían a las "diferentes castas de vasallos de color".[137] Aun reconociendo estas jerarquías, los burócratas coincidieron en que sería "muy propio de su soberano [...] felicitar a los vasallos en cuanto las circunstancias lo permitan".[138]

Irónicamente, fue el fiscal Porlier, en su revisión desfavorable de la petición de blanqueamiento de Bernardo Ramírez, quien ofreció algunas de las más elocuentes declaraciones sobre las responsabilidades compartidas que subyacían a las relaciones entre el monarca y sus vasallos pardos y mulatos. Si bien seguía dudando del carácter práctico del blanqueamiento, reconoció que había una mutualidad fundamental de interacción que vinculaba al rey con los solicitantes de las castas. Porlier explicó que "los príncipes siempre tienen caudal para premiar servicios [...] Una pensión, una dádiva [...] u otra liberalidad semejante puede ser justa recompensa de una acción generosa".[139] Tanto la "piedad y magnificencia" del monarca exigen que haya "atendido

---

133 Caso 33, Cruz Márquez, AGI, 1806; Caso 33, Cruz Márquez, RC, 1806.
134 Caso 19, Mexías Bejarano, 1789-1801.
135 Caso 32, Aristimuño, AGI, 1806; Caso 32, Aristimuño, RC, 1806.
136 Caso 22, Ayarza, 1803.
137 Caso 32, Aristimuño, AGI, 1806; Caso 32, Aristimuño, RC, 1806.
138 AGI, Santo Domingo 1141, n. 6, 1786. Owensby, 56, enfatiza cómo "la legislación española, junto con el catolicismo, contribuyeron a crear y mantener un universo normativo dentro del cual la gente pudo coexistir en la desigualdad".
139 Caso 11, Ramírez, 1783.

el mérito, favorecido la virtud y estimulados los vasallos [...] a emprender acciones que les hagan merecedores de la [...] benevolencia de Vuestra Majestad".

Aun cuando Porlier recomendó negar la petición de Bernardo Ramírez, reconoció asimismo que sus "honrosos trabajos, el celo, cuidado y amor" eran "dignos de remuneración y recompensa". En un caso posterior de blanqueamiento, Porlier agregó que "parece muy conforme a las benéficas ideas del soberano el que por medio de semejantes honras se estimule a los vasallos y en cierto modo se empeñe en que observen una conducta meritoria y sean útiles a la sociedad".[140] Como resultado, con "la esperanza de la recompensa, procuren imitar a aquellos". Satisfacer los requisitos de este acuerdo recíproco entre el monarca y sus vasallos era una de las principales funciones del Consejo de Indias, y de su subgrupo, la Cámara, que procesaba las solicitudes de gracias al sacar. El título completo de esta última, la Cámara de Gracias y Justicia, reflejaba su mandato de dispensar tanto favores (gracias) como justicia.

La compulsión de los funcionarios imperiales de otorgar largueza a los vasallos leales no debe ser subestimada. Creó su propia dinámica, pues predisponía a los burócratas a considerar las peticiones de pardos y mulatos, incluso las primeras solicitudes de blanqueamiento parcial y total. Es de subrayar que, incluso cuando los funcionarios pudieron verse inclinados a negar el blanqueamiento a los solicitantes, o se mostraron reticentes a concederlo, analizaron de todas maneras sus solicitudes y, en ocasiones, se esforzaron por suministrar algún tipo de compensación, aún si esta no era la deseada concesión de blancura. Como resultado de ello, como ha señalado Jane Landers, se creó una rica "tradición que reconocía a los africanos leales [...] como súbditos imperiales, con personalidad jurídica y, por lo tanto, con voz, en los registros españoles".[141] Estos intercambios se extendían al otro lado del Atlántico para vincular al soberano y a los funcionarios reales, que eran sus suplentes en España y en las Américas, con cada uno de sus vasallos, incluyendo a aquellos de ascendencia africana.

Aun cuando la obligación de justicia y reciprocidad podría motivar a los funcionarios a recompensar a los vasallos meritorios, esta generosidad tenía límites: los beneficios debían ser proporcionados al servicio. O, como comentó el eminente y ya varias veces citado fiscal Porlier,

---

140 Caso 6, Báez y Llerena, 1787.
141 Landers, *Atlantic*, 7.

era importante que "se guarde proporción entre el mérito de la persona que ejecuta y la generosidad del príncipe que remunera y premia".[142] Cuando los funcionarios revisaban las peticiones de blanqueamiento, buscaban constantemente sopesar su responsabilidad de suministrar favores a los vasallos contra cualesquiera consecuencias negativas que pudiera tener la concesión de las peticiones. Si anticipaban problemas, invocaban aquella negativa por excelencia de la burocracia española: el temido eufemismo para la palabra "no": inconvenientes.

Cuando quiera que apareciera esta expresión, los solicitantes tenían motivos de preocupación. Un funcionario, por ejemplo, se preguntó si el blanqueamiento pudiera llevar a "inconvenientes o resultas perjudiciales algunas"; otro se preguntó sobre la inconveniencia de conceder blanqueamientos.[143] Desde las Indias, un virrey escribió acerca de la inconveniencia de "abrir la puerta a todos los de igual calidad que se hallen en el mismo caso".[144] A un ministro del Consejo de Indias le inquietaron "los inconvenientes de gravedad que se seguirían de las dispensaciones de la calidad de pardos".[145] Cuando, a partir de 1806, los funcionarios intentaron desarrollar una política respecto al blanqueamiento, reunieron todas las "dispensas de color", para "unir en un expediente general sobre inconvenientes que resultan de estas gracias".[146] Cada sentencia sobre el blanqueamiento evolucionaba como un proceso continuo, en el cual los funcionarios reales intentaban conscientemente sopesar beneficios y pérdidas, mientras que pardos y mulatos detallaban, tanto el valor de sus servicios, como la ausencia de cualquier inconveniente mitigante.

CONSIDERACIONES ÉTICAS: PÚBLICO, PRIVADO, TRANSICIÓN, HONOR

Si bien la compra de la blancura compartía vocabularios (naturaleza, limpieza, cualidad, defecto) con las peticiones de legitimación y con otros procesos similares de redención (gracias al sacar, justicia, reciprocidad, inconvenientes), hubo también diferencias significativas.

---

142 Caso 11, Ramírez, 1783.
143 Caso 9, Báez y Llerena, 1787; Caso 31, Ximénez, 1806; Caso 31, Ximénez, RC, 1806.
144 Caso 22, Ayarza, 1803.
145 Caso 26, Yáñez, AGI, 1800; Caso 26, Yáñez, RC, 1800.
146 Caso 20, Valenzuela, 1796.

Una manera de contextualizar estas distinciones consiste en revisar algunos de los temas fundamentales que aparecen en *Public Lives* —la construcción de lo público y lo privado, transición, honor— utilizando un análisis *etic* para determinar si estos temas comunes resultan igualmente poderosos en los blanqueamientos de las gracias al sacar como lo son en los documentos de legitimación.

En *Public Lives* se sugirió que la distinción entre lo público y lo privado era fundamental para comprender las interacciones familiares y sociales, pues las élites hispanoamericanas dividían sus mundos por grados de intimidad personal.[147] Esta incluía el ámbito privado de la familia, los parientes y amigos íntimos que compartían confidencias, se ofrecían apoyo mutuo y promovían la condición de cada uno frente a extraños. En segundo lugar, estaba el mundo público, habitado por todos los demás, donde las élites imperiales y locales validaban la preservación, el mejoramiento o la pérdida de la reputación (honor).

La bifurcación entre lo privado y lo público era lo suficientemente clara como para que la personas pudieran "pasar" y, literalmente, construir reputaciones públicas diferentes a su personalidad privada: las mujeres podían estar embarazadas en privado y ser vírgenes en público; los hijos ilegítimos podrían disfrutar de una reputación pública como si fuesen legítimos; los funcionarios reales hallaban necesario indagar tanto la condición privada como la pública de los solicitantes.[148] La transición era exitosa cuando las élites o la Monarquía hacían excepciones individuales, e informal u oficialmente, aceptaban una disparidad semejante entre la realidad privada y el personaje público. Cuando fallaba esta transición, las personas ilegítimas podrían solicitar unas gracias al sacar que formalmente eliminaran su defecto y reestablecieran su honor.

Dada la ubicuidad de la manera en que estas dinámicas se desarrollaban en los documentos de legitimación, una pregunta natural sería si las peticiones de blanqueamiento revelaban un proceso análogo. ¿Hasta qué punto quienes figuraban en las conversaciones acerca del blanqueamiento, utilizaron la división entre lo público y lo privado? ¿Los solicitantes pardos y mulatos intentaban pasar por blancos, construyendo reputaciones públicas de que lo eran a pesar de su reali-

---

147 Twinam, *Public*, 26-30. Véase también Bennett, *Colonial*, 48-49, donde se exploran las vidas privadas de plebeyos afro-mexicanos.
148 Fields, 1397-1405, sugiere actitudes radicalmente diferentes hacia la transición en los Estados Unidos.

dad privada? ¿Qué decían acerca del honor? Comprender las distintas maneras en que la sociedad de las Indias respondía a la eliminación del defecto de ilegitimidad, comparado con el de tener la condición de pardo, ofrece algunos indicios respecto a las similitudes y diferencias seminales entre indicadores de nacimiento y de raza.

El concepto de lo "público" aparecía más comúnmente en los documentos de blanqueamiento cuando pardos y mulatos pedían a las élites que atestiguaran a su favor para demostrar que la información que habían suministrado era conocida por todos y, por tanto, certificablemente cierta. Un testigo comentó que era "público para todo este vecindario" que un pardo en particular había ofrecido una excelente educación a sus hijos, y que esto los "distingue de los de su color".[149] Un profesor elogió a sus estudiantes pardos al señalar que su "juiciosidad y madurez" era "pública y notoria".[150] Otro mulato pidió a los testigos que dieran fe de la "regularidad de vida pública y privada".[151] Menos reveladora fue la comprensión de aquel mundo que era secreto.

¿Intentaron los solicitantes pardos utilizar la dicotomía de los dos ámbitos para hacer la transición y construir la reputación pública de ser blancos? Sorprende que solo hubo dos peticiones en las cuales pardos y mulatos proyectaron diferentes reputaciones en público y en privado.[152] En una de ellas, la persona presentó su petición nombrándose a sí mismo con la novedosa designación de leopardo, aun, según los documentos, era evidente que la familia era parda. Otro solicitó como blanco, aunque posteriores investigaciones revelaron que solo más tarde había sido adoptado por una familia blanca.[153] Si bien varios solicitantes presentaban sus partidas de bautismo donde se los designaban a ellos o a sus hijos como blancos, ninguno de ellos presentó la solicitud como blanco. Por el contrario, reconocían que eran pardos o mulatos.

---

149 Caso 33, Cruz Márquez, AGI, 1806; Caso 33, Cruz Márquez, RC, 1806.
150 Caso 22, Ayarza, 1803.
151 Caso 32, Aristimuño, RC, 1806; Caso 33, Cruz Márquez, AGI, 1806. Aparecieron también referencias a la esfera pública cuando los oponentes de quejaron de que el blanqueamiento traería "al público perjuicios muy notables", "subversión", "trastorno", o "una alteración tan grave del orden público". Caso 14, Landaeta, 1798; RC, Doc. 11, 1796.
152 Rappaport, "Mischievous", 8, señala también que, en su investigación en Bogotá y en Sevilla encontró "solo un puñado" de casos de transición etno-racial con una marcada diferencia entre la reputación privada y la pública.
153 Caso 14, Landaeta, 1798; Caso 13, Paz, 1786.

¿Por qué tan pocos solicitantes pardos y mulatos usaron la dicotomía entre lo privado y lo público para pasar como blancos, especialmente cuando los documentos sugieren que tales transformaciones pudieron ser muy difundidas? Un problema evidente era la apariencia; era más fácil para un hijo ilegítimo pasar por legítimo que para un mulato o un pardo pasar por blanco. Por otra parte, las dinámicas sociales diferían. El círculo privado de una persona ilegítima incluía con frecuencia muchos parientes legítimos que facilitaban la transición para preservar la reputación pública de la familia.[154] En el caso de un pardo que intentara pasar por blanco, es posible que tuviera también parientes blancos, por lo general un padre blanco, pero a diferencia del caso anterior, habría tal vez menos incentivos para que sus medio hermanos u otras personas de su familia extensa promovieran su movilidad. Quizás el círculo privado estuviera más dispuesto a apoyar el pecado sexual que generaba la ilegitimidad, que un vínculo que cruzaba las fronteras socio-raciales.

El momento oportuno era también decisivo. Cuando los pardos pasaban por blancos, era más común que admitieran que tal movilidad había ocurrido mucho después del hecho. Como han sugerido recientes estudios, cuando sucedía tal transición, esta tomaba varias generaciones.[155] Incluso la élite caraqueña, fanáticamente decidida a preservar su reputación de limpieza de sangre, admitía, sin embargo, que había mestizaje entre sus miembros. El cabildo señaló que, "aunque es verdad que hay una u otra familia de cuyo origen se duda", o alguien de quien "vulgarmente se dice que tiene de mulato", reconoció también que era posible, dado que, en el "lapso de muchísimos años", el mestizaje fuese "borrado de la memoria".[156]

El doctor Juan Germán Roscio, un abogado de Caracas, ofreció un análisis inusualmente explícito de estas dinámicas de lo privado y lo público, de "pasar", y de la subsiguiente creación de ambigüedades socio-raciales.[157] Señaló que antes se habían dado "innumerables matrimonios desiguales aun entre personas de la primera distinción, y no solo con pardos y mulatos libres, sino también con negras esclavas suyas". Entre sus propios antepasados, hubo mezcla con mestizos, aunque argumentó que cualesquiera repercusiones negativas

---

154 Twinam, *Public*, capítulo 7.
155 Vinson, *Bearing*, 128-129.
156 RC, Doc. 11, 1796.
157 RC, Doc. 19, 1798-1799.

que esto tuviera no debían ser "públicas y notorias, sino reservadas y secretas".

El conocimiento de tales vínculos no debía ser público, porque el tiempo había "borrado o dejado" su carácter "notorio". Roscio acusó a quien desenterraba dichas fallas, advirtiéndoles de que "pecará contra justicia o contra caridad", pues "sacare de los Archivos" pruebas que ya no deberían ser de conocimiento público. Fue por ello que consideró esenciales las "gracias al sacar", pues "por no tener los pretendientes todas las calidades necesarias" o si sufrían de algún "defecto", el monarca podría remediarlo.

Roscio señaló que incluso los cuestionarios típicos elaborados para demostrar limpieza de sangre reconocían explícitamente que podría haber diferencias entre la reputación pública y la realidad privada. Esta era la razón por la cual, observó, que la pregunta que aparecía era "Si saben que el candidato, don N y sus padres y abuelos *han sido tenidos y reputados* por personas blancas" en lugar de indagar más directamente si "los padres y abuelos *son personas blancas*". La conclusión de Roscio resalta la diferencia entre la realidad privada y las reputaciones públicas: "*Aunque a la verdad sean pardos o mulatos si son tenidos y reputados por blancos, deben ser incorporados*" (las cursivas son del original). Sus reflexiones revelan que innumerables pardos y mulatos debieron eventualmente construirse una reputación pública como blancos, aunque esta no parece ser la estrategia inmediata de quienes solicitaron las gracias al sacar.[158]

Más bien, como se sugerirá en los siguientes capítulos, quienes solicitaban el blanqueamiento tendieron a utilizar la dicotomía entre privado y público de una manera más sutil. En lugar de esforzarse en pasar por blancos en público, pardos y mulatos intentaban demostrar que los blancos los aceptaban como colegas en público y se mezclaban con ellos en ambientes íntimos como confidentes o amigos.[159] Uno de los objetivos de presentar este ubicuo "argumento de proximidad" era establecer que —como los blancos ya interactuaban con ellos— conceder su petición no causaría inconvenientes ni perturbaría el *statu*

---

[158] Gross, 113, señala un proceso análogo en el Sur de los Estados Unidos en el siglo XIX, donde "las 'leyes' de raza podían ser subvertidas por personas que seguían todas las reglas de la blancura, pero 'ocultaban' su negrura intrínseca".

[159] Gross rastrea estrategias similares en el Sur antes de la Guerra de Secesión. Abby Guy (1855), por ejemplo, argumentó que era blanca porque "su identidad social, sus relaciones con gente blanca, y el haber realizado tareas que la gente blanca

quo. Un solicitante, por ejemplo, señaló: "a cuio lado me he mantenido" de "sugetos de carácter y de la primera distinción de esta República".[160] Un miembro de la élite que atestiguaba a su favor coincidió en afirmar que, "de más de treinta años", el solicitante había tenido "frequente entrada en la casa". Otro amigo explicó su excelente reputación "no solo por la pública aceptación", sino que podía responder por sus "buenos procederes" por "privada y particular experiencia".

Puede hacerse un paralelo entre observaciones como estas y aquello que una nueva ola de historiadores ha observado respecto a la presencia masiva de la transición informal en las poblaciones de las Indias, dada la fluidez de las clasificaciones. La disciplina ha pasado de manera significativa más allá de las complicaciones iniciales de Magnus Mörner, que ordenaban las jerarquías de casta en una "pigmentocracia" más estática, en la cual el color de la piel era el determinante principal de la condición de la persona.[161] A diferencia de él, R. Douglas Cope, entre otros historiadores, ha demostrado el carácter situacional de las clasificaciones. La casta "reputacional" de una persona podría cambiar, pues se basaba en una gama de variables cambiantes, que incluían la apariencia, el vestido, la ocupación, la riqueza y los amigos, en lugar de la genealogía y el ancestro estrictamente.[162]

Recientes investigaciones han complicado aún más la comprensión de la fluidez de estos cambios de condición, al diferenciar cómo una persona podía identificarse personalmente o hacer que otros la clasificaran a lo largo de su vida según un rango de designaciones de casta.[163] Como señala Marisol de la Cadena, "el diálogo es infinito, como lo es el poder de negociación que implica".[164] Como resultado de ello, una categoría como la de mulato o pardo podía variar, no solo por la apariencia, sino en función de la ubicación, cronología, rango relativo y autoidentificación.

La dinámica de la clasificación era procesual: podía modificarse dependiendo de si alguien vivía en Venezuela, Panamá o Perú, si lo hacía durante el siglo XVI o XVIII, si quien decidía la condición era un virrey,

---

desempeña por excelencia". Un testigo recuerda que "visitaba a gente blanca, iba a la iglesia, a fiestas, etc.".
160 Caso 9, Báez y Llerena, 1773; Caso 9, Báez y Llerena, 1787.
161 Mörner, *Race*, 60-77.
162 Cope, 57, 83, 84.
163 Véase Boyer.
164 Cadena, 261.

un vecino, un pariente, un enemigo o una persona particular.¹⁶⁵ Como observa Joanne Rappaport:

> La gente migraba en el transcurso de la vida cotidiana de una categoría a otra, dependiendo del contexto de la interacción y el estado de un individuo en relación con otros participantes en un escenario determinado [...] el tipo de adjetivos usado para describir el aspecto de una persona dependía del momento y lugar de la observación.¹⁶⁶

El resultado, concluye Matthew Restall, era que "a falta de categorías concretas, consistentes, no podía haber un verdadero sistema, como tampoco una ideología coherente de rango social que pusiera la 'raza' en su núcleo".¹⁶⁷

Esta fluidez tenía reguladores diferenciales: una posibilidad podía ser que los pardos intentaran disfrutar de la condición de mestizos y no de blancos. Otra opción era que pardos y mulatos intentaran demostrar su cercanía a la blancura al mezclarse con blancos de una forma familiar, en lugar de tratar de pasar por blancos en público. Esta puede haber sido una estrategia más práctica para un grupo de élite que era habitualmente de tez clara, pero cuya reputación pública seguía siendo la de ser principalmente pardo.

A lo largo de las generaciones, a medida que aumentaban las interacciones de este tipo con grupos blancos, y cuando las generaciones posteriores lucían más blancas, el tiempo eventualmente borraba el conocimiento de cualquier defecto ancestral. Es posible que esta se asemejara más a la transición posterior a los hechos descrita por el cabildo de Caracas y por el abogado Juan Germán Roscio. Joanne Rappa-

---

165 Lo que observa Rappaport, "Asi", 608, para los indígenas, parece ser igualmente válido para los de casta mestiza: "la fisionomía de un indígena, por ejemplo, era descrita de manera diferente dependiendo del contexto de la enunciación: si el año era 1570 o 1685; si la persona descrita era un hombre o una mujer; si el observador era un funcionario de nivel local en España que redactaba un documento de viaje, un visitador nombrado por la Corona, encargado de investigar la administración de una comunidad indígena en el Nuevo Reino, o el testigo de un crimen en Santa Fe". Graubart, "So Color", 51, señala que las cofradías afroperuanas del siglo XVI en Lima diferenciaban entre la condición de "moreno" y "negro", al considerar a este último más cercano a la esclavitud, mientras que las élites españolas utilizaban indistintamente ambos términos. Véase también Graubart, "Creolization". Matthew, *Memories*, 253-254, rastrea evoluciones análogas respecto a la identidad del ladino.
166 Rappaport, "Asi", 604.
167 Restall, *Black*, 109.

port concluye, entonces, que la transición socio-racial era más un "movimiento de una identidad a otra como parte de un proceso en desarrollo de clasificación y de construcción de identidad, y no un momento aislado de subterfugio".[168]

Si bien en los capítulos siguientes se explorará cómo utilizaron pardos y mulatos el argumento de proximidad para establecer que interactuaban cómodamente con blancos, este puede funcionar también como una espada de doble filo. Así como las castas podían usarlo para sugerir que se aproximaban a la igualdad —puesto que muchos de sus colegas y relaciones sociales eran blancos—, las élites podían también emplearlo para discriminarlas. Los blancos utilizaron el argumento de la proximidad contra pardos y mulatos, anticipando que tal cercanía perjudicaría sus propias reputaciones. Profetizaron que, si el Consejo de Indias permitía a pardos y mulatos ingresar en la universidad o el sacerdocio, u ocupar cargos municipales, entonces los blancos huirían de estos lugares. No habrían querido rebajar su propia condición social mezclándose en un plano de confianza con personas inferiores.

Así como las personas ilegítimas y los pardos utilizaron la dicotomía entre público y privado de manera distintiva, también abrigaron diferentes expectativas respecto a cualquier efecto final. Comparar las diferentes consecuencias de las legitimaciones con las de los blanqueamientos sugiere por qué los resultados de estos últimos fueron siempre mucho más tenues. En el caso de las legitimaciones, había siglos de precedentes sobre sus efectos jurídicos y sociales. Las Leyes de Toro (1505) constituían una legislación explícita acerca de si podía haber cambios en la posibilidad de heredar.[169] Las personas ilegítimas presumieron, acertadamente que, si lograban una cédula de legitimación, con ella se reestablecería su honra y los haría susceptibles de llevar el honorífico título de don.[170]

Y ¿qué sucedía con los pardos y mulatos?, ¿qué ocurría cuando se eliminaba su defecto? ¿Les permitía esto recibir las gratificaciones de las élites blancas?, ¿se convertían en personas honorables?, ¿podían transmitir su blancura a sus descendientes?[171] Como no había prece-

---

168 Rappaport, "Mischievous", 18.
169 Twinam, *Public*, el capítulo 8 considera cómo la ley de sucesión afectó a diferentes categorías de ilegitimidad.
170 *Ibid.*, 30-34, y el capítulo 5 discute problemas relativos a la honra.
171 RC, 1, xxvii, no creía que la blancura se transmitiera a las generaciones siguientes; no obstante, Rodulfo Cortés parecía no estar enterado de que las legitimaciones

dentes comparables, los funcionarios imperiales, pardos y mulatos, y las élites entablarían polémicos, contradictorios, prolongados y asombrosamente iluminadores debates sobre sus efectos últimos.

Lo único consistente fue la falta de consistencia. El Consejo de Indias podía decidir en una ocasión que un pardo a quien había concedido el blanqueamiento y era abogado, merecía automáticamente el título de don.[172] En otra, un ministro del Consejo negaba que haber obtenido la blancura equiparara a estos pardos con las élites.[173] Pardos y mulatos recorrían toda la gama de posibilidades, desde suponer que el blanqueamiento los hacía iguales a los blancos, con todos los privilegios atinentes a quienes detentaban este honor, hasta suponer que únicamente los libraba de su defecto ancestral, sin que implicara otras consecuencias favorables.[174]

En capítulos siguientes se explorarán las muy diversas respuestas que habrían de dar funcionarios reales, pardos y mulatos, y élites locales a esta pregunta durante décadas. Comprender estos marcos históricos —las problemáticas de la comparación, cómo conceptualizaron los españoles raza, color, naturaleza, limpieza, calidad y defecto; cómo reconocieron los funcionarios imperiales a los vasallos y calibraron las dinámicas de la justicia, la reciprocidad y los inconvenientes; cómo pardos y mulatos negociaron el ámbito público y el privado, utilizaron el argumento de proximidad y debatieron la cuestión del honor— ofrece un contexto fundamental para ulteriores análisis.

Los actores, flujos de papel y cadenas de mando

Un enfoque procesual no solo exige una primera mirada a los contextos que subyacen a las dinámicas históricas que gobernaban la inclusión y la exclusión; exige también la identificación de los actores implicados en las peticiones de blanqueamiento. Una primera prioridad es ubicar lugares críticos en la cadena de gobierno, que se extendía

---

podían reestablecer póstumamente la honra, ofreciendo un precedente para que la calidad de pardo pudiese también ser obliterada para los herederos. Más tarde concede que el blanqueamiento pudiera haber sido multigeneracional, si así se lo especificaba en la cédula correspondiente. Los funcionarios reales y pardos y mulatos habrían de llegar a respuestas diferentes, dependiendo de las circunstancias.

172 Caso 22, Ayarza, 1803.
173 RAH-ML, T. 77 (reproducido en Konetzke, vol. 3, n. 370, 1806, y RC, Doc. 31).
174 Caso 9, Báez y Llerena, 1773; Caso 20, Valenzuela, 1796.

desde el monarca hasta el más humilde habitante de las Américas, y descubrir quiénes participaron. Un segundo paso sigue el rastro de papel, resaltando los tipos de documento y de información que surgen de él. Una última sección introduce una metodología revisionista para sondear más profundamente la forma en que el Consejo y la Cámara de Indias adoptaron sus decisiones. Como durante los tres siglos de gobierno de las Indias, hubo un gran número de cambios respecto a quién gobernaba qué región y desde dónde, quién producía qué tipo de documentos, y quién tomaba las decisiones, lo que presentamos a continuación ofrece únicamente una visión general básica.

Primero, aun cuando es ahora tradicional e incluso cómodo referirse a la Hispanoamérica anterior a la independencia como la "Hispanoamérica colonial", este adjetivo resulta engañoso. Así como sucede con el uso de "raza", resulta esencial ubicar históricamente esta palabra simplista y espinosa. Como insisten acertadamente Anthony Pagden y Alejandro Cañeque, la relación entre la Monarquía española y las Américas nunca fue, técnicamente, "colonial".[175] Más bien, los territorios de ultramar —que incluían Nápoles, Nueva España, Sicilia y Perú—, aun cuando no eran estrictamente iguales a Castilla, eran técnicamente "reinos" "gobernados como si fuesen el único reino del rey".[176]

Estas relaciones entre la península y ultramar evolucionaron desde las construcciones de los Habsburgo en el siglo XVII, según las cuales se consideraron generalmente los reinos americanos como iguales, hasta las intenciones de los Borbones, en el siglo XVIII, de establecer una relación preponderantemente de dominación y subordinación.[177] Es revelador que, en los miles de páginas de documentos de las gracias al sacar en relación con el blanqueamiento, el término "colonial" aparezca solamente una vez: cuando el Gremio Pardo de Caracas describe la relación de Venezuela con España.[178] Esta ausencia es asombrosa, y sugiere la necesidad de considerar más matices cuando se analizan los intercambios entre españoles y americanos. Aun cuando las intenciones peninsulares de igualar o de dominar los reinos de ultramar pudieron modificarse a lo largo de los siglos, las estructuras fundamentales de gobierno preservaron una esencial continuidad.

---

175 Pagden, "Identity", 63-64; Cañeque, 14-15.
176 Pagden, "Identity", 64.
177 *Ibid*. Ambas variantes anteceden a los colonialismos británico y francés del siglo XIX.
178 RC, Doc. 16, 1797.

Los españoles podían pertenecer a cuatro divisiones jurisdiccionales diferentes: ciudad, provincia, audiencia, imperio.[179] Comenzando con el nivel más bajo de gobierno, los residentes de las Indias estaban sometidos al gobierno del concejo municipal o cabildo.[180] Su jurisdicción se extendía más allá del espacio medido oficialmente del centro urbano a la marca que incluía aledaños mucho más amplios, cuáles se detallaban por lo general en el acta de fundación. El pueblo de Medellín, por ejemplo, rodeado por todos lados por la cordillera de los Andes y ubicado en el valle de Aburrá, definió su jurisdicción de "cumbre a cumbre" de las montañas circundantes.[181] Fue a través de los cabildos como las élites locales pudieron gobernar, pues detentaban cargos permanentes como regidores, o se desempeñaban como funcionarios elegidos anualmente en los puestos de alcaldes, procuradores generales, o alcaldes de hermandad.

La combinación de las jurisdicciones urbanas y rurales de varios concejos municipales producía la siguiente unidad administrativa: la provincia, regida por un gobernador. La jurisdicción que abarcaba la población de Medellín, por ejemplo, junto con sus contrapartes de Rionegro, Marinilla y de la capital, Ciudad de Antioquia, conformaba la provincia de Antioquia.[182] Al ser nombrado desde Madrid, la responsabilidad del gobernador era supervisar la ejecución de la legislación imperial en las jurisdicciones de los cabildos en su provincia. Supervisaba el cabildo en la capital de la provincia, así como a los funcionarios reales llamados corregidores, que integraban el personal de los otros concejos municipales de la provincia. Estos se aseguraban de que los funcionarios locales conocieran los documentos oficiales, divulgaran la legislación a través del pregonero del pueblo y aplicaran la ley.

La fusión de un número variable de provincias generaba la siguiente unidad administrativa, la audiencia, que tenía de cuatro a diecisiete miembros, los cuales ejercían funciones legislativas, ejecutivas y judiciales dentro de su jurisdicción.[183] El número de provincias que

---

179 En lo siguiente, sigo básicamente a Parry, 197-202; Elliott, "España", 50-111; y Brading, 112-162.
180 Morse sintetizó el desarrollo paralelo de las "dos repúblicas" que propugnó el establecimiento de las poblaciones indígenas.
181 Parsons, 62, lo cita como "de cumbre a cumbre".
182 Restrepo, 63.
183 Cunningham, 21.

se unían para conformar una audiencia podía variar enormemente. La provincia de Antioquia, por ejemplo, junto con las provincias de Cartagena, Santa Marta, Bogotá, Popayán, Pasto, Tunja y Chocó, integraban la jurisdicción correspondiente a la Audiencia de la Nueva Granada.[184] Posteriormente, las provincias de Quito y Venezuela se integraron también en esta audiencia, cuya sede se encontraba en Bogotá.

Para fines del siglo XVIII, Hispanoamérica incluía doce audiencias emplazadas en Ciudad de México, Guadalajara, Ciudad de Guatemala, Santo Domingo, Bogotá, Quito, Lima, Buenos Aires, Charcas (La Plata), Cuzco, Santiago y Caracas.[185] Los miembros de la audiencia, llamados jueces u oidores, figuraban entre los funcionarios más dedicados y prestigiosos de las Indias. No es de sorprender, entonces, que recibieran el máximo galardón: la promoción para servir como fiscales de la Corona o como ministros del Consejo de Indias.[186] Las audiencias incluían también otra serie de funcionarios que manejaban sus asuntos, incluyendo a un fiscal que analizaba los documentos y sugería posibles acciones a los oidores.

No todas las audiencias eran iguales. Un funcionario ejecutivo, nombrado por el rey y por el Consejo de Indias, presidía cada consejo. El título de este funcionario —presidente, capitán general o virrey— daba a la jurisdicción de esta audiencia su categoría relativa y su nombre.[187] Un presidente, por ejemplo, encabezaba las audiencias de Santo Domingo y Quito. Capitanes generales, funcionarios con experiencia militar, supervisaban las audiencias de regiones marcadas por una continuada resistencia indígena, tales como Chile (mapuche), Guatemala (maya) y Guadalajara (chichimeca, pueblo, apache).

Los virreyes eran los funcionarios de más alto rango en las Indias, superiores a los presidentes y capitanes generales. Originalmente, la jurisdicción del Virreinato de Nueva España se extendía desde Amé-

---

184 Henige, 114, detalla las cambiantes configuraciones de la Nueva Granada (*grosso modo* las actuales Colombia y Venezuela) a lo largo de los siglos Caracas se convirtió en audiencia en 1786. Véase el capítulo 7.
185 Cunningham, 18, 19. Hubo también una audiencia en Manila y otra, suprimida en 1752, en Panamá. Véase también Henige, 277-281.
186 Burkholder, "Council", 413, 415, señala que la reforma de 1776 creó el cargo de oidor mayor o regente. Este era a menudo el paso final antes del nombramiento ante el Consejo de Indias. Véase Burkholder, "Life", para las historias de los miembros de la audiencia después de la independencia.
187 *Recopilación*, Lib. iii, Tit. iii, Ley i-lxxiii.

rica Central hacia el norte, y la del Virreinato de Perú, desde Panamá hacia el sur.[188] Para fines del siglo XVIII, había también virreyes en Bogotá (Virreinato de Nueva Granada) y en Buenos Aires (Virreinato de Río de La Plata). La reforma administrativa de los Borbones combinó posteriormente algunas funciones y, en ciertas audiencias sustituyó a los presidentes, capitanes generales y gobernadores por intendentes.[189]

Finalmente, presidiendo sobre las audiencias y sus funcionarios, estaba el Consejo de Indias, el supremo órgano judicial y administrativo del gobierno imperial.[190] A partir de en la década de 1760, y especialmente después de 1773, las reformas introducidas habían revivido el prestigio del Consejo de Indias, confiriéndole una condición igual a la del Consejo de Castilla. El número de los ministros del Consejo de Indias había aumentado también, pasando de seis en 1750 a catorce en 1773.[191]

Un número variable de ministros pertenecía asimismo a un subgrupo, denominado la Cámara, que recomendaba nombramientos para los cargos civiles y eclesiásticos en las Américas y en el Consejo de Indias, y concedía el patronazgo real, que incluía las gracias al sacar.[192] El Consejo de Indias también incluía dos abogados de la Corona o fiscales, encargados de sintetizar los documentos y sugerir posibles acciones (consulta). Introducir estos elementos básicos de la cadena burocrática permite la exploración de los tipos de información acerca del blanqueamiento generada por quienes se ubicaban en ella: pardos y mulatos, élites locales, funcionarios del concejo municipal, gobernadores, oidores de las audiencias, presidentes, capitanes generales, virreyes y el Consejo y la Cámara de Indias.

A diferencia de las peticiones de legitimación, que habían acumulado precedentes durante siglos mientras los solicitantes pedían favores a la Corona, pardos y mulatos, se vieron, esencialmente, obligados a inventar su propio proceso de solicitud. Su objetivo final era articular su condición presente, explicar por qué deseaban modificarla, y justificar por qué —dadas las exigencias de justicia y reciprocidad— la Co-

---

188 McAlister, *España*, 424, resume las cambiantes jurisdicciones.
189 Brading ofrece una visión general.
190 García Pérez presenta invaluables detalles sobre el Consejo y la Cámara, especialmente en 59-96, 283-298 y 415-478.
191 Burkholder, "Council", 423.
192 García Pérez, 285, 287-289. La Cámara, según García Pérez, no hacía nombramientos en hacienda o en los puestos militares, 290.

rona debería intervenir a su favor. Durante el medio siglo durante el cual los pardos enviaron sus peticiones (1760-1816), recolectaron documentos pertinentes relativos a su nacimiento y servicio, reunieron a amigos y élites locales para que atestiguaran a su favor, y pidieron a los funcionarios reales que apoyaran sus casos. El resultado fue que todas las personas de la cadena imperial de mando, del rey en adelante, podrían, en un momento u otro, participar para juzgar, apoyar o rechazar peticiones de blanqueamiento.

¿Qué tipo de documentos reunieron pardos y mulatos para fortalecer sus casos? Si eran legítimos y, especialmente, si había varias generaciones casadas en la familia, ayudaba remitir partidas de bautismo, con el fin de establecer la rectitud de la familia. Los solicitantes acudían a los párrocos, que les suministraban copias autenticadas por notarios.[193] Si pardos y mulatos, o bien sus antepasados, habían servido en unidades militares, podrían ofrecer certificaciones de haber estado al servicio del rey, una considerable ventaja a su favor.[194]

Otra estrategia frecuente era preparar un interrogatorio, un formato común utilizado para generar información para sustentar una petición. Los pardos, con la asesoría de un notario, elaboraban una serie de preguntas para formulárselas a los testigos con el fin de obtener información favorable a su caso.[195] Podían incluir indagaciones respecto a sus antecedentes, educación, ocupación, buen carácter y aceptabilidad social. Su finalidad era acumular los testimonios más favorables, usando a los testigos de mayor prestigio. Lo óptimo era demostrar que los blancos ya habían aceptado al solicitante, de manera que el blanqueamiento no perturbaría el *statu quo* y no conllevara inconvenientes.

Como resultado de ello, no solo amigos y vecinos, sino colegas de trabajo, funcionarios del concejo municipal, oficiales reales locales, profesores de universidad y clérigos podrían participar en dichos interrogatorios. Es posible que los testigos enviaran recomendaciones entusiastas, ambiguas o codificadas negativamente cuando atestiguaban.[196] Los pardos podían asimismo pedir a funcionarios reales, incluso a gobernadores y capitanes generales, que escribieran cartas

---

193 RC, Doc. 12, 1796 (Diego Mexías Bejarano).
194 RC, Doc. 10, 1798 (Juan Gabriel Landaeta).
195 Caso 22, Ayarza, 1803, preparó varios de los cuestionarios.
196 Caso 11, Ramírez, 1783, llevó a diversas interpretaciones de las cartas de recomendación.

de recomendación a su favor.¹⁹⁷ Para el paso final, bien sea personalmente o a través de su representante legal (apoderado), los solicitantes presentaban una carta de presentación. Esta suministraba a menudo información personal adicional, e intentaba presentar el mejor caso posible para obtener un veredicto favorable.¹⁹⁸

Cuando una petición de blanqueamiento llegaba al Consejo de Indias, pasaba a los despachos de los abogados de la Corona para Nueva España y Perú. Estos fiscales elaboraban uno de los más vitales documentos del proceso, la consulta, que sintetizaba las peticiones y, con frecuencia, sugería la justificación para una sentencia favorable o desfavorable.¹⁹⁹ La consulta viajaba luego a la Cámara, el subgrupo del Consejo de Indias encargado de dispensar patronazgo y gracias. No había un número fijo de miembros de la Cámara que tomara las decisiones, aunque, cuando se identificaban —cosa que ocurría rara vez— de dos a cinco ministros podían participar.²⁰⁰ Sus deliberaciones, su justificación para los fallos, y cualquier votación resultante, permanecían en secreto.

Incluso cuando recibía una recomendación positiva o negativa del fiscal de la Corona, era posible que la Cámara se negara a emitir un veredicto. Los ministros podían pedir que un virrey elaborara otro interrogatorio para obtener datos adicionales, u ordenara a un oidor de la audiencia que investigara los antecedentes de los solicitantes, o preguntara a un gobernador por qué ciertos datos no habían llegado.²⁰¹ Un activismo semejante era particularmente notorio en relación con las peticiones de blanqueamiento, al menos cuando se las compara con la forma en que manejó la Cámara las peticiones de legitimación. En estos últimos casos, pareciera que los ministros habían desarrollado una política bastante clara, que hacía de estas decisiones algo más *pro-forma*.²⁰² Como la gracias del blanqueamiento carecía de precedentes y podría generar controversia, los funcionarios se veían más inclinados a posponer el fallo y a solicitar información adicional de las Indias.

---

197 Caso 32, Aristimuño, AGI, 1806; Caso 32, Aristimuño, RC, 1806.
198 Caso 6, Cruz y Mena, 1764, ofrece un ejemplo de ello.
199 García Pérez, 194.
200 *Ibid.*, 193-194, señala que, en ocasiones, los fiscales recibieron también nombramientos para votar como miembros de la Cámara si el caso no involucraba su consulta. Esto se aplicó, por ejemplo, al fiscal José de Cistué y Coll, quien ocupó ese cargo durante largo tiempo.
201 *Ibid.*; Caso 14, Landaeta, 1798; Caso 16, Briceño, 1794, presenta ejemplos de ello.
202 Twinam, *Public*, 286.

Lamentablemente, aún desconocemos las razones por las cuales la Cámara apoyaba o rechazaba el consejo del fiscal, o cómo sopesaba la información adicional, pues los ministros rara vez ofrecían una justificación o comentario respecto a sus acciones. La Cámara se limitaba, sencillamente, a enviar su aprobación o reprobación al ministro de Indias y al monarca.²⁰³ Estos daban su aprobación final para la expedición de una cédula oficial, pedían ulterior información o coincidían con la decisión de rechazar la petición. Como último paso, el Consejo de Indias preparaba una respuesta para el solicitante y enviaba una copia física de la cédula real de blanqueamiento o de su rechazo a través de la cadena de mando administrativa.

No solamente los solicitantes, sino también los testigos y los funcionarios imperiales participaban en el proceso de blanqueamiento. Otros, aunque no directamente implicados, pero con algún interés en el resultado, podían presentar sus opiniones. En Caracas, la opción de blanqueamiento desencadenó una tormenta cuando el cabildo, funcionarios reales, la universidad y el obispo enviaron indignadas cartas protestando por las cláusulas, mientras que el Gremio de los Pardos envió una larga misiva en la que manifestaba su ferviente apoyo. Incluso después de recibir una cédula oficial de blanqueamiento, era posible que pardos y mulatos recurrieran de nuevo al Consejo de Indias para pedir a sus ministros que obligaran a respetar los nuevos privilegios concedidos por ley.

Si bien identificar a la mayor parte de los actores que aparecen en los documentos de las gracias al sacar resulta relativamente sencillo, pues los solicitantes, los funcionarios reales de Indias y figuras representativas como el obispo, el cabildo o la universidad firmaban sus documentos, dicha especificidad se torna más problemática después de que las peticiones llegaban al Consejo de Indias. Como se observa en *Public Lives*, los historiadores carecen de "una comprensión de los [...] procesos, habitualmente secretos, mediante los cuales los decretos de los Borbones eran —o no eran— traducidos a políticas sociales".²⁰⁴

---

203 García Pérez, 447-451, discute en qué medida los fallos del Consejo y de la Cámara terminaron en veredictos finales de parte del monarca. Señala que aquellos de "cierta entidad" lo hicieron, sin especificar cuáles. Parece, al menos, que, en algunos casos, como el de los Ayarza, hubo definitivamente una intervención monárquica en ciertos momentos. Caso 22, Ayarza, 1803. Puesto que las gracias al sacar eran decretos reales, llevaban necesariamente la firma del soberano. Sobre este contexto, véase Real Díaz, 177-184.
204 Twinam, *Public*, 243.

Tampoco, como ha señalado Mark Burkholder de modo un tanto desafiante, los académicos han "examinado sistemáticamente el papel del Consejo en la formación de políticas para el Nuevo Mundo durante el período de los Borbones".[205] El dilema es cómo entrar en las mentes de quienes tomaban las decisiones en el Consejo y en la Cámara de Indias, y explorar cómo dieron forma a políticas para las Américas.

Estas dificultades resultan particularmente agudas en las evaluaciones de la consulta, aquel documento fundamental elaborado por el fiscal de la Corona, pues este revisaba los precedentes, ofrecía una justificación para la acción o inacción, iniciaba la discusión posterior y podía, eventualmente, moldear las políticas. Fue a través de la consulta como el fiscal ejerció "la misión de defender los intereses del rey", a través de recomendaciones que concedían precios a vasallos que los ameritaban, o bien los negaba si estos generaban inconvenientes.[206] En *Public Lives* fue posible usar las recomendaciones que aparecían en las consultas y en las aprobaciones o rechazos que derivaban de ellas para rastrear amplias modificaciones de la política de legitimación a lo largo del tiempo.[207] Al hacerlo se reveló que, para fines del siglo XVIII, los fiscales y la Cámara habían desarrollado criterios más estrictos respecto a quién podía ser legitimado, pues comenzaron inicialmente por rechazar a los sacrílegos; luego, a los adúlteros y, finalmente, solo con reticencia, legitimaban a hijos naturales, los descendientes ilegítimos de padres solteros. Un rastreo análogo de las justificaciones aducidas que subyacía a tendencias en la toma de decisiones es posible también para las peticiones de blanqueamiento.

Por desgracia, otro nivel de formación de las políticas del Consejo de Indias había permanecido en la oscuridad, hasta ahora. Previamente, resultaba imposible determinar la identidad de un abogado de la Corona en particular, considerar si su opinión sobre los casos se modificó con el tiempo, contrastar la recomendación específica de un funcionario con la de otro o rastrear cambios de personal por promoción, retiro o fallecimiento.

El desarrollo de una novedosa metodología permite ahora identificar a los fiscales mediante la triangulación de la fecha de la consulta y la ubicación geográfica de la petición con períodos conocidos de servicio del abogado de la Corona. Un primer paso fue determinar el mes

---

205 Burkholder, "Council", 423.
206 García Pérez, 192.
207 Twinam, Public, particularmente capítulos 9-11.

y año de una consulta determinada, la cual siempre estaba fechada. El origen geográfico de la petición establecía qué fiscal había asumido la responsabilidad de estudiarla: el fiscal para la Nueva España manejaba los documentos provenientes desde América Central hacia el norte; su contraparte para el Perú revisaba los expedientes originados al sur de Panamá.[208] Si el cargo de un fiscal estaba vacante, el abogado de la Corona que permanecía allí manejaba todos los asuntos de las Américas, y recibía un estipendio adicional por su esfuerzo.[209] La clave fundamental residía en determinar con precisión cuáles de los fiscales pertinentes habían ocupado el cargo durante aquel período en particular.

Un análisis semejante es factible gracias al *Biographical Dictionary of Councilors of the Indies* de Mark Burkholder, que no solo contiene biografías resumidas de los ministros que sirvieron en el Consejo y en la Cámara, sino también los correspondientes estudios de los veintiséis fiscales que ocuparon el cargo para Nueva España y Perú a lo largo del siglo XVIII. Esto hizo posible, por lo tanto, identificar con exactitud por mes y año, el momento en el que los fiscales de la Corona asumieron sus cargos y el momento en que los dejaron (véase Anexo B). Al triangular el origen geográfico de las peticiones, las fechas de las consultas y su período de servicio, se revelan las identidades de los fiscales de la Corona.[210] Si una consulta, por ejemplo, llegaba de México o del Caribe entre el 9 de septiembre de 1775 y el 8 de julio de 1787, habitualmente le correspondería al fiscal Antonio de Porlier.[211]

El fiscal José de Cistué y Coll fue el abogado de la Corona que permaneció durante más tiempo en servicio; manejó los casos de Panamá al sur desde el 15 de junio de 1775 hasta el 25 de septiembre 1802.[212] En ocasiones, resulta imposible identificar al autor de la consulta, dado que no hubo fiscales con funciones durante ese período en particular, y un ministro no identificado del Consejo de Indias redactó la consulta.

---

208 García Pérez, 185. Aun cuando la Corona dividió la jurisdicción de Venezuela entre la judicatura de Santo Domingo y la Audiencia de Bogotá, documentos internos del Consejo de Indias sugieren que el fiscal para el Perú manejó asuntos de esta jurisdicción. Véase RC, 1, 542, 549, donde los documentos de Caracas fueron enviados al fiscal para el Perú cuando el fiscal de la Nueva España hubiera sido también una alternativa. Análogos comentarios acerca de la transmisión de los documentos del cabildo aparecen en Mago de Chopite, 387.
209 *Ibid.*, 195. No obstante, ellos recibían únicamente un cuarto del salario del otro fiscal
210 *Ibid.*, 153-154.
211 Burkholder, *Biographical*, 98.
212 *Ibid.*, 30.

El Anexo B ofrece una guía para sondear de manera más profunda la elaboración de políticas en el Consejo de Indias a través de la identificación de estos actores clave. No obstante, el uso de dicha metodología suscita una pregunta: si un fiscal no firmaba la consulta, ¿qué porcentaje de seguridad existe de que la haya escrito, incluso si aparece durante el tiempo que ocupó el cargo? Sin duda, el grado en que los abogados de la Corona elaboraban personalmente estos documentos variaba de un caso a otro. Supervisaban a un corrillo de funcionarios de menor rango, "agentes", para "buscar y solicitar quantos documentos y noticias" fuesen necesarios, y ofrecían su asistencia para sintetizar los casos y hacer las recomendaciones.[213]

No obstante, un caso excepcional en el que los fiscales de Nueva España y de Perú comentaron sobre la misma petición sugiere que los abogados de la Corona asumían una responsabilidad personal por sus consultas. Puesto que el caso de blanqueamiento se había originado en Bogotá, llegó inicialmente al despacho del fiscal para el Perú, José de Cistué y Coll, quien redactó la consulta original el 24 de julio de 1795, donde recomendaba que se negara la petición.[214] En esta ocasión, sin embargo, la Cámara no aceptó su consejo, sino que solicitó más información de las Américas.

Cuando finalmente llegó el nuevo conjunto de documentos, el fiscal Cistué y Coll habría elaborado normalmente otra consulta, incorporando la nueva información a su recomendación. No obstante, parece haber solicitado una licencia temporal de su cargo, dejando los asuntos pendientes a su colega, el fiscal para la Nueva España, Ramón de Posada y Soto. Fue este último quien redactó la opinión para la segunda consulta un año más tarde, el 15 de septiembre de 1796. Sin embargo, Posada y Soto manifestó —aun cuando Cistué y Coll aún ocupaba el cargo de fiscal para el Perú— que, en este caso en particular, él era el autor. En la introducción a la consulta se observa que "el fiscal para Nueva España, que *por ahora* despacha el negociado del Perú" había redactado la consulta (itálicas mías).

La suposición subyacente que surge de este ejemplo es que el procedimiento normal parece haber sido que los fiscales asumían la responsabilidad de las consultas realizadas bajo su jurisdicción. Únicamente cuando esto no sucedía, como ocurrió con Posada y Soto, el fiscal comentaba específicamente tal anomalía. Aparecían anotaciones

---

213 García Pérez, 195-196.
214 Caso 22, Ayarza, 1803.

similares indicando que una consulta no había provenido de un fiscal designado cuando las vacancias transitorias dejaban vacíos los cargos de los abogados de la Corona. Habitualmente, en estas consultas, se observaba que un "ministro" del Consejo de Indias en lugar de un fiscal había redactado el concepto.[215] Parece razonable, por lo tanto, suponer en futuros análisis que —cualquiera que fuera su aporte— cuando un fiscal en servicio enviaba una consulta a la Cámara de Indias era —al menos— bajo su supervisión y responsabilidad.

Determinar aquellos períodos específicos en los cuales los abogados de la Corona ocuparon sus cargos no solo permite identificarlos, sino que lleva también a algunas inesperadas conclusiones. Al identificar qué fiscales tenían una experiencia previa en las Indias se confirma el juicio inicial de Mark Burkholder, según el cual, uno de los objetivos principales de la reforma administrativa de mediados del siglo XVIII fue designar funcionarios experimentados en el Consejo de Indias.[216] Después de 1775 para Nueva España y 1778 para Perú, todos los fiscales, hasta la independencia, habían ocupado cargos en las Américas antes de ser nombrados. Burkholder concluye que "la Corona había realizado su objetivo de suministrar al Consejo un personal estable y un mejor conocimiento de los asuntos de las Américas".[217] Rafael García Pérez concuerda en que el cargo de fiscal se había convertido en una "magnífica reserva de veteranos y expertos indianos, lo cual debió traducirse lógicamente en una mejor defensa de los intereses de la Corona en aquellas tierras".[218]

¿Hasta qué punto los burócratas con experiencia en las Américas adoptaban decisiones mejor informadas? Dada la ausencia de investigaciones, Burkholder solo podía especular que "futuras investigaciones" podrían "revelar si los veteranos de las Indias habían introducido cambios significativos en las recomendaciones y fallos del tribunal". En capítulos posteriores se sugerirá que estos experimentados abogados de la Corona sí supusieron una diferencia: demostraron notable pericia en su análisis de las peticiones de blanqueamiento.

Fueron, sin embargo, las vacantes que aparecen en el Anexo B las que ofrecen una pista sobre la necesidad de adelantar una interpretación revisionista de la opinión de Burkholder. Si bien este afirmó

---

215 RAH-ML, T. 77 (reproducido en Konetzke, vol. 3, n. 370, 1806, y RC, Doc. 31).
216 Burkholder, *Biographical*, xxvii-xxix.
217 *Ibid*.; Burkholder, "Council", 420-421.
218 García Pérez, 191.

acertadamente que los funcionarios que contaban con experiencia en las Indias aportaron una valiosa pericia a los fallos del Consejo, esta reforma administrativa no suministró el deseado "personal estable" al cargo de fiscal. El nombramiento de los abogados de la Corona con experiencia en las Indias tuvo un alto costo. Puesto que había únicamente dos fiscales para el Consejo de Indias, si uno de ellos, o ambos, faltaba, esto podía convertirse en un cuello de botella dentro de la cadena administrativa, pues no estaban analizando y facilitando el flujo de documentos, no solo de las peticiones de blanqueamiento, sino de todos los asuntos provenientes de las Américas.

En comparación con lo que ocurría a comienzos del siglo XVIII, cuando los fiscales recientemente nombrados provenían por lo general de la península y podían asumir sus cargos con relativa rapidez, cuando un abogado de la Corona recién designado ocupaba un cargo en las Indias, le tomaba bastante tiempo empacar sus pertenencias y viajar a Madrid.[219] Determinar aquellos días en los que el cargo del fiscal permanecía vacante durante estos traslados ofrece una sorprendente evidencia de los aspectos negativos atinentes a estas esperas: privilegiar a fiscales con experiencia en América produjo cinco veces más días de vacancia. Hubo nueve cambios de fiscal para el Perú antes de la reforma de los Borbones, lo cual llevó a interinidades de 441 días en total sin abogados de la Corona; posteriormente a 1777, el nombramiento de tres fiscales que ocupaban cargos en las Américas tuvo como resultado 2.252 días de vacancia antes de que se incorporaran a sus cargos. En Nueva España los siete reemplazos de abogados de la Corona antes de 1775 produjeron 726 días sin fiscales; las siete interinidades ocasionadas por la llegada de los fiscales de las Américas generaron un total de 3.603 días perdidos. Incluso más nefastos para el eficiente funcionamiento del Consejo fueron los 1.246 días, posteriores a 1777, cuando no hubo fiscal para el Perú ni para la Nueva España.[220]

---

219 Presuntamente, la reforma de los Borbones que favoreció los nombramientos de oidores españoles en los cargos de las Indias incrementó también las vacantes y afectó su eficiencia. Véase Burkholder, "From Creole".

220 Esta cifra proviene de cálculos del 26 de septiembre de 1802, con el retiro de José de Cistué y Coll, al 6 de junio de 1812, hasta la última voluntad de Manuel del Castillo y Negrete (3.542 días). Puesto que después de la primera fecha nunca hubo dos fiscales en ejercicio, agregué los días de servicio de Ramón de Posada y Soto (137), Lorenzo Serapio Hernández de Alva Alonso (989), Manuel del Castillo y Negrete (808) para Nueva España, y José Lucas de Gorvea y Vadillo para

Cierta confirmación de la incrementada lentitud de la capacidad del Consejo de Indias aparece en la enumeración hecha por Rafael García Pérez del número de expedientes despachados por el Consejo y la Cámara de Indias de 1804 a 1807.[221] Estos casos alcanzaron un máximo de 2.439 en 1803, disminuyendo a dos tercios de ese número, 784, en 1807. No hubo un año, de 1802 a 1807, en el que ambos cargos estuvieran plenamente provistos. El Consejo de Indias sufrió vacancias sencillamente terribles en 1806 y 1807: únicamente un abogado de la Corona ocupó el cargo durante cinco meses, y no hubo fiscal alguno por el resto de los diecinueve meses. Parecía evidente que, aun cuando el nombramiento de fiscales con experiencia en las Indias hacía más competente al Consejo de Indias, también lo hizo, de manera significativa, menos eficiente. Rastrear las trayectorias de los documentos de blanqueamiento no solo ofrece una comprensión de la compra de la blancura; se convierte asimismo en un estudio de caso acerca de cómo deterioró la reforma burocrática el sistema administrativo.

Estas dos secciones han presentado algunos de los contextos históricos que dan forma a las dinámicas de inclusión y exclusión. Han identificado actores críticos a lo largo de la cadena burocrática que participaron en las peticiones, para promover, rechazar, negar y aprobar peticiones de blanqueamiento. Ahora nos resta considerar una tercera variable que da forma al proceso: las cronologías.

Cronologías: lineal, congelada, atlántica, tradicional

Una de las virtudes del análisis procesual es el recordatorio constante de que las cronologías deben ser múltiples e interrelacionadas. Una serie de líneas de tiempo —"larga", "lineal", "congelada", "atlántica" y "tradicional"— constituye el armazón de lo que presentamos a continuación. Los dos siguientes capítulos adoptan un enfoque de "tiempo largo". En el capítulo 3 se exploran los caminos que llevaron a los africanos como esclavos a las Indias y cómo, a lo largo de los

---

Perú (362) para un total de 2.296 días con un fiscal en ejercicio. Al restarlos de 3.542, quedan 1.246 en los que no hubo un abogado de la Corona. García Pérez, 425, cita a Antonio de Porlier, quien, en 1788, se quejó de que no hubiera suficientes ministros, pues únicamente 12 parecían manejar los asuntos en lugar de los 19 del año anterior.

221 García Pérez, 436-437.

siglos, ellos y sus descendientes negociaron su libertad, mezclándose con indígenas y blancos para crear la compleja sociedad de castas y, eventualmente, asumir la condición de vasallos reales. El capítulo 4 rastrea las historias de familia de los solicitantes de las gracias al sacar durante varias generaciones, pues algunos de ellos idearon estrategias para aclarar la piel de sus descendientes a través de enlaces sexuales y matrimonios con blancos.

Posteriores capítulos se centrarán en períodos más cortos de tiempo. Los capítulos 5 a 7 analizan tendencias en las primeras peticiones antes de 1795. Los capítulos 8 a 12 rastrean trayectorias posteriores después de la publicación del blanqueamiento de las gracias al sacar; en el capítulo 13 se exploran sus secuelas. Una manera de comprender la necesidad de utilizar múltiples enfoques cronológicos podría ser considerar cómo una petición de blancura se encuadra en cronologías lineares, congeladas, atlánticas y tradicionales.

Es posible que los análisis que emplean el tiempo lineal sigan la historia de una petición de principio a fin: desde el momento en el que un pardo reunió los primeros documentos hasta cuando el Consejo de Indias expidió o negó una cédula de blanqueamiento. Aun cuando este enfoque es valioso, no puede explicar la interacción de las variables que produjeron los resultados. Habitualmente, transcurrían varios años desde el principio hasta el final, y muchos otros factores —cambio de fiscales, sentencias sobre otras peticiones, protestas, acontecimientos históricos— podrían moldear las decisiones en curso, así como el impacto de cualquier conclusión. Dada la ausencia de precedentes para el blanqueamiento, el proceso burocrático de toma de decisiones resultaba inusualmente fluido, pues los funcionarios innovaron de maneras distintivas y a menudo contradictorias. Si bien comprender la trayectoria histórica de cada petición de blanqueamiento es fundamental, resulta igualmente necesario considerar otras interfaces.

Organizar la cronología dentro de un tiempo congelado permite identificar interconexiones. En esta metodología, los documentos de cada caso se organizan por día, mes y año. Luego se unen todos los casos, junto con otros documentos pertinentes, en una base de datos cronológica maestra. Así resulta posible "congelar" un espacio de tiempo, aislar un período crucial, y considerar posibles conexiones entre el solicitante, los funcionarios imperiales y las élites locales en un tiempo definido. Resulta posible saber, por ejemplo, qué sucedía con los documentos sobre el blanqueamiento durante el mes de noviembre de 1796, o en cualquier otro mes, quién reunía información para las peticiones, qué cartas se encontraban en tránsito desde España o desde las Américas, quién aguardaba una decisión, qué fiscal escribía cuál consulta, qué hacía el cabildo de Caracas..., y determinar cómo estas interacciones podían o no incidir sobre un resultado. Al mover este espacio de tiempo congelado hacia adelante —a diciembre de 1796 o a enero de 1797— se desarrolla una cronología dinámica que revela aquellas interacciones procesuales que promovían o impedían el cambio.

Agregar el componente de tiempo atlántico al tiempo congelado ofrece un nivel analítico adicional y amplía el enfoque geográfico. El tiempo atlántico nos recuerda que había, a la vez, simultaneidad e ignorancia a ambos lados del océano. Es posible que ocurrieran acontecimientos formativos en España y en las Indias, y cada lado ignorara lo que sucedía en otros lugares. En el mismo momento en que el Consejo de Indias en Madrid podía estar concediendo una petición, el cabildo de Caracas podía redactar una feroz condena del blanqueamiento. Un solicitante de Nueva España podía enviar una solicitud sin ser consciente de que los ministros en Madrid ya no estaban considerando seriamente las solicitudes. El tiempo atlántico incorpora estos desconocimientos concurrentes, reconociendo los rezagos de tiempo en el conocimiento a ambos lados del océano, así como sus posibles repercusiones.

Finalmente, está el tiempo tradicional, esto es, algunos de los hitos más conocidos de la historia imperial. ¿Cómo pueden ubicarse la historia de la movilidad de casta y la trayectoria particular de las peticiones de blanqueamiento dentro de narrativas tradicionales o no tradicionales? Desarrollos ocurridos sustancialmente antes de la aparición de las primeras peticiones, así como dentro y fuera del imperio español, influyeron en las tendencias de manera importante.

El capítulo siguiente, que se enfoca en el período comprendido entre la conquista y los comienzos del siglo XVIII, revela dos puntos de inflexión menos reconocidos: las décadas de 1620 y 1700. La primera marcó una época en la cual los comentarios y legislaciones casi universalmente negativos contra pardos y mulatos que prevalecían hasta entonces comenzaron a cambiar, y estos empezaron a eliminar parte de la discriminación que sufrían a causa de sus ancestros. El segundo hito relativo al blanqueamiento se dio a comienzos del siglo XVIII, cuando se extinguió la dinastía de los Habsburgo y los dos primeros monarcas Borbones (Felipe V [1700-1746] y Fernando VI [1746-1759]) llegaron al trono de España. Este período está marcado por esfuerzos aún más activos por parte de algunos pardos y mulatos por obtener las prerrogativas exclusivas de la blancura. Habrían de ser sus hijos, nietos y bisnietos quienes enviaron las primeras peticiones solicitándola.

Las peticiones de blancura parcial o total abarcaron las décadas de 1760 a 1810, y se extendieron por épocas especialmente traumáticas en la historia del imperio y, en particular, en la del Caribe. Como señala David P. Geggus, hubo "dos conjuntos de conflictos". En primer lugar, estaba la disputa internacional por el poder entre ingleses, españoles y franceses. Estas rivalidades interactuaban con "luchas nacionales" en todo el Caribe, pues los esclavos se rebelaron para conseguir la libertad, pardos y mulatos buscaron los privilegios de la blancura, y las élites reaccionaron para preservar su dominio.[222] No parece accidental que las primeras peticiones de blanqueamiento se originaran en Cuba, enviadas por cirujanos pardos que habían servido activamente, en 1762, durante la defensa de La Habana contra los invasores ingleses. La última solicitud llegó a una España comprometida en una guerra peninsular contra los franceses.[223] Las peticiones de blancura influirían y serían influidas por otros puntos de inflexión: la Revolución Haitiana (1791-1804), la Rebelión de Coro, en la cual los esclavos lucharon por su libertad en Venezuela (1975), y la invasión del precursor Miranda (1806) que promovía la independencia de Venezuela, mientras las Cortes de Cádiz (1810-1814), intentaban preservar el imperio y darle una nueva forma.

La década de 1760 trajo también cambios significativos en el gobierno imperial, pues durante aquellos años se iniciaron las reformas de los Borbones en la Indias bajo los auspicios de Carlos III (1759-1788) y Carlos IV (1788-1808). El impulso principal de estos esfuerzos era fortalecer la seguridad nacional, proteger al imperio contra invasores foráneos, generar más ingresos de las Américas a través de una mayor eficiencia y un aumento de impuestos, y gobernar mejor mediante controles más estrictos y administradores profesionales. En capítulos posteriores se rastrearán las innovaciones y la capacidad de respuesta de las primeras décadas de la reforma de los Borbones, y se trazará su posterior decadencia.

---

222 Geggus, "Slavery", 5. Para una serie de excelentes artículos sobre la revolución, la esclavitud y la ciudadanía en el Caribe francés y español, especialmente en Venezuela, véase Gómez, "Revolución Haitiana", "Estigma", "Pardo", "Revoluciones", y "Ciudadanos".
223 Caso 5, Avilés, 1763; Caso 40, Rodríguez, 1816.

¿Dónde se encuadró el blanqueamiento dentro de estas iniciativas? Como se ha señalado en el capítulo anterior, la compra de la blancura resultó ser una de las reformas de los Borbones de forma más bien accidental. No derivó de un consenso político dirigido a dotar de mayor flexibilidad las rígidas estructuras sociales de las Indias, como tampoco —al menos inicialmente— a obtener la lealtad de los vasallos pardos y mulatos. Más bien, el blanqueamiento apareció espontáneamente cuando los funcionarios reales hallaron unos pocos precedentes mientras reunían favores que podían comprarse a través de las gracias al sacar. Los funcionarios se ocuparon del blanqueamiento al final del listado de precios de 1795 debido al ímpetu de la Ilustración por codificar, así como a la búsqueda permanente de los Borbones por obtener flujos de ingresos adicionales.

Aun si no fue promulgado como una reforma social, la posibilidad de comprar la blancura intersecó, de hecho, con una iniciativa de los Borbones, la Pragmática Sanción de 1776, cuyo título completo era "Pragmática Sanción para evitar el abuso de contraer matrimonios desiguales". Aplicada en las Indias desde 1778, interponía la autoridad de la Monarquía entre la Iglesia Católica y las parejas comprometidas para casarse, aunque el Concilio de Trento había insistido en que las personas debían poder elegir libremente a su pareja.[224] Con la Pragmática Sanción, la Monarquía ejercía ahora una nueva forma de regalismo —la supremacía de la autoridad del soberano por encima de las decisiones eclesiásticas— al intervenir para dar facultades a los padres o tutores blancos para impedir matrimonios, cuando lo solicitaban ante los funcionarios civiles, por considerar que la unión proyectada era desigual por razones de clase o casta.[225] La legislación restringía estas intervenciones a la élite, al estipular que "mulatos, negros, coyotes e individuos de castas" no podían protestar matrimonios desiguales, aun cuando estos grupos intentaron invocar la

---

224 Para historiografía sobre la Pragmática Sanción de 1776, véase Rípodas Ardanaz, *Matrimonio*; Twinam, *Public*, 308-313 y Saether para visiones generales del imperio; para Buenos Aires, Socolow, "Acceptable"; Ghirardi para Córdoba (Argentina); Premo, *Children*, 156-159, para Lima; Pellicer, *Entre*, para Caracas. La complejidad de cómo funcionó la Pragmática Sanción en diferentes lugares de las Américas aguarda investigaciones adicionales, pero los estudios de caso sugieren reacciones muy diversas.
225 Paquette, 7, describe este "regalismo" en desarrollo, aun cuando no lo aplica a asuntos sociales tales como la Pragmática Sanción.

sanción.²²⁶ Si se caracterizaba como un disenso "racional", los hijos o hijas podían ser desheredados cuando se casaban a pesar de la prohibición real y familiar.

Como las relaciones sexuales o los matrimonios con personas blancas resultaban ser una estrategia común adoptada por pardos y mulatos para aclarar la piel de generaciones posteriores, la Pragmática Sanción de 1776 representó un grave obstáculo para la movilidad. No obstante, aunque pareciera que los españoles retiraban oportunidades con la Pragmática Sanción, ofrecían otra opción con las gracias al sacar, pues si pardos y mulatos compraban la blancura, no podía haber objeciones a su matrimonio con blancos. Ha llegado entonces el momento de remontarnos al comienzo de esta historia, la llegada de aquellos tatarabuelos y tatarabuelas procedentes de África que se mezclaron con españoles e indígenas, y cuyos descendientes se convertirían en los primeros solicitantes de la blancura.

---

226 AHN-Caracas, Diversos, T. LXIV, n. 28, 1790. Permitió, sin embargo, a los oficiales de la milicia de los pardos utilizar también la Pragmática Sanción, aunque no hay un estudio que sugiera que lo hicieran.

Segunda parte
Tiempo largo

Capítulo 3
Intersticios. Búsqueda de espacios para la movilidad

> "Ca assi como la seruidumbre es la mas vil cosa deste mundo […] assi la libertad es la mas cara e la mas preciada"
>
> *Siete Partidas*[1]

Introducción

En marzo de 1795, un mes después de que el Consejo de Indias promulgara las gracias al sacar, el guatemalteco don Domingo Lucián escribió al Consejo de Indias que había comprado recientemente el prestigioso cargo de regidor en la ciudad de San Salvador.[2] Aun cuando tenía cinco testigos que atestiguaban su legitimidad ello, los miembros del cabildo, sin embargo, lo habían vetado, dada la mancha que había heredado de su tatarabuela, quien descendía de mulatos. Si bien parece poco probable que la noticia de las gracias al sacar hubiera llegado a oídos de don Domingo, solicitó, sin embargo, su propia versión informal del blanqueamiento. Pidió al Consejo que aprobara su posesión en el cargo. El fiscal para la Nueva España, Ramón de Posada y Soto, aprobó su requerimiento, confirmando su posición como miembro de la élite blanca. El ministro concluyó que la "distancia en que se halla el dudoso defecto" se conjugaba con sus "buenas circunstancias" para superar cualquier sombra de su pasado.

---

[1] *SP*, P. iv, Tit. xxii, ley viii. Véase https://7partidas.hypotheses.org/8028. Una versión muy abreviada de este capítulo apareció en Twinam, "Etiology."
[2] Konetzke, vol. 3, Doc. 342, 1795.

Este capítulo se centra menos en el efectivo blanqueamiento del regidor don Domingo, que en su tatarabuela mulata, a quien, de hecho, no se nombra. El interés se enfoca no solo en sus descendientes, sino también en sus antepasados, algunos de los cuales eran casi ciertamente esclavos. ¿Cuáles fueron los procesos que habían creado oportunidades de maniobra para las personas esclavizadas y su descendencia, que generaron una "distancia" suficiente y "buenas circunstancias" de manera que, generaciones más tarde, un funcionario real pudiera declarar a uno de sus descendientes blanco y elegible a un cargo público?

Un estudio de "tiempo largo" —que rastrea cambios jurídicos y actitudinales respecto a los esclavos, negros libres, pardos y mulatos a lo largo de siglos de legislación española— abre una perspectiva sobre aquel mundo perdido. Su principal objetivo no es explorar el aparato represivo que rodeaba el sistema esclavista, ni, más ampliamente, la sociedad de castas.[3] Más bien, su enfoque más limitado consiste en buscar aquello que posibilitó la movilidad, las evidencias de intersticios históricos, aquellos lugares intermedios donde encontraron los esclavos oportunidades para pasar a la libertad, donde sus hijos e hijas libres pudieran deshacerse de las señales que indicaban su condición inferior, o donde sus descendientes pudieran figurar como vasallos, adquiriendo algunas de las prerrogativas de la blancura, o bien sus plenos privilegios. ¿Cuáles fueron aquellos procesos de exclusión e inclusión que abrieron espacios para la movilidad?

Dado que no hay un compendio de la legislación española, la reunión de una colección, tan completa como sea posible, de leyes, edictos y cédulas reales concernientes a esclavos, negros libres, pardos y mulatos, desde la conquista hasta el final de la independencia, sigue siendo un reto. Las fuentes incluyen las compilaciones más fácilmente disponibles promulgadas por la Corona, las llamadas *recopilaciones*, así como las colecciones de cédulas reales, los *cedularios*. Historiadores y archivistas han publicado un número impresionante de volúmenes de este tipo, copiados de documentos del Archivo de Indias o de archivos nacionales en todo el imperio. De especial pertinencia son los cinco volúmenes de Richard Konetzke, que incluyen 1.450 documentos dedicados a la historia social de Hispanoamérica.[4] Algunas colecciones son manuscritas, entre ellas el *Cedulario de Ayala*, ubicado en

---

3   Véase Bennett, *Colonial*, para el desarrollo de las sociedades de casta en el siglo XVII.
4   Uno de los problemas metodológicos de usar a Konetzke es que él no informa si presenta el texto completo o solo parcial de los documentos. Aunque uso sus

el Archivo Histórico Nacional, la colección legislativa compilada por Benito Mata Linares, preservada en la Real Academia, así como manuscritos sueltos de la Biblioteca Nacional en Madrid.[5] Aun cuando esta base de fuentes contiene legislación duplicada y no es completa, ofrece, sin embargo, rica y profunda documentación respecto a la represión, así como a la movilidad, de esclavos, negros y castas durante los siglos siguientes.

¿Qué puede revelar semejante acumulación de leyes sobre los esfuerzos de esclavos, negros libres, pardos y mulatos por mejorar su condición? Desde el punto de vista metodológico, la legislación puede ser una fuente histórica complicada, pues es posible que exista una amplia variación entre la promulgación de una ley y su impacto final sobre regiones particulares a lo largo del imperio. Cuando se la utiliza con precaución, abre una ventana sobre la mentalidad de quienes la promulgaron; como mínimo, ofrece una comprensión de aquello que los funcionarios reales eligieron revelar públicamente sobre la intención particular de cualquier decreto. Un ejemplo: las primeras codificaciones sobre la esclavitud revelan que los españoles no la consideraron necesariamente como una condición permanente.

Las leyes instruyen también cuando demuestran ser reactivas. En lugar de establecer una agenda, responden a una situación existente. Leer "a través" de una legislación semejante ofrece un indicio sobre los nichos potenciales que permitieron la movilidad. Cuando la Corona promulgaba ordenanzas que prohibían a pardos y mulatos asistir a la universidad, ofrecía un reconocimiento indirecto de que algunos habrían podido evadir con éxito esta prohibición.

Yuxtapuesto a estudios de caso, el grado en que las leyes tenían un impacto o, por el contrario, no conseguían efectuar cambios en el terreno suministra una profundidad interpretativa adicional. Durante las últimas dos décadas, sucesivas olas de historiografía han investigado elementos fundamentales de la experiencia africana en las Indias: la transición de esclavo a hombre libre, la variabilidad de los caminos

---

referencias porque son más accesibles para los lectores, he verificado los originales siempre que ha sido posible. Cuando Konetzke cita cédulas, que tienden a ser más cortas, por lo general reproduce el texto completo. Cuando reproduce casos, tales como legitimaciones o blanqueamientos que, a menudo, incluyen numerosas páginas, con frecuencia reproduce un documento parcial.

5 Ots Capdequi, "Don Manuel", imprime un índice de la *Colección Ayala*. Véase también Puga.

a la manumisión, el grado de intercambios entre africanos, indígenas y españoles, los grados de armonía u hostilidad entre grupos socio-raciales, así como variaciones por región y a lo largo del tiempo. Agregar estos estudios de caso ofrece plantillas de excepcional valor, que confirman la continuidad o la distancia entre la legislación y las prácticas populares.[6]

Un análisis *emic* y procesal de la legislación reunida resalta variables temáticas, cronológicas y geográficas que generaron espacios para la movilidad de esclavos, pardos y mulatos.[7] Los documentos en sí mismos crean las tendencias. Algunas de las inquietudes de los funcionarios reales —los efectos del matrimonio sobre la libertad de los esclavos— surgen en períodos específicos y luego desaparecen. Otros asuntos —el pago de tributos, que marcó a pardos y mulatos como inferiores a los blancos— se extendió por siglos. También el tiempo establece referentes: patrones en la legislación que se inician en la década de 1620 señalan una transformación positiva de las actitudes reales hacia los pardos y mulatos libres; tendencias surgidas a partir de la década de 1700 revelan una aceleración de los esfuerzos de las castas por disfrutar de los privilegios habitualmente reservados a los blancos. Las regiones fueron también importantes, pues, aunque los nichos para la movilidad eran usualmente más extendidos en las periferias, había casos en los cuales se podría tener mayor éxito en los centros urbanos.

Aunque el objetivo final de esclavos, negros libres, pardos y mulatos era similar —alcanzar la movilidad a través de la subversión de las "categorías coloniales de control"— sus estrategias difirieron en el transcurso del tiempo.[8] Para los esclavos, bien sea que hubieran llegado en la década de 1550 o de 1759, el objetivo principal debió ser el de obtener la libertad, aunque algunos, a pesar de las prohibiciones, encontraron también espacios en los cuales podían hacer "cosas de blancos". Para los negros libres, pardos y mulatos, un primer objetivo era, a menudo, deshacerse de una discriminación específica atinente a su condición de casta; más tarde intentarían apropiarse de un privilegio limitado propio de la blancura.

---

6 Véase Premo, "Equity", 499, para un estudio de caso que ejemplifica el cambio en la "historiografía del derecho latinoamericano que sitúa la práctica real de los tribunales frente a un cambiante trasfondo intelectual de la jurisprudencia hispanoamericana".
7 Twinam, *Public*, 24-25; Tilly, 319-330; Hareven, ix-xxiii.
8 Stoler, *Carnal*, 225.

Estas subversiones informales, e incluso ilegales, frente a la legislación discriminatoria podían evolucionar hacia una aceptación oficial de tales excepciones. Fue común que las dispensas se concedieran primero a individuos excepcionales; sin embargo, con el paso del tiempo, la Corona podía extender este beneficio a grupos designados específicamente. Aun cuando las leyes escritas y las tradiciones fijaban guías generales que establecían las agendas habituales de la discriminación, había siempre comodines: era posible que un funcionario facilitara un tipo de movilidad; su sucesor, por el contrario, podía impedirla.

En este capítulo se exploran estas complicadas interacciones, al considerar aquellos intersticios que facilitaron la transición de la esclavitud a la libertad. Luego, rastrea cómo negros, pardos y mulatos buscaron nichos para borrar la condición que era objeto de discriminación, consiguiendo eventualmente ser considerados como vasallos reales. Incluso si nunca lo anticiparon, los éxitos de estos antepasados habrían de abrir caminos para que algunos de sus descendientes buscaran la blancura oficial.

De esclavos a hombres libres

Durante los años inmediatamente siguientes a la conquista, hubo dos elementos, enormemente codiciados, llevados por los españoles recientemente presentes en las Indias: caballos y esclavos. Es extraordinario que la fórmula empleada para obtener una licencia para importar cualquiera de los dos fuese siniestramente similar. En 1529, a comienzos de la conquista del Perú, Domingo Sorolate recibió un permiso para que "podays llevar a la provincia de Tumbes dos esclavos negros para el servicio de vuestra persona y casa".[9] Cinco años más tarde, otro conquistador, Juan de las Casas, obtuvo una licencia análoga, en esta ocasión para que "podays pasar e paseys a la provincia del Perú un caballo para servicio de vuestra persona y casa".[10] Esclavos y caballos parecen haber estado en un plano retórico bastante similar: ambas eran valiosas posesiones al servicio de las personas y sus familias.[11]

---

9 Barrenechea, vol. 1, 65; Pérez y López, vol. 15, 87, discute las licencias de los esclavos.
10 Barrenechea, vol. 1, 51.
11 Restall, *Black*, 17, 279, observa que los africanos desempeñaron análogos servicios en Yucatán en el siglo XVI.

Hubo una irónica conexión adicional entre caballos y esclavos en las Américas. Así como los primeros escapaban de sus amos y, eventualmente, conformaban manadas salvajes que recorrían las planicies, de igual manera, poco después de la conquista, los esclavos encontraron amplias oportunidades de escapar a su servidumbre y liberar a futuras generaciones.[12] Como han señalado Jane Landers y Matthew Restall, "El control español sobre los africanos fue débil casi desde el momento en que los primeros tocaron suelo americano".[13] Especialmente durante las primeras décadas, mas no siempre después, Hispanoamérica se podía encuadrar más en la clasificación tradicional de "sociedades con esclavos" que en las "sociedades esclavistas".[14]

Comprender los parámetros establecidos por el código jurídico medieval de las *Siete Partidas* (1256-1265), así como la forma en que compendio legal se tradujo en las Indias, ofrece una idea de cómo negociaron los esclavos algunos de los primeros caminos a la libertad.[15] No es accidental que algunas cláusulas fundamentales, donde se revelan las opiniones de los españoles sobre la esclavitud, aparezcan en la cuarta *Partida*, consagrada al derecho de familia y a otros vínculos permanentes entre las personas. Comienza detallando los compromisos, los matrimonios y la relación entre padres e hijos antes de presentar una sección sobre la servidumbre. Al ser los esclavos miembros de la familia, la reglamentación sobre cautiverio formaba parte del derecho de familia.[16]

En las *Partidas* no consideraba la esclavitud como una condición inherente. Por el contrario, concedían que "Libertad es poderío que ha todo ome naturalmente de fazer lo que quesiere solo, que fuerça: o

---

12 Crosby sigue siendo la formulación clásica.
13 Restall y Landers, 169. Lokken, 182, sugiere que "el dominio demográfico indígena" permitió a los esclavos "un grado inhabitual de movilidad social" en Guatemala, México y Perú, debido a que las "economías locales dependían poco, en conjunto, de su trabajo".
14 Berlin, 8. En "sociedades con esclavos", quienes se encontraban en cautiverio eran "marginales a los procesos productivos centrales", y había formas alternativas de trabajo en comparación con las "sociedades esclavistas", en las cuales la "esclavitud se encontraba en el centro de la producción económica". Phillips, *Slavery in Medieval*, 155, señala la antigua distinción entre esclavos domésticos y cuadrillas de esclavos.
15 Véase Phillips, *Slavery in Medieval*, 127-40, sobre la historia de la manumisión en España.
16 Cottrol, *Long*, 28-32, rastrea tradiciones romanas y españolas de esclavitud doméstica.

derecho de ley, o de fuero, non gelo embargue".[17] Solo ciertas circunstancias generaban el estado de servidumbre —captura en una guerra, venta de sí mismo o nacer de una mujer esclava—. Fue el inverso de esta última categoría lo que abriría un enorme intersticio, fundamental para el paso de esclavo a hombre libre, y la posterior creación de la sociedad de castas. Dada la imposibilidad de demostrar la paternidad, el estado de los vientres maternos era importante. Así como el vientre de una esclava solo engendraba esclavos, de la misma manera, el vientre de una mujer libre solo engendraba personas libres. La condición del padre no era pertinente, pues la ley admitía que los hijos que naciesen de una madre libre y un padre siervo serán libres.

Incluso respecto a las personas forzadas a la esclavitud o nacidas en ella, las *Partidas* no admitían que su servidumbre fuese permanente. Por el contrario, la ley alentaba a los esclavos a buscar su libertad. Es sorprendente que las cláusulas que establecen las relaciones entre amos y siervos aparezca en una sección, el título xxii, llamada "De la libertad".[18] La *Partida* cuarta concede que "que la libertad es vna de las mas honrradas cosas, e mas cara deste mundo", mientras "Ca assi como la seruidumbre es la mas vil cosa deste mundo".[19] Al menos en teoría, la legislación española describía la esclavitud como una condición despreciable, que los cautivos naturalmente tratarían de modificar y, de hecho, modificaban.

Si bien las *Partidas* medievales no detallaban vías jurídicas o administrativas específicas para buscar la emancipación, sí describen algunas situaciones en las cuales puede darse la manumisión. La esclavitud terminaba si un esclavo se ordenaba como sacerdote, estaba ausente durante diez años del país de su amo, se encontraba en otro país con permiso del amo durante veinte años o pasaba treinta alejado del amo. Reconocía que los amos tenían la opción de liberar a sus esclavos por su "buena voluntad", "por precio que resciben o porque los mando aforrar su Señor en su testamento, al heredero que establescio en el".[20]

---

17 *SP*, P. 4, Tit. xxii, ley viii. Véase https://7partidas.hypotheses.org/8028.
18 *SP*, P. 4, Véase https://7partidas.hypotheses.org/8028.
19 *SP*, P. 4, Tit. xxii, ley viii. Véase https://7partidas.hypotheses.org/8028. Como señala Cottrol, *Long*, 45, los amos no consideraban liberar a un esclavo en Hispanoamérica como un "reto", ni para el régimen esclavista ni "para las nociones más amplias de jerarquía y subyugación".
20 *SP*, P. 4, Tit. xxii, leyes vi, vii, viii, ix. Véase https://7partidas.hypotheses.org/8028.

Más recientemente, varios estudiosos han señalado que el derecho específico de un esclavo a la coartación (a comprar su propia libertad) no aparece en los códigos jurídicos. Más bien, "estas prerrogativas surgieron como una respuesta pragmática a los frecuentes litigios iniciados por los propios esclavos".[21] Aunque las *Partidas* no garantizaban que un esclavo pudiera exigir que un tribunal fallara a su valor, obligando al amo a aceptar una suma y a concederle la libertad, existía ya una fuerte implicación en ellas de que la compra era opción viable. Semejante "actitud indulgente frente a la manumisión" había creado en la península una clase de personas libres.[22] También en las Américas, estos precedentes históricos generaron oportunidades, aun cuando hubo grandes variaciones en diferentes lugares del imperio y con el transcurso del tiempo respecto a su frecuencia y a las opciones disponibles a los esclavos para liberarse.[23]

Siempre que los esclavos buscaban, compraban o recibían la libertad, lo hacían como católicos.[24] Fundamental para forjar la identidad

---

21 Fuente, "Slaves and", 661. Véanse también Salmoral; Premo, "Equity", 502; Proctor, *Damned*.
22 Landers, *Black*, 8.
23 Existe una rica bibliografía en torno a la compra de la libertad y al uso de los tribunales; véanse, por ejemplo, Owensby; Bennett, *Africans*; Hünefeldt; Díaz, *Virgin*; McKinley, "Till Death"; McKinley, "Fractional"; Serna; Herrera, 123. Fuente, "Slave Law", 358, rastrea ejemplos de coartación del siglo XVI en Cuba y el reconocimiento del proceso en ordenanzas del siglo XVII. Restall, *Black*, 185-190, sugiere que era más probable para las mujeres y los niños recibir la libertad que para los hombres, y que las propietarias mujeres a menudo liberaban a sus esclavos domésticos. Proctor, "Gender", 320-326, agrega que las esclavas criollas se beneficiaban con frecuencia de madres "sustitutas", pues sus amas las consideraban como miembros íntimos del hogar y, posteriormente, las liberaban. En *Damned*, 166, Proctor advierte que la manumisión debe ser concebida, no solo como el hecho de que los esclavos ejercieran su agencia al comprar su libertad, sino quizás aún más como el que los amos eligieran renunciar a su "dominio". El estado actual de la investigación hace imposible generalizar sobre la frecuencia y características de la manumisión en todo el imperio. Los historiadores solo pueden, más bien, considerar variables cruciales y tendencias resultantes de estudios micro y regionales.
24 Véase Klein, "Anglicanism", 318, para el resultado radicalmente diferente en las colonias anglosajonas, donde la Iglesia establecida tuvo "poco, si es que algún hubo", y la "vida religiosa del esclavo dependía por completo de la voluntad de amo, y esto estaba determinado casi exclusivamente por la costumbre local". Véase también Bennett, *Africans*, en especial los capítulos 2 y 4. Allen, 196, rastrea la temprana ambivalencia anglosajona acerca de si los africanos que eran cristianos debían ser esclavizados. Una ausencia semejante de proselitismo contrasta con la observación de Restall, *Black*, 83, según la cual el catolicismo compartido entre españoles y africa-

y nacionalidad españolas a fines del siglo XV fue la insistencia de los reyes Fernando e Isabel en la uniformidad religiosa, que culminó con la expulsión de los judíos en 1492, la conquista del último reino musulmán de la península, el de Granada, el mismo año y la pragmática de conversión forzosa de los musulmanes de 1502.[25] La Monarquía española estuvo igualmente decidida a que las Indias fuesen exclusivamente católicas. Una particular inquietud era el temor de que los comerciantes de esclavos pudieran llevar a africanos del norte, que eran musulmanes, a las Américas. Los decretos reales de 1543 ordenaban que si los "esclavos o esclavas" del norte de África (berberiscos) llegaban a América, los funcionarios debían ponerles de regreso en "los primeros navíos que vengan" pues "en ningún caso" debía permanecer en las Indias.[26] Se excluía asimismo a los esclavos que hubieran sido "criados con moros".[27]

Una serie de leyes españolas exigían que los amos convirtieran a todos sus esclavos al catolicismo. Establecían que debían asistir diariamente a catequesis hasta que hubieran aprendido la "doctrina christiana".[28] Un decreto real de 1544 castigaba a varios amos en Santo Domingo que actuaban "contra consciencia" y daban un "mal exemplo" cuando obligaban a los esclavos a trabajar los domingos y fiestas de guardar. Debían asegurarse, por el contrario, de que asistieran a misa y "guardasen las fiestas como los demás christianos".[29] El resultado, como ha observado Herman Bennett, fue que el catolicismo dio a los esclavos "una existencia social más allá del alcance de los amos", si bien "limitada en su extensión".[30]

Al año siguiente, en 1545, el Consejo de Indias promulgó decretos que enfatizaban, de nuevo, la prioridad de bautizar a los esclavos y promover su conocimiento del catolicismo.[31] Ordenaban que los amos dieran un "buen tratamiento a sus esclavos, teniendo consideración

---

nos "significó que el factor religioso obstaculizó, en lugar de ayudar, a la evolución de viejos prejuicios hasta el moderno racismo contra los negros".
25 Pérez y López, 34, 35.
26 *Recopilación*, T. 2, Lib. vii, Tit. v, ley xxix, 1543.
27 *Ibid.*, T. 4, Lib. ix, Tit. xxvi, ley xix, 1543. La paranoia real respecto a los moros en las Américas continuó hasta comienzos del siglo XVIII. Véase Konetzke, vol. 3, Doc. 55, 1700.
28 AHN, Códices, L. 742, Negros, 1540.
29 AHN, Códices, L. 742, Negros, 1544.
30 Bennett, *Colonial*, 33.
31 Konetzke, vol. 1, Doc. 154, 1545.

que son [...] cristianos". Los amos debían contratar a un "hombre blanco" como mayordomo, encargado de designar "una casa o bohío como iglesia con su altar, con la cruz e imágenes". Cada mañana, antes de que los esclavos salieran a trabajar, debían rezar y, "todos los domingos y fiestas" debían reunirse a escuchar misa y, después de una comida, orar y aprender la "doctrina cristiana". Los amos debían pagar una multa si los funcionarios reales los visitaban y descubrían que esta no era la "costumbre" habitual.

Los decretos ofrecían una cronología para que los amos convirtieran a los esclavos. Disponían de "seis meses" para enseñarles algo de español y ayudarlos a comprender el "santo bautismo". Los funcionarios reales se mostraron optimistas respecto a sus resultados. Quizás ingenuamente, postularon que "todos los negros" eran "fáciles de convertir", pues consideraban "de valor" ser "cristianos como nosotros". Las autoridades civiles recurrirían también a la religión para moderar el comportamiento de la población esclava. En 1603, el virrey del Perú condenó los "bailes y borracheras" de los esclavos locales, y pensó que la solución era enviarles sacerdotes que les adoctrinaran para mejorar su conducta.[32]

Sigue siendo difícil determinar en qué medida los amos obedecían estas órdenes de convertir a los esclavos, y es igualmente evidente que los recién llegados preservaban importantes elementos de las prácticas africanas.[33] Resulta significativo que, a medida que pasaban las generaciones, los esclavos y sus descendientes libres se identificaba a sí mismos, y eran identificados por otros en las Indias, como católicos. Una ordenanza de fines del siglo XVII reconoció el ostensible éxito de estas conversiones, pues prohibía los "malos tratos" de esclavos negros y mulatos, y ordenaba que los amos se aseguraran de ofrecer "confesión" a los moribundos, así como "pasto espiritual" a los otros católicos como ellos.[34]

¿Cuál fue la respuesta de los esclavos a la posibilidad de libertad consignada en las *Siete Partidas* y a la imposición del catolicismo por parte de sus dueños? Ecos de esta promesa medieval de libertad resuenan en parte de la primera legislación sobre la esclavitud en las Américas. Una opción siempre presente era la oportunidad que tenían los esclavos de comprar su libertad. Un decreto de 1526, repeti-

---

32 BN-Madrid, MS 2989, 1603.
33 Sweet, *Recreating*, presenta numerosos ejemplos.
34 *Disposiciones*, T. 1, n. 29, 1683.

do en 1541, ofrecía un incentivo semejante a los "negros que se pasan a estas partes", advirtiéndoles que, si no se rebelaban y no huían, y "se animasen a trabajar y servir a sus dueños", entonces, después de "cierto tiempo" podían poner fin su cautiverio mediante la compra de su propia libertad.[35]

La legislación promulgada en 1540 sugiere que tales transiciones habían ocurrido, pues intentaba proteger a quienes habían pasado de la esclavitud a la libertad. Ordenaba que, si alguien ponía en duda la condición de hombre libre de los antiguos esclavos, los tribunales locales debían escuchar sus casos y "hacer justicia".[36] En el transcurso de los siglos, miles de esclavos habría de recobrar la libertad, proceso que contribuyó de manera sustancial a la formación de la sociedad de castas.[37] Como concluye Herman Bennett, "la posibilidad de la libertad se cernía en la consciencia de la mayor parte de los africanos o en la de sus descendientes".[38]

Las primeras leyes revelan también la persistencia en las Indias de la versión de una leyenda urbana acerca de la libertad, la idea errada de que un matrimonio católico ponía fin a la condición de esclavo.[39]

---

35 Konetzke, vol. 1, Doc. 45, 1526; Zorita, 26 de octubre de 1541.
36 *Recopilación*, T. 2, Lib. vii, Tit. v, ley viii, 1540.
37 Véanse Landers, *Black*, 139-140, sobre la ley española de manumisión. Klein, "Anglicanism", 305-306, sobre la importancia de la manumisión en Cuba y las prohibiciones en la América anglosajona, 322-323; Meisel, 278, sobre la compra de la libertad en Buenos Aires; Fuente, "Slaves and", sobre la persistencia de la coartación (compra de la libertad) en la Cuba del siglo xix; Johnson sobre esclavos, tribunales, manumisiones y apoyo de las élites en Buenos Aires al final de la Colonia. Sweet, "Manumission", 55, concluye que "los académicos han mostrado con bastante claridad que un grupo definido de esclavos —mujeres, niños y los descendientes de raza mixta de los propietarios de esclavos— se beneficiaron en forma abrumadora de la manumisión". Peabody, 58, señala que, mientras que las colonias francesas no tenían la práctica de la coartación, sí permitían a sus esclavos acumular capital para comprar su libertad con la autorización de sus amos.
38 Bennett, *Colonial*, 165.
39 *Recopilación*, T. 2, Lib. vii, Tit. v, ley v, 1527, 1538, 1541. Una serie de historiadores, incluyendo a Lewis, 21; Davidson, 240; Guitar, 51; y Forbes, 183, pensaron erróneamente que existía un decreto que estipulaba que, cuando los esclavos se casaban, quedaban en libertad y, por lo tanto, la Corona se vio obligada a cerrar este vacío legal. Es posible que estas ideas equivocadas se originaran en *SP*, P. 4, Tit. xxii, ley v, pues el título de la sección era "Como el sieruo, por razon de casamiento, puede ser libre". No obstante, la *Partida* cuarta establecía que tal cosa únicamente ocurriría si el amo permitía a un esclavo casarse con una pareja libre y consentía en su manumisión. Así, la ley establece que el esclavo quedaría en libertad "casando sieruo alguno con muger libre, sabiendolo su Señor, e non lo

Una vez bautizados, los esclavos disfrutaban —al menos en teoría— del derecho a elegir libremente a sus parejas sin la intervención de los amos.[40] Si la creencia popular de que el matrimonio liberaba hubiera sido cierta, la libertad habría estado al alcance de la mano. Si bien esta creencia resultó ser falsa, la difundida prevalencia del mito sugiere que amos y esclavos consideraron posible un resultado semejante.

Uno de los primeros que articuló esta leyenda fue Álvaro de Castro, un capellán de la catedral de Santo Domingo. Cuando, en 1526, solicitó la licencia necesaria para transportar doscientos esclavos a la isla, prometió llevar mitad hombres y mitad mujeres. Su objetivo era concertar matrimonios para "hacerlos vivir como a cristianos".[41] El capellán, sin embargo, se negó eventualmente a realizar las ceremonias. Temía que si "casándolos los dichos esclavos" ellos insistirían en que eran "libres", por lo que pidió un veredicto sobre este asunto.

El Consejo de Indias consultó las *Partidas*, donde se consideraban una serie de combinaciones matrimoniales posibles: si un esclavo se casaba con una mujer libre, si una esclava se casaba con un hombre libre o si dos esclavos se casaban entre sí.[42] Observó que todos estos vínculos eran válidos, siempre y cuando las partes contrayentes conociesen la condición de esclavitud o libertad de su respectiva pareja.[43] Tampoco necesitaban los esclavos permiso de sus amos para casarse, aunque si un amo vendía a la pareja, ambos debían estar ubicados lo suficientemente cerca el uno del otro como para continuar con su vida matrimonial.

---

contradiziendo, fazese el sieruo libre por ende. Esso mismo dezimos, que seria si casasse la sierua con ome libre. E aun dezimos, que si el señor se casasse con su sierua, que seria la sierua libre, por ende" (https://7partidas.hypotheses.org/8028). Una protección semejante pudo haber sido especialmente necesaria en la España medieval, pues los esclavos podían ser blancos. Cuando surgió el problema en las Américas, el Consejo de Indias, sencillamente, aclaró el asunto de acuerdo con las *Partidas*. Agradezco al profesor L. J. Andrew Villalon por su consulta sobre esta cuestión. Para el Fuero Real, véase Alfonso X, 428-429.

40 AHN-Ayala, Códices, L. 742, Negros, 1540. Posteriores decretos ordenaron que los amos dieran "buen tratamiento a sus esclavos", convirtiéndolos en "cristianos". Konetzke, vol. 1, Doc. 154, 1545.

41 Konetzke, vol. 1, Doc. 41, 1526. Klein, "Anglicanism", 320, señala que esto era contrario a la práctica anglosajona: "Sin importar cuán cristiano fuese, ningún amo permitía a sus esclavos casarse".

42 *SP*, P. 4, Tit. v, ley i, "Que cosa es libertad: e quien la puede dar, e a quien: e en que manera". Véase https://7partidas.hypotheses.org/8028.

43 *SP*, P. 4, Tit. xxii, Ley v.

No obstante, la leyenda era falsa: en estos casos, el matrimonio no conllevaba la libertad. El Consejo agregó una "dicha ley adicional" que fue más allá de la redacción de las *Siete Partidas*.[44] Explicó que ofrecían una situación en la que el matrimonio ponía fin a la servidumbre. Si un esclavo contraía matrimonio con una mujer u hombre libre, y "estando su señor delante o sabiéndolo si ni dijese entonces que era su siervo, solamente por este hecho que lo ve o lo sabe y callase, hácese el siervo libre y no puede después tornar a servidumbre". Este matrimonio tampoco sería válido, porque uno de los contrayentes no conocía la condición de esclavo del otro cuando se realizó la ceremonia. El Consejo ordenó "a todos y a cada uno y cualquier de vos que veades la dicha ley que de suso va incorporada...y la guardéis y cumpláis y ejecutéis...en todo y por todo", establecieron una multa de 150.000 maravedís por incumplimiento.

Si bien el Consejo de Indias había aclarado el asunto, persistió la leyenda según la cual el matrimonio conllevaba la libertad. Al año siguiente, en 1527, el Consejo se refirió de nuevo al tema, sugiriendo que "sería gran remedio" ordenar el matrimonio de los esclavos llevados a Santo Domingo. Los funcionarios creían que "el amor que tenían por sus mujeres e hijos", combinado con la "orden del matrimonio" les aportaría un gran "sosiego".[45] El Consejo concedió asimismo que sus intentos anteriores por desengañar tanto a esclavos como a amos de la falsa idea de que el matrimonio ponía fin a la esclavitud habían fracasado. Los funcionarios advirtieron que, aunque "cristianos españoles los han querido casar" se habían abstenido de hacerlo por "temor", pues les inquietaba que tal matrimonio los hiciera "horros". Incluso los dueños que sabían lo inexacto de esta suposición, debieron vacilar, pues sabían que era una idea común entre sus esclavos.

La falsa creencia popular de que el matrimonio liberaba a los esclavos fue muy persistente, pues se difundió más allá de las islas y perduró en el tiempo. En 1528, un funcionario de Nueva España observó que, como los hombres negros estaban teniendo relaciones sexuales, "por los quitar de pecado", sus amos habían concertado matrimonios con sus amantes femeninas.[46] En respuesta, "estos dichos esclavos, sin otra causa alguna, dicen ser libres". El Consejo de Indias inútilmente repitió el veredicto según el cual los esclavos casados "no pueden pedir libertad".

---

44 Konetzke, vol. 1, Doc. 41, 1526.
45 Konetzke, vol. 1, Doc. 50, 1527.
46 *Ibid.*, T. 1, Doc. 109, 1538.

En Lima, tres años más tarde, algunos funcionarios sintieron aún la necesidad de recordar a las novias y novios esclavos que "no por eso dejen de ser esclavos, así y como lo eran antes que se casasen".[47] En 1553, funcionarios en Guatemala se quejaron de que los amos permitían a sus esclavos vivir en concubinato, pues temían que, si contraían matrimonio, "eran luego libres". En 1688, en el virreinato novohispano, una mujer libre descubrió, desolada, que su proyectado matrimonio con un esclavo no pondría fin automáticamente a la servidumbre de su prometido.[48]

La insistencia en que los esclavos y sus descendientes mestizos se convirtieran al catolicismo tuvo importantes consecuencias a largo plazo. Puesto que la Iglesia alentaba a los esclavos y a las castas libres a casarse, sus hijos nacían legítimos. Como resultado, la ley española sobre la herencia los protegía, pues establecía preceptos establecidos para legar con seguridad sus propiedades a hijos e hijas. Es revelador que las Leyes de Toro (1505), corpus legal de los Reyes Católicos, no hicieran distinción alguna entre esclavos, hombres libres, blancos, mulatos o negros respecto al legatario ni al heredero. Un padre blanco podía garantizar la transferencia de propiedad con igual seguridad a un hijo o hija mulatos como a los que fuesen blancos.[49]

Aun cuando había límites a la transmisión generacional de las propiedades, estos no dependían de la condición socio-racial, sino más bien de la condición de nacimiento. Las Leyes de Toro disponían el mínimo y el máximo que lo padres podían legar a sus hijos legítimos, así como a diversas categorías de descendientes ilegítimos: hijos naturales (aquellos de padres solteros), incestuosos, adulterinos o sacrílegos (los de padre clérigo de órdenes mayores, o de padre o madre ligadas por voto de castidad a orden religiosa aprobada por la Iglesia). En la mayor parte de los casos, los padres tenían cierta discreción, y podían legar al menos una quinta parte de su fortuna, y con frecuencia más, a cualquier descendiente ilegítimo.[50]

---

47 *Ibid.*, T. 1, Doc. 136, 1541; RAH-ML, T. 729, 1541. El Concilio de Trento (1545-1563) declaró, al igual que el Monarquía hispana en este decreto, que los esclavos debían tener la libre elección de sus cónyuges. Dado que el decreto es anterior a Trento, parece poco probable que los esclavos hayan usado un error de comprensión del asunto del libre matrimonio proveniente de Trento como la razón por la cual creían en la leyenda; Lavrin, 4-7.
48 Bennett, *Colonial*, 169-171.
49 Véase Twinam, *Public*, 216-226, sobre la ley española de sucesión.
50 *Ibid.*, 239. Las Leyes de Soria de 1383 prohibían legar propiedades a descendientes sacrílegos, aunque los sacerdotes encontraban con frecuencia maneras informales de hacerlo.

La indiferencia jurídica española frente a la condición socio-racial y la posibilidad de legados diferenciales según la condición de nacimiento, legítima o ilegítima, difería radicalmente de las prácticas habituales en las colonias angloamericanas. En Jamaica, aunque los padres blancos podrían legar propiedades a sus amantes de raza mezclada y a hijos ilegítimos, había limitaciones legales para hacerlo.[51] En muchas jurisdicciones de Estados Unidos, la prohibición de los matrimonios entre blancos y personas no blancas hacía que todos los hijos de tales uniones fuesen bastardos, lo cual les impedía oficialmente recibir cualquier herencia.[52] En las Indias españolas, por el contrario, la insistencia de la Iglesia católica en que las parejas contrajeran matrimonio, combinada con la indiferencia al color de las leyes sobre la herencia, ofrecieron garantías jurídicas que facilitaron las transferencias de propiedad y la movilidad a posteriores generaciones mestizas.[53]

Vientres libres: fin de la esclavitud para la siguiente generación

No solo la legislación medieval, sino también el catolicismo y la protección a las transferencias de propiedad abrieron intersticios potenciales. Un hecho importante fue cuándo comenzaron a llegar los esclavos a la América hispana y cuándo se puso fin a su servidumbre. En comparación con América del Norte, la esclavitud llegó pronto a las

---

51 Petley, 486, ve algunas transferencias a descendientes mixtos en Jamaica, pero no existía un sistema jurídico que regulara el proceso. Intentos análogos por limitar la transmisión de bienes se dieron en Trinidad, Mitchell, 28.
52 Hollinger, 1379, señala asimismo que, en Estados Unidos, la regla de "una gota" y la negación del matrimonio legal "garantizaban que la línea de color continuara siendo, en gran medida, una línea de propiedad". El resultado fue fusionar "las dinámicas de formación de raza" con "las dinámicas de formación de clase". Schafer, 79, rastrea una transformación análoga de la Florida española a la anglosajona en las décadas de 1820 y 1830, cuando se prohibieron los matrimonios interraciales y a los descendientes de raza mixta heredar de sus padres. Fischer, 122-125, esboza las diferentes penas previstas para las relaciones "interraciales" en Carolina del Norte durante el siglo XVIII, que incluían prohibir el matrimonio interracial y, por lo tanto, la creación y el legado de propiedades a hijos legítimos.
53 Por ejemplo, ARCV, Registro de Ejecutorias, Caja 3685, 47, 1798-1801, incluye un litigio presentado por un solicitante pardo para conceder la blancura a Pedro Antonio de Ayarza para poder heredar un mayorazgo peninsular de su padre, nacido en España. Agradezco a Sergio Paolo Solano esta referencia.

Indias españolas. Estadísticas basadas en la trata de esclavos transatlántica revelan que, para 1650, cerca de 263.244 esclavos habían sobrevivido a la travesía del Atlántico y desembarcado en el Caribe español, Nueva España y Perú.[54] Para entonces, algunos de ellos eran descendientes de varias generaciones nacidas en las Indias. En 1650, por el contrario, los registros informan que solamente 141 esclavos llegaron a la Norteamérica británica. Indudablemente, las oportunidades de los esclavos que llegaron a Lima o a Ciudad de México en el siglo XVI resultaron ser radicalmente diferentes de las de quienes trabajaron en las plantaciones de caña cubanas en el siglo XVIII. Es necesario matizar las calificaciones tradicionales, pues el tiempo, la región y la función pueden combinarse con múltiples variables para permitir o detener el paso hacia la libertad.

Lo que se sabe es que las primeras olas de esclavos que llegaron a tierras españolas no pasaron desapercibidas a los funcionarios reales. Para 1549, no solo era evidente en Lima que el número de esclavos se multiplicaba, sino que muchos avanzaban a un ritmo apreciable hacia la libertad. El presidente de la Real Audiencia de Lima en la época, Pedro de la Gasca (1546-1550), criticó los "males y daños, robos y muertes" que van "creciendo como cada día crece el número de los negros".[55]

Este agudo incremento de la población esclava no estuvo restringido al Perú. Cuatro años más tarde, un funcionario guatemalteco observó que había una "gran cantidad de negros en pueblos y minas".[56] En 1554, un funcionario limeño se quejó de nuevo, "que los negros desta Ciudad de los Reyes que son muchos".[57] Pedro de la Gasca realizó un censo en Lima para rastrear "algunos de los esclavos y esclavas de la ciudad" y señaló significativamente que algunos de ellos se habían "horrado".[58]

Sigue sin saberse cuántos esclavos obtuvieron la libertad en las primeras décadas posteriores a la conquista. Lo que sí es evidente es que comprendían que, aun cuando no podían cambiar su propia condición, había buenas oportunidades de que sus hijos no conocieran nunca la servidumbre. Aunque la historiografía anterior ha rastreado

---

54 http://www.slavevoyages.org/tast/index.faces.
55 RAH-ML, T. 22, 1549.
56 Konetzke, vol. 1, Doc. 118, 1553.
57 *Ibid.*, vol. 1, Doc. 231, 1554.
58 RAH-ML, T. 22, 1549; Konetzke, vol. 1, Doc. 239, 1560.

principalmente el paso de individuos de la esclavitud a la libertad a través de la compra de sí mismos, o de la concesión de la libertad por parte de sus amos, parece probable que la transición más común se diera entre generaciones, pues los padres esclavos procreaban una generación siguiente que era libre.[59]

A medida que se multiplicó el número de africanos, y se negoció el paso de la siguiente generación a la libertad, los hombres detentaron una importante ventaja sobre sus contrapartes femeninas. Para las esclavas, el matrimonio o las relaciones sexuales con cualquier hombre —español, indígena, blanco o mulato— no liberaba a sus hijos.[60] Si bien establecer conexiones cuasi familiares con amantes indígenas o blancos podría ser ventajoso, sus descendientes, de todas maneras, nacerían esclavos.

Dada la diferencia entre sus recursos financieros, parece probable que las esclavas que mantenían relaciones sexuales con españoles en lugar de con indígenas tenían más posibilidades de negociar la libertad de sus mutuos descendientes, aunque nunca había garantía de hacerlo. La Corona reconoció, en 1563, el deseo de los padres de comprar hijos e hijas concebidos con esclavas, al conceder preferencia a los padres en todas estas transacciones.[61] Una de estas ocasiones se presentó veinte años más tarde, cuando algunos funcionarios decidieron vender esclavos que servían en el fuerte de La Habana. Reconocieron que los soldados tenían hijos con algunas de las esclavas del fuerte, así que el decreto concedía a sus padres la primera opción de liberar a sus hijos.[62]

En contraste con estas liberaciones esporádicas, los esclavos tenían una opción mucho mejor: podían buscar un vientre libre. Aunque la leyenda según la cual el matrimonio concedía libertad inmediata a los novios y novias esclavos resultó ser falsa, sí era cierto que el matrimonio o las relaciones sexuales con una mujer de vientre libre pondrían fin a la servidumbre de la próxima generación. La presencia de millones de mujeres indígenas y, más tarde, de mujeres libres de las castas, creó un ambiente extraordinario que hizo posible a los esclavos garan-

---

59 La historiografía anterior se centró en las relaciones entre los españoles y las mujeres indígenas. Véase Martín; para un estudio más reciente, Townsend
60 Peabody, 57, sin embargo, señala que el Código Negro Francés liberaba a una esclava y legitimaba a su hijo si un hombre blanco se casaba con ella en una ceremonia católica.
61 *Recopilación*, T. 2, Lib. vii, Tit. v, ley vi, 1563.
62 Konetzke, vol. 1, Doc. 413, 1583.

tizar la libertad de sus descendientes.⁶³ Si no podían asegurar la manumisión para ellos mismo, podían al menos ofrecerla a sus herederos.

En algunos de sus primeros comentarios, los funcionarios españoles reconocieron que los esclavos buscaban deliberadamente parejas libres. En 1538, el regidor de la ciudad de México Bartolomé de Arate comentó que los "esclavos negros" estaban "amancebados con indias", "así en casa de sus amos como fuera de ella".⁶⁴ Tres años después, en 1541, funcionarios peruanos advirtieron que "esclavos negros" tenían relaciones con "una diversidad de mugeres indias, algunas de su voluntad y otras contra ella".⁶⁵ En 1551, funcionarios novohispanos observaron también que los esclavos tenían en la mira a las mujeres indígenas; achacaron a los africanos "que roben a los indios y les tomen sus mujeres o hijas".⁶⁶ Algunos funcionarios peruanos intentaron restringir las relaciones sexuales de los esclavos a sus compañeras, ordenando que "que los esclavos negros que en esta provincia hubiese, se casasen con negras".⁶⁷

Uno de los comentarios más reveladores acerca de las relaciones entre los esclavos negros y las mujeres indígenas provino del virrey de Nueva España Martín Enríquez de Almansa (1568-1580).⁶⁸ En 1574, le escribió a Felipe II que, si bien los asuntos del reino, en general, "van adelante", había una excepción: "una cosa va cada día poniéndose en

---

63 Aguirre Beltrán, 257, así lo señaló en su obra clásica sobre los afro-mexicanos. Bennett, *Colonial*, 5, observa que los historiadores han "pasado por alto un siglo de nacimientos negros que involucran a hombres africanos y mujeres mexicanas", y que creó la base de las poblaciones afro-mexicanas libres. Es interesante que los historiadores estadounidenses, Hollinger, 1369, por ejemplo, pongan el énfasis en la importancia dinámica del vientre esclavo y no en el vientre libre, esto es, las mujeres esclavas que tenían hijos de padres blancos cuyo resultado eran niños esclavos. Allen, 197, observa que, para establecer el régimen esclavista en la América anglosajona, hubo una transición necesaria, por ejemplo, en Virginia en 1662, de la ley consuetudinaria, según la cual el padre tradicionalmente establecía la condición de los descendientes, a una donde el vientre libre o esclavo de la madre tenía prelación. Jones, 42, rastrea un proceso similar en 1664 en Maryland. Aubert, "Colonial", 14, observa también cambios del Code Noir, el cual pasó de declarar libre al hijo mulato de un hombre blanco y una madre esclava, a un edicto posterior (1680), según el cual los descendientes conservaban la condición de sus madres esclavas.
64 Konetzke, vol. 1, Doc. 109, 1538
65 *Ibid*., vol. 1, Doc. 126, 1541.
66 Zorita, 9 de septiembre de 1551.
67 Konetzke, vol. 1, Doc. 136, 1541.
68 Agradezco a Ran Segev por llamar mi atención a esta fuente.

peor estado".⁶⁹ Profetizó que, de no remediarlo, el "crecimiento grande en que van los mulatos" llevaría la "perdición de esta tierra".

Aun cuando el virrey se refería asimismo al rápido incremento de mestizos, no estaba igualmente preocupado por su impacto. Explicó que, cuatro o cinco años después de dejar a sus madres indígenas, los padres españoles los criaban y, por lo tanto, se identificaban con sus ancestros paternos. Esto no ocurría con los mulatos, "que son hijos de negros", pues vivían "siempre con las madres [nativas]". ⁷⁰

El virrey Enríquez lamentaba la falta de control sobre esta pujante población "libre". Solo veía que las cosas empeoraban. Si los esclavos recién llegados continuaban con la estrategia de sus predecesores y visitaban a las mujeres indígenas, que son "gente muy flaca [débil]", el resultado sería que "los negros se casan con ellas antes que con otras negras, por razón de dexar a sus hijos libres". El virrey temía que los africanos corrompieran a los indígenas y, puesto que ninguna de estas dos poblaciones tenía una lealtad intrínseca a la Corona, podrían unirse para rebelarse contra ella. Si esto sucediera, pensaba, "No sé yo quién sería parte para resistirlos". Con esa inquietud, el virrey anticipó un tema que habría de surgir con especial fuerza doscientos años más tarde. Como el hogar de los africanos no era ni España ni las Indias, ¿serían leales al imperio?

El virrey Martín Enríquez sugirió que, aun cuando su solución era "rigurosa", era también necesaria, dado el "gran peligro" que representaba. Deseaba cerrar el enorme intersticio que permitía el paso de la esclavitud a la libertad. En lugar de los tradicionales privilegios jurídicos que emanaban de un vientre libre, el virrey deseaba, esencialmente, crear un pene esclavo. Si el padre era esclavo, la condición de su órgano reproductivo, y no aquella de la madre, determinaría el resultado: sus "hijos no avian de ser libres". Por el contrario, "que todos los hijos que indias y mulatas tuviesen de negros fuesen esclavos".

No contento con alterar el principio del vientre libre, el virrey Enríquez quería también que el papa eliminara la prerrogativa católica tradicional de conceder libertad de elección a los contrayentes. Deseaba que la Iglesia "prohibiese el casarse negros [esclavos] con mujeres indias y mulatas". Estaba persuadido de que tales cambios modifica-

---

69 *Cartas*, 298-300; Forbes, 129. Como señala Forbes, el primer uso del término "mulato" se refirió habitualmente a mezclas de africanos con indígenas. Solo posteriormente se empleó más para referirse a mezclas entre blancos y africanos.
70 *Recopilación*, T. 2, Lib. vi, Tit. iii, ley xxi.

rían las estrategias masculinas. Si el pene esclavo del padre triunfaba sobre el vientre libre de la madre, el virrey creía que las mujeres indígenas "no se casarían tanto con los negros".

Las disquisiciones del virrey Martín Enríquez ofrecen sólida evidencia de que los funcionarios de la Corona reconocían que los esclavos estaban utilizando el intersticio ofrecido por la ley de los vientres libres y la presencia de indígenas, negras libres y mujeres de casta para emancipar a la generación siguiente. Aun cuando resulta imposible penetrar en la mente de los esclavos para documentar el grado en que lo calcularan activamente, la lógica de una táctica semejante era convincente. El virrey concluyó que la única manera de impedir tales resultados era revocar los códigos españoles fundamentales, así como modificar la doctrina católica sobre la libertad de elección en el matrimonio.

Aunque no se conoce la respuesta inmediata del rey ni del Consejo de Indias, las modificaciones propuestas no se introdujeron. Sin duda, poner en cuestión de manera radical la legislación española, así como la doctrina católica, se combinó con la dificultad práctica de determinar la paternidad para desechar esta sugerencia. Medio siglo más tarde resultó evidente que los esfuerzos de la Corona por impedir a los esclavos que engendraran una generación siguiente de personas libres habían fracasado.

Debe destacarse igualmente que, aun si los españoles denunciaban las relaciones sexuales entre esclavos e indígenas, tales vínculos podrían resultar ventajosos para ambas partes. Así como los africanos negociaban para obtener la libertad de sus hijos, las mujeres indígenas negociaban para escapar a las imposiciones que sufrían ellas mismas y sus hijos. Como deja bien claro un decreto expedido en Venezuela en 1592, que trasluce la frustración de los funcionarios, los mulatos, hijos de padres esclavos y madres indígenas, no solo "pretenden gozar de la libertad de sus madres", sino que también se negaban a ponerse bajo el dominio de los recaudadores de tributos, los encomenderos españoles, a quienes se había concedido el derecho de imponer impuestos a la población indígena.[71] Juan de Solórzano Pereira se lamentaba en su *Política indiana* (1647) que "muchas indias" habían abandonado a "sus esposos indios, o aborrecen y desamparan a sus hijos", pues estos eran "sujetos a tributos y servicios personales".[72] Las mujeres preferirían, entonces, comprometerse en

---

71 Konetzke, vol. 1, Doc. 478, 1592.
72 Solórzano Pereira, 219.

relaciones sexuales con "españoles y aun de negros", para que sus hijos fuesen "libres y exemptos" de tributación.

Recientes estudios han rastreado estrategias de género semejantes. Norma Angélica Castillo Palma y Susan Kellogg han observado que, en Cholula, a comienzos del siglo XVII, las indígenas mexicanas se casaban con "personas ajenas a la comunidad", se negaban a pagar tributos pues ya no se vestían como indígenas, y contraían matrimonio con personas exentas del tributo.[73] Christopher Lutz, Matthew Restall y Lolita Gutiérrez Brockington han rastreado alianzas similares entre padres africanos y madres indígenas en Yucatán, Guatemala y Bolivia.[74]

Paul Lokken ha descrito cómo las indígenas en Guatemala buscaban 'promover' a sus hijos a la categoría de mulatos libres, garantizándoles una mejor condición —a pesar de la propaganda oficial de la Corona— que la de los indígenas.[75] Herman Bennett señala que, en el siglo XVII, los matrimonios entre esclavos e indígenas fueron bastante comunes, aun cuando los funcionarios, por lo general, formulaban la "pregunta de rigor" sobre si la novia libre entendía los potenciales inconvenientes de tener un marido esclavo.[76] Aunque, eventualmente, el Consejo de Indias cobró impuestos a los hijos libres de indígenas y esclavos, y les ordenó pagar tributos a la Corona, muchos hallaron otras vías para evadir las tasas.[77]

---

73 Castillo Palma y Kellogg, 119.
74 Lutz y Restall, 208-209, observan una disminución de las relaciones entre esclavos e indígenas en el siglo XVIII, debida quizás a la reducción de la población mulata esclava y a una mayor tendencia hacia la endogamia. Motta Sánchez, 131, ve un patrón similar en Oaxaca, donde esclavos, tanto hombres como mujeres, se casaban entre sí en lugar de elegir a personas libres. Es posible que el acceso a personas no esclavas haya sido un factor que incidió. Proctor, *Damned*, 47, 54, encuentra que, en Ciudad de México (a lo largo de la década de 1650), era más probable que los esclavos nacidos en África se casaran con africanos, pero también más probable que los esclavos criollos se casaran con personas libres. Concluye, 62, que los esclavos en la capital "rara vez, si es que lo hacían alguna, se casaban con indígenas y mestizos". Gutiérrez Brockington, 159, rastrea matrimonios entre esclavos e indígenas que también liberaban a los hijos, pero señala que los hijos de las yanaconas heredaban dicha condición de sus madres y, por lo tanto, permanecían atados a la tierra, 168-169.
75 Lokken, 197.
76 Bennett, *Colonial*, 102, 123.
77 Konetzke, vol. 1, Doc. 478, 1592. Los fallos del Consejo de Indias —por razones económicas o políticas— podían también emancipar a los esclavos. Estos incluyeron un decreto de 1625 que disponía que los esclavos desembarcados ilegalmente en el puerto de Buenos Aires "sean libres", "sin obligación de cautiverio". *Ibid.*, vol. 2,

Estas estrategias de género de africanas e indígenas favorecieron a algunos y quitaron privilegios a otros. Los padres esclavos vieron nacer a sus hijos e hijas libres. Las indígenas vieron que evadían el tributo de los encomenderos. Las esclavas, por el contrario, solo podían transmitir servidumbre a la siguiente generación; los indígenas continuaron con la obligación de suministrar trabajo y pagar tributos a sus conquistadores.

A medida que los historiadores llegan a una comprensión más profunda de la frecuencia de las relaciones íntimas entre indígenas y africanos, han puesto en duda interpretaciones anteriores que sugerían que tales contactos tendían a ser conflictivos. Estas conclusiones iniciales se derivaban, al menos en parte, de las constantes quejas de los funcionarios españoles de que los africanos, esclavos o libres, entraban a los pueblos indígenas a robar, violar y abusar de las poblaciones indígenas, generando conflictos. Esta inquietud real por el bienestar de los indígenas produjo una serie impresionante de ordenanzas que intentaban impedir a los africanos visitar los pueblos indígenas: 1563, 1578, 1580, 1581, 1584, 1587, 1589, 1595.[78] La frecuencia y repetición de esta continuada legislación (1600, 1605, 1646, 1666, 1671, 1681, 1697, 1785) estuvieron directamente correlacionadas con su ineficacia.[79]

Incluso cuando los funcionarios reales reconocieron que africanos e indígenas podían enfrentarse, comprendían que la siguiente generación, los hijos de estas mezclas, tenían vínculos legítimos tanto emocionales como económicos con las comunidades indígenas. En la *Recopilación*, se reconoció que los hijos de padres africanos se quedaban, por lo general, con sus madres indígenas. Por esta razón hizo una excepción para que los zambaigos permanecieran en los pueblos

---

Doc. 182, 1625. Análogas disposiciones concedieron la libertad en 1750, 1753, y 1789 a esclavos que escaparan de los enemigos de España y aceptaran el bautismo católico. AHN-Ayala, Códices, L. 752, Negros, 1750; Konetzke, vol. 3, Doc. 164, 1752; Pérez y López, vol. 21, pp. 109-112. Landers y Robinson señalan que otro paso hacia la libertad se dio a través de las comunidades de esclavos cimarrones.

78 Konetzke, vol. 1, Doc. 392, 1580; Doc. 421, 1586; Doc. 442, 1585. También *Recopilación*, T. 2, Lib. vi, Tit. iii, ley xxi, 1563, 1578, 1581, 1589, 1600 1646; Pérez y López, vol. 28, 366.

79 Konetzke, vol. 2, Doc. 78, 1605; vol. 2, Doc. 263, 1646; vol. 2, Doc. 364, 1666; vol. 2, Doc. 390, 1671; vol. 2, Doc. 393, 1681; vol. 3, Doc. 44, 1697; vol. 3, Doc. 288, 1785; *Recopilación*, vol. 2, Lib. vi, Tit. iii, ley i, 1600, 1646. Todas las leyes prohibían a los negros visitar las poblaciones indígenas. En ocasiones excluían también a mestizos y mulatos (1578, 1584, 1666, 1681), a veces a los mulatos (1785), y a veces a españoles, negros, mestizos y mulatos (1563, 1578, 1581, 1589, 1600, 1605, 1646, 1671, 1697).

indígenas, observando que sería "cosa dura" separarlos de sus padres, así como de la posible herencia de "casas" y "haciendas" indígenas.[80]

Rachel O'Toole ha observado que los documentos locales ofrecen "un agudo contraste" entre las preocupaciones reales de que los africanos pudieran explotar a los indígenas en el norte del Perú, y las "experiencias vividas de mutua coexistencia".[81] Por el contrario, "los indígenas no estaban distanciados de los africanos y sus descendientes, sino que eran conscientes de ellos y estaban mutuamente comprometidos en sus vidas". Matthew Restall propone una conclusión similar para Yucatán, al sugerir que "la comunidad afro-yucateca […] era tan maya como africana, tan mestiza como mulata".[82] Patrick Carroll señala una importante distinción en la producción de documentos, pues las fuentes imperiales enfatizan con mayor frecuencia la tensión entre africanos e indígenas, mientras que los archivos notariales y bautismales locales tienden a registrar una mayor armonía.[83] Sugiere que las comunidades indígenas ofrecieron a los esclavos africanos un "escape potencial" al dominio español, así como la posibilidad de compañía femenina y la creación "ficticia de una formación familiar".[84]

Desde luego, sigue siendo válida la advertencia de que la cronología, la geografía y las circunstancias individuales podrían producir resultados diferentes que dependen de infinidad de variables. Robinson A. Herrera señala que, si bien africanos y mulatos podían interactuar "bien" como individuos, es posible que las relaciones entre las comunidades fuesen menos cordiales, pues los indígenas percibían a los africanos como forasteros y como "tantos más españoles".[85] Parece probable también que los caciques indígenas desdeñaran con mayor frecuencia alianzas con los africanos que los indígenas del común.

A medida que crecía la población de castas, creó alternativas adicionales para que los esclavos liberaran a sus descendientes. Una bibliografía emergente —David Stark para Puerto Rico, Alejandro de la Fuente para Cuba, y Paul Lokken para Guatemala— ha rastreado cómo habrían podido concertar relaciones sexuales o matrimoniales

---

80 *Recopilación*, T. 2, Lib. vi, Tit. iii, Ley xxi.
81 O'Toole, 24, 117.
82 Restall, *Black*, 259.
83 Carroll, "Black-Native".
84 *Ibid.*, "Black Aliens", 71.
85 Herrera, 131.

con mujeres libres de las castas.[86] El estudio de caso de Lokken sobre los registros de matrimonio en Guatemala a fines del siglo XVII revela cómo los esclavos utilizaron estas "estrategias reproductivas" para garantizar "un nacimiento libre a sus hijos".[87] Adicionalmente, Lokken rastrea un proceso multigeneracional de mestizaje que fue revelado cuando algunos mulatos, hombres y mujeres, ofrecieron testimonio, décadas más tarde, en los que declaraban haber tenido por padres a esclavos negros y madres libres indígenas o mulatas.[88] Como observó Robert Schwaller, "Una vez aculturados a las normas indígenas, los africanos y sus descendientes demostraron conexiones continuas con personas indígenas a través de múltiples generaciones".[89] Parece probable que los historiadores continúen subestimando estas interacciones entre africanos e indígenas, pues la documentación principal sobre estos vínculos proviene de registros de matrimonio, excluyendo otras relaciones sexuales.[90]

---

86 Stark, 578; Lokken, 178-179; Fuente, "Slave Law", 361.
87 Lokken, 193. Rastrea 41 peticiones que involucran matrimonios de esclavos en su muestra de 407. De estas, 26, esto es, dos tercios, eran matrimonios entre un esclavo y una mujer libre. Desde luego, rastrear las uniones no matrimoniales podría cambiar de manera importante las cifras.
88 Medina, 122, 129, señala que, en Esmeraldas, en el actual Ecuador, los cimarrones tomaron a múltiples mujeres indígenas como parejas, mientras que los indígenas a menudo se unían con mujeres mulatas, produciendo, después de varias generaciones, una comunidad homogénea.
89 Schwaller, "Mulata", 906-97. El resultado de este "gran número de uniones en el transcurso del siglo XVI", fue que "mulato" podía usarse para "describir personas con tres abuelos indios y solo uno negro". Stolcke, "Mestizos", 5, menciona estadísticas de los bautismos en Lima entre 1538 y 1547 donde se demuestra que era más probable la mezcla de los africanos con mujeres indígenas que con hombres españoles. Hubo veinte casos en los que el padre era español y la madre mulata o negra, y setenta y cuatro en los que el padre era negro y la madre india. Castillo Palma y Kellogg, 125, señalan que los registros bautismales del siglo XVIII en Cholula muestran que, "en muchas ocasiones", el sacerdote clasificaba a los hijos de africanos y mujeres nahuas como indios, lo que lleva a la asimilación de aquellos de mezcla africana a la comunidad indígena. Fisher, pars. 5-7, rastrea una mezcla similar entre indígenas y africanos en la zona rural del actual Guerrero, México, aun cuando ve un deterioro de estas relaciones para mediados del siglo XVIII, cuando los indígenas se definen a sí mismos de forma más limitada.
90 La investigación sobre vínculos entre indígenas y africanos, bien sea mediante relaciones sexuales forzadas o consensuales, o bien a través del matrimonio, está mucho mejor documentada para Hispanoamérica que para la América anglosajona. Plane, 139, concluye para las colonias de Nueva Inglaterra que "la triste verdad fue que a pocos colonos le importaba si las parejas indias o africanas estaban legalmen-

Los esclavos y la obtención de privilegios blancos

Aunque, sin duda, el objetivo de los esclavos fue, principalmente, obtener su propia libertad y la de sus hijos, un número limitado de ellos consiguió también insertarse a través de espacios prohibidos por la ley, anticipando la movilidad que habría de convertirse en la meta de sus descendientes libres. Los esclavos no solo visitaban los pueblos indígenas para buscar amantes, sino que algunos vivían con los indígenas, asumiendo los privilegios de sus amos españoles. Unos pocos disfrutaron de una de las más importantes prerrogativas de los blancos: portar armas.

La Corona española vigilaba celosamente su control sobre la población indígena. Aun cuando los conquistadores y sus sucesores habían recibido el derecho a cobrar tributos a través de la encomienda de poblaciones indígenas designadas, tales privilegios eran, por lo general, reservados a los españoles. Ni a los negros libres ni a los mulatos, y mucho menos a los esclavos, se les permitía "tener indios" para usarlos como trabajadores (repartimiento) "ni en otra manera" (1549).[91] Los negros no podían utilizar a los indígenas para transportar elementos, "donde no haya caminos abiertos ni bestias de carga".[92]

Al leer a contracorriente, surge otra historia, más oscura. La presencia de pueblos indígenas creaba la oportunidad de que los esclavos maltrataran a los indígenas y, al hacerlo —paradójicamente— ejercieran la dominación y los abusos habitualmente atribuidos a los blancos. Un funcionario de Lima se quejó, en 1567, de que los encomenderos estaban enviando a sus esclavos como representantes suyos a los pueblos indígenas que les pagaban tributos. El resultado fue que los indígenas trataban a los esclavos "como sus amos", por lo que los indígenas sufrían "notable agravio y daño", siendo "mujeres e hijos" particularmente "agraviados".[93]

---

te casadas o no". Más bien, 180, la división se trazaba entre blancos "respetables" e "indios, africanos y los muy pobres".
91 Konetzke, vol. 1, Doc. 167, 1549.
92 *Ibid.*, vol. 1, Doc. 171, 1549.
93 *Ibid.*, vol. 1, Doc. 291, 1567; la *Recopilación*, T. 2, Lib. vi, Tit. ix, ley xiv, repitió esta prohibición, que impedía asimismo a los encomenderos, a sus esposas e hijos, como también a mestizos, mulatos, negros libres y esclavos, ingresar a los pueblos indígenas (1550, 1555, 1563, 1569, 1572, 1590, 1596, 1597, 1609, 1618). Pérez y López, vol. 20, 576, y vol. 28, 184, presenta graves penas a los negros que maltrataran a indígenas.

Una de las razones por las cuales los funcionarios españoles intentaron mantener los esclavos alejados de los pueblos indígenas era la percepción y, probablemente, en ocasiones, el hecho, de que abusaban de los indígenas. Como las muertes de indígenas debidas a enfermedades importadas llevaron a una rápida disminución de su población, los funcionarios reales parecieron dispuestos a culpar a la crueldad de los negros de una parte de estas pérdidas. Irónicamente, crearon así su propia versión reducida de la Leyenda Negra. Las acusaciones vertidas originalmente por Bartolomé de las Casas contra el mal comportamiento de los españoles y propagadas por ingleses y neerlandeses en su pugna propagandística contra España, en esta variante, los españoles la esgrimieron contra la mala conducta de sus propios esclavos.[94] En 1536, por ejemplo, un decreto real señaló que, en el Perú, los esclavos estaban maltratando a los indígenas, y ordenaron severos castigos, tanto para ellos, como para los dueños que permitieran acciones semejantes.[95] Para 1551, funcionarios novohispanos observaron que algunos africanos entraban a los pueblos indígenas y "que roban a los indios".[96] Funcionarios peruanos se hicieron eco de las mismas inquietudes tres años después, al señalar que los negros de Lima robaban a los indígenas "en el campo y en sus casas y [...] en los demás pueblos desa tierra".[97]

No obstante, un tema opuesto surge asimismo de estos decretos en los que se denuncia la crueldad de los esclavos para con los indígenas. Sugiere que, en ocasiones, los dos grupos habrían podido unirse para crear espacios en los que pudieran beber, festejar y venerar a sus dioses lejos de los ojos inquisitivos de los españoles. En 1541, una ordenanza del Perú observó que los negros eran "muy perjudiciales" para los indígenas, "por ayudarles en sus borracheras y otras malas costumbres".[98] En 1586, otro funcionario peruano denunció los "grandes vicios" de los esclavos y de las castas libres, pues pasan el

---

94 La bibliografía sobre la Leyenda Negra es muy amplia. Muestras de ello incluyen a Hanke, 112-117; Keen, "Black", 702-719; Keen, "White", 336-355; Gibson, *Black*; Maltby; De Guzmán; Greer, Mignolo, y Quilligan. Aunque Pardo Bazán y Blasco Ibáñez ya emplearon el término a finales del siglo XIX, su difusor y primer ideólogo sería Julián Juderías en su obra titulada, precisamente, *La leyenda negra* (1914).
95 AHN-Ayala, Códices, L. 42, Negros, 1536.
96 Zorita, 9 de septiembre de 1551.
97 Konetzke, vol. 1, Doc. 231, 1554.
98 *Ibid.*, T. 1, Doc. 140, 1541; AHN-Ayala, Códices, L. 742, Negros, 1541. Diez años más tarde, la situación no había cambiado. Konetzke, vol. 1, Doc. 205, 1551.

tiempo "sin trabajar [...] y comen y beben sin orden". En particular, los comentarios de los funcionarios parecían reconocer que esclavos e indígenas compartían la meta de escapar a las cargas de la servidumbre y la conquista. Como resultado de ello, conspiraban en "sus borracheras y hechicería".[99] Repetidas ordenanzas se quejaban de que los esclavos enseñaban a los indígenas su "ociosidad", así como "errores y vicios" que podrían "estragar y pervertir" su "salvación, aumento y quietud".[100]

Investigaciones históricas más recientes han agregado un contexto más matizado a estas denuncias oficiales sobre la penetración de los pueblos indígenas, y a una evaluación de los intercambios resultantes. Leo Garofalo ha rastreado un complejo de interacciones en las cuales los afroperuanos intercambiaban sus "prácticas rituales y habilidades" con los indígenas, y luego, más tarde, transmitirían variantes de las prácticas africanas y andinas a los indígenas recientemente llegados a las ciudades.[101] Como ha señalado Matthew Restall, los intercambios culturales entre las poblaciones indígena y negra eran complejos y cambiantes: a veces los indígenas eran influenciados por los africanos; otras, al contrario. A diferencia de los españoles, que aspiraban a la dominación, ni los indígenas ni los negros adoptaron estrategias sistemáticas para imponer su cultura a otro. No obstante, en el transcurso de los siglos, se "desdibujaron las divisiones", se dio una persistencia de "elementos paralelos" y, en ocasiones, una fusión que hizo de "la pureza de las categorías raciales creadas y amadas por los europeos" algo muy difícil de imponer".[102]

Los esclavos no solo actuaron como suplentes de los blancos o corruptores de los indígenas; figuraron también como sirvientes de

---

99 Konetzke, vol. 1, Doc. 427, 1586.
100 *Recopilación*, T. 2, Lib. vi, Tit. iii, ley xxi. Hubo repeticiones de esta ley en 1563, 1578, 1581, 1589, 1600 y 1646, las cuales, de manera interesante, cesaron alrededor de la época en que la población indígena llegó a su punto más bajo, a mediados del siglo xvii. Véase también Simonson para un rastreo de la cultura y prácticas de la diáspora africana. Bennett, *Colonial*, 68-69, evita los extremos de tratar a los africanos como "pueblo sin historia" y hacer excesivo énfasis en las tradiciones africanas, privilegiando acertadamente el mandato de explorar una cultura afro-criolla en evolución.
101 Garofalo, 79.
102 Restall, "Introduction", 10. Una diferencia crucial entre las interacciones indígenas y africanas en la América hispana y en la anglosajona fue que un pequeño número de cheroquis compraron, en el siglo xviii, esclavos africanos, una práctica aún menos común en las Indias españolas (Miles, 31).

confianza. Al parecer, sus amos se mostraron fácilmente dispuestos a permitirles el porte de armas. Esta era una de las diferencias fundamentales entre los blancos y quienes no lo eran: únicamente los españoles podían portar armas legalmente. En una sociedad conquistada tenía mucho sentido privar, tanto a los conquistados como a los esclavizados, de cualquier instrumento para la rebelión. No obstante, desde comienzos de la colonia, los amos seleccionaban a determinados esclavos para permitirles que participaran en el más blanco de los privilegios blancos, uno que anticiparía futuras décadas en las que los pardos y mulatos libres se alzarían en armas en defensa del imperio.

En un único caso, cuando los alguaciles armaban a los esclavos para que los acompañaran en sus misiones de preservar la paz o de aplicar la ley, condonaba la ley la entrega de armas a los esclavos. Fernando Barisno, un funcionario de Zacatecas, obtuvo un permiso semejante en 1540, pues detentaba el cargo de alguacil mayor y, por lo tanto, debía perseguir a los malhechores.[103] Puesto que no pudo hallar a españoles que lo ayudaran en esta peligrosa tarea, solicitó con éxito una autorización para armar a varios esclavos que colaboraran con el cumplimiento de sus deberes. En Perú se expidió una aprobación análoga, pues la Corona concedía con frecuencia estas excepciones a los funcionarios (1568, 1663) para "guarda y defensa de vuestra persona y poder ejecutar nuestra justicia".[104] Como resultado de ello, los esclavos podrían utilizar la fuerza contra españoles, indígenas, mestizos y castas, así como contra sus propios compañeros.

Si bien los amos apoyaron las leyes que prohibían armar a los esclavos, solicitaron regularmente excepciones cuando se trataba de "sus" esclavos. Disponer de un séquito armado añadía seguridad, pero también —y quizás aún más importante— conllevaba prestigio.[105] En Perú, un decreto de 1609 prohibía a personas de alto rango armar a sus esclavos o negros libres para que actuaran como su guardia pretoria-

---

103 Contreras, *Cedulario*, 473.
104 Konetzke, vol. 1, Doc. 302, 1568; *Disposiciones*, T. 2, n. 554, 1663; Konetzke, vol. 1, Doc. 197, 1551; *Recopilación*, T. 2, Lib. vii, Tit. v, ley xiv, 1568, 1573, que los mulatos y zambaigos no porten armas, ley xv, 1551, 1552, que contemplaba penas para esclavos y negros libres con armas, seguida de prohibiciones ulteriores, ley xvi, 1665, ley xvii, 1621, ley xviii, 1628.
105 Véanse también los comentarios de Bennett, *Africans*, 18-20, y Walker, 390-391. Restall, *Black*, 279, sugiere que los esclavos "eran considerados como bienes de lujo que se consumían mediante su exhibición, como mercancías de prestigio que proyectaban la posición de sus dueños".

na.¹⁰⁶ Sin embargo, esta misma ley ofrecía una extensa lista de funcionarios autorizados a tener lacayos con armas, que incluía a los jueces de la audiencia y de la Inquisición, el capitán de la guardia, los alcaldes de la hermandad, el corregidor y funcionarios del Callao. Cuando advirtió que no aparecía en el listado de privilegiados, el rector de la Universidad de Lima se quejó y pidió confirmación de que él también podía ir acompañado de "los dichos negros por lacayos con espadas". Para no quedarse atrás, el rector de la Universidad de Ciudad de México se unió a su colega peruano en 1618, como funcionario protegido por esclavos armados.¹⁰⁷ El efecto visible final fue que varios negros armados servían a funcionarios de alto rango en los más prestigiosos espacios oficiales, acostumbrando tal vez a la población a ver a personas armadas que no eran blancas.

Si bien los esclavos que portaban armas en misiones de aplicación de la ley, o para brindar protección o prestigio a sus dueños fueron presuntamente supervisados por las élites, la legislación parece indicar también que otros habían comenzado a llevar armas por cuenta propia. Sin duda, la presencia de tantos negros portando armas con autorización legal confundió a quienes pudieran tenerlas ilegalmente. Una ley de 1551 ordenó a las audiencias prohibir a los esclavos visitar poblaciones indígenas, y vinculó esta prohibición con las armas, acusando a los negros de "que roban a los indios".¹⁰⁸ La repetición del decreto al año siguiente sugiere la ineficacia del anterior, pues prohibía a los negros llevar una "espada, ni puñal ni daga", pues tales pertenencias llevaban a la "muerte de indios y otros inconvenientes".¹⁰⁹

La legislación que prohibía las armas no solo fracasó en el Perú, sino que fue ineficaz en Nueva España, donde una ley de 1612 impedía a los comerciantes vender "ningún género de armas ofensivas o defensivas" a hombres o mujeres negros o mulatos, "horro ni cautivo".¹¹⁰ Si bien de forma ilegal, los esclavos hallaron maneras de portar armas, supervisados o no por sus amos. Únicamente en la siguiente generación abrieron sus descendientes libres esta puerta aún más al buscar el privilegio de

---

106 RAH-ML, T. 21, 1609.
107 *Recopilación*, T. 1, Lib. i, Tit. xxii, ley viii, 1618.
108 Zorita, 9 de septiembre de 1551; *Recopilación*, T. 2, Lib. vii, Tit. v, ley xv, prohibía también a los esclavos y a los negros libres portar armas en 1551, repetida de nuevo al año siguiente.
109 Konetzke, vol. 1, Doc. 208, 1552.
110 *Ibid.*, T. 2, Doc. 1320, 1612.

portar armas como los blancos, lo cual los llevó al servicio militar y, eventualmente, a acceder a la condición de vasallos del rey.[111]

Nacidos libres: la sociedad de castas

Resulta extraño que, en medio de una de los mayores desastres demográficos de la historia mundial —las sucesivas epidemias que, durante más de un siglo, diezmaron a la población indígena americana, en algunas regiones en más del 80% desde el primer contacto— los funcionarios reales rara vez ofrecieran comentarios directos sobre esta catástrofe.[112] Podían denunciar la debilidad de los indígenas, explicar la disminución de su población por su huida de las aldeas, o culpar a los esclavos y a los negros libres de maltratar a la población indígena.[113] No obstante, sorprenden las pocas observaciones detalladas que ofrecieron mientras la despoblación avanzaba hacia el nadir o más bajo punto demográfico, alcanzado en la década de 1650.[114] Esta omisión contrasta radicalmente con la plétora de comentarios de parte de los burócratas, a partir de la década de 1550, que demostraron su aguda consciencia de que se encontraban en rápida formación grupos socio-raciales nuevos y libres. Mientras que las primeras referencias a las poblaciones no indígenas tendieron a centrarse en los esclavos, descripciones posteriores mencionaron a los negros libres y luego incluyeron a una diversidad de combinaciones entre españoles, africanos e indígenas.[115]

En algunos de los más tempranos comentarios sobre estas mezclas, en la década de 1560, los funcionarios fusionaron con frecuen-

---

[111] Tompson, 403, 409, señala que, para 1800, los esclavos de la Corona española en Honduras recibieron entrenamiento "en la limpieza y cuidado de armas de fuego", y recibieron instrucción en habilidades artesanales y salarios regulares. Variables tales como el clima, la periferia y las necesidades reales podían "contravenir algunas de las presuposiciones más convencionales acerca del funcionamiento de la esclavitud". Algunos, 412, pertenecieron incluso a la milicia.

[112] La bibliografía sobre la reducción de la población indígena es controvertida. Algunos ejemplos incluyen Cook; Denevan; Dobyns, 273-291; Livi-Bacci, 199-232.

[113] *Cartas*, 298-300, habla de debilidades nativas; *Recopilación*, T. 2, Lib. vi, Tit. iii, ley xxi, dice que los indígenas huyeron de sus pueblos por haber sido "agraviados" por forasteros. *Ibid.*, T. 2, Lib. vii, Tit. v, ley vii, 1558, 1589, señala que los esclavos y los negros libres oprimían a los indígenas

[114] O'Toole, 26, observa que los altos estamentos peruanos comenzaron a comprender el grado de reducción de la población indígena con ocasión del censo realizado en 1645.

[115] Castleman, 229-249, presenta recientes comentarios sobre la movilidad de las castas.

cia su terminología, pues ofrecieron definiciones menos precisas que en siglos posteriores.[116] En 1568, por ejemplo, un funcionario novohispano advirtió la existencia de una segunda generación, en la cual agrupó indiscriminadamente a sus miembros como "mulatos", definidos como "hijos de negros e indias, y de españoles y negras".[117] Aquel mismo año, el virrey del Perú, Francisco de Toledo, comentó que los "mestizos y mulatos" de la región "son ya muchos y crecen cada día".[118]

Para la década de 1600, los funcionarios no solo coincidían en afirmar que se estaban dando nuevas mezclas y que este segmento de la población crecía con rapidez, sino que la denuncia de sus consecuencias negativas se hizo más estridente. En 1602, el virrey del Perú Luis de Velasco (1596-1604), advirtió de la presencia de mestizos y mulatos, pero añadió la definición de zambaigos para denotar la combinación específica de indígena y negro.[119] "Va en tanto aumento su generación", comentó, que resulta necesario considerar los "inconvenientes" que tan pujante población pudiera generar. Al no estar a favor de su crecimiento, escribió sobre la necesidad de hallar "el remedio que ahora para que no multipliquen tanto".

Un funcionario real de la ciudad minera de Potosí se hizo eco de sus inquietudes cuando, en 1607, ridiculizaba al "mucho número de mulatos, zambaygos y mestizos" y los "inconvenientes y daños que puede esperar de jucimiento".[120] Al año siguiente, el recién llegado virrey, marqués de Montesclaros (1607-1615), escribió acerca de "la mucha cantidad de negros, mulatos y mestizos que ay en esas partes" y que "cada día se va multiplicando".[121] Al norte, varios funcionarios mexicanos se quejaron de los "muchos negros y mulatos libres y mestizos" que eran "libres" y cuyas "mujeres" desfilaban abiertamente "con gran desorden".[122]

---

116 Solórzano Pereira, 216-217, define a los mulatos como una combinación de españoles con mujeres negras, pero luego comenta asimismo que sus descendientes podrían llamarse también mestizos.
117 Konetzke, vol. 1, Doc. 304, 1568.
118 *Ibid.*, T. 1, Doc. 306, 1568.
119 BN, MS 2929, 1602.
120 *Ibid.*, MS 2989, 1607. En 1609, otro funcionario se quejó del "gran número de mulatos y zambaigos que hay en esas provincias", incluyendo a "negros libres y mestizos". Konetzke, vol. 2, Doc. 98, 1609.
121 BN, MS 2989. 1608; Konetzke, vol. 2, Doc. 94, 1608.
122 Konetzke, vol. 2, Doc. 86, 1607.

En 1604, cuando la Corona envió instrucciones a los funcionarios para que recopilaran las *Relaciones geográficas*, que debían ofrecer información detallada sobre las Indias, se pidió específicamente detalles sobre el número de hombres y mujeres mulatos y zambaigos. Reconocieron que "después de aproximadamente cuatro generaciones de contacto con los españoles, nuevas clases o categorías de gente ha aparecido en la población".[123] En 1648, cuando Solórzano Pereira escribió sobre las castas en su *Política indiana*, se refirió a la inquietud oficial respecto a que "hombres de tales mezclas", eran "viciosos por la mayor parte" y podrían causar "daños".[124] Entonces, ¿cómo comenzaron a descubrir estos antiguos esclavos y descendientes libres de esclavos las aperturas que los llevarían a ellos y a sus descendientes hacia la blancura? Comprender los obstáculos que enfrentaron ofrece indicios sobre aquellos nichos por los cuales podrían escabullirse, deshaciéndose de las marcas que indicaban su inferioridad y, a la vez, obteniendo las prerrogativas de la blancura.

Incluso cuando eran libres, los negros, pardos y mulatos pudieron haber encontrado especialmente deprimente vivir durante la primera época de las Indias españolas. Con raras excepciones, la primera noticia imperial de su existencia fue negativa y represiva. Los burócratas imperiales tendieron a caracterizarlos *ad hominem* como problemas, en lugar de distinguir entre individuos o entre grupos. Como se exploró en el capítulo 2, algunas de las medidas más discriminatorias se originaron en edictos históricos sintetizados en las ordenanzas españolas sobre la limpieza de sangre.[125] Estas agregaron a pardos o mulatos a las tradicionales definiciones de limpieza de sangre que apuntaban a "judío, moro, mulato o conversos en ningún grado" como "mala raza". Puesto que tanto mujeres como hombres transmitían este defecto a sus hijos, cualquier relación sexual o conyugal afectaba a la generación siguiente, la cual heredaba su condición de inferioridad.

No solo carecían los negros, pardos y mulatos de limpieza de sangre; complicaban la conceptualización original establecida para gobernar —las dos repúblicas— que únicamente reconocía a españoles e

---

123 Carrera, "Nuevo", 61.
124 Solórzano Pereira, 218.
125 Véase Twinam, *Public*, 41-51; Martínez, *Genealogical*; Sicroff. Es necesario realizar investigaciones adicionales para determinar cuándo aparecieron consistentemente los mulatos en las definiciones de limpieza de sangre, aunque parece probable que hubiera sido a mediados del siglo XVII.

indígenas como habitantes de las Indias. ¿Dónde se ubicaban los africanos y sus descendientes en la república de los españoles y en la república de los indígenas, cada cual con sus propios pueblos, funcionarios, sistemas judiciales particulares y diferentes prerrogativas y deberes?[126] Los españoles tenían caballos, portaban armas, suscribían contratos legales y pagaban el tradicional impuesto peninsular a las ventas, la alcabala. La legislación prohibía a los indígenas cabalgar, portar armas o firmar contratos, relegándolos al estado de menores jurídicos, y debían tributos a un español designado, el encomendero, o a la Corona.[127] A medida que los esclavos pasaron a la libertad y la siguiente generación de mezclas se multiplicó, no estaba claro dónde se ubicaría esta población imprevista.

A medida que proliferaba la población de castas, la Corona aprobó una serie de leyes para confirmar su lugar de inferioridad. Negros, pardos y mulatos no podían ocupar ningún cargo público o real (1549,1584); ejercer la mayor parte de las profesiones, incluidas la de abogado, "médico, cirujano, boticario" (1535); ni ser notarios (1621).[128] No podían asistir a la universidad.[129]

Tampoco podían las castas vestir como los españoles. Ya desde 1571, varios funcionarios seleccionaron a las negras, "libre o esclava", así como a las mulatas, al prohibirles llevar "oro, perlas ni seda".[130] Un decreto mexicano de 1612 repetía la queja de que "negros y mulatos, libres y esclavos" llevaban "ropas finas" que resultaban inapropiadas para "semejantes personas".[131] La ley estipulaba que ninguna "negra ni mulata, libre ni cautiva" podía llevar joyas de plata o de oro, como tampoco "perlas, ni vestidos de seda de Castilla, ni mantos de seda". Aun cuando las leyes suntuarias podían infringirse ocasionalmente, fijaban, sin embargo, marcas visuales normativas dirigidas a apoyar las jerarquías.

---

126 Para discusiones sobre las dos repúblicas, véanse McAlister, *España*, 391; Rout, 25; Elliott, *Empires*, 83; Henderson, 7, 8.
127 Buenaventura Belena, capítulo 56, 50, señala que negros y mulatos podían montar los caballos de sus amos, pero "ni tenga caballo propio suyo", prohibición que, ciertamente, fue más infringida que aplicada.
128 Konetzke, vol. 1, Doc. 167, 1549; vol. 1. Doc. 422, 1584; vol. 1, Doc. 94, 1535; vol. 2, Doc. 160, 1621.
129 *Recopilación*, T. 1, Lib. i, Tit. xxii, ley lvii.
130 *Ibid.*, T. 2, Tit. v, ley xxviii, 1571. La única excepción fue que se hubieran casado con un español.
131 Konetzke, vol. 2, Doc. 120, 1612.

Negros y mulatos debían demostrar continua sumisión, incluso después de muertos. Algunos funcionarios limeños se quejaron, en 1614, de que estos grupos estaban imitando a los españoles al enterrar a sus muertos con elaboradas mortajas. Denunciaron el "gasto crecido" de estos sofisticados funerales que, en su opinión, desafiaban la "autoridad de los españoles y gente principal".[132] Aun así, la presencia misma de esta legislación suntuaria, que restringía el vestido tanto en la vida como en la muerte, sugiere que algunas castas estaban experimentando más que un módico de éxito económico.

Una de las primeras estrategias de pardos y mulatos para crear nichos de movilidad fue deshacerse de cualidades negativas atinentes a su condición, al evadir estas situaciones represivas.[133] Con frecuencia, algunos individuos obtenían las primeras excepciones, y estas se extendían luego a grupos designados. Un paso semejante ocurrió en relación con el pago del tributo, que ubicaba a las castas en el plano social y étnico de los indígenas más que en el de los españoles. El asunto del tributo era controvertido, pues los descendientes de padres esclavos y madres indígenas, así como los esclavos recientemente liberados, no se ubicaban con facilidad en las categorías de tributación de las dos repúblicas.[134] Inclusive ya en 1572, un decreto de Guatemala reconocía que había cierta "duda" acerca de si los negros libres o los hijos de esclavos casados con mujeres indígenas debían tributar. La Corona no tenía tal incertidumbre, pues decretó que "estos son obligados a tributar como los indios".[135]

Dos años más tarde, en 1574, la Corona afirmó de nuevo que las castas debían pagar tributo, al observar que "muchos de los esclavos y esclavas, mulatos y mulatas que avían pasado a las Indias y en ellas avían nacido" han acumulado "mucha riqueza" y eran "libres". Puesto que ahora disfrutaban de la "paz" del gobierno español, debían pagar impuestos. El decreto agregaba que, como la mayor parte de este grupo de contribuyentes potenciales tenía antepasados africanos, descendían de personas que "acostumbraban a pagar tributos y en mucha cantidad, a sus reyes".

---

132 RAH-ML, T. 21, 1614. Sobre las cofradías que, con frecuencia, planeaban estos funerales, véase Graubart, "So Color", 49.
133 Agradezco a John Smolenski por señalar esta distinción.
134 Milton y Vinson, 1-18, presenta una visión general del tributo no indígena, aunque no en el contexto de apartarse de esta condición como inferior. Véanse también Vinson, *Bearing*, 132-172, para México.
135 Konetzke, vol. 1, Doc. 335, 1572; *Recopilación*, T. 2, Lib. vi, Tit. v, ley viii, como se repite en 1572 y 1573.

La respuesta de la población de castas a las reglamentaciones según las cuales estaban obligadas a tributar fue la de buscar innumerables maneras ilegales de evadir el pago. Una cadena de legislación real reflejó los infructuosos intentos de la Corona por recaudar impuestos de las poblaciones mestizas. Un grave problema, detallado ante el rey en 1577, fue que los funcionarios no podían encontrar a los potenciales contribuyentes, pues muchos de ellos no vivían en "lugar conocido". El Consejo de Indias ordenó entonces un censo de "todos los mulatos y negros libres" para determinar dónde residían. Ordenaron a los amos que dedujeran el tributo del salario que pagaban a sus sirvientes.[136] La movilidad de la población libre de las castas, sin embargo, hizo que este plan fuese difícil de poner en práctica. Diez años más tarde, varios funcionarios guatemaltecos se quejaron de la "vida libre" y la "mala inclinación" de "mulatos y negros", así como de la dificultad de recaudar "los tributos que deben".[137]

También los funcionarios reales en el Perú experimentaron dificultades con los ingresos por concepto de impuestos. Al advertir el "gran número de mulatos y zambaigos que ay en estas provincias", así como de "negros libres y mestizos", los funcionarios sugirieron, en 1609, que fueran reubicados en determinados pueblos, para que resultara más sencillo recaudar impuestos y obligarlos a trabajar en las minas.[138] Diez años después, los funcionarios de Lima confesaron que no tenían idea de cuántos tributos habían recaudado de los mulatos pero, al parecer, ninguna suma había ingresado al erario durante los últimos tres años.[139] Los funcionarios mexicanos no corrieron con mejor suerte: la legislación de 1627 advirtió la existencia de un "gran cantidad de negros y mulatos libres con haciendas suficientes para poderme pagar [...] tributo".[140] Los funcionarios se preguntaban por qué las sumas debidas no habían sido recaudadas.

Si bien la evasión creativa del pago de impuestos podría ser efectiva en costos para la persona, no movió a negros, pardos y mulatos en ninguna dirección hacia la blancura. Para que esto sucediera, la Corona tenía que admitir oficialmente que un solicitante no era de una condición inferior y, por lo tanto, estaba exento de pagar tributos. Uno de

---

136 *Recopilación*, T. 2, Lib. vii, Tit. v, Ley iii, 1577.
137 Konetzke, vol. 1, Doc. 442, 1587.
138 *Ibid.*, vol. 2, Doc. 98, 1609. Véase también BN, MS 2989, 527, 1609.
139 *Ibid.*, MS 2989, 1188, 1619.
140 Konetzke, vol. 2, Doc. 198, 1627.

los primeros casos documentados fue aquel de 1578 en el cual un negro libre dio un paso semejante de manera oficial, al pedir a la Corona que lo eliminara de las listas de tributación.

Aun cuando Sebastián de Toral vivía en Yucatán, estaba en España cuando pidió esta prerrogativa debido a sus méritos.[141] Señaló que, aun cuando originalmente era "hijo de negros" y natural de Portugal, figuraba entre los primeros colonizadores de Yucatán, donde había vivido durante cuarenta años, sirviendo como guardia y desempeñándose como centinela sin salario. El decreto que le concedió la excepción a él y a sus descendientes admitió que, por la imposición del tributo "había recibido agravio, porque [Toral] era digno de recibir mucha merced por lo que ansí nos ha servido como todo largamente".[142]

El reconocimiento de que Toral era meritorio y, por lo tanto, digno de merced real, ilustra otro de aquellos procesos que permitieron a negros, pardos y mulatos evadir la discriminación. El suyo fue uno de los primeros casos en los que el Consejo de Indias reconoció que la reciprocidad que tradicionalmente había existido entre el rey y sus vasallos blancos podía extenderse también a las castas. Si estas realizaban servicios para el monarca, podían asimismo pedir recompensas a cambio de ellos. Tal apertura fue crucial. En años venideros, incluso cuando los ministros no se mostraron inclinados a conceder la blancura a pardos y mulatos, consideraron, sin embargo, que era su deber evaluar el mérito de sus peticiones y considerar seriamente estas solicitudes.

¿Cómo podría la concesión de no pagar tributo iniciar un proceso de blanqueamiento? Al eliminar a Toral de las listas de tributación, él y sus descendientes habían retirado oficialmente la mancha económica de inferioridad que los marcaba como no blancos. En el futuro, cuando la familia pagara impuestos, lo haría como españoles, lo cual representó un primer paso para difuminar la identidad étnica a lo largo de las generaciones. La experiencia de Toral estableció un modelo. Después de la década de 1620, pardos y mulatos comenzarían a alejarse de su condición tributaria al entrar al servicio del rey y extender esta concesión individual de manera que se aplicara a determinados grupos.[143]

---

141 AGI, Contratación 5227, n. 2, R. 25, 1579; AGI, Pasajeros 6, E2053, 1579, señala que se encontraba en España en 1578, que era originario de Mora, y que era hijo de negros. Restall, *Black*, 6-9, ofrece antecedentes adicionales sobre Toral.
142 Konetzke, vol. 1, Doc. 377, 1578.
143 Restall, *Black*, 174, observa que las milicias de pardos y mulatos en Yucatán solían recibir excepciones semejantes en las décadas de 1630 y 1640.

Las décadas de 1620 a 1700: primeros movimientos hacia la blancura

La década de 1620 marcó un punto de inflexión. Las tendencias legislativas revelan un escalamiento de los esfuerzos de las castas —algunos exitosos, otros fallidos— por deshacerse de las marcas de su condición de inferioridad y obtener privilegios reservados a los blancos. Tal evidencia de los intentos de evadir barreras discriminatorias surge habitualmente en aquellos decretos que prohíben ciertas actividades, o bien denuncian los esfuerzos de los pardos *a posteriori*. Ya para 1571, las leyes prohibían a los mulatos servir de receptores, burócratas menores que ayudaban a organizar los asuntos cotidianos de la audiencia. Presuntamente, su objetivo era privarlos de cualquier influencia personal o pública, prohibición que se repite en 1583 y 1584.[144]

Las élites locales cooperaron para impedir a quienes aspiraban a la movilidad social ocupar incluso los cargos más humildes. La única razón por la cual Juan de Ochoa, "hijo de mulata", ingresó alguna vez al registro oficial en 1620, fue como resultado de su intento por ser portero de la Real Audiencia de Lima. Los funcionarios reaccionaron negativamente a la posibilidad de que alguien que no fuese blanco custodiara la entrada. El decreto surgido de allí revela que lo despidieron del cargo, alegando que había mentido respecto a su origen.

Otro punto de entrada donde pardos y mulatos intentaron ocupar cargos fueron las vedadas posiciones de escribano y de notario. Como se verá en capítulos posteriores, esta era una profesión en la cual los interesados podrían adquirir las habilidades necesarias como practicantes, y donde, en algunas de las zonas más apartadas del imperio, había pocas personas con el entrenamiento requerido. Un decreto expedido en 1621 reveló que algunos mulatos de Lima habían solicitado al Consejo de Indias las licencias oficiales para ser notarios "sin hacer mención de las dichas naturalezas". La Corona intentó cerrar este camino al prohibir a los funcionarios locales dar trámite a peticiones provenientes de mulatos. Si perpetraban el "mismo engaño" en el futuro, los burócratas no les permitirían ejercer.

Aun cuando Lima tenía una numerosa población, en la cual, sin duda, habría muchos blancos capaces de ejercer el cargo de nota-

---

144 AHN-Ayala, Códices, L. 750, Tributo, 1574. Bennett, *Colonial*, 18, considera asimismo la década de 1620 como un punto de inflexión en Nueva España, debido a la reducción sustancial del comercio de esclavos.

rio, Panamá resultó un lugar más propicio para la movilidad. Dado el mandato de documentar el tránsito de bienes y lingotes a través del istmo, así como una feria mercantil anual, habría seguramente una alta demanda de escribanos. No obstante, excepto cuando las flotas que transportaban la plata anclaban cerca del istmo, Panamá era un lugar apartado, cálido y húmedo. Aun así, aquel mismo año (1621) en que la Corona retiró de sus cargos a los escribanos mulatos de Lima, procedió también contra sus contrapartes en Panamá. Un decreto prescribía que, si cualquier pardo recibía un cargo semejante en el futuro, los funcionarios debían quitarle su licencia de ejercer.[145] El seguimiento realizado dos años más tarde (1623) concedió —quizás debido a la escasez— que "los mulatos que antes que se publicase este habían conseguido los dichos títulos" podrían conservarlos.

La década de 1620 no solo marcó los intentos, fallidos en su mayor parte, de pardos y mulatos por detentar cargos reservados a los blancos; presenció también un notable esfuerzo por parte de los negros de La Habana por crear una condición respetable para sus mujeres. En 1623, los "morenos horros" denunciaron que, en las "fiestas públicas" locales, como la del Corpus Christi, algunas personas —aunque no se supo con claridad quiénes, ni en qué calidad oficial— "mandan a las morenas casadas que salgan por fuerza a las danzas".[146] Sus esposos y protectores denunciaron que estas eran "mujeres honradas y no habituadas a cosas semejantes". Los negros libres pidieron a la Corona que protegiera a las "doncellas recogidas que no quieren hallarse en semejantes fiestas", para que "no les obliguen a ello, ni las penen en cosa alguna". Los negros presentaron, entonces, el reclamo de que sus mujeres deberían disfrutar de la misma posición honorable concedida a sus contrapartes blancas.

Después de más de un siglo durante el cual los comentarios predominantes de los funcionarios imperiales estuvieron dirigidos a condenar el crecimiento de las poblaciones negras, pardas y mulatas, o intentaron castigarlas, controlarlas o exigirles impuestos, la aparición de observaciones positivas indica un punto de inflexión. Tanto la longevidad como la vulnerabilidad subyacieron a este cambio. Para la década de 1620, había pardos y mulatos nacidos en las Américas que descendían de múltiples generaciones de personas nacidas libres, y estaban tan decididos como sus vecinos blancos a defender su tierra natal contra ataques foráneos.

---

145 AHN-Ayala, Códices, T. 742, Mulatos, 1621.
146 Konetzke, vol. 2, Doc. 178, 1623.

Estas poblaciones libres se identificaban como católicas y así eran identificadas también por los funcionarios imperiales. Ya en 1569, algunos mulatos apelaron al arzobispo de Ciudad de México para que les enviara sacerdotes, pues su trabajo en las minas y en las haciendas ganaderas les dificultaba asistir a los servicios religiosos.[147] Una inquietud análoga motivó, en 1611, una orden real dirigida al obispo de Cartagena, para que estableciera "una o dos parroquias aparte" para la población negra.[148] Negros, pardos y mulatos comenzaron a pertenecer gradualmente al grupo de "'nosotros' es decir, los católicos españoles".[149]

A medida que el imperio se encontró cada vez en mayor peligro por los ataques extranjeros, a menudo protagonizados por protestantes, los funcionarios comenzaron a advertir que las poblaciones de las castas podrían desempeñarse, no solo como correligionarios, sino también como leales servidores. En 1621, algunos de los primeros comentarios positivos se originaron en Nueva España, donde unidades militares pardas se trasladaron de Puebla a Veracruz para ayudar a defender el puerto.[150] Dos años más tarde, la Corona elogió a los "morenos libres" que habitaban en pueblos costeros vulnerables y que habían actuado con "valor" al defender posiciones clave "y arriesgan sus vidas". La orden encargaba los funcionarios reales premiarlos por su diligencia en la defensa de "castillos y fuerzas".[151] En 1625, funcionarios imperiales destacaron a los "morenos libres de Panamá" que habían colaborado en la construcción de "trincheras", se habían desempeñado como centinelas "de día y de noche" y habían "dado socorro como a los demás soldados". El gobernador debía asegurarse de que recibieran premios por sus servicios y que "en todo lo posible les ayude".[152]

---

147 *Ibid.*, T. 1, vol. 315, 1569.
148 *Ibid.*, T. 2, vol. 117, 1611.
149 Bennett, *Colonial*, 109, 136, presenta ejemplos de afro-mexicanos y catolicismo y, 131, "su identidad jurídica como cristianos". Esto significó, *ibid.*, *African*, 151, que la identidad como "persona cristiana" pudo, en ocasiones, pesar más que la condición de esclavo. Landers, *Atlantic*, 40, concluye que "resulta difícil sobreestimar la importancia de la Iglesia católica romana como vehículo para la asimilación de los africanos en términos de aceptación y de progreso en las comunidades españolas".
150 Archer, "Pardos", 237; Restall, *Black*, 158-159, rastrea la formación de las milicias de pardos a comienzos del siglo XVII en Yucatán.
151 *Recopilación*, T. 2, Lib. vii, Tit. v, ley x, 1623.
152 *Ibid.*, T. 2, Lib. vii, Tit. v, ley xi, 1625. Landers, *Black*, 22, señala también que los negros "ayudaron a los ejércitos españoles a defender La Habana en 1555, Puerto

Otro indicio del cambio de actitud de Madrid fue la intervención real para proteger los intereses de las castas.[153] Un decreto de 1623 advirtió que en "Cuba y en otras partes", los funcionarios encargados de hacer redadas para capturar a los cimarrones (esclavos escapados) estaban perturbando aquellas propiedades en las cuales hombres libres se dedicaban "a sus labranzas quietos y pacíficos". Quienes perseguían a los esclavos estaban robando sus "caballos, bestias de servicio y otras cosas necesarias para sus labranzas". El Consejo de Indias ordenó a los gobernadores locales poner "remedio [...] y [que] hagan justicia a los morenos", para que dejaran de padecer estas intrusiones.

Las décadas de 1620 y 1630 marcaron también puntos de inflexión respecto a su aceptación local. Las críticas anteriores se convirtieron en elogios cuando los mulatos de Lima se comprometieron a "presentarse ante el rey de España y los miembros de la élite limeña como súbditos valiosos".[154] Crearon su propio gremio en la década de 1620, que organizaba a sus miembros en compañías militares, y comenzó a tomar parte importante en las celebraciones cívicas y religiosas de la ciudad.[155] En 1631, el gremio escenificó una complicada recreación de la caída de Troya en la plaza principal para celebrar el nacimiento, dos años antes, de Baltasar Carlos, príncipe de Asturias. Las élites elogiaron su participación, señalando que "tanto nobles como gentes del común celebraron la próspera liberalidad de la generosidad leal de los mulatos, y la consideraron digna de estima de parte del rey de España como un acto singular".[156] Pardos y mulatos participaron en análogas celebraciones públicas, cuidadosamente escenificadas, en Nueva España.[157]

Negros libres y pardos pasaron de obtener elogios generalizados de parte de los funcionarios imperiales por su defensa del reino, a conseguir cierta protección de sus intereses, luego de la participación cívica en las ceremonias, y finalmente a galardones más importantes. En 1627, los neerlandeses atacaron el puerto limeño del Callao, un punto

---

Rico en 1557, Cartagena en 1560 y 1572, y Santo Domingo en 1583". Para finales de la década de 1680, había unidades de negros o de pardos en Centroamérica y en todo el Caribe, incluyendo Florida.
153 *Recopilación*, T. 2, Lib. vii, Tit. v, ley x, 1623.
154 Jouve Martín, 193.
155 Bowser, *African*, 306.
156 Jouve Martín, 193. La población negra de Lima escenificó una corrida de toros menos adornada, pero bien acogida, 189.
157 Curcio-Nagy, 58-63.

crucial para el embarque de los lingotes de plata. Compañías de mulatos y pardos lucharon para rechazar a los invasores. El fiscal de la Corona de la Real Audiencia de Lima posteriormente elogió a los "negros horros" que "tan bien y puntualmente" guardaron "las órdenes que se les dieron". Recomendó que las "compañías de mulatos y negros [...] en la ciudad" fueran eximidas de tributo. El rey estuvo de acuerdo.[158] Así, la exención del tributo concedida individualmente a Sebastián de Toral en 1578 comenzó a evolucionar, cuatro décadas más tarde, hacia una exención más amplia para un grupo selecto.

El servicio militar abrió numerosas vías para que las castas se deshicieran de su condición de inferioridad y obtuvieran prerrogativas de los blancos.[159] Los "mulatos y negros libres" de la ciudad de Piura y del puerto de Paita, en Perú, intentaron obtener la exención concedida a sus contrapartes del Callao mediante una petición presentada en 1641.[160] Aunque algunos funcionarios habían "pretendido cobrarles" tributos, ellos se consideraban como "fieles vasallos" y, a la vez, "libres y exemptos" del oneroso impuesto.

Como ha señalado una serie de historiadores, hubo una conexión directa entre el servicio militar y el reconocimiento real de que pardos y mulatos eran vasallos.[161] Participar en la milicia "representaba un acto de lealtad suprema y de ciudadanía colonial".[162] Permitió a negros y pardos no solo "definir su condición como miembros de la comunidad religiosa y civil", sino figurar "como vasallos de un

---

158 Konetzke, vol. 2, Doc. 217, 1631; Landers, *Black*, 203, señala que la Corona se mostró "pragmática" en eximir del tributo a las milicias, dado que estaban "profundamente resentidas" y "los dineros rara vez se recaudaban", observación verificada por las tendencias tributarias del siglo XVIII. Esto, sin embargo, no impidió que se realizaran esfuerzos, más tarde durante el siglo, por reestablecer el recaudo del tributo de las milicias; Archer, "Pardos", 236, 241.
159 Vinson, *Bearing*; Vinson, "Studying", 471-496; Vinson y Restall; Vinson, "From", 96-135; Vinson, King, y Seminary; Restall, *Black*, 174-177; Booker, "Needed", 259-276; Sánchez representa una nueva ola de investigación sobre las milicias, que complementa historias anteriores regionales e institucionales. Estas incluyen Archer, *Army*; Kuethe, *Cuba*; Kuethe, *Military*; Campbell, *Military*; McAlister, "Reorganization", 1-32; Klein, "Free". Stark, 557, señala que la conversión al catolicismo y el ingreso a la milicia eran vías que seguían los cimarrones fugitivos en el siglo XVIII para regresar a la sociedad y a su propio pueblo, Cangrejos, en Puerto Rico.
160 Konetzke, vol. 2, Doc. 248, 1641.
161 Una serie de autores —Vinson, "Free"; Sartorius, "My Vassals"; García, "Nuestra"; Landers, "Transforming"— señalan la conexión directa entre el servicio en las milicias y el reconocimiento real de que pardos y mulatos eran vasallos.
162 Restall y Vinson, 17.

monarca de la que podrían esperar protección o patronazgo a cambio del servicio armado".[163] Matthew Restall, por ejemplo, concluye: "para muchos, la milicia de los pardos era, sencillamente, un camino para avanzar".[164]

Resulta sorprendente, dada la preocupación anterior y continuada de los funcionarios reales sobre el hecho de que negros y mulatos portaran armas, que el hecho precisamente de que pudieran usarlas en tiempos de emergencia supusiera que las castas recibieran una compensación. En este caso, los negros y mulatos peruanos recordaron que habían "servido a vuestra majestad con sus armas en todas las ocasiones de enemigos que se ofrecen en aquel puerto". Eran responsables también de transportar "toda la plata" que los funcionarios enviaban a Lima "con grande ahorro y menos costas que otros". Pedían un decreto oficial que les concediera la misma exención de impuestos que se les habían otorgado a las milicias negras de Lima. Treinta años después, las compañías militares de mulatos y negros libres de Veracruz buscaron también ser eximidas del odiado impuesto.[165]

Aun cuando las milicias constituían el paso más rápido y evidente para deshacerse de la condición de inferioridad, otras variaciones se adelantaron en todo el imperio. Las élites cubanas no ofrecieron un apoyo semejante al de sus contrapartes limeñas, aunque, en 1662, los "morenos libres" de La Habana escribieron que se habían organizado en "las cosas militares en la forma que las de españoles".[166] Prosiguieron a quejarse de que los blancos los tenían en "tan poca estimación" que les habían ordenado "limpiar las calles", aun cuando la ciudad disponía de fondos para pagar esta necesidad. Sarcásticamente solicitaban —puesto que habían prestado sus servicios sin salario— recibir al menos los cuatro reales por día asignados a tan insignificante tarea, pues este era "el mismo jornal que dan los amos a los esclavos".

Si bien su tratamiento variaba, la disposición de las castas a servir continuó teniendo un efecto positivo sobre su reputación ante los funcionarios españoles. Al año siguiente, en 1663, el virrey de Nueva España, Juan Francisco de Leyva y de la Cerda (1660-1664), sugirió que sería de "mucha conveniencia" en "las ocasiones de guerra" permitir a "mulatos y negros libres" conformar compañías militares para cus-

---

163 Landers, *Black*, 23.
164 Restall, *Black*, 177.
165 Konetzke, vol. 2, Doc. 387, 1670.
166 *Ibid.*, vol. 2, Doc. 337, 1662.

todiar las costas.[167] La preocupación expresada por los funcionarios reales en décadas anteriores respecto al crecimiento de la población negra y mulata comenzó a traducirse en aprecio. El virrey señaló con aprobación que "hay un gran número en ese reino".

Quizás aún más significativo fueron los comentarios positivos del virrey Leyva y de la Cerda en los que describía a negros y mulatos como "gente de valor y habituada de trabajo y descomodidades". Señaló que habían luchado con "brío" en 1655 cuando los ingleses atacaron la ciudad de Santo Domingo. Pensaba que, aunque era "gente humilde", la promesa de alcanzar una mejor condición a través de las milicias podría animarlos a servir.

Cuando los comentarios del virrey Leyva y de la Cerda llegaron a la Junta de Guerra en Madrid, a los funcionarios les llamó la atención las ventajas estratégicas de las milicias conformadas por negros libres y mulatos. Dados los "accidentes de guerra", consideraban que sería útil tener compañías armadas en las Indias en lugar de tener que aguardar a que llegaran de España. Solicitaron información adicional sobre los posibles "inconvenientes" que pudieran derivarse de la conformación de este tipo de milicias. Surgió el asunto de permitir a las castas el porte de armas, pues los burócratas se preguntaban cuáles serían las consecuencias, a largo plazo, de enseñarles "el manejo de armas". Otra inquietud fue si tales milicias debieran tener oficiales blancos o aquellos "desta misma nación".

La Junta de Guerra debatía asuntos importantes. Una cosa era conceder el porte de armas a negros, pardos y mulatos y permitir que sirvieran como soldados rasos en tiempos de emergencia; otra muy diferente concederles el rango de oficiales. En este caso, se les permitiría asumir funciones de liderazgo y, después de años de servicio, presentar credenciales válidas, iguales a los de los blancos, cuando solicitaran favores recíprocos de la Corona.

Como sucedió con la exención del tributo, algunas de las concesiones iniciales para ocupar la posición de oficial se dieron a individuos excepcionales, y solo más tarde fueron extendidas a ciertos grupos. Para 1657, la existencia de unidades militares de pardos significó que alguien como el peruano Juan de Valladolid Moboron, un moreno libre, pu-

---

167 *Ibid.*, vol. 2, Doc. 346, 1663. Restall y Vinson, 23, sugieren que el primer punto de inflexión para la formación de las milicias fue un decreto real de 1540, que exigía a los pueblos crear compañías de milicia. Esto abrió un camino en décadas posteriores para que negros y mulatos sirvieran en ellas.

diera presentar evidencia de importantes servicios. Era legítimo de nacimiento, así que solo su condición de negro constituía una barrera.[168]

Valladolid Moboron había acumulado un impresionante registro de servicios al rey. Comenzó su carrera como soldado, luego se convirtió en jefe de escuadrón, más tarde en alférez y edecán en seis compañías de negros y mulatos libres. Durante aquellos años, colaboró para repeler una invasión en Valdivia, contribuyó a la construcción del puerto del Callao, y sirvió durante once años en la Armada del Sur. Pedía ser nombrado maestre de campo de las compañías militares de pardos de Lima y el Callao, aunque dicho cargo estaba habitualmente reservado a los blancos. Los funcionarios reales acordaron que sería "en su proporción […] para honrarle y favorecerle según lo mereciere".

Uno de los nichos más inusuales que se abrieron para los mulatos fue el nombramiento selectivo en el ejército regular español. Esto eran cargos —a diferencia de los de las milicias locales donde había regimientos de negros y pardos— reservados exclusivamente a los blancos.[169] En 1671, el obispo de La Habana explicó esta situación única al rey. Cuando los sacerdotes visitaban los hogares de los enfermos y les llevaban el "santísimo sacramento [la extremaunción]" era costumbre que cuatro soldados del ejército regular los acompañaran.[170] Los soldados tocaban las chirimías, instrumentos semejantes a las flautas, para advertir a los fieles que la hostia estaba en un lugar público y debían mostrar respeto. Si bien estos soldados portaban armas como el resto, servían principalmente de guardias y realizaban trabajos de centinela, con el fin de que estuvieran disponibles para acompañar al clero.

El problema, se lamentaba el obispo, fue "que no se hallan españoles ni hombres blancos que aprendan a tocar instrumentos" y eran solo los "mulatos (que en aquellas partes llaman pardos)" quienes tenían la habilidad necesaria. El obispo tenía ahora comentarios positivos sobre las castas como grupo, señalando que "hay número considerable y de buenos procederes". Pidió al Consejo de Indias que hiciera una excepción para permitir a cuatro pardos o mulatos recibir nombramientos militares.

---

168 Konetzke, vol. 2, Doc. 313, 1657.
169 *Recopilación*, T. 2, Lib. iii, Tit. x, ley xii, 1643, 1648, 1649, 1552. La repetición de la prohibición de que mulatos y negros sirvieran en la milicia sugiere que algunos quizás evadieron la ley. Solórzano Pereira, 219, señala (1648) que, aun cuando los mulatos no debían ocupar estos puestos, en "algunas partes" lo habían permitido y "han procedido bien".
170 Konetzke, vol. 2, Doc. 389, 1671.

El Consejo de Indias reconoció la prohibición, pero admitió asimismo la "tan piadosa" necesidad del obispo. Acordaron que de "no haber hombres blancos" que pudieran prestar el servicio, cuatro mulatos con talento musical podían convertirse en soldados del ejército regular. Aunque la presencia de cuatro mulatos vestidos con el uniforme del ejército español no podría abrir realmente un intersticio, sí subrayó el proceso mediante el cual el entrenamiento y las habilidades en áreas de escasez podían crear espacios para la movilidad.

Aun cuando los intérpretes de la chirimía podrían recibir la anuencia real para portar armas con el fin de proteger la hostia, en otros campos la Corona intentó —infructuosamente— prohibir a las castas apropiarse de esta prerrogativa de los blancos.[171] En 1647, funcionarios mexicanos se quejaron de "la gran relajación y desorden" generados por los negros y mulatos armados.[172] Después de señalar que las "órdenes y cédulas" donde se ordenaba que "los esclavos, mulatos y mestizos no traigan armas" se violaban constantemente. En 1663, el virrey Leyva y de la Cerda los despojó a todos del privilegio de tener lacayos negros armados, con la única excepción de los "'ministros de justicia' aunque, como sucedió anteriormente, las restricciones resultaron ineficaces".[173]

Al igual que ocurrió con el proceso mediante el cual pardos y mulatos buscaron exenciones del tributo, fueron primero algunos individuos quienes inicialmente intentaron convertirse en excepciones y, posteriormente, se extendieron estos privilegios a determinados grupos. Al menos, este parece haber sido el objetivo de Agustín Rascon, un "mulato libre" de la ciudad de Cholula, en la Nueva España. En 1668, escribió al virrey diciendo que era hijo de un "padre noble" y, por lo tanto, pedía que se confirmaran sus privilegios, incluyendo la prerrogativa de "traer espada y daga para la defensa y adorno de su persona".[174] Si bien los atributos de la nobleza podían pasar de padres a hijos a pesar de manchas maternas, como la ilegitimidad o el ancestro africano, en este caso los funcionarios negaron la petición sin ninguna explicación. Algunos, sin embargo, tuvieron éxito, pues Robert Schwaller ha rastreado sesenta y tres peticiones en las que negros,

---

171 *Recopilación*, T. 2, Lib. vii, Tit. v, ley xiv, 1568, 1573, prohibió el porte de armas a mulatos y zambaigos.
172 Konetzke, vol. 2, Doc. 281, 1647.
173 *Ibid.*, vol. 2, Doc. 348, 1663.
174 AGI, México 43, n. 4, 1669 (Agustín Rascón); Konetzke, vol. 2, Doc. 371, 1668.

mulatos y pardos novohispanos pidieron con éxito al virrey permiso (1575-1669) para portar armas.[175]

Para fines del siglo XVII (1676), pareció que el Consejo de Indias estaba preparado a dar el paso siguiente y permitir a un grupo seleccionado —mulatos libres que prestaban servicio como oficiales en la milicia de Lima— obtener el ansiado privilegio de portar armas. Esta gracia difería de la de los esclavos, quienes habían portado armas con o sin la aprobación de sus amos, de la de las castas que ilícitamente llevaban dagas, o de la de las milicias que portaban armas en tiempos de dificultades. A diferencia de estos, las milicias de Lima recibieron la concesión real, según la cual tanto "capitanes" como "sargentos", podrían "traer las armas de espada y daga" diariamente en su persona.[176] Podían, además, exhibir sus armas públicamente como los blancos.

Un privilegio semejante resultó ser en extremo controvertido. El virrey Melchor de Liñán y Cisneros (1678-1681) suspendió su ejecución con la extraña fórmula "Obedezco, pero no cumplo".[177] Tal negativa a aplicar la ley ponía en riesgo la carrera de un funcionario si el Consejo de Indias la consideraba desobediencia, en lugar de verla un juicio prudente para no poner en práctica una orden inapropiada. El virrey explicó su temor de que, si la Corona concedía a algunos pardos y mulatos seleccionados el permiso de portar armas, esto podría llevar a "los perjuiscios y daños" de años anteriores y perturbar el "bien común y quietud".[178] El problema, dado el gran número de "mulatos libres" de la ciudad, estribaba en determinar quién detentaba o no el privilegio. Si muchos tomaban las armas, esto llevaría a "las muertes atroces, robos e insultos". Después de considerarlo, el Consejo de Guerra se mostró de acuerdo con el virrey y abolió el privilegio.

Uno de los aspectos característicos en cualquier proceso de inmiscuirse en espacios prohibidos es que algunos individuos singulares podían convertirse en excepciones a las normas discriminatorias. El panameño Vicente Méndez resultó ser una anomalía semejante, pues fuc uno de los primeros en disfrutar algunos de los privilegios de la

---

175 Schwaller, "For Honor", 249, 252-253, 258-259.
176 Konetzke, vol. 2, Doc. 482, 1680; King, "Maréchaussée", par. 2, señala que, en Saint-Domingue las fuerzas negras y pardas que vigilaban a los esclavos podían portar armas cuando no estaban en servicio oficial.
177 Véase capítulo 9 para una discusión de "Obedezco pero no cumplo" respecto al blanqueamiento de las gracias al sacar.
178 Konetzke, vol. 2, Doc. 482, 1680.

blancura. Consiguió el cargo de gobernador de un pueblo fronterizo en 1687.[179] Méndez se encontraba a la vanguardia de un grupo de negros que prosperaba socialmente, pues había realizado el servicio militar, primero como soldado, luego como jefe de escuadrón, sargento, lugarteniente y capitán. En la zona relativamente remota de Panamá, se había distinguido por repeler ataques piratas y reunir a los indios del Darién para fundar el pueblo que eventualmente gobernó. El obispo local escribió una carta en apoyo de que asumiera la gobernación, elogiando el "valor" de Méndez y agregando que los "piratas [...] le conocen y temen, y los indios del Darién, por sobre temerle, le aman".

Las cartas de las élites panameñas no usaron un vocabulario que indicara —como lo harían algunos apoyos de sus contrapartes en el siglo XVIII— que jamás hubieran aceptado a Méndez como un par.[180] Más bien, sus defensores con frecuencia argumentaron que él no compartía los defectos de su condición de casta y merecía reciprocidad de parte de la Corona. El obispo proclamó que Méndez había "desmentido con sus acciones el color que en otros se desestima". El almirante a cargo de los galeones de Tierra Firme concluyó que, "si las obras deste hombre las ejecutara un español, fuera digno de que Vuestra Majestad lo honrase mucho". Los funcionarios reales coincidieron en "que es muy justo premiarle" y lo confirmaron otorgándole el gobierno del nuevo pueblo. Después de señalar los "méritos y servicios" de Méndez en este cargo, al año siguiente le concedieron un aumento de 200 pesos a su salario.[181]

Aunque extraordinario, este tipo de movilidad fue, por lo general, más posible en lugares apartados, como Panamá, donde había comparativamente menos personas de talento. Por otra parte, la posición de Méndez no representaba un desafío directo al *statu quo*, pues aun cuando detentaba un cargo reservado a las élites, gobernaba un pueblo de indios y no tenía autoridad directa sobre personas blancas. Aun así, su movilidad resultó ser característica de los procesos mediante los cuales las tradiciones españolas ofrecían espacios donde algunas pocas personas talentosas podían eludir las restricciones existentes. El medio siglo siguiente habría de presenciar los esfuerzos de negros, pardos y mulatos por expandir aún más estos espacios. No fue por accidente que, cuando futuras generaciones solicitaron la blancura completa,

---

179 *Ibid.*, vol. 2, Doc. 546, 1687.
180 Para ejemplos, véase Twinam, *Public*, 259-260.
181 AGI, Panamá 231, n. 9, 1688 (Vicente Méndez).

muchas personas presentaron evidencia de que ellos, sus padres y sus abuelos habían servido por décadas como oficiales de las milicias y, por lo tanto, eran dignas del favor real.

Continuidades después de 1700: tributos y milicias

Después de 1700, negros, pardos y mulatos continuaron con sus esfuerzos por deshacerse de la mancha de la tributación y disfrutar mayores privilegios gracias a su servicio en la milicia. Las tendencias en la recaudación de impuestos demuestran cómo el alivio para ciertas personas seleccionadas, tales como Sebastián de Toral en 1584, o las exenciones a grupos tales como las compañías de milicianos, que comenzaron en la década de 1620, pudieron expandirse más tarde para incluir a poblaciones más grandes. Para fines del siglo XVIII, la mayor parte de las castas se había librado del pago de tributos, al que consideraban una señal de inferioridad.[182] Al menos esta fue la conclusión que surgió de una serie de informes elaborados más de un siglo después, cuando el Consejo de Indias, como parte de los esfuerzos reformistas de los Borbones por aumentar los ingresos de la Corona, solicitó información acerca de la eficacia de la tributación.

En 1782, una extensa respuesta de Guatemala reveló que los funcionarios habían consultado "los más antiguos y remotos documentos" de su archivo, que incluían decretos de 1585, 1682, 1702 y 1717, para explorar la historia del tributo.[183] Si bien admitieron que la ley exigía que "negros y negras libres, mulatos y mulatas" pagaran el impuesto, la "práctica" corriente era que "en aquel reino, no se conocía ya otro tributo que el de los miserables indios, considerándose todas las demás castas exentas".

¿Cómo había ocurrido esto? Una de las razones era que la mayor parte de las castas se inscribían en las listas como miembros de la milicia. Disfrutaban de la exención del tributo aun cuando la milicia local de Guatemala estaba, esencialmente, extinta, pues carecía de "arreglo" y por el "poco aprecio que merece en el uso de las armas". Al parecer, la simple presencia de una milicia, aunque no estuviese activa,

---

182 Booker, "Needed", 14; Archer, "Pardos", 236, 237. Lokken, 181, observa que los intentos por reestablecer el tributo en San Salvador en 1720 llevaron a disturbios protagonizados por negros y mulatos.
183 Konetzke, vol. 3, Doc. 264, 1782.

liberaba oficialmente a algunas castas de la marca de inferioridad que constituía el tributo.[184]

Otra razón para lo escaso de la tributación eran las continuadas relaciones sexuales entre mujeres indígenas y negros, pardos y mulatos, que producían una condición ambigua para sus descendientes. Aun cuando la Corona había dictaminado que los hijos de las indígenas y de las castas debían pagar tributo, sus padres creían que sus descendientes "no eran tributarios ni obligados a carga alguna de la república". Los funcionarios profetizaron que "en pocos años, no quedase tributario en aquel reino". Si bien durante las primeras décadas los vínculos sexuales con indígenas habían demostrado ser decisivos para el paso de los esclavos a la libertad, un siglo más tarde, análogas conexiones liberaron informalmente a posteriores generaciones del estigma del tributo.

En 1786, cuatro años después de la revisión realizada en Guatemala, le llegó el turno a la Real Audiencia de México de responder a indagaciones respecto a la recaudación de tributos.[185] Aquel año, como parte de la reforma de los Borbones, nuevas ordenanzas confirmaron que los "pardos libres" que prestaban servicio en las milicias provinciales debían ser eximidos del tributo.[186] Sin embargo, cuando los funcionarios novohispanos revisaron la historia de este recaudo, llegaron a la sorprendente conclusión de que no podían encontrar "negros ni mulatos con haciendas o granjerías" que hubiera pagado el impuesto. Los funcionarios señalaron que "si hay algunos bien acomodados, lograron a fuer de ricos no empadronarse y vivir confundidos con los españoles", y cuando pagaban impuestos, lo hacían como blancos. Así como Sebastián de Toral, en el siglo XVI, se había apartado, a sí mismo y a sus descendientes, de la condición de inferioridad y de pagar tributo, de igual manera generaciones posteriores de negros y mulatos habían seguido su ejemplo para aparecer en las listas de impuestos como españoles.

---

184 Landers, *Black*, 103, sugiere que la exención del tributo le convenía tanto a la Corona como a las castas que servían en las milicias. Pardos y mulatos veían el tributo como "una señal de conquista y subyugación", y producía un "profundo resentimiento", por lo que intentaban evadir su pago. La Corona se benefició más al sancionar las unidades de milicia de los pardos, eximiéndolas de un tributo que había sido "rara vez recaudado".
185 Konetzke, vol. 3, Doc. 294, 1686.
186 Pérez y López, vol. 17, 178. No obstante, señaló que las milicias urbanas libres de pardos no deberían obtener este privilegio.

Los esfuerzos realizados por los funcionarios reales en 1788 para restablecer los pagos en Nicaragua confirman que las castas no solo se negaban a pagar el tributo porque era un impuesto, sino también porque era una señal de inferioridad. Dado el "exorbitante número de mulatos" que había en Nicaragua, el Consejo de Indias pidió al gobernador que considerara el restablecimiento de los recaudos.[187] Este funcionario se mostró dispuesto a hacerlo, pero advirtió de que los mulatos rechazarían la palabra "tributo", y la considerarían "odiosa", "porque [estaban] persuadidos falsamente de la superioridad de su clase por sobre la de los indios a quienes juzgan envilecidos por la calidad de tributarios". Advirtió que a negros y mulatos "les ofende vivamente" que la Corona les imponga cualquier impuesto que les dé "la apariencia de igualdad" con los indígenas.

El gobernador, algo solapadamente, sugirió que, si el Consejo de Indias "variara el nombre de la exacción sin cambiar la sustancia", esta podría ser mejor recibida. El Consejo de Indias, en lugar de hacerlo, decidió renunciar a imponerla. Los ministros expresaron su agradecimiento al gobernador, dado el carácter sensible del problema, y "el pulso con que ha manejado este asunto". Le encargaron que "continúe con la misma prudencia y que gane lo posible sin disgustar aquellos vasallos".[188] Para la década de 1800, los caminos a través de los cuales negros, pardos y mulatos podían rechazar su condición de contribuyentes eran tan amplios que los funcionarios imperiales, básicamente, renunciaron a sus esfuerzos por imponerlos.[189]

Si bien al evitar ser señalados como contribuyentes borraba un símbolo de inferioridad, esto no les permitió a negros, pardos y mulatos obtener privilegios reservados a los blancos. Después de 1700, las milicias continuaron siendo una institución que abría vías hacia una movilidad más importante. Una de estas concesiones fue que los miembros de las castas pudieran ser nombrados oficiales. Cuando, en 1708, los cuarterones y pardos de la Ciudad de Panamá solicitaron a la Junta de Guerra la confirmación de este privilegio, señalaron que los nombramientos de los oficiales en la milicia eran para entonces algo común en todo el imperio.[190] Los panameños declararon que "después

---

187 Konetzke, vol. 3, Doc. 301, 1788.
188 Booker, "Needed", 24, 25; Campbell, "Black" 145, 146, rastrea intentos por reinstituir el tributo en Nueva España y Perú.
189 Konetzke, vol. 3, Doc. 358, 1802.
190 *Ibid*., vol. 3, Doc. 79, 1708.

de haber servido los cuarterones, mulatos, zambos y negros con plazas de soldados, cabos de escuadra, sargentos y alféreces pasaren a ser capitanes de sus compañías".

Las respuestas del presidente de Panamá y del fiscal de la Corona del Consejo de Indias a las milicias ofrecen un indicio adicional de que las castas habían cambiado la actitud del rey a su favor. El presidente recordó que estas "compañías milicianas de color" se habían desempeñado con "valor y celo al servicio de vuestra majestad".[191] El fiscal de la Corona en Madrid estuvo de acuerdo, concluyendo que "el defecto que les dio la naturaleza se desvanece enteramente con sus honoradas operaciones". Coincidió en que las milicias no necesitaban oficiales blancos, pues habían organizado "la defensa de aquellas costas" a satisfacción de la Corona.

Aun cuando algunas milicias se ganaron el respeto de los funcionarios imperiales y locales, siempre hubo excepciones. Cuba siguió siendo un lugar donde negros y pardos enfrentaban una discriminación significativamente mayor que en otros lugares. Aunque presuntamente las milicias ya no estaban obligadas a limpiar las calles como sucedía en el siglo XVII, aún no obtenían mayor respeto de parte de las élites. En 1714, este desdeño llevó a José Sánchez, capitán de la milicia de los pardos en La Habana, a pedir al rey que expidiera una cédula real ordenando que "persona alguna se atreviese a infamar a los soldados de estas compañías llamándolos perros y mulatos".[192] Por el contrario, deseaba que "los tratasen y llamasen por sus nombres o pardos que era su color".

La reforma de los Borbones, en especial las revisiones militares adelantadas durante la década de 1760, ofrecieron a las castas la oportunidad de obtener otro privilegio de los blancos: adquirir el fuero militar. Los españoles disfrutaban de más de treinta de estas excepciones, que privilegiaban a grupos corporativos tales como el clero, los comerciantes, los mineros y los militares.[193] Uno de los derechos más estimados era el permiso de evadir los tribunales ordinarios civiles y penales para ser juzgados por sus propios tribunales corporativos. Su resultado fue poner a los miembros de las milicias de negros y mulatos bajo la jurisdicción de aquellos de su propio grupo, con lo cual podrían recibir un trato más favorable. Desde la perspectiva de los

---

191 *Ibid.*, vol. 3, Doc. 98, 1717.
192 *Catálogo*, T. 2, n. 345, 1714.
193 Vinson, *Bearing*, 133.

pardos, el fuero militar ofrecía, a la vez, la posibilidad de ser juzgado por sus pares, y una plataforma para recordar a las élites que ellos disfrutaban privilegios usualmente reservados a los blancos.[194]

Esta, al menos, fue la conclusión a la que llegó la élite caraqueña en 1762, pues protestó porque el fuero militar retiraba de la jurisdicción de los funcionarios municipales encargados de aplicar las ordenanzas locales a los pardos de mala conducta que servían en la milicia.[195] El problema inmediato había surgido porque muchas de las castas que servían en las milicias ejercían el oficio de carnicero o eran pequeños tenderos. Los miembros del cabildo habían denunciado que habitualmente hacían trampa con las pesas, pero, como el fuero militar los protegía, los funcionarios que por lo general regulaban estos asuntos se veían impotentes ante esta situación. Las élites pidieron al Consejo de Indias que limitara el fuero a los "oficiales milicianos" y no a "indistintamente todos los que se empadronaren". Tal activismo local habría de prefigurar intentos posteriores, aún más agresivos, de parte de la élite venezolana, por sofocar la movilidad social de los pardos.

Las élites caraqueñas no solo estaban enojadas por su pérdida de jurisdicción sobre los miembros negros y pardos de las milicias, sino por la consiguiente ausencia de deferencia que esta libertad del control de los blancos pudiera implicar. Cuando, por ejemplo, Pedro Nolasco Pantoja, representante de la milicia de los pardos, se enteró de que el alcalde, don Antonio Xedler, había encarcelado a un miembro "moreno" de la milicia, Juan Baptista, tenía derecho a preguntar por qué estaba en prisión. Cuando el oficial miliciano supo que era porque Juan Baptista debía a este funcionario "unos reales", pudo permitirse responder con "palabras indecorosas e impropias", mientras usaba el fuero militar para liberar a su compañero.

Ulteriores protestas de parte del cabildo de Caracas confirman que las élites reconocieron que el fuero militar ofrecía una apertura para que pardos y mulatos subvirtieran el control de los blancos, y disfrutaran de algunas prerrogativas similares a las suyas. Don Joseph Gabriel Solórzano, miembro del concejo municipal, comparó desdeñosamente "la baja esfera" de los oficiales de las milicias de los pardos con sus contrapartes blancas, que eran "hombres de [...] distinción". Se quejó de que los mulatos estaban "buscando medios para distin-

---

194 Kuethe, "Status", 109-111; Booker, "Needed", 19-23, rastrean las cambiantes historias de la recompensa del fuero en Colombia y en Nueva España.
195 Konetzke, vol. 3, Doc. 186, 1763.

guirse más y confundirse en algún modo con las personas blancas y nobles". Algunos habían ido tan lejos como para llevar "pelucas", lo cual llevó a una reprimenda de parte de los funcionarios reales y "no poco sonrojo de ellos". El objetivo de los pardos, según denunció, era "confundirse con la gente noble, sin embargo de su bajo color".

Enfrentado a las protestas venezolanas, el Consejo de Indias encargó a Joseph Solano, gobernador de Caracas, la elaboración de un informe sobre la situación.[196] Solano recordó a los ministros que ellos habían enviado, en 1760, una orden general solicitando que se conformaran milicias en Caracas y prometiéndoles el beneficio del fuero militar. En respuesta a esta orden, los pardos se habían organizado en ocho compañías de milicia. Como resultado, la Corona, "con casi ningún expendio [dispendio]" tenía "mil y quinientos hombres habilitados y disciplinados".

El gobernador Solano concedió que los pardos habían manifestado "vanidad", debido a que contaban ahora con acceso al fuero militar. Pero concluyó que era de "grande utilidad" para el Estado disponer de una "tropa" que prestara sus servicios "sin sueldo", que suministraba sus propios uniformes, y que estaba "pronta a todas las funciones militares". La aprobación resultante del Consejo de Indias y de los funcionarios locales ofrece una señal más del cambio de actitud frente a pardos y mulatos, así como de su movilidad social para mediados del siglo XVIII.

Parecía que, incluso en Cuba, las actitudes estaban cambiando. Después de que unidades de pardos y mulatos lucharan valientemente, en 1762, contra la captura de La Habana por parte de los ingleses, nuevas reglamentaciones militares expedidas en 1769 reconocieron sus aportes. Aun cuando no los igualaba a los blancos, el nuevo código subrayaba que los "batallones de pardos y morenos" debían ser "tratados con estimación" y que "a ninguno se le permitirá ultrajarlos de palabra ni obra".[197] Por el contrario, "entre los de sus respectivas clases", quienes servían en las unidades de la milicia debían ser "distinguidos y respetados".

A medida que se comenzaron a implementar, en la década de 1770, las disposiciones más radicales de la reforma de los Borbones, un grupo seleccionado de pardos y mulatos recibió un reconocimiento especial de parte de la Corona, que les daba la facultad de actuar como

---

196 *Ibid.*, vol. 3, Doc. 197, 1765.
197 *Ibid.*, vol. 3, Doc. 209, 1769.

blancos. Recordemos que la Pragmática Sanción de 1778 había otorgado a la Corona potestad en los matrimonios, modificando las disposiciones católicas tradicionales que reglamentaban la libre elección de parejas. Cuando un hijo o hija intentaba que "se contraigan matrimonios desiguales contra la voluntad de sus padres", un padre o tutor legal podía apelar a los funcionarios reales, quienes podían ordenar a los sacerdotes que no santificaran la unión.[198]

La Sanción Pragmática de 1778 señalaba explícitamente que los padres "mulatos, negros, coyotes e individuos de castas y razas semejantes" no compartían el privilegio de apelar al rey para controlar los matrimonios de sus hijos. No obstante, hizo una concesión especial: el decreto exceptuaba a aquellos pardos y mulatos que "me sirvan [como] oficiales en las milicias" o que "se distingan de los demás por buena reputación, buenas operaciones y servicios". Su resultado fue que un grupo de la élite de pardos recibió la misma concesión que los blancos. Los padres podrían prohibir a sus hijos contraer matrimonio con consortes que rebajaran la condición de casta de la familia.[199] Este poder de controlar la admisión de nuevos miembros a las familias habría de complementar la estrategia empleada por un grupo emergente de la élite de casta, que habría de blanquear a sucesivas generaciones a través de alianzas sexuales y matrimoniales selectivas.[200]

Para mediados del siglo XVIII, pardos y mulatos se habían despojado de la señal de inferioridad que los identificaba como tributantes. Ahora portaban armas abiertamente, aun cuando fueran únicamente los milicianos. Algunos disfrutaban del fuero militar, y podían documentar generaciones enteras de servicio a la Corona. La Sanción Pragmática de los Matrimonios reconoció la existencia de una élite parda y mulata, merecedora de privilegios habitualmente reservados a los blancos. El escenario para un escalamiento estaba preparado; pardos y mulatos habrían de intentar obtener suficiente blancura como para poder hacer "cosas de blancos".

---

198 *Ibid.*, vol. 3, Doc. 237, 1778.
199 Aguirre, 137. La Pragmática Sanción prolongó también los esfuerzos por impedir que la población indígena se mezclara con los africanos. Encargó a los clérigos advertir a los indígenas que contrajeran matrimonio con personas de sangre africana que sus hijos no serían elegibles a "oficios honorables de la República" abiertos a los "indios puros".
200 *Los códigos*, 407. Aunque la Corona elogió la participación de negros y mulatos, aún los excluía del "honroso servicio militar", en la *Novissima Recopilación* (1805).

1700: OBTENER PRERROGATIVAS DE LOS BLANCOS

A diferencia del hito de la década de 1620, cuando los ataques enemigos contra Hispanoamérica tuvieron como efecto un creciente aprecio de la Corona por las contribuciones de pardos y mulatos, a comienzos de la década de 1700 los puntos de inflexión no tuvieron desencadenantes externos evidentes. Tras la Guerra de Sucesión (1701-1713) que supuso la transición de la dinastía de los Habsburgo a la de los Borbones, hubo de esperar a mediados del siglo XVIII para que las Reformas Borbónicas afectaran significativamente a las Indias.[201] Una revisión de los registros oficiales revela el surgimiento de un selecto grupo de castas con las credenciales necesarias para obtener algunos de los privilegios de la blancura. Como sucedió con los avances respecto al tributo y a las milicias, algunos individuos fueron los precursores de los intentos por alcanzar la movilidad social. Aun cuando los esfuerzos por asistir a la universidad, ocupar cargos públicos, ejercer profesiones como la de notario público o ingresar al sacerdocio resultaron, en su mayor parte, infructuosos, prefiguraron eventuales éxitos.

Uno de los objetivos más codiciados por pardos y mulatos era graduarse en la universidad, pues esto los convertía de inmediato en profesionales y miembros *de facto* de la élite. A partir de la década de 1730, una serie de decretos intentaron reforzar la discriminación existente, sugiriendo que algunas castas se habían deslizado por entre las rendijas de la discriminación, asistían a la universidad y ejercían profesiones tales como la medicina o el derecho o ingresaban en la Iglesia. Aquel año, la Universidad de La Habana repitió la prohibición de que "los negros, mulatos ni cualquiera género de esclavo" podía cursar estudios, lo que implicaba que algunos habían conseguido hacerlo anteriormente.[202]

Más que en otras regiones, Perú siguió siendo un lugar donde pardos y mulatos podrían evadir con mayor facilidad las prohibiciones. En 1737, el virrey del Perú, marqués de Villagarcía (1735-1745), invocó el argumento de proximidad cuando se lamentó de que era frecuente entre los blancos "retraerse del estudio de la medicina" para no ser asociados con los muchos pardos que se habían graduado en la

---

201   El primer monarca Borbón fue Felipe V (1700-1746). El impacto de las Reformas Borbónicas en las Indias se remonta principalmente a Carlos III (1759-1788).
202   Konetzke, vol. 3, Doc. 121, 1730.

universidad y ejercían su práctica.[203] Un decreto expedido en Lima en 1752 fue aún más explícito, al enumerar los continuos esfuerzos dirigidos a impedir que mulatos, zambos y cuarterones fuesen admitidos en la universidad. Concedió que "algunos de estas castas, por medio del favor" habían asistido a la universidad, en especial a la "facultad de medicina". Puesto que el problema de la deserción de los blancos continuaba, la universidad prohibió de nuevo su ingreso.

En 1768, el virrey del Perú Manuel de Amat y Juniet (1761-1776), manifestó una nueva inquietud al quejarse de las "perniciosas consecuencias" que tenía el que hubiera tantos "abogados de oscuro nacimiento".[204] Por encontrar semejante movilidad social de los pardos "vergonzosa", el virrey decidió cerrar todas las oportunidades de ingreso a colegios y universidades, insistiendo en que los futuros estudiantes demostraran su "legitimidad y limpieza de sangre". Aun cuando decidió no enjuiciar a "quienes ya estuvieren admitidos", prometió que en el futuro no mostraría la misma indulgencia.

La de notario fue otra de las profesiones en las cuales la reiteración de los decretos sugiere que las castas intentaron superar las barreras de la discriminación. En 1750, la Corona ordenó que, si pardos y mulatos habían mentido para ocupar estos cargos, fueran retirados de ellos.[205] No obstante, tendría de pasar una generación más antes de que sus descendientes pidieran y recibieran autorización oficial de la Corona para ejercer estas profesiones.

Aunque pardos y mulatos parecen haber experimentado éxitos variables en sus intentos por asistir a la universidad y ejercer la medicina y el derecho, hubo ámbitos en los que sus esfuerzos, en su mayor parte, naufragaron. Entre sus más altas aspiraciones estaba la de ingresar al sacerdocio. Esencialmente, cualquier persona ungida con el santo crisma se convertía en blanca, pues su condición implicaba que las élites debían tratarla con respeto. Como clérigo, participaría en las ceremonias públicas y se le asignaría en ellas un codiciado lugar. Evidencias sugieren que, a comienzos del siglo XVIII, uno pocos mulatos empezaron a evadir estas prohibiciones.

Tanto la escasez como la periferia crearon aperturas para la ordenación de pardos en las islas. En 1707, el arzobispo Francisco de

---

203 *Ibid.*, T. 3, Doc. 121, 1730. Véase capítulo 6 para la historia del mulato Juan de la Cruz y Mena, quien probablemente asistió a la universidad por aquella época.
204 Konetzke, vol. 3, Doc. 205, 1768.
205 *Ibid.*, vol. 3, Doc. 151, 1750.

Rincón se quejó de la falta de sacerdotes en Santo Domingo. Señaló que había unos pocos prospectos cuya "virtud y literatura" los calificaba para la ordenación, pero carecían de limpieza de sangre, "de tener alguna de las dos líneas con mezcla de mulatos".[206] Preguntó al Consejo de Indias si sería posible ordenar a candidatos de esta índole. El Consejo recordó al arzobispo que él tenía todas las facultades que le concedían las bulas papales, y que su propósito "es para conferir ordenaciones a su arbitrio, dispensando en todo género de irregularidad". De hecho, el Estado concedió a la Iglesia la oportunidad de efectuar el blanqueamiento.

Decretos posteriores sugieren que la disposición del arzobispo Rincón a abrir el sacerdocio a pardos y mulatos pudo haber sido una anomalía. Tan solo dos años más tarde, el obispo electo de Caracas, don Juan de Jáuregui y Bárcena, se quejó de que "muchos clérigos" que eran mulatos habían sido ordenados, y que "ninguno de ellos" evidenciaba el "mérito de conocida virtud ni letras".[207] A diferencia de su colega de Santo Domingo, quien había apoyado la ordenación selectiva de mulatos, este obispo de Caracas dejó claro que se esforzaría por eliminar "semejante daño en adelante".

Análoga actitud negativa caracterizó al arzobispo Antonio Claudio Álvarez de Quiñones quien, en 1723, se mostró indignado de que su predecesor hubiera ordenado a algunos pardos en Santo Domingo.[208] Denunció que ciertos sacerdotes "tienen mucha parte de mulatos", y los acusó de estar "callándose" su condición de casta, "de quienes sus progenitores han sido esclavos y descendientes de negros que se introducen de Guinea en esas islas". Ordenó que, en el futuro, cualquier sacerdote debía tener las "calidades y requisitos" propios de su rango. Las circunstancias locales resultaron fundamentales para determinar si pardos y mulatos podrían evadir la prohibición y llegar a ser sacerdotes. Algunos obispos parecieron dispuestos a ordenarlos, pero otros no.[209]

---

206 *Ibid.*, vol. 3, Doc. 78, 1707; Solórzano Pereira, 218, señala que la ilegitimidad les impedía también ser sacerdotes.
207 *Ibid.*, vol. 3, Doc. 81, 1709.
208 *Disposiciones*, T. 1, n. 289, 1723.
209 AHN-Ayala, Códices, T. 737, Ilegítimo, 1724. Un capellán de la catedral de Cartagena estaba tan decidido a que su hijo mulato fuese ordenado, que lo llevó a Panamá y lo ordenó sacerdote. Cuando regresaron a Cartagena, el capellán intentó instalar a su hijo en la catedral, pero se enfrentó a un severo castigo por su intento de transmitir su cargo a un hijo sacrílego y perteneciente a las castas.

La evidencia sugiere que las aspiraciones de los pardos al sacerdocio se tornaron más difíciles de lograr para fines del siglo XVIII. En 1772, el Consejo de Indias se mostró preocupado por la "grande variedad de castas que se ha producido de la introducción de negros y la mezcla de ellos con los naturales del país".[210] Pidió a los arzobispos que no ordenaran a ningún expósito que "por su aspecto y señas bien conocidas denoten ser mulatos u otras castas".[211] A medida que se restringieron los procesos informales para alcanzar la movilidad social, las castas comenzaron a buscar reparaciones más oficiales, al pedir excepciones especiales o, eventualmente, solicitar la compra de la blancura.

El servicio en los cargos públicos demostró ser, a semejanza de la admisión al sacerdocio, otro lugar donde las vías permanecieron, en su mayor parte, cerradas. A diferencia del extraordinario logro del gobernador negro de Panamá, Vicente Méndez, pardos y mulatos experimentaron dificultades significativamente mayores para ocupar cargos reservados a los blancos. Cuando esto sucedía, era por lo general en la periferia del imperio. En 1713, cuando el Consejo de Indias se enteró de que "personas que tienen parte de mulatos" ocupaban puestos públicos en Campeche, en la península de Yucatán, los ministros ordenaros a los funcionarios reales que investigaran el hecho y retiraran a las personas desprovistas de "todas las circunstancias necesarias" para detentar estas posiciones.[212] El cabildo de Ciudad de Panamá recibió, en 1737, una advertencia similar. Algunos funcionarios declararon que los candidatos a los cargos debían demostrar su propia "calidad" mediante la presentación de las partidas de bautismo de sus padres y de sus abuelos maternos y paternos, probando que todos eran blancos.[213]

Incluso en Lima, ocupar las posiciones públicas más modestas resultó imposible.[214] Este fue el dilema que enfrentó el mulato Nicolás de Avendaño, quien había servido en 1717 como canicularia, encargado de espantar a los perros para que no entraran en las iglesias. Aunque había ocupado esta posición durante más de un año, cayó enfermo y no pudo cumplir con sus responsabilidades. En su ausencia, el virrey pidió al capellán de la catedral que nombrara a un esclavo, Julián Bar-

---

210 Konetzke, vol. 3, Doc. 225, 1772.
211 Dejaron una pequeña apertura al decir que podrían hacer algunas excepciones si hubiera "particulares circunstancias y singular mérito" de los solicitantes.
212 Konetzke, vol. 3, Doc. 84, 1713.
213 *Ibid.*, vol. 3, Doc. 132, 1737.
214 *Ibid.*; *Disposiciones*, T. 3, n. 287, 1737; Caso 8, Borbúa, 1767.

ces, para que cubriera la vacante y, eventualmente, asumiera el puesto cuando Nicolás muriera. El capítulo de la catedral se rebeló y pidió un decreto que garantizara que el "oficio de canicularío no se confiera a un negro ni mulato sino a sujeto español ya sea nacido en España o ya en Indias". Sin embargo, cuando quiera y donde quiera que pardos y mulatos intentaban alcanzar la meta de ascender socialmente, sus esfuerzos siguieron siendo una empresa difícil.

Conclusiones

El estudio de siglos de legislación ofrece otra perspectiva sobre aquellos procesos que crearon espacios para que esclavos, pardos y mulatos se despojaran de su condición de inferioridad y se aproximaran a la blancura. Los esclavos ponían fin a su servidumbre al comprar la libertad, recibirla de sus amos, o por concesión del Estado. Incluso las personas que no eran libres podían hacer "cosas de blancos", cuando actuaban en representación de los encomenderos o portaban armas. Las oportunidades de entrar al servicio de la Corona permitieron, inicialmente a algunos individuos y luego a grupos enteros, recibir la exención del pago de los tributos que los señalaban como inferiores. Las milicias resultaron ser una fuente notable de movilidad: pardos y mulatos portaban armas, eran nombrados oficiales, disfrutaban del fuero, usaban la Pragmática Sanción de 1776 y acumulaban años de servicio al rey. Los intentos por asistir a la universidad, ejercer profesiones o detentar cargos reservados a los blancos resultaron ser proyectos más difíciles, aunque hubo casos en los que algunas personas se colaron por las rendijas.

Al sondear más allá de estos puntos específicos, resulta evidente cómo variables como las leyes, las costumbres, la religión, la necesidad, el momento y la región influyeron en la movilidad al crear intersticios potenciales. La legislación medieval de las *Siete Partidas* continuó siendo un modelo fundamental para la comprensión que tuvieron los españoles de la esclavitud: los seres humanos por naturaleza buscarían poner fin a la servidumbre y lo harían; los hijos libres surgían siempre de vientres libres. El derecho de los esclavos a perseguir la libertad, de los amos blancos o de los familiares blancos a expeditarla y el de la Corona a garantizarla, demostraron ser los corolarios naturales de esta idea. El derecho español sobre la herencia resultó ser ajeno al color, facilitando así las transferencias entre las generaciones blancas y las mezcladas. La conversión forzada de los esclavos condujo eventualmente a la identificación de sus descendientes como miembros de la comunidad española católica de las Indias.

Las prácticas habituales promovieron fuertemente la movilidad. Una vez que la Corona trasladó a los negros libres, pardos y mulatos de la desagradable categoría de "inconvenientes" a la deseada de "vasallos", las mutuas responsabilidades de reciprocidad se afianzaron. Quienes suministraban servicios a la Corona merecían seria atención cuando presentaban peticiones, así como significativas recompensas. Ayudaba el que hubiera una necesidad: la escasez, bien sea de intérpretes de chirimía o de soldados entrenados, abrió varios caminos. El potencial de movilidad siempre estuvo equilibrado por la oposición que la contrarrestaba, en especial cuando los blancos invocaban el argumento de proximidad.

El tiempo fue de gran importancia, tanto en su duración como en su punto de inflexión. Fue precisamente porque negros, pardos y mulatos habían sido americanos durante generaciones que algunos de ellos consiguieron figurar como súbditos leales y correligionarios de los blancos. Hubo encrucijadas históricas: la década de 1620 cambió la actitud de la Corona frente a las castas; la de 1700 marcó los primeros intentos por obtener prerrogativas reservadas a las élites blancas. Las regiones geográficas resultaron también un componente a tener en cuenta, pues en ellas podía combinarse una serie de variables: pardos y mulatos de Lima parecieron experimentar menores obstáculos que los de La Habana o Caracas; quienes se encontraban en la periferia, como Yucatán y Panamá, resultaron, al parecer, más favorecidos.[215]

Precisamente, sería desde una de las regiones del imperio más discriminatorias (Cuba) y desde una de las menos (Panamá), donde pardos y mulatos habrían de dar el paso siguiente. Pidieron, en la década de 1760, obtener la blancura necesaria para ejercer como cirujanos y notarios. Cuando el Consejo de Indias consideró sus peticiones, así como aquellas que las siguieron, incluyó otra variable a largo plazo. Para el Consejo, una grave inquietud fue el grado en que el blanqueamiento pudiera perturbar el *statu quo*.

La respuesta ofrecida por un grupo privilegiado de pardos y mulatos fue genealógica: ofrecían una información singular sobre aquellas generaciones de mezcla que subyacían a sus historias. En el proceso,

---

215 Twinam, *Public*, 205-206, halló un patrón similar respecto a la discriminación contra la ilegitimidad.

revelaron estrategias familiares de largo plazo para llegar a la blancura, ofreciendo una comprensión única de la evolución de la sociedad de castas. Así como el guatemalteco don Domingo había pedido poder ejercer como regidor a pesar de su tatarabuela mulata, otros solicitantes intentarían demostrar que sus "buenas circunstancias" deberían pesar más que cualquier "dudoso defecto" de su legado.[216]

---

216 Konetzke, vol. 3, Doc. 342, 1795.

Capítulo 4
Conexiones. Matemáticas genealógicas

> "Estos interesados, aunque blancos, están reputados por pardos".
> Fiscal José de Cistué y Coll,
> Consejo de Indias, 11 de abril de 1786[1]

Introducción

En 1796, los hermanos Valenzuela, ricos comerciantes de Ciudad de Antioquia, solicitaron el blanqueamiento a través de las gracias al sacar. Cuando el fiscal Cistué y Coll revisó sus documentos, cometió un evidente error. Observó, de manera confusa, "estos interesados, aunque blancos, están reputados por pardos".[2] Es probable que su desconcierto proviniera del testimonio que recibió de los funcionarios reales locales. Aun cuando estos admitían que los hermanos poseían la "calidad de pardos" debido a sus "ascendientes", insistían asimismo que "en su persona, y fuera de esta, no se reputaría tales, por su color blanca absolutamente, sus modales que son los de un hombre de educación, su virtud y buenas costumbres". En síntesis, los burócratas imperiales ya consideraban a los Valenzuela, que eran pardos, como blancos.

La historia de los Valenzuela no era única. Así como pardos y mulatos habían hallado intersticios a lo largo de los siglos para eliminar el estigma de la casta y luego obtener las prerrogativas de los blancos, de igual manera, a través de sucesivas generaciones, algunos habían

---

1   Caso 20, Valenzuela, 1796.
2   *Ibid.*

entablado conexiones íntimas y familiares que aminoraban su defecto. El análisis del blanqueamiento desde una perspectiva "de tiempo largo" explora cómo las repetidas relaciones sexuales entre blancos, mulatos y pardos durante generaciones habían creado descendientes que se aproximaron cada vez más a la blancura.

Nunca debemos olvidar que los pardos y mulatos que solicitaron el blanqueamiento conformaban un grupo atípico. Indudablemente, en el mundo real, había otras personas desconocidas que habían pasado por blancas con tal éxito que nunca se vieron obligadas a pedir dispensas reales. Igualmente, seguro es que la mayoría de la población mezclada experimentó una movilidad sustancialmente menor, o ninguna. Es probable que otras personas no tuvieran un plan; se acercaban a la blancura en algunas generaciones y se apartaban de ella en otras. No obstante, aunque se trata de un pequeño número, las historias generacionales de los solicitantes de las gracias al sacar arrojan luz sobre estos procesos, en su mayor parte sin documentar, que crearon y blanquearon la sociedad de castas.³ Revela asimismo los resultados que obtuvieron quienes no siguieron una estrategia semejante, al ofrecer una comprensión de la pertinencia de la apariencia física como un factor que posiblemente impactó la movilidad.

Aun cuando habitualmente los historiadores han estudiado los efectos demográficos del mestizaje entre blancos y castas en el ámbito local o imperial, estos vínculos influyeron primero en la esfera familiar, como se manifiesta en las relaciones sexuales entre hombres y mujeres y sus relaciones con sus hijos, nietos y bisnietos.⁴ Las historias de caso del blanqueamiento nos ofrecen una mejor comprensión de aquellos espacios íntimos en los que pardos y mulatos conformaron un nuevo grupo social, ubicado en aquella frontera permeable donde la blancura resultara alcanzable para las generaciones posteriores.

Las peticiones de blanqueamiento incluyen genealogías, partidas de bautismo y de matrimonio, y declaraciones de testigos respecto a la

---

3   Como señalan Restall y Landers, existe la necesidad de que los historiadores exploren estas "mezclas" en toda su diversidad, 170. Bennett, *Colonial*, 140, 146, rastrea el desarrollo de culturas afro-mexicanas alternativas, en las que negros y castas no son "objetos pasivos del orden social colonial", como tampoco "trepadores sociales".

4   Para obras clásicas sobre las castas, véanse Mörner, Race; Cope. Obras más recientes incluyen Hünefeldt; Lewis; Bennett, *Africans*; Bennett, *Colonial*. Para una discusión sobre las familias legales conformadas con algunos miembros que eran esclavos y otros libres, véase Morrison, "Creating".

apariencia que revelan cómo, a lo largo de sucesivas generaciones, las familias buscaron ascender socialmente mediante el blanqueamiento. Las genealogías rastrean patrones a largo plazo de elecciones sexuales y conyugales. Revelan la prevalencia de prácticas informales de blanqueamiento que antecedieron a cualquier oportunidad oficial, a fines del siglo XVIII, de comprar la blancura. Las partidas de bautismo calibran los resultados de estos mestizajes; muestran, en particular, si una generación permanecía en la sección reservada a los pardos, o bien pasaba a aquella designada para los blancos. Las declaraciones de los testigos suministran otros indicios de conexiones con blancos, especialmente el grado en el cual los habitantes locales consideraban que los solicitantes lucían como blancos o podían pasar por tales.

Los documentos de las gracias al sacar revelan que estos procesos informales de mestizaje se habían puesto en marcha durante generaciones. Aunque resulta imposible determinar con precisión cuándo un individuo en particular adoptó deliberadamente la decisión de alcanzar el blanqueamiento, la evidencia de varias generaciones de estos enlaces revela patrones comunes. Incluso en estos casos, parece poco probable que los miembros de la familia, en un momento determinado, hubiesen necesariamente anticipado que sus elecciones sexuales o conyugales pudieran aparecer —décadas más tarde— en peticiones para que un hijo o hija, un nieto o bisnieto, pudiera comprar una cédula que los blanqueara. Si bien es probable que patrones análogos prevalecieran en distintos grados en las poblaciones de las castas en toda Hispanoamérica, solo la necesidad, *ex-post-facto*, de documentar el pasado ancestral revela dichas relaciones.

¿En qué medida dedicaron pardos y mulatos esfuerzos conscientes y deliberados a blanquear a las generaciones siguientes?[5] Los solici-

---

5   Aun cuando los científicos admiten que los genes gobiernan la producción de la melatonina y determinan el color de la piel, no están del todo seguros acerca de cuántos, ni de cómo interactúan para establecer este proceso (Barsh 3, 3-100; Biello). Los genetistas afirman, sin lugar a dudas, que el color de la piel no equivale a la raza, la cual es "una construcción cultural desprovista de todo poder explicativo y destructiva de las relaciones humanas y sociales" (Jablonski, 615). Véase el artículo "Skin Color and Race" de Nina G. Jablonski, en *American Journal of Biological Diversity*, para una explicación del seguimiento histórico de las diferencias entre raza y color de la piel, https://onlinelibrary.wiley.com/doi/full/10.1002/ajpa.24200. Investigaciones más recientes han desacreditado que hubiera una evolución desde un color de piel más oscuro a uno más claro en los primeros humanos procedentes de África, así como la idea de una "construcción biológica de la raza". Véase Colin Barras, "Gene Study Shows Human Skin Tone Has Varied for 900,000 Years",

tantes rara vez ofrecían detalles de por qué ellos o sus antepasados habían elegido a un amante o cónyuge en particular, cualquiera que fuese su casta. Ciertamente, la afinidad emocional, la aprobación de la familia y la paridad económica y social aparecían como variables que regulaban la elección. Aun así, los solicitantes habitualmente ofrecían evidencia de la presencia de relaciones blancas cuando pedían el blanqueamiento, lo cual sugiere que consideraban pertinentes estas relaciones. Si bien es posible que los historiadores no consigan rastrear la justificación detrás de los procesos de pensamiento de una persona en relación con la selección de su cónyuge, sí pueden identificar patrones socio-raciales de selección de muchas parejas en el trascurso del tiempo. Una táctica común era la de elegir parejas que preservaran la condición de casta o la elevaran.[6]

---

https://www.newscientist.com/article/2150253-gene-study-shows-human-skin-tone-has-varied-for-900000-years/; E. Yong, "The Ancient Origins of Both Light and Dark Skin", https://www.theatlantic.com/science/archive/2017/10/a-brief-history-of-the-genes-that-color-ourskin/542694/, y Smithsonian National Museum of Natural History, "Human Skin Color Variation", https://humanorigins.si.edu/evidence/genetics/human-skin-color-variation.

No obstante, la pregunta aún sigue en pie: si pardos y mulatos elegían consistentemente parejas de tez más clara, ¿en qué medida se blanquearían las generaciones posteriores? Por ejemplo, ¿qué rige si una pareja tiene un bebé significativamente más claro o más oscuro que cualquiera de los padres? En la web Tech Interactive, el artículo "Can a Couple Have a Baby that Is Significantly Darker or Lighter than Either Individual?", https://www.thetech.org/ask-a-geneticist/articles/2017/genetics-skin-color/, explora las complejas combinaciones que interactúan cuando una pareja tiene un hijo con un tono de piel más claro u oscuro que ambos padres. Las variables incluyen no solo los genes individuales, potencialmente diferentes, heredados de la madre y del padre, sino también el mayor o menor efecto de estos, pues algunos genes pueden tener un impacto más significativo que otros.

Los resultados pueden variar ampliamente. En "What Makes a Mixed Race Twin White or Black?", https://www.bbc.com/news/health-14885513, Lucy Wallis explora las probabilidades de que una pareja de raza mixta tenga gemelos blancos o negros. Para otras discusiones actualizadas sobre este tema, véase https://www.thoughtco.com/search?q=skin+color, así como Nina G. Jablonski y George Chaplin "The Colours of Humanity: The Evolution of Pigmentation in the Human Lineage", https://pubmed.ncbi.nlm.nih.gov/28533464/. Algunas categorías de casta de la época colonial, tales como tente en el aire o torna atrás, reflejan también la percepción popular de lo impredecible de la apariencia de los descendientes de padres mixtos. Véase Katzew.

6 Stolcke, *Marriage*, 93-98, presenta ejemplos de estrategias conducentes a la blancura. Kellogg, 81, señala que en los empadronamientos de las parroquias de México que no son blancas, es más probable que sean las mujeres y no los hombres quienes

Estrategias semejantes a largo plazo, dirigidas a eliminar el defecto, reflejaron la propensión de los españoles a pensar en términos de generaciones. Durante más de tres siglos, los españoles se habían obsesionado con saber si sus antepasados estaban, o no, libres de sangre mora o judía o, en las Américas, de ancestro africano. Esta forma de pensar resultó ser un arma de doble filo: no solo promovía una consciencia de los candidatos aceptables para quien discriminaba; alentaba también estrategias para eliminar esas mismas manchas por parte de los discriminados. El resultado fue que algunos hispanoamericanos recrearon en sus propios cuerpos y en sus familias versiones de las famosas pinturas de casta, donde se detallaban las progresivas combinaciones de mestizaje que conducían a la blancura.[7] Personas reales parecen haber jugado conscientemente a las matemáticas genealógicas a largo plazo.

Así como el género demostró ser una variable fundamental que gobernó el paso de la esclavitud a la libertad, de la misma manera mujeres y hombres siguieron caminos distintos a medida que avanzaban hacia la blancura. A comienzos de la colonia, las dinámicas de la intimidad habían favorecido a los hombres por encima de las mujeres. Al menos, los vínculos sexuales entre los esclavos y las mujeres indígenas, negras libres y mulatas generaron una descendencia libre que, en generaciones posteriores, se mezcló para producir la compleja sociedad de castas. A medida que quienes eran mestizos y libres intentaban llegar a la blancura, se inclinó la balanza de género: las mujeres comenzaron a disfrutar de oportunidades significativamente mayores a las de los hombres para blanquear a sucesivas generaciones. Había tres opciones para las pardas y mulatas: podían aceptar un amorío sexual con un parejo blanco, vivir en unión consensual, o —si era posible— casarse

---

se casaron con castas de inferior categoría; por lo tanto, es posible que los patrones de las gracias no sean típicos. En el caso de los negros libres, Hanger, Bounded, 95; Landers, Black, 125; y Stark, 576, sugieren que las parejas eligieron cónyuges potenciales de aproximadamente el mismo genotipo, quizás un patrón más común cuando el blanqueamiento no era un objetivo primordial. No obstante, Gómez, "Revoluciones", par. 12, cita a pardos de Caracas que rechazaron a una persona que solicitó su ingreso a su batallón porque sus padres "en lugar de adelantarse a ser blancos, han retrocedido y se han acercado a la casta de los negros".

7   Véase, por ejemplo, Katzew; Carrera, Imagining; Martínez, *Genealogical*, 228-238; Deans-Smith, "Creating"; Deans-Smith, "Dishonor". Hill, 45, observa que el jesuita del siglo XVIII José Gumilla argumentó que "los mulatos se blanqueaban de la misma manera que las personas caracterizadas como mestizos".

con él. A diferencia de ellas, los hombres de estas condiciones solo disponían de una opción de blanqueamiento: el matrimonio.[8]

Como resultado de ello, el punto de entrada por el que mujeres y hombres de las castas podían tener relaciones sexuales con blancos difería enormemente. Era mucho más difícil que los pardos obtuvieran la categoría social y los recursos necesarios para desposar a mujeres blancas, que para las pardas elegir relaciones sexuales que podrían, o no, terminar en matrimonio. Cualesquiera que hubieran sido los enlaces ocurridos en generaciones anteriores, en el momento de las peticiones, pardos y pardas estaban casi todos casados o, al menos, comprometidos. Después de todo, habría sido una imprudencia pedir un favor real cuando quienes lo solicitaban habían pecado, generando con ello un escándalo local, o tenían hijos ilegítimos.[9]

Mulatas y pardas

La ecuación de género que concedía a los blancos mayor latitud de elección sexual ponía a pardas y mulatas en el punto de partida de la mayoría de los procesos de blanqueamiento.[10] Un modelo común parece haber sido que las madres, sus hijas un poco más blancas, y sus nietas aún más blancas, tuvieran enlaces con amantes blancos. En cierto nivel, esta es una estrategia muy conocida, expresada acertadamente en el dicho popular cubano: "Mejor la amante de un blanco que la

---

8   Los únicos pardos solteros que aparecen en las peticiones estaban comprometidos con mujeres blancas. Caso 37, Gallegos, 1806; Caso 31, Ximénez, 1806. Mientras que Hodes rastrea numerosos casos de negros que sostuvieron relaciones sexuales con blancas en el Sur de Estados Unidos, hay poca investigación o ninguna acerca de este tipo de relaciones en Hispanoamérica.
9   Para un análisis de vínculos anteriores entre blancos y esclavas, y las posibilidades inherentes a tales conexiones, véanse Hünefeldt; Morrison, "Slave". Para el Brasil colonial, Nazzari, 522-523.
10 Frederick, "Pardos", par 5, observa que, en el siglo XVIII en Papantla, México, fue habitual distinguir entre afro-mexicanos que eran mulatos de padres blancos, llamándolos "mulatos blancos", y mulatos ordinarios, de padres mulatos. Vinson, "Studying", 22, sugiere que los adultos blancos y mestizos y las negras eran quienes, probablemente, menos relaciones sexuales tendrían con otras castas, algo que contrasta con lo que parece haber ocurrido con los antepasados de los solicitantes de las gracias al sacar. Una distinción crucial es determinar si semejantes mezclas tempranas fueron uniones consensuales, cuando parece haber mucha mezcla con blancos pero menores probabilidades de matrimonio.

esposa de un negro".[11] Los patrones familiares a largo plazo, revelados en las peticiones de las gracias al sacar sugieren, sin embargo, que este aforismo debe modificarse. Una posible alteración revisionista podría ser: "Mejor la amante de un blanco que la esposa de un negro, pero mejor aún, la esposa de un blanco".

La singular genealogía de la parda Petronila Peralta nos ofrece una comprensión de cómo pudieron las alianzas sexuales, a lo largo de generaciones, convertirse en matrimonio y blancura. Petronila era la esposa venezolana de don Joseph Briceño de Trujillo, quien admitió que su herencia parda y su nacimiento ilegítimo significaban que era "de clase inferior y desigual".[12] En 1794, intentó usar su propia condición para suplicar a la Cámara el blanqueamiento para ella y sus hijos legítimos.[13]

La petición reveló que Petronila procedía de al menos dos, y probablemente incluso más generaciones anteriores de enlaces entre antepasadas y blancos. Su madre, la mulata Juana de la Cruz de la Parra, había tenido una relación con el sargento mayor don Joseph Antonio Martínez, quien reconoció a Petronila como su hija ilegítima.[14] Aun cuando algunos testigos admitieron que la madre de Petronila, Juana, era "mulata", confirmaron asimismo que parecía blanca, como "de no haber sido jamás sugeta a servidumbre, ni manifestarlo su aspecto".[15]

En la generación anterior, la abuela mulata de Petronila, Lucía, había tenido un amorío similar con un hombre blanco desconocido.[16] Puesto que su enlace había tenido como resultado a la madre de Petronila, Juana, de apariencia blanca, parece posible que esta abuela desconocida fuese también producto de un mestizaje anterior. Las relaciones extramatrimoniales de la madre parda de Petronila y de su abuela parda, y quizás de sus más distantes antepasados, facilitaron, sin duda,

---

11 Stolcke, *Marriage*, 129.
12 Caso 16, Briceño, 1794.
13 Morrison, "White", 30, rastrea los esfuerzos realizados en Cuba a fines del siglo XIX por un padre que deseaba dar "identidades blancas legales a su progenie racialmente mezclada". Esto, concluye, fue "una priorización de los vínculos familiares y el progreso de la familia por sobre el apoyo a las normas de atribución de raza".
14 Sologenealogia.com (www.sologenealogia.com), José Antonio Martínez Covarrubias. Según la genealogía de la familia, parece que ella fue su única hija.
15 Caso 16, Briceño, 1794.
16 Sologenealogia.com (www.sologenealogia.com), Lucía Parra. La petición no menciona a la abuela, pero esta aparece en la genealogía de la familia con la nota de que era "mulata".

la posibilidad de casarse con don Joseph. La siguiente generación, los hijos de Petronila, fueron legítimos y considerados blancos.[17]

¿Cómo de común fue este patrón? El reducido número de blanqueamientos de las gracias al sacar hace imposible especular al respecto: no guardan ninguna correlación estadística con el "mundo real" de fines de la colonia. Hubo únicamente cuatro peticiones de gracias al sacar en las que maridos blancos solicitaron el blanqueamiento de sus esposas pardas y de sus descendientes. Resulta significativo que todas se originaran en Venezuela, una región caracterizada por su intensificada movilidad, así como por una virulenta discriminación. En los tres otros casos —Aristimuño, Yáñez y Rodríguez— los maridos solicitantes revelaron que habían emigrado de la península.[18] Quizás los españoles encontraron más difícil casarse con personas de la élite local y, por lo tanto, eligieron esposas de apariencia blanca. Puesto que eran recién llegados, la ausencia de la presión familiar local pudo haberles dado más latitud en la elección de esposas.[19] Alternativamente, es posible que los recién llegados no fuesen tan conscientes de que el estigma de casarse con una parda, independientemente de su apariencia de blancura, se transmitiría a la siguiente generación, relegando a sus descendientes a la condición de la madre.

Estas circunstancias, sin embargo, no se aplicaban al marido de Petronila, don Joseph, pues era un criollo cuyo padre había ocupado el cargo real de maestre de campo.[20] Al parecer, su unión con Petronila había sido controversial. Una genealogía local observa que el matrimonio "fue de notable disgusto a toda la familia Briceño, en términos de haberles sido preciso refugiarse a D. José Lorenzo en el convento de Religiosos Franciscanos, y a Petronila Antonia en la casa del

---

17 Sologenealogia.com (www.sologenealogia.com), María Petronila Antonia de la Parra. Su genealogía la clasifica como cuarterona, lo cual significaba que sus hijos serían de un octavo de mezcla y, por lo tanto, considerados muy cerca de la blancura o bien como blancos.
18 Caso 32, Aristimuño, AGI, 1806; Caso 26, Yáñez, AGI, 1800; Caso 26, Yáñez, RC, 1800; Caso 21, Rodríguez, AGI, 1796; Caso 21, Rodríguez, RC, 1796. Pons, 179, señala que las personas provenientes de las islas Canarias eran las "menos adversas" a tales matrimonios; Lewis, 75-76, señala que los inmigrantes de las Canarias tendieron a provenir de islas en las cuales había mezclas previas, y algunos de sus habitantes tendían a ser más oscuros. Véase Phillips, *Slavery in Medieval*, 61, 62, para comentarios sobre los nativos de las Canarias y los esclavos.
19 Stolcke, *Marriage*, 66, sugiere este patrón para Cuba.
20 Sologenealogia.com (www.sologenealogia.com), Juan José Briceño Pacheco.

presbítero D. Francisco Sierralta".[21] Dado que la pareja eventualmente tuvo diecisiete hijos, dicha separación no debió ser muy prolongada.

Relaciones íntimas semejantes entre pardas y blancos crearon desigualdades dentro de las familias que variaban según quien las consideraba. La decisión de don Joseph de tomar a Petronila como esposa ejemplifica las prerrogativas tradicionales de la superioridad masculina blanca —él pertenecía a un numeroso grupo de hombres de élite de las Américas que eligieron a pardas como amantes y, en ocasiones, como esposas—. Don Joseph eventualmente se afligió cuando su elección tuvo como resultado una desigualdad generacional, pues relegó a sus hijos a la condición de pardos.

También Petronila ganó y perdió. Su posición se elevó al casarse con un blanco, aunque experimentó la desigualdad de condición con su esposo. Su defecto de naturaleza y limpieza significó que transmitió su condición de parda a todos sus hijos. Ella y ellos también se beneficiaron, pues su matrimonio con don Joseph la elevó a ella y a sus hijos a una condición más alta de la que hubieran tenido si se hubiera casado con un pardo de igual rango. Los hijos de don Joseph sufrieron por el ancestro de su madre parda, pero se beneficiaron de la condición de su padre blanco.

Pocos casos se asemejan al de Petronila, el cual permite rastrear enlaces de pardos con blancos a través de múltiples generaciones. En ocasiones, algunas referencias oblicuas aluden a vínculos anteriores que podrían haberse combinado eventualmente para obliterar el defecto. La petición del panameño Juan Evaristo de Jesús Borbúa, por ejemplo, quien solicitó ocupar el cargo de notario en 1767, reveló que su madre, María Francisca Barrero, fue una cuarterona (una cuarta parte africana) que había tenido una relación sexual con un miembro blanco de la élite, don Pedro Fernández de Borbúa.[22] María aparecía sola en la partida de bautismo de su hijo, la cual no mencionaba su condición, aunque anotaba que era ilegítimo. Don Pedro entró eventualmente al sacerdocio, pero reconoció a su hijo en su testamento. Cuando Juan Evaristo creció, solicitó con éxito a la Cámara, en 1767, que eliminara su calidad de quinterón y pudiera ejercer como notario.

La historia de la familia, sin embargo, aún no había terminado. Más tarde, Juan Evaristo se casó y, si bien la condición de casta de su esposa

---

21 Sologenealogia.com (www.sologenealogia.com), José Lorenzo Briceño Toro.
22 Caso 8, Borbúa, 1767.

no es clara, su hijo, Matías Joseph, solicitó el blanqueamiento total.[23] Para entonces, el fiscal observó que "ni en la partida de bautismo, ni en la de confirmación, ni en la sumaria de testigos" se "hace expresión de la calidad de pardo", aun cuando pidió en su solicitud "se le dispense" de ella. Irónicamente, las generaciones familiares de blanqueamiento se habían combinado con la negligencia del clero panameño en especificar su condición en la partida de bautismo, con lo cual resultó difícil que Matías Joseph demostrara su calidad de pardo para poder recibir las gracias al sacar.

Pocas peticiones ofrecían genealogías tan detalladas de los pardos como las de Petronila Peralta o Juan Evaristo de Jesús Borbúa. La mayor parte de ellas ilustran el ultimo estadio de un proceso en el cual un marido blanco, preocupado por su esposa e hijos, intenta nivelar su rango para mejorar la posición de los mismos. Tal fue el objetivo de don Juan Martín de Aristimuño, nacido vasco, quien solicitó, en 1806, el blanqueamiento de su esposa, Agustina Albornoz, y el de sus hijos. Explicó que, cuando llegó a las Indias, conoció a su futura esposa en Puerto Cabello, le había impresionado su "virtud", y le había ofrecido un "matrimonio honesto". La pareja prosperó, "aplicándose a la agricultura" inicialmente. Don Juan Martín se dedicó luego al comercio y ocupó un cargo público. Elogió a Agustina como una esposa que "le ayuda a inspirar en hijos e hijas pensamientos nobles [y] virtuosos llenos de religión y de patriotismo". Aunque don Juan Martín fue sincero respecto a los problemas ocasionados por la "odiosa qualidad" de Agustina, también parecía apreciar auténticamente su valía.

Don Juan Martín manifestó su deseo de reestablecer el orden patriarcal natural, según el cual su condición de hombre blanco —y no el defecto de su esposa— determinaba la posición de la siguiente generación. Confesó que, si bien el "Criador" le había dado "el don de nacer blanco", "su muger [...] ha nacido en la clase de individuos que se distingue con el nombre de pardos", con la "circunstancia triste" de ser "transmisible [...] a los hijos".[24]

Don Juan Martín narró su aflicción por la desigualdad que existía en su familia y que deseaba remediar. Su hijo mayor —"un buen labrador, hombre de juicio, mayor de 25 años"— habría podido ser candidato para "cualquier decente enlace con la mejor familia si no [fuera por] la calidad de la madre". Su segundo hijo se veía especial-

---

23 Caso 29, Borbúa, 1803.
24 Caso 32, Aristimuño, AGI, 1806; Caso 32, Aristimuño, RC, 1806.

mente afectado, pues estaba "inclinado a las letras", pero "ha padecido el sonrojo y dolor de no admitirle en el aula de filosofía", aun cuando "los mismos catedráticos" hubieran alabado su "aprovechamiento, virtud y aplicación". Este hijo "siente en el alma quedarse oscurecido por este óbice de la calidad triste de su madre" aun cuando su padre fuese "noble". Don Juan Martín estaba igualmente consternado por el futuro de sus hijas, a quienes describe como "la honra de sus canas y corona de su vejez". Ellas también se encontraban "tristes y desgraciadas" por la "falta de alternativa" de parejos para casarse.

Don Juan Martín utilizó su rango y los servicios prestados como "un vasallo honrado" y "buen servidor" para apelar a la Cámara de Indias: "toca a las puertas de vuestra clemencia para mejorar la fortuna de su honesta y virtuosa familia". Pedía que la Cámara borrara el defecto de ser pardos, para que su esposa e hijos fueran "reputados entre los vasallos blancos de Vuestra Majestad". Las mezclas eran un asunto familiar.

Al igual que en el caso anterior, otro esposo y padre preocupado fue don Nicolás Francisco Yáñez, el administrador de los correos en Coro, Venezuela, cuya petición se asemejaba a las de don Joseph y don Juan Martín. Es probable que don Nicolás fuese una persona recién llegada a las Américas —al menos menciona que, de joven, sirvió en la armada, donde se había especializado en artillería—. También él deseaba eliminar "qualquier defecto" que su esposa, María Nicolasa, "le hubiere", para que ella "en ningún tiempo pueda perjudicar a los hijos" que juntos "han procreado".[25]

El funcionario real don Pedro Rodríguez de Argumedo, proveniente de Trinidad, envió una petición análoga, refiriéndose a "una antigua tradición" sostenida por el "vulgo", según la cual su esposa, doña Ángela Inés Rodríguez, descendía de pardos.[26] Si bien ofrecía pruebas de que su esposa y sus suegros estaban "sin mancha de mezcla alguna y personas blancas", deseaba, de todas maneras, borrar "todo escrúpulo y duda". Quería poder "vivir tranquilo" al eliminar cualquier "obstáculo" que pudiera impedir a sus hijos "su colocación con

---

25 Caso 26, Yáñez, AGI, 1800; Caso 26, Yáñez, RC, 1800.
26 Caso 21, Rodríguez, RC, 1796. Información adicional sobre un viaje a España y sobre su posición como capitán del puerto que intercambió prisioneros de guerra aparece, respectivamente, en AGI, Contratación 5529, n. 2, R. 79; AGI, Estado 67. n. 45. Fue funcionario del tesoro real en Trinidad. Más tarde, solicitó de nuevo el blanqueamiento para una segunda esposa en 1816. Caso 40, Rodríguez, 1816.

la decencia que corresponde a conforme a virtuosa educación que les he dado". La propensión de los blancos a tener amoríos, vivir en uniones consensuales y, en ocasiones, casarse, creaba la posibilidad de una importante movilidad de castas para pardas como Petronila, Agustina, María Nicolasa, doña Ángela Inés y sus descendientes.

En ocasiones, algunos de los patrones que no aparecen en las peticiones de blanqueamiento son tan interesantes como aquellos que sí lo hacen. En especial, no hay casos en los que blancos hayan intentado utilizar la superioridad de su género y condición social para blanquear a sus amantes pardas o a sus hijos ilegítimos. Aquí hay un trío mortal: los defectos de casta y de ilegitimidad, combinados con la relación extramarital de los padres, habrían sido demasiados para superar.

Mulatos y pardos

El derrotero seguido por los pardos para buscar el blanqueamiento fue, por el contrario, muy diferente al de sus contrapartes femeninas. Los hombres blanqueaban a las generaciones siguientes casi exclusivamente a través del matrimonio. A diferencia de la madre y de la abuela de Petronila, tuvieron pocas oportunidades de entablar una sucesión generacional de aventuras sexuales con blancas. Las peticiones de un grupo de pardos revelan las estrategias alternativas para el blanqueamiento, bien sea a través del matrimonio con pardas de parientes blancos, o con blancas que eran, con frecuencia, de condición plebeya o arriesgada. Su objetivo era multiplicar este tipo de conexiones para propiciar un tránsito, más lento, pero inexorable, hacia la blancura.

La familia cubana Báez ofrece un patrón clásico de los esfuerzos realizados por los pardos para blanquear a las generaciones posteriores a través del matrimonio con pardas de igual condición. La historia de la familia comienza con un acontecimiento frecuente: el español don Joseph Báez, maestro de plata en el galeón *San Francisco de Asís*, visitó Cuba a principios del siglo XVIII. Tuvo un amorío con una parda de nombre desconocido, del cual nació un hijo ilegítimo llamado Ignacio.[27] Los testigos recuerdan que don Joseph reconoció al niño como suyo, le dio su apellido, lo trató con "amor y cariño", y lo llevó

---

27 AGI, Contratación 1270, n. 11, 1708. Aparece también en 1708 como capitán del barco *Nuestra Señora de Regla*, *San José y San Francisco Javier* que navegó con la Armada de Barlovento a Nueva España.

a vivir durante sus primeros siete años donde un amigo blanco, don Tomás Calderón Varea, para que lo criara en La Habana.[28] Cuando don Joseph regresó a Cuba, viajó con su hijo a España para educarlo, así como para que estuviera "a su lado en diferentes viajes" entre la península y las Américas. Puesto que los observadores comentaron más tarde que Ignacio parecía blanco, es posible que su madre haya sido, al igual que Petronila, producto de generaciones anteriores de mestizaje entre pardas y blancos.

Es probable que la influencia paterna ayudara a Ignacio a asegurarse una posición como notario en la fragata *San Felipe*, ocupación habitualmente reservada a los blancos. No obstante, a diferencia de las hijas pardas de padres blancos, que tenían oportunidades directas de blanqueamiento a través de amoríos o matrimonios, los pardos enfrentaban mayores obstáculos. Una alternativa era conectarse con la blancura casándose con una mujer de igual casta, esto es, con pardas de padre también blanco. El resultado sería que la pareja continuaría avanzando hacia la blancura; compartirían suegros blancos y sus hijos, abuelos blancos.[29]

Ignacio Báez adoptó esta estrategia cuando, en 1722, se casó con la parda María Raphaela Guerrero. Puesto que Raphaela era hija ilegítima del español Domingo Guerrero y de la parda Manuela Polanco, tanto el marido como la esposa fueron producto de relaciones entre padres blancos solteros y madres pardas. Raphaela tomó asimismo una decisión, pues, aunque su matrimonio con Ignacio no le ofrecía tanta blancura como una relación sexual o el matrimonio con un blanco, mejoraba de todas maneras la condición de sus hijos, quienes tendrían así más parientes blancos. Con su matrimonio, Ignacio y Rafaela eliminaban otro defecto en la generación siguiente, pues sus hijos Joseph Francisco y Manuel, eran legítimos.

Aun cuando se desconoce cuál fue la elección matrimonial del primer hijo de Raphaela e Ignacio, Joseph Francisco, su segundo hijo, Manuel, continuó con el patrón conyugal elegido por sus padres. Él también desposó a una parda de padre blanco. Su esposa, María Gertrudis, era la hija ilegítima del regidor don Joseph Agustín de Arrate y

---

28 Caso 9, Báez y Llerena, 1773; Caso 9, Báez y Llerena, 1787.
29 Gómez, "Revoluciones", par. 6, observa que John Garrigus halló patrones similares en Saint-Domingue, donde los mulatos "contrayendo enlaces maritales con sus iguales, con mulatos ilegítimos reconocidos por sus progenitores europeos, y, aunque raramente, directamente con individuos de calidad blanca".

de la parda Manuela Blanco. Testigos recuerdan que, aunque el regidor se casó después con otra persona, cuidó de su hija parda María y la "mantuvo en su casa, hasta que casó con el dicho Manuel".[30] El regidor reconoció a María "todo el tiempo de su vida" y, cuando murió, "le legó una finca". Tanto su padre blanco, como el padre de Ignacio Báez, habían reconocido y protegido a sus hijos pardos y les dieron su apellido.

Resulta claro que, cuando Manuel solicitó más tarde las gracias al sacar, confirmó un patrón deliberado, mediante el cual pardos de padres blancos elegían a prometidas pardas, también de padres blancos. Manuel supuso que, si la Cámara le concedía una cédula de blanqueamiento, la siguiente generación sería blanca y podría contraer matrimonio con blancos. Le preocupaba, sin embargo, que no todos sus hijos pudieran hallar parejas blancas; por esta razón, pidió una garantía especial. Deseaba que se le asegurara que, si los recientemente blanqueados Báez se casaban, "nosotros con las tales personas blancas o con otras cuyos padres lo sean, aunque las madres sean pardas", todos sus descendientes "go[ce]n de la misma habilitación, nobleza y circunstancias".

La genealogía de la familia cubana Báez ilustra cómo los pardos de padres o abuelos blancos podían casarse deliberadamente con prometidas pardas también de padres blancos, presentándose así una estrategia alternativa para el blanqueamiento. Para la siguiente generación, los tres hijos de Manuel y María —Raphaela María Evarista, Francisco de Paula y María de la Luz— provenían de dos generaciones de matrimonios legítimos y sus abuelos y bisabuelos paternos y maternos eran blancos. Estrategias de esta índole alejaron a los Báez, no solo en su apariencia sino en sus interacciones sociales, de la condición de pardos y los acercaron a la blancura.

¿Qué sucedía con los pardos que carecían de antepasados blancos o no podían documentar su existencia? Una opción posible, seguida por el pardo Francisco de la Cruz Márquez, era casarse con una parda de ancestros blancos, comenzando así el proceso de blanqueamiento. Cuando solicitó las gracias al sacar, se mostró sospechosamente silencioso respecto a sus propios antecedentes, y no presentó ninguna genealogía. Enfatizó, por el contrario, que su esposa, Petronila Fuentes, era "hija legítima de padre blanco europeo", que había contraído

---

30 Caso 9, Báez y Llerena, 1773; Caso 9, Báez y Llerena, 1787.

matrimonio con una parda.[31] Puesto que Francisco era un comerciante con "tanta fortuna" como para poseer "abundancia de bienes raíces", consiguió atraer a una esposa cuyas conexiones blancas podrían mejorar la condición de la siguiente generación.

El comandante de un batallón pardo de infantería en La Habana, Antonio Flores, parece haber seguido una estrategia análoga, pues su esposa era hija legítima de don Álvaro Vasco. La condición de la madre de su prometida era menos segura, pues su partida de matrimonio no le daba el título de doña. Cualquiera que haya sido la condición de su suegra, el vínculo con el suegro blanco le permitió a Flores afirmar que el hijo de la pareja podía rastrear su linaje —presuntamente a través de su abuelo materno— a una "sexta generación" de antepasados blancos.[32]

La otra alternativa de blanqueamiento para los pardos fue el matrimonio con una blanca. Quizás porque Juan de la Cruz y Mena desempeñaba una profesión habitualmente reservada a los blancos —era cirujano en Bayamo— obtuvo la mano de Rosa María de Tamayo Durán y Puerra. Su solicitud presentaba una genealogía abrumadoramente detallada de los antepasados de ella, como para compensar la ausencia de los propios. Elogió su "limpieza" y los "méritos de sus progenitores", detallándolos desde sus padres hasta sus bisabuelos.[33]

Juan admitió cierta incertidumbre respecto a sus propios antecedentes. Especuló que era nieto de don Pedro de Mena, quien había muerto en una invasión enemiga en 1666, dejando a sus hijos como pobres huérfanos. Creía que su bisabuelo del lado materno era Bartolomé Gallardo, un cirujano proveniente de Galicia. Admitió también, sin embargo, que no tenía "prueba" de tales vínculos con personas blancas ni de su "limpieza". Los registros locales sugieren que Juan tenía antepasados pardos, pues su petición para ejercer como cirujano lo describe como "moreno" con "una barba de pelo negro crespo".

La historia generacional de la familia Caballero Carranza ofrece el ejemplo de una familia que jugó una brillante partida de matemáticas genealógicas, aproximándose a la blancura a través de cuatro generaciones de matrimonios con blancas plebeyas.[34] Esta odisea se inició a

---

31 Caso 33, Cruz Márquez, AGI, 1806; Caso 33, Cruz Márquez, RC, 1806.
32 Caso 3, Flores, 1760.
33 Caso 6, Cruz y Mena, 1764.
34 Vinson, Bearing, 123-124, observó que las blancas que desposaban a milicianos pardos en Puebla eran "notablemente representadas en exceso como parejas matrimoniales de milicianos", así que este patrón familiar pudo haber sido típico de la zona.

comienzos del siglo XVIII, cuando don Juan Caballero Carranza, un español de Plasencia, llegó a Puebla y se casó con Carmona, un parda libre. Los documentos presentados nunca revelaron si María Carmona era legítima o no, como tampoco si tenía un padre o abuelo blancos. La desigualdad creada por este matrimonio significó que el hijo de la pareja, Felipe, descendiera a la condición de pardo. Los documentos oficiales no se refieren a él como "don", y cuando sirvió como capitán en la infantería provincial de Puebla, lo hizo en la compañía reservada a los pardos.[35] Aun así, la condición de Felipe bastó para que pudiera contraer matrimonio con una "española", María Guadalupe Crespo de Bolaños, si bien nada más se sabe del rango de ella.

En la siguiente generación, el hijo de Felipe y María, Joaquín, sufrió también la perjudicial condición de su padre pardo, que le había sido transmitida por su abuela parda. Joaquín sirvió también como capitán, y estuvo al mando de un batallón de infantería en Puebla, pero todavía en la compañía reservada a los pardos. Al igual que su padre, Joaquín se casó con una "española", Isabel Josefa Cortés quien, si bien no aparecía como "doña" en los archivos oficiales, reclamaba ser descendiente de conquistadores.

Finalmente, los detalles de esta historia de familia llegaron a la Cámara de las Indias en la cuarta y quinta generación, cuando el hijo de Joaquín e Isabel, Manuel, solicitó el blanqueamiento para sí mismo y para sus cuatro hijos. Su petición exige una cuidadosa lectura de los detalles, pues escribió de nuevo la historia de su familia. Cuando atestiguó acerca de sus antepasados —con la única excepción de su bisabuela parda— les confirió a todos los títulos de "don" o de "doña". Los registros oficiales, sin embargo, cuentan otra historia, pues ni el ingreso de su padre (1747), ni el de su abuelo (1728) a la milicia de los pardos, como tampoco su propia partida de bautismo, concedían a sus antepasados ni a sus padres los prefijos honoríficos de "don" o de "doña", sugiriendo con eso que no pertenecían a las élites.

Nacido en 1754, Manuel padecía aún por el legado de su bisabuela, pues aparecía en la sección de las partidas de bautismo reservada a los pardos como "hijo lexítimo del capitán Joaquín José Carranza, pardo libre, y de Isabel Josefa Cortés, española". Al igual que su padre Joaquín, y que su abuelo Felipe, Manuel adoptó la estrategia familiar de desposar a una blanca legítima y española, María Montero. Puesto que

---

35 Caso 38, Caballero Carranza, 1808.

el sacerdote no designó a los padres de María como "don" o "doña" en la partida de bautismo, es probable que ella fuese de origen plebeyo. Cuando Manuel presentó su petición de blanqueamiento, nunca se refirió directamente a estas generaciones de matrimonios sucesivos con mujeres blancas. No obstante, el éxito de la estrategia familiar a lo largo de cuatro generaciones significó que se encontró con el defecto "casi ya estinguido de la calidad de pardo".

Blancas con pardos

Aun cuando la mayor parte de los pardos se casaban con plebeyas, hubo dos peticiones de blanqueamiento en las cuales las prometidas pertenecían, si bien periféricamente, a la élite local, pues disfrutaban del título honorífico de "doña". Doña María del Carmen Correa y doña Francisca del Cerro tenían mucho en común. Ambas vivían en Caracas; ambas solicitaron, entre 1804 y 1806, el blanqueamiento de sus prometidos pardos; ambas respondían a los feroces intentos de las élites caraqueñas por prohibir los matrimonios mixtos. Fundamentales para sus peticiones fueron las prescripciones de la Pragmática Sanción de 1776 referente a los matrimonios, aplicada en América desde 1778 y revisada en 1803, que confería a los padres la potestad de prohibir los casamientos de sus hijos con personas de condición inferior, si estos eran menores de veinticinco años.[36] Como observó doña María, sin embargo, la Real Audiencia de Caracas deseaba prohibir todo mestizaje: "declaró aquella Real Audiencia no pueden casarse los blancos con pardos".[37] Este, al menos, fue el dilema que doña María y doña Francisca presentaron a la Cámara, así como su solución. Puesto que los funcionarios de Caracas les prohibían casarse con personas de desigual condición, rogaban a la Corona que concediera la blancura a sus prometidos pardos, para que los matrimonios resultantes fuesen entre iguales.

Estas peticiones femeninas resultan sugerentes cuando se las compara con las peticiones de los blancos que solicitaban la blancura para sus esposas e hijos pardos. Mientras que esposos como don Joseph Briceño o don Juan Martín de Aristimuño admitieron que había elegido libremente mujeres de condición inferior como prometidas, nunca

---

36 Véanse capítulos 2 y 3, así como Twinam, Public, 307-313.
37 Caso 31, Ximénez, 1806.

presentaron un indicio de que hubieran padecido cualquier desgracia que restringiera sus elecciones matrimoniales. En agudo contraste con ellos, tanto doña Francisca como doña María ofrecieron relatos gráficos de sus desgracias personales que las habían puesto en una situación tal que el matrimonio con pardos parecía ser su única opción.

Estas peticiones de mujeres blancas son también bastante singulares en el sentido de que sus prometidos permanecieron en la sombra. En otros casos, cuando los esposos pardos de blancas como Juan de la Cruz y Mena o Manuel Caballero Carranza solicitaron el blanqueamiento, lo hicieron a nombre propio. Aunque sus esposas eran de más alta categoría, estas mujeres no escribieron cartas pidiendo el favor real, y tampoco testificaron a favor de sus maridos. Quizás debido a su rango de doñas, tal vez porque necesitaban defender su matrimonio, doña Francisca y doña María desempeñaron un papel mucho más activo cuando presentaron sus solicitudes a favor de sus prometidos pardos.

En su petición, doña Francisca del Cerro, una viuda que deseaba contraer matrimonio con el pardo Blas Gallegos, refirió cómo ambos habían "unido sus voluntades" en un "amor inocente" y una "amistad" que se convirtieron en algo menos inocente cuando "se progresan insensiblemente hasta el extremo de haber tenido una hija".[38] Doña Francisca tomó a la niña ilegítima y la crio con sus dos hijos legítimos. La pareja decidió casarse y pensó —bajo una interpretación novedosa, pero jurídicamente correcta— que la Pragmática Sanción podría obrar a su favor. Puesto que ambos tenían más de veinticinco años, confiaban en que la legislación garantizara su matrimonio, pues contemplaba que "los mayores de veinte y cinco años puedan casarse a su arbitrio".

No obstante, descubrieron para "nuestro desconsuelo, nuestra desesperación e la inquietud de nuestros ánimos y consciencia", que los funcionarios locales aún se negaban a casarlos a causa de su desigualdad. Doña Francisca rogó a la Cámara que dispensara de la "calidad de pardo" a su amante, para que pudieran santificar su unión, pues ella se hallaba "adelantada en edad, cargada de hijos, avergonzada de su fragilidad". Agregó que resultaría "difícil encontrar otro sujeto con quien casarse", argumento utilizado comúnmente para presionar a los funcionarios reales con el fin de que eliminaran la presencia de una madre soltera dentro de la comunidad.[39]

---

38 Caso 30, Gallegos, 1806.
39 Twinam, *Public*, 233, presenta un argumento similar.

Doña Francisca no solo puso el énfasis en su condición de mujer blanca deshonrada para alentar a los funcionarios a que apoyaran su petición; ofreció también evidencia de la proximidad de su prometido a la blancura. Blas había sido producto del mestizaje ancestral durante al menos dos generaciones, pues su padre pardo, Andrés, se había casado con Juana Rosalía Acosta, que era blanca, pero no doña. Su abuelo había sido blanco y había desposado a Rosa, una parda libre. Por consiguiente, Blas provenía de dos generaciones de matrimonios mezclados, y su madre, así como tres de sus abuelos, eran blancos.[40] Si bien la desigualdad entre Blas y doña Francisca pudo haber bastado para suscitar la ira de la Real Audiencia de Caracas, su atracción mutua, su hija compartida y sus muchas conexiones blancas, hacían de él un marido atractivo para aquella desdichada viuda.

En contraste con este caso, los documentos relativos a otro posible marido pardo, Juan Joseph Ximénez, no ofrecieron ningún indicio de que él tuviera conexiones blancas. La situación de su potencial esposa, doña María del Carmen Correa, era particularmente nefasta. En la carta dirigida a la Cámara en 1804, aludía a la "fragilidad" de su "débil sexo", que ella, al parecer, había demostrado de manera bastante convincente a través de sus propias acciones escandalosas.[41] Admitía haber cedido a las "seducciones y solicitudes" de una persona, "quien por su estado no podía matrimoniarme". Este era un código para indicar que había tenido una relación sexual con un pariente cercano, un hombre casado o un sacerdote. Puesto que ella era huérfana, sus parientes estaban tan alarmados por su comportamiento que la habían internado en la "vergonzosa prisión del Hospicio" de Caracas, donde había languidecido durante casi dos años. Doña María admitió que temía haberse convertido en "una de aquellas mugeres a quien no les quedan esperanza alguna de tomar un estado [casarse]".

Doña María relató cómo había conocido al pardo Juan Joseph Ximénez, un cirujano "honorable" y "virtuoso", que ejercía en el orfanato. La pareja eventualmente se comprometió, pero, luego, la Real Audiencia de Caracas intervino y citó la Pragmática Sanción y su desigualdad como razones para prohibir su unión. Lo hizo aun cuando doña María no tenía padres que pudieran objetar su matrimonio, y los padres de Juan "están prontos a prestar su acenso y beneplácito".

---

40 Aureliano, 119, publica el documento en el que un grupo de élite de los pardos, que incluye a Blas Gallegos, intentó establecer una escuela elemental parda en Caracas en 1805.
41 Caso 31, Ximénez, 1806.

Si bien Juan era hijo legítimo, los documentos no indican que tuviera conexiones con personas blancas, algo que los solicitantes habitualmente citaban si existían. Sin embargo, como Juan era cirujano, ejercía una ocupación reservada en general a los blancos. Doña María parecía sencillamente desesperada por equilibrar su fragilidad como mujer y su escandaloso pasado para convencer a la Cámara de que concediera el blanqueamiento a su prometido. El corolario tácito era que, de no darse el matrimonio con Juan Joseph, ella quedaría sin apoyo, sin reputación y sin esposo. El género afectaba de manera importante las peticiones de blanqueamiento: era más probable que los blancos lo solicitaran para que sus esposas e hijos fueran iguales dentro de la familia; las mujeres blancas lo pedían para asegurarse maridos pardos como una última oportunidad de casarse y recibir apoyo material.

Resultados: partidas de bautismo

Mientras que la condición de una parda como Petronila Peralta o de un pardo como Juan Joseph Ximénez podía elevarse a través de una conexión sexual o conyugal con personas blancas, el mayor potencial de movilidad pertenecía a la siguiente generación. Uno de los primeros lugares donde tales conexiones se manifestaron fue en las partidas de bautismo. Por lo general, se establecía un vínculo cuando los parientes blancos se convertían en padrinos de un familiar pardo recién nacido. Esto fue probablemente lo que sucedió en noviembre de 1770, cuando un funcionario del concejo municipal de la ciudad de Portobelo, don Pedro de Ayarza, se presentó ante la pila bautismal para actuar como padrino del niño Joseph. El bebé era "de color pardo" e hijo legítimo de los pardos Pedro Antonio de Ayarza y Leonor Rendón.[42] Como el nuevo padre, el pardo Pedro Antonio de Ayarza, declaró más tarde que su padre era español, don Pedro de Ayarza Gutiérrez de Bocanegra, esto sugiere que, posiblemente, el abuelo blanco del bebé se presentó para extender su protección al recién nacido.[43]

Transformaciones incluso mucho más dramáticas ocurrían cuando los padres pardos conseguían registrar a sus hijos en las partidas de

---

42 Caso 22, Ayarza, 1803.
43 En AGS, SGU, Leg. 7060, n. 81, fols. 386-388, 1793, Pedro Antonio de Ayarza presenta un plan de mejoramiento para Portobelo, en el que declara que su padre

bautismo como blancos. En teoría, la mayor parte de las parroquias tenían secciones, o partidas, de libros bautismales con listados diferentes para los blancos y las otras designaciones de casta —pardos y mulatos, mestizos, indígenas—, según la demografía de la región.[44] En el bautismo, el clérigo que lo presidiera tenía la responsabilidad de anotar si el bebé era legítimo o ilegítimo, e ingresar al recién bautizado en la sección de casta correspondiente.

Esta teoría dio lugar a prácticas extraordinariamente variadas en todo el imperio español. En Panamá, algunos sacerdotes no separaban siquiera a los recién nacidos por categorías de casta; en Venezuela, las élites se quejaban amargamente de que tales listados eran inexactos.[45] En cada lugar, la apariencia física del bebé, la condición de la familia, la riqueza, las amistades, o bien la presión, podían llevar a los clérigos a clasificar a los niños en la categoría de blancos en lugar de aquella correspondiente a su "adecuada" designación.

Abundaban las ocasiones de generar confusión. Si los documentos bautismales no incluían a ambos padres, los clérigos podrían, deliberada o erróneamente, clasificar al niño o a la niña en la categoría de los blancos. Incluso cuando los sacerdotes de la parroquia ubicaban a un bebé de padres pardos en la categoría de blanco, tal reconocimiento oficial no era más que un paso hacia la transición a la blancura. Las costumbres locales demostraron ser aún más decisivas que los registros bautismales para determinar la condición de casta cotidiana de cualquier persona. Aun así, los documentos suministrados por los solicitantes de las gracias al sacar ofrecen amplia evidencia de que la movilidad generada por las partidas de bautismo fue un notable resultado de las conexiones de las otras castas con los blancos.

Transformaciones semejantes, ocurridas a lo largo de generaciones, como la de pardo a blanco, o la de plebeyo a don y doña, eran frecuentes. En los nacimientos de los hermanos Báez, los clérigos lo-

---

es don Pedro de Ayarza de "los reinos de España" y de "la villa de Navarrete en La Rioja". Nombra a su padre, a su madre, María Policarpa Mendias, y declara su legitimidad. Agradezco a Sergio Paolo Solano esta referencia.

44 Stolcke, "Mestizos", 6, señala que, en 1565, el Segundo Concilio Mexicano ordenó la separación de las partidas de matrimonio y de bautizo en secciones diferentes para españoles, indígenas y castas, aunque, en la práctica, estas divisiones "variaban considerablemente". En Cuba, las partidas se separaban según blancos, pardos y negros. Concluye que las "identidades y distinciones coloniales se desarrollaron gradualmente y que variaron según las circunstancias regionales sociodemográficas".

45 Caso 13, Paz, 1786; AGN-Caracas, Diversos, T. LXIV, n. 28, 1790.

cales colocaron al primer hijo, Joseph Francisco, bajo la designación de "pardo", mientras que su hermano, Manuel, ascendió a la sección reservada a los "españoles", aunque los hermanos compartían los mismos padres.[46] Quizás tanto su profesión de cirujano como su matrimonio con una novia blanca hubieran contribuido a clasificar originalmente a los hijos de don Juan de la Cruz y Mena en la sección reservada a "personas españolas".[47] Para mayor gratificación, él y su esposa disfrutaron también de los títulos honoríficos de don y doña. Aun cuando sus hijos aparecían como blancos en su partida de bautismo, y él y su esposa como don y doña, el tono de piel más oscuro de Juan se combinó con el conocimiento local para señalar a sus hijos como pardos. Cuando su hijo mayor quiso matricularse en la Universidad de La Habana, la oficina de admisiones se negó a aceptar su solicitud debido al "defecto notorio de su calidad, como es el de mulato".

Evidencia de las transformaciones exitosas realizadas en la partida de bautismo marcó la historia familiar de Manuel Caballero Carranza, proveniente de Puebla. Recordemos que su petición incluía una genealogía que rastreaba el matrimonio de su bisabuelo con una parda, y los posteriores matrimonios de su abuelo, su padre y él mismo con blancas. El éxito de esta estrategia generacional se hizo evidente en las partidas bautismales de los hijos de Manuel. Si bien él no señaló las anomalías que aquí registramos, estos documentos ofrecían pruebas asombrosas del blanqueamiento de la familia.

En 1792, el primer hijo de la pareja, Mariano, siguió con la condición de su padre pardo, su abuelo pardo, Joaquín, y sus bisabuelos pardos, Felipe y María. El clérigo local registró su bautizo en la sección reservada a los pardos como hijo legítimo de "Manuel Carranza y Cortés, pardo libre", y de "doña María Guadalupe Montero, española".[48] Aun así, este registro inició un camino de movilidad ascendente para la familia, pues el sacerdote había enaltecido el rango de María, confiriéndole el título honorífico de "doña", previamente omitido.

Les tomó dos años y un hijo más a Manuel y a la recientemente ennoblecida doña María mejorar una vez más la posición de la familia. Cuando, en 1794, llegó el recién nacido José María, el sacerdote que

---

46 Caso 9, Báez y Llerena, 1773.
47 Caso 6, Cruz y Mena, 1764.
48 Caso 38, Caballero Carranza, 1808.

oficiaba el bautismo ingresó su información en el registro reservado a "españoles". Fue un paso significativo para la familia quedar en la categoría de blancos, aunque el clérigo, paradójicamente, continuó clasificando a su padre, Manuel, de "mulato libre". Tres años más tarde, un tercer hijo, Manuel María, conservó la promoción de la familia en el libro bautismal de "españoles". No obstante, en esta ocasión, fue su padre Manuel quien obtuvo directamente la movilidad social: apareció, a la vez, como blanco y como "don". La partida registró a los padres como "don Manuel Caballero Carranza y doña María Montero, españoles".

La fe de bautismo de 1779 correspondiente al cuarto hijo de la pareja, Francisco Mariano Miguel, ofreció la confirmación de que toda mancha familiar había sido borrada, pues figuró como "hijo legítimo de don Manuel Caballero Carranza y de doña María Guadalupe Montero, españoles". En solo cinco años, las partidas de bautismo de Puebla habían agregado el prefijo de doña a María, Manuel pasó de ser un mulato libre a la categoría de español y de "don", y tres de sus cuatro hijos figuraban ahora como españoles. Con todo, Manuel sintió todavía la necesidad de solicitar a la Cámara de Indias una dispensa oficial del defecto familiar.

Cuando las conexiones con parientes blancos no conseguían el objetivo de transferir a la siguiente generación a la categoría bautismal asignada a los blancos, otras estrategias podían impedir que los sacerdotes identificaran a los recién nacidos como pardos. Cuando la viuda doña Francisca del Cerro pidió que bautizaran a su hija, María Belem, no presentó la información de que el padre era su prometido pardo, Blas Gallegos.[49] La pareja, sabiamente, la bautizó como hija ilegítima de doña Francisca y ocultó el nombre del padre. Como resultado, la niña adquirió la condición de su madre y figuró en el registro bautismal reservado a los blancos.

Un ocultamiento similar ocurriría con el uso de la categoría de expósito, designación que indicaba padres desconocidos. Aun cuando muchos de los habitantes de Portobelo sabían que Luis Joseph de Paz había sido públicamente amamantado "a los pechos" de su madre parda, María del Carmen Masso, ella eventualmente lo dejó "expuesto" —en efecto, depositó al bebé de veintidós meses en la casa de doña Crisanta de Paz—.[50] Así, el único nombre que apareció en la fe

---

49 Caso 30, Gallegos, 1806.
50 Caso 13, Paz, 1786.

de bautismo de Luis fue el de su abuela, miembro de la élite, y, por lo tanto, pasó por blanco por muchos años.

La ausencia de cualquier conexión entre Luis y sus antepasados pardos fue confirmada ulteriormente, pues en Portobelo —donde el mestizaje entre blancos y pardos era algo común— los sacerdotes, al parecer, habían renunciado a tratar de clasificar a los recién nacidos según las categorías de casta en las partidas de bautismo.[51] Sin duda, dado el deseo de muchos panameños de avanzar hacia la blancura, era algo controvertido —de hecho, podía ser peligroso— que un sacerdote identificara a un bebé como pardo cuando sus padres deseaban que fuera blanco. Bien sea que los solicitantes o sus hijos aparecieran en las secciones de los registros reservadas a los blancos, o que disfrutaran de partidas ambiguas, todos eventualmente consideraron que tales anotaciones no constituían más que un primer paso para confirmar su condición de blancos.

Las transformaciones descritas sugieren que las familias no estaban utilizando la división entre lo privado y lo público para avanzar socialmente, al intentar ocultar su calidad de pardos y construir una reputación pública de blancos. Más bien, usaban a la vez su aspecto de piel clara y sus conexiones familiares con los blancos para transformar la condición de sus descendientes. Generaciones de enlaces y de matrimonios mixtos significaron que, cuando algunos solicitantes pidieron las gracias al sacar, lucían como blancos y muchos ya habían pasado informalmente por tales, aun cuando el conocimiento de su ancestro pardo seguía siendo público. Así, incluso cuando los observadores confirmaron "la nota de mulata" de Petronila Peralta —la nieta e hija de amoríos de pardas con blancos— admitieron también que tenía un "aspecto [...] que es propio de la gente blanca".[52] Si había algún "reparo contra su linaje", ahora se había "confundido", sugirió otro, pues "otras familias sindicadas de semejante nota poseen la propia estimación". Esta aceptación se extendía a los hijos de la pareja, a quienes "las personas de primera clase" trataban en términos de "igualdad".[53]

---

51 Caso 29, Borbúa, 1803, fue un caso similar.
52 Caso 16, Briceño, 1794.
53 Gross, 133, 164, presenta ejemplos de declaraciones análogas de los juicios realizados en el Sur antes de la Guerra de Secesión, sugiriendo estrategias comunes para la movilidad. En Arkansas, Abby Guy (1855) pidió a testigos que confirmaran su blancura debido a su "identidad social, sus relaciones con personas blancas, y por haber realizado tareas que la gente blanca por excelencia desempeñaba". En 1835, en Carolina del Sur, el magistrado Harper confirmó estas prácticas, al

Petronila y su familia no fueron los únicos solicitantes de aspecto blanco. Los testigos admitieron que "muchas personas" consideraban a Ignacio, el padre de Joseph Francisco y de Manuel Báez, como un "hombre blanco", lo cual podría explicar por qué, al menos uno de sus hijos, aparecía en la designación bautismal como "español".[54] Un testigo de Puebla observó que los hijos del mexicano Manuel Caballero Carranza debían "poder obtener cualesquiera empleo honorífico así por sus circunstancias como por su aspecto".[55] Los funcionarios imperiales, al igual que los funcionarios reales locales, consideraron que los hermanos Valenzuela de Antioquia "parecían blancos y eran aceptados por tales".[56] No obstante, incluso después de generaciones enteras de mestizaje, los solicitantes buscaron la seguridad del blanqueamiento oficial cuando estuvo disponible.

Vías alternativas

¿Hasta qué punto los esfuerzos de los pardos por blanquear a las generaciones siguientes incidieron sobre el paso final, la expedición de una cédula oficial de blanqueamiento? Como se explorará en capítulos posteriores, el momento oportuno y la política pesaron fuertemente, e influyeron más que la apariencia o, incluso, el merecimiento del peticionario. No obstante, el destino del solicitante Bernardo Ramírez revela la conciencia que tenían los pardos de que los patrones generacionales de blanqueamiento eran estrategias habituales de las castas que podrían incidir positivamente en los fallos. Su caso demuestra asimismo que cuando los funcionarios reales leían las peticiones, buscaban trayectorias familiares que evidenciaran múltiples generaciones de blanqueamiento. Al menos, una progresión demostrada hacia la blancura significaba que sería menos probable que una petición de gracias al sacar perturbara el *statu quo*, en especial si los solicitantes estaban a punto de pasar por blancos en sus localidades o ya efectivamente lo

---

sostener que, "para una persona de apariencia ambigua, evidencia de su recepción en la sociedad y del ejercicio de derechos jurídicos y políticos podía superar la evidencia de tener antepasados negros". Observó que la gente en cuestión era ahora "respetable […] uno de ellos es un oficial de la milicia, y su casta nunca ha sido puesta en duda hasta ahora".

54 Caso 4, Báez y Llerena, 1760.
55 Caso 38, Caballero Carranza, 1808.
56 Caso 20, Valenzuela, 1796.

hacían. Una de las razones por la cual Bernardo no recibió una respuesta positiva pudo ser porque no promovió el blanqueamiento de la generación siguiente.

Como sucede con la mayor parte de las mezclas, el defecto de la familia de Bernardo Ramírez provenía de conexiones ancestrales entre blancos y pardas.[57] Bernardo admitió que, a lo largo de las generaciones, sus antepasados paternos tuvieron diferentes encuentros "con hembras mulatas y con otras nacidas del ilegítimo consorcio". Luego se dedicó a un cálculo consciente de matemáticas de casta al determinar los enlaces sexuales ancestrales de la familia. Llegó a la conclusión de que él era ahora un tercerón, esto es, que tenía un tercio de sangre africana. Reconocía que otra conexión con alguien "blanco" produciría un cuarterón, y que un enlace más pondría a la familia por debajo del mestizaje de un octavo, lo cual la ubicaría "en la clase de españoles". No fue el único solicitante en insinuar que algunas familias, al parecer, practicaban conscientemente algunas de las pinturas de casta en sus propios cuerpos.[58]

Lo que distinguía a Bernardo Ramírez de otra serie de solicitantes era que el proceso de blanqueamiento no era demostrable a partir de su partida de bautismo, y que tampoco había promovido el blanqueamiento posterior de la siguiente generación. Había elegido como prometida a una mulata, Albina, así que sus descendientes no pasarían de tercerones a cuarterones. El propio Bernardo admitió que "quando mezclándose con la negrura, perdieron el rumbo que lleva a lo blanco".[59]

Cuando el fiscal Antonio de Porlier leyó la petición de Bernardo, demostró su familiaridad con los procesos que habitualmente acompañaban la movilidad de las castas. Comentó negativamente, por ejemplo, la ausencia de cualquier avance en el blanqueamiento, como lo probaban su partida de bautismo de Guatemala y la lista que presentó de los matrimonios. Porlier observó con desaprobación que "las partidas de bautismo y casamiento de sus progenitores y ascendientes se hallan puestos en los libros donde se sientan los de los feligreses ordinarios". Igualmente perjudicial fue que en "la partida de casamiento del dicho Bernardo con Albina de Rivera [...] pues en ella se da a uno y otro el título de mulatos libres". No era únicamente que el matrimonio de Bernardo con Albina no promoviera la blancura de la siguiente genera-

---

57 Caso 11, Ramírez, 1783.
58 Véase capítulo 2 sobre cuestiones relacionadas con las pinturas y las definiciones de casta.
59 Caso 11, Ramírez, 1783.

ción, sino que ambos se habían identificado a sí mismos como mulatos. Puesto que Bernardo había intentado poner el énfasis en la cercanía de sus conexiones con los blancos, el fiscal concluyó que "el testimonio producido [...] es un documento que en un todo le perjudica".

¿Tenían que demostrar pardos y mulatos generaciones de vínculos con personas blancas para que el Consejo de Indias aprobara una petición de gracias al sacar? Las historias íntimas de los Mexías Bejarano y de los Landaeta revelan una estrategia alternativa, pues sus miembros se casaron entre sí creando un grupo élite de pardos. Puesto que las peticiones de estas dos familias habrían de enfurecer al cabildo de Caracas, llevando a años de enfrentamientos entre las élites locales y el Consejo de Indias, una exploración de sus alianzas matrimoniales ofrece una primera comprensión de las ventajas y peligros de este camino alternativo.[60]

En cierta medida, lo vínculos entre los Mexías Bejarano y los Landaeta reflejaron los matrimonios cruzados frecuentes entre la élite caraqueña, que era famosa por sus relaciones endógamas. Los documentos presentados por ambas familias pardas registraban cuatro generaciones de conexiones legítimas. El patriarca de la familia, Basilio Landaeta, estableció a la familia en la élite parda a través de su servicio como capitán de la milicia.[61] Su matrimonio produjo tres hijas y un hijo, que habrían de figurar todos en las peticiones de blanqueamiento de sus nietos, Diego Mexías Bejarano y Juan Gabriel Landaeta, quienes solicitaron el blanqueamiento tanto para sí mismos, como para la generación siguiente.

Es interesante especular si una de las hijas de don Basilio, María Raphaela Landaeta, podría hacer precipitado la búsqueda del blanqueamiento en la familia. Los Landaeta eran notablemente religiosos; participaban activamente en la parroquia de Altagracia, en su mayoría parda, donde financiaban una misa diaria, una misa dominical especial con procesión, y contribuían generosamente a sufragar los costos de las fiestas y los ornamentos de la iglesia. María Raphaela, al parecer, nunca se casó, lo cual puede explicar por qué tenía los recursos necesa-

---

60 RC, 1, 440-441, presenta una genealogía del vínculo entre los Mexías Bejarano y la familia Landaeta, aun cuando no ofrece ninguna documentación. Parte de la tabla puede reconstruirse a partir de las partidas de bautismo presentadas por Diego Mexías Bejarano y Juan Gabriel Landaeta.
61 Guédez, 542, sugiere que Basilio Landaeta fue el hijo de una esclava de don Andrés Landaeta.

rios para financiar una capellanía de 1.500 pesos, destinada a sostener a un sacerdote asignado a la parroquia.⁶² Quizás la familia esperaba que, puesto que tenía la riqueza suficiente para mantener una capellanía, podría, como lo hacían las familias de las élites blancas, nombrar a uno de sus familiares en este cargo. Resulta sugerente que, cuando en 1787, Diego Mexías Bejarano comenzó a reunir documentos para su eventual petición de blanqueamiento, mencionó la capellanía fundada por su tía. Seis años más tarde, solicitaría que se permitiera a su hijo ingresar al sacerdocio, para poder encargarse de ella.

Fueron los matrimonios de las dos hermanas y el hermano de María Raphaela los que continuaron con el patrón familiar de establecer conexiones con la élite de los pardos. Su hermana, Antonia, se casó con otro miembro de la milicia de los pardos, el capitán Francisco Bejarano; su hermana Juana María se casó con Felipe Mexías, y su hermano, Miguel, quien habría de retirarse como capitán con cincuenta y dos años de servicio en la milicia, se casó con María Paula Cordero, hija de otra prestante familia de milicianos.⁶³

Las alianzas matrimoniales de los descendientes de estas uniones habrían de entrelazar aún más a las familias. Dos de las hijas del matrimonio de Antonia con el capitán Francisco Bejarano —Juana Antonia y María Gracia— se casarían con hijos de la hermana y el hermano de Antonia —en efecto, contrajeron matrimonio con sus primos hermanos—. Juana Antonia desposó a su primo hermano Diego Mexías Bejarano, el hijo de Juana María y Felipe Mexías; María Gracia se casó con su primo hermano Juan Gabriel Landaeta, hijo de Miguel Landaeta y de María Paula Cordero. Como resultado de estas nupcias, los dos solicitantes del blanqueamiento —Diego Mexías Bejarano y Juan Gabriel Landaeta— eran primos hermanos, casados con primas hermanas, y también cuñados.

Como si estas conexiones no fueran suficientemente cercanas, el empadronamiento realizado en 1788 en la parroquia de Altagracia reveló que Diego y Juan Gabriel vivían en la misma casa con su suegro, que había enviudado, el capitán Francisco. Sus familias reunidas incluían veinticuatro personas, así como cuarenta y siete esclavos de

---

62 Caso 19, Mexías Bejarano, 1789-1801, mencionó la capellanía y a su tía cuando Diego reunió las partidas de bautismo para sí mismo, su esposa y su hijo en 1786 cuando comenzó a recopilar los documentos para su petición.
63 Caso 14, Landaeta, 1798, presenta la genealogía de la familia.

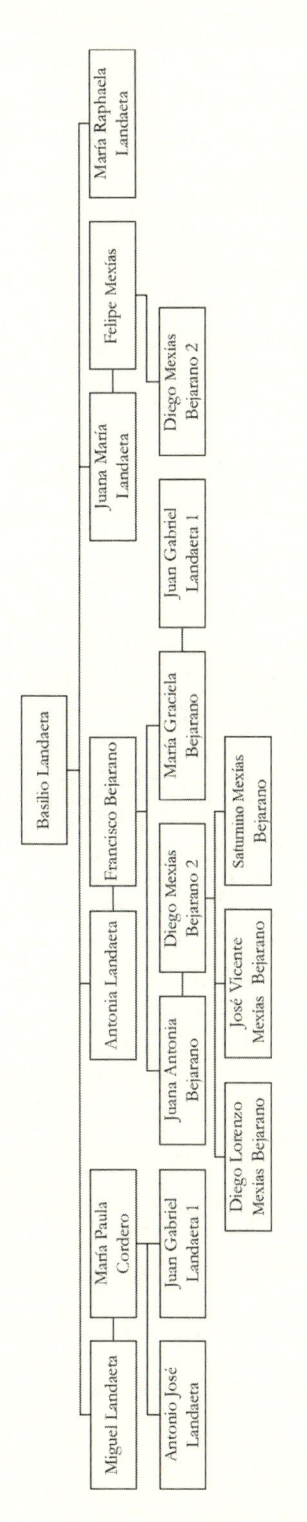

Figura 1. Genealogía de las familias Mexías Bejarano y Landaeta

diversas edades, y trece agregados (otros sirvientes) más.⁶⁴ Estos modelos mantuvieron, sin duda, la posición de la familia en la milicia de los pardos y preservaron su fortuna.

¿Cuál fue la respuesta del fiscal de la Cámara a este patrón de matrimonios endógenos que no blanqueaban, sino que, por el contrario, reforzaban las conexiones dentro de la familia y dentro de la élite de los pardos? La sencilla respuesta es que los funcionarios nunca reunieron la totalidad de estos vínculos, pues Juan Gabriel Landaeta y Diego Mexías Bejarano enviaron sus peticiones por separado, el primero en 1788, y el segundo en 1793 y 1796.⁶⁵

La única persona que comentó sobre los patrones matrimoniales de la familia Landaeta–Mexías Bejarano fue don Joseph Antonio Cornejo, quien encabezaba la Secretaría de la Nueva España. Cuando respondió a la petición presentada por Diego Mexías Bejarano en 1793, donde solicitaba autorización para pedir a Roma una dispensa con el fin de que su hijo pudiera ingresar al sacerdocio, Cornejo se mostró impresionado por la genealogía de la familia. Comentó con aprobación que podía demostrar matrimonios legítimos por línea paterna y materna de padres y abuelos.

Como habrían de demostrar acontecimientos posteriores, los Mexías Bejarano y los Landaeta se enfrentarían a una tormenta de protestas debido a sus intentos por obtener el blanqueamiento y pedir que uno de sus hijos ingresara al sacerdocio. Quizás uno de los factores que alimentó este rechazo fue la ausencia de conexiones con blancos. Modificar la condición socio-racial de estas dos familias caraqueñas, incluso si eran ricas, representaría un desafío más grande al *statu quo* que borrar el defecto de una hija parda cuyo padre era un blanco de la élite.⁶⁶

---

64 Morales, 325-336.
65 García Jordán, 325, observa que Diego y Juan Gabriel se casaron con dos hermanas, pero no advierte que eran también primos hermanos. RC, 1, 440-441, ofrece una genealogía de las familias donde aparecen ambos vínculos, pero no los comenta.
66 Rappaport, "Mischevious", 20, sugiere que ejemplos de transición en los siglos XVI y XVII en Nueva Granada (Colombia) tendieron a ser movimientos "modestos" en un "espacio estrecho". La falta de matrimonios cruzados de los Mexías Bejarano y los Landaeta con blancos, y la exagerada discriminación característica de la élite caraqueña, hicieron que su movilidad fuese especialmente desafiante para el establecimiento.

Conclusiones

Las vidas de Petronila, quien cerró la brecha al tener aspecto de blanca y ser aceptada como tal, la de Bernardo, que no lo consiguió, o las de Diego y Manuel, quienes ni siquiera lo intentaron, conforman únicamente el ápice de una vasta pirámide de generaciones de mestizaje entre indígenas, africanos y blancos a lo largo de los siglos que conformaron la sociedad de castas. El género incidió profundamente en las dinámicas resultantes, al promover o impedir el paso hacia la blancura. Mientras que negros y pardos experimentaron una ventaja inicial en la transición de la esclavitud a la libertad —por su capacidad de liberar a la generación siguiente a través de los vientres libres— una vez que esto ocurrió, las mujeres gozaron de oportunidades más amplias.

Negras y pardas contaron con múltiples opciones: podían entablar amoríos sexuales, vivir en concubinato o casarse con hombres de tez más clara o con blancos. A diferencia de ellas, los negros y pardos tendieron a blanquearse únicamente a través del matrimonio: bien sea con pardas de padres blancos, o bien, si tenían la categoría suficiente, con blancas plebeyas o desacreditadas. Las únicas blancas que figuraban en las peticiones buscando un matrimonio con pardos fueron mujeres deshonradas, incapaces de hallar parejas de igual condición. El éxito o fracaso de esta movilidad social aparecía en los documentos oficiales que registraban si los solicitantes habían conservado su calidad de pardos o mulatos, o si, por el contrario, se habían convertido a sí mismos, o a la generación siguiente, en españoles o "dones".

Aquellos solicitantes que no habían buscado el blanqueamiento a través de alianzas íntimas enfrentaban obstáculos adicionales. La ausencia de esta movilidad pudo motivar al fiscal Porlier a negar la petición de Bernardo Ramírez. Aunque la estrategia de las familias Mexías Bejarano y Landaeta, consistente en contraer matrimonios endógenos dentro de su familia extendida y con contrapartes de la milicia de los pardos, no parece haber perjudicado sus peticiones, pero sí impidió sus conexiones con blancos. La intensidad de las protestas locales contra estas familias sugiere que esta ausencia de vínculos familiares representó un desafío particularmente fuerte a la institucionalidad de Caracas.

A partir de la década de 1760, un pequeño grupo de pardos y mulatos utilizó las tradiciones españolas relativas a la movilidad, empleando múltiples conexiones con los blancos, y buscó intersticios adicionales para evadir la discriminación. Intentaron ejercer las profesiones reservadas a los blancos, incluyendo la de cirujano y notario. El éxito de estos esfuerzos animaría a otros a dar el siguiente paso: pedir el blanqueamiento total. Los tres capítulos siguientes rastrean la vida de estos precursores, cómo negociaron ellos, funcionarios imperiales y élites locales las dinámicas de inclusión y exclusión y, al hacerlo, dejaron un rastro burocrático que llevó eventualmente al blanqueamiento de las gracias al sacar.

TERCERA PARTE
BLANQUEAMIENTOS: CASOS PRECURSORES

Capítulo 5
Puntos de referencia. Mercantilizar la blancura, Cuba y Panamá

> "Como es esta una gracias al sacar, no se le ofrece reparo en que dispense a Luis Joseph de Paz del defecto de quinterón que padece".
> Fiscal José de Cistué y Coll, Consejo de Indias, 23 de julio de 1786[1]

Introducción

En 1743, Matías Pérez Grageda envió una segunda carta al Consejo de Indias. Aunque había apelado con éxito a Madrid y recibido un título para ejercer como boticario en La Habana, ahora sentía la necesidad de solicitar "otro nuevo" decreto, "dispensándole el defecto que padecía de limpieza".[2] Temía que no podría ejercer su nueva profesión, antes reservada a los blancos, pues era "una cuarto por la parte materna, de mulato". Aunque desconocemos la respuesta de los funcionarios imperiales, su petición resultó ser precursora. Prefiguró un conjunto de peticiones relativas a exenciones ocupacionales, que serían directamente responsables de la eventual promulgación del blanqueamiento de las gracias al sacar.

A partir de la década de 1760, pardos y mulatos siguieron el ejemplo de este boticario cubano y solicitaron dispensas personales para ejercer profesiones legalmente reservadas a los blancos. Sus peticio-

---

1 Caso 13, Paz, 1786.
2 *Catálogo*, T. 2, n. 797, 1743, p. 166.

nes marcaron un importante escalamiento. Contrastaban con esfuerzos anteriores, cuando los pardos solían pedir que se borrara un aspecto negativo, tal como el tributo, que indicaba su condición de inferioridad, o pedir un privilegio específico de los blancos, tal como elegir a los oficiales de su propia milicia o gozar del fuero militar. Ahora, las personas solicitaban que se eliminara su mancha personal y obtener la blancura necesaria para ejercer profesiones prohibidas a las castas.[3]

Los casos que se constituyeron en puntos de referencia se originaron en dos grupos: cubanos que pedían exenciones para ejercer como cirujanos, y panameños que pedían autorización para ejercer como notarios. Como sucedió con los referentes de la década de 1620, los solicitantes se beneficiaron de las crisis del imperio, en este caso, de las consecuencias de la Guerra de los Siete Años (1756-1763), así como de la escasez de profesionales, que abrió derroteros adicionales para la movilidad.[4] En este capítulo y en los siguientes se rastrearán estos casos de blanqueamiento en tiempo lineal y "congelado". Su objetivo no es únicamente el de seguir la trayectoria de cada petición desde su primera instancia hasta el veredicto, sino también el de "congelar" períodos en los que se identifican las interacciones entre los funcionarios imperiales, los solicitantes y las élites locales que incidieron sobre el resultado. Tal metodología revela cómo una combinación de ambigüedades burocráticas, precedentes e innovaciones habría de llevar a los funcionarios imperiales por un camino resbaladizo que condujo, en última instancia a la incorporación del blanqueamiento a la legislación de las Indias.

---

3 Mientras que pardos y mulatos estaban abriendo vías para la movilidad en Hispanoamérica, las opciones se estaban cerrando en las colonias francesas. Reinhardt, 107, ha rastreado un "aumento dramático de la legislación discriminadora" en Saint-Domingue entre 1758 y 1778, cuando las élites blancas limitaron los derechos de la población mulata libre a portar armas y ocupar cargos públicos, ejercer como "boticario, cirujano o abogado", vestir como los blancos, viajar con facilidad a Francia, y casarse con blancos. Aubert, "Colonial", rastrea el sucesivo debilitamiento del Code Noir francés y una mayor discriminación en los territorios. Véase también Peabody, 60-62.

4 Para una síntesis, véase "Seven Years War", donde se detalla una competencia por las posesiones imperiales que enfrenta a Gran Bretaña, Prusia y Hanover contra Francia, Rusia, Austria, Sajonia, Suecia —y, relevante aquí, después de que los ingleses atacaron La Habana— después de 1762, enfrenta también a España.

Cirujanos cubanos. Primeros precedentes, décadas de 1750 y 1760

A fines de la década de 1750 y en 1760, un grupo de cubanos solicitó exenciones para que ellos mismos o sus hijos pudieran practicar la cirugía. Como han mostrado magistralmente John Tate Lanning y John Jay TePaske en su investigación sobre la medicina en tiempos de la colonia, las categorías jerárquicas definían quiénes podían ejercer como médicos y cirujanos. Los "médicos latinos" integraban la categoría superior. Debían conocer el latín, pues era preciso que obtuvieran un título universitario en Artes, un grado adicional al de Medicina, completar un internado de dos años, y aprobar un examen ante un tribunal designado oficialmente para verificar su competencia, el Protomedicato.[5] Los cirujanos se dividían igualmente en dos categorías: los cirujanos latinos, quienes también debían graduarse en la universidad con un título profesional, aprobar tres cursos en medicina y completar un internado de dos años.[6] A diferencia de ellos, los cirujanos romancistas "nunca habían asistido a una universidad". Más bien "se habían [...] instruido de segunda mano, y no en latín".[7] Después de pasar cuatro o cinco años como aprendices, debían documentar su limpieza de sangre y legitimidad, así como aprobar un examen antes de recibir autorización para practicar.[8]

Puesto que las leyes reales prohibían a pardos y mulatos asistir a la universidad, solo si habían eludido de alguna forma estas proscripciones podían obtener la formación necesaria para convertirse en médicos o cirujanos latinos. La legislación prohibía asimismo que ejercieran como cirujanos romancistas, pues carecían de limpieza de sangre. No obstante, así como las castas habían hallado intersticios para adquirir elementos de la blancura en otros ámbitos, hallaron nichos en los cuales pudieran ejercer.

Como sucedió en el caso de los pardos que tocaban la chirimía, cuyas habilidades musicales crearon un espacio para que pudieran servir en el ejército regular español, en este caso su pericia y la necesidad

---

5   Lanning y TePaske, 175.
6   *Ibid.*, 443.
7   *Ibid.*, 164-165. La práctica parece haber sido diferente a fines del siglo XVIII en Lima, donde José Manuel Valdés sabía latín, pero no se le permitió graduarse de la universidad hasta que recibió una cédula de blanqueamiento. Véase capítulo 9.
8   *Ibid.*, 261-262. Ninguna de estas profesiones tenía una alta categoría comparada con el Derecho o el sacerdocio.

generaron oportunidades.⁹ Los médicos y cirujanos blancos no parecían ansiosos de atender a las poblaciones de las castas, que eran, por lo general, más pobres, ni de establecer su práctica en zonas rurales. Este vacío abría posibilidades para que pardos y mulatos se entrenaran como aprendices y adquirieran la experiencia necesaria para llegar a ser excepciones a la norma que los discriminaba.¹⁰

Comprender tanto las diferencias entre los cirujanos latinos de la élite, comparados con los cirujanos romancistas de menor categoría, así como las prohibiciones generales que impedían a pardos y mulatos ingresar a cualquiera de estas dos profesiones, nos ofrece una idea de las ambiciones y grandes esperanzas del habanero Antonio Flores. Su petición de 1759 reveló un grupo de pardos que no solo estaba desarrollando una plataforma viable de servicio público, al facilitar que se apelara al favor real, sino presionando también por una movilidad aún mayor para la siguiente generación.¹¹ Antonio Flores había seguido el camino tradicional, pues había servido en la milicia de los pardos donde pasó del rango de soldado raso al de comandante del batallón de La Habana.

Flores era un "criollo atlántico", con experiencias y visiones que se extendían más allá de su ciudad natal de La Habana.¹² Durante sus cincuenta años de servicio militar, luchó contra los ingleses, ayudó a capturar dos barcos franceses, peleó contra piratas, defendió Pensacola, fue prisionero durante dieciocho meses en Francia, e incendió un fuerte cerca de la costa de Georgia. Sostenía que su calidad de pardo no debía ser tenida en su contra; por el contrario, su comando del ba-

---

9   Véase capítulo 3.
10 Rodríguez, *Slavery*, 1, 253-254, señala que el primer médico negro registrado en Estados Unidos había sido un esclavo, el doctor James Derham, quien se había entrenado con médicos blancos en Filadelfia y Nueva Orleans. Puesto que vivía en la Nueva Orleans española (1762-1800), la cual posteriormente se convirtió en territorio estadounidense (1804), pudo inicialmente aprovechar las prácticas españolas de la coartación, comprar su libertad en 1783, y establecer una próspera práctica médica. El primer afroamericano estadounidense en obtener un título en medicina —de la Universidad de Glasgow, en 1837— fue el antiguo esclavo neoyorquino James McCune Smith. Véase McCune Smith y Stauffer, xx-xxi. Harley, 1425-1426, rastrea la creación y fracaso de escuelas de medicina negras en el siglo XIX (con la excepción de Howard University y Meharry Medical College.) Estas eran esenciales, pues pocas universidades admitían solicitantes afroamericanos.
11 Caso 3, Flores, 1760.
12 Landers, *Atlantic*, 153, menciona a Flores como perteneciente a un grupo especial de criollos atlánticos, aun cuando no tiene el contexto documental que le permite ubicar la solicitud para la admisión de su hijo a la universidad como precursora de las peticiones de blanqueamiento.

tallón lo había "exaltado y ennoblecido". Su ambición era que "en La Habana, no solo la nobleza y [los] blancos sean profesores de letras, sino aun los pardos [...] sean hombres doctos". Sentía que esto le agregaba un "especial timbre" a la ciudad.

Si bien su servicio militar hacía de él un buen candidato para recibir el favor real, Antonio Flores habría de ser el prototipo de muchos solicitantes. No pedía beneficios para sí mismo, sino para sus hijos. Escribió que, aun cuando ellos "no tienen embarazo por razón de su nacimiento", pues eran hijos legítimos, los estatutos de la universidad prohibían a los mulatos "estudiar y practicar la medicina y cirugía", de modo que les resultaba imposible "entrando a cursarla en las clases destinadas". Pedía al rey que emitiera una cédula real para permitir que su talentoso hijo Joseph Ignacio, "como a sus hermanos" asistieran a las clases en la Universidad de La Habana. Agregó el comentario bastante inusual de que, si había "actos o funciones literarias" en relación con las materias estudiadas, que no había "óbice" a que sus hijos participaran en ellos.

Aquello que subyacía a la inquietud acerca de los "actos literarios" era un episodio desagradable y público que había avergonzado al capitán Flores y a su hijo. Ofreció los antecedentes esenciales del mismo en su carta de presentación, al recordar que cuando Joseph Ignacio tenía únicamente nueve años y era "pequeño", él había comenzado a enseñarle su propio oficio de carpintero. Había pagado también para que recibiera clases de gramática, en las cuales Joseph Ignacio demostró ser "el mejor de todos". Su profesor había destacado "un talento e ingenio especial", y había dicho a su orgulloso padre que "sería lástima que un buen entendimiento se dedicase a andar con palos". Al recibir tal estímulo, Flores envió a su hijo a realizar estudios avanzados en la escuela jesuita local, donde su profesor, el padre Nicolás, lo elogió como "el mejor estudiante gramático, filosofo, teólogo que tienen los patios de dicho colegio".

El incidente inmediato que motivó la petición del capitán Flores ocurrió cuando la escuela decidió patrocinar una función pública, durante la cual Joseph Ignacio respondería a preguntas formuladas por profesores locales respecto a "diez materias teológicas" que él había estudiado aquel año. Estos actos intelectuales se utilizaban habitualmente como foros para la educación y el entretenimiento públicos y, cuando se los escenificaba a un nivel más alto, determinaban quién obtenía cátedras en la universidad. Los jesuitas imprimieron los volantes, los distribuyeron e invitaron a "multitud de personas".

El día anterior al evento, dos egresados de la Universidad de La Habana decidieron protestar. "Anduvieron de puerta en puerta mendigando firmas" de otros egresados y luego presentaron una petición en la que solicitaban al rector que prohibiera a cualquier persona de aquella universidad participar en el evento organizado por los jesuitas. Mientras que la razón ostensible que aducían era que los miembros de la universidad no debían asistir porque era un "hecho privado... del Colegio de la Compañía de Jesús", todos sabían que su objetivo era impedir cualquier demostración de la pericia de Joseph Ignacio. Aunque los disidentes solo pudieron encontrar ocho egresados que firmaran la petición, el alboroto, de todas maneras, llevó a pronunciamientos por parte del rector de la Universidad de La Habana y del provincial del monasterio de la ciudad. El primero afirmó que no tenía jurisdicción en el asunto; el segundo, que los pardos habían participado anteriormente en estas actividades.[13]

Los detractores, sin embargo, se salieron con la suya, pues "el ruido y alboroto" resultantes persuadieron finalmente al rector de cancelar el evento. Un insulto público semejante dejó al capitán Flores "sonrojado", y a su hijo "desairado". El desaire fue particularmente doloroso, pues la familia podía identificar a "otros muchos [...] de la misma calidad" que "han tenido funciones en el colegio y demás escuelas" de La Habana.

La tribulación del capitán Flores y de su hijo ilustran un obstáculo que comúnmente enfrentaban quienes buscaban la movilidad social, y es que resultaba impredecible. Lo que era posible para una persona, podría resultar imposible para la siguiente; lo que podía suceder en un lugar podía ser inalcanzable en otros; el mejoramiento de la condición podía ocurrir en una época, mas no en otra. Fue por esta razón que la petición de Flores incluyó la disposición especial sobre los "actos literarios". Si surgía una ocasión posterior en la cual Joseph Ignacio pudiera demostrar su excelencia, su padre quería asegurarse de que la familia no sufriera de nuevo una humillación pública.[14]

Aun cuando el capitán fue muy directo acerca del incidente que había mortificado a su familia, su petición contenía además varios mensajes más sutiles en los que reconocía que había límites a la movilidad que podía alcanzarse. A este respecto, lo que no pidió puede ser igualmente importante que sus peticiones finales. Habría sido lógico, por ejemplo, dado que Joseph Ignacio había demostrado ser brillante

---

13 Caso 22, Ayarza, 1803, señala que los hermanos Ayarza habían participado en análogas exhibiciones de sus conocimientos en "varios actos públicos" en Bogotá.
14 Caso 3, Flores, 1760.

en filosofía y teología, que el capitán pidiera que su hijo pudiera seguir una carrera en el sacerdocio o en las leyes, en lugar de dedicarse a la práctica de cirujano, una ocupación mucho menos prestigiosa, aunque también profesional.

Esta opción eclesiástica estaba claramente en la mente del capitán Flores. En su carta de presentación, señaló que no había legislación que dijera, "el que hubiere de estudiar filosofía y teología hay a ser blanco". Citando el libro de Juan de Solórzano Pereira *Política indiana*, llegó a un cálculo preciso de la aproximación de su familia a la blancura. Como sucedía con muchos solicitantes pardos, Flores tenía parientes cercanos: su propio padre, así como el de su esposa, eran blancos. Como resultado de ello, concluía, su hijo "no tiene embarazo alguno para estudiar filosofía y teología".

Las conexiones del capitán Flores, debidas, sin duda, a su servicio en la milicia, lo habían hecho también agudamente consciente de la movilidad de otros en Nueva España y en el Caribe. Señaló que "un hijo de coronel de pardos de México, otro de Puebla [...] y otro del comandante de pardos de Cuba", habían "sido exaltados a mayores honras y nobleza", incluyendo la codiciada "dignidad sacerdotal". El mensaje era que su hijo podría ser igualmente meritorio.

Aunque Antonio Flores insinuó que Joseph Ignacio debería poder estudiar teología, no presionó para que se le concediera el permiso de hacerlo. Es posible que su hijo no deseara ser sacerdote. O bien, como el capitán había solicitado una dispensa general para que todos sus hijos estudiaran cirugía en la Universidad de La Habana, decidió no pedir este favor adicional. La ordenación seguiría siendo uno de los más duros obstáculos de superar para las castas.

Resulta revelador también que el capitán Flores conspicuamente se abstuviera de pedir otro favor obvio. Aun cuando solicitó que sus hijos pudieran asistir a clases de "medicina y cirugía", nunca pidió explícitamente que pudieran graduarse de la Universidad de La Habana. El vínculo entre asistir a clase y graduarse no era inevitable. Como ilustra el caso de Joseph Ponciano de Ayarza, no era insólito que los pardos asistieran a clases y adquirieran el conocimiento y las habilidades necesarias, y luego la oficina de matrículas les negara el permiso de graduarse.[15] Quizás el capitán limitó sus aspiraciones a ofrecer la mejor educación médica para sus hijos o, tal vez, supuso sencillamente

---

15 Caso 22, Ayarza, 1803. Véase capítulo 1.

que, si asistían a las clases, recibirían los títulos correspondientes. En cualquier caso, aún tendrían que enfrentarse al obstáculo de demostrar su competencia al tribunal médico supervisor, el Protomedicato, y evadir de alguna manera los requisitos de limpieza de sangre.

La reticencia de Antonio Flores a presionar por obtener una excesiva movilidad para la siguiente generación demostró estar justificada. Como el abogado de la Corona para México se encargaba de las peticiones provenientes de Cuba, Tomás de Maldonado, originario de las islas Canarias y que nunca había servido en las Indias, evaluó la petición.[16] Como era costumbre, el fiscal Maldonado revisó inicialmente los hechos pertinentes del caso. Describió cómo los dos egresados de la universidad habían utilizado "su influjo y el de algunos otros que siguieron su dictamen" para obligar al rector del colegio jesuita a cancelar el evento, con "grave sonrojo y desaire" para el solicitante y para su hijo. Examinó documentos donde se detallaba el extenso servicio militar del capitán, pruebas de su matrimonio, y la partida de bautismo de Joseph Ignacio.

Maldonado fue abiertamente hostil a la petición del capitán Flores. Consideró que el archivo era débil, dada la ausencia de "documento alguno que justifique del aprovechamiento del enunciado Joseph Ignacio Flores en la gramática, filosofía y teología". Sus comentarios posteriores revelaron que era poco probable que, incluso su demostrada brillantez, lo hubiera motivado a sancionar la asistencia de los pardos a cualquier universidad. Por el contrario, adoptó una posición estrictamente legalista, al citar la *Recopilación* que dictaminaba que las universidades no debían admitir "mestizos, zambos, mulatos o cuarterones".[17]

El fiscal Maldonado presentó una justificación común —el argumento de proximidad— utilizada por funcionarios reales y por élites locales como razón para excluir a los pardos de los privilegios de los blancos. Argumentó que, si los pardos asistían a clases en la universidad, los blancos temerían que su propia condición se viera rebajada por su cercanía física con personas de posición inferior. El resultado sería la huida de los blancos. Maldonado temía que las élites "desamparen y deserten" de la universidad, "por no rozarse con gente de tan baja calidad en grave perjuicio de la causa pública". Un razonamiento semejante resaltaba el hecho de que un componente fundamental de la categoría en las Indias, como ha señalado el historiador R. Douglas

---

16 Burkholder, *Biographical*, 75.
17 *Recopilación*, T. 1, Lib. i, Tit. xxii, ley lvii, 1678.

Cope, no solo derivaba del color o del legado, sino también de las relaciones sociales.[18]

Si bien el fiscal Maldonado no estaba obligado a tomar partido en el embrollo, optó por hacerlo, apoyando a quienes habían protestado en la Universidad de La Habana. Agregó el comentario, bastante gratuito, de que no veía ningún problema en lo que le había ocurrido al capitán Flores y a su hijo, pues había "justo motivo" de los doctores "para no asistir y oponerse" a la participación del joven en un evento semejante. Su desdén fue tal que ni siquiera se dignó rechazar la petición del capitán de que sus hijos estudiaran en la universidad. No tenía interés en hacer ninguna excepción. En febrero de 1760, el Consejo de Indias estuvo de acuerdo con su recomendación.

A comienzos de la década de 1760, era posible que medio siglo de servicio militar no inclinara la balanza a favor de que un hijo asistiera la Universidad de La Habana y eventualmente ejerciera como cirujano. Como se sugirió en un capítulo anterior, y como habrían de demostrar acontecimientos posteriores, el capitán Flores había intentado vencer uno de los más grandes obstáculos a la movilidad de los pardos. Aunque no era imposible que los pardos asistieran a la universidad, como se demostró en el ambiente más benigno de comienzos de la década de 1700 en Lima, era común también que las facultades y las élites locales protestaran vehementemente contra su presencia, en particular en años posteriores del siglo. Hubo también un pequeño avance para los pardos: aunque el abogado de la Corona rechazó finalmente la petición, no la había ignorado: analizó los documentos, redactó una consulta y la presentó a sus superiores para su revisión.

La negativa en el caso del capitán Flores no significó tampoco que los funcionarios imperiales se opusieran totalmente a conceder la blancura para que solicitantes meritorios pudieran practicar como cirujanos. Solo seis meses después de que el fiscal Maldonado rechazara despectivamente la petición del capitán, recomendó que la Cámara permitiera a un pardo cubano ejercer dicha profesión. Comprender qué variables contribuyeron a este veredicto favorable nos da una idea de cuáles eran aquellos factores que podían motivar a los funcionarios reales a condonar el blanqueamiento.

Fue una situación de crisis del imperio —el conflicto intestino que azotaba el Caribe como consecuencia de la Guerra de los Siete Años

---

18 Cope, 83.

(1756-1763)— la que ofreció al pardo Joseph Francisco Báez la oportunidad de convertirse en cirujano a pesar de las prohibiciones reales. En su petición, señaló que la "guerra contra Inglaterra" había motivado al Protomedicato a concederle una licencia transitoria.[19] A diferencia de Flores, quien solicitaba que su hijo asistiera a la universidad para adquirir las habilidades requeridas, Joseph Francisco no necesitaba rogar que lo admitieran en la Universidad de La Habana. Más bien, había seguido una ruta alterna, y se había convertido en cirujano romancista. Para el momento de su petición, en noviembre de 1759, se había desempeñado durante cinco años como aprendiz de un cirujano cubano certificado, asistido en el hospital de San Juan de Dios durante tres años, y había practicado la cirugía durante trece años. Pedía una "cédula real dispensándole el punto de limpieza", para que el Protomedicato careciera de "pretexto alguno" para prohibir que practicara la medicina. En efecto, lo que pedía era la confirmación de un hecho cumplido y no autorización para iniciar un curso de estudios.

¿Qué otras variables, además de su acreditada pericia, pensaba Joseph Francisco Báez que podrían influir en una decisión favorable? Al igual que el capitán Flores, recordó a los funcionarios sus parientes blancos, que incluían a su abuelo y a su suegro. Joseph Francisco dejó claro también que no era socialmente agresivo: conocía su lugar. De la misma manera en que el capitán Flores limitó sus ambiciones para sus hijos, Joseph Francisco enfatizó que "manexándome por lo general de modo humilde y obsequioso", "para hacerme lugar en quanto sea graciable por tantos". Aun cuando su petición parecía limitarse a la obtención de la blancura necesaria para ejercer como cirujano, la respuesta de la Cámara fue ambigua y, en última instancia, sugestiva. El mismo fiscal, Tomás de Maldonado, quien, seis meses antes se había esforzado por rechazar al capitán Flores, recomendó que la Cámara dispensara al cirujano del "defecto que padece en su nacimiento".

Al prestar atención al lenguaje de la cédula correspondiente, se revela una asombrosa apertura para pardos y mulatos: en efecto, había una sugestiva disparidad entre lo que había pedido Joseph Francisco y lo que la Cámara había concedido. Aunque el cubano había solicitado sencillamente permiso para practicar la cirugía, las palabras del decreto dejaban una sustancial ambigüedad sobre su efecto último. Inequí-

---

19 Caso 4, Báez y Llerena, 1760.

vocamente, suministraba la deseada autorización ocupacional, pues permitía a Joseph Francisco usar su "facultad de cirugía" y disfrutar de "todas las exempciones, privilegios y prerrogativas que como a tal facultativo le corresponden en la propia forma que a los demás de la isla sin diferencia alguna".

Resultaba menos seguro que la eliminación de la calidad de pardo de Joseph Francisco se extendiera a otros ámbitos en los cuales pudiera disfrutar beneficios adicionales de la blancura. Esto se debía a que, tras la cláusula en la que se concedía la exención ocupacional específica, la cédula-decreto proseguía a borrar "el defecto que padece en su nacimiento y le dejo hábil y capaz como si no le tuviera, derogando por esta vez en su favor cualesquiera leyes, ordenanzas o constituciones que hablen en contrario". No queda claro si la Cámara había blanqueado a Joseph Francisco únicamente para que pudiera practicar la cirugía o si lo había exonerado en general de las reglamentaciones discriminatorias dirigidas a los pardos. De ser así, ¿podría disfrutar de todos los privilegios de los blancos?

Resulta sugerente la posibilidad de especular si la novedad de tales dispensas contribuyó a la ambigüedad acerca de si esta era una exención restringida a la ocupación, o bien una exención más general. Es posible que la falta de experiencia del fiscal Maldonado en los asuntos americanos lo hiciera menos sensible a las implicaciones de sugerir siquiera un camino que condujera a terminar con la discriminación contra pardos y mulatos, aun si se refiriera únicamente a individuos particulares. Cualquiera que haya sido la razón, esta vaga sentencia inició un proceso a través del cual los funcionarios de la Cámara comenzaron a facilitar una vía oficial hacia el blanqueamiento. Posteriores peticiones revelan que aumentó también, para otros pardos, la expectativa de que el pleno blanqueamiento fuese posible.

El resultado favorable de la petición del cirujano Báez evidenció otra tendencia que habría de surgir en las solicitudes de las gracias al sacar, pues algunas de ellas conformaban "conjuntos" discernibles, en los cuales el éxito de un solicitante se vinculaba directamente con el de otro. No parece accidental que el siguiente solicitante, el cirujano Miguel Joseph Avilés, practicara en el mismo hospital de La Habana que Joseph Francisco Báez. El primero utilizó la sentencia de la Cámara sobre su colega en apoyo de su propia petición en 1763.[20]

---

20 Caso 5, Avilés, 1763.

Los años precedentes habían sido una época peligrosa para los habaneros. Los ingleses habían desembarcado en Cuba en junio de 1762, habían tomado La Habana en agosto, y la ciudad solo regresó a control español en julio de 1763.[21] Un mes después de la invasión británica, el Protomedicato cubano había autorizado la práctica de Avilés. Como explicó más tarde el cirujano, su "aptitud y suficiencia en curar" significó que, "durante la guerra", pudo realizar cirugías "sin reparo de si era o no pardo". Sin embargo, ahora que la crisis había pasado, encontró que el médico certificante no le expediría un permiso "solo por ser pardo libre, aunque sus procedimientos [médicos] son sobresalientes".

A diferencia de su colega Báez, Miguel Joseph Avilés solicitaba más que una exención ocupacional. Quizás era consciente de las ambigüedades y del potencial para la movilidad que contenía la cédula concedida a su colega. Cuando escribió a su apoderado en Madrid sobre los detalles de su petición, Miguel Joseph sugirió que él "suplicando a Vuestra Majestad se sirva extender […] esta gracia a los hijos del otorgante en caso de criar con la misma facultad". Se trataba de un paso adelante decisivo: un pardo no solo seguía la estrategia tradicional de obtener un elemento de blancura para sí mismo con el fin de ejercer una profesión prohibida; ahora intentaba extender este beneficio para la siguiente generación.

No resulta claro si el apoderado de Miguel Joseph incluyó la solicitud del blanqueamiento generacional en la petición que presentó ante la Cámara. Cuando el fiscal Luis Francisco Mosquera y Pimentel revisó la solicitud, es posible que ignorara este aspecto; ciertamente no lo comentó. A diferencia de su predecesor, que había fallado en los casos de Antonio Flores y Joseph Francisco Báez, y quien posteriormente fue promovido al Consejo de Castilla, Mosquera y Pimentel tenía experiencia en las Américas. Había servido seis años como fiscal de crimen en la Corte Suprema Penal de Ciudad de México.[22]

Su experiencia en las Indias parece haber incidido en su actitud frente al blanqueamiento, pues hizo distinciones más sutiles que su antecesor. Explicó que tales exenciones ocupacionales no eran, necesariamente, permanentes, como tampoco generales. Si bien el protomedicato cubano había dispensado a Miguel Joseph Avilés de su calidad de pardo para que pudiera practicar la cirugía durante la guerra, "esto

---

21 García, "Nuestra", pars. 8, 21.
22 Burkholder, *Biographical*, 83-84.

no prueba que le dispensase absolutamente el expresado defecto". Por el contrario, dicho favor había sido solo transitorio, y "dictado de la necesidad". El abogado de la Corona, al parecer, conceptualizaba la obtención del blanqueamiento como un atributo fluctuante, que podía ser concedido, pero también podía ser retirado.

Puesto que el cirujano Avilés se había referido en su petición al caso de su colega cubano Joseph Francisco Báez, Mosquera y Pimentel buscó el precedente en el archivo. Encontró las "minutas de la cédula" donde se detallaban las especificidades de la sentencia de Báez, y concluyó que había "una quasi omnímoda identidad así en la idoneidad como en los servicios de estos súbditos". Recomendó que la Cámara permitiera a Avilés hacer el examen para calificarse y, si tenía la "suficiencia necesaria", le permitiera practicar como cirujano.

El fiscal Mosquera y Pimentel no solo apoyó la petición de Miguel Joseph Avilés; fue un paso más allá a su favor. Después de que la Cámara aceptara conceder la dispensa, advirtió al Protomedicato cubano que la única razón válida para rechazar al cirujano pardo sería la falta de habilidad para practicar. Si hubiese "otra causa" para negar el permiso a Avilés, el abogado de la Corona exigió un "informe con justificación" que validara por qué no se había concedido la autorización requerida.

Si bien el fiscal Mosquera y Pimentel parecía dispuesto a ejercer presión sobre el tribual que debía certificar el permiso necesario, finalmente ofreció una dispensa mucho más restringida. Su declaración, a diferencia de la cédula expedida en el caso de Joseph Francisco Báez, no contenía cláusulas ambiguas sugiriendo que ese blanqueamiento pudiera conllevar más que una exención profesional. Su única recomendación fue que la Cámara permitiera a Avilés, una vez que el Protomedicato aprobara su competencia, practicar como cirujano.

Los documentos internos que rastrean esta sentencia de la Cámara revelan otra pequeña victoria para los pardos: Mosquera y Pimentel tomó en cuenta el precedente establecido por su antecesor para permitir a Avilés practicar la cirugía. El desarrollo de un protocolo burocrático como este fue fundamental para institucionalizar un proceso oficial de blanqueamiento. Como quiera que los camaristas no estaban seguros de cómo proceder, habitualmente revisaban cuidadosamente los archivos en busca de precedentes. Estas validaciones excesivas de sentencias previas habrían de crear, eventualmente, su propio impulso, haciendo que cada vez fuese más fácil que los funcionarios aprobaran las peticiones de blanqueamiento.

Un último caso, aún más revelador, surgido del conjunto de peticiones relativas a la práctica de la cirugía, se inició en junio de 1761 cuando un residente de Bayamo, Juan de la Cruz y Mena, envió una carta al gobernador de Santiago de Cuba.[23] Entender la forma como describió su aflicción ofrece una comprensión única de sus propios pensamientos. La redacción personal de la carta sugiere que fue él mismo, y no su apoderado, quien la escribió.

Al parecer, aunque Juan de la Cruz y Mena era pardo, consiguió llegar a ser médico latino o cirujano. Al menos, recordó "haber practicado útilmente la ciruxía y cursado medicina, y haberse matriculado en la real y pontificia universidad de San Gerónimo de La Habana". El Protomedicato había autorizado su práctica en Bayamo; el gobernador, posteriormente, lo destinó al hospital de San Roque, y sirvió a los religiosos del convento de la Pura e Inmaculada Concepción. Había contraído matrimonio con doña Rosa de Tamayo Durán Guerra, que era blanca y podía remontar su linaje hasta uno de los primeros fundadores de Bayamo.

Como Juan de la Cruz y Mena había pasado años estudiando medicina en La Habana por la misma época en que lo hicieron los cirujanos Joseph Francisco Báez y Miguel Joseph Avilés, parece en extremo probable, no solo que los conociera, sino que se hubiese enterado de sus peticiones. Dado que Juan ya tenía un título para practicar como cirujano, esta no era su inquietud. Más bien, como había insinuado Miguel Joseph Avilés en su petición, le preocupaba la movilidad de la siguiente generación. Sus dos hijos mayores, Juan Antonio y Fernando Joseph, habían dedicado cuatro años a aprender "la práctica de ciruxía" en el hospital de La Habana, así como "cursado artes", y estaban ahora preparados "a pretender su grado de bachiller". Este, agregaba su padre, era un "pasaje necesario por sus reales estatutos para cursar las clases de medicina". Los detalles anteriores sugieren que los hijos de este cubano intentaban llegar a ser cirujanos latinos, de mayor categoría, pues estos precisaban un título en artes antes de estudiar cirugía.

Fue en aquel punto cuando los profesores de la universidad "impidiéronle este curso". Juan sugirió que aquello era particularmente injusto, pues había otros en sus clases de condición de casta incluso "inferior". Su frustración al enfrentar tal desigualdad en la discriminación

---

23 Caso 6, Cruz y Mena, 1764.

fue semejante a la del capitán de milicia Flores, quien se había quejado también de tan impredecibles variaciones. Al parecer, mientras que un pardo podía exhibir sus talentos intelectuales en público, u otro asistir a la universidad, había quienes no podían hacerlo, como los hijos del capitán Flores y el cirujano Cruz y Mena. Por esta razón, Juan concluía afirmando que la "necesidad indiana" exigía que los funcionarios aplicaran las leyes "con moderación".

¿Cuál era esta "necesidad" que exigía "moderación"? Juan basaba su argumento en la historia más amplia de las Américas, así como en su propia historia familiar, particularmente en la dificultad de rastrear sus propios ancestros. Sugirió que "la concurrencia de varias gentes de remotos lugares y aun de regiones varias hace a sus habitadores americanos de nacimiento inexcrutables y de poca y dudosa limpieza". Tales incertidumbres, insinúa, habían creado un problema único, porque "se hallan casi todos sin aquella puridad y limpieza" exigida por las universidades, así como por los "empleos de honor".

Esto ambiguos orígenes llevaban también a una injusta discriminación, pues "riquezas", "aliados" o "falta de caudales" determinaban caprichosamente quiénes pasaban para ser incluidos y quiénes no. En una reveladora frase, Juan pedía al monarca que borrara "estos precisos defectos americanos" para que sus hijos pudieran ser admitidos "a las artes liberales y a las clases de las ciencias". El gobernador de Cuba envió los documentos a España con una recomendación positiva respecto a la petición de este "profesor de Medicina y Cirugía".

Cuando el fiscal Mosquera y Pimentel revisó los documentos para la Cámara, su síntesis no reprodujo con exactitud los aspectos específicos de la petición. Juan de la Cruz y Mena había solicitado que sus hijos recibieran un título en artes liberales y que se les permitiera tomar las clases de medicina requeridas en la universidad. En lugar de lo anterior, el fiscal de la Corona concluyó, erradamente, "haber negado el rector y el claustro de la universidad de la Habana el grado de bachiller en cirugía a dos hijos". Esto "no obstante haber estudiado y practicado el tiempo establecido en aquella ciudad". Sugirió que el Consejo de Indias ordenara a los funcionarios de la universidad que justificaran sus razones para "la negativa del citado grado".

Esta disparidad entre lo que había pedido Juan de la Cruz y Mena, y lo que sintetizó el fiscal Mosquera y Pimentel, ofreció una oportunidad a los funcionarios de la Universidad de La Habana para atacar. Al día siguiente, el rector respondió que la petición padecía de "los vicios de obrepción y subrepción". Estos son términos del derecho canónico para indicar que la petición del cirujano cubano no solo contenía falsedades, sino que también omitía información esencial para comprender el caso. No era cierto, proclamó el rector, que la universidad "le negó el grado en cirugía, pues tal no ha acontecido". Lo que se omitía, argumentó el rector, fue, en la petición de Cruz y Mena "haber callado" que este padre y sus hijos eran mulatos.

Los funcionarios de la universidad tomaron declaraciones para justificar su proceder. El secretario recordó que "un mozo llamado Mena, natural de la villa del Bayamo en esta ysla [vino] a echar matrícula". Puesto que el reglamento de la universidad exigía que suministrara "información de la calidad y limpieza", el secretario se había anticipado a intervenir. El funcionario reveló que, "constándome que el dicho Mena es mulato le aconsejé no emprendiese producir información pues siendo notoria su inferior calidad no era posible que se le admitiese". El secretario recordó que el joven nunca había regresado: "No volvió a presenciarse para entrar en las escuelas".

Cuando llegó la respuesta de los funcionarios de la universidad al Consejo de Indias, el fiscal Mosquera y Pimentel observó que la facultad no había negado oficialmente la admisión al hijo de Cruz y Mena. Más bien, el secretario lo había disuadido. Aceptó que fueron "justos y legales los motivos" para prohibir su ingreso, y recomendó que la Cámara rechazar la petición del cirujano cubano para obtener una dispensa con el fin de que sus hijos asistieran a la universidad.

El tratamiento que dio la universidad a Juan de la Cruz y Mena y a sus hijos subraya la manera ecléctica en que las élites locales discriminaban a los pardos que intentaban acceder a ella. La región y el momento importaban: aquello que podría ser posible en Lima, e incluso en La Habana, a comienzos del siglo XVIII, podría no ser posible décadas más tarde. Resulta instructivo que este médico y padre de Bayamo no solo había podido asistir a clases, sino que la fuerte presunción es que se había graduado de la Universidad de La Habana. Al menos, presentó una carta de un doctor don Joseph Arango, profesor de la Facultad de Medicina de la Universidad de San Jerónimo en La Habana, donde certificaba que, en 1731, Juan de la Cruz y Mena "ha asistido diaria y punctualmente a la lección de vísperas de medicina".

Pareciera lógico, dado que la esposa de don Juan, doña Rosa, era blanca, que sus hijos tuviesen la piel todavía más clara y, presumiblemente, se encontrasen aún en mejores condiciones para asistir a la universidad. Al menos parece que la familia había avanzado socialmente lo suficiente como para que la partida de bautismo de los hijos se registrara en el libro de "españoles". Entonces, ¿por qué les negaron la admisión los funcionarios de la universidad?

Una posible respuesta enfatiza las quejas de Juan de la Cruz y Mena sobre la variabilidad de la discriminación. Lo que parece claro es que Juan no tenía aspecto de blanco. Un certificado expedido por el Protomedicato lo describía como de "buen cuerpo", aunque era "moreno, algo picado de virguelas, con una señal de cicatriz vaxo de la barba, pelinegro crespo y otras dos cicatrices en los hombros". Al parecer, aun cuando su esposa era blanca, los rasgos de los hijos de la pareja eran todavía lo suficientemente notorios como para que el secretario de la universidad pudiera verlos como mulatos, "siendo cierto" que no satisfacían los requisitos de admisión. El resultado era que el padre y sus hijos pasaban por blancos en Bayamo, mas no en La Habana ni en Madrid.[24]

En efecto, más allá de Cuba, los pardos recibieron títulos de universidades americanas, aunque tales honores no eliminaron la discriminación en su contra. Esta fue la experiencia de don Cristóbal Polo, quien había recibido el título de abogado de la Universidad de Santa Fe en Bogotá.[25] Cuando intentó establecer su práctica jurídica en Cartagena, las élites de la ciudad protestaron. Los funcionarios reales validaron su transición *ex post facto*, al aceptar su título universitario y permitirle ejercer. En su caso, los señalados servicios prestados por su padre militar durante la defensa de Cartagena demostraron ser un factor importante.

Si bien el Consejo de Indias admitió esta excepción, continuó negándose a abrir las puertas de las universidades a otros. En 1765, expidió un decreto en el que insistía que el privilegio acordado a Polo era algo único, y que no se permitiría a otros mulatos matricularse en Bogotá. Después de 1795, el blanqueamiento para ingresar a la universidad seguía siendo uno de los más buscados, y uno de los beneficios más controvertidos de las gracias al sacar.

¿Por qué negaron los ministros del Consejo de Indias las peticiones de algunos cubanos y decidieron otras de manera favorable? Subya-

---

24 Konetzke, vol. 3, Doc. 366, 1793. Incluso para 1793, los funcionarios reales únicamente intervenían para permitir que los mulatos que ya estaban certificados como cirujanos asistieran a clases especiales en la universidad, en este caso, un necesario seminario sobre anatomía.
25 Caso 22, Ayarza, 1803. Referencias a este caso aparecen entre los documentos de Ayarza. Konetzke, vol. 3, Doc. 199, 1765, reproduce la cédula.

cían a sus sentencias algunos patrones típicos de la toma de decisiones burocrática: los funcionarios reales preferían aprobar el hecho cumplido. Quienes recibieron sentencias favorables —Joseph Francisco Báez y Miguel Joseph Avilés— ya eran cirujanos, y Cristóbal Polo se había graduado de la universidad con un título en Derecho. Los funcionarios se mostraron reticentes a extender la movilidad potencial a la generación siguiente, como habrían de descubrirlo el capitán Flores, el cirujano Juan de la Cruz y Mena, y sus hijos.

Sobre este punto, los ministros del Consejo de Indias se negaron obcecadamente a interferir con el control de las universidades locales por parte de las élites, como también a invalidar la legislación que prohibía el ingreso de los pardos a las instituciones de educación superior. Tampoco hubo mucha innovación en los procesos burocráticos, pues los funcionarios no iniciaron un procedimiento regularizado para borrar las manchas y conferir la blancura. No cobraban a los solicitantes exitosos. Más bien, dispensaban del defecto como un favor real y de manera *ad hoc*.

¿En qué medida podría la presencia o ausencia de una experiencia ultramarina influir en los dictámenes del fiscal, inclinando al Consejo de Indias a sancionar un blanqueamiento de gracias al sacar? Maldonado, quien no había ocupado ningún cargo en las Américas, emitió sentencias tanto conservadoras como radicales sobre el blanqueamiento. Siguió el precedente, citando las Leyes de Indias como razón suficiente para que el hijo pardo de Antonio Flores no pudiera ingresar en la universidad. En el caso de Joseph Francisco Báez, Maldonado no solo apoyó su práctica como cirujano, sino que fue significativamente más allá de cualquier exención profesional. Borró su defecto y "le dejo hábil y capaz como si no lo tuviese". El resultado de hacerlo fue un gran avance: creó la posibilidad radical de que se concediera la blancura completa.

A diferencia de él, el fiscal Luis Francisco Mosquera y Pimentel, quien había ocupado cargos en Nueva España, se mostró, al parecer, más conservador al evaluar las peticiones de blanqueamiento. Aun cuando aprobó la petición del cirujano pardo Miguel Joseph para ejercer su profesión, restringió estrictamente sus beneficios a una dispensa ocupacional. Rechazó las esperanzas que abrigaba Juan de la Cruz y Mena de que sus hijos pudieran asistir a la universidad para capacitarse como cirujanos.

Incorporado a este conjunto de casos hubo también progreso para los pardos. El punto de referencia fue que dos cubanos habían obtenido la blancura suficiente como para practicar la cirugía y posiblemente

—dada la vaguedad de la redacción de la cédula para Joseph Francisco Báez— incluso poner fin a su condición de casta para más que efectos profesionales. Los pardos intentaron, asimismo —aunque con poco éxito— extender los privilegios de la blancura a las generaciones posteriores. A este respecto, como sucedió en otros casos, fue frecuente que el rechazo de los primeros intentos de parte de la burocracia imperial pudiera traducirse más tarde en éxitos. El paso siguiente, revelado a través de las respuestas de la Cámara a peticiones presentadas por pardos de Panamá, los acercaría aún más a establecer el blanqueamiento como una opción que podía comprarse.

Notarios panameños: precedentes adicionales, décadas de 1760 y 1770

A partir de la década de 1760, comenzó a llegar a Madrid un segundo conjunto de peticiones enviadas por pardos panameños que buscaban exenciones profesionales para ejercer como notarios. Estas peticiones compartían similitudes subyacentes con aquellas de los cirujanos cubanos: la legislación real prohibía también a pardos y mulatos ejercer estas profesiones; las crisis imperiales generaron una demanda de practicantes, abriendo así vías para la movilidad. Así como sucedió con los cubanos, algunos de los cuales trabajaban en el mismo hospital y, casi con seguridad, se conocían, los panameños conformaban un conjunto de solicitantes: se habían capacitado mutuamente, trabajaban juntos, y algunos eran parientes.[26]

Como ocurría con los cirujanos, los pardos también podían aprender las destrezas necesarias —en este caso, escribir limpiamente y dominar los formularios de documentos requeridos— al trabajar como practicantes. Así como el Protomedicato debía aprobar la pericia de los cirujanos pardos, los potenciales notarios debían aprobar un examen administrado por la audiencia respectiva. Debían enviar una solicitud a la Cámara de Indias para comprar el título de escribano o notario, el cual era uno de los otros muchos favores vendidos a través de gracias al sacar.

---

26 Caso 8, Borbúa, 1767; Caso 29, Borbúa, 1803, ofrece información sobre estos vínculos. Bartolomé de Salazar y Pedro Joseph Masso entrenaron a Juan Evaristo de Jesús Borbúa, quien habría de entrenar a su hijo Matías Joseph. Masso enseñó también a su sobrino, Don Luis Joseph de Paz; Caso 13, Paz, 1786.

Dentro de la cultura legalista del mundo hispánico, los notarios desempeñaban un papel fundamental.²⁷ Dominaban las formas apropiadas de hacer copias de documentos oficiales y personales, tales como testamentos. Como resultado de ello, conocían secretos familiares íntimos y asuntos confidenciales de la administración. A partir de 1449, con el Estatuto de Toledo, una serie de leyes españolas exigía que los notarios demostraran su limpieza de sangre y nacimiento legítimo, y ser personas de confianza.²⁸

Puesto que la legislación peninsular sobre las calificaciones de los notarios no mencionaba a pardos y mulatos, las Leyes de Indias agregaron discriminaciones específicas contra ellos. Los decretos ordenaban que los virreyes y los oidores de las audiencias, que aprobaban las solicitudes para notarios públicos y escribanos, se aseguraran "como se ponga especial capítulo" para verificar que los aspirantes no fueran mulatos.²⁹ Añadía que, si pardos y mulatos habían hecho "engaño", y recibido autorización para ejercer, los funcionarios debían "recogerlos". No obstante, así como la guerra en el Caribe había generado una demanda de cirujanos, aun si eran pardos, otra crisis del imperio abrió el camino para sus contrapartes notariales en las márgenes del Caribe. Una escasez de profesionales blancos en algunos lugares determinados ofreció la oportunidad para que pardos y mulatos se beneficiaran de estas carencias y ejercieran una profesión prohibida.³⁰

Los funcionarios reales admitieron la dificultad de hallar personal cualificado —esto es, capacitado, blanco y legítimo— para tramitar todos los documentos del gobierno en lugares remotos. Las oficinas notariales de Panamá se vieron particularmente afectadas, un lugar donde los pardos habían hecho históricos progresos mucho antes del siglo XVIII. Como sucedió con las milicias, la década de 1620 parece haber marcado un primer punto de inflexión. El historiador panameño Alfredo Castillero Calvo ha señalado cómo un candidato a la notaría

---

27 Burns, *Into*, presenta ideas sobre cómo los notarios dieron forma a los archivos coloniales.
28 Twinam, *Public*, 46, y Sicroff, 53-56, discuten precedentes peninsulares.
29 BN, MS 299, 1621.
30 A diferencia de ellos, la mayor parte de los afroamericanos estadounidenses que se convirtieron en notarios lo hicieron durante la llamada Reconstrucción (1865-1877) o después de ella, aproximadamente un siglo más tarde que sus contrapartes en Hispanoamérica: por ejemplo, en Virginia en 1865 (Smith, 174), Kentucky en 1878 (Kleber, 169), Mississippi en 1924 (McMillen, 338) y Carolina del Sur en 1931 (Fordham, 163).

ocultó su defecto haciendo que otra persona se presentara al examen de calificación en su lugar; otro ocultó que había tenido una abuela negra.[31] En 1620, el fiscal de la Real Audiencia de Panamá había protestado por una movilidad semejante, denunciado ante el Consejo de Indias que había conferido, sin saberlo, títulos a "algunas personas de poca satisfacción, por ser mulatos y mestizos".[32]

Incluso si algunos se escabulleron por entre las rendijas para ejercer esta profesión, el Consejo de Indias intentó cerrar esta oportunidad con un decreto, expedido en 1623, que prohibía a los pardos asumir el título de notario. La escasez, sin embargo, triunfó de nuevo sobre la discriminación, pues el cabildo de la Ciudad de Panamá se quejó de la falta de notarios.[33] Esta carencia parece haber facilitado la petición del pardo panameño Manuel Botacio Grillo, quien, en 1646, apeló al Consejo de Indias. En favor de su petición había también evidencia de precedentes en otros lugares —al menos, afirmó que "hay ahora muchos mulatos en el Perú y otras partes" que ejercen como notarios.

La eventual aprobación de la práctica de Manuel Botacio Grillo parece haber abierto la puerta para que otros pardos —Juan Martínez de Leguízamo, Alonso de Alarcón, Silvestre Botacio Grillo— comenzaran a ejercer en el istmo. Cuando estos solicitaron los títulos necesarios, pagaron únicamente los honorarios habituales para ser notario; no ofrecieron un pago adicional por su calidad de pardos.[34] Para la década de 1760, los pardos panameños estaban siguiendo una tradición establecida largo tiempo atrás cuando pedían al Consejo de Indias hacer una excepción a su favor.[35]

A diferencia de los casos cubanos de mediados del siglo XVIII, cuando los cirujanos pardos presionaron para obtener prerrogativas de blancura más allá de una dispensa profesional restringida —tal como transmitir los privilegios a la generación siguiente, o ingresar a la universidad— los solicitantes de Panamá pedían únicamente el

---

31 Castillero Calvo, "Afromestizaje", 83.
32 *Ibid.*, 84.
33 AHN, Códices, L. 701, 293,1621.
34 Castillero Calvo, "Afromestizaje", 84-87.
35 *Ibid.*, 86, señala que las décadas de 1730 y 1740 llevaron a un deterioro en Panamá, debido al incendio que asoló Ciudad de Panamá en 1737, y al final de las ferias del comercio en Portobelo en la década de 1740. Su irónico resultado fue abrir oportunidades a pardos y mulatos para que compitieran con las élites. Concluye que, 97, para finales del siglo XVIII, Portobelo "se encontró prácticamente bajo el dominio de los pardos libres."

título de notario o escribano. Lo que resultó sorprendente fue que los funcionarios imperiales fueron quienes introdujeron innovaciones. Sus decisiones habrían de llevar a la Cámara más cerca de una institucionalización de la opción de blanqueamiento.

La petición de Juan Evaristo de Jesús Borbúa, de Portobelo, Panamá, presentada en 1767, llevó a la creación de un punto de referencia burocrático de esta índole, pues es el primer caso —al menos de los que se encuentran en el archivo del Consejo de Indias— en el cual los funcionarios de la Corona comenzaron a vincular explícitamente la concesión de la blancura con su compra.[36] Una carta de recomendación enviada a su favor por don Gerardo Joseph de la Sobrería, un funcionario de la Real Hacienda Pública, reveló que Juan Evaristo había adquirido las destrezas notariales necesarias, pues había sido practicante de tres notarios: Manuel Joseph López, Bartolomé de Salazar y el capitán Pedro Joseph Masso. Posteriores peticiones provenientes de Panamá revelaron que estos dos últimos eran pardos, lo que sugiere la existencia de una red en la cual unos pardos capacitaban a otros en la profesión.[37]

Al igual que en los casos de los cirujanos cubanos, la mejor oportunidad para los pardos panameños de recibir un veredicto favorable fue cuando los funcionarios de la Cámara confirmaban a alguien que poseía de antemano las habilidades necesarias. El contador real Sobrería verificó que el pardo panameño Juan Evaristo de Jesús Borbúa no solo ayudaba con regularidad al notario Salazar a despachar documentos, sino que, cuando dicho funcionario estaba "ausente", los "negocios del gobierno, cabildo y real hacienda" no experimentaban siquiera "el menor atraso".[38] Elogió la "inteligencia" de Juan Evaristo, así como su "aplicación". Sobrería agregó que la curia de la Iglesia de la Ciudad de Panamá había otorgado a Juan Evaristo el título de notario público, con el fin de que pudiera elaborar documentos eclesiásticos —este era un cargo que no necesitaba la aprobación de la Cámara de Indias.

Puesto que las peticiones provenientes de Panamá llegaban al despacho de fiscal para el Perú, el caso llegó al despacho de Pedro Gon-

---

36 Caso 8, Borbúa, 1767. No obstante, Silvia Espelt Bombín sugiere que pudo haber unos pocos casos en los que los solicitantes pagaron por el cargo y la dispensa de la calidad de pardo antes de la década de 1760 (comunicación personal, 22 de noviembre de 2013).
37 *Ibid.*; Caso 29, Borbúa, 1803.
38 Caso 8, Borbúa, 1767.

zález de Mena y Villegas, quien nunca había ocupado un cargo en las Indias, y que solo llevaba en aquel puesto dos meses.[39] Inicialmente adoptó una posición estrictamente legalista, citando las Leyes de Indias y observando que "está fuera de toda controversia" que pardos y mulatos no debían ser notarios.[40] Concedió, sin embargo, que aun cuando "esta justísima ley" era de "su puntual observancia en las más de las provincias de América", había lugares —Cartagena, Panamá y Portobelo— donde la Corona permitía a "cuarterones o quinterones" adquirir el título de escribano.

El fiscal Pedro González de Mena y Villegas consultó luego los archivos de la Cámara en busca de precedentes. Aunque comentó que había "muchos exemplares de semejantes dispensas", se refirió únicamente a una cédula de 1758, concedida a Bartolomé de Salazar, habitante de Portobelo y uno de los notarios que había preparado a Juan Evaristo de Jesús Borbúa. Escribió con aprobación sobre la "idoneidad" de Juan Evaristo, y concluyó que su petición "no se diferencia substancialmente en cosa alguna" de aquella de su mentor. Como sucedió en las sentencias exitosas de los cirujanos cubanos, la petición del panameño satisfacía las inclinaciones de los funcionarios de la Cámara a buscar precedentes para validar un fallo posterior. Afirmó también un hecho cumplido, pues para cuando Borbúa presentó su petición, había ejercido como practicante de escribano durante quince años en las oficinas reales, y había trabajado para el cabildo y para el tribunal eclesiástico.

Si bien la evaluación de la petición de Borbúa por parte del fiscal González de Mena y Villegas, su mención de la legislación existente y su búsqueda de precedentes siguieron los procedimientos regulares, sus comentarios posteriores llevaron a la Cámara un paso más cerca de la burocratización de un proceso de blanqueamiento. Al igual que Maldonado, quien tampoco había ocupado cargo alguno en las Indias, y cuya concesión a Joseph Francisco Báez había sugerido más que un blanqueamiento profesional, González de Mena demostró ser también un innovador. Introdujo el precedente conceptual de que la calidad de quinterón era un defecto que podía ser remediado mediante el pago. Escribiendo en tercera persona, concluyó: "le pareció al fiscal que dispensándosele el defecto de quinterón que padece, se le podía conceder el fíat de notario real de las Indias".

---

39 Burkholder, *Biographical*, 51-53.
40 Caso 8, Borbúa, 1767.

El fiscal González de Mena y Villegas procedió luego a sugerir que el Consejo de Indias debería determinar la "cantidad" a cobrar por *"ambas gracias"* (itálicas mías). Este fue otro avance por la resbaladiza ladera. El abogado de la Corona separaba con ello el concepto de poner fin a la calidad de quinterón de aquel otro de conceder el título de notario. Propuso que Borbúa no solo pagara para adquirir el título de notario, sino que comprara también unas gracias para eliminar su condición de quinterón.

No había novedad alguna en la compra de la condición de notario, pues se acostumbraba a cobrar honorarios por el título. En 1795, las gracias al sacar especificaban 2.200 reales para obtener la oficina de notario.[41] Este caso se considera un punto de referencia, pues señala la primera vez que un funcionario real fija un precio para la eliminación de la calidad de quinterón. Resulta sugerente —más aún, sorprendente— que esta fuera exactamente la misma condición de casta (quinterón) y la misma suma (800 reales), que veintiocho años más tarde aparecería como una de las dos cláusulas de blanqueamiento en las gracias al sacar de 1795.

Algunos garabatos oficiales que aparecían al final del paquete de documentos confirman que la Cámara decidió separar el favor de adquirir el título de notario del de poner fin a la calidad de quinterón. Juan Evaristo pagó dos veces: 2.200 reales por el título de notario y "40 pesos fuertes" (800 reales) para eliminar el defecto de quinterón.[42] Cuando el Consejo de Indias le envió la cédula real, confirmó, específicamente: "dispensandos, según lo habéis solicitado del defecto de quinterón". La recomendación del fiscal, y las acciones de la Cámara, contrastan radicalmente con su tratamiento de los exitosos cirujanos cubanos. En aquellos casos, los funcionarios habían dispensado a los solicitantes de la calidad de pardo para ejercer una profesión, pero no habían cobrado honorarios.

La decisión de la Cámara de recaudar honorarios fue un paso fundamental para la institucionalización del proceso de blanqueamiento. El caso de Borbúa comenzó a acercar el blanqueamiento al camino habitual de otras peticiones de gracias al sacar, tales como las legitimaciones, cuando había una petición y un fallo que, de ser favorable, resultaba en el pago de una suma estipulada. La exigencia del pago inició un cambio crítico. La dispensa del defecto de la calidad de pardo pasó

---

41 RC, Doc. 7, 1795.
42 Caso 8, Borbúa, 1767.

de ser una gracia concedida ocasionalmente de forma gratuita, como en el caso de los cirujanos cubanos, a un favor regularizado que podía comprarse —al menos, en aquel momento— para las notarías. Permaneció en la ambigüedad si tal remedio estaba disponible únicamente para los integrantes de las castas que solicitaban desempeñarse como notarios o si cualquier persona podía pagar la cantidad estipulada.

El caso que sirvió de prueba concluyente: Panamá, 1786

La decisión de la Cámara de cobrar a Juan Evaristo de Jesús Borbúa para dispensarlo de su condición de quinterón para que pudiera ejercer como notario estableció un precedente que motivó a otros solicitantes del istmo. Pareciera inconcebible, aun cuando resulta difícil confirmarlo, que los posteriores solicitantes pardos no se conocieran personalmente, dado que ejercían por la misma época en Portobelo o en Ciudad de Panamá. En 1778, la Cámara cobró 1.000 reales al cuarterón panameño Ciriaco Hipólito Correoso; en 1785, el pardo de Portobelo Francisco Homboni pagó una suma similar.[43] Fue solo al año siguiente cuando los funcionarios reales cruzaron el Rubicón del blanqueamiento. Es probable que el caso de don Luis Joseph de Paz haya sido la pistola humeante que llevó, eventualmente, a expedir las cláusulas de blanqueamiento de las gracias al sacar americanas.

No había indicio alguno de estas consecuencias en 1783, cuando don Luis Joseph de Paz solicitó el título de notario en Portobelo. El solo uso del título honorífico de "don" implicaba la presunción de que era blanco. Aunque el fiscal para el Perú, José de Cistué y Coll, aprobó su petición, en el lado del documento en el que los funcionarios habitualmente escribían comentarios, ordenó que se realizara "el examen [...] de este sugeto [...] para verificar [...] la calidad de sus natales por si en ellos hay alguna tacha que impida el exercisio como essno [escribano]". Adoptó esta iniciativa porque la partida de bautismo identificaba a don Luis como expósito, nacido de padres desconocidos, una categoría que habitualmente ocultaba defectos como la ilegitimidad y la calidad de pardo.

Como el fiscal Cistué y Coll tenía una amplia experiencia en las Américas, debió haber sido muy consciente de que una clasificación

---

43 Caso 13, Paz, 1786, incluye referencias a estas peticiones.

de expósito en los registros bautismales podía, no solo ocultar la ilegitimidad, sino también el mestizaje.[44] Había ejercido como abogado de la Corona en la Real Audiencia de Quito, y como juez de la Corte Suprema en Guatemala y en Ciudad de México. Llevaba ya cinco años en el despacho del Perú cuando ordenó la investigación de la petición de don Luis. Habría de elaborar, durante los siguientes diecinueve años, las consultas de Panamá hacia el sur y, en ocasiones, cuando no hubo un abogado de la Corona designado para Nueva España, manejó todos los asuntos de las Américas.[45]

El largo ejercicio de José de Cistué y Coll como fiscal significó que desempeñó un papel fundamental en la configuración de la política de blanqueamiento, incluyendo este caso, que se convirtió en punto de referencia. Como la condición de nacimiento de don Luis Joseph de Paz era ambigua, envió una orden al lugarteniente gobernador de Panamá, don Joaquín Cabrejo, para que la investigara. Resulta algo irónico que don Joaquín dirigiera esta indagación, pues tenía sus propias razones personales para ser sensible a estos temas. Tenía también en mente las gracias al sacar. Aunque había llegado a ocupar un cargo real, don Joaquín era hijo ilegítimo. Su frustración con su falta de promoción lo motivaría a enviar, a los pocos meses, tanto a Madrid como a Cistué y Coll, su propia petición de legitimación, la cual eventualmente le fue concedida.[46]

En el caso de don Luis Joseph de Paz, el lugarteniente gobernador Cabrejo consiguió con facilidad testigos que declararon que el presunto futuro notario pasaba por blanco y legítimo, aun cuando era quinterón e ilegítimo. Era el niño que "fue criado públicamente a los pechos de María del Carmen Masso, su madre, cuarterona".[47] María había tenido un amorío con un hombre blanco y, puesto que ella misma era casi blanca, había negociado exitosamente la blancura para su hijo, al haberlo "expuesto" en la puerta de doña Crisanta de Paz.

Don Luis se había beneficiado asimismo porque los sacerdotes de Portobelo —a diferencia de otros lugares— no clasificaban las partidas

---

44 Burkholder, *Biographical*, 29-31.
45 Fue el fiscal que más tiempo estuvo en el cargo durante el siglo XVIII. Su legado perdura hasta hoy. Más de doscientos años después de que se retirara del Consejo de Indias, la casa de su familia en Fonz todavía es conocida como "casa del Fiscal". Véase https://brujulea.net/lugares-fonz.
46 Twinam, *Public*, 271.
47 Caso 13, Paz, 1786.

de bautismo en categorías específicas de casta, como blanco, mulato o indígena. Su fe de bautismo no identificaba ninguna condición de nacimiento; sencillamente observaba que, a los veintidós días, había sido "expuesto" en la casa de doña Crisanta de Paz, su madrina. Don Luis adoptó su apellido y comentó después que, dado que había sido criado y educado por aquellas personas que él "tuvo siempre por padres", y ellos eran blancos, supuso que él era blanco también.

Cuando se hizo mayor, don Luis trabajó como practicante para don Pedro Joseph Masso quien, aunque era pardo, había recibido una dispensa para ejercer como notario del cabildo de Portobelo. Quizás esta fue la razón para haber añadido el título honorífico de "don", indicativo de la condición de blanco. Don Pedro había aparecido con anterioridad, pues figuraba entre la camarilla de pardos que enseñaban a otros pardos para ser notarios: había actuado como mentor del quinterón Juan Evaristo de Jesús Borbúa, el primero en pagar los honorarios especiales para borrar su defecto. Investigaciones posteriores revelaron que don Pedro era también el hermano de María, la persona que había amamantado a Luis al nacer y, por lo tanto, su tío. Al parecer, su madre y su tío seguían cuidando de Luis, ahora adulto, aun cuando pasara por hijo adoptivo de la familia Paz, como blanco y don.

Cuando los funcionarios de la Cámara hallaban cualquier evidencia de fraude proveniente de las Américas, su respuesta habitual era negar la petición.[48] Es posible que la desesperación por encontrar notarios los haya motivado a aceptar la explicación de don Luis, según la cual no conocía sus orígenes, y que, como la Corona había dispensado a otros de tal mancha, él también merecía verse exento de ella. Aun cuando los notarios blancos debían demostrar también su legitimidad, al parecer la escasez de notarios que había en Panamá llevó a los funcionarios a ignorar este problema adicional.

Cuando, en 1786, el informe sobre los orígenes de don Luis llegó a la Cámara para su revisión ulterior, el fiscal Cistué y Coll expidió el veredicto que habría de convertirse en punto de referencia. Observó que Panamá necesitaba notarios, y que la Cámara había concedido dispensas análogas. Concluyó, entonces: "*como es esta una gracias al sacar* no se le ofrece reparo en que el Consejo dispense a Luis Joseph del Paz el defecto de quinterón que padece" (itálicas mías).[49] Los comentarios de Cistué y Coll, nueve años antes de que la Corona expidiera

---

48 Twinam, *Public*, 194.
49 Caso 13, Paz, 1786.

las gracias al sacar americanas de 1795, resultaron cruciales. Cuando, en la década de 1790, los funcionarios de la Contaduría General de Indias buscaron precedentes para elaborar una lista de favores que podían comprarse, no solo incluyeron ejemplos de las gracias al sacar españolas de 1773; revisaron los documentos del archivo del Consejo de Indias para buscar casos de la "práctica" en las Indias. Ahora sería posible que encontraran el vínculo explícito establecido por Cistué y Coll, según el cual pagar para poner fin al defecto de quinterón pertenecía a los favores de las gracias al sacar.

¿Por qué habría de hacer el fiscal Cistué y Coll esta conexión entre la dispensa de un defecto y las gracias al sacar? Aunque no ofreció una justificación, había un precedente en relación con los notarios que pudo haber influido en su decisión. Puesto que la ley exigía que los notarios demostraran su limpieza de sangre, esto significaba que los hijos ilegítimos y quienes no podían demostrar su linaje no podían ejercer dicha profesión. Sin embargo, las gracias al sacar de 1773 redactadas para España, incluían una disposición separada que permitía a aquellos "de padres no conocidos", pagar honorarios adicionales para evitar la prohibición.[50] Los funcionarios reales estaban, por lo tanto, familiarizados con la concesión de dispensas relacionadas con las profesiones otorgadas a notarios potenciales que sufrieran la mancha de un nacimiento ilegítimo a través de las gracias al sacar. Bastó únicamente establecer un paralelo y un proceso lógico para utilizar las gracias al sacar con el fin de otorgar exenciones análogas a aquellos con el "defecto" de quinterón.[51]

Cualquiera que haya sido la razón por la cual Cistué y Coll vinculó las gracias al sacar con el blanqueamiento, procedió luego a buscar en el archivo precedentes para cobrar a Luis Joseph de Paz esta dispensa. Los garabatos que aparecen en algunos documentos sugieren que consultó su veredicto con tres miembros del Consejo de Indias, así como el precio posterior. Esto resulta revelador, pues estos tres ministros habían ocupado cargos en las Américas durante décadas: Manuel Ignacio Fernández Sarmiento y Ballón en Buenos Aires, José Antonio Areche Sornoza en Nueva España y Perú, y Ma-

---

50 RC, Doc. 1, 1773.
51 Caso 17, Tamayo, 1795, sustenta también este vínculo. Fue de los primeros en pedir, en 1795, la eliminación del defecto de "mulato" heredado de su madre para poder comprar el título de notario. Infortunadamente, solo queda la referencia del índice, pues el documento se perdió.

nuel Romero Alsesón en la Nueva Granada.⁵² Aun cuando hubieran sido plenamente conscientes del posible impacto social que tendría que pardos y mulatos pudieran recibir cualquier tipo de aprobación oficial de Madrid para comprar la blancura, coincidieron con la decisión del fiscal Cistué y Coll.

Fue solo respecto al asunto del precio donde los ministros se impusieron sobre Cistué y Coll. Redujeron la cantidad cobrada por la eliminación del defecto a cuarenta pesos, la misma cantidad pagada anteriormente por Juan Evaristo de Jesús Borbúa. Esta vez, sin embargo, pidieron incluso menos, pues determinaron que el pago debía efectuarse en pesos sencillos, o sea, que cada peso equivalía a quince reales. Al multiplicar quince reales por peso, esto significó que Paz debía pagar seiscientos reales. Aunque los funcionarios habían cobrado también a Borbúa cuarenta pesos, este los había pagado en pesos fuertes, esto es, a veinte reales por peso; o sea, ochocientos reales. Esta fue la suma que, eventualmente, se estableció en el listado de precios de las gracias al sacar como el importe para eliminar la condición de quinterón.

Comprender la diferencia entre los pesos sencillos y los pesos fuertes ofrece prometedores indicios de que este no fue el único caso que consultaron los funcionarios financieros, sino el que los convenció de incluir el blanqueamiento dentro de las gracias al sacar. Un primer indicio proviene de un comentario del fiscal Cistué y Coll, según el cual él había consultado el archivo del Consejo de Indias para buscar precedentes que le ayudaran a decidir qué precio debía cobrar a Paz, y había encontrado tres casos anteriores. Estos fueron:

> cedulas de 3 de septiembre de 1767, 13 de diciembre de 1778, y 1 de septiembre de 1785, la primera de quinterón a Juan Evaristo de Borbua, vecino de Portobelo por el servicio de quarenta pesos fuertes, la segunda de quarterón a Ciriaco Hipólito Correoso vecino de Panamá por cincuenta pesos fuertes; y la tercera de color pardo a Francisco Homboni vecino de Portobelo por veinte y cinco pesos de a quince reales.⁵³

---

52 Burkholder, *Biographical*, presenta información sobre Fernández Sarmiento y Ballón, 42, 43; Areche Sornoza, 12, 13; y Romero Aleseson, 111. Por la época de este fallo, ninguno era miembro de la Cámara, aunque Romero Aleseson sería después nombrado en ella.
53 Caso 13, Paz, 1786. Ver Anexo B. Considerando las fechas, pareciera que Pedro Gonzáles de Mena Villegas se encargó del primer ejemplo y Cistué y Coll de los dos últimos casos.

Como se señaló anteriormente, el pago del quinterón Borbúa de cuarenta pesos fuertes (a veinte reales el peso) o sea, ochocientos reales, fue probablemente el precedente para la aparición de esta categoría y ese precio en el arancel de 1795. O bien los funcionarios de la Contaduría General habían leído los documentos del caso de Borbúa o bien consultaron este, que mencionaba también su condición de casta y el pago de esa suma específica.

No hay una explicación de por qué, si los funcionarios de la Contaduría se basaron en la mención que hizo Cistué y Coll de los casos anteriores, no incluyeron la categoría de cuarterón y la suma pagada por Ciriaco Hipólito Correoso de cincuenta pesos fuertes (mil reales) como una opción más de las gracias al sacar. Sería lógico, sin embargo, especular que los burócratas consideraron que quinterón y cuarterón eran esencialmente tan similares (mezclas de un quinto o de un cuarto), y tan difíciles de identificar separadamente, que decidieron no incluirlos en categorías diferentes.

Este no habría sido el caso del tercer precedente; Cistué y Coll señaló que Francisco Homboni, quien era del "color pardo", también había comprado la dispensa. La categoría de casta, pardo, no solo era mucho más común, sino que, por lo general, denotaba una apariencia más morena que las de quinterón o cuarterón. ¿Habría, entonces, como en el caso de Borbúa, una correlación entre el precedente y el precio eventual que aparecía en la lista? A diferencia de lo que sucedió con Borbúa, no parece haber un vínculo directo entre lo que pagó Homboni —veinticinco pesos de quince reales (sencillos) o sea trescientos setenta y cinco reales— y el precio que eventualmente se estableció para los pardos en las gracias al sacar, quinientos reales.

Quienes tienen talento para las matemáticas pueden anticipar de antemano lo que pudo haber ocurrido. Si los funcionarios de la Contaduría usaban la cifra del precedente del pardo Homboni (veinticinco), pero multiplicaban los reales con base en pesos fuertes (veinte), en lugar de pesos sencillos (quince), entonces el costo del blanqueamiento para un pardo sería de quinientos reales, el precio exacto que apareció eventualmente en la lista de precios de las gracias al sacar. Parece probable que fuesen los precedentes de las cifras de los casos de Borbúa (cuarenta) y de Homboni (veinticinco) expresados en pesos fuertes—ochocientos y quinientos, respectivamente—los que determinaron los precios de 1795.

El hecho de que los funcionarios de la Contaduría se basaran en cifras específicas de los precedentes, más bien que en algún cálculo de las diferencias relativas en la condición de casta, explica también la anomalía de por qué los pardos, más morenos, pagarían menos que los quinterones, de tez más clara.[54] La combinación de la cita de Cistué y Coll, según la cual, poner fin al "defecto" de quinterón era una gracias al sacar, los precedentes de las dos categorías de quinterón y de pardo y, probablemente, incluso los precios, sugieren que fue el caso de Paz el que convencería eventualmente a los contadores imperiales de que el blanqueamiento era una "práctica" en las Indias, que ameritaba su inclusión en las gracias al sacar.[55]

Conclusiones

En el transcurso de veinte años, de la década de 1760 a la de 1780, los fiscales de la Corona de Nueva España y de Perú manejaron casos en los cuales pardos, mulatos y quinterones solicitaron la eliminación de su defecto para ejercer las profesiones de cirujano y de notario. Fiscales con experiencia en las Indias, o sin ella, se basaron habitualmente en los precedentes y en la legislación existente. Favorecieron principalmente a aquellos solicitantes que habían adquirido ya las destrezas necesarias.

Tres de sus sentencias se convirtieron en puntos de referencia, ofreciendo precedentes para el blanqueamiento oficial. Dos provinieron de abogados de la Corona sin experiencia en las Indias —Maldonado y Gonzáles de Mena y Villegas— mientras que la última surgió de un veterano funcionario de las Indias, Cistué y Coll. Maldonado innovó al ofrecer una amplia definición de los efectos de la eliminación del defecto de Joseph Francisco Báez, al implicar que podría conseguir la blancura completa. Gonzáles de Mena y Villegas dio el paso siguiente al crear unas "gracias" adquiribles que ponían fin a la condición de quinterón.

Finalmente, Cistué y Coll reunió estos fallos y fue un paso más allá. Oficialmente vinculó la eliminación del defecto de la condición de pardo, como lo hizo para los cirujanos cubanos, hacerlo mediante pago como lo hizo en el caso de los notarios panameños, y la institu-

---

54 Estas diferencias de casta no influyeron sobre los solicitantes, pues nadie solicitó como quinterón, incluso cuando podía demostrar este legado. Todos optaron por la categoría más económica y pagaron el blanqueamiento como pardos.
55 Caso 13, Paz, 1786.

cionalización de dicha práctica al definirla como parte de las gracias al sacar. Cuando, a comienzos de la década de 1790, funcionarios de la Contaduría revisaron casos pasados para compilar la lista de precios expedida en 1795, casi con seguridad hallaron los comentarios del fiscal Cistué y Coll y los precedentes de los honorarios pagados. Agregaron las cláusulas de blanqueamiento como los dos últimos favores enumerados en las gracias al sacar de 1795 y que podían comprarse como una práctica de las Indias.

Puesto que Cistué y Coll habría de continuar ocupando el cargo de abogado de la Corona hasta 1802, se vería obligado, en años futuros, a lidiar con las consecuencias de sus decisiones, que seguramente no previó. No obstante, al otro lado del Atlántico, y años antes de la expedición de las gracias al sacar, otras fuerzas, además de los funcionarios del Consejo de Indias, incidieron en el porvenir. Un pequeño grupo de pardos y mulatos había comenzado ya a preparar peticiones en las que solicitaban la blancura completa.

Capítulo 6
Balances. Sopesar los precios de la blancura completa

> "Es cierto que el rey, generosamente o por justos motivos, puede sacar de la obscuridad a un vasallo, colocándole graciosamente en esfera distinguida".
>
> Fiscal Antonio de Porlier, 9 de agosto de 1783[1]

Introducción

Así como la petición de un cirujano cubano o de un notario panameño podían inspirar peticiones de sus colegas, la primera petición de un pardo para obtener la blancura completa —la de un cubano llamado Manuel Báez— resultó ser también de un solicitante que pertenecía a un conjunto de personas. Su hermano era Joseph Francisco, el cirujano de La Habana que había recibido autorización para ejercer en 1760, y cuya cédula de blanqueamiento pudo haberle concedido más que únicamente la movilidad profesional.[2] Hubo también una conexión directa entre las peticiones de los pardos para obtener la blancura necesaria para practicar la cirugía y la primera solicitud de blancura completa.

Doce años después de la exitosa petición de su hermano (1772), Manuel escribió a la Cámara admitiendo que él tenía "la misma falta".

---

1 Caso 11, Ramírez, 1783.
2 Véase capítulo 5.

Su petición no solo marcó un avance significativo respecto a la de su hermano, sino un lógico paso posterior. A diferencia de Joseph Francisco, Manuel no tenía un motivo profesional que justificara una dispensa; en lugar de pedir un favor limitado, pidió la blancura completa. Así como la Cámara había mitigado primero el "defecto" de pardo para los cirujanos, luego lo mercantilizó para los notarios y más tarde lo vinculó a las gracias al sacar, ahora un pequeño grupo de pardos y mulatos intentaría extender sus horizontes. Iban a pedir algo más que una habilitación profesional: solicitarían la condición de blancos.

La petición de Manuel fue el inicio de lo que resultaría ser un discurso sugestivo entre funcionarios imperiales, pardos y mulatos, y élites sobre lo que podría implicar el blanqueamiento completo. Ya fuera que los solicitantes recibieran buenas o malas noticias, estos fallos —al igual que los casos de los cirujanos y los notarios que se convirtieron en puntos de referencia— confirmaron el blanqueamiento como una "práctica" americana. Ofrecen una especial comprensión de los debates continuados sobre los procesos de inclusión y exclusión, mientras funcionarios imperiales, élites locales, y pardos y mulatos, consideraban los méritos de cinco de estas peticiones durante los veintitrés años que precedieron a la publicación oficial de la opción de blanqueamiento en 1795. Las dos primeras crearon los puntos de referencia pioneros explorados en este capítulo; las tres siguientes se originaron en Venezuela, el epicentro de las peticiones de blanqueamiento, y se tratarán en el próximo capítulo.

A cierto nivel, un rechazo inmediato de las peticiones de blanqueamiento completo podría parecer la opción más segura para el Consejo de Indias. Los ministros habrían podido, sencillamente, tirar tales solicitudes directamente a la papelera. Alternativamente, habrían podido también fallar desfavorablemente. Después de todo, había una diferencia sustancial entre los blanqueamientos circunscritos a cirujanos o notarios, que eran de manifiesta utilidad para el Estado, y las dispensas totales que podrían poner en peligro el *statu quo* y ocasionar discordia. Visto desde otra perspectiva, sin embargo, generaciones enteras de movilidad y de servicio a la Corona implicaban que los funcionarios reales identificaban a los solicitantes pardos y mulatos como leales vasallos. Como tales, sus peticiones eran dignas de consideración y posible satisfacción.

Puesto que las peticiones de blancura completa no tenían precedente, todos se aventuraban en un terreno desconocido. El Consejo y la Cámara de Indias, así como funcionarios en las Américas, de-

bían decidir si sancionaban el blanqueamiento completo, qué podría
lograrse con ello, y cuáles serían las responsabilidades que les compe-
terían si la Corona expedía un favor semejante. Pardos y mulatos no
solo especificaron lo que creían que significaba; iniciaron un diálogo
con la Cámara respecto a lo que necesitaban hacer para conseguirla y
disfrutarla. Algunas élites locales apoyaron estas peticiones de blanqueamiento; otras se opusieron virulentamente a ellas.

Implícito en cada veredicto de blanqueamiento hubo un proceso
mediante el cual los funcionarios reales conscientemente sopesaron
pros y contras. Tanto la petición como el proceso de decisión demostraron ser particularmente fluidos. Aquello que pudieran decidir en un
caso se podía contradecir en el siguiente; los materiales enviados por un
solicitante podían diferir radicalmente de los enviados por otro. Tales
cálculos resultaron especialmente complicados antes de 1795, cuando
los funcionarios no disponían de precedentes de blanqueamiento, y
estaban apenas comenzando a considerar estos balances. Fue en medio
de esta incertidumbre cuando Manuel Báez envió la primera petición
de blanqueamiento completo al Consejo de Indias en 1772.

PRIMERAS PETICIONES DE BLANQUEAMIENTO COMPLETO

La rara copia de una carta de instrucciones que envió Manuel Báez
a don Pedro Jorgan y Domingo, su apoderado en Madrid, permite
comprender cómo planeaba el cubano presentar su caso para el blanqueamiento completo. Puesto que Manuel debió de ser consciente de
lo inusual de su petición, envió posibles precedentes para que su representante los incluyera en el dosier de documentos de la solicitud.
Detalló asimismo los beneficios específicos que esperaba que don Pedro enumerara al preparar la carta de presentación oficial de los documentos incluidos.

Un prototipo obvio, enviado por Manuel, era una copia de la cédula
real de 1760 que concedía la blancura a su hermano, el cirujano Joseph
Francisco. Adjuntó también documentos en los cuales don Francisco,
don Manuel y don Sebastián Muñoz de Bayamo, Cuba, habían pedido
gracias al sacar, no para obtener el blanqueamiento, sino para que los
legitimaran. Estos hermanos habían nacido de una relación adúltera y
sacrílega, pues su madre era casada y su padre, sacerdote. Sus legitimaciones, de 1776, se encontraron entre los remedios más extremos de nacimientos ilegítimos concedidas por la Cámara de Indias en el siglo XVI-

II, pues implicaba la violación de los votos matrimoniales y también del de castidad.³ Tras este caso, los funcionarios se mostraron cada vez más reticentes a legitimar a hijos de sacrílegos o de adúlteros, y nunca más otorgaron cédulas a solicitantes que reunieran ambas características.

¿Por qué habría de enviar Manuel copias de las legitimaciones de los Muñoz como evidencia para sustentar su petición de blanqueamiento? En cierta forma, estos decretos eran evidencia de que los miembros de la Cámara se habían esforzado por incluir peticiones controvertidas para ofrecer alivio a vasallos meritorios. Aún más revelador fue el vínculo implícito que estableció Manuel entre el concepto de poner fin a la mancha, pues tanto la ilegitimidad como la calidad de pardo figuraban como defectos de nacimiento que podía borrar la Corona.

El mensaje que Manuel deseaba enviar a la Cámara era sugestivo: puesto que las gracias al sacar, durante siglos, habían sido un proceso acostumbrado para eliminar el defecto de la ilegitimidad, podrían resultar igualmente eficaces para erradicar el defecto de la calidad de pardo. Habrían de transcurrir catorce años más —hasta 1786— antes de que el fiscal José de Cistué y Coll hiciera la conexión explícita de que los quinterones que deseaban ser notarios podían pagar para eliminar su ancestro mediante el proceso de las gracias al sacar. No obstante, los documentos remitidos por Manuel sugieren que la comprensión popular de tal posibilidad era ya manifiesta en 1772.

Si las gracias al sacar podrían ser el instrumento adecuado para eliminar la calidad de pardo, ¿qué se conseguiría específicamente con esto? Manuel dejó poco a la suerte, pues intentó abrir de un golpe aquellos intersticios por entre los cuales generaciones anteriores de pardos y mulatos habían tratado de pasar para obtener diferentes aspectos de la blancura. Dictó una ambiciosa lista de lo que él pensaba que implicaba la blancura, incluyendo muchos de los favores que la Cámara había rechazado previamente. Introdujo asuntos que todos los implicados habrían de debatir a lo largo de la historia del blanqueamiento de las gracias al sacar. Entre ellos estaban inquietudes acerca de las dinámicas de transferencia, paridad y aplicación.

Si la Cámara blanqueaba a un pardo, ¿la eliminación del defecto correspondía únicamente a quien recibía la exención o podía esta persona transferir la blancura a la siguiente generación? La respuesta de Manuel a este interrogante fue un inequívoco "sí", pues dejó claro que

---

3   Twinam, *Public*, 232, 252 ss., 277.

deseaba la "misma gracia" no solo para sí mismo, sino también para sus "tres hijos" y cualquier futuro descendiente.[4] Manuel parecía suponer que la terminación de la calidad de pardo funcionaría de manera análoga a la eliminación de la mancha de ilegitimidad.

Cuando un solicitante compraba su legitimación a través de las gracias al sacar, esto no solo borraba el defecto de nacimiento, sino que reestablecía su honra. Una vez que la persona recién legitimada adquiría la honra, podía transmitir directamente esta calidad a sus posibles descendientes e, incluso, retroactivamente, a aquellos ya nacidos.[5] Manuel presumió que el blanqueamiento funcionaria de modo similar: una vez que las gracias al sacar pusieran fin a su calidad de pardo, sería efectivamente blanco y, por lo tanto, estaría en condiciones de pasar la ausencia del estigma a sus descendientes existentes y futuros.

La blancura significaba también una paridad ocupacional y cívica. Manuel esperaba que sus descendientes legítimos serían "admitidos a las clases y universidad".[6] Quería asegurarse de que miembros elegibles de su familia pudieran ingresar al sacerdocio y ocupar capellanías disponibles. Debían estar también habilitados para asumir "cualquier ministerio público".

El blanqueamiento debería hacerse extensible a las uniones matrimoniales: Manuel esperaba que todos los miembros de su familia pudieran casarse con personas blancas. En su petición, anticipaba otro de los beneficios de las gracias al sacar, pues, seis años más tarde, la Pragmática Sanción de 1776 referente a los matrimonios —que en las Indias entró en vigor en 1778— concedería a las élites procesos jurídicos para prohibir vínculos "desiguales" entre pardos y blancos. Los pardos verían el blanqueamiento oficial como una vía segura para casarse con personas blancas sin oposición. Aunque esta batalla estaba aún por venir, la petición de Manuel prefiguró la controversia, por cuanto intentó obtener esta garantía matrimonial anticipadamente. Pidió que su cédula de blanqueamiento asegurara que "en caso de que mi muger o yo enviudemos" o si "alguno de nuestros hijos pretenda casar con persona de nacimiento blanca", no hubiera ningún "embarazo […] por motivo de desigualdad".

---

4 Caso 9, Báez y Llerena, 1773.
5 Véase Twinam, *Public*, 214-215, donde los solicitantes intentaron legitimar a parientes fallecidos para reestablecer la honra de los antepasados de la familia y, por lo tanto, la suya propia.
6 Caso 9, Báez y Llerena, 1773.

Quizás no sea sorprendente que la petición de Manuel solo insinuara aquello que habría de convertirse en el óbice principal para todos los implicados en el proceso de blanqueamiento: la posibilidad de "inconvenientes". No le benefició recordar a los funcionarios reales el hecho de que las élites locales no acogerían en su seno a pardos y mulatos blanqueados, y que, posiblemente, la Monarquía tendría que intervenir para forzar la aceptación de su mejorada condición. Lo que inquietaba a Manuel era que hubiera un reconocimiento oficial del blanqueamiento en los registros públicos.

Anticipando que su petición sería concedida, Manuel aconsejó a la Cámara que informara a los funcionarios locales que tendrían que coordinarse con el obispo local. Este informaría a los párrocos que cuando ingresaran las "partidas de bauptismo" de la familia Báez "en adelante", deberían poner a sus descendientes "en los libros en que apuntan los de españoles". Esta petición institucionalizaba las estrategias informales que habían seguido durante generaciones pardos y mulatos con conexiones íntimas con los blancos y que eventualmente había llevado a los clérigos a inscribir a sus descendientes como blancos.[7] Los pardos que recibían una gracias al sacar estaban obligados a certificar su condición en documentos oficiales tales como partidas de bautismo, matrimonio y defunción.

Como si el blanqueamiento no fuese movilidad suficiente, Manuel trató luego de borrar todos los demás defectos de su familia y ascender en la escala social. Aun cuando la legitimación era un favor de las gracias al sacar que podía comprarse, intentó incluirlo sin pagar dentro de su paquete de peticiones. Pidió que la Corona legitimara a su esposa parda, María Gertrudis, hija natural de un miembro del concejo municipal de La Habana. Quería garantías de que sus descendientes pudieran exhibir el "escudo de armas" de este regidor y disfrutar de la condición de las élites, y de que "se les trate con el distintivo de don". Su apoderado, don Pedro, incluyó fielmente cada una de las peticiones del cubano en la carta que envió a la Cámara en 1772.

Esta primera petición para obtener la blancura completa resultó tener un alcance espectacular. Era una lista pormenorizada de las aspiraciones de los pardos: la concesión de blancura para sí mismos, transferirla a las generaciones posteriores, admisión a la universidad, ingreso al sacerdocio, autorización para ocupar cargos públicos, ma-

---

7   Véase capítulo 4.

trimonio con blancos en términos de igualdad, con los favores adicionales de legitimación y de detentar el título de don. Dados los siglos de tradición durante los cuales la Corona podría intervenir para remediar un defecto, los siglos durante los cuales los pardos y mulatos libres habían buscado la movilidad a través de diversos intersticios, las generaciones que habían forjado conexiones íntimas con personas blancas y los puntos de referencia establecidos en los casos que concedían la blancura para ejercer una profesión, este parecía ser el siguiente paso lógico.

¿Por qué, según Manuel Báez, merecían él y su familia la blancura? La forma como presentó su caso ante los funcionarios reales amerita seria consideración. Después de todo, su petición difería necesariamente de las de aquellos solicitantes cuyo objetivo era documentar sus capacidades como cirujanos o notarios para poder recibir la blancura suficiente que les permitiera ejercer estas prácticas. Manuel deseaba la blancura por razones personales, así que debía justificar por qué el servicio de su familia al rey y su aceptación por parte de miembros de la élite local debería inclinar la balanza a su favor.

Manuel recordó a la Cámara que varias generaciones de su familia habían tenido conexiones con blancos y habían servido a la Corona. Su abuelo era español, y su padre pardo había realizado múltiples tareas reservadas por lo general a los blancos.[8] Aún más asombrosos eran los detalles que suministraba Manuel sobre su propia lealtad y valentía durante el sitio inglés de La Habana en 1762, cuando había proveído "para abastecer las tropas y demás gente ocupada en el servicio de la guerra".[9] Dichas contribuciones incluían la distribución de carne de cerdo fresca para "los hospitales y resto del vecindario" y "proveer del cebo que producían las reses [...] a los baluartes y fortalezas para refrescar los cañones que abrían fuego". Había llevado "pólvora" a "las fortalezas y baluartes de la bahía" después de que los británicos tomaran El Morro, el gran fuerte de La Habana. Desempeñó estas labores "en varios sitios y parages de la ciudad, con peligro y riesgo evidente de la vida por su inmediación a baterías de los enemigos", y lo había hecho sin "salario ni estipendio".

---

8   Fue escribano en la fragata *San Felipe*, trabajó en el tesoro real y ayudó con la venta de esclavos y el funcionamiento del monopolio de tabaco.
9   Caso 9, Báez y Llerena, 1773. Guadalupe García rastrea cómo los negros libres, los esclavos y la población blanca se solidarizaron en la defensa de La Habana contra el ataque británico.

Manuel intentó utilizar los precedentes en su favor, al sugerir que él poseía los mismos méritos y había prestado los mismos servicios que su hermano cirujano, Joseph Francisco, a quien la Cámara ya había concedido la blancura. Como resultado, "ha ganado entre los primeros sujetos y personas condecoradas de La Habana la reputación y estimación más recomendable". Suministró testimonios autenticados del regidor, un abogado, un fiscal de la audiencia, y un capitán del ejército. Todos ellos elogiaron su "aplicación" y "sus costumbres arregladas". El regidor Gabriel Beltrán de Santa Cruz señaló que por su conducta "se ha hecho lugar entre los primeros sugetos de esta ciudad para que lo estimen y atiendan como hombre de bien y de muy rara inteligencia". Otro paquete de documentos certificaba la legitimidad de Manuel y de sus hijos, y el hecho de que su esposa, si bien ilegítima y parda, era hija de un miembro de la élite que había ocupado un cargo en el concejo municipal.

Dado que no había ningún precedente, y dada la ambiciosa dimensión de la petición de Manuel Báez, habría sido comprensible que la Cámara sencillamente la pospusiera o se negara a considerarla. Por el contrario, el fiscal Manuel Miguel Lanz de Casafonda, abogado y autor de tratados jurídicos, quien nunca había ocupado un cargo en la Américas, pero que se había desempeñado como fiscal durante siete años, la tomó en serio.[10] No rechazó sin más la posibilidad jurídica de que la Cámara pudiera conceder la blancura completa a pardos. Resultan reveladores los temas que eligió para referirse a ellos y aquellos otros que ignoró.

No es de sorprender que el problema del balance —sopesar el deber monárquico de reciprocidad frente a posibles inconvenientes— estructuró al menos parte del análisis de Lanz de Casafonda. Comenzó negativamente, al comentar que la petición de Manuel tenía "estrañezas" y "despropósitos".[11] Si bien reconoció que el cubano y sus antepasados "hubiesen vertido la sangre en defensa de su patria y de la real Corona", consideraba que la lista de los privilegios deseados era "excesiva". Concluyó que los "méritos del pretendiente" esencialmente abarcaban "el excercisio de ciertos encargos que quizás se le harían por excesivo lucro e interés [propio]".

El fiscal Lanz de Casafonda comentó luego la calidad de pardo de Manuel, lo que su eliminación podría conllevar y cómo, de ser conce-

---

10 Burkholder, *Biographical*, 67. Sirvió desde el 23 de agosto de 1766 hasta el 29 de julio de 1773.
11 Caso 9, Báez y Llerena, 1773.

dida, debería aparecer en los registros oficiales. Primero hizo la observación, algo sorprendente, según la cual, puesto que la calidad de pardo de Manuel provenía del lado femenino de la familia, no era un defecto tan negativo. Como ya se señaló, los españoles en general, y este fiscal de la Corona en particular, veían la herencia de maneras relacionadas con el género. Explicó que, "en la calidad de naturaleza", la cual, en este caso, sería la mancha de la calidad de pardo, "siguen los hixos la que tuvo la madre". No obstante, la nobleza se transmitía de manera diferente, pues los padres podían pasarla con éxito a sus descendientes, incluso si la madre carecía de ella. El fiscal concluyó, de manera un poco ilógica, que, puesto los "distintivos y honores se atiende a los del padre", "el defecto del solicitante no tanto es el de pardo".

Tal razonamiento no se sustentaba en los hechos presentados en la petición de Manuel. Presumiblemente, el fiscal Lanz de Casafonda supuso que, dado que el abuelo de Manuel había sido "un español claro limpio ocupado en honrosas comisiones", y su padre había sido notario de un galeón, una ocupación reservada a los blancos, la condición de sus antepasados masculinos pesaba más que la de las pardas. A pesar de tal razonamiento, el padre de Manuel no era blanco, sino hijo de madre parda. Si bien la partida de bautismo de Manuel fue registrada en el libro de "españoles", su condición era ambigua, pues sus documentos de matrimonio y los registros bautismales de sus hijos lo clasificaban como "pardo". Quizás el abogado de la Corona intentaba defender el caso de la mejor manera posible, para poder recomendar a la Cámara el blanqueamiento de Manuel.

El fiscal introdujo luego otro tema que sería recurrente en las discusiones sobre el blanqueamiento: ¿en qué medida debían los pardos, bien sea como individuos o como grupo, disfrutar de movilidad social y alto rango? Esta vez su decisión pareció basarse menos en el mérito y los servicios de Manuel que en una convicción más general de que sería beneficioso mejorar la condición de las castas en las Américas. No "descubre repugnancia" en que el cubano y sus descendientes pudieran "obtener oficio y cargo público y dedicarse a las ciencias en universidades".

En efecto, el fiscal Lanz de Casafonda hizo una curiosa observación distraídamente. Se preguntó si fue esto "lo que tubo presente la Cámara" cuando concedió al hermano de Manuel el permiso "en su facultad de cirujano". Esto porque, concluyó, "la ciencia y su estudio no debieran limitarse (principalmente en la América) a determinada suerte de sugetos". Admitió que los Báez deberían poder desempeñar "aquellos oficios y ministerios honrados" y que podían asistir a la universidad "para estar y profesar qualesquiera facultad, graduarse en ella, y ejercerla sin embargo de la nota de infección". Los comentarios de Lanz de Casafonda ofrecen un indicio de que, al menos algunos funcionarios peninsulares, podrían haber simpatizado con la mitigación de un "destino predeterminado", tal como la calidad de pardo, que limitaba la movilidad social. Sugiere asimismo una asombrosa ingenuidad respecto a las tensiones que existían en La Habana respecto a la asistencia de los pardos a la universidad, como lo habían descubierto ya los hijos del capitán Antonio Flores y del médico Juan de la Cruz y Mena.

Lanz de Casafonda prosiguió ofreciendo un primer comentario sobre otro problema que surgiría continuamente en los debates sobre el blanqueamiento: ¿se transfería a la siguiente generación? Su respuesta no solo fue sí, sino que admitió el recordatorio de Manuel, según el cual la nueva condición debería aparecer en los documentos oficiales. Concluyó "de que adelante" resultaría apropiado consignar los certificados de bautismo de los descendientes del cubano "en los libros de españoles". Agregó que esto era esencial para "remover todo estorbo para lo sucesivo", y esto no sucedería "si se continua con los asientos en los libros de pardos y mulatos".

Lanz de Casafonda desestimó el resto de la petición de Manuel como "puro despropósito". Rechazó la legitimación automática de la esposa de Manuel, pues "puede usar del derecho que le dan las leyes", pero sin darle concesiones especiales. No hizo comentario alguno acerca de un posible pago del blanqueamiento, aunque cinco años atrás, en 1767, la Cámara ya había comenzado a cobrar por la dispensa del defecto para ejercer como notario.

La respuesta de la Cámara a la recomendación de Lanz de Casafonda fue casi instantánea. Cuatro días después, el 26 de abril de 1773, los miembros expidieron el temido fallo de "no ha lugar". Esta no habría de ser la primera vez que los funcionarios imperiales disentían sobre las políticas de blanqueamiento. Aunque era poco común que los miembros de la Cámara revocaran una recomendación tan positiva de un fiscal, era más probable que lo hicieran en casos como este, que carecía de precedentes y exigía innovaciones burocráticas. Esta sentencia inició un patrón de disensos internos dentro del Consejo de Indias. En aquellos primeros años, fue más probable que los abogados de la Corona apoyaran el blanqueamiento y la Cámara lo rechazara; en años posteriores, este patrón, inexplicablemente, se invirtió.

Esfuerzos guatemaltecos: Bernardo Ramírez

Si pardos o mulatos en Cuba o en otros lugares de las Américas se enteraron de la suerte que había corrido la petición de Manuel, la rotunda negativa de la Cámara a conceder la blancura completa debió haberlos desalentado. Durante los nueve años siguientes, esta entidad no recibió peticiones semejantes, ni siquiera solicitudes para exenciones profesionales a cirujanos y notarios. Dado este vacío, surge la pregunta de por qué Bernardo Ramírez se molestó siquiera en enviar una petición en diciembre de 1782. Al menos en el caso de los hermanos Báez, parece lógico suponer que el éxito de su hermano cirujano había inspirado la petición de Manuel. ¿Qué había motivado a este guatemalteco? El único indicio de por qué Bernardo pensó que tenía una posibilidad de ganar proviene del capitán general de Guatemala, don Matías de Gálvez y Gallardo (1779-1783).[12] Él confirmó los extraordinarios servicios de Bernardo a la Corona, y comentó que "esto había contribuido mucho a la esperanza de obtener de la real piedad de Vuestra Majestad" el favor que pide.[13]

Dado que no había un cuerpo establecido de información que incluyeran habitualmente los solicitantes en sus peticiones, resulta de particular utilidad considerar aquellos aspectos de la petición de Bernardo Ramírez que se asemejan a los del cubano Manuel Báez, y aquellos en los que difieren. Cada petición compartía el intento del solicitante por detallar su servicio a la Corona y sugerir que una recompensa adecuada sería la blancura. Los comentarios de los funcionarios reales resultan igualmente esclarecedores, pues ellos también se veían obligados a especificar su razonamiento, dada la ausencia de ejemplos anteriores o de patrones establecidos para la toma de decisiones.

Bernardo Ramírez ofreció una larga lista de los esfuerzos de su padre, su tío y los suyos propios que impresionaron fuertemente a los funcionarios reales. La familia había construido fortificaciones locales, construido una máquina para producir pólvora y prestado servicio militar como oficiales (lugarteniente, capitán) en las milicias de los pardos. Bernardo era maestro mayor de obras, así como ingeniero de conductos de aguas. Cuando tres devastadores terremotos asolaron, de julio a diciembre de 1773, la capital, Santiago de los Caballeros de Guatemala (la actual Antigua), la Corona y los habitantes locales co-

---

12 Henige, 300.
13 Caso 11, Ramírez, 1783.

menzaron el tortuoso proceso de construir otra capital, Nueva Guatemala de la Asunción, hoy Ciudad de Guatemala. Los conocimientos de Bernardo Ramírez fueron fundamentales para evaluar los daños de la antigua urbe y para la construcción de la nueva capital. En el momento en que envió su petición, estaba construyendo un acueducto para llevar agua a un lugar determinado. Su hazaña de ingeniería ahorró a la Corona la exorbitante suma de 82.779 pesos.[14]

La petición de Bernardo Ramírez difería de la de su predecesor por cuanto carecía de todo comentario acerca de lo que podría conllevar el blanqueamiento; no intentó demostrar su aceptabilidad social y era vaga respecto a su genealogía. Mientras que Manuel Báez presentó una lista donde especificaba los presuntos beneficios del blanqueamiento, Bernardo solo hizo una petición general. Pidió sencillamente "declararle como a sus hijos y descendientes" que fuesen elegibles para aquellos "destinos, empleos y demás gracias" reservados a los "españoles" y a los "artesanos honrados".[15] Con excepción de la carta del capitán general de Guatemala, no ofreció ningún testimonio positivo de miembros de la élite local sobre su reputación pública. Tampoco presentó mucha información acerca de sus parientes, pues anotó vagamente que, aun cuando descendía de "españoles legítimos", había también entre sus antepasados "hembras mulatas y otros nacidos del ilegítimo consorcio".

Otra diferencia sorprendente entre las peticiones del cubano y del guatemalteco es que este último adoptó un tono político e incluso crítico. Manuel Báez había descrito el blanqueamiento como un asunto estrictamente personal o, como mucho, familiar. A diferencia de él, aunque Bernardo Ramírez dejó claro que deseaba análogos favores, contextualizó su movilidad dentro del régimen discriminatorio del sistema de castas. Insinuó que, no solo él, sino otros pardos, podrían merecer el blanqueamiento en el futuro.

Respuestas diferentes a la cuestión de si el blanqueamiento debiera ser un beneficio para unos pocos pardos y mulatos, o si, por el contrario, podría ofrecer movilidad social a grupos seleccionados

---

14 Cadena ofrece un recuento de primera mano de los terremotos y sus secuelas. Para información sobre la reconstrucción y las contribuciones de Bernardo Ramírez, véanse Navarrete y Muñoz; Markman; y Webre.
15 Ramírez es el único solicitante que identificó directamente el blanqueamiento con los privilegios de los españoles. El resto de los solicitantes pedían la eliminación del defecto o bien los privilegios blancos.

o, inclusive a muchos, habría de ser otro asunto recurrente debatido por todos los interesados.[16] En su carta de presentación, Bernardo Ramírez contrastó su deseo personal de mejoramiento con el orden jerárquico existente que lo excluía. Él, al igual que todos los hombres, había llegado al mundo con el "el deseo insuperable de mejorar de condición" y de "formar sociedades para procurarse más comodidad y conveniencia". Se quejó de que "los que no nacen con el apelativo de españoles" no podían conseguir esta meta en las Américas.

Bernardo insinuó que su situación personal era particularmente injusta, pues los "ilegítimos caracteres" que manchaban su linaje estaban "tan distantes del exponente". Sufría discriminación debido a que a pardos y mulatos "no se los respeta como vecinos ni republicanos ni como a miembros de la sociedad". Pedía a la Cámara que borrara la "infame nota" que la "vana estimación de los europeos" usaba en contra de "los mulatos, sus descendientes y aun los que se acercan a la blancura". Su carta concluía con la sugerencia de que su movilidad podría no ser tan solo una recompensa individual "en consideración a su mérito", sino servir "para estímulo de la clase de pardos". Presuntamente, otros podrían verse inspirados a imitar su lealtad y servicio a la Corona con la esperanza de una recompensa análoga. La suya fue la primera petición donde se sugería que el blanqueamiento podría ser más que un favor individual, que podría extenderse a un grupo seleccionado o, quizás, incluso a los pardos en su totalidad.

Bernardo complementó su petición con una carta de recomendación del capitán general de Guatemala, don Matías de Gálvez y Gallardo, quien elogió su apoyo al ayudar al gobierno después del terremoto, y colaborar durante el traslado y construcción de la nueva capital. Al parecer, Bernardo había establecido tal ejemplo que "ha atraído [la atención] de otros subalternos de su clase", quienes habían contribui-

---

16 Los solicitantes pardos rara vez criticaron el régimen discriminatorio español; se consideraban más bien como personas que deberían ser excepciones a la regla. El patrón caribeño típico fue que pardos y mulatos buscaran privilegios para sí mismos o como un grupo de élite, pero no para promover activamente la movilidad general de las castas ni la abolición de la esclavitud. Helg, "Limits", 22, señala la ausencia de una crítica a la esclavitud de parte de las castas. Geggus, "Slavery", 16, concluye también que las personas "libres y de color" fueron "ambivalentes en sus actitudes frente a la esclavitud y a los antiguos esclavos". Hanger, "Conflicting", 192-193, presenta conclusiones análogas para Nueva Orleans. No obstante, para 1806, la "consulta misteriosa" y su sucesora de 1808, reconocieron la necesidad de ofrecer movilidad a las castas. Véase capítulo 11.

do asimismo a este esfuerzo. Esta ayuda, concluía Gálvez, resultó ser particularmente valiosa, dada la "penuria" de los habitantes de esa región, incluso de "gente blanca". Al igual que Manuel Báez, Bernardo no se ofreció a pagar. Quizás consideró que el blanqueamiento era un favor justamente concedido a un vasallo digno de él.

Aún si Bernardo buscó el blanqueamiento para sí mismo y para su familia, y aunque sugirió que la Corona podría extenderlo a otros solicitantes meritorios, nunca atacó directamente el complejo de discriminaciones dirigidas contra las castas. Si bien comentó acerca de tan prejudicial legislación, no hizo un llamado a que se aboliera, ni a que la Corona ordenara la igualdad entre blancos, pardos y mulatos. Más bien, él y solicitantes posteriores sugerirían que el principio de reciprocidad justificaba su movilidad individual, resultado de sus servicios personales a la Corona y una recompensa merecida que se concedía a vasallos leales.

Sin duda, tanto el precedente como el pragmatismo contribuyeron a estas cautelosas posiciones iniciales. Si las legitimaciones de las gracias al sacar ofrecían un modelo para el proceso de blanqueamiento, las primeras eran personales y solo ofrecían un remedio a individuos y no excepciones generales a grupos designados. Puesto que la concesión del blanqueamiento habría de resultar controversial, los intentos por extender estos beneficios a todas las castas debieron parecer prematuros. Solo décadas más tarde, algunos solicitantes, funcionarios reales y élites locales consideraron una abolición más generalizada del régimen discriminatorio imperial.

Cuando los documentos de Bernardo Ramírez llegaron a Madrid, permanecieron en el despacho del fiscal para la Nueva España, Antonio de Porlier. Él había ocupado cargos en las Indias durante largo tiempo, con una carrera distinguida como magistrado de las altas cortes en Charcas y como alcalde del crimen en Lima.[17] Después de un breve período como abogado de la Corona, pasó a posiciones aún más prominentes: canciller de Gracias y Justicia, ministro del Consejo de Estado y gobernador de las Indias. Incluso sería recompensado con un título nobiliario, el marquesado de Bajamar. Dado el reciente y rápido ascenso de Porlier a la cima del gobierno de los Borbones, su decisión respecto a la petición de Bernardo Ramírez, así como sus opiniones sobre el concepto de blanqueamiento resultan particularmente relevantes.

---

17 Burkholder, *Biographical*, 97-99. Fue fiscal desde el 9 de septiembre de 1775 hasta el 8 de julio de 1787. Véase también Rípodas Ardanaz, *Ilustrado*.

A diferencia de anteriores abogados de la Corona como Luis Francisco Mosquera y Pimentel o Pedro Gonzáles de Mena y Villegas, que habían limitado sus sentencias a las exenciones ocupacionales para el blanqueamiento, o Manuel Miguel Lanz de Casafonda, quien se mostró levemente inclinado a apoyar la admisión de los pardos en la universidad, Antonio de Porlier formuló preguntas tanto teóricas como prácticas. ¿Era legal el blanqueamiento? Esto, concluyó, no era discutible, dada la autoridad del monarca y las exigencias de la reciprocidad: "Es cierto que el rey, generosamente o por motivos justos, puede sacar de la obscuridad a un vasallo, colocándole graciosamente en esfera distinguida".[18]

Porlier planteó otro asunto, de carácter pragmático. Si el rey blanqueaba a alguien, ¿funcionaría? Opinó que la respuesta, al menos en este caso, sería no: "Bernardo Ramírez no puede disfigurar ni desvanecer su infecta cualidad aunque se empeñe en ello". Debemos recordar que este es el único caso en el que alguien implicado en los documentos de blanqueamiento haya puesto en duda la viabilidad de que pardos y mulatos pudieran transformarse en blancos.[19] Todos los demás habían ignorado el problema o bien, si lo consideraron, ofrecieron la respuesta compatible con las tradiciones históricas españolas, según las cuales la eliminación de un defecto semejante era posible.

Surgen intrigantes diferencias acerca de cómo analizaron los fiscales de la Cámara las peticiones provenientes de Cuba y de Guatemala, que revelan la ausencia de todo consenso sobre la política a seguir. Cuando Manuel Miguel Lanz de Casafonda redactó su consulta respecto a la petición de Manuel Báez, no tuvo en cuenta las contradicciones ni las consecuencias del caso. Por el contrario, aunque la partida de matrimonio del cubano lo clasificaba como pardo, el fiscal decidió que la blancura del abuelo de Manuel pesaba más que la calidad de pardo del lado femenino de la familia. Tampoco, quizás debido a que no había ocupado cargos en las Indias, pareció comprender el furor que podría desatarse si el Consejo de Indias permitía que una familia mulata asistiera a la Universidad de La Habana.

A diferencia de él, el fiscal Porlier disintió acerca de los beneficios del blanqueamiento, buscó matices e inconsistencias en el caso de Bernardo Ramírez, y pareció más sensibilizado con las complejidades de las Américas. Porlier tenía una visión mucho más restringida de los

---

18 Caso 11, Ramírez, 1783.
19 Véase capítulo 2.

beneficios del blanqueamiento. No apoyó la conclusión de Lanz de Casafonda, quien estuvo de acuerdo con Manuel Báez en que, si él recibía un fallo favorable, los clérigos deberían incluir posteriormente a sus descendientes en el libro de "españoles". Por el contrario, Porlier concluyó que, si la Cámara concedía las "gracias", estas debían ser puramente "personales […] y sin trascendencia a la successión".[20] Porlier tampoco se mostró impresionado por la recomendación del capitán general de Guatemala. Creyó que podía leer a través de su contenido. Concluyó que, aunque parecía superficialmente favorable, "lo da a entender así [como negativa] en las cláusulas y estilo de la carta".

El examen detallado que hizo el fiscal Porlier de los documentos asestó un golpe aún peor a las esperanzas de Bernardo. Señaló la discrepancia entre la declaración del guatemalteco, quien afirmó que ni él, ni "sus padres ni abuelos fueren de color y nombre de negros y pardos", y las partidas de matrimonio que describían a Bernardo y a su esposa como "mulatos libres". Esto no solo confirmó que la unión marital de Bernardo no había promovido la blancura de la generación siguiente, sino que los documentos oficiales —contrariamente a lo que Bernardo había declarado— lo clasificaban como pardo. La familiaridad de Porlier con el sistema de castas lo llevó a concluir que, si había habido una "equivocación" y "dichas partidas […] indebidamente sentadas en libros no correspondientes" a pardos y mulatos en lugar de blancos, la familia habría protestado por el error. Puesto que Bernardo mantuvo su "propio silencio" acerca de esta clasificación, Porlier concluyó que el guatemalteco había intentado engañar a la Cámara, lo cual "todo le perjudica".

La experiencia de Porlier en las Indias no solo incidió en su comprensión de las designaciones de casta en los documentos oficiales, sino que informó también su consideración más general sobre los inconvenientes que podrían surgir si los recientemente blanqueados pardos enfrentaban dificultades para establecer su condición. La petición de Bernardo Ramírez llegó apenas dos años después de las sublevaciones americanas de 1781, la de los Comuneros en la Nueva Granada, y la de José Gabriel Condorcanqui, conocido póstumamente como Túpac Amaru II, en el Perú, y en un momento crítico en el que se reconsideraba la política imperial.[21] Dado que Antonio de Porlier había ejercido como abogado de la Corona durante estos grandes levantamientos,

---

20 Caso 11, Ramírez, 1783.
21 Phelan, *People*; McFarlane; y Stavig son excelentes fuentes.

resultó ser particularmente sensible a las respuestas locales frente a las innovaciones imperiales. Se inquietó abiertamente sobre la reacción de las élites a la opción de blanqueamiento, pues temió que, si la Cámara liberaba al guatemalteco "de la infección que padece", esto "producirá malas consecuencias y peores resultas entre los españoles notorios y americanos de distinción".

El fiscal Porlier fue el primero en considerar cómo podría funcionar el blanqueamiento en el mundo real. Especuló acerca de qué podrían hacer los funcionarios si Bernardo Ramírez recibía el anhelado decreto, continuaba enfrentado a la discriminación local y no conseguía acceder "a honores y empleos con otros vecinos y familias".[22] Anticipó que el guatemalteco regresaría al Consejo de Indias a quejarse de que "no son obedecidas las órdenes del rey". Porlier concluyó que la única respuesta que podría darle la Cámara sería la de intervenir localmente y aplicar los efectos del decreto de blanqueamiento. Esta intrusión sería obligatoria, no porque la discriminación estuviese mal, sino porque la desobediencia a cualquier decreto real socavaría la autoridad de la Corona.

Las aprehensiones de Antonio de Porlier habrían de resultar proféticas, al menos en lo que respecta a Caracas. Allí, los blanqueamientos posteriores a 1795 llevarían a "recursos, disensiones y quejas" de parte de las élites enfurecidas por la movilidad de los pardos, y de parte de algunos mulatos y pardos que no podían disfrutar los beneficios de su nueva condición. Dada la crítica que hizo Porlier a la contradictora documentación de Bernardo, y sus temores a las consecuencias negativas de conceder su solicitud, no es de extrañar la conclusión de que sus peticiones se consideraran "repugnantes o por lo menos excesivas".

Aunque Porlier recomendó que la Cámara rechazara la petición de Bernardo Ramírez, admitió, sin embargo, la legitimidad de la petición del guatemalteco de obtener el favor real. Surge entonces la intrigante posibilidad de que Porlier haya podido consultar al abogado de la Corona para el Perú, José de Cistué y Coll, pues ambos habían sido colegas durante cinco años, acerca de la reputación de Bernardo. Cistué y Coll conocía Guatemala bien, pues había ocupado un cargo en la audiencia y sobrevivido al terremoto de 1773.[23] Incluso después de ser trasladado a Ciudad de México en 1775, permaneció comprometido con la construcción de la nueva capital de Guatemala, y había diseña-

---

22 Caso 11, Ramírez, 1783.
23 Burkholder, *Biographical*, 29-31.

do un plan para construir edificaciones resistentes a los terremotos. Dado los años que había pasado Cistué y Coll en Guatemala y su interés en la construcción, era probable que conociera personalmente a Bernardo Ramírez. Al menos debía estar familiarizado con sus contribuciones en la nueva capital.

Cualesquiera que hayan sido las conversaciones que se dieron o no entre los despachos de los dos fiscales, cualquiera que haya sido el conocimiento personal que influyó en Porlier, determinó que, aun cuando la Cámara no debía blanquear a Bernardo Ramírez, sí debía recompensarlo por sus servicios a la Corona. Elogió "el celo y amor con que este vasallo" había servido, y concedió que "sea digno de atención y de alguna recompensa".[24] La reciprocidad era importante, pues "los sugetos sobresalientes deben experimentar el premio de sus acciones, para que ellos queden satisfechos y se estimulen otros a emprender iguales acciones en servicio del rey, y de la patria".

Porlier sugirió que la Cámara debía concederle "algún distintivo puramente personal", sin "trascendencia a la succesión". Presentó a la Cámara una lista de posibles recompensas. Debe señalarse que esta incluía algunos de los favores previamente buscados por los pardos, incluyendo la "exempción de alguna carga o tributo" o "oficialía en el batallón de milicias de pardos de Guatemala". Porlier agregó también la opción de "alguna recompensa pecuniaria por una vez, o una de las medallas que la Real Academia de las Tres Nobles Artes [...] reparte entre sus alumnos de mérito", aunque especificó que Bernardo no debiera recibir los "honores de academia".

Si bien los miembros de la Cámara rechazaron la petición, coincidieron con Porlier en que Bernardo Ramírez merecía el favor real, así que le ofrecieron un cargo de oficial en la milicia de los pardos. El guatemalteco rechazó esta recompensa, quejándose de que eso "es de ninguna estimación en aquel reyno y positivamente indecoroso al objeto a que tiran sus pretensiones y a la calidad que pretende de español". A pesar del rechazo, los camaristas no cejaron en su determinación de recompensarlo. Finalmente le enviaron una medalla de la Real Academia de San Fernando, favor que su familia eventualmente utilizó para su provecho.[25]

---

24 Caso 11, Ramírez, 1783.
25 *Estatutos*, 77, revela que la Academia había diseñado un proceso regular para conceder medallas en los concursos. No obstante, parece que Porlier quería, sencillamente, dar a Bernardo Ramírez algún tipo de medalla, pero no una que

Peticiones reiteradas

Bernardo Ramírez envió su petición de blanqueamiento a la Cámara en 1782, solo para ver destrozadas sus esperanzas en 1785. En 1781, un año antes de que la petición del guatemalteco llegara a España, otro pardo había iniciado el proceso de recolectar testimonios; su petición llegó en 1786, un año después del rechazo de Bernardo. El nombre del solicitante debe resultar familiar, pues ocho años después de que la Cámara le hubiera negado inicialmente el blanqueamiento, el cubano Manuel Báez envió una nueva petición.[26] Las diferencias entre su primera solicitud y la segunda ofrecen indicios sobre qué información pensó que podría mejorar sus posibilidades de obtener un veredicto favorable. Desgraciadamente, los documentos que han sobrevivido no incluyen las órdenes personales de Manuel a su apoderado en Madrid. Solo queda la carta oficial de presentación a la Cámara.

Como sucede habitualmente con las segundas solicitudes, la siguiente petición de Manuel repitió buena parte de la información presentada en su primer intento. Mencionó a su hermano cirujano que había obtenido el blanqueamiento, los servicios de su padre y de su abuelo a la Corona, y a su esposa y su prominente padre, el regidor. Detalló cómo había aprovisionado al pueblo y a las tropas de carne de cerdo, cebo de res y pólvora durante el sitio de La Habana por parte de los ingleses.

Igualmente significativo es aquello que no incluía: la segunda carta de presentación enviada por Manuel. No había referencia alguna a los presuntos beneficios del blanqueamiento que había especificado con meticuloso detalle en su primera petición. Temía, quizás, que semejante prolijidad de pormenores podrían perjudicar su caso. La segunda petición tampoco pedía la legitimación de su esposa ni otros favores adicionales; sencillamente, solicitaba el blanqueamiento para sí mismo y sus descendientes.

La segunda petición de Manuel Báez inició el modelo del tipo de información que habrían de documentar los pardos en su búsqueda

---

normalmente concediera la Academia. Para información sobre este intento de la Ilustración por mejorar las artes, incluyendo la especialidad de Bernardo Ramírez, la arquitectura, véase la web de la Academia, http://www.realacademiabellasartes-sanfernando.com/es/academia/historia. Para conocer cómo Bernardo Ramírez usó esta medalla en beneficio de su familia, véase capítulo 13.

26 Caso 9, Báez y Llerena, 1787.

del blanqueamiento, y que incluía comentarios personales sobre sus logros. Concedió que, "desde tierna edad", se "dedicó al manejo de papeles y dependencias judiciales" en La Habana. Con el paso del tiempo, "los principales de aquella ciudad" le habían confiado "los asumptos de mayor gravedad y peso". Manuel adjuntó luego, como ocurría con frecuencia en las peticiones de legitimación, más de ochenta páginas de declaraciones de testigos a su favor. Elaboró una serie de interrogatorios que debían responder los testigos. Algunos se limitaron sencillamente a repetir con monosílabos —"sí", "no"—, mientras que otros ofrecieron comentarios más matizados y sustanciales. Su objetivo era establecer que era una persona responsable y respetada, que la élite cubana lo aceptaba, que no era arrogante y que su blanqueamiento no ocasionaría problemas.

Las élites que atestiguaron tenían también su propia agenda. Enviaron mensajes implícitos y explícitos que transmitían su entusiasmo, o la falta de él, respecto del blanqueamiento de Manuel. De manera semejante a como el fiscal Porlier había leído a través del contenido e impugnado la importancia de la carta enviada por el capitán general de Guatemala sobre Bernardo Ramírez, posteriores fiscales de la Corona intentarían también descodificar los mensajes de los testigos respecto a los solicitantes al blanqueamiento.

Entonces, ¿qué transmitieron a la Cámara aquellas élites cubanas que testificaron? Una serie de notarios que, indudablemente, trabajaban con Manuel en asuntos jurídicos, confirmaron que era "un hombre [de] bien[,] de modestos y arreglados procederes". El abogado don Andrés Vicente Ferreguert afirmó la "mucha estimación" que Manuel se "ha granjeado entre los principales sugetos de esta ciudad". Otro admitió que había obtenido "la aceptación de personas de lustre", mientras que un tercero observó que era "estimado, aplaudido y recomendado de los principales señores de esta ciudad". En ocasiones, los testigos fueron más allá de las respuestas solicitadas para ofrecer detalles de su relación. El coronel don Gerónimo de Contreras recordó que, durante los dos años que había servido como concejal de la ciudad de La Habana, "ha confiado asumptos de la maior gravedad" a Manuel, quien había ayudado a solucionar las dificultades a su "aprobación".

Uno de los asuntos más reveladores que pidió Manuel corroborar a los testigos era que había estado al "lado" de un "crecido número de sugetos de carácter y de la primera distinción". Su objetivo era ofrecer evidencia a Madrid de que las élites lo aceptaban socialmente, permitiéndole interactuar con ellas, no solo en el trabajo, sino también en espacios privados e íntimos. Era esta una evidencia vital —el argumento de proximidad— que habría de aparecer en numerosos casos de blanqueamiento. Resultaba crucial demostrar que las élites no sentían que la cercanía a Manuel rebajaba su condición. El abogado don Juan Solloso envió una señal positiva en este sentido cuando concedió que conocía a Manuel desde hacía "más de treinta años", con "frecuente entrada" a su casa. Doña Beatriz Sollojo y Urrea, de sesenta años, confirmó también que se sentía cómoda con él y que visitaba su casa "con frecuente entrada".

Aunque Manuel deseaba establecer que se movía en los círculos de la élite, intentaba asimismo enviar el mensaje de que no era socialmente agresivo. En su cuestionario pedía a los testigos que confirmaran su "afabilidad, modestia [y] mansedumbre", así como su "propensión a servir con desinterés, pureza y acierto". Pidió también comentarios sobre su disposición a no "causar perjuicio a nadie", pues era "amante de la paz y humilde de corazón". Varias personas lo atestiguaron, como hizo don Lope Joseph Blanco al comentar que era "moderado en todas sus acciones [...] no abusando jamás". Doña Teresa María Brito afirmó que había conocido al solicitante durante veinticinco años, y que mostraba una "pureza, formalidad y cabalidad" digna de los mejores caballeros, y se había ganado "un lugar de alto mérito". Manuel, sin duda, esperaba que tales sentimientos convencieran al Consejo de Indias de que la expedición de una cédula de blanqueamiento no provocaría protestas por parte de las élites locales ni inconveniente alguno.

Si bien la mayor parte de los testigos enviaron mensajes positivos sobre Manuel, no todos atestiguaron de manera tan positiva a su favor. Quizás Manuel pidió demasiado; acudió al marqués don Juan Clemente Núñez del Castillo y Sucre para que lo apoyara, pero este noble ofreció comentarios menos entusiastas. El marqués no parecía conocer bien a Manuel, pues dijo que, por "informe de personas de carácter distinguido", se había enterado de que el solicitante era "bien instruido en qualesquier asunto de papeles [legales]". Agregó que sabía que Manuel trabajaba en los despachos de una serie de abogados y también en el del gobernador.

En general, aunque los testimonios ofrecieron una sólida confirmación de que ciertos miembros de la élite de La Habana respetaban a Manuel, resultó menos convincente creer que la mayoría de ellos lo aceptaban como a un igual. A diferencia del primer intento, en el que Manuel no ofreció pagar por el blanqueamiento, ahora se ofreció a comprar el favor. Anunció que "ofrece contribuir lo mismo" que su hermano. Al parecer, tenía la idea errada de que su hermano había pagado por la exención que le permitía practicar la cirugía.

No fue sino hasta febrero de 1787 cuando el fiscal Porlier revisó la segunda petición de Manuel Báez. Debido a las reticencias que había detallado cuando evaluó el caso de Bernardo Ramírez, su juicio resultó algo sorprendente. Porlier recomendó que concedieran el blanqueamiento al cubano, pues consideraba que las declaraciones habían demostrado "suficientemente" sus "méritos y cualidades". El torrente de testimonios parece haber convencido al fiscal que no habría "inconvenientes o resultas perjudiciales" al eximirle la calidad de pardo. Por el contrario, Porlier justificó su decisión con base en los vínculos recíprocos entre monarca y vasallo. Concluyó que el blanqueamiento era compatible con las "beneficiosas ideas del soberano el que por medio de semejantes honras se estimule a los vasallos y en cierto modo empeñe a que observen una conducta meritoria y sean más útiles a la sociedad".

Es de señalar que, cuando el fiscal Porlier rechazó la petición de Bernardo Ramírez, le inquietaba la reacción negativa de la élite si la Corona blanqueaba a pardos y mulatos; en esta ocasión, le dio más peso a la posibilidad de obtener resultados positivos. Ahora parecía coincidir con el guatemalteco, quien había sugerido que su propio blanqueamiento podría ofrecer un modelo que otras castas podrían emular. Porlier terminó con la sugerencia de que un fallo favorable en el caso de Manuel Báez podría servir de "incentivo" para que otros "procuren imitar" sus logros. Este fue un progreso adicional para las aspiraciones de pardos y mulatos. Por primera vez, un abogado de la Corona había aprobado la política de blanqueamiento, insinuando que podría convertirse en un favor regular concedido por la Cámara a quienes lo merecieran.

El fiscal Porlier dio luego un paso más hacia la institucionalización de la opción de blanqueamiento completo. Por primera vez, el dinero entró en la ecuación. Sugirió que la Cámara debía considerar "la cantidad con que debe servir, por estas gracias". El comentario es revelador. Solo habían transcurridos dos años desde que Cistué y Coll había recomendado que Luis Joseph de Paz pudiera pagar para poner fin al defecto de quinterón y ejercer como notario, y que este favor fuera una gracias al sacar, y la Cámara había estado de acuerdo.[27] Esta fue la primera vez que un funcionario real iba un paso más allá y suge-

---

27 Caso 13, Paz, 1786.

ría que los pardos podrían comprar la blancura completa, sin que esta estuviese ligada a una dispensa ocupacional.

Los comentarios de Porlier revelan asimismo que había consultado precedentes anteriores para orientarse. Al menos, observó con aprobación que Manuel se había ofrecido a "contribuir lo mismo que su hermano". El fiscal, sin embargo, agregó luego, "no aparece que este lo hiciese en cantidad alguna". En este caso, Porlier nunca sugirió un posible precio para que un pardo obtuviera la blancura completa. Sin embargo, unas pocas semanas más tarde, los miembros de la Cámara negaron la petición con el temido "No ha lugar".

Conclusiones

Desde la década de 1770, los pardos dieron el siguiente paso lógico: pidieron el blanqueamiento completo. Esta escalada se relacionó directamente con esfuerzos anteriores, más limitados, para conseguir la movilidad: la primera de tales peticiones fue enviada por Manuel Báez, cuyo hermano, Joseph Francisco, había recibido una exención la década anterior para ejercer como cirujano. Esta escalada llevó tanto a los pardos como a los funcionarios reales a entablar intercambios de información acerca del balance entre pérdida y beneficio. Las castas presentaron sus servicios a la Corona como evidencia de que eran vasallos meritorios dignos del favor real; ofrecieron reflexiones detalladas y ambiguas sobre el posible efecto del blanqueamiento total. Los funcionarios reales tomaron en serio las obligaciones de reciprocidad cuando analizaron el servicio de los solicitantes al Estado y consideraron las implicaciones que tendría una cédula de blanqueamiento.

Estos primeros intercambios produjeron pocas decisiones sobre políticas o tendencias emergentes. Puesto que las dos primeras peticiones llegaron de Cuba y Guatemala, las evaluaron los dos fiscales para la Nueva España —Lanz de Casafonda y Porlier—. Como había sucedido en casos anteriores, los abogados de la Corona sin experiencia en las Indias, tales como Lanz de Casafonda, se mostraron más dispuestos a experimentar. Este aceptó la declaración de Manuel Báez, según la cual un veredicto positivo llevaría a una plena igualdad con los blancos y pasaría a la generación siguiente. Aunque recomendó el blanqueamiento, la Cámara revocó su decisión. En estos primeros casos, era más probable que los fiscales de la Corona aprobaran las peticiones y los miembros de la Cámara las negaran.

A diferencia de Lanz de Casafonda, Antonio de Porlier, con larga experiencia en las Américas, ofreció un análisis más mesurado de la petición de Bernardo Ramírez. Consideró que el blanqueamiento debía limitarse al individuo, desestimó la carta de recomendación del presidente de la Real Audiencia y capitán general de Guatemala, y citó contradicciones entre sus documentos y la carta de presentación de Bernardo. Se preguntó si el blanqueamiento sería efectivo, y contempló su posible impacto negativo sobre las élites en las Indias. No obstante, aunque rechazó la petición, Porlier reconoció la responsabilidad real de reciprocidad y buscó recompensar al guatemalteco.

Cuando Porlier analizó la segunda aplicación de blanqueamiento enviada por Manuel Báez, se mostró más abierto a un resultado favorable, pues consideró que el balance entre mérito e inconveniencia estaba a favor del cubano. Ahora parecía admitir que tales recompensas podrían estimular a pardos y mulatos a prestar mayores servicios. Si bien la Cámara rechazó la recomendación positiva de Porlier, sus cavilaciones sobre el precio adecuado que debía cobrarse por tal favor motivaron al Consejo de Indias a dar un paso más hacia el establecimiento de la compra de la blancura como una "práctica" americana.

Los comentarios de los fiscales, los rechazos de la Cámara, y las peticiones de Manuel Báez y Bernardo Ramírez revelan una apreciable indecisión y confusión respecto a la concesión de la plena blancura. Mientras que los funcionarios imperiales instintivamente buscaban equilibrios, no estaban seguros de qué debían poner a favor y qué en contra. Quizás el único consenso inicial fue que el Estado tenía el poder de concederla. Sin embargo, preguntas fundamentales permanecían sin respuesta, contribuyendo tal vez al rechazo de estas dos primeras peticiones por parte de la Cámara.

¿Era el servicio al monarca la variable principal a favor de un fallo positivo, o había otras? ¿Por qué había recibido Manuel Báez dos recomendaciones positivas de dos fiscales de la Corona diferentes, mientras que Bernardo Ramírez no las había recibido? ¿En qué medida intervenían en la ecuación las recomendaciones de los funcionarios imperiales o las élites locales? ¿Se transmitía el blanqueamiento a las generaciones siguientes o se trataba de un favor concedido únicamente a la persona? ¿Continuaría la Cámara rechazando las recomendaciones favorables de los abogados de la Corona?

Las implicaciones políticas y sociales del blanqueamiento resultaron aún más difíciles de resolver. ¿Era una recompensa aceptable para vasallos pardos y mulatos meritorios, u ocasionaría excesivos inconvenientes con las élites locales? ¿Podría convertirse —como las legitimaciones— en un favor que aquellas personas con las credenciales requeridas y dinero suficiente podrían comprar habitualmente? ¿Debería la Corona utilizar la recompensa del blanqueamiento para estimular a la población de las castas en general a prestar mayores servicios y mostrar una mayor lealtad? Pronto habría oportunidad de que los fiscales consideraran estos asuntos y la Cámara decidiera sobre ellos, pues llegó un conjunto de cuatro peticiones proveniente del lugar que habría de convertirse en el hervidero de las protestas contra el blanqueamiento: Venezuela.

Capítulo 7
Excepciones. El grupo venezolano

> "Que los pardos libres, o algunos de ellos, han pretendido que Su Majestad [...] entre otras cosas, le conceda privilegio, para que puedan ser admitidos a las sagradas Órdenes y se les permita contraer matrimonio con personas blancas del estado llano, de lo que resultarían al público perjuicios muy notables".
> Concejo Municipal de Caracas,
> 6 de octubre de 1788[1]

Introducción

Cinco meses después de que la Cámara rechazara la petición de cubano Manuel Báez por segunda vez, al otro lado del Atlántico, Mexías Bejarano, de Caracas, inició su búsqueda de la blancura. Visitó a su párroco para reunir copia de las partidas de bautismo que habría de incluir en su petición para verificar su legitimidad, la de su mujer y la de su hijo.[2] Aun cuando Diego comenzó a compilar su caso en septiembre de 1787, habrían de transcurrir seis años antes de que enviara sus documentos a la Cámara. Entretanto, su primo hermano y cuñado, Juan Gabriel Landaeta, remitió su petición a Madrid en febrero de 1788, ofreciendo un ejemplo más de peticiones vinculadas entre sí.[3] Durante los dos años siguientes, un miembro de la élite de Maracaibo,

---
1 Caso 14, Landaeta, 1798.
2 Caso 19, Mexías Bejarano, 1789-1801.
3 Caso 14, Landaeta, 1798; RC, Doc. 10, 1798.

don Joseph Briceño, pidió el blanqueamiento para su esposa, Petronila, y sus diecisiete hijos, y las hermanas Almeyda de Caracas buscaron confirmación, por parte de la Cámara, de la condición de élite de su familia.[4] Ocho años antes de la expedición de las gracias al sacar de 1795, los venezolanos eran ya asiduos solicitantes del blanqueamiento ante la Cámara.

Este capítulo explora, no solo la continuada búsqueda de la blancura por parte de los pardos y las respuestas reales a tales requerimientos, sino que introduce el papel especial que desempeñó el grupo de peticiones venezolano. En capítulos anteriores se han rastreado sugestivos vínculos personales y ocupacionales entre los solicitantes de blanqueamiento: la petición de Joseph Francisco Báez para practicar la cirugía inspiró la de su hermano Manuel para que se le concediera la blancura completa. Es probable que haya precipitado también aquellas otras de sus colegas médicos, Miguel Joseph Avilés y Juan de la Cruz y Mena. El blanqueamiento del notario Bartolomé de Salazar llevó a la petición análoga de su alumno, Juan Evaristo de Jesús Borbúa.[5] No obstante, el conjunto geográfico más notable de solicitantes habría de originarse en Venezuela. Allí, más que en cualquier otro lugar de las Indias, la sociedad de Caracas escenificó vehementes protestas, cuando se divulgó la opción de blanqueamiento y se dio a conocer a la población en general. Rastrear las peticiones venezolanas anteriores a 1795, y contextualizarlas dentro de las tendencias imperiales, permite conocer el papel único que desempeñó esta región.

Mientras los venezolanos comenzaron a enviar peticiones en las décadas de 1780 y 1790, y las élites locales iniciaron sus protestas, una variable imperial empezó a incidir sobre las decisiones acerca de las peticiones de blanqueamiento. Las reformas administrativas de los Borbones, en particular el mandato de nombrar en el Consejo de Indias a funcionarios que hubieran ocupado cargos en la Américas comenzaría a producir su impacto. Como se señaló en el capítulo 2, este cambio afectó radicalmente a la oficina del fiscal, iniciado con los nombramientos de Antonio de Porlier en 1775 para la Nueva España y de José de Cistué y Coll en 1778 para el Perú.[6] Todos los fiscales de la Corona, desde entonces hasta la independencia, habían ejercido varios años en las Indias. A cierto nivel, tal cambio mejoró signifi-

---

4 Caso 16, Briceño, 1794; Caso 15, Almeyda, 1792.
5 Véase capítulo 5.
6 Véase Anexo B.

cativamente la gobernanza, pues los funcionarios abordaban las peticiones con una mejor comprensión. Ministros y fiscales demostraron un nuevo activismo: era más probable que difirieran el veredicto y pidieran información adicional a los solicitantes o a los burócratas que trabajaban en toda América. Parecían más conscientes del impacto que tendrían sus veredictos al otro lado del Atlántico.[7]

Si bien el nombramiento de fiscales más experimentados ofreció una mejor comprensión de los asuntos de las Indias, esta reforma se acompañó de un precio muy alto. A diferencia de los ministros más numerosos del Consejo de Indias, que no provocaban problemas de vacantes como cuando uno o dos funcionarios viajaban desde las Indias para ocupar el cargo —había únicamente un fiscal para la Nueva España y uno para el Perú—.[8] Meses y, en ocasiones, años, podrían transcurrir entre la notificación de un nuevo abogado de la Corona en las Américas y su eventual llegada a Madrid. Durante estos períodos, el otro fiscal debía responder por todos los asuntos de las Américas, asumir la responsabilidad de toda consulta presentada ante la Cámara y supervisar a los funcionarios y dependientes de ambas secretarías.[9] Como, desde la perspectiva del Consejo y de la Cámara, las peticiones de blanqueamiento no eran especialmente urgentes en ninguna agenda, la ausencia de los fiscales de la Corona se combinaba con otros asuntos para posponer las respuestas a los solicitantes.

Esta rotación no resultó ser un problema inmediato con el despacho del Perú, pues contaba con la estabilidad que le dio la permanencia de José de Cistué y Coll, quien ocupó el cargo durante veinticuatro años; asumió esta posición en 1778 y no se retiró hasta 1802. La partida de Antonio de Porlier en julio de 1787, por el contrario, habría de introducir años de vacancia para la fiscalía de la Nueva España. Este problema no fue inmediatamente aparente en la primera rotación, dado que su sucesor se encontraba ya en la península. Cistué y Coll se vio obligado a manejar el flujo de asuntos de ambos despachos únicamente durante tres meses, antes de que Ramón Rivera y Peña asumiera su cargo.[10]

---

7   Twinam, *Public*, 269-273, discute el aumento del activismo en el Consejo de Indias. Este ahora puede vincularse con la llegada de Porlier y de Cistué y Coll como fiscales.
8   Burkholder, *Biographical*, xiii-xiv.
9   García Pérez, 185-195, discute el cargo de fiscal.
10 Burkholder, *Biographical*, 107-108. Ver Anexo B.

Un año y siete meses más tarde, Rivera y Peña había fallecido, y Cistué y Coll hubo de realizar el doble de trabajo durante diecinueve meses hasta que Juan Antonio Uruñuela Aransay llegara de Guatemala.[11] Dos años y dos meses después, Uruñuela Aransay había muerto también, y Cistué y Coll trabajó solo durante diecisiete meses más, hasta cuando Ramón de Posada y Soto llegó finalmente de México y reestableció cierta estabilidad en el despacho de la Nueva España.[12] Durante más de la mitad de los seis años que siguieron a la promoción de Porlier, no hubo fiscal para la Nueva España.

Primeras peticiones

Aquellos problemas estaban todavía en el futuro cuando, el 14 de febrero de 1778, Juan Gabriel Landaeta envió una carta al Consejo de Indias pidiendo el blanqueamiento. Desde el principio las cosas resultaron confusas, porque no se identificó como pardo. Más bien, escribió que era de "casta mestiza", aquella, explicó, "que en la Provincia llaman 'leopardos'".[13] Complicó aún más el asunto cuando señaló que "en toda su ascendencia no se encuentra esclavitud, ilegitimidad ni otro vicio que pueda servir de impedimento a sus hijos para mezclarse en matrimonio con ciudadanos blancos, entrar en religión, ascender a sagradas órdenes".

La terminología utilizada por Juan Gabriel Landaeta era desorientadora y su petición, desconcertante. Como la promulgación de las gracias al sacar aún no existía, no había lineamientos acerca de qué categorías de casta podrían comprar la blancura. Mientras que "mestizo" tenía diversos significados, que cambiaron con el transcurso del tiempo, en el siglo XVIII se aplicaba habitualmente a las mezclas entre indígenas y blancos, si bien era cierto que, dadas las mezclas anteriores, muchos pardos y mulatos tenían antepasados indígenas.[14] Dado que la Corona había determinado que los mestizos tenían limpieza de sangre, la ley española no acostumbraba a impedirles ocupar cargos públicos, ejercer profesiones como la de clérigo o contraer matrimo-

---

11 *Ibid.*, 100-102.
12 Véase García, *Fiscal*, para su carrera anterior en Nueva España.
13 Caso 14, Landaeta, 1798.
14 Véase capítulo 3. Forbes, 63-130, ofrece detalles sobre los diversos significados y usos de "mestizo".

nio con blancos, como sí lo hacía con aquellas personas de ancestro africano. Si Juan Gabriel realmente era mestizo, no tenía necesidad alguna de comprar la blancura.

El uso que hizo Juan Gabriel del término "leopardo" lleva también a confusión. No aparece en los lineamientos oficiales para que los sacerdotes lo ingresaran como una categoría local de casta en las partidas de bautismo, ni en los índices de disensos matrimoniales referentes a la desigualdad de castas en Venezuela.[15] Es posible que leopardo fuera un término de autoidentificación utilizado por las familias de la élite parda relacionadas con las milicias. Al menos aquellos antepasados a quienes Juan Gabriel designó como leopardos incluían a su padre y a sus abuelos paterno y materno, quienes habían servido todos en tales unidades.[16] Igualmente sorprendente fue la declaración de Juan Gabriel, según la cual su familia no tenía mancha de esclavitud o de ancestro africano. Si la familia era parda, casi con certeza tenía antepasados que habían sido esclavos africanos.[17]

Tales contradicciones suscitaron un interrogante inmediato: si, como Juan Gabriel indicaba, su familia era mestiza o leoparda y no descendía de esclavos, ¿por qué padecían las discriminaciones habitualmente dirigidas contra los pardos? Su ambigua respuesta fue que, aunque las leyes disponían que los mestizos que fueran "libres nacidos de legítimo matrimonio" podían ocupar cargos públicos y ordenarse como sacerdotes, aún padecían muchos prejuicios. Esto se debía a que "como de ordinario nacen de adulterio y de otros ilícitos y punibles ayuntamientos que los hace infames e inhábiles". Este no era el caso de su familia, pues los Landaeta podían demostrar tres generaciones de nacimientos legítimos.

Aunque Juan Gabriel sugirió que era mestizo, no se identificaba con otros de esta casta. Por el contrario, consideraba que los mestizos adolecían de "mala crianza, vicios y pésimas costumbres". Esta combinación de nacimiento ilegítimo y acciones impropias significaba que incluso "las personas instruidas informadas" consideraban generalmente que

---

15 *Ibid.*, 115, 119, señala que, en griego, "pardos" significa leopardo, por referencia al color de este animal. Un diccionario portugués de 1836 identifica también 'pardo' con el color del leopardo.
16 Caso 14, Landaeta, 1798. También designó a sus esposas como leopardas.
17 RC, 1, 282, especula que uno de los antepasados de Landaeta pudo haber sido una persona con ancestro africano e indígena y que, mediante "una simple operación matemática", Landaeta eliminó el componente africano, transformándose a sí mismo en mestizo.

"todos los de color" eran "indignos de la sociedad y de la participación de honores públicos". La petición de Juan Gabriel se asemejaba a la del guatemalteco Bernardo Ramírez, por cuanto criticaba el sistema de castas que automáticamente lo despojaba de su valía. La "preocupación vulgar que reina contra las personas de color" le había negado injustamente el "establecimiento decoroso" del que era "digno".

¿Hubo una estrategia en los esfuerzos de Juan Gabriel por apropiarse de la calidad de mestizo y negar sus antepasados esclavos africanos? Esta no sería la única vez que solicitantes pardos y mulatos intentaron difuminar las categorías de casta en sus esfuerzos por encajar en el grupo más favorecido de los mestizos. Dado que envió su petición antes de que, en 1795, las gracias al sacar mencionaran específicamente las categorías de pardo y quinterón como elegibles para exención, puede que su estrategia haya sido pensar que la confirmación real de su condición de mestizo era el camino más viable para conseguir la blancura.

Sin embargo, sigue sin responderse una cuestión central: si Juan Gabriel tenía sangre africana, ¿cómo podía desconocer cualquier antepasado esclavo? Lo que quiso decir, probablemente, era que ninguno de los Landaeta había sido esclavo durante tres generaciones. Parece haberse adueñado del criterio de las tres generaciones utilizado tradicionalmente por los españoles cuando contaban hacia atrás para demostrar su limpieza de sangre con ocasión del ingreso al ejército o a la universidad. Aunque admitió que su familia era "de color", afirmó que, después de tres generaciones, habían borrado tanto sus orígenes esclavos como su ancestro africano. El problema de determinar si las castas podrían jamás borrar el estigma de descender de esclavos africanos, o si, por el contrario, la regla de las tres generaciones pudiera servir de criterio, continuaría siendo un tema debatido.

Resulta algo irónico, dado que Juan Gabriel Landaeta negaba cualquier sangre africana, que fuera la participación de su familia, durante largo tiempo, en las milicias de pardos lo que le dio considerables credenciales para pedir el favor real. Sus abuelos paterno y materno, Basilio Landaeta y Juan Gabriel Cordero, han aparecido antes, pues prestaron servicio como capitán y lugarteniente, respectivamente, en el batallón de Caracas. Su padre, Miguel, estuvo activo en la milicia durante cincuenta y dos años, ascendiendo de soldado raso al rango de capitán. Se había distinguido en el servicio, al defender el puerto de Caracas, La Guaira, contra el ataque de los ingleses en 1743, pacificó una sublevación en León en 1750, creó una segunda compañía de pardos en 1758 a solicitud del gobernador, y custodió a los rebeldes antes de que los llevaran de regreso a España. Tres de los hermanos de Juan Gabriel habían seguido a su padre y a sus abuelos, y habían ingresado a filas. Incluso su esposa, María Graciela, era hija legítima de un señor Bejarano, quien había alcanzado el rango de capitán de milicias. Como se señaló en el capítulo 4, estas familias habían optado por casarse entre sí en lugar de forjar alianzas con blancos.

La negativa de Juan Gabriel a admitir que su familia era parda significó que no podía pedir directamente a los funcionarios que blanquearan a la familia, pues si eran mestizos no precisaban de tal dispensa. Lo que hizo, entonces, fue pedir a los funcionarios reales que consideraran los méritos de su padre, de su suegro y de sus abuelos, para que sus "hijos, nietos y demás la familia" pudieran contraer matrimonio con personas blancas y estudiar para ser ordenados sacerdotes. En efecto, pidió que se le concedieran los privilegios de los blancos, no volverse blanco. Al parecer, Juan Gabriel esperaba que, si la Cámara admitía que él era mestizo, sencillamente confirmarían que él y su familia deberían gozar de las prerrogativas de los blancos. En efecto, hubo algunas evasivas en su petición, pues concedió, vagamente que deseaba liberar a su familia de "cualquier defecto que pudiera objetárseles". Estos circunloquios solo habrían de confundir a los funcionarios reales y retardar cualquier decisión sobre el caso.

Aunque los documentos que acompañaron la carta de Juan Gabriel a la Cámara parecen haberse perdido, su carta de presentación señalaba que había ofrecido prueba de sus antepasados y del servicio militar de sus parientes. Se desconoce también si el abogado de la Corona que revisó el expediente envió alguna consulta a la Cámara. Para entonces, el nuevo fiscal para la Nueva España, Antonio de Porlier, había recibido la promoción, y su reemplazo, Ramón Rivera y Peña, quien se había desempeñado en las Audiencias de Charcas y Lima, llevaba cuatro meses en el cargo.[18] Es posible que se hubiera limitado a sintetizar la petición del venezolano sin agregar una recomendación. Si consultó el archivo en busca de precedentes, es posible que se haya mostrado particularmente cauto, pues la Cámara había rechazado consistentemente la blancura completa.

Cualesquiera que fueran las observaciones que el fiscal Rivera y Peña escribió en su consulta, en esta ocasión el Consejo de Indias decidió intervenir. Solo dos meses después de que Juan Gabriel entregara su peti-

---

18 Burkholder, *Biographical*, 107-108.

ción, en abril de 1788, el Consejo mando que el presidente y los oidores de la Audiencia de Caracas investigaran y suministraran información sobre el "contenido" de la petición.[19] No se sabe si la información contradictoria que aparecía en el expediente de Juan Gabriel confundió a los ministros del Consejo y necesitaban aclaraciones, o si deseaban información adicional, por estar considerando seriamente conceder su petición.

Lo que es evidente es que, al otro lado del Atlántico, se había comenzado a correr la voz en las calles de Caracas de que un pardo de la ciudad había pedido el blanqueamiento. Esta información pudo hacerse pública cuando Diego Mexías Bejarano o Juan Gabriel Landaeta acudieron a la parroquia a pedir copias de sus partidas de bautismo, o cuando Juan Gabriel tomó las declaraciones de los testigos para remitirlas con su petición. Esta información pudo haberse filtrado también a través de estas dos familias, pues se habían casado entre sí, y vivían todos en la misma casa patriarcal en Altagracia. Posiblemente, hablaron con sus amigos sobre sus esperanzas de obtener blanqueamiento. Resulta sugerente observar que, en sus primeras reacciones a los rumores públicos, las élites del concejo municipal de Caracas parecían tener solo una vaga idea de lo que podría estar sucediendo. Aun así, para fines de 1788, el cabildo optó por una acción preventiva. Despachó dos largas cartas al rey Carlos IV, una el 6 de octubre, y otra el 13 octubre.

Es imperativo contextualizar estas protestas, así como los futuros estallidos de las clases altas, dentro de la respuesta más amplia de América. Hasta aquel momento, los únicos testimonios que las élites locales habían enviado a Madrid variaban de tibios a entusiastas, pero, por lo general, habían apoyado a personas específicas. Esto no era sorprendente, pues era lógico que los pardos pidieran a amigos y colegas que dieran testimonio a su favor.

A partir de la década de 1780 hasta la independencia, la ausencia de protestas de parte de las élites americanas siguió siendo el patrón dominante: las clases altas de Caracas serían las únicas que se quejaron del blanqueamiento.[20] Incluso las protestas de la élite venezolana —nume-

---

19 Caso 14, Landaeta, 1798.
20 Guardiola-Rivera, 188, se equivoca al pensar que hubo difundidas protestas contra el blanqueamiento "en todos los casos". La única otra pregunta que surgió acerca de los blanqueamientos se dio cuando el gremio de los abogados se dividió acerca de si Joseph Ponciano de Ayarza podía ser abogado después de graduarse de la universidad. No obstante, se inclinaron a permitírselo, decisión que confirmaron con el Consejo de Indias.

rosas y vehementes como fueron— no se extendieron a todos los casos. Aunque los mantuanos protestaron particular y repetidamente contra las peticiones de las dos familias de pardos relacionadas entre sí —los Landaeta y los Mexías Bejarano— no se lamentaron cuando otros venezolanos solicitaron y obtuvieron cédulas de blanqueamiento.

Entonces, ¿cómo deberían los historiadores sopesar, literalmente, decenas de kilos de documentos en los que se protestaba desde Caracas contra menos de una onza del resto de las Indias? Varias balanzas necesitan calibrarse para ello. Dada la frecuencia de las peticiones de blanqueamiento provenientes de Venezuela, y los lamentos de las élites locales, el impacto resultante sobre la política imperial sigue siendo un componente fundamental de la historia del blanqueamiento. Aun así, la falta de protesta de parte de las élites venezolanas respecto a ciertos blanqueamientos, que contrastaba con sus vehementes quejas contra otros, sugiere que hay un relato regional más complejo. El silencio aún mayor del resto de las Américas —tanto en el número de peticiones como en el de las protestas contra los solicitantes— continúa siendo un enigma incluso más sorprendente. Solo cuando se contextualizan estas tendencias dentro de los patrones locales e imperiales, puede comenzar a surgir eventualmente un contorno.[21]

La excepcionalidad venezolana

¿Qué sucedía en Venezuela? Resulta asombrosa la forma como difieren los académicos en su interpretación de dos asuntos cruciales: la presencia o ausencia de tensiones políticas y socio-raciales, y el papel particular que desempeñó la élite caraqueña. P. Michael McKinley concluyó que la "Caracas de fines de la colonia" era una "sociedad relativamente estable, en la cual se fermentaban pocas tensiones sociales o políticas".[22] Arlene Díaz, por el contrario, enumeró catorce disturbios y sublevaciones ocurridos en el siglo XVIII en la provincia, bien

---

21 La naturaleza única de la élite de Caracas crea un problema para los historiadores que no estudian sus estallidos en contexto, llevándolos, como sucede en Lasso, "Republican", 3-4, a generalizar y afirmar que estas actitudes se asemejaron a las de las élites en otros lugares.
22 McKinley, *Pre-revolutionary*, 115. Contextualizó los acontecimientos de Caracas al compararlos con la Rebelión de los Comuneros en Colombia, y con la rebelión de José Gabriel Condorcanqui, "Túpac Amaru II", en Perú, substimando las tensiones locales.

sea contra el monopolio del cacao que tenía la Compañía de Caracas, o bien combinaciones de rebeliones de indígenas, castas y esclavos contra el dominio de las élites.[23] El sociólogo venezolano Laureano Vallenilla Lanz caracterizó la "historia íntima en los centros urbanos" como epitomizada por "la lucha constante, el choque diario [...] de las castas" contra el "el odio profundo e implacable" de las élites.[24]

También difieren los historiadores en su evaluación del papel desempeñado por la élite caraqueña. Quienes se encontraban en las capas más altas eran, según Frédérique Langue, un grupo consciente de sí mismo, compuesto por trece extensos "clanes familiares".[25] Para McKinley, los mantuanos eran el epítome de la fuerza y la cohesión. Lejos de estar "a la defensiva", mostraron una "renovada asertividad, nacida del éxito económico, la preeminencia social y la consciencia de su fortaleza política".[26] ¿Podría esta ser la misma élite descrita por Alí Enrique López Bohórquez, quien rastreó "permanentes conflictos y tensiones" en los que el cabildo habitualmente se rebelaba contra los "opresivos gobernantes?"[27] Alternativamente, ¿fue esta una élite cuya "pérdida de autonomía y poder" a la cual las reformas de los Borbones, según Arlene Díaz, despojó del control patriarcal, en especial de la capacidad de impedir toda movilidad social a las castas a través del matrimonio o de la compra de la blancura?[28]

Uno de los continuos retos para comprender lo que sucedía en Caracas es el de conciliar tan diferentes interpretaciones. Es posible, sin embargo, hallar una pista: el tema estudiado parece afectar la conclusión. McKinley explora las tendencias económicas y los testamentos de las élites, y ve en ellos crecimiento, cohesión y estabilidad; López Bohórquez estudia las reformas políticas de los Borbones e identifica tensión y conflicto; Vallenilla Lanz analiza las relaciones entre las castas y los blancos, y registra opresión y resistencia; Díaz, por su

---

23 Díaz, *Female*, 32-33.
24 Pellicer, *Entre*, 15, cita a Vallenilla Lanz.
25 Langue, *Aristócratas*, 67.
26 McKinley, *Pre-revolutionary*, 2. Véase también Quintero sobre los matrimonios de las élites entre ellas y estrategias de fines de la década de 1780 hasta la Primera República. Este es un punto de vista desde arriba, que no tiene en cuenta las presiones ejercidas desde abajo por las poblaciones de casta. Sobre el desarrollo de las élites del siglo XVI al XVIII, véase Langue, "Orígenes" y *Aristócratas*.
27 López Bohórquez, 81. Véanse también comentarios sobre el cabildo y sus actas en Mago de Chópite.
28 Díaz, *Female*, 28-34.

parte, sondea los papeles de género y el patriarcado, y describe a una élite cuestionada. Algunos elementos de todas estas interpretaciones podrían ser contradictorios, pero también es posible que se dieran a la vez. A diferencia de estos autores, Santos Rodulfo Cortés rara vez se centra en alguno de estos temas, pues se concentra, más bien, en los casos de blanqueamiento. Como resultado de ello, desconoce también un marco más amplio, pues no es claro en qué medida las protestas contra las gracias al sacar hayan podido estar relacionadas con otras tendencias económicas, políticas y socio-raciales de finales de la colonia.[29] En el intento por comprender a Caracas, el contexto lo es todo.

Si, como sugieren estas enormes cantidades de peticiones y documentos de protesta contra el blanqueamiento, las condiciones en Caracas y en la costa venezolana conformaron el vórtice necesario para crear una tormenta perfecta, ¿qué hizo única a esta región? Una primera respuesta podría ser que algunos patrones fundamentales que marcaron dos variables cruciales —las tensiones socio-raciales y la preservación del control político local por parte de las élites— no fueron particularmente distintivas. En Caracas, como sucedía a lo largo de las Indias, siempre hubo negros, pardos y mulatos que desafiaron la legislación discriminatoria y la represión local, que buscaron ascender socialmente mediante el blanqueamiento a través de conexiones íntimas, que consiguieron el éxito económico, y que prestaron sus servicios a la Corona. Las élites urbanas, no solo en Caracas, sino en todos los lugares de las Américas, organizaron sus concejos municipales de manera que promovieran su propia posición económica y social, y discriminaron a todos los demás.

Al parecer, lo que hizo diferente a Caracas fue que estas tendencias se volvieron extremas: había una apreciable presencia de pardos; se había producido una significativa movilidad y existía una intensa represión. Tal combinación creó una atmósfera en la cual, no solo los blancos, sino toda categoría de casta —pardos, mulatos, tercerones, cuarterones, quinterones, mestizos, zambos, esclavos e indígenas— se dedicaron a realizar minuciosas calibraciones de aquellos vínculos genealógicos que habían creado sus designaciones distintivas. La élite local complicó la hipersensibilidad socio-racial cuando adoptó medidas preventivas y agresivas, utilizando su control del concejo municipal

---

[29] RC, 1, 55. Puesto que Rodulfo Cortés no estaba enterado de la existencia de peticiones anteriores de cirujanos y notarios, considera las solicitudes venezolanas como "la primera fase" del blanqueamiento.

para promover sus intereses y preservar las jerarquías. Rastrear algunos incidentes reveladores en torno al asunto de la condición de casta y la intervención de la élite nos ofrece una idea acerca del mundo habitado por los primos hermanos Diego Mexías Bejarano y Juan Gabriel Landaeta cuando comenzaron su búsqueda de la blancura a fines de la década de 1780 y comienzos de la de 1790.

Caracas era —en primer lugar— una ciudad y una región de hombres liberados. Como observó el viajero francés François Raymond Joseph de Pons (1801-1803): "Es probable que no haya en todas las Indias Occidentales una ciudad con tal cantidad de personas liberadas o descendientes de ellas, en proporción con las otras clases, que Caracas".[30] Si bien él y Alexander von Humboldt (1799-1804) difirieron un poco en sus cálculos sobre la población total de la Capitanía General, que osciló entre 728.000 (Pons) y 800.000 (Humboldt), ambos coincidieron en afirmar que la población libre de las castas, del 40 al 50% (Humboldt), sobrepasaba por mucho a la de los blancos.[31]

Los pardos representaban una amenaza para las élites, no solo por su gran número, sino porque habían desarrollado su propia jerarquía e identificación. Como ha señalado Luis Pellicer, aunque había tensión a todos los niveles, los enfrentamientos más agudos se dieron entre los mantuanos y la élite de los pardos, que incluía a los Landaeta y Mexías Bejarano.[32] Este grupo se congregaba en torno a la parroquia de Altagracia, construida originalmente por mulatos en el siglo XVII.[33] El resultado fue que, aun cuando las iglesias de la ciudad no estaban segregadas, hubo una "estratificación de la sociedad por los lugares de culto".[34]

Altagracia se convirtió en un centro donde las castas podían celebrar sus logros y ocupar posiciones que les eran negadas en otros lugares de Caracas: las milicias de los pardos participaban en una marcha

---

30 Pons, 187-188. Gómez, "Pardo", par. 4, ha elaborado el siguiente desglose demográfico para la población de la provincia de Caracas, que ascendía a 388,890 entre 1800 y 1810. Los blancos conformaban el (99,637) o el 25% del total incluyendo en este 25%: aristocracia criolla (1,945) 2%, españoles (5,056) 5%, criollos blancos (71,946) 72%, blancos inferiores (20,690) 21%. Lo demás de 75% incluyen: los indios sometidos a tributo (47,605) 12%, los pardos (147,136) 38%, negros libres (33,632) 9%, y esclavos (60,880) 16%.
31 Rosenblat, 71-72.
32 Pellicer, *Entre*, 16.
33 "La iglesia".
34 Pellicer, *Entre*, 63; Helg, *Liberty*, 99, por el contrario, señala que las iglesias no estaban divididas de esta manera en Cartagena.

anual que terminaba en la iglesia de Altagracia; allí los pardos podían convertirse en mayordomos o funcionarios de la parroquia.[35] Cuando María Raphaela Landaeta creó una capellanía, lo hizo en Altagracia; este fue el cargo que los Landaeta y los Mexías Bejarano esperaban que uno de sus parientes pudiera ocupar eventualmente.[36] No fue por accidente que, cuando ambas familias solicitaron el blanqueamiento, mencionaron la esperanza de que sus miembros pudieran, algún día, ordenarse como sacerdotes.

Dos incidentes ocurridos en 1774, uno relacionado con la participación de la milicia y otro con el vestido, revelan la intensidad de la identidad grupal tanto de los pardos como de los blancos. Ambos grupos se dedicaban a la escrupulosa disección de las categorías de casta para identificar a aquellas a las que consideraban inferiores. Un caso típico de ello fue la experiencia de Juan Bautista Arias, quien pretendió ingresar en el batallón de pardos de Caracas y, eventualmente, apeló a los funcionarios reales cuando los oficiales de la milicia se negaron a admitirlo. Es clarificador que, al rechazarlo, los pardos utilizaron un lenguaje y una justificación análogos a aquellos usados por las élites blancas para discriminarlos a ellos.

Los pardos emplearon el argumento de la proximidad para justificar su negativa a enlistar a Juan Bautista Arias en la milicia. Alegaron que, si lo aceptaban, esto rebajaría su propia condición.[37] Al recordar al capitán general su "vigilancia en el servicio de Su Majestad", los oficiales explicaron que serían incorrecto pedirles que incluyeran "en sus ejercicios militares a un sugeto que en todo tiempo le hemos negado el lado en todas nuestras concurrencias públicas y domésticas". Es sorprendente que algún funcionario no solo haya subrayado el texto, sino marcado "ojo" en un lado del documento, sugiriendo que la fuerza de la afirmación había impresionado al lector. El argumento de la proximidad demostró ser una justificación tan significativa para que discriminaran a otras castas, como lo era para que los blancos los discriminaran a ellos. Los miembros de la milicia enfatizaron su

---

35 AHN-Caracas, Diversos, XLX, n° 9, 1774, incluye referencias a la marcha; Pellicer, *Entre*, 63, menciona al mayordomo. Traveler Pons, 2, 189, comentó que los pardos "prodigan un cuidado peculiar" a su vestimenta y a la iglesia de Altagracia: "Todo hombre libre de color hace una especial de exhibición ostentosa de su vestido, y de la limpieza y riquezas de esta iglesia".
36 Caso 19, Mexías Bejarano, 1789-1801.
37 AHN-Caracas, Diversos, XLX, n.° 9, 1774.

rechazo invocando la dualidad entre lo público y lo privado, al sugerir que Arias no era alguien con quien socializaran en ninguno de los dos ámbitos.

¿Qué había hecho Arias para suscitar la ira de la milicia? La respuesta de los oficiales fue que no era un pardo. Presentaron una genealogía donde se señalaba que sus abuelos paternos incluían a un "mulato" casado con una "negra", mientras que sus abuelos maternos eran un "indio" casado con una "mulata". Dadas estas combinaciones, los representantes de la milicia calcularon que Juan Bautista era un "zambo", esto es, una mezcla de "mulato y negro" con "indio". Consideraban que tal combinación era inferior, dado que quienes servían en su batallón procedían de la mezcla de "blancos y negros, o a lo menos de tercerón con cuarterón o quinterón".

A diferencia de Juan Bautista, quienes integraban la milicia de los pardos eran de tez cada vez más clara, pues "se van acercando cada vez más a los blancos, mientras más se fueren alexándose de los negros". Concluyeron, entonces, que Juan Bautista "no fuere legítimamente [...] ingerirse en el batallón". Así como los rechazaban los blancos, los pardos usaron las categorías de casta y el argumento de la proximidad para excluir a un "sugeto" a quien consideraban "repugnante".[38] Tal disposición a discriminar a cualquiera considerado de condición inferior permeaba todas las capas de la sociedad.

Las batallas con motivo de las categorías de casta no se daban únicamente en las milicias; otro terreno común para el conflicto era la iglesia. Aquel mismo año, en 1774, hubo un escándalo en Coro después de que la Real Audiencia fallara que María Francisca de la Peña y sus hijas podían llevar encajes en sus velos.[39] Aunque la legislación suntuaria era algo común en todas las Indias, en Venezuela incluso las prácticas informales alcanzaron extremos inusitados. No es casual que los velos cargados de encajes, o mantas, fueran la firma distintiva que dio su nombre a la élite, los mantuanos.[40] En este caso, el veredicto resultó digno de atención, pues su significado iba más allá de permitir que esta madre y sus hijas pudieran usar prendas decoradas para cubrirse. En efecto, las exceptuaba de las leyes que prohibían a "zambas

---

38 Helg, *Liberty*, 101, por el contrario, señala que, en Cartagena, era posible que "hombres de color" se unieran a la milicia blanca.
39 AHN-Caracas, Diversos, XLX, n.º 5, 1774.
40 Rosenblat, 83.

y mulatas" usar tales velos.⁴¹ El resultado fue que ellas y sus descendientes podrían —puesto que les era permitido usar ropas reservadas a los blancos— aproximarse a la blancura. Las élites de la ciudad protestaron contra esta sentencia, denunciando los "escándalos, sediciones y alborotos del mulatismo".

Los venezolanos no solo disputaron por los velos, también lo hicieron por almohadas y cojines. Únicamente las mujeres de la élite podían ordenar a un esclavo o sirviente que llevara aquellos elementos sobre los que se arrodillaban, un privilegio negado a otros. François Raymond Joseph de Pons observa que

> las mujeres blancas [...] siempre han afirmado el privilegio exclusivo de utilizar cojines en la iglesia, llevados por sus sirvientes. La mujer que tenga una gota de sangre negra fluyendo por sus venas no debe pretender usar esta pieza de conveniencia. Las enaguas de aquellas mujeres cuya tez está teñida por el más leve tono de negro están condenadas a ensuciarse con el polvoriento suelo de la iglesia.⁴²

El objetivo de esta legislación era diferenciar a las élites de las castas, privando a estas últimas del uso de "trages sumptuosos profanos".⁴³ Como señaló Alejandro Cañeque, es esencial no desconocer aquello que parecen ser riñas insignificantes, sino más bien comprender la importancia de "los rituales del poder y el poder de los rituales".⁴⁴ Tales confrontaciones eran "mucho más que aspectos pintorescos [...] desprovistos de importancia y significado". Por el contrario, eran "claros indicios de la existencia de diferentes ideas políticas y de las luchas que se daban entre los miembros de la élite gobernante en su esfuerzo por imponer una particular visión política".⁴⁵

A este fuego ardiente de sensibilidad de casta y discordia, lanzó la Corona, en 1778, más fuegos de artificio: la Pragmática Sanción de 1776 relativa a los matrimonios, la cual concedía a los blancos y a los oficiales de la milicia de los pardos la facultad de solicitar que se prohibiera el

---

41 AHN-Caracas, Diversos, XLX, n.º 5, 1774.
42 Pons, 1, 175. Semple, 55, comenta también esta costumbre.
43 AHN-Caracas, Diversos, XLX, n.º 5, 1774.
44 Cañeque, 119, 145-151. Las pardas también protestaron contra tales leyes. AGN-Bogotá, Sección Colonial, Fondo Policía, T. 8, fols. 108-232, 1807, documenta protestas en Valledupar, Colombia, en 1807, cuando las pardas buscaron el derecho a llevar faldas y chales y a portar abanicos iguales a los de las mujeres blancas. Agradezco a Sergio Paolo Solano esta referencia.
45 Cañeque, 243.

matrimonio de sus descendientes con personas de diferente clase o casta.[46] Los venezolanos, que ya estaban obsesionados con sus intrincadas designaciones socio-raciales, ignoraron estos lineamientos restrictivos. Castas de toda índole, incluyendo a los esclavos, se involucraron en la condición de los novios. Luis Pellicer contó el extraordinario número de 781 casos de discrepancias matrimoniales entre 1778 y 1820.[47]

Los sacerdotes venezolanos no solo se encontraron en las primeras líneas de la obligación de aplicar la Pragmática Sanción, sino que se mostraron bastante dispuestos a hacerlo. En 1789, los clérigos solicitaron a la Real Audiencia de Caracas que respondiera a la siguiente inquietud: ¿qué debían hacer si se presentaba una pareja de condición de casta desigual que deseaba contraer matrimonio y no había una familia que protestara?[48] ¿Deberían realizar la ceremonia, o más bien notificar a los funcionarios locales para que buscaran a otros parientes que prohibieran el matrimonio? Al año siguiente, el Consejo de Indias respondió que los sacerdotes podían proceder con la ceremonia si los padres la aprobaban, aun cuando, después de 1805, autorizaron a la Audiencia a intervenir e impedir los matrimonios desiguales.[49]

A medida que la Pragmática Sanción entraba en vigor y avivaba la obsesión de los venezolanos con las categorías de casta, las partidas, o secciones, donde los sacerdotes registraban la condición de los recién nacidos, se convirtieron en campos de batalla. El problema era que tales registros resultaban ser contradictorios, inconsistentes y, en algunos lugares, fraudulentos. Si un padre o guardián registraba una discrepancia, los primeros documentos oficiales consultados eran las partidas de bautismo de la pareja comprometida para casarse, así como las de sus antepasados, con el fin de determinar su calidad. Esto llevó a una apreciable carga para el tribunal eclesiástico, pues los venezolanos acudían a él para apelar su lugar en las partidas, solicitaban que los transfirieran de un libro a otro, generando, como se quejó la Audiencia, "pleitos y perjuicios públicos".[50]

En 1789, la Audiencia de Caracas sintetizó algunos de los problemas que rodeaban las designaciones de casta e intentó hallarles solución. Observó que, en una parroquia, Joseph Antonio Naranjo

---

46 AHN-Caracas, Diversos, T. LXIV, n.° 28, 1790.
47 Pellicer, *Entre*, 14. Usa 256 de los 781 casos.
48 AHN-Caracas, Diversos T. LXV, n.° 12, 1789.
49 AHN-Caracas, Diversos T. LXIV, n.° 25, 1790.
50 AHN-Caracas, Diversos, T. LXIV, n.° 28, 1790.

aparecía como el padre pardo de una niña en 1772 y, años más tarde, figuraba como su padre blanco cuando la llevó de novia al altar. Mientras que, como se ha señalado en el capítulo 4, tal movilidad social no era necesariamente inusual, en Venezuela, donde era costumbre escudriñar la condición de casta meticulosamente, era más probable que tales contradicciones llevaran a denuncias y terminaran en litigios.

La solución de la Audiencia fue ordenar que los párrocos, en lo sucesivo, mantuvieran divisiones estrictas en los registros parroquiales. Debían ubicar a los esclavos en una categoría diferente en lugar de incluirlos, como sucedía en algunos lugares, dentro de las castas. "Mulatos, zambos y demás castas" deberían tener asimismo una sección especial. En estos casos, los clérigos debían suministrar información detallada: "si son hijo de blanco y pardos de primera orden, o cuarterones, o de yndia y un mulato o negro". El objetivo era "distinguirse las calidades de cada uno".

La Audiencia reconoció que la diferenciación entre estas categorías podía ser un asunto difícil. Su preocupación era que "entre dichas castas" había "mucha diferencia tanto en su nacimiento como en su buen porte y conducta". Temía que los "verdaderos zambos o mulatos" fuesen agrupados con "los que solo tienen una leve mancha en alguno de sus ascendientes remotos, y tal vez por las líneas de mujer". Es reseñable que aquellas personas con tan "leve mancha" eran producto de relaciones íntimas que durante muchas generaciones sostuvieron con blancos y que producía la movilidad informal. Resultó evidente también que las élites no consideraban las conexiones de los blancos con mujeres pardas tan negativas como la descendencia de un hombre de casta.

Para evitar problemas en el futuro, la Audiencia ordenó a los sacerdotes locales que dieran a conocer la inscripción en las partidas y sus descripciones de la calidad de casta y las "hagan notorias a sus padres y padrinos de los bautizados y contrayentes". De esta manera, si había algún error, las partes podían apelar al tribunal eclesiástico o, de ser necesario, a la Audiencia. Los funcionarios ordenaron también al obispo que informara a sus párrocos que, "bajo ningún pretexto, causa ni motivo" se les permitiría trasladar los registros sin un proceso civil previo. Las partes interesadas deberían registrar primero una "declaración sobre la calidad de los pretendientes" ante los funcionarios del cabildo encargados de defender los intereses de la élite.

¿Cuál fue la reacción de la élite caraqueña y, en especial, del concejo municipal a esta intensificada sensibilidad frente a la condición socio-racial? Por una parte, la Pragmática Sanción les benefició, pues ofreció a los padres y tutores blancos la posibilidad de impedir a hijos rebeldes contraer matrimonio con quienes ellos no consideraban iguales. No obstante, desde otra perspectiva, la medida solo pareció contribuir a la sospecha de la élite, ya bien desarrollada, contra las pretensiones de las castas, aprehensión que se unía a la análoga desconfianza que sentían por los funcionarios reales. Comprender los papeles únicos desempeñados por la élite mantuana, el cabildo y la Audiencia resulta esencial para entender los documentos de protesta provenientes de Caracas.

Un incidente de 1790, ocurrido cuando la Audiencia intentaba resolver el problema de los registros de bautismo y matrimonio y, en especial, de impedir los intentos de los venezolanos por introducir alteraciones *post hoc* en estos registros, ofrece una mejor comprensión de la actitud adoptada por las élites de Caracas.[51] Después de todo, en esencia, el concejo municipal había ganado. La Audiencia se había puesto del lado de las élites locales y había empoderado al cabildo: había ordenado al obispo y a sus clérigos que se abstuvieran de trasladar a los denunciantes de una categoría de casta a otra sin previo conocimiento y aprobación de la "justicia real ordinaria", esto es, del concejo municipal.

Aun así, la respuesta de las élites fue denunciar al obispo y a los sacerdotes, acusándolos de seguir trasladando registros sin su consentimiento. El cabildo pidió facultades adicionales para que sus miembros pudieran presentarse ante la Audiencia "para protestar el traslado de cualquier partida". En su respuesta, el fiscal de la Audiencia, Julián Díaz de Saravia, amonestó al cabildo. Señaló que los obispos y sacerdotes habían prometido obedecer y abstenerse de modificar las partidas. Dado que los funcionarios no habían adjuntado pruebas —nombres y fechas de traslados ilegales— no podía tomar las acusaciones en serio.

El concejo municipal optó entonces por tratar de obtener un control aún mayor: quería que su procurador general estuviera presente cuando quiera que los candidatos a cargos públicos, admisión a la universidad o ingreso al sacerdocio presentaran pruebas de su limpieza de sangre. Su objetivo era vigilar estas declaraciones, para impedir así cualquier subterfugio que pudiera promover la movilidad de pardos o mulatos. Más específicamente, el cabildo denunció que profesores universitarios se habían quejado de que algunas personas

---

51 Pellicer, *Vivencia*, 50-51.

habían violado las ordenanzas sobre limpieza de sangre, puesto que "en sus clases hay mulatos".

¿Qué estaba ocurriendo? ¿Estaba paranoico el cabildo? Esta no sería la única vez que las élites acusaban a otros miembros de las instituciones de Caracas, bien sea la universidad, la Iglesia, o la Real Audiencia, de no poder confiar en ellas para mantener la jerarquía existente. Una beligerancia semejante subraya la caracterización de McKinley, según la cual el "liderazgo casi colectivo" de la élite, que incluía su "cohesión", fue "quizás único en el imperio".[52] Los mantuanos estuvieron "dispuestos a defender sus intereses activa y políticamente como clase social y como individuos".[53] Si bien los cabildos en toda las Indias reflejaron las preocupaciones de las élites, sería difícil hallar un concejo municipal que lo hiciera de forma tan agresiva y decidida como el de Caracas.

¿Qué había producido tan intensa autoidentificación y disposición a actuar? Irónicamente, la negligencia podría ser la primera respuesta. Durante los dos primeros siglos de la colonia, Venezuela se encontraba en una posición periférica. Al carecer de una importante población indígena y de recursos mineros, fue únicamente en el siglo XVIII cuando la región adquirió importancia desde el punto de vista económico. Cuando las élites importaron una ola posterior de esclavos y los pequeños productores se diversificaron al comercializar con cacao, café e índigo, la colonia desarrolló una variedad "verdaderamente extraordinaria" de exportaciones.[54] Este repunte económico general en la costa venezolana se combinó con la diversificación para hacer posible que las familias de la élite conservaran y construyeran su riqueza, pasándola a las generaciones siguientes. El ciclo de las tres generaciones característico del "surgimiento y ocaso de fortunas familiares, apreciable en otras colonias españolas" resultó ser "marcadamente menos prevaleciente en Caracas".[55] Tal longevidad, se combinó con los matrimonios entre parientes para promover una distintiva identidad de élite.

Los dos siglos durante los cuales Caracas figuró como zona estancada del imperio dejaron asimismo un legado distintivo respecto a la gobernanza. A diferencia de otras regiones, los caraqueños experimentaron la administración de los españoles como "leve". Esto

---

52 McKinley, *Pre-revolutionary*, 77-78.
53 *Ibid.*, 88.
54 *Ibid.*, 44-45.
55 *Ibid.*, 79.

es, la única presencia imperial visible era el gobernador, pues la Corona relegó las funciones judiciales y administrativas más altas a las audiencias de Santo Domingo o de Nueva Granada, dependiendo de la época.[56] Debido a la distancia con los centros de poder, el resultado fue una intromisión significativamente menor de los cuerpos administrativos más altos en los asuntos locales.

La Corona optó más bien por empoderar a las élites caraqueñas, pues si el gobernador estaba ausente o fallecía, el concejo municipal asumía sus funciones. Esto había dado a la "aristocracia criolla venezolana" como observa López Bohórquez, "cierta autonomía y autoridad".[57] Fue solo en la década de 1730 cuando la Corona, en lugar del cabildo de Caracas, nombró al obispo (1733) y luego, al teniente gobernador (1776) para remediar la ausencia del gobernador.[58]

Aun cuando ya no actuaba en nombre del gobernador, el concejo municipal de Caracas demostró estar más que dispuesto a dedicarse a los juegos de poder y a tratar de socavar su autoridad. En 1769, el cabildo eludió el conducto administrativo regular, que incluía al gobernador, y llevó el caso directamente al Consejo de Indias.[59] Al señalar el crecimiento poblacional de la provincia, y las dificultades que se desprendían de que el tribunal más cercano estuviera por entonces en Santo Domingo, el cabildo pidió al rey que promoviera el gobierno provincial y creara una audiencia. Aunque esta justificación era válida, al parecer el cabildo tenía una motivación subyacente. Abrigaba la esperanza de que la llegada de la audiencia dividiría la autoridad, permitiendo a cada cuerpo ejercer como contrapeso del otro y, en especial, para limitar "el excesivo poder de los gobernadores".[60]

Al Consejo de Indias no le agradó la agresividad de un concejo municipal que había eludido los canales administrativos. Denunció al cabildo, y describió su petición como "infundada, intempestiva y destituida de apoyo". Los ministros recordaron a los funcionarios municipales que el gobernador era su "superior", y ordenó al concejo que no "promueva tales proyectos sin la noticia, consentimiento y aprobación del citado gobernador". Condenó las acciones del cabildo como "turbativas y sediciosas".

---

56 Henige, 344, ofrece detalles.
57 López Bohórquez, 76.
58 *Ibid.*, 78.
59 *Ibid.*, 63, 64.
60 *Ibid.*, 64.

Aun cuando el Consejo de Indias amonestó al cabildo, las élites de Caracas continuaron promoviendo asertivamente sus propios intereses. Lideraron la lucha contra el monopolio del cacao que tenía la Compañía de Caracas hasta su abolición en 1784.[61] Eligieron repetidamente a sus parientes en los cargos locales, impidiendo la incorporación de los españoles recién llegados. Esto llevó eventualmente a una orden real que les ordenaba rotar los cargos del cabildo entre criollos y peninsulares. La respuesta de la élite fue exigir a los españoles documentación que demostrara su limpieza de sangre, para que les resultara más difícil probar su elegibilidad para los cargos.[62]

Cuando en 1786, en el marco de las reformas de los Borbones, la Corona estableció eventualmente la Real Audiencia en Caracas, el concejo municipal halló nuevas causas para su descontento. Aunque la Audiencia no intervino de forma que resultara inusual en otros lugares del imperio, tal atención resultó ser algo nuevo y mal recibido por la élite de Caracas.[63] Dadas las cotidianas batallas de prestigio por los velos y los cojines que se daban en la iglesia, una orden del fiscal de la Real Audiencia, Saravia, debió ser especialmente irritante. En 1787, informó a los funcionarios de la ciudad que ya no podrían asistir a misa usando sillas especiales con cojines, pues la "legislación indiana" les permitía únicamente sitios asignados en "bancos".[64] Como señaló López Bohórquez, aunque este fue un "trivial enfrentamiento", tuvo, de hecho, una "notable repercusión social".[65] Los ministros de la Real Audiencia habían dejado claro que no tolerarían la "menor contravención" de las leyes por parte del concejo municipal.

Aun cuando anteriormente el cabildo de Caracas había planeado utilizar la recién creada Audiencia para socavar las facultades del gobernador, ahora retrocedió e intentó manipular al gobernador en contra de la Audiencia. Como se acostumbraba en otros lugares de las Américas, la Audiencia ordenó al concejo municipal que le reportara, a comienzos de enero, los nombres de los funcionarios elegidos anualmente. El cabildo se negó a hacerlo, al señalar que tal práctica iría en contra de su tradición de reportarlos al gobernador. En 1790, el Consejo de Indias ordenó a los funcionarios locales realizar una visita

---

61 *Ibid.*, 72.
62 *Ibid.*, 79, 80.
63 *Ibid.*, 117, discute esta cuestión.
64 *Ibid.*, 112.
65 *Ibid.*, 113.

oficial para recibir la aprobación de la Audiencia de los resultados de la elección, frustrando su "deseo de no sentirse inferior".[66] Durante los años siguientes, el concejo municipal habría de luchar contra la Real Audiencia por asuntos graves y triviales. No es de sorprender, entonces, que las peticiones de blanqueamiento de los pardos figuraran dentro de estas confrontaciones.

Cartas de protesta al rey

Entender las intensas sensibilidades venezolanas respecto a la condición de casta, la ansiedad generada por la Pragmática Sanción referente a los matrimonios y las sospechas del cabildo sobre designaciones fraudulentas en los documentos oficiales, ofrece un contexto más profundo para revisar la petición de Juan Gabriel Landaeta en 1787, y considerar la respuesta de la élite. Sobre el problema del fraude o —al menos— de la inadecuada certificación, la desconfianza del concejo municipal pudo haber tenido cierta justificación. No podemos saber, dado que los documentos se perdieron, cómo fue posible que Juan Gabriel Landaeta obtuviera una autorización local para informar al Consejo de Indias que era un leopardo o un mestizo y no un pardo. Puesto que los Landaeta prestaban su servicio en las milicias de pardos, parece imposible que los funcionarios locales hubieran aprobado cualquier otra designación. Si bien este asunto habría de surgir eventualmente, no estaba destinado a aparecer de inmediato. Por el contrario, el 6 y el 13 de octubre de 1778, durante su acción preventiva, el cabildo de Caracas envió extensas cartas a Carlos IV.

Evidencias procedentes de tales misivas sugieren que sus miembros no sabían quién había pedido el blanqueamiento, y menos aún que se había designado a sí mismo como leopardo. El concejo municipal, en cambio, reveló que

> En la ciudad es de público conocimiento que los pardos libres, o algunos de ellos han pretendido que Su Majestad [...] entre otras cosas les conceda privilegio, para que puedan ser admitidos a los sagrados Ordenes, y se les permita contraer matrimonio con personas blancas del estado llano, de lo que resultarían al público perjuicios muy notables.[67]

---

66 *Ibid.*, 115.
67 RC, Doc. 10, 1798 (Juan Gabriel de Landaeta).

El cabildo procedió luego a presentar sus primeros argumentos contra la opción de blanqueamiento. Leída en el contexto de su histórica firmeza y agresividad —contra la movilidad de las castas, el gobernador, la Compañía de Caracas, la Real Audiencia— la carta resulta menos anómala. Parece característico del cabildo de Caracas tomar la iniciativa y atacar más que retroceder.

Aquello contra lo cual el concejo municipal no protestó parece tan importante como cualquiera de sus quejas. Dadas las tradiciones hispánicas relativas a las transformaciones del defecto, no debiera sorprender que las élites no pusieran en duda la autoridad del monarca para remediar estos defectos de nacimiento.[68] Tampoco puso en duda el cabildo la posibilidad de pasar de pardo a blanco. Por el contrario, sus miembros dirigieron sus argumentos a resaltar por qué los pardos no debieran ser sacerdotes, contraer matrimonio con personas blancas, y por qué tal movilidad ponía en peligro la estructura de clases.

Si bien la élite caraqueña no se refirió directamente a cédulas anteriores que permitían a mulatos ejercer profesiones reservadas a los blancos, atacaron cualquier similitud en la justificación que les permitiera ordenarse como sacerdotes. En el caso de cirujanos y notarios, la escasez había creado una demanda, y algunos mulatos hallaron caminos informales para adquirir las habilidades necesarias. El concejo municipal recordó de manera enfática a la Cámara que no había escasez de clérigos y, por lo tanto, "no hay ciertamente necesidad de ellos".[69]

Tampoco podrían los pardos recibir una educación suficiente para ser ordenados, dado que las ordenanzas imperiales les prohibían el ingreso a la universidad y a las escuelas monásticas. Como resultado de ello, recibían únicamente la "poca educación que puedan darles sus padres", debido a su "pobreza" así como "por falta de escuelas públicas". Resulta significativo que el cabildo no hiciera la conexión entre obtener la blancura y ser admitidos en la Universidad de Caracas. No reconoció tampoco la existencia de un grupo pardo de élite que podría fácilmente pagar tutores privados y los costos de la universidad.[70]

El alto prestigio del sacerdocio era otra razón para negar el ingreso de los pardos a esta ocupación. El concejo municipal predijo que

---

68 Véase capítulo 2.
69 Case 14, Landaeta 1748.
70 McKinley, *Pre-revolutionary*, 20, señala que el clan de los Mexías Bejarano era dueño de treinta y una casas, que incluían residencias y almacenes.

los blancos mirarían con "horror" y "desprecio" el que personas que no fuesen blancas ocuparan posiciones que eran "santas" y "distinguidas". La presencia de clérigos pardos en las ceremonias públicas degradaría las "concurrencias más solemnes y más visibles". Dado que todo sacerdote merecía deferencia, las élites se verían obligadas a mostrar respeto a los mulatos ordenados, a "unas gentes a quienes en sus casas no les dan asiento ni en las calles su lado".[71]

No es de extrañar que el cabildo se opusiera también al matrimonio de pardos con blancos, pues esto tendría como resultado "confusión en las familias", por la imposibilidad de determinar quién tenía mezcla y quién no. Esto ocasionaría litigios y "perniciosas discordias". Incluso si los padres o parientes concedían su autorización para que se celebraran estas ceremonias, "nunca llegaría a bien un matrimonio con persona de la clase de los pardos". El concejo municipal señaló que los matrimonios entre clases significarían también que habría menos blancos y, por lo tanto, menos personas calificadas para ocupar cargos públicos. Los miembros del concejo no parecían entender que, si los pardos recibían las cédulas de blanqueamiento, podrían ser candidatos a dichas posiciones.

Los funcionarios municipales concluyeron con aquello que habría de convertirse en otro tema recurrente: el blanqueamiento de los pardos socavaría la estructura de clases establecida. El cabildo señaló que las Leyes de Indias determinaban la condición de los pardos al impedirles el servicio público y a través de reglamentaciones que les prohibían usar "sedas, oro y plata". El cabildo rogaba al rey no socavar estas distinciones, pues esto sería "perjudicial al bien público".

El 13 de octubre, el cabildo de Caracas redactó su segunda carta a Carlos IV. Entretanto, sus miembros habían determinado que ya no era un rumor, sino que era "cierto" el hecho de que un pardo había solicitado la blancura.[72] Al parecer, los integrantes del cabildo tenían aún una información vaga sobre los detalles específicos de las que debieron haber sido habladurías acerca de la petición de blanqueamiento presentada por Juan Gabriel Landaeta. Parece que el con-

---

71 Caso 14, Landaeta, 1798.
72 Caso 19, Mexías Bejarano, 1789-1801. Por alguna razón inexplicable, Rodulfo Cortés pone la carta del 6 de octubre enviada por el cabildo de Caracas en los documentos referentes a Juan Gabriel Landaeta, y la carta del 13 de octubre en el conjunto de documentos referentes a Diego Mexías Bejarano, aun cuando este último no había presentado su petición.

cejo municipal hubiera estado confuso también sobre un problema más amplio: se preguntaban si estos privilegios se les concederían a "todos o a algunos de ellos". Como había sugerido el solicitante Bernardo Ramírez y considerado el fiscal Antonio de Porlier, la cuestión de si la Corona debía conceder el blanqueamiento como un favor excepcional a unas pocas personas, a algunos grupos designados o si prefiguraba una movilidad extendida para las masas, permanecía abierta.

La segunda carta enviada por el cabildo, mucho más extensa (13 de octubre de 1788), prosiguió con los temas de la primera, pero agregó detalles para sustentarlos y agregó nuevas acusaciones. Primero repitió el tema de que no había "necesidad" de sacerdotes adicionales. La carta del concejo municipal ponía el énfasis en que había "un crecido número" de "jóvenes blancos" que deseaba ingresar al sacerdocio. Puesto que "cada día" crecía en Caracas el número de familia elegibles, no harían falta personas que "desempeñen los oficios de la Iglesia".

Como sucedió en la carta anterior, la élite de Caracas intentó valerse de la ausencia de oportunidades educativas para los pardos como una razón adicional por la cual no deberían poder ordenarse. El cabildo enfatizó de nuevo que ni el "seminario", ni la "universidad", ni los "conventos religiosos" aceptaban a pardos y mulatos como estudiantes, así que tenían tan solo una "educación grosera". ¿Cómo podrían personas tan poco educadas comprender los "sagrados cánones", y menos aún aplicar los edictos del Concilio de Trento? Aquello que los miembros del concejo municipal no parecieron tener en cuenta era que había funcionarios imperiales que se mostrarían menos impresionados por esta línea de argumentación. Después de todo, el fiscal Manuel Miguel Lanz de Casafonda había comentado con simpatía la admisión de los pardos a las universidades americanas cuando revisó la petición de Manuel Báez.[73]

La baja condición social de las castas era otra razón por la cual el cabildo se oponía a su ingreso al sacerdocio, pues tales clérigos participarían, naturalmente, en celebraciones públicas y solemnes. "¿Cuántos blancos", preguntaron, "querrán sufrir ese sonrojo?".[74] Las élites locales se aterraban ante la posibilidad de asistir a tales festividades con "aquellos mismos de quienes fueron esclavos sus cau-

---

73 Véase capítulo 7.
74 Case 19, Mexías Bejarano, 1789-1801.

santes [...] o que descienden de ellos". Invocaron el argumento de la proximidad al concluir que, si los pardos se ordenaban, incluso los blancos que tenían una vocación religiosa se abstendrían de ingresar al sacerdocio, por la necesidad de mezclarse con personas inferiores.

El segundo intento del concejo municipal de Caracas por impedir que las castas se casaran con personas blancas resultó ser aún más vehemente. Señaló que los grupos eran lo suficientemente amplios como para que cada persona se casara "en su propia esfera" y, por lo tanto, no había necesidad de mezclarse. Tampoco los blancos —con excepción de unos pocos de "poco talento y conducta desordenada"— elegían casarse con mulatos. Por el contrario, eran los pardos quienes "pretenden la alianza con los blancos". Los matrimonios mixtos generarían una "guerra intestina" dentro de las familias, llevando a "discordias" entre "padres, hijos, hermanos y parientes".

Más que en su primera carta, los funcionarios del cabildo enfatizaron la baja condición de los pardos dentro de la comunidad. Las élites los veían con "sumo desprecio" debido a su "origen", a los tributos que vuestras leyes reales les imponen, y a los "honores" de los que los privan. El concejo municipal recordó al rey que los pardos, "han de descender precisamente de esclavos, de hijos ilegítimos, porque los que se llaman mulatos, o pardos son los que traen su origen de la unión de blancos con negras".

El cabildo concluyó que los pardos intentaban socavar deliberadamente el orden social. Aunque esto se convertiría en un lugar común, en aquel momento las élites temían la movilidad de las castas dentro del sistema imperial; en años posteriores, pondrían en duda la lealtad de los pardos a la Corona. El cabildo se quejó de "la abundancia de pardos que hay en esta Provincia, su genio orgulloso, y altanero, el empeño que se nota en ellos por igualarse con los blancos".

Si el monarca se abstenía de actuar, el concejo municipal temía que los mulatos se volvieran "insufribles por su altanería y a poco tiempo querrán dominar a los que en su principio han sido sus señores".[75] Los funcionarios concluyeron, algo débilmente, que si no era la clase entera de pardos, sino únicamente "ciertas familias" las que buscaban "singularidad", esto era asimismo "odioso" y "ellos no son

---

75 Estas diatribas se ajustan a la descripción que hace Bennett, *Colonial*, 215, de la "fantasía de la élite", según la cual habría una "profusión de castas ávidas, decididas a obtener la blancura a cualquier precio". No obstante, la situación era quizás menos "fantasía" en Venezuela que en Nueva España.

dignos" de una opinión favorable. Este comentario final parece confirmar que las élites aún no disponían de mucha información acerca de quién había presentado la petición.

La Real Audiencia investiga

Estos asuntos permanecieron así desde octubre de 1788 hasta mayo de 1789, cuando la Real Audiencia de Caracas envió finalmente el informe solicitado por el Consejo de Indias sobre la petición de Juan Gabriel Landaeta. La tardanza de más de un año desde el momento en que el Consejo pidió la información parece significativa, pues los envíos de Caracas a Madrid y de regreso tomaban solo unos meses —quizás la Audiencia pospuso una tarea difícil—.[76] Despachó una recomendación basada en el informe del oidor don Francisco Ignacio Cortines, quien había realizado una investigación sobre los antecedentes de los Landaeta. Como Cortines no parece haber tenido acceso a los documentos enviados por Juan Gabriel Landaeta al Consejo de Indias, en los que se declaraba "leopardo" y "mestizo", se basó más bien en fuentes locales.

El oidor Cortines comenzó su informe con el comentario de que él había servido en la provincia durante diez años y conocía a los Landaeta y a los Mexías Bejarano. Había copiado las partidas de matrimonio de los abuelos paternos y maternos de Juan Gabriel Landaeta y de su esposa. Había recibido asimismo "informes fidedignos e imparciales" de "personas ancianas". De manera algo sorprendente, confirmó que ninguna de estas familias tenía antecedentes de "esclavitud, ilegitimidad ni otro defecto de nacimiento". Puesto que ambas familias eran pardas, esto debió significar que Cortines únicamente rastreó tres generaciones respecto a la esclavitud, ignorando el asunto de su calidad de pardo, como lo había hecho Juan Gabriel en su petición. El funcionario informó que las familias habían preservado su "honor", habían sido "vecinos quietos", y eran "de probidad de costumbres". Su servicio en las milicias de los pardos había sido distinguido, y ameritaba "particular aprecio".

---

76 Caso 14, Landaeta, 1798. Por ejemplo, le tomó solo dos meses a la Cámara responder inicialmente a la petición de Juan Gabriel Landaeta. Esta fue fechada el 14 de febrero de 1788, y la Cámara consideró el caso el 24 de abril de 1788. González-Silen, "Holding", 14, señala que el tiempo de ida y regreso entre el puerto venezolano de La Guaira y Cádiz era de entre 32 y 40 días.

Los funcionarios de la Real Audiencia agregaron luego información adicional a los comentarios del oidor. Reportaron que un funcionario del concejo municipal de Caracas les había enviado una copia de su carta al rey, en la que protestaba por los "perjuicios e inconvenientes" de conceder el blanqueamiento a los pardos.[77] La Audiencia coincidía completamente con el cabildo, pues temía que la petición de Landaeta tuviera "gravísimas consecuencias". Observó que "habrá otras muchas familias de su color, esperando el suceso de su pretensión para alegar este ejemplar a favor suyo, enlazarse con las personas blancas [...] y entrar a las funciones, empleos y destinos".

La Real Audiencia concluyó que la provincia caería en "vilipendio" si los Landaeta obtuviesen el favor real "contra las Leyes fundamentales del Gobierno de estos Reinos". Resulta sorprendente que, aunque los funcionarios reales se aliaran con el concejo municipal de Caracas, no haya evidencia alguna de que se hubiera informado a sus miembros y, mucho menos, insinuaran siquiera que simpatizaban con ellos. Parece probable que las continuas tensiones entre el concejo municipal y la Audiencia hayan sido la razón de esta importante falta de comunicación.

Una disyuntiva semejante se manifestó al mes siguiente, pues en junio de 1789, el concejo municipal, nunca aquejado de timidez, protestó directa y amargamente ante el Consejo de Indias contra la Audiencia y del gobernador. Explicó que, después de enterarse de que la primera estaba investigando el asunto de los pardos, habían suministrado a los oidores una copia de sus protestas al rey. En la reunión, los miembros del cabildo habían solicitado también tener acceso a los documentos recolectados por el oidor don Francisco Ignacio Cortines cuando reunía información para el Consejo de Indias. En dos ocasiones, la Audiencia se había negado a revelar dicha información —apropiadamente— pues su mandato era reportarse a Madrid y no a los funcionarios locales. Tampoco era probable que los funcionarios de la Audiencia mostraran simpatía —ni siquiera de manera informal— por un cabildo que habitualmente ponía en duda su autoridad.

La negativa de la Audiencia a revelar los resultados de la investigación adelantada por Cortines sobre los Landaeta habría de tener consecuencias a largo plazo. Dejó al cabildo lleno de sospecha, ultrajado e ignorante de que la Audiencia hubiera apoyado con firmeza su

---

77 *Ibid.* Parece que la primera versión (6 de octubre de 1788) redactada por el cabildo para este fin es la que se incluye en los documentos de Landaeta.

posición. Años más tarde, las élites afirmarían que el oidor Cortines había enviado información engañosa a Madrid, y que estaba a favor del blanqueamiento de los pardos y de la mezcla de blancos y castas.[78] Incluso el capitán general Pedro Carbonell habría de sugerir que Cortines estaba a favor de los pardos.[79] Aun cuando algunos historiadores, incluyendo a Rodulfo Cortés, concluyeron que esto fue así, la evidencia no es convincente.[80] Cortines había informado con precisión, pero con poco entusiasmo sobre la petición de los Landaeta, y se unió al resto de la Real Audiencia en su condena al blanqueamiento de los pardos.

Mientras el cabildo continuaba denigrando a Cortines, su carta de protesta al Consejo de Indias reveló que sus integrantes todavía tenían únicamente una idea vaga y errada de lo que ocurría. Aún no estaban seguros de si se trataba de "los pardos libres", como grupo, o de "algunas familias de ellos" los que habían solicitado el blanqueamiento. Los funcionarios locales adivinaron —erradamente en aquel momento— que había sido Diego Mexías Bejarano, y no su primo, Juan Gabriel Landaeta, quien había enviado los documentos a España.

Al parecer, la confusión se originó porque los miembros del cabildo se habían enterado de que Diego Mexías Bejarano había recibido autorización del gobernador para reunir testimonios a su favor. Este era un asunto sensible, dada la determinación del concejo municipal según la cual solo ellos tenían derecho a validar las designaciones de casta en los documentos oficiales para impedir cualquier engaño. Al parecer, Diego había eludido a los funcionarios locales que supervisaban habitualmente estas declaraciones.

---

78 RC, Doc. 11, 1796.
79 López Bohórquez, 102, 103. El capitán general Pedro Carbonell remitió un informe negativo sobre Cortines al Consejo de Indias, y lo acusó de proteger a "los mulatos y gente de baja esfera". Carbonell denunció que los Mexías Bejarano le "ha mantenido de pan regalado", presuntamente con obsequios o sobornos, y que Cortines asistía "con frecuencia a las funciones de bailes y otras de esta casta de gente". Agradezco a Olga González-Silen por una ulterior referencia a las quejas de Carbonell. Sin embargo, Saether, 498, cita un caso en el que Cortines apoya la Pragmática Sanción referente a los matrimonios, mostrando su desaprobación de los esponsales mixtos, la cual no es una posición a favor de las castas.
80 RC, 1, 308, 328, sugiere que Cortines estaba a favor de los pardos; Camacho, 13, argumenta que "mintió" en favor de los Landaeta. Si bien Cortines fue veraz al declarar que la familia no tenía antepasados esclavos a lo largo de tres generaciones, tuvo que haber sabido que los Landaeta eran pardos.

El concejo municipal concluyó, entonces, que era él quien había presentado la petición de blanqueamiento, aunque, en realidad, aún no lo había hecho. Los miembros del concejo se quejaron del "agravio" de la Audiencia, y denunciaron al gobernador por tomar testimonios sin la presencia del funcionario local asignado. Apelaron al Consejo de Indias para "denegarse a las pretensiones de los pardos [Mexías] Bejarano". Esto debió confundir a los funcionarios en Madrid, quienes habían recibido únicamente la petición de los Landaeta y aún no habían oído hablar de aquella otra familia.

Peticiones blancas

Dada la intensificada sensibilidad frente a la condición de casta, la tensión ocasionada por la Pragmática Sanción, los rumores que se arremolinaban en las calles de Caracas sobre las aspiraciones de los pardos, no es de sorprender que otras personas hayan estado pensando, hablando y preocupándose por el blanqueamiento. Durante los meses siguientes, de septiembre de 1779 a febrero de 1780, la Cámara recibió peticiones de don Joseph Briceño relativas a su esposa e hijos pardos, y de las hermanas doñas Ana Dalmasia y Juliana María Almeyda en relación con la ambigua condición de su madre. A diferencia de las peticiones enviadas por hombres pardos, estas solicitudes involucraban esfuerzos de personas blancas por nivelar la condición de sus parientes pardos.

Estos casos ofrecen una oportunidad única para indagar si la Cámara manejó las peticiones de los blancos de manera diferente a las de los pardos, y para calibrar la respuesta de las élites locales a este tipo de peticiones. Estas llegaron en un momento en el que —con el fallecimiento del fiscal Ramón Rivera y Peña en julio de 1789— el Consejo de Indias comenzaba a sentir el embate de las demoras ocasionadas por la política de los Borbones de nombrar funcionarios que se encontraban prestando su servicio en las Américas como fiscales de la Corona.[81] El fiscal Cistué y Coll tuvo que manejar solo todos los asuntos de las Américas durante el año siguiente.

La primera carta que llegó al despacho de Cistué y Coll era de don Joseph Briceño de Maracaibo, quien escribió en septiembre 1789

---

81 Burkholder, *Biographical*, 107-108.

pidiendo a la Cámara el blanqueamiento de su esposa parda Petronila y sus descendientes. Su historia había aparecido antes, pues las relaciones de su madre y su abuela con hombres blancos llevaron a la movilidad social de Petronila, culminando en su matrimonio con don Joseph.[82] Este citó los servicios prestados por él y por sus hermanos "en servicio de sublevaciones últimas" en Nueva Granada, donde luchó contra la Rebelión de los Comuneros (1781), como una razón por la que el monarca podría concederle este favor.[83] Pidió que su esposa e hijos "sean reputados como individuos de la clase blancos sin embargo de algún rumor en contrario".

Cinco meses más tarde, en febrero de 1798, las hermanas Almeyda de Caracas enviaron una carta a Madrid pidiendo al Consejo de Indias que confirmara que ellas, así como sus cinco hermanos y hermanas, eran blancos. El problema, admitieron, era la partida de bautismo de su madre, Rosalía Solórzano. Aun cuando el registro mostraba que "no se manifiesta defecto alguno en su calidad", era "indiferente" acerca de si era blanca.[84] En el ambiente excesivamente sensible de Caracas, tal ausencia podría crear problemas. Como resultado de ello, admitieron las hermanas, aunque la familia usaba los títulos honoríficos de don y doña, "muchos del vulgo les niegan la legítima herencia de su calidad", "por no constar la de su madre como la de su padre". Las hermanas rogaban a los funcionarios oficiales que decretaran que la limpieza de su padre era lo primordial, y que la condición ambigua de su madre debería ignorarse.

Aun cuando las hermanas Almeyda enviaron treinta y ocho páginas de pruebas relativas a los antepasados de su padre, nacido en las islas Canarias, de manera algo sospechosa no incluyeron nada respecto a su madre. Argumentaban que la condición noble de sus antepasados masculinos debía prevalecer por sobre cualquier ambigüedad respecto al legado materno. Su caso habría de languidecer durante dos años sin ningún veredicto, hasta cuando llegó el recientemente nombrado fiscal para la Nueva España y comenzaron a ponerse al día los documentos acumulados.

Comparados con las Almeyda, los Briceño corrieron con mejor suerte, pues diez meses después de enviar su petición, en julio de 1790, el fiscal Cistué y Coll la tomó en consideración. Su consulta

---

82 Véase capítulo 4.
83 Caso 16, Briceño, 1794.
84 Caso 15, Almeyda, 1792.

hizo avanzar aún más a la Cámara por el camino de conceder la blancura, pues no la rechazó de inmediato. Por el contrario, introdujo una serie de variables —condición de casta, impacto local, apariencia, y la posibilidad de pasar— en la consideración de cualquier decisión sobre blanqueamiento. Se preguntó abiertamente si Petronila era "negra o mulata, esclava o libre", advirtiendo que esta falta de especificidad hacía difícil evaluar si su "defecto" era susceptible de "dispensación".[85]

El impacto del blanqueamiento sobre la comunidad local fue también una de sus preocupaciones en este caso, porque don Joseph y Petronila habían sido especialmente prolíficos, al producir seis hijos y once hijas. El fiscal Cistué y Coll temía que, si los diecisiete descendientes de los Briceño se volvían blancos, "quisiesen disfrutar de todas las distinciones competentes a aquella clase", que incluían la de contraer matrimonio con descendientes de "las familias más distinguidas de aquel distrito". Consideraba que esto era un problema, dado "el tan copioso número de aquellos hijos", y, peor aún, todos los diecisiete eran solteros. Una infusión semejante de Briceño recién blanqueados al mercado matrimonial local le inspiraba reticencia "a conceder una gracia que puede redundar en grave perjuicio de terceros" y —aquí escribió aquellas palabras fatales— "producir muchos otros inconvenientes". Al parecer, la implicación era que, si los Briceño hubieran sido menos, la Corona se habría mostrado más dispuesta a conceder el favor.

Aunque el fiscal Cistué y Coll reconoció los "méritos y circunstancias" del caso —el derecho de don Joseph a invocar reciprocidad— su primera recomendación fue que la Cámara rechazara la petición. No obstante, así como en el caso del guatemalteco Bernardo Ramírez, cuando los burócratas intentaron hallar una recompensa alternativa apropiada, no parecían dispuestos a excluir una feliz conclusión. Cistué y Coll dejó una opción, al sugerir que, si Briceño aclaraba "la verdadera calidad de su muger", la Cámara podría reconsiderar su veredicto.

Cuando el Consejo de Indias recibió esta recomendación, decidió buscar información adicional, como lo había hecho en el caso de Juan Gabriel Landaeta. Incluso antes de la promulgación de las gracias al sacar de 1795, los ministros del Consejo parecían estar dispuestos a considerar otras opciones, en lugar de adoptar la solución más sencilla de negar sin más una petición. Dos semanas después de recibir

---

85 Caso 16, Briceño, 1794.

la consulta, el Consejo escribió al gobernador de Maracaibo (14 de julio de 1790), pidiéndole un "informe especificante" de la "calidad" de Petronila.

Los acontecimientos en Maracaibo también se precipitaron, pues, en diciembre de 1790, don Joseph Briceño había comenzado a reunir testimonios para fortalecer su caso. Quizás su apoderado en Madrid le sugirió esta estrategia, dados los comentarios del Consejo. Su objetivo era establecer un punto crítico a favor de la familia: que Petronila y sus hijos pasaban por blancos en la sociedad local.

Don Joseph reunió testimonios sobre la historia de Petronila, su apariencia, la ocupación de un sobrino y su aceptación social. El testigo Diego de Gallegos confirmó las primeras tres variables cuando presentó evidencia de que Petronila nunca había estado sujeta a "servidumbre", "ni manifestarlo su aspecto". Agregó que tenía un sobrino clérigo. Dada la oposición que había en Venezuela a admitir a pardos al sacerdocio, la evidencia de que el sobrino de Petronila pasaba lo suficientemente por blanco como para ser ordenado era una prueba adicional de la blancura de los parientes del lado de su familia. Gallegos añadió que Petronila había recibido "tratamiento de igualdad" por "las personas de primer viso en todos los concursos de sociedad civil".

Una serie de testigos declaró que, aunque Petronila y sus hijos eran pardos, se mezclaban con facilidad en la sociedad de élite. Don Francisco Xavier del Rosario concedió que, no solo conocía "bien" a Petronila, sino que podía dar fe de la "igualdad" de su tratamiento "entre las personas de primera clase". Señaló que, incluso si hubiera alguna duda sobre sus antepasados, "se ve ya confundida", debido a la "estimación" que se le profesaba. Esto, concluyó, significaba que, para las élites "son tenidas por limpias otras familias que antiguamente eran sindicadas de igual defecto". Tan fuertes recomendaciones de parte de la élite de Maracaibo contrastaban radicalmente con los gritos de protesta del cabildo de Caracas, y con la petición, aún sin resolver, de Juan Gabriel Landaeta, quien no había ofrecido el testimonio de ninguna persona blanca a su favor.

Dos meses después, en febrero de 1791, don Antonio Ventura de Taranco, el gobernador de Maracaibo finalmente informó al Consejo de Indias acerca del blanqueamiento de Petronila. Había consultado a "personas doctas y celosas del servicio de Dios y de Vuestra Majestad". Estas habían confirmado los "buenos servicios" prestados por don Joseph durante la Rebelión de los Comuneros, pues había "congregado a los vecinos para esta acción, los que mantuvo a su costa y comandado con valor". En cuanto a la "nota de mulata" de Petronila, el gobernador admitió, "no he visto documento jurídico que lo acredite", aunque se inclinaba a creerlo, pues don Joseph "ha confesado haberse casado con desigualdad".

El gobernador Taranco presentó luego sus propias ideas, algo extravagantes, acerca de la arbitrariedad del sistema de castas en Venezuela. No puso el énfasis en las tensiones, sino que, más bien, sugirió que su flexibilidad podría llevar a un resultado favorable para Petronila. Señaló que, "sin embargo de que la larga experiencia [...] en las tierras de las Américas", había observado "cierto capricho" pues los locales únicamente reconocían a "blancos, mulatos y negros". Como resultado de ello, en ocasiones, "muchas personas de la primera clase" o sea, blancas, bien sea debido a pobreza o malicia, bajaban de condición y se "les confunde" con aquellas de menor rango.

Sugirió que tal descenso en la condición de casta no debía ser necesariamente permanente. Algunas personas "que han sufrido aquella nota por largo tiempo", eventualmente producen documentos y terminan por "hallarse constituidos no solo ubicados en la clase de blancos, sino entre esto en la de nobles". Dado que este movimiento de entrar y salir de la blancura no era inusual, la implicación del gobernador era que un veredicto favorable para Petronila no sería socialmente perturbador, pues se limitaría a confirmar oficialmente aquello que ya ocurría de manera informal.

Comparado con la indignación de las élites caraqueñas, el apoyo del gobernador de Maracaibo a la opción de blanqueamiento es notable, pues ofrece una visión alternativa de la movilidad de las castas. Incluso en Venezuela, aquel hervidero de protestas no hubo una resistencia uniforme. Igualmente sorprendente es lo que el gobernador Taranco no dijo. Cuando explicó cómo los blancos se "confunden" con las castas, solo sugirió que la pobreza y la malicia podrían producir tales resultados. Ignoró la causa principal de la confusión de castas, ampliamente demostrada en el caso de Petronila, consistente en que varias generaciones de relaciones sexuales entre blancos y sus amantes y esposas pardas habían generado ambigüedades. Aun cuando no la condenó, el gobernador reconoció también tácitamente que la alteración de documentos podría acompañar eventualmente las modificaciones de la condición.

El apoyo del gobernador a Petronila subraya también cómo el género podía atemperar las reacciones de la élite. El blanqueamiento de las esposas pardas de los españoles, y cualquier restauración de la condición para sus descendientes podría —incluso en Venezuela— ser un uso admisible de las gracias al sacar. Nunca sería comparable con las consecuencias negativas asociadas con el blanqueamiento y empoderamiento de los pardos. En esa medida, el comentario de Rodulfo Cortés, según el cual el blanqueamiento resultó ser una "broma" debe moderarse con un enfoque más matizado.[86]

Aquel mismo mes de febrero de 1791, cuando la carta del gobernador Taranco estaba de camino a Madrid, Juan Antonio Uruñuela Aransay viajaba también al otro lado del Atlántico para asumir su nuevo cargo de fiscal para la Nueva España. Como era entonces costumbre para los nombramientos del Consejo de Indias, el nuevo abogado de la Corona tenía una amplia experiencia, pues había sido oidor de la Audiencia de Manila, juez del tribunal penal en Nueva España, y juez superior de la Audiencia de Guatemala.[87] Quizás debido a la acumulación de trabajo —el fiscal del Perú Cistué y Coll había intentado procesar los asuntos de todas las Américas durante diecinueve meses—, Uruñuela Aransay no consideró ninguno de los casos de blanqueamiento pendientes (Landaeta, Briceño, Almeyda) durante un año. Comparadas con las otras inquietudes de la Cámara, las peticiones de blanqueamiento no fueron una prioridad.

Mientras el fiscal Uruñuela Aransay se esforzaba por salir de los expedientes pendientes en Madrid, al otro lado del Atlántico las tensiones de casta continuaban hirviendo en Caracas. Fue una ocasión feliz —el matrimonio de una hija de Juan Gabriel Landaeta en 1791— la que reveló la estrecha vigilancia que mantenían los mantuanos sobre los pardos que se rebelaban contra los barreras de casta, y con cuánta rapidez se disponían a actuar contra ellos. Al parecer, la transgresión de Juan Gabriel Landaeta consistió en invitar a un abogado, el doctor Pedro Domingo Gil a la recepción de la boda de su hija, y la ofensa de Gil fue aceptar la invitación. Tal socialización llevó a que el presidente del Colegio de Abogados iniciara una investigación contra Gil para suspenderlo.

Posteriores investigaciones revelaron, no solo que Gil estaba presente, sino que había cometido aquello que los observadores de la élite consideraron el represible pecado de estar "jugando a los naipes en el patio principal" de la casa de Landaeta con miembros de la familia y

---

86 RC, 1, 272.
87 Burkholder, *Biographical*, 126-127.

algunos otros invitados.[88] Agravaba la transgresión el hecho de hacerlo públicamente, pues "gente de todas las clases" bien sea "por diversión o curiosidad", se había congregado a mirar el "baile de las mulatas". Como resultado, la muchedumbre observó "al abogado Gil en el juego con mulatos en un sitio expuesto a la vista de todos". El Colegio de Abogados concluyó que un "procedimiento tan raro o único en sujetos de [su] calidad y profesión" ameritaba un castigo.

En respuesta a estas acusaciones, Gil apeló con éxito a la Real Audiencia. Argumentó que no había violado ninguna ley y que la única razón para la censura sería que hubiera actuado de una manera "incompatible con su profesión". No se conoció la respuesta de Juan Gabriel Landaeta. Si bien nunca resultó claro si las élites caraqueñas se habían enterado para entonces de su petición pendiente, era evidente que estaban dispuestas a actuar con su acostumbrada celeridad si consideraban que las fronteras de casta estaban en peligro. A diferencia de otras regiones del Caribe, tales como Cartagena, donde, como describe Aline Helg, existían habitualmente vínculos verticales entre blancos y pardos, en Venezuela las élites desalentaban esta familiaridad y contacto.[89]

Las continuas tensiones fueron evidentes el año siguiente, 1792, cuando surgió de nuevo el asunto del vestido, siempre contencioso, esta vez en relación con las milicias. Se había emitido la orden de que "todas las tropas" de la milicia debían llevar el mismo uniforme, no solo los blancos, sino también los "batallones de pardos y las compañías de negros".[90] Cuando las clases dirigentes de Caracas se negaron a acatar la orden, no mencionaron ninguna preocupación especial acerca de los negros; por el contrario, se quejaron de los pardos. Presuntamente, un buen número de ellos era de tez tan clara que las élites temieron que un traje idéntico pudiera llevar a "confusión entre blancos y pardos que traería unas consequencias ruidosas". Las élites temían que, si los pardos usaban "las mismas divisas", su "carácter altivo y soberbio" haría que se consideraran "igual ya a los blancos".

---

88 Pellicer, *Entre*, 87-89. García Chuecos, 231, reproduce también parte del documento. Agradezco a Olga González-Silen la referencia.
89 Helg, *Liberty*, 95, 99, 101, señala que, en Cartagena, los mulatos que aspiraban a la movilidad social fueron a menudo "patrocinados por aristócratas blancos", creando así vínculos verticales y personales; había una mayor movilidad social y no había segregación en las iglesias de Cartagena; algunos pardos se unieron a las unidades de milicia blanca y usaban el título de don.
90 Pellicer, *Vivencia*, 104.

Indecisiones de la Cámara

Mientras blancos y pardos disputaban por los uniformes en Caracas, en Madrid el fiscal Uruñuela Aransay pareció haber terminado finalmente con el trabajo acumulado de revisar asuntos pendientes. En febrero de 1792, se ocupó del caso de las hermanas Almeyda, quienes sufrían porque la partida de bautismo de su madre no afirmaba con claridad que era blanca. El fiscal de la Corona siguió la dirección de su colega Cistué y Coll quien, en el caso de Briceño, pensó que era imperativo determinar la casta precisa y la condición social de Petronila. El fiscal formuló la misma pregunta sobre las Almeyda. Se preguntó si su línea "materna" descendía de "negros, mulatos o mestizos", y si sus antepasados habían sido "libres o esclavos".[91] Le inquietaba que no hubiera algún "grave inconveniente" si se les remediaba algún "defecto".

Como se estaba volviendo costumbre en los casos de blanqueamiento, Uruñuela Aransay recomendó que la Cámara enviara la petición de las hermanas al gobernador y al concejo municipal de Caracas para solicitar información más específica acerca de la "calidad y condición de dicha familia por ambas líneas y especialmente la materna". Solicitó también comentarios sobre la "ocupación o modo de vivir" de las hermanas. Al mes siguiente, la Cámara negó su consejo de investigar, impidiendo así cualquier posibilidad de emitir un fallo favorable.

Aunque los miembros de la Cámara no ofrecieron ninguna explicación de su negativa a preguntar al gobernador y al concejo municipal de Caracas, hay varias razones por las que habrían podido ejercer esta precaución. Quizás temieron que plantear la pregunta por el blanqueamiento provocaría otra explosión de protestas por parte de las élites caraqueñas. A diferencia de los Briceño de Maracaibo, que contaban con el apoyo local, las Almeyda no había incluido cartas de las élites de Caracas en favor de su petición, otro posible elemento en su contra. El resultado fue que la Cámara continuó mostrándose más conservadora que los abogados de la Corona. Respondieron a las hermanas: "usen el derecho que crean tener cuando y como corresponde". En otras palabras, las Almeyda podían intentar mantener su reputación pública de blancas, pero no habría una intervención real a su favor.

---

91 Caso 15, Almeyda, 1792.

Don Joseph Briceño corrió mejor suerte que las Almeyda, aun cuando habían transcurrido casi tres años durante los cuales aguardó una respuesta de la Cámara. Si bien nadie había comprado todavía un blanqueamiento completo, el fiscal Uruñuela Aransay se mostró dispuesto a considerar su mercantilización. Cuando revisó la petición en agosto de 1792, informó al Consejo de Indias que, cuando don Joseph había escrito por primera vez en septiembre de 1789, no se había ofrecido a pagar ningún "servicio pecuniario por estas gracias".[92]

El fiscal Uruñuela Aransay pareció ser también agudamente consciente de los dañinos efectos de la reforma de los Borbones, que habían tenido como consecuencia meses y años de vacancia de cargo y la acumulación de documentos. Se preguntó abiertamente por qué don Joseph no había continuado "agitando" para obtener un veredicto que "sin duda estaba retrasado". Sus comentarios reflejaron su conciencia de que el Consejo de Indias no estaba manejando los asuntos con presteza, y que quienes aguardaban no deberían tomar tal inacción a la ligera. Al parecer, los funcionarios reales esperaban que, si diferían las sentencias, los solicitantes no se someterían mansamente, sino que continuarían presionando para obtener el fin deseado.

Uruñuela Aransay se preguntó si la falta de presión de parte de don Joseph significaba que quizás "haya fallecido [...] o desistido de su solicitud por otro accidente". Dada su vacilación en ayudar a las hermanas Almeyda, parece significativo que los funcionarios de la Cámara no hubieran aprovechado esta falta de presión de parte de don Joseph para evitar verse obligados a tomar una decisión controversial. Por el contrario, al mes siguiente, el 12 de septiembre de 1792, el Consejo de Indias adoptó una actitud activa y envió una orden a Venezuela en la que indagaba si don Joseph aún estaba interesado y, de ser así, debía "volver a dar cuenta".

Si bien la actividad languideció, como era habitual, durante las vacaciones de Navidad y de Año Nuevo, para mayo de 1793 el gobernador de Maracaibo informó al Consejo de Indias que don Joseph se "ha presentado ante mí" llevando documentos adicionales. El gobernador creía que la "justicia y equidad" exigían que se aceptara su solicitud y remitieran dichos documentos al Consejo. No obstante, una vez más se hicieron sentir los perniciosos efectos de la reforma administrativa de los Borbones. Como el fiscal Uruñuela Aransay había fallecido el

---

92 Caso 16, Briceño, 1794.

mes anterior, este cargo habría de permanecer vacante durante más de un año, hasta cuando Ramón de Posada y Soto viajó a España desde México, llegando en octubre de 1794.[93]

Mientras la Cámara continuó ignorando la petición de blanqueamiento de Juan Gabriel Landaeta y aguardó la llegada del fiscal para la Nueva España, con el fin de que fallara sobre los Briceño, apreció un nuevo caso para su consideración. En julio de 1793, Diego Mexías Bejarano, quien seis años antes había comenzado a reunir las partidas de bautismo y de matrimonio de la familia para acompañar su petición, la envió finalmente a España. Su estrategia fue diferente a la de su primo hermano y cuñado, Juan Gabriel Landaeta, pues —al menos no en aquel momento— no se describió a sí mismo como leopardo o mestizo. Más bien, su apoderado redactó una sencilla carta de presentación, en la cual admitió que Diego tenía "la desgracia de ser pardo".[94] Tampoco pidió el blanqueamiento completo para su familia. Buscaba, más bien, obtener la autorización de la Cámara para viajar a Roma y pedir a los funcionarios del papado que remediaran esta "calidad inferior" a su hijo Diego Lorenzo, con el fin de que pudiera ordenarse como sacerdote y "poseer la capellanía que fundó una tía suya" en Altagracia.

Esta vez, la respuesta del Consejo de Indias fue veloz. Solo treinta y cuatro días más tarde, don Joseph Antonio Cornejo —quien nunca había ejercido un cargo en las Américas, pero estaba oficialmente a cargo del despacho de la Nueva España por ser su secretario, debido a la continuada ausencia de un abogado de la Corona— respondió.[95] Resumió con aprobación la petición, al observar que los Mexías Bejarano podían sustentar tres generaciones de nacimiento legítimo, pues Diego, sus padres, su esposa y sus padres, y el hijo de la pareja, Diego Lorenzo, eran todos legítimos. Los miembros de la familia contribuían con generosidad a la iglesia de Altagracia. La tía de Diego, María Raphaela, no solo había fundado una capellanía, sino que había donado asimismo "un sacrarium (sagrario) de plata martillada que valía 4.888 pesos".[96] El potencial sacerdote, Diego Lorenzo, tenía veinticuatro años, era de "buena conducta" y "muy asistente a los oficios divinos".

---

93 Burkholder, *Biographical*, 126-127, 100-102. Uruñuela Aransay murió el 7 de abril de 1793.
94 Caso 19, Mexías Bejarano, 1789-1801.
95 Burkholder, *Biographical*, 31-32.
96 Caso 19, Mexías Bejarano, 1789-1801.

Su padre había recibido la aprobación del Protomedicato para ejercer como médico y había pagado de su propio bolsillo para suministrar medicamentos a los pobres. Los miembros de la familia habían prestado distinguidos servicios como oficiales de la milicia parda.

El secretario Joseph Antonio Cornejo consideró luego en qué medida la calidad de pardo de la familia debía pesar en cualquier veredicto. Rechazó vehemente el argumento según el cual los orígenes negros o esclavos se transmitían con igual fuerza discriminatoria a lo largo de las generaciones. No consideró que los Mexías Bejarano fuesen "neófitos", esto es, "sacados de la barbarie del país de su nacimiento y convertidos a nuestra santa fe". Diego Lorenzo se encontraba "ya fuera de la cuarta generación" de tales orígenes, y las familias, "aunque pardas, libres y de distinción". Como sucedió en el caso de Juan Gabriel Landaeta, los funcionarios reales parecieron dispuestos a aceptar la regla de las tres generaciones de limpieza de sangre, concediendo que pudiera haber límites después de los cuales rasgos como el ancestro africano o la esclavitud ya no debieran causar discriminación. Resulta tentador especular si la falta de experiencia en las Indias de Cornejo hacía que apreciara en menor grado el caldero social que hervía en Caracas, y que podría desbordarse si el Consejo de Indias comenzaba a conceder el blanqueamiento a miembros de la élite parda.

Aunque el secretario Cornejo comentó favorablemente la petición, no recomendó que la Cámara otorgara el blanqueamiento al aspirante a sacerdote. Es probable que la celeridad de su respuesta se debiera a un resentimiento de los Borbones respecto a las relaciones entre Roma y Madrid.[97] Cornejo escribió con desdén sobre el "grave perjuicio" que sufrían los "vasallos de los dominios de Indias" cuando se veían obligados a apelar "desde tan grande distancia a la Curia Romana". Le respondió a Diego Mexías Bejarano que "no necesitaba de recurrir a Roma", pues "en su respectivo diocesano residen facultades para dispensa de todas estas especies de irregularidades", para "recibir las sagradas órdenes y poder obtener beneficios eclesiásticos". En consulta con la Cámara, Cornejo envió una carta que autorizaba a Diego Mexías Bejarano acudir al obispo de Caracas. Debía solicitar una dispensa para que su hijo pudiera ordenarse sacerdote y asumir la capellanía de la familia. Las aspiraciones de los pardos a la blancura se

---

[97] Paquette, 73, rastrea los esfuerzos regalistas de los Borbones por deshacer aquello que consideraban como "usurpaciones" del poder temporal, lo cual podría explicar la celeridad con la que el secretario Cornejo rechazó todo acercamiento a Roma.

enredaron así en los esfuerzos de los Borbones por debilitar el poder de los nombramientos de Roma.

Dado que ni la Cámara ni Cornejo se refirieron a las dos cartas que el cabildo de Caracas había enviado en octubre de 1788 protestando contra la ordenación de pardos, no queda claro si sus quejas desempeñaron algún papel en esta decisión. Quizás la Cámara consideró la petición de Diego Mexías Bejarano como un ejemplo más del conflicto entre la jurisdicción de la Monarquía y la del papado, o tal vez como una simple excepción ocupacional. Lo que parece igualmente claro —aunque no se sabe si los funcionarios de la Cámara lo entendieron así— fue que las posibilidades de que el obispo de Caracas concediera la deseada dispensa a un pardo eran extremadamente remotas. Aun cuando algunos historiadores, incluso Rodulfo Cortés, supusieron que el obispo la concedió, no hay evidencia de que lo hiciera.[98] Por el contrario, posteriores acontecimientos sugieren que el obispo se negó a otorgar la dispensa. Diego Mexías Bejarano solo había comenzado años de sucesivas peticiones.

Desde agosto de 1793 a febrero de 1794, la Cámara de Indias despachó sus asuntos sin considerar en absoluto temas de blanqueamiento. En febrero, alguien —casi con toda seguridad el perenne fiscal para el Perú, José de Cistué y Coll, dado que la oficina de la Nueva España había estado vacante durante diez meses— supervisó una revisión de los cinco años de documentos que habían transitado de un lado al otro del Atlántico en relación con la petición de don Joseph Briceño de conceder el blanqueamiento a su esposa Petronila y a sus diecisiete hijos. La consulta señaló la blancura de Petronila, recordó que su sobrino era sacerdote y documentó su aceptación en la sociedad local. El informe luego comentó sobre aquellas variables de la petición de don Joseph que favorecían un veredicto positivo.

El fiscal Cistué y Coll no tuvo escrúpulos en modificar la calidad de Petronila y convertirla en blanca. Repitió el argumento de género, según el cual el legado materno no era tan grave como la transmisión

---

98 RC, 1, 319, 348, 365, 436, 438, supone que, dado que la Cámara había remitido a Diego Mexías Bejarano al obispo de Caracas, este le concedería automáticamente la dispensa. La Cámara, sin embargo, únicamente le dio el derecho a hacerlo; no ofreció ninguna garantía de que se le otorgaría. Dados los continuados esfuerzos de Diego, no resulta claro si el obispo atendió su solicitud. Rodulfo Cortés presenta evidencia sin sustentar que Diego eventualmente ocupó la capellanía y se vio obligado a renunciar a ella debido a su mala salud. Véase capítulo 13.

a través de la línea paterna. Puesto que el "defecto de calidad [...] procede de su madre", no lo consideró "grave".[99] Era un punto a favor de la familia que la Corona pudiera conceder el blanqueamiento a "los hijos procreados [...] de legítimo matrimonio". Como resultado, los Briceño serían, a la vez, blancos y legítimos, lo cual significaba que no "se les pueda echar en cara [a los hijos] la nota o falta de claridad y de pureza de sangre procedente de su abuela materna".

El informe enfatizó también que un aspecto importante a favor de los Briceño fue el reconocimiento social de su condición por parte de los notables de la ciudad. Concluyó que el blanqueamiento sólo haría que "se conserven más bien en la estimación y concepto que se hace constar están disfrutando actualmente en dicha ciudad". Una observación semejante era de particular importancia, pues en el margen del documento Cistué y Coll, o bien otro lector desconocido, agregó un raro garabato adicional. Alguien marcó el pasaje con "al parecer", sugiriendo que esta evidencia de aceptación era un elemento particular a favor de los Briceño. Cistué y Coll concluyó que "no se opone" si el Consejo asigna un "servicio pecuniario" para que, "sin embargo del indicado defecto", "sean reputados los hijos de Briseño como personas blancas, honoradas y decentes".

A pesar de que el Consejo de Indias había estado recaudando sumas para blanquear a los pardos que deseaban ejercer como notarios desde 1767, nunca habían concedido la blancura completa ni cobrado por ella, así que reinaba la incertidumbre acerca de cómo ejecutarla. El fiscal sugirió que quizás una real cédula fuese el camino apropiado. Esto tenía sentido, pues replicaba la práctica de la Corona en la concesión de las legitimaciones. En trescientos años, aquel fue el caso en el que los pardos se aproximaron más a comprar la blancura.

Incluso con una recomendación favorable, la Cámara aún no estaba preparada para expedir un documento oficial con el sello real. A diferencia del caso de las hermanas Almeyda, donde la Cámara les respondió que se defendieran como mejor pudieran sin que se involucrara la Corona, esta vez hubo una modesta intervención. En febrero de 1794, la Cámara decidió enviar una carta que "guardase a este interesado y su familia en el buen concepto en que se halla". En ella dice: "la distingo y protexo [...] a fin de que logren la conservación de su crédito". Es de señalar que la carta no tuvo costo alguno. La implicación era que, dado

---

99 Caso 16, Briceño, 1794.

que los blancos ya aceptaban a los Briceño, la carta ofrecería algún respaldo a Petronila y a los hijos de la pareja. No constituía, sin embargo, una cédula oficial que garantizara la blancura.

Este fallo de la Cámara sugiere que no todas las peticiones provenientes de Venezuela eran iguales. Quedó sin decidir si la Cámara estaba dispuesta a conceder dispensas a los pardos, a diferencia de la esposa medio blanca de un miembro de la élite de Maracaibo. Tampoco resultó claro cuál fue la reacción de las élites locales y, en especial, la del cabildo de Caracas: ¿podría haber ocasiones en las que protestaba y otras en las que no se quejaba, aceptando implícitamente ciertas categorías de blanqueamiento?

Conclusiones

Para entonces habían transcurrido dos décadas durante las cuales pardos y mulatos intentaron extender las limitadas concesiones de blancura para efectos profesionales con el fin de obtener la blancura completa. A comienzos de 1794, la Cámara había rechazado en dos ocasiones la petición de Manuel Báez, y desestimado igualmente la de Bernardo Ramírez. Se había negado a ofrecer respaldo a las presuntamente blancas hermanas Almeyda, aunque enviaron una carta de apoyo a favor de los Briceño, posiblemente más blancos. La petición del "leopardo" Juan Gabriel Landaeta languideció sin resolución. La Cámara había remitido a Diego Mexías Bejarano al obispo de Caracas para pedir una dispensa que probablemente no sería concedida.

Mientras las élites y los pardos de Venezuela surgieron como actores principales en los debates sobre el blanqueamiento, es necesario mantener en contexto tanto sus protestas contra él, como el creciente número de peticiones para obtenerlo. Incluso antes de que el blanqueamiento se convirtiera en una posibilidad, la costa venezolana era una tierra de extremos con una importante población de pardos y mulatos libres, una movilidad significativa y una élite blanca cohesionada, decidida a preservar su jerarquía. Ambos grupos se dedicaron a una aguda disección de las categorías de casta, y discriminaban utilizando el argumento de la proximidad contra las personas de condición inferior. Mientras los venezolanos disputaban sobre quién podía coser encajes a los velos, usar cojines en la iglesia o unirse a cuál milicia, la Corona agregó la Pragmática Sanción en relación a los matrimonios a esta mezcla explosiva, exacerbando aún más las tensiones. Las partidas de bautismo y de matrimonio se convirtieron en lugares de disputa, pues las élites sospechaban que su manipulación podría mejorar la condición de casta.

En 1788, la acción preventiva del concejo municipal de Caracas, en la cual envió dos violentas cartas a la Corona protestando por el blanqueamiento de pardos, se ajusta también a las particularidades de este contexto venezolano. Habiendo sido un lugar apartado durante largo tiempo, con la administración superior oscilando entre el lejano Santo Domingo y Bogotá, las élites locales habían experimentado históricamente una mayor independencia y habían sentido en menor medida el poder imperial. El cabildo de Caracas demostró una especial autoidentificación y agresividad cuando intentó afirmar sus intereses ante el Consejo de Indias, el gobernador, el capitán general y la Real Audiencia. La ferocidad con la que las élites protestaron contra la idea de que los pardos se ordenaran como sacerdotes, asistieran a la universidad, contrajeran matrimonio con personas blancas u ocuparan cargos públicos encaja en este paradigma ya establecido. Los estallidos de la élite, por otra parte, extendieron el conocimiento de la opción de blanqueamiento a la población en general.

¿Habían cambiado mucho las cosas durante las dos décadas transcurridas desde que Manuel Báez presentó su primera petición de blanqueamiento completo? Aunque el Consejo y la Cámara de Indias no habían concedido el blanqueamiento a ningún pardo, sí consideraron seriamente esta opción. Cuando fiscales con experiencia en las Indias asumieron el cargo, leyeron las peticiones con una apreciación más profunda de sus repercusiones locales. Las vacantes suscitaron también las primeras indicaciones de que la reforma de los Borbones, que estipulaba el nombramiento de funcionarios con experiencia americana en el cargo de fiscales de la Corona, habría de resultar contraproducente. Cistué y Coll descubrió que tendría que encargarse él solo de todos los documentos de las Indias durante tres años, debido a fallecimientos súbitos y a la tardanza de sus reemplazos.

Incluso cuando estaban retrasados en el despacho de sus asuntos, los ministros imperiales investigaron familias en las Américas, debatieron si debían conceder el blanqueamiento, y consideraron lineamientos para la toma de decisiones. Nunca desecharon esta posibilidad. El recurso constante de los consejeros de Indias de solicitar más información a los funcionarios locales subraya su incertidumbre acerca de cómo debían proceder. Más importante aún, cada consulta, incluso cuando no llevó al blanqueamiento, creó otra de las piezas del rastro documental, al sugerir que las peticiones de blanqueamiento constituían una "práctica" de las Indias.

En otros despachos de la burocracia imperial, los funcionarios de la Contaduría, encargados de elaborar el arancel para los favores de las gracias al sacar, habían comenzado a rebuscar entre los archivos del Consejo y de la Cámara de Indias. Habrían de encontrar las excepciones para cirujanos, las sumas cobradas por poner fin al defecto de los pardos en las notarías; probablemente descubrieron también el comentario del fiscal Cistué y Coll, según el cual el blanqueamiento concedido para ejercer una profesión era una de las gracias al sacar. Quizás habían leído las opiniones de los fiscales y los fallos de la Cámara sobre las peticiones de blancura completa, así como las cavilaciones del fiscal Porlier acerca del precio apropiado para esta gracia.

En su prefacio al arancel de 1795, los funcionarios de la Contaduría explicaron que no se habían basado únicamente en el precedente de España de 1773, sino también en lo que habían descubierto acerca de esta "práctica en las Indias".[100] Habrían de añadir luego una última sección de favores exclusiva de las Indias, que incluía la compra del título honorífico de don y opciones mediante las cuales quinterones y pardos podrían poner fin a su defecto. En una extensión radical de la práctica existente, pues la Cámara solamente había aprobado el blanqueamiento ocupacional, los funcionarios de la Contaduría ofrecieron la opción de comprar la blancura completa. Agregarían las cláusulas correspondientes —casi como una ocurrencia tardía— al final de la lista de precios. El 10 de septiembre de 1794, los funcionarios de la Contaduría presentaron a la Cámara las gracias al sacar americanas, que el Consejo de Indias expediría como cédula real el 10 de febrero de 1795.

Al otro lado del Atlántico, en marzo de 1784, un estudiante pardo de la universidad llamado Joseph Ponciano de Ayarza había comenzado a pedir testimonios de las élites bogotanas sobre su reputación. A pesar de haber terminado los cursos, los elogios de los notables de la ciudad no habían bastado para persuadir a los funcionarios universitarios de que le permitieran graduarse. El 2 de febrero de 1795, su angustiado padre, Pedro Antonio, envió una carta al rey pidiéndole una solución.[101] Su carta cruzó el océano hacia el oriente al mismo tiempo que las gracias al sacar —expedidas ocho días más tarde— viajaban hacia occidente. Una vez que se divulgaron como opción a lo largo

---

100 RC, Doc. 7,1795.
101 Case 22, Ayarza, 1803.

de las Américas, pardos y mulatos, élites locales y funcionarios reales confrontaron el problema del blanqueamiento desde unas perspectivas conocidas y otras modificadas. Los Ayarza se hallarían entre los primeros en comprobar si las cosas habían cambiado.

Cuarta parte
El blanqueamiento de las gracias al sacar:
1795-1814

Capítulo 8
Oportunidades. Blanqueamiento, el primer año 1795-1796

> "El rey dispuso, 'hayan y tengan por dispensado de la calidad de pardo al mencionado Julián Valenzuela, que así es mi voluntad'".
>
> Cédula real, 11 de mayo de 1796[1]

Introducción

Habían transcurrido ya varios siglos desde la llegada de los africanos a las Indias como esclavos, su paso a la libertad, su mezcla con las poblaciones española e indígena, sus esfuerzos por deshacerse del defecto y perseguir la movilidad social a través de intersticios, y su aceptación como vasallos de la Corona. Durante el siglo XVIII, las estrategias de un grupo de sus descendientes para obtener la autorización real de ejercer como cirujanos y notarios generó casos que se convirtieron en punto de referencia para el blanqueamiento ocupacional. Aun cuando algunos de ellos lo habían solicitado, ningún pardo o mulato había recibido aún una cédula que le concediera la blancura completa.

El 2 de febrero de 1795, cuando Pedro Antonio de Ayarza, residente de Portobelo, Panamá, envió una carta a la Cámara de Indias pidiendo que le permitieran a su hijo pardo graduarse en la universidad en Bogotá, no podía saber que solo ocho días más tarde el blanqueamiento figuraría como una opción en las gracias al sacar recientemente

---

1 Caso 22, Ayarza, 1803. Una versión muy abreviada de este capítulo aparece en Twinam, "Pedro".

expedidas. En este capítulo se exploran las respuestas de funcionarios reales, pardos y mulatos, y élites locales a su petición, así como a las de sus inmediatos sucesores. Puesto que la travesía de los Ayarza reflejó, a la vez, los éxitos y los fracasos de esta continuada búsqueda de la blancura por parte de los pardos, parece apropiado seguir las inquietudes de este atribulado padre de Portobelo.

Los Ayarza: un caso de prueba

Como sucedió con anteriores solicitantes pardos, la principal preocupación de Pedro Antonio de Ayarza fue el futuro de la siguiente generación; al igual que muchos antes de él, su petición había tardado décadas en producirse. En su carta a la Cámara, este comerciante de Portobelo evocó los primeros años de sus tres hijos, Joseph Ponciano, Pedro Crisólogo y Antonio Nicanor. A medida que los niños crecían, su solícito padre había "observado [...] una grande inclinación a la carrera literaria" y, por lo tanto, había decidido ofrecerles la mejor educación posible.[2] Los envió primero a un internado en Cartagena. Cuando su hijo mayor llegó a la edad de veintiún años, viajó con sus hermanos, de doce y nueve años, a Bogotá.

De alguna manera, a pesar de su calidad de pardo, Joseph Ponciano asistió a clases en la universidad, mientras sus hermanos estudiaban en el Colegio de San Bartolomé. Tres años después, aun cuando Joseph Ponciano había completado los cursos necesarios, primero la oficina de matrículas de la universidad y luego el virrey, le negaron la posibilidad de graduarse. Ambos citaron la prohibición contenida en las Leyes de Indias, según la cual los pardos no podían graduarse en las universidades. Los funcionarios recordaron asimismo un precedente local, pues cuando el Consejo de Indias había expedido, en 1765, un decreto que permitía al pardo Cristóbal Polo graduarse, prohibieron que los pardos recibieran, en lo sucesivo, títulos de la universidad.[3]

---

2 *Ibid*. En AGN-Bogotá, Sección Colonial, Miscelánea, T. 3, fols. 30-46, Ayarza aparece en el censo de Portobelo de 1778 como casado, con cinco hijos, una casa de treinta personas, que incluía a nueve habitantes libres más y a catorce esclavos. No es claro si los otros hijos estaban vivos cuando comenzó a enviar sus peticiones de blanqueamiento en la década de 1790. Agradezco a Sergio Paolo Solano esta referencia.
3 Caso 7, Polo, 1765.

Pedro Antonio ideó una estrategia para aprovechar el fallo sobre Polo a favor de su familia. En lugar de discutir la decisión de la universidad o del virrey, concedió que "ni las leyes ni la cédula [1765] conceden a los de su calidad el honor a ser admitidos para obtener grados en alguna universidad". Intentó luego invertir el fallo, al citar el precedente y sugerir que, si la Corona había hecho una excepción en el caso de Polo, podría también hacerla para sus hijos. Pedro Antonio ofreció extensa documentación sobre los esfuerzos fallidos de Joseph Ponciano por recibir un título, así como testimonios respecto a su propia condición y a los servicios prestados a la Corona y a la Iglesia.

Al parecer, meses antes de la fecha de graduación, Joseph Ponciano había recibido insinuaciones de que la oficina de matrículas podría negarse a certificar su título. En marzo de 1784, comenzó a preparar un interrogatorio para reunir testimonios que demostraran la aceptación de su padre por parte de las élites de Portobelo, así como sobre su propio excelente carácter. Si bien varias de las personas que respondieron al interrogatorio eran jóvenes, probablemente sus compañeros de estudio, Joseph Ponciano se las arregló también para obtener el apoyo de funcionarios de alto rango que certificaran la aceptabilidad de la familia en la sociedad de Bogotá.

Comparadas con las cartas de recomendación presentadas en anteriores peticiones de blanqueamiento, el testimonio a favor de los Ayarza era notable por la alta posición social de los testigos, por su entusiasta apoyo a la familia, y por la explícita confirmación de que aceptaban a los Ayarza en sus círculos sociales. Don Joseph Antonio Berrío, el fiscal de la Real Audiencia de Bogotá, estuvo entre quienes, no solo admitió conocer tanto a Pedro Antonio como a Joseph Ponciano, sino que atestiguó que "primeros sugetos" trataban a Pedro Antonio con "distinción", no únicamente en Bogotá, también en Cartagena y Panamá. Recordó que el gobernador de Portobelo, el brigadier general don Antonio Narváez, le había enviado sus "más encarecidas recomendaciones" sobre Joseph Ponciano, quien era un "joven de una conducta irreprehensible y de prendas mui recomendables".

El fraile Manuel de Soto, prior de la orden religiosa de San Juan de Dios en Panamá y en Nueva Granada, elogió asimismo a los Ayarza. Recordó que las "dos ocasiones" que se había quedado en Portobelo había conocido a Pedro Antonio, quien era un "sugeto de la más honrada conducta". Tales elogios fueron en vano, pues los funcionarios de la universidad dieron a Joseph Ponciano la decepcionante noticia de que no se graduaría.

Para fines de agosto de 1794, había llegado a oídos de Pedro Antonio en Portobelo que su hijo no recibiría su título, así que su angustiado padre comenzó a reunir testimonios para remitir una apelación al Consejo de Indias. Pedro Antonio validó sus logros "superabundantemente": era capitán, sirvió en las milicias pardas durante veinte años; subsidió personalmente su compañía de milicianos y nunca cobró el salario que se le debía; manejó las finanzas de la parroquia local y también las del monasterio de los franciscanos. Era un hombre acaudalado, un importante terrateniente, uno de los comerciantes más prominentes de la ciudad. Sus negocios se extendían de Portobelo a Cartagena y Cádiz. Aunque no ofreció mucha información acerca de sus antecedentes personales, envió partidas de bautismo que demostraban la legitimidad de sus hijos. Pidió a la Corona "distinguirle a él y a toda su familia" y permitir que sus tres hijos se graduaran en la universidad.

Pedro Antonio incluyó también brillantes testimonios de prominentes funcionarios de la élite de Portobelo, quienes validaron su condición y aceptabilidad. Don Lorenzo Corbacho, el administrador de las cuentas reales, señaló que el comerciante disfrutaba del "general aplauso" de "todas las personas de distinción de esta ciudad". Otros testigos enviaron el mensaje codificado de que Pedro Antonio aprobaba la prueba de "proximidad", pues los miembros de la élite no consideraban que su presencia los rebajara. Don Pedro de Arizpe, el administrador de correos, confirmó que conocía a Pedro Antonio desde hacía veinte años y que se relacionaba con él tanto en público como en privado. Confesó que no solo los "gobernadores" sino "todos los demás sujetos de primer orden" lo reconocían y que "sin el menor reparo lo visitan y frecuentan su casa". Únicamente un año antes, en 1793, el gobernador Ramón de Anguiano (1793-1795) había escrito al virrey José de Ezpeleta elogiando a Pedro Antonio como "un hombre que merece todas las gracias del rey por el conjunto de buenas propiedades que le adornan, siendo la mayor la de no conocer la diferencia que hay de él de los demás".[4]

Un incidente ocurrido el año antes de que llegara el gobernador Anguiano enfatiza la sorprendente diferencia entre la condición de pardos tales como Pedro Antonio de Ayarza en Panamá y la de sus contrapartes en Venezuela. A diferencia de Caracas, donde las élites

---

4 AGS, SGU, Leg. 7060, n.º 81, fols. 386-88, 1793. Agradezco a Sergio Paolo Solano este documento.

blancas aplicaban estrictamente las reglamentaciones relativas al vestido de los pardos, en Portobelo sus pares ignoraban la legislación suntuaria. En 1792, sin embargo, surgió la irritante cuestión de si las pardas podían usar enaguas de terciopelo, aun cuando surge la tentación de preguntarnos por qué alguien insistiría en tal atuendo dado el calor y la humedad del istmo. No obstante, una dama recientemente llegada de España había introducido este estilo, y el gobernador de entonces, don Vicente de Emparan (1789-1792) había prohibido a las mujeres de las castas seguir esta nueva moda.

En respuesta a la prohibición, la élite de los pardos había escrito en protesta al virrey Ezpeleta en Bogotá, quejándose de las acciones del gobernador. El virrey, disgustado por el contratiempo, ordenó al gobernador reunir testimonios y justificar sus acciones. El gobernador Emparan procedió entonces a llamar a tres pardos prominentes a su casa, incluyendo a dos —Pedro Antonio de Ayarza y Manuel Antonio Gutiérrez— que habría de solicitar más tarde la blancura. Conspicuamente, fue el gobernador, y no los pardos, quien se mostró a la defensiva, mientras denostaba contra su "falso recurso". Exigió que los tres testificaran acerca de qué tipo de vestido y joyas llevaban sus esposas e hijas a la iglesia. Todos confirmaron que sus mujeres llevaban trajes de seda, así como joyas de oro y perlas.

¿Por qué entonces, se quejó el gobernador Emparan, habían escrito al virrey que él estaba imponiendo las leyes suntuarias? La respuesta de los pardos fue que el gobernador había justificado su prohibición de llevar enaguas de terciopelo en la legislación discriminatoria existente. Puesto que llevar enaguas de terciopelo es "cosa de menos valor que traer el oro, plata y piedras", temían que esto marcara el primer paso para la restricción del vestido femenino. Resulta interesante señalar que la élite parda de Portobelo sentía la confianza suficiente en su posición frente al virrey como para realizar una acción preventiva contra el gobernador.

A diferencia de Caracas, donde las élites vigilaban compulsivamente el vestido de las castas, o reaccionaban punitivamente cuando uno de sus miembros jugaba a las cartas en casa de un pardo prominente, Pedro Antonio de Ayarza interactuaba habitualmente, no solo con los notables de la ciudad, sino también con quienes la visitaban. Invitaba a preeminentes clérigos y oficiales militares cuando viajaban por el istmo, entre ellos, el doctor don Baltasar Martínez de Compañón, al arzobispo de Santa Fe de Bogotá, el doctor don Juan Félix de Villegas, el obispo de Nicaragua y el brigadier general don Antonio

Narváez. Pedro Antonio se había ganado el respeto tanto de las élites y de distinguidos visitantes, como del pueblo en general. Gracias a sus "buenas morales, formalidad y buena fe en sus tratos y negocios", "lo aman con particularidad los vecinos".

Además de haberse ganado el aprecio de todos los habitantes de Portobelo, Pedro Antonio era un leal partidario de la Corona y un firme contribuyente a la misma. Don Juan Manuel de Fromesta, funcionario del concejo municipal de Portobelo, recordó que cuando hubo escasez de dinero en el tesoro real, el comerciante había contribuido con "algunos suplementos para socorrer las tropas". Otro funcionario dio testimonio de un "donativo gracioso" de Pedro Antonio para apoyar la guerra contra Francia. La compañía de milicianos que estaba al mando de Pedro Antonio se encontraba "en el mejor pie". En síntesis, los Ayarza compilaron un caso lo suficientemente sólido como para permitir que la graduación de Joseph Ponciano no enojara a las élites de Bogotá ni de Portobelo.

Había transcurrido casi un año desde que Joseph Ponciano se había enterado de que no podría graduarse (agosto de 1794), cuando se presentó su caso a consideración ante la Cámara de Indias. Como los documentos provenientes de Panamá eran remitidos a través del fiscal para el Perú, fue José de Cistué y Coll quien primero los comentó, a fines de julio de 1795. Bien sea él u otra persona de su despacho identificó de inmediato la petición como la primera que caería bajo las nuevas disposiciones detalladas en las gracias al sacar del 10 de febrero de 1795. Un comentario escrito a mano en el margen del documento señalaba que el arancel fijaba la suma de 1.000 reales para usar el título de don y de 500 reales para la dispensa de la calidad de pardo. Sin que los Ayarza lo supieran —pues habían enviado su petición días antes de la expedición de las gracias al sacar— se habían convertido en el primer caso de prueba del blanqueamiento oficial.

Si bien el fiscal Cistué y Coll reconoció que poner fin al defecto de la calidad de pardo era ahora un favor que podía comprarse, no mostró entusiasmo por concederlo. Debía confrontar aquello que casi ciertamente consideraba una expansión poco bienvenida de las opciones de blanqueamiento, forjada por los funcionarios de la Contaduría que habían elaborado el arancel. Una cosa era conceder una blancura limitada para que un quinterón de Panamá pudiera ejercer como notario, algo que él mismo apoyó, y otra, muy diferente, publicar cláusulas de gracias al sacar que concedían la blancura incondicionalmente, sin que mediara una necesidad ocupacional, y en contra de las discriminaciones contra pardos y mulatos contenidas en las Leyes de Indias.

El fiscal Cistué y Coll mostró su antipatía frente a las disposiciones sobre el blanqueamiento al negarse a considerar un resultado positivo para Joseph Ponciano. Por el contrario, siguió la estricta interpretación jurídica de aquellos abogados de la Corona que, en las décadas de 1750 y 1760, habían rechazado los esfuerzos realizados por los pardos cubanos, que incluían al capitán Antonio Flores y a los cirujanos Juan de la Cruz y Mena y Miguel Joseph Avilés, para matricularse en la Universidad de La Habana. Haciéndose eco del mismo lenguaje empleado por sus predecesores, Cistué y Coll aplaudió la "justa oposición" de la Facultad de Bogotá al negarse a permitir la graduación y declaró que la petición de Pedro Antonio de Ayarza "no ha lugar". No solo "por ser opuesta al espíritu de la ley", pues los pardos no podían asistir a la universidad, sino por violar también el precedente de Polo, "la expresa disposición de la cédula del año de 1765", la cual prohibía en adelante toda excepción.

La respuesta de Cistué y Coll a la petición de Ayarza es significativa, pues su rechazo a que un pardo se graduara de la universidad fue incondicional. No se molestó en considerar los méritos de Ayarza, como tampoco el impresionante apoyo que manifestaron las élites locales a la familia. Una reacción semejante resulta algo irónica, pues es probable que él mismo haya sido el responsable de las cláusulas de blanqueamiento. Es posible que sus comentarios sobre el caso de Borbúa, según los cuales poner fin al defecto de pardo para ejercer como notario pertenecía a los favores de las gracias al sacar, hayan motivado a los funcionarios de la Contaduría a incluir el blanqueamiento en la lista de precios como una "práctica" de las Indias.

Igualmente evidente es que los funcionarios de la Contaduría habían ido mucho más allá del mandato de las observaciones de Cistué y Coll. Habían expandido radicalmente el alcance del blanqueamiento a un grupo más amplio de pardos, pues no lo habían limitado a excepciones ocupacionales dirigidas a solucionar casos de escasez en el imperio. Tampoco restringieron su efecto, pues las cláusulas de las gracias al sacar concedían un blanqueamiento completo a cualquier pardo o quinterón que pudiera persuadir al Consejo y a la Cámara de otorgárselo.

¿Cuál fue la respuesta de la Cámara a la recomendación de Cistué y Coll de rechazar la petición de Ayarza? A diferencia del proceso burocrático usual, cuando, por lo general, esta entidad respondía al consejo del fiscal mediante un despacho, en este caso, sus miembros tardaron en responder. Solo tres meses más tarde, en octubre de 1775, la Cámara finalmente decidió desestimar la recomendación de Cistué y Coll de negar la petición de los Ayarza.

Más bien, como lo hizo anteriormente cuando confrontó peticiones de blanqueamiento de parte de otros pardos, la Cámara decidió que necesitaba más información. Los ministros enviaron una orden al virrey Ezpeleta en Bogotá, pidiéndole que reuniera testimonios adicionales de parte de las élites de la ciudad y de profesores universitarios sobre la situación.[5] Este deseo de obtener información de las Américas reflejó probablemente la incertidumbre de la Cámara respecto a cómo proceder. Quizás la preeminencia de quienes atestiguaban a favor de los Ayarza, o el entusiasmo de sus declaraciones, habían impresionado tanto a la Cámara, que esta desconoció la recomendación de rechazar sin más la petición.

Habría de ser la primera vez, mas no la última, después de la promulgación de las gracias al sacar de 1795, en la cual el fiscal y la Cámara disintieran sobre los veredictos de blanqueamiento. Ahora sus respectivas posiciones, inexplicablemente, cambiaron: mientras anteriores abogados de la Corona habían redactado consultas positivas que recomendaban el blanqueamiento y que negaba la Cámara, en lo sucesivo, los fiscales habrían de conceptuar de manera negativa y la Cámara positivamente. No obstante, mientras copias de la recientemente expedida lista de favores de las gracias al sacar viajaban hacia occidente, los funcionarios imperiales ya no podían darse el lujo de especular sobre las posibles consecuencias del blanqueamiento. Debían confrontar la realidad de un decreto divulgado en todas las Indias, para considerar cómo responderían a pardos y mulatos, ansiosos por mejorar su condición, e intentar manejar a la élite caraqueña, que había registrado ya su oposición a esta forma de movilidad.

Al otro lado del Atlántico, sin que la Cámara lo supiera, comenzaron a salir a la superficie los primeros movimientos negativos en respuesta a la expedición de las cláusulas de blanqueamiento. En noviembre de 1795, don Juan Ignacio de Armada, gobernador de la provincia de Maracaibo escribió a sus superiores, el presidente y la Audiencia de Caracas. Puesto que desobedecer una orden real sería traición, proclamó que le había prestado "su debido obedecimien-

---

5   Twinam, *Public*, 262.

to".⁶ Admitió luego que le inquietaba que "si de la publicación de algunos de sus capítulos, particularmente del que trata de la dispensación de la calidad de pardo" produjeran "inconvenientes".⁷ Reconoció que había decidido que se "suspendiese la promulgación" de las gracias al sacar, pues deseaba consultar antes de hacerlo.

Si bien el gobernador Armada no utilizó la expresión tradicional, estuvo a punto, si no lo hizo, de invocar el "obedezco pero no cumplo". Se trataba de una acción grave, que podía poner en peligro su carrera.⁸ El gobernador y sus superiores tenían una opción semejante, obedecer oficialmente, pero, en realidad, suspender la ejecución de decretos que estimaran contrarios al bien común. Cuando un burócrata iniciaba este proceso, debía explicar su razonamiento al Consejo de Indias, el cual podría luego apoyar o rechazar la decisión. Si el funcionario había actuado apropiadamente y se había negado acertadamente a publicar una ley que hubiera causado conflicto o que no era adecuada para la región, su posición se elevaba. Si se había negado a ejecutar un decreto que el Consejo de Indias consideraba adecuado, cualquier futura promoción del funcionario podría peligrar. En este caso, parece que el gobernador intentaba trasladar la responsabilidad de si debía divulgar o no las opciones de blanqueamiento al escalón burocrático superior en Caracas.

La respuesta del gobernador Armada enfatizó el nuevo dilema que los funcionarios imperiales ahora debían enfrentar, pues los decretos reales que confirmaban el blanqueamiento no eran ya una opción teórica, sino práctica. Solo unos pocos años antes, su predecesor apoyó el blanqueamiento de Petronila, la esposa de don Joseph Briceño quien, aun cuando no había recibido una cédula oficial, sí había obtenido una carta del Consejo de Indias respecto a su condición. No resultaba claro si el blanqueamiento debiera ser un raro favor que mejoraba la condición de un hombre de la élite, o si pudiera afectar a las poblaciones pardas de forma más general. Confrontados con una cláusula que, posiblemente, abría la movilidad a muchos, por oposición a un individuo, el gobernador sopesó su carrera contra su negativa a publicar dicha legislación, e intentó persuadir a sus superiores de que adoptaran una decisión.

---

6   RC, Doc. 9, 1796; Henige, 303. Este era un gobernador diferente de Joaquín Primo de Rivera, quien había apoyado el blanqueamiento de Petronila Briceño.
7   RC, Doc. 9, 1796.
8   Phelan, "Authority", 37-65, presenta una discusión clásica del tema.

Los primeros solicitantes: respuestas y blanqueamientos

Mientras la Cámara prevaricaba y los funcionarios de las Américas postergaban la aplicación de las sentencias, un grupo especial de pardos y mulatos comenzó a preparar peticiones de blanqueamiento. Como no había lineamientos establecidos, los solicitantes enviaron una amplia variedad de documentos. Comprender qué información consideraron pertinente, y qué era aquello que los fiscales y la Cámara estimaban meritorio, nos ofrece algunas primeras ideas sobre el cambio de actitudes frente al blanqueamiento después de 1795. Estas primeras peticiones y sus respuestas revelan que reinaba una serie de confusiones a ambos lados del Atlántico.

Aunque los Ayarza habían enviado accidentalmente una petición que la Cámara había decidido evaluar bajo las recientemente expedidas cláusulas de blanqueamiento, transcurrió un año —hasta febrero de 1796— antes de que llegaran a Madrid las primeras peticiones de los pardos en directa respuesta a las gracias al sacar. El primero en responder no era un extraño para la Cámara. Como sucedió en el caso de los Ayarza, el blanqueamiento estuvo en la mente del cirujano caraqueño Diego Mexías Bejarano durante años. Un capítulo previo relató cómo, en 1787, comenzó a reunir las partidas de bautismo de su familia para que su hijo Diego Lorenzo pudiera ordenarse como sacerdote y asumir la capellanía de la familia.[9] En 1793, el secretario para la Nueva España lo había autorizado a acudir al obispo de Caracas, en lugar de apelar a Roma para obtener la dispensa de la calidad de pardo de su hijo para ingresar al clero. No se conoce cuál fue el resultado de esta autorización, como tampoco la suerte de la petición de su primo y cuñado "leopardo", Juan Gabriel Landaeta, quien aún no había recibido ninguna respuesta de la Cámara.

Las gracias al sacar de 1795 modificaron la estrategia de Diego Mexías Bejarano y ampliaron sus aspiraciones. Supo de alguna manera de la promulgación de la lista de precios "aunque no se ha hecho en Caracas".[10] Cambió sus tácticas y pidió el blanqueamiento para sí mismo, en lugar de la ordenación para su hijo. Dada la oposición de la élite de Caracas a la movilidad de los pardos, no es de sorprender que Diego ofreciera poca evidencia de apoyo a su petición. Si bien sugirió que contaba con "la confianza de los principales sujetos" y, "última-

---

9   Véase capítulo 7.
10 RC, Doc. 5, 1789-1801 (Diego Mexías Bejarano).

mente del Reverendo Obispo", no suministró testimonio alguno ni cartas a su favor. Tampoco sostuvo que el obispo hubiera concedido a su hijo Diego Lorenzo autorización para ordenarse sacerdote, y su hijo no había intentado todavía ingresar en la universidad para estudiar para la ordenación. Más bien, Diego pidió sencillamente al rey "dispensar al suplicante la calidad de pardo". Esta dispensa debería ser válida para "todos actos y ocasiones" e incluir, adicionalmente, "a sus hijos, parientes y subcesores". La publicación de las cláusulas de las gracias al sacar impulsó de manera significativa las expectativas de Diego: pasó de una petición inicial para que su hijo se ordenara, a solicitar un blanqueamiento completo para él, sus hijos e incluso algunos parientes no especificados.

Durante aquel mismo mes de febrero de 1785, los hermanos Joseph Antonio y Julián Valenzuela, prósperos comerciantes de la Ciudad de Antioquia, remitieron también sus peticiones a la Cámara. Aunque ambos admitieron tener antepasados pardos, afirmaron que su "color blanca absolutamente, sus modales, su educación y buenas costumbres" llevaron a que personas de "primer orden" los aceptaran.[11] A pesar de esta recepción favorable, había "este borrón que les aflige en estremo". A diferencia de anteriores solicitantes, que citaban décadas y generaciones de servicio en las milicias pardas, las contribuciones de los Valenzuela a la Corona resultaron ser únicamente financieras. Habían aportado "con la prontitud y generosidad" a las donaciones solicitadas por el rey para ayudar a financiar las continuadas guerras, y pagaban impuestos anuales de más de mil pesos al tesoro real. Acompañaron su petición de una carta de don Andrés Pardo, un funcionario de la tesorería real de Antioquia. Este confirmó su aspecto, sus modales y sus contribuciones financieras, concluyendo que se encontraban entre los comerciantes "más ricos" y "más honrados", que contaban con 60.000 pesos a su nombre "sin deber a nadie".

¿Qué esperaban conseguir los Valenzuela con el blanqueamiento? Sus expectativas iniciales resultaron modestas, sugiriendo que no había consenso entre las castas acerca del impacto final de un fallo positivo. Si bien pidieron se les "dispense de la calidad de pardos", lo hicieron "solo para no les tenga por tales". En esencia, pedían a la Cámara remediar su calidad de pardos por razones puramente personales. Agregaron que, en el futuro, deseaban aspirar a algunos "destinos"

---

11 Caso 20, Valenzuela, 1796.

para los cuales los discriminaban las leyes y, por lo tanto, "acudieran para la competente licencia". Agregaron luego "pues la gracia que hoy solicitan solo es con el fin de borrar de sus personas una nota que la antigüedad trae".

Una comparación de las primeras peticiones presentadas después de 1795 revela una serie de preguntas sin responder acerca de aquellas calificaciones de apariencia, aceptabilidad social y servicio al rey que debían demostrar los pardos para obtener la blancura. ¿Debiera ser el blanqueamiento una confirmación oficial de un hecho cumplido, físico y social, como sucedía en el caso de los Valenzuela? Alternativamente, ¿debiera ofrecer movilidad a pardos ricos como los Ayarza, que gozaban de la aceptación de los blancos, pero no tenían esta apariencia? O bien, ¿podría un grupo más amplio de pardos, representado por Diego Mexías Bejarano, eliminar su defecto?

El problema de la reciprocidad entre monarca y súbdito tampoco estaba resuelto. Además de pagar el costo del blanqueamiento, ¿qué más necesitaban hacer los pardos para recibir un veredicto positivo? ¿Bastaba, como en el caso de los Valenzuela, ser rico, pagar impuestos y aportar en tiempos de guerra? ¿O bien las décadas de servicio de los Ayarza en las milicias, su apoyo a la Iglesia y sus donaciones al tesoro los hacían elegibles? De ser así, era posible que los Mexías Bejarano tuviesen el mismo derecho.

Qué podría lograr una cédula real tampoco era claro. ¿Era el blanqueamiento, como sugerían los Valenzuela, el final de una mancha puramente personal, cuyos efectos no se extendían a la esfera pública? ¿Era la terminación de la calidad de pardo una dispensa para realizar actividades reservadas a los blancos, como en el caso de los Ayarza, para graduarse en la universidad? El blanqueamiento, como parecía entenderlo Diego Mexías Bejarano, ¿pasaría a la generación siguiente, eliminando todo obstáculo para que su hijo asistiera a la universidad y pudiera ordenarse?

Mientras estas preguntas seguían sin respuesta, Diego Mexías Bejarano, o bien su apoderado, debieron leer de nuevo el arancel de las gracias al sacar. Un mes después de su petición inicial, en marzo, Diego amplió su petición: su apoderado en Madrid pidió a la Cámara que convirtiera a su cliente en "don".[12] Como se señaló anteriormente, esta era otra forma indirecta de movilidad, dado que el título hono-

---

12 Caso 19, Mexías Bejarano, 1789-1801.

rífico de "don" señalaba automáticamente a quien lo ostentaba como blanco. Aunque no ofrecía prueba alguna, Diego confesó que gozaba de "la mejor estimación, aceptación y trato con personas principales", y afirmó estar dispuesto a pagar 1.000 reales, el doble del costo de las otras disposiciones de blanqueamiento. Desde la primera publicación del arancel, el costo del blanqueamiento de las gracias al sacar no fue prohibitivo para un grupo pardo de élite.

Aquel mismo mes de marzo de 1796, mientras Diego Mexías Bejarano presionaba a la Cámara en Madrid para que le concediera la blancura y el título de don, al otro lado del Atlántico, el presidente Pedro Carbonell, de Caracas, despertó finalmente un volcán que, desde hacía meses, sabía que haría erupción.[13] Aunque Diego Mexías Bejarano era consciente de las disposiciones sobre blanqueamiento de las gracias al sacar —quizás a través de su apoderado en Madrid— el concejo municipal de Caracas permaneció en la ignorancia. Dado el ambiente prevaleciente, así como sus vociferantes protestas contra la posibilidad de blanqueamiento de los pardos en 1788, los funcionarios de la Audiencia debieron preguntarse por qué las élites de la ciudad habían permanecido en silencio. Después de todo, el presidente había remitido una copia de las gracias al sacar al cabildo a comienzos de octubre, aunque los funcionarios reales no habían divulgado el decreto entre el público.

Ante la falta de respuesta, el presidente Carbonell envió al cabildo una segunda copia de las gracias al sacar a mediados de marzo de 1796, y le pidió "con la reflexión correspondiente", analizar "los varios puntos que contiene". Cuando se reunió el concejo municipal, el 5 de abril, un notario les informó que el presidente les había enviado un arancel. Los miembros del cabildo acusaron recibo de aquello que erradamente llamaron "gracias al exhibir", lo que sugiere que no tenían idea de lo que contenía. Los integrantes del concejo tampoco lo leyeron de inmediato, pues procedieron con sus asuntos habituales y discutieron la construcción de un matadero.

Finalmente, alguien debió leer el documento. Dos días más tarde, el cabildo se reunió de nuevo; esta vez, tenían el nombre correcto y se habían enterado de las cláusulas de blanqueamiento. Con la autorización del presidente Carbonell, programaron una reunión "extraordinaria" para el 14 de abril, y amenazaron con imponer una multa de

---

13 RC, Doc. 11, 1796.

cien pesos a los miembros del consejo que no asistieran a ella. Dado que los pardos podrían comprar la blancura por quinientos reales, esto es, cerca de veinticinco pesos, una multa tan cuantiosa dice mucho sobre el bajo costo del blanqueamiento y la furia de la élite mantuana.[14]

El cabildo inició de inmediato una investigación sobre por qué no había recibido notificación del decreto de 1795. Siguieron el rastro a los documentos, el cual mostraba que el presidente les había remitido el arancel de las gracias al sacar el 5 de octubre de 1795, aun cuando nadie pudo hallarlo en el archivo municipal.[15] Esta serie de eventos explican por qué el presidente Carbonell envió finalmente una segunda copia al concejo municipal en marzo del año siguiente; probablemente había aguardado durante meses un furioso estallido. En algún momento, tanto él, como el gobernador de Maracaibo aún debían decidir si divulgaban el decreto.

Durante la reunión especial realizada el 14 de abril de 1796, los miembros del concejo municipal recordaron las dos cartas que habían enviado al rey y al Consejo de Indias ocho años antes, en 1788, protestando contra la posibilidad del blanqueamiento de los pardos.[16] Desde entonces, las tensiones entre amos y esclavos, así como entre pardos, mulatos y blancos, habían aumentado a lo largo del Caribe, debido al derrocamiento del régimen colonial francés y a la continuación de la revolución en Haití. Venezuela había sentido las repercusiones de estos acontecimientos el año anterior (1795), cuando algunos negros libres y pardos se habían unido a una sublevación de esclavos que exigía la abolición de la esclavitud en la ciudad de Coro.[17] Aun cuando

---

14 Este cálculo supone diez reales por peso fuerte.
15 RC, Doc. 11, 1796.
16 Véase capítulo 7.
17 Geggus, "Sounds", 22, señala que 1795 marcó un "aumento significativo" en la oposición de los esclavos y castas libres, y se pregunta si las gracias al sacar pudieron haber contribuido a él, en especial a la rebelión de Morales, 26-27, en Cuba, en agosto de 1795. Ciertamente, la cédula pudo haber llegado para esta fecha. La variable crítica, sin embargo, es determinar si los funcionarios la publicaron, o si quienes se rebelaron la interpretaron equivocadamente. Gaspar y Geggus, 11. Geggus especula también que la Rebelión de Coro pudo haber sido precipitada por una comprensión errada, según la cual el decreto de 1795 conllevaba la emancipación, no el blanqueamiento. Puesto que la Rebelión de Coro se inició en mayo de 1795, y el presidente envió por primera vez el conocimiento de las gracias al sacar al cabildo de Caracas en octubre de 1795, momento en que estas se perdieron, esto parece menos probable. Geggus, "Slave", 136, señala que "los esclavos en Cuba, la Luisiana española, Puerto Rico, La Plata y Venezuela iniciaron súbitamente los disturbios,

la revuelta duró únicamente tres días, las tensiones resultantes entre la élite blanca y las castas se exacerbaron aún más.

Las élites argumentaron que el blanqueamiento conduciría a "fatales resultas al Estado", y objetaron no solo aquellas cláusulas que dispensaban los defectos a pardos y quinterones, sino también la posibilidad de comprar el título de "don".[18] Comprendieron de inmediato que los pardos podrían considerar la compra de este título honorífico como un método incluso más seguro de convertirse en blancos. Aquello que no podían saber era que, varios días antes, el apoderado de Diego Mexías Bejarano había presentado ya una petición en Madrid precisamente con este fin.[19] Los miembros del cabildo pidieron al presidente que emitiera un "obedezco pero no cumplo", y se abstuviera de publicar las cláusulas. Encargaron asimismo al alcalde don José Ignacio Rengifo que preparara una detallada protesta contra el blanqueamiento de "estas gentes bajas que componen la mayoría de las poblaciones y son por su natural soberbias, ambiciosas de los honores y de igualarse con los blancos".[20]

Mientras, en abril de 1796, los funcionaros de Caracas estaban ocupados elaborando otra encendida protesta contra las cláusulas de blanqueamiento, al otro lado del Atlántico, la Cámara y los abogados de la Corona, ignorantes de la creciente oposición, comenzaron a evaluar las peticiones que llegaban. Aquel mismo mes, el fiscal para el Perú, Cistué y Coll, consideró la petición de los hermanos Valenzuela.[21] En esta ocasión, quizás porque la Cámara había rechazado su rápido consejo de negar la petición de los Ayarza, no hizo ninguna recomendación. Se limitó a resumir el caso y sugirió que la Cámara fallara como quisiera.

Semejante negativa a ofrecer una clara recomendación era lo más cercano posible a un enfado oficial de parte de un burócrata español. Cuando las políticas no eran claras, era menos probable que los funcionarios ofrecieran una recomendación, pues no deseaban verse des-

---

    todos aproximadamente al mismo tiempo, en la primavera o comienzos del verano de 1795", y que la mayor parte de estos complots aludían a rumores de un decreto de emancipación suprimido".
18 RC, Doc. 11, 1796. Langue, "Identités", par 9, incluye la petición de tres hermanas, quienes observaron que era "un estilo y una práctica universales" conceder los títulos honoríficos de don y doña como "una característica distintiva" a "personas blancas, para distinguirlas de pardos y mulatos".
19 RC, Doc. 5. 1789-1801 (Diego Mexías Bejarano).
20 RC, Doc. 11, 1796.
21 Caso 20, Valenzuela, 1796.

autorizados. Como los lineamientos para fallar en el caso de los blanqueamientos eran nebulosos por la ausencia de precedentes, Cistué y Coll decidió no arriesgarse a otro veredicto en contra de su opinión. Dejó la decisión final a la Cámara. Esta se pronunció afirmativamente.

Tres meses después de que los hermanos Valenzuela presentaran sus peticiones, se convirtieron en los primeros pardos de las Indias en eliminar su defecto. El documento original del Archivo de Indias contiene una versión inicial de esta primera cédula, evocadora y confusa. Como no había un modelo para este tipo de concesión, quien lo redactó tachó una y otra vez, borró y agregó frases. El documento final para cada hermano resumía su caso y luego, procedía a "dispensarle la calidad de pardo, solo para que no se le tenga por tal, haciendo el servicio que por esta gracia".

Esta repetición de la frase de la petición original de Valenzuela parece sugerir que la Cámara había aceptado que la eliminación de la mancha de pardo no significaba que los hermanos fuesen blancos y pudieran realizar actividades reservadas a ellos; significaba, únicamente, que ya no eran pardos. La Cámara, sin embargo, no solo concedió a los hermanos el blanqueamiento limitado que habían solicitado. La cédula procedió luego a conceder una dispensa más amplia. El rey ordenó que el virrey y la Audiencia de Bogotá, el gobernador de Antioquia y "los demás ministros míos [...] hayan y tengan por dispensado de la calidad de pardo al citado Julián Valenzuela, que así es mi voluntad".

La orden resultante mantuvo la ambigüedad sobre qué había ocurrido exactamente. Por una parte, reconocía la pretensión de los Valenzuela, pues ellos deseaban únicamente que se borrara su calidad de pardos por razones privadas y no para obtener prerrogativas públicas. No obstante, no quedaba claro, si no eran pardos, entonces, ¿qué eran? Siglos de aspiraciones de los pardos se aproximaban a dar resultados oficiales, aun cuando no alcanzaron a hacerlo por completo.

A la semana siguiente, la Cámara envió aún mejores noticias a Diego Mexías Bejarano.[22] La cédula de blanqueamiento resultante hacía referencia a la petición de Diego presentada en 1793, respecto a las aspiraciones de su hijo al sacerdocio, resumía su más reciente petición, pero ignoraba la solicitud de conceder el blanqueamiento a sus hijos y parientes, así como aquella en la que pedía el título de don. A diferencia del documento oficial de blanqueamiento de los Valenzuela, la versión

---

22 Caso 19, Mexías Bejarano, 1789-1801.

enviada a Diego Mexías Bejarano no contenía la primera cláusula que limitaba el goce público de la blancura. Su cédula se limitaba, sencillamente, a ordenar al "presidente y Audiencia de la ciudad de Caracas y a los demás ministros míos [...] hayan y tengan por dispensado de la calidad de pardo al mencionado Diego Mexías Bejarano y esta es mi voluntad".

Esta afirmación más contundente insinuó que la Cámara estaba dispuesta a interpretar los beneficios del blanqueamiento de manera más extensa de lo que sugirió en el fallo sobre el caso de los Valenzuela. Aún permanecía sin determinar si se trataba de un privilegio que pertenecía exclusivamente a Diego, o si esta nueva condición se transfería a sus descendientes. ¿Estos heredarían retroactivamente su blancura, eliminando así cualquier defecto ancestral? ¿Podrían sus hijos ahora asistir a la universidad? ¿Podría Diego Lorenzo ordenarse sacerdote?

Como la Cámara nunca había aprobado la blancura completa antes de 1795, la publicación de las cláusulas de las gracias al sacar resultó fundamental para establecer el compromiso de conceder la blancura. Las peticiones anteriores habían tardado años en resolverse, mientras que los Valenzuela y los Mexías Bejarano recibieron respuestas positivas en tres meses. A diferencia de solicitantes anteriores, los Valenzuela no habían suministrado una extensa documentación que incluyera servicios a la Corona: simplemente, lucían como blancos, pasaban por blancos y pagaban considerables impuestos. Mientras que Diego Mexías Bejarano había enviado anteriormente declaraciones en las que documentaba la legitimidad de su familia, su generosidad con la Iglesia local, y su servicio en las milicias pardas, la Cámara no había recompensado estas pruebas de lealtad antes de 1795. No obstante, los funcionarios dieron ahora un paso más al ampliar el grupo potencial de solicitantes exitosos. Habían aprobado su petición aun cuando no intentó sustentar que pasara por blanco. Independientemente de lo que siguiera, los blanqueamientos de los Valenzuela y de los Mexías Bejarano satisfacían una meta buscada durante cientos de años por generaciones enteras de pardos y mulatos en las Américas.

Los Ayarza: reconsideración

Si bien la Cámara había concedido el blanqueamiento a los Valenzuela y a los Mexías Bejarano, no hubo una unanimidad burocrática como tampoco mucho entusiasmo frente al otorgamiento de estas peticiones. Las divisiones internas entre la Cámara y los fiscales habrían de surgir de nuevo cuatro meses más tarde, en septiembre de 1796, cuando finalmente llegó, proveniente de Bogotá, el informe del virrey Ezpeleta sobre los Ayarza.[23] El virrey señaló que había tomado declaración a once personas preeminentes de la ciudad, y había convocado también una reunión especial de la facultad de la universidad para escuchar sus opiniones. Incluyó un paquete de documentos en el cual los testigos, con entusiasmo, dieron fe de los logros de Pedro Antonio y elogiaron cálidamente la inteligencia y el carácter de su hijo Joseph Ponciano. Semejante apoyo local a favor del blanqueamiento contrastó agudamente con el de Caracas, donde las élites, de forma dura y al unísono, denigraron a solicitantes como los Landaeta y los Mexías Bejarano, en particular, y a los pardos en general.

A diferencia de ellos, los funcionarios reales y los notables de Bogotá atestiguaron positivamente, enviando mensajes explícitos e implícitos sobre su aceptación de Joseph Ponciano. Don Luis de Chávez, el regente, esto es, el oidor de mayor rango de la Real Audiencia, verificó que el estudiante universitario gozaba del "buen concepto y general estimación con que todos le miran". Varios testigos utilizaron la cláusula "a pesar de" para enviar el mensaje codificado —el argumento de la proximidad— según el cual los blancos no consideraban que mezclarse con los Ayarza pusiera en peligro su propia condición. Uno de los oidores observó que, "a pesar de su calidad", Joseph Ponciano disfrutaba de "la estimación general de gentes de la esfera superior". El abogado don Joaquín Rivera validó el hecho de que el susodicho se mezclaba con las élites en escenarios privados, puesto que era "amado por toda clase de gente y con más particularidad de los sugetos visibles", que "con gusto frequenten su casa". Tales interacciones contrastaban radicalmente con lo que sucedía en Caracas, donde jugar a las cartas en la casa de un pardo podía dar lugar a una amonestación oficial.

Los profesores de Joseph Ponciano enviaron asimismo un mensaje unívoco. Si bien la ley exigía que no se le permitiera graduarse, esperaban que "la buena conducta y la virtud tengan su premio". El doctor don Frutos Joaquín Gutiérrez de Caviedes, abogado y profesor, atestiguó en favor de los tres Ayarza. Observó que los dos más jóvenes estudiaban latín "cuyo maestro repetidas veces me ha informado de su buen porte, aplicación y aprovechamientos". Comentarios como estos impresionaron al fiscal de la Real Audiencia de Bogotá, quien

---

23 Caso 20, Valenzuela, 1796.

revisó los testimonios. Recomendó al virrey Ezpeleta que remitiera el paquete con una carta sugiriendo que los Ayarza podrían conseguir "la gracia a que aspiran".

Cuando Ezpeleta escribió a la Cámara acerca de las declaraciones, demostró cierta vacilación en apoyar la petición de los Ayarza. Aceptó que los documentos probaban la "honradez y arreglados procedimientos" de Pedro Antonio y de su hijo mayor, Joseph Ponciano, y concedió que los funcionarios de la universidad, así como el propio fiscal de su Audiencia no tenían problema con el blanqueamiento de los hijos. No estaba seguro acerca de los dos Ayarza menores, pues creía que eran demasiado jóvenes como para determinar cómo habrían de resultar eventualmente.

El virrey procedió luego a extender el caso más allá de la situación personal de los Ayarza y consideró sus posibles consecuencias para el imperio. Más específicamente, mediante la metáfora del guardián, señaló los "inconvenientes" que podrían surgir de "abrir la puerta a todos los de igual calidad que se hallen en el mismo caso". Estos, si tenían también "una buena conducta", podrían solicitar "la misma dispensación", con el resultado de que las leyes quedarían "sin efecto". Tales comentarios reflejaban las inquietudes de Cistué y Coll, pues una legislación específica prohibía a los pardos asistir a la universidad.

De igual forma que el fiscal Antonio de Porlier había hecho una década antes en el caso de Bernardo Ramírez, el virrey Ezpeleta se preguntó también sobre el efecto final de la cédula de blanqueamiento. Supuso que, si la Cámara dispensaba totalmente a Joseph Ponciano de ser pardo, podría "aspirar a los oficios y empleos" de los blancos. Si no pudiera hacerlo, "le sería infructuosa la gracias". Ezpeleta se limitó a plantear estos problemas y no optó por ninguno de los dos lados. Concluyó que había suministrado la información solicitada y dejó la toma de decisiones políticas más complejas a sus superiores.

Como se señaló en el capítulo 2, por una razón inexplicable, Cistué y Coll no estuvo disponible para analizar y ofrecer una recomendación sobre el informe del virrey Ezpeleta. Correspondió hacerlo, entonces, a Ramón de Posada y Soto, "el señor fiscal de Nueva España que *por ahora* despacha el negociado del Perú" (itálicas mías). Puesto que era poco usual que los fiscales para Nueva España y Perú consideraran el mismo caso, sus observaciones ofrecen una comprensión comparativa única del proceso de elaboración de políticas en la Cámara.

A pesar del fuerte apoyo por parte de las élites de Portobelo y Bogotá, los profesores de la universidad y los funcionarios de la Audiencia, Posada y Soto coincidió con las recomendaciones anteriores de Cistué y Coll, al sostener que la Cámara no debería conceder el blanqueamiento a Joseph Ponciano. Aceptó la opinión de su colega, quien afirmaba que las Leyes de Indias que prohibían el ingreso de los pardos a la universidad debían prevalecer. Adoptó también la insinuación del comentario social más amplio del virrey Ezpeleta. Sintió que "abrir las puertas a todos los de su calidad que se hallen en el mismo caso" anularía las leyes. Otra razón para la decisión negativa de Posada y Soto pudo deberse a simple compañerismo: habría sido poco correcto de su parte desautorizar a su colega ausente Cistué y Coll. Significativamente, concluyó su consulta con "reproduce la respuesta (negativa) del Señor Fiscal para el Perú".

Primeros veredictos y política de blanqueamiento

Resulta interesante especular qué consideraciones motivaron a ambos fiscales a decidirse en contra de los Ayarza, mientras que los Valenzuela y los Mexías Bejarano recibieron noticias positivas. De acuerdo con las más lógicas medidas —impacto local, paso, riqueza, servicio a la Corona, expectativas del solicitante— Diego Mexías Bejarano debió haber sido la persona rechazada, no los Ayarza. Parece incomprensible que el Consejo de Indias hubiera olvidado las protestas del cabildo de Caracas en 1788, pues catorce ministros que ocupaban los cargos cuando llegaron aquellas protestas aún se encontraban en ellos en 1796.[24] Debieron haber comprendido la intensa sensibilidad de aquel lugar y reconocido los posibles inconvenientes que surgirían si alguien en Venezuela recibiera una cédula. Los Valenzuela, por el

---

24 Burkholder, *Biographical*, presenta los períodos de servicio. Calculé quién estaba en el cargo en 1788 y, presuntamente, habría tenido conocimiento de las primeras cartas provenientes del cabildo de Caracas, y quién se encontraba todavía en el Consejo en 1796 para la recepción de la tercera misiva. Los números de página aparecen después de cada nombre. Los ministros eran José Antonio de Areche y Sornoza (12, 13), Manuel Romero y Aleson (111), Francisco Leandro de Viana y Zavala (135-137), Rafael de Antúnez y Acevedo (9, 10), Pedro Muñoz de la Torre (84, 85), Juan Manuel González Bustillo y Villaseñor (50, 51), Gaspar Soler Ruiz (118, 119), José García León y Pizarro (46, 47), Juan Francisco Gutiérrez de Piñeres (53, 54), Jorge Escobedo Ocaña y Alarcón (38, 39), Miguel Calixto de Acedo y Ximénez (2), Francisco Xavier Machado Fiesco (73, 74), Bernardo de Iriarte y Nieves-Rabello (62) y Fernando José Mangino Fernández (75, 76).

contrario, ya pasaban por blancos en Antioquia, y las élites locales habían confirmado que los Ayarza se movían en los círculos más altos de Portobelo y Bogotá.

Si la riqueza fuese un problema, tanto los Valenzuela como los Ayarza eran reconocidos comerciantes, mientras que Diego Mexías Bejarano tenía recursos más modestos como cirujano. Pedro Antonio de Ayarza había capitaneado y financiado su propia compañía de milicianos durante décadas, mientras que Diego Mexías Bejarano, aunque emparentado con personas en el servicio militar, no era un oficial. De los tres solicitantes, era quien menos calificaciones tenía, pero, a la vez, quien más esperaba del blanqueamiento, pues confiaba pasarlo a las generaciones siguientes y permitir que sus hijos pudieran acceder al sacerdocio. A diferencia de él, los Valenzuela pedían el blanqueamiento únicamente por razones personales. Ayarza pedía, sencillamente, que Joseph Ponciano y sus hermanos se graduaran de la universidad.

Los primeros casos favorables parecían compartir algunas variables: el blanqueamiento mejoraba la condición de los solicitantes pardos de una forma ambigua que no invalidaba las leyes de discriminación. Lo que pudo haber obrado en favor de Diego Mexías Bejarano y de los Valenzuela fue la vaguedad de sus peticiones. Aun cuando Diego mencionó que su hijo quería ser sacerdote —en aquel momento al menos— no solicitó autorización para que pudiera asistir a la Universidad de Caracas ni ordenarse. Solo buscaba la blancura para sí mismo, dejando lo demás abierto a un nebuloso futuro. Análogamente, los Valenzuela solamente buscaban su blancura personal, sin especificar qué podría conllevar tal favor. A diferencia de lo que sucedió en estos casos, tres funcionarios imperiales —los fiscales Cistué y Coll, Posada y Soto y también el virrey Ezpeleta— manifestaron explícitamente la inquietud de que el blanqueamiento de los hermanos Ayarza pudiera invalidar la legislación existente que prohibía la asistencia de pardos a la universidad.

Aunque los miembros de la Cámara habían recibido antes recomendaciones negativas de parte de ambos fiscales de la Corona sobre el blanqueamiento de los Ayarza, todavía se mostraban reticentes a rechazar su petición. Recurrieron entonces a un recurso poco habitual, empleado únicamente cuando se encontraban auténticamente confundidos acerca de qué camino tomar. Pidieron a las secretarías de Nueva España y de Perú que revisaran sus respectivos archivos en busca de precedentes de blanqueamiento.²⁵ Descubrieron dos: uno proveniente de las Filipinas, donde, en 1780, el doctor don Francisco Borla de los Santos, una mezcla de sangley (chino) y antepasados nativos, había solicitado con éxito autorización para graduarse de la universidad de Manila, aunque era un mestizo asiático.²⁶ El segundo era del guatemalteco Bernardo Ramírez, cuya fallida petición vimos antes. No resulta claro por qué los funcionarios no descubrieron las otras peticiones de blanqueamiento, pues permanecen en el archivo.

Mientras la Cámara exploraba estos documentos y postergaba el fallo sobre los Ayarza, comenzaron a llegar otras peticiones. Don Pedro Rodríguez de Argumedo, un oficial de rango medio que servía en Trinidad, envió una carta en la que detallaba todos los cargos que había detentado desde que llegó a Cumaná, Venezuela, en 1773. Allí contrajo matrimonio con doña Ángela Inés, cuyos orígenes parecen haber sido algo turbios. Don Pedro quería una cosa y la contraria: aunque juró que doña Ángela Inés y sus padres estaban "sin mancha de mezcla alguna", pedía a los funcionarios reales que le concedieran el blanqueamiento en caso de que fuese parda.²⁷ La pareja temía que existiera una "vaga voz" acerca de sus posibles antepasados, la cual "puede perjudicar a los hijos que han procreado y procrearen durante el matrimonio".

La consideración de las peticiones previas a 1785 revela que don Pedro y doña Ángela Inés enfrentaban un dilema común, que se presentaba cuando hombres de la élite se casaban con mujeres que eran blancas en apariencia, pero de ascendencia dudosa, y esto podía perjudicar a la generación siguiente. Recordemos que, en 1789, don Joseph Briceño había solicitado algo similar para remediar la situación de su esposa Petronila.²⁸ Si bien, en 1790, las hermanas Almeyda habían insistido en que no eran pardas, habían enfrentado también discriminación debido a los vagos antecedentes de su madre. En aquellos casos, la Cámara no había expedido cédulas de blanqueamiento. Los funcionarios, en última instancia, se habían negado a intervenir en ayuda de las Almeyda, y enviaron una carta, no una cédula real, para apoyar a los Briceño.

---

25 Twinam, *Public*, 293, sugiere una búsqueda análoga de precedentes cuando había preguntas acerca de la política de legitimación.
26 Caso 20, Valenzuela, 1796.
27 Caso 21, Rodríguez, AGI, 1796; Caso 21, Rodríguez, RC, 1796.
28 Véase capítulo 7.

No sabemos qué ocurrió internamente entre el fiscal Cistué y Coll y la Cámara respecto a la petición de Rodríguez. Los documentos revelan únicamente el resultado: la Cámara respondió rápida y positivamente. Concedieron el blanqueamiento a doña Ángela Inés en noviembre de 1796, un mes después de que su marido presentara la petición.[29] Tan veloz y favorable resolución sugiere que las gracias al sacar podrían ser un favor más fácilmente concedido a las esposas pardas de blancos que a solicitantes masculinos.[30]

Reacciones de Caracas: el cabildo y la Real Audiencia responden

Noviembre de 1795 resultó ser un mes muy significativo, no solo para la afortunada doña Ángela Inés. En Caracas, resultó crucial tanto para quienes apoyaban la opción de blanqueamiento como para quienes se oponían a ella. A comienzos de aquel mes, Diego Mexías Bejarano recibió finalmente la copia de la cédula real que eliminaba su calidad de pardo.[31] Su apoderado, Antonio Viso, había llevado el documento a la Real Audiencia de Caracas el 10 de noviembre, solicitando que hicieran un duplicado, tomaran nota de su contenido si necesitaban aplicarlo y le devolvieran el original. Durante las dos semanas siguientes, comenzó a correrse la voz en la ciudad de que el rey había concedido el blanqueamiento a Diego. Cuando se reunieron el 21 de noviembre, los miembros del cabildo señalaron que "se examinó una de las distintas copias [de la cédula de blanqueamiento] que corren en el público".[32] Más que en cualquier otra región de las Américas, el blanqueamiento atraía la atención, no solo de las élites y de un pequeño grupo de pardos y mulatos, sino también de la población en general.

La respuesta del cabildo de Caracas a la llegada de la cédula fue inequívoca: rechazó el concepto general de conceder el blanqueamiento a los pardos y atacó específicamente su petición. Presentaron sus "más

---

29 Caso 21, Rodríguez, AGI, 1796; Caso 21, Rodríguez, RC, 1796.
30 Twinam, *Public*, 278-279, muestra que los funcionarios de la Cámara manifestaron un sesgo análogo a favor de la legitimación de mujeres en lugar de hombres, aun cuando las estadísticas no sustentan este sesgo en la práctica.
31 Caso 19, Mexías Bejarano, 1789-1801.
32 *Ibid*., incluye también la orden del cabildo de preparar una respuesta a la cédula de blanqueamiento.

formales protestas" ante el presidente y la Audiencia, quejándose de que el otorgamiento de esta cédula tenía como consecuencia "insolentarlos en extremo", dadas sus comunicaciones anteriores donde explicaban por qué la Corona debía rechazar las "monstruosas solicitudes" de los pardos "para igualarse con los blancos". Las élites opinaban que la opción de blanqueamiento "destruye el valor de la Real Pragmática sobre los matrimonios", pues los pardos que hubieran comprado unas gracias al sacar podrían contraer nupcias con personas blancas. Esto conduciría "al general trastorno de los Estados secular y eclesiástico", a la "subversión del orden social" y a la "ruina y pérdida de los Estados de América".

Los funcionarios de la ciudad intentaron también desacreditar la petición de Diego Mexías Bejarano, acusándolo de haber obtenido el blanqueamiento de modo fraudulento, pues había ocultado "su verdadera calidad de mulato que le dan las Leyes, titulándose pardo". Puesto que la cláusula de las gracias al sacar concedía el blanqueamiento a la casta de los pardos, pero no mencionaba específicamente a los mulatos, el concejo municipal esperaba que este tecnicismo pudiera invalidar la cédula. Argumentaron que Diego había exagerado la "estimación" de su familia. Si bien, en 1793, el Consejo de Indias le había autorizado para acudir al obispo en busca de una dispensa para que su hijo pudiera ordenarse, tal concesión había carecido de todo "valor" o "efecto legal". El cabildo prometió que "sin pérdida de tiempo" presentaría su protesta oficial contra las cláusulas de blanqueamiento, que había encargado en el mes de abril, cuando se enteró por primera vez de su existencia. Pidió que, entretanto, el presidente debía ordenar que "se recoja y retengan los efectos" de la cédula real a favor de Diego, al menos hasta cuando pudiera responder a ella.

Es muy posible que la presencia física de la cédula de blanqueamiento de Diego Mexías Bejarano en Caracas haya llevado al cabildo a reunirse de nuevo la semana siguiente para aprobar el extenso informe en el que había estado trabajando durante seis meses el alcalde José Ignacio Rengifo.[33] Este ofrece una comprensión excepcional y en ocasiones, sorprendente, de las actitudes de la élite caraqueña respecto a su relación con España, con pardos y mulatos, y contra el blanqueamiento. De igual relevancia fue la reacción del Consejo de Indias a la protesta, pues, aun cuando sus ministros inicialmente desecharon

---

33 RC, Doc. 11, 1796. Esto apareció el 28 de noviembre de 1796.

el informe, este influyó eventualmente sobre sus políticas. Aunque merece un detallado análisis, resulta esencial mantener la respuesta en contexto, pues la del cabildo caraqueño fue la única queja procedente de las Américas que rechazaba el blanqueamiento.

Si bien José Ignacio Rengifo fue el encargado de preparar la respuesta, la versión final se lee más bien como el producto de un mediocre comité, pues pasa de un tema a otro de manera desarticulada y repetitiva. Enfatiza el disgusto del concejo municipal con las reformas administrativas de los Borbones en general, y con la Audiencia en particular. Los miembros del concejo aluden a una escandalosa teoría de la conspiración concerniente al origen del blanqueamiento de las gracias al sacar, detallan su visión del estado de la sociedad caraqueña en aquel momento, y predicen nefastas consecuencias si el rey no revocaba las cláusulas de blanqueamiento, pues, según denuncian, la lealtad de pardos y mulatos era asaz sospechosa.

Si hubo algún principio organizador en estas diatribas, fue el de ofrecer un fundamento a la conclusión del concejo municipal y a su doble petición. Sus miembros afirmaron que las reformas administrativas de los Borbones habían llevado a un gobierno incompetente. Pidieron al rey que retirara a los funcionarios de la Real Audiencia y suspendiera las disposiciones sobre blanqueamiento de las gracias al sacar. "Esta Provincia", proclamaron, "no se halla [...] en estado de recibir una alteración tan grave en el orden público". Ocasionaría un "trastorno peligrosísimo" pues era una "novedad de tanto peso y consecuencias que nunca imaginaron".

Es sugestivo el contraste entre la protesta inmediata del cabildo la semana anterior contra la llegada física de la cédula de blanqueamiento de Diego Mexías Bejarano y la denuncia en la que había estado trabajando durante meses. Demuestra la falta de coordinación entre sus miembros, quienes ofrecieron interpretaciones distintas de la importancia de las categorías de casta. Solo unos pocos días antes, los funcionarios municipales habían acusado a Diego Mexías Bejarano de mentir y decir que era pardo cuando ellos lo consideraban mulato. Como esta última categoría no aparecía en las gracias al sacar, argumentaron que su blanqueamiento era injustificado. Sin embargo, de manera significativa, en su descripción más extensa de la provincia, los miembros del concejo fusionaron las categorías de "pardos, mulatos o zambos", "cuya diferencia en la común acepción no es conocida, o casi es ninguna". Esta no fue la única declaración de la denuncia del cabildo que, en lugar de sustentarlos, socavaba sus propios argumentos.

La comparación entre las protestas de Caracas que aparecen en las cartas enviadas al rey en 1788 y sus renovadas quejas en 1796 revela una evolución en la visión de las élites respecto al blanqueamiento. El concejo municipal no puso en duda, en ningún momento, la idea de que el rey podía transformar a los pardos en blancos, aun cuando se opusiera contundentemente a esta opción. Lo que había cambiado era la idea que tenía la élite sobre las posibles consecuencias del blanqueamiento.

A diferencia de los funcionarios imperiales, que parecían indecisos acerca de si el blanqueamiento pudiera mejorar la condición de los pardos de manera vaga o decisiva, las élites de Caracas habían llegado a conclusiones inequívocas. Su carta concedía que "un pardo dispensado de su calidad [...] queda apto para todas las funciones [...] que han sido hasta ahora propias de un hombre blanco". Tal reconocimiento reflejaba una transformación de las actitudes locales desde 1788, cuando las élites no parecieron comprender que el blanqueamiento permitiría a los pardos ocupar cargos públicos e ingresar en la universidad.[34] Ahora, el cabildo detallaba explícitamente las que veía como perniciosas consecuencias: "Hormiguearán las clases de estudiantes mulatos, pretenderán entrar en el Seminario, rematarán y poseerán los oficios concejiles: servirán en las oficinas públicas y en la Real Hacienda: tomarán conocimiento de todos los negocios públicos y privados".[35]

El efecto final de esta integración será "el desaliento y retiro de las personas blancas" de los asuntos públicos. Subyacían a esta lucha de los blancos aquellas costumbres sociales que apoyaban el "argumento de la proximidad", la profunda convicción de que un componente esencial de la condición personal derivaba del círculo social del individuo. Así como su asociación con personas blancas mejoraba la condición de un pardo como Pedro Antonio de Ayarza, los blancos temían que un contacto similar con Diego Lorenzo Mexías Bejarano en las aulas universitarias o en los púlpitos rebajaría su propia condición. Si la Corona concedía el blanqueamiento a los pardos, las élites caraqueñas amenazaban con claudicar de sus obligaciones cívicas, lo que supondría la desintegración del gobierno, la educación y la religión.

La novedad en las protestas posteriores a 1795 fueron las quejas sobre aspectos específicos de las cláusulas de las gracias al sacar. Los miembros del concejo municipal objetaron repetidamente que el arancel estipulaba "una pequeña cantidad de dinero", dada la "inmensa

---

34 Véase capítulo 7.
35 RC, Doc. 11, 1796.

distancia" entre la "ventaja y superioridad" de los blancos y la "bajeza y subordinación" de los pardos[36]. Creían que era "cosa muy dura" que pardos y mulatos pudieran pagar una "suma despreciable" para obtener aquello que "otros han conservado con el celo y conducta de tantos siglos". Puesto que su costo era relativamente modesto, temían que numerosos pardos lo solicitaran.

La especulación acerca del origen de las cláusulas de blanqueamiento era otro tema que trataba el informe del cabildo. Aun cuando sus miembros reconocieron que podría ser "difícil y aventurado" comprender por qué el soberano aprobaba leyes, concedieron que para sus súbditos "siempre se presumen meditadas y justas". Es posible que tal comentario hubiera impactado a los funcionarios de Madrid, quienes debían ser conscientes de que las cláusulas de blanqueamiento se habían originado más por accidente que como resultado de cualquier política bien meditada.

Como el concejo municipal de Caracas no tenía idea de cómo o por qué había surgido la opción del blanqueamiento, especularon sobre su origen. Creían que había sido producto de la reforma administrativa de los Borbones en general y —esto fue, ciertamente, ir bastante lejos— una conspiración de la Real Audiencia de Caracas en particular. Resulta significativo que los miembros del cabildo nunca culparon al rey por firmar las gracias al sacar, como tampoco al Consejo de Indias por aprobarlas. Veían la opción de blanqueamiento más bien como resultado de aquellas medidas de los Borbones que daban un trato preferencial a los peninsulares, los españoles nacidos en España, en los cargos oficiales.[37]

El concejo municipal argumentó que el nombramiento de funcionarios de España ocasionaba numerosos problemas, pues "no hay aquel conocimiento", y esto les daba "falsas y contrarias ideas" que ellos transmitían a Madrid.[38] Los funcionarios reales se abstenían de aplicar las leyes, pues miraban "a la provincia como una posada, contentándose con sufrir el mal por el poco tiempo que han de durar en ella". Puesto que no planeaban permanecer en las Américas, su objetivo era "adquirir bienes suficientes para concluir su carrera en el propio país o en otra parte".

---

36 *Ibid.*; RC, 1, 511, considera que quizás las élites no se habrían indignado de tal forma por las disposiciones sobre el blanqueamiento si la Corona hubiera cobrado "fabulosas sumas" por el favor.
37 Burkholder, "From Creole", 395-415.
38 RC, Doc. 11, 1796.

Dadas las constantes tensiones entre el concejo municipal y la Audiencia, no es de sorprender que las reformas borbónicas, que, en 1786, crearon la propia Real Audiencia de Caracas, fuese tan impopular como los funcionarios que trabajaban en ella. El cabildo denunció que la ciudad se había convertido en un "semillero de disgustos, pesares y sobresaltos". La Audiencia no respetaba a las élites locales. Por el contrario, "otras viles" prodigaban "indecente y ciega adulación a los oidores, que les complaciesen en todo". Los funcionarios de la Audiencia favorecían de manera especial a "mulatos, pardos y gentes inferiores que les sirven sin precio, que adulan artificiosamente y los lisonjean en unos términos que no es posible que lo hagan las personas blancas, distinguidas y honradas". Los funcionarios municipales manifestaron la sospecha de que los miembros de la Audiencia enviaban información inexacta: "¿Cómo es posible que esta Provincia no se persuada de que los informes dados a Vuestra Majestad no son conformes a las verdaderas circunstancias de ella?".

La respuesta del cabildo fue la asombrosa y paranoide acusación de que los funcionarios de la Real Audiencia de Caracas —por "algún secreto influjo lleno de un veneno"— habían suministrado informes falsos sobre la situación de la capitanía general. Esta manipulación había producido directamente la "mencionada real cédula". Así, los regidores especularon abiertamente sobre cuáles serían las posibles informaciones enviadas a Madrid por la Audiencia que pudieran haber persuadido al Consejo de Indias de incluir las cláusulas de blanqueamiento en las gracias al sacar.

La improbable conclusión del cabildo fue que los funcionarios reales de Caracas habían recomendado que la única manera de llevar la paz y evitar los litigios entre pardos y blancos sería eliminar la distinción entre ambos grupos. Si los pardos podían contraer matrimonio con personas blancas, esto fusionaría a la población en un solo grupo. Las élites especularon que la Real Audiencia había informado que "muchos que son pardos gozan de la posesión de blancos: que son innumerables los pleitos que hay sobre limpieza, y que no conviene favorecer las distinciones en la América". El resultado, concluyó el cabildo, fue que el monarca decidió "abrir la puerta a las dispensaciones para cortar pleitos y evitar males". Si, en el futuro, una familia blanca intentaba prohibir el matrimonio de un hijo o hija recurriendo a la Pragmática Sanción de 1776, la pareja rechazada perteneciente a las castas podría comprar la blancura mediante las gracias al sacar, eliminando así cualquier barrera a un enlace semejante.

¿Por qué llegaron las élites de Caracas a la absurda acusación de que la Audiencia había precipitado las cláusulas de blanqueamiento y deseaba alentar las relaciones sexuales entre blancos y pardos? Es probable que la sospecha de la élite se debiera, no solo a las constantes tensiones entre el concejo municipal y la Audiencia, sino a un contratiempo específico que se remontaba a 1789. Recordemos que la Real Audiencia, a solicitud del Consejo de Indias, había investigado los antecedentes relativos a la petición de blanqueamiento del "leopardo" Juan Gabriel Landaeta, petición que permanecía sin resolver en Madrid. El concejo municipal todavía estaba furioso con la Audiencia, por haberse negado esta, en dos ocasiones, a darles detalles de dicha investigación, aun cuando tal entidad no tenía la autoridad necesaria para comunicar su informe a los funcionarios municipales. La Audiencia no solo se había negado a revelar a quién estaba investigando, sino que no había dejado saber a las élites locales que apoyaba su denuncia del blanqueamiento. Como resultado de ello, el concejo municipal sospechó que la Audiencia había suministrado información que llevó a expedir el blanqueamiento de las gracias al sacar.

Hubo una evidencia adicional que sugiere que los miembros del cabildo veían una conexión entre la investigación sobre Juan Gabriel Landaeta realizada por la Audiencia en 1789 y la expedición posterior de las cláusulas de blanqueamiento. En su informe de 1796 atacaron directamente al oidor don Francisco Ignacio Cortines, el funcionario que se había hecho cargo de la investigación original sobre esta petición. El concejo municipal denunció que Cortines se había convertido en "protector" de los pardos, y que "seduce" a los otros ministros de la Audiencia para que apoyen su posición. El resultado fue que la Audiencia mostró en "los decretos y sentencias tal adhesión a los mulatos", que había incurrido en la "injusticia y temeridad de declarar [los] blancos". Puesto que los regidores no mencionan nombres, no resulta claro si se referían únicamente a los Landaeta, a los Mexías Bejarano, o si eran conscientes siquiera de las peticiones de los Briceño, Almeyda y Rodríguez.

¿Había alguna justificación para sospechar de Cortines? Por una parte, Santos Rodulfo Cortés reconoce la tendencia general del concejo municipal a atribuir injustamente "todos los males sociales y económicos de la época a las 'castas inferiores'" y a la "Audiencia".[39] Aun así, piensa que las acusaciones contra Cortines tenían algún funda-

---

39 RC, 1, 134.

mento, pues "era el culpable directo de toda la conspiración mulata para romper el orden social de la época".[40] Rodulfo Cortés agrega que "públicamente se decía" que Cortines estaba "jugándose su carrera", debido al "amor que sentía hacia una de las jóvenes pardas más cotizada del momento". No incluye, sin embargo, ninguna prueba que documente este aventurado comentario.[41]

La evidencia documental no apoya la acusación del cabildo contra el oidor Cortines. El concejo municipal de Caracas no sabía que, en 1789, la Audiencia había informado, con exactitud, pero sin entusiasmo, sobre los Landaeta. Su voto individual en la Audiencia respecto al informe enviado a la Cámara sobre dicha familia fue, por ley, secreto. Sin que los supieran las élites locales, la Audiencia, como grupo, no solo había enviado un rotundo mensaje a Madrid aconsejando en contra de la opción de blanqueamiento, sino que sus integrantes suscribieron firmemente sus protestas escritas.

Así como en España, donde el blanqueamiento procedió de una miríada de pasos imprevistos, en Caracas el tema expuso la disfuncionalidad del gobierno por la falta de comunicación entre los funcionarios imperiales y locales.[42] Es probable que el cabildo de Caracas tuviera razón en afirmar que parte de este conflicto era el resultado de las reformas administrativas de los Borbones, aun cuando no era probable que su recomendación sobre cómo remediar la situación tuviera una acogida favorable en Madrid. El cabildo sugirió que la mejor manera de suministrar información correcta era dividir las funciones imperiales entre tres grupos: las élites locales, "los españoles americanos" que habían emigrado y ahora tenían su hogar en las Indias, y los "españoles europeos" que iban a América únicamente a gobernar. Si Madrid continuaba favoreciendo a los burócratas "europeos", solo prolongaría la "no ya secreta sino lucha pública […] entre los vecinos y empleados".[43]

¿Cuán efectivos fueron los argumentos de la élite? Como la Cámara sabía que la Audiencia de Caracas no había conspirado para promover

---

40 RC, 1, 310.
41 Zahler, 357, sugiere que "no hubo implicación de que los jueces se hubieran beneficiado personalmente de su mala conducta".
42 RC, 1, 504, especuló que la carta del cabildo pudo haber ocasionado "la hilaridad general" en Madrid, y que los consejeros de Indias podrían haber considerado tales conjeturas como el resultado del "clima tropical".
43 RC, Doc. 11, 1796.

el blanqueamiento de los pardos, la teoría de la conspiración propuesta por el concejo municipal fue desechada. Tampoco es probable que el cabildo haya considerado que sus quejas y recomendaciones para una reforma llegarían a los despachos de estos mismos "europeos" que, después de años de servicio en las Américas, podrían regresar a ocupar posiciones en el Consejo y en la Cámara de Indias. Inclusive el oidor Cortines, el blanco de su especial desdén, recibió eventualmente un nombramiento en el Consejo, aun cuando falleció antes de poder ocupar el cargo.[44]

El segundo tema importante de la protesta de 1796 contra las cláusulas de blanqueamiento explicaba por qué serían un desastre para la capitanía, y sugería reformas dirigidas a rebajar la condición de las castas. Al igual que la teoría de la conspiración de la Audiencia, algunos de estos argumentos resultaron sorprendentes y muchos de ellos, contraproducentes. Significativamente, aunque las élites ofrecían una letanía de comentarios negativos sobre pardos y mulatos, es revelador que sus miembros no argumentaron nunca que fuesen seres innatamente inferiores y que esta era la razón por la cual no deberían convertirse en blancos.

El concejo municipal optó, más bien, por ofrecer una explicación histórica acerca de por qué se desarrollaron diferentes jerarquías en la provincia, y por qué era necesario que continuara la separación entre los blancos y las castas. Su respuesta fue la esclavitud, pues el "rigor" y la "aspereza" del sistema esclavista significó que era precisa una "separación" para mantener la "subordinación".[45] Si bien el cabildo reconoció explícitamente la necesidad de expedir leyes duras para mantener a los esclavos en servidumbre, reconoció también que ellos tenían un deseo natural de libertad. Concedió que "es imposible que un hombre se someta a ser esclavo si no teme que se le castigue como delito el deseo de recobrar la libertad". Aunque el cabildo veía las condiciones de la esclavitud y de pardo como manchas, ni siquiera la élite de Caracas las reconoció como defectos humanos innatos y permanentes.

Una debilidad importante del informe fue que arremetió contra pardos y mulatos usando argumentos *ad hominem*. Esto no necesariamente fortaleció su posición, pues la mayor parte de las peticiones de blanqueamiento se originaron en un grupo distintivo de profesionales

---

44 Burkholder, *Biographical*, 32-33. Recibió el nombramiento en 1806.
45 RC, Doc. 11, 1796.

y de oficiales del ejército. Su resultado final fue que, cuando el concejo municipal se refirió a los pardos en general, inadvertidamente sostuvo la tesis contraria, que solicitantes como Diego Mexías Bejarano eran excepcionales. El cabildo señaló, por ejemplo, que era "raro" que los pardos fuesen legítimos; los Landaeta y los Mexías Bejarano, sin embargo, enviaron a la Cámara prueba de tres generaciones de nacimientos legítimos.[46]

Incluso el concejo municipal de Caracas, único y vociferante opositor de las cláusulas de las gracias al sacar, no desechó por completo la posibilidad de transformaciones a través del blanqueamiento. Sus miembros concedieron que la Corona pudiera, en el futuro, "indicarles [a los pardos] que podrían ser elevados algún día a la clase de los Blancos en premio de algún gran servicio", bien fuese en la agricultura o en el ejército.[47] Es posible que esta sugerencia resultara también contraproducente, pues muchos solicitantes habían aportado prueba de importantes logros. Al menos algunos de ellos y, en ocasiones, algunos de los ministros de la Cámara, parecen haber pensado que aquel "algún día" había llegado.

El resto del informe del concejo municipal detallaba la "triste constitución" de la capitanía. En Venezuela, los tres grupos sociales iban cada uno por su lado:

> Que ningún hombre blanco se aplica a dichas artes [artesanales] por no verse confundido con los Pardos: que éstos no trabajan en los campos por no mezclarse con los esclavos: y en una palabra que todos quieren ser caballeros en la América, ocupar empleos, y vivir de las rentas públicas, o a costa de la sociedad sin contribuir a ella.

¿Cómo podría la Corona remediar tan funesta situación? El concejo municipal propuso una negociación mefistofélica: estaba dispuesto a aceptar la llegada de un "considerable número" de tropas españolas. Estas no solo reducirían las responsabilidades de las milicias pardas, sino que harían posible la disolución de estas tropas que, profetizaron, serían la "ruina de la América".

El cabildo explicó que, en Venezuela, las milicias blancas y pardas realizaban funciones separadas. Las blancas debían "contener la esclavitud y mantener en paz interior del país", incluyendo controlar re-

---

46 Véase capítulo 7.
47 RC, Doc. 11, 1796.

vueltas tales como la ocurrida en Coro el año anterior (1795). Las milicias pardas —presuntamente no tan confiables como las blancas para poner fin a la sublevación de esclavos, negros libres y mulatos— se enfrentaban habitualmente a las amenazas externas, tales como el contrabando o la piratería. Las élites se quejaron de que tal división solo había propiciado la "soberbia de los pardos al darles organización, jefes y armas para facilitarles una revolución". Igualmente problemático era el hecho de que estas milicias gozaran del fuero militar, con lo cual quedaban por fuera de la jurisdicción de los funcionarios del cabildo, pues los oficiales pardos protegían a sus soldados en "todo trance", lo cual solo aumentaba la "insolente presunción de los mulatos".

Muy probablemente, la élite de Caracas pensó conseguir múltiples objetivos con esta propuesta: deshacerse de su peligrosa responsabilidad de vigilar a hombres libres y a esclavos, disminuir la influencia y condición de las milicias pardas, y aumentar el control de los blancos sobre las castas. Resulta algo irónico, dadas sus amargas quejas contra los burócratas españoles, que los miembros del cabildo solicitaran entonces la presencia de un ejército regular proveniente de la península. Parecía que preferían pagar el precio de la sumisión a otros "europeos" que permitir a las milicias pardas servir a la Corona y ser objeto de la reciprocidad real.

¿Quién pagaría el envío de las tropas españolas a Venezuela? El informe propuso que la Corona alentara a los pardos —no dejaba claro si mediante incentivos o por la fuerza— a mudarse al campo y trabajar las tierras que "en esta provincia tiene incultas y solitarias [...] de la ociosidad de tantos brazos". Este incremento en la producción generaría impuestos para pagar el influjo de ejércitos regulares. Una ventaja adicional de reubicar a los pardos en el campo era que las "personas Blancas en las ciudades" podrían entonces mostrarse dispuestas a practicar las "artes mecánicas", que incluían ocupaciones —"herreros, carpinteros, plateros, sastres, albañiles, zapateros, carniceros, matarifes"— entonces dominadas por pardos.

El cabildo concluyó con una declaración de su fidelidad a la monarquía: "que los Naturales de esta Provincia y vecinos españoles que hay en ella, aman sencillamente a sus Reyes [...] En nada piensan sino en vivir con honra bajo de las Leyes de España a quien han prestado y prestan vasallaje". No obstante, las élites aconsejaban al rey que no esperara tal lealtad de sus súbditos pardos y mulatos, "que lejos de mirar hacia España como el centro de su felicidad han de fijar su vista en los obscuros habitantes del África, de donde proceden". Aunque anteriormente las élites habían advertido que la movilidad de las castas ponía en peligro la estabilidad de la monarquía, ahora, después de la revolución de Haití y las sublevaciones en todo el Caribe, ponían abiertamente en duda la lealtad de los pardos a la Corona.

El concejo municipal dudaba incluso de que el blanqueamiento oficial pudiera comprar la lealtad de pardos y mulatos. Se preguntaron cínicamente, "¿Podrán acaso ser más fieles los blancos nuevos que los viejos?". Reflexionaban sobre qué "delito" habrían cometido para que la Corona propiciara que "se crearan otros nuevos [vasallos] cuya fidelidad siempre ha de ser vacilante". Estos problemas no se resolverían hasta que Madrid retirara a los funcionarios incompetentes y prejuiciados y reorganizara una Audiencia local, pues sus miembros eran "incapaces de ninguna empresa favorable", y suspendiera las cláusulas de las gracias al sacar que blanqueaban a pardos y mulatos.

Si bien el cabildo envió este extenso y crítico informe al Consejo de Indias, al parecer no remitió una copia a la Real Audiencia de Caracas. Era típico de la agresividad del concejo municipal y también comprensible, dado el nivel de antagonismo y de crítica dirigidos contra la Audiencia que contenía el documento. Unas pocas semanas más tarde, a mediados de diciembre de 1796, cuando la Audiencia comenzó finalmente a considerar cuál sería su respuesta a las disposiciones sobre el blanqueamiento, los funcionarios reales no lo mencionaron, aun cuando sí se refirieron a las protestas enviadas una década antes (1788), así como al más reciente estallido contra el blanqueamiento de Diego Mexías Bejarano.

El fiscal de la Corona para la Audiencia, Julián Díaz de Saravia, informó que su presidente había reunido al grupo por la necesidad de actuar con "todo acierto en materia de tanta gravedad".[48] La Audiencia aún no había considerado los ruegos del cabildo de que "se suspendiese la publicación" de las gracias al sacar e "informase a Su Majestad los inconvenientes que podrían seguirse". Tampoco había respondido, aunque todavía estaba "teniendo a la vista", la carta que el gobernador de Maracaibo le había enviado más de un año antes, informando de su decisión transitoria de no publicar las cláusulas de blanqueamiento y solicitando su consejo. Al parecer, los funcionarios de la Real Audiencia de Caracas, así como los de Maracaibo, pensaron que sería más sabio no hacer nada que actuar tratándose de un asunto tan contencioso.

---

48 RC, Doc. 13, 1796-1797.

Dadas sus sospechas sobre los funcionarios imperiales, las élites de Caracas se habrían visto sorprendidas de haber asistido a las reuniones privadas de la Audiencia. El fiscal Saravia coincidió con el gobernador de Maracaibo sobre los posibles "inconvenientes" relativos al blanqueamiento, pues el número de "pardos, negros y mulatos libres" en la capitanía general era "más que un doble" del de blancos e indígenas. Aceptó que no se podía confiar en los mulatos, puesto que algunos de ellos se habían unido a los esclavos el año anterior durante la Rebelión de Coro, donde habían exigido la abolición de la esclavitud, como había sucedido en "las islas y colonias vecinas". Recomendó que el presidente y la Audiencia no divulgaran en público las gracias al sacar, debido a las cláusulas de blanqueamiento.

Aun así, a Saravia todavía le inquietaba que hubiera otras disposiciones de las gracias al sacar, además de las del blanqueamiento, que pudieran beneficiar al pueblo. Sugirió que "se pasasen copias a los cabildos de las ciudades y villas, como se había hecho con el de esta Capital". De esta manera, se limitaría su distribución, presuntamente a las élites, para que los "que tuviesen necesidad" de una disposición específica pudieran tener "noticia" de ella. Sugirió que el presidente, la Audiencia y el gobernador de Maracaibo debieran "consultar a Su Magestad" respecto a qué podría llevar a "la quietud pública y sosiego de estas provincias". La Audiencia, incluyendo al oidor Cortines, estuvo de acuerdo.

Conclusiones

Para diciembre de 1796, los Landaeta y los Ayarza todavía aguardaban respuesta de Madrid. Cuatro pardos —los dos hermanos Valenzuela, Diego Mexías Bejarano y Ángela Inés Rodríguez— habían recibido mejores noticias del Consejo de Indias. Rompieron finalmente con siglos de discriminación; compraron unas gracias al sacar que los hacían oficialmente blancos. Dada la novedad de esta opción, ¿qué tendencias surgieron durante aquellos dos años formativos?

La más evidente fue que la promulgación de las gracias al sacar había ocasionado un aprieto administrativo a ambos lados del Atlántico. En Madrid, hubo discordia entre los fiscales y la Cámara. Las respuestas de Cistué y Coll fueron negativas: rechazó la petición de los Ayarza, y se negó a suministrar una opinión en el caso de los Valenzuela. La Cámara lo desautorizó de inmediato en ambas instancias, al solicitar a Bogotá información adicional sobre los Ayarza y expedir el primer blanqueamiento de las gracias al sacar a los Valenzuela. No se sabe si Cistué y Coll envió una recomendación respecto a la petición para Ángela Inés Rodríguez, o si se limitó a presentar el caso a los miembros de la Cámara sin una opinión: de cualquier modo, estos la aprobaron sin tardanza.

Los fiscales comenzaron a compartir información sobre los casos y a cooperar para rechazar a los solicitantes. En ausencia de Cistué y Coll, Posada y Soto reafirmó el fallo negativo anterior sobre los Ayarza cuando llegó la información adicional de Bogotá. Mientras la Cámara vacilaba, sus miembros comenzaron a buscar precedentes y a postergar cualquier sentencia. Dado que la expedición de las cláusulas de blanqueamiento no había sido producto de una política profundamente meditada para promover el blanqueamiento, no es de sorprender que los fiscales de la Corona y la Cámara dudaran, inseguros sobre cómo proceder.

Al otro lado del Atlántico, los funcionarios imperiales mostraron también vacilación y consternación respecto a las gracias al sacar. El gobernador de Maracaibo se negó a publicar las cláusulas de blanqueamiento y pidió instrucciones adicionales a sus superiores en Caracas. En Bogotá, al virrey Ezpeleta le inquietaba que el blanqueamiento de los pardos invalidara la ley vigente y abriera la puerta a análogas peticiones. Cuando el presidente Pedro Carbonell descubrió que el consejo municipal de Caracas no parecía estar enterado de las gracias al sacar, aunque le había remitido una copia, envió otra y aguardó la inevitable explosión. La Real Audiencia de Caracas dudó si debería publicar las cláusulas de blanqueamiento por temer sus consecuencias, y decidió pedir consejo a funcionarios de más alto rango.

Las respuestas del cabildo de Caracas estaban dentro de su contexto y fueron sintomáticas de su tradicional defensa, belicosa y feroz, del privilegio de las élites. En abril de 1796, sus miembros programaron una reunión especial para protestar, exigieron que el gobernador suspendiera las cláusulas, y encargaron a algunos de sus integrantes la elaboración de una protesta para enviarla a Madrid. En noviembre de aquel mismo año, los concejales denunciaron el blanqueamiento de Diego Mexías Bejarano y remitieron sus voluminosas quejas a Madrid.

Aun cuando las protestas de las élites caraqueñas habrían de influir eventualmente en las políticas adoptadas, algunas de sus afirmaciones solo contribuyeron a debilitar su caso. Particularmente escandalosa fue la injustificada acusación según la cual los funcionarios reales habían añadido las cláusulas de blanqueamiento a las gracias al sacar por sugerencia de la Audiencia de Caracas. Su presunto objetivo fue hacer posible que los pardos recién blanqueados pudieran casarse con personas blancas, promoviendo así una población mezclada que se abstendría de iniciar litigios relativos a la condición de casta. Si bien los funcionarios del cabildo reconocieron que los solicitantes pardos que habían recibido unas gracias al sacar gozarían de los mismos privilegios de los blancos, rechazaron su mínimo costo. Las élites propusieron la desbandada de los ejércitos, tanto de blancos como de pardos, y la imposición de tropas peninsulares como otra manera de reducir la influencia de los pardos, pues ya no tomarían las armas al servicio de la Corona. Pusieron en duda también la lealtad de las castas al rey.

Con excepción de Venezuela, las élites de otros lugares de las Indias manifestaron su apoyo al blanqueamiento de las gracias al sacar. Los Ayarza reunieron recomendaciones positivas, incluso entusiastas, de funcionarios universitarios, imperiales y eclesiásticos de Bogotá y Portobelo. Los administradores reales dieron testimonio de su riqueza, sus contribuciones a los impuestos, su aspecto blanco y la condición acreditada de los Valenzuela. Significativamente, hubo también una ausencia: los dos solicitantes venezolanos —Diego Mexías Bejarano y Ángela Inés Rodríguez— no habían presentado testimonios ni cartas de las élites a su favor.

Las peticiones de los pardos presentadas antes del decreto de 1795 —las de Diego Mexías Bejarano y Pedro Antonio de Ayarza— evidenciaban su continuidad con un grupo anterior que había buscado, sin éxito, la blancura completa antes de la promulgación de las gracias al sacar. Demuestran que la publicación del arancel incrementó las expectativas de los pardos. Diego ya no pedía una dispensa para que su hijo pudiera ser sacerdote; pedía, más bien, el blanqueamiento para sí mismo y, más tarde, el título de don. Cuando Pedro Antonio de Ayarza presentó su primera petición, esta fue para solicitar que su hijo se graduara en la universidad; más tarde habría de buscar la blancura para él y para sus descendientes. Los primeros solicitantes después de 1795 abrigaban expectativas más modestas: los Valenzuela pedían una eliminación personal y no pública de su defecto; la cédula de Ángela Inés Rodríguez ofreció un alivio menos controvertido, pues confirmaba la condición de la esposa, de apariencia blanca, de un hombre de la élite.

Los veredictos correspondientes a los primeros cuatro casos dejaron una serie de asuntos sin resolver. ¿En qué medida podría incidir la apariencia, la aceptabilidad social o el servicio a la Corona sobre un resultado favorable? ¿Era más probable que los funcionarios reales aprobaran peticiones más vagas, como las de los Valenzuela y los Rodríguez, que no exigían invalidar las discriminatorias leyes de Indias, o bien podrían recibir también su aprobación ambiciones específicas como aquellas que tenían los Mexías Bejarano y los Ayarza, como la admisión al sacerdocio o a la universidad? ¿Qué efectos tenía realmente el blanqueamiento? ¿Estaban sus beneficios conectados con la persona, o se extendían asimismo a generaciones posteriores?

No se sabía tampoco si el silencio de pardos y mulatos en las Américas habría de continuar. ¿Estaba el blanqueamiento reservado a unos pocos casos extraordinarios, o presagiaban estas cédulas peticiones más numerosas y una movilidad extendida? No hubo garantía alguna, mientras funcionarios imperiales, élites locales, y pardos y mulatos prosiguieron con sus conversaciones sobre el blanqueamiento, de que surgiera de ellas una política definida.

Capítulo 9
Disensos y discordias, 1796-1803

> "El Consejo de Indias espera en lo sucesivo la circunspección y madurez de la Cámara, que no accederá a dispensas o habilitaciones que no recaigan sobre servicios y motivos justos y calificados y en términos que no sean de temer aquellos inconvenientes".
> Consejo de Indias, 2 de marzo de 1799[1]

Introducción

A medida que el blanqueamiento de las gracias al sacar se acercaba a su segundo aniversario, no solo ocasionó un enfrentamiento entre Madrid y Caracas, sino también, eventualmente, una rara confrontación entre los fiscales, los ministros de la Cámara y sus colegas del Consejo de Indias. En ella habrían de intervenir asimismo los funcionarios de la Contaduría, quienes aumentaron súbitamente los precios de los favores de las gracias al sacar. Aparecería, además otro actor histórico: el provincial de los franciscanos, José Antonio Goicoechea, quien escribió una apasionada carta en la que suplicaba al Consejo de Indias que considerara ampliar la movilidad de las castas. Estas complicaciones se desarrollaron mientras todos los implicados debatían asuntos específicos, al apoyar u oponerse a las peticiones particulares que comenzaron a llegar a Madrid, así como a la propuesta general de que pardos y mulatos pudieran comprar la blancura.

---

1 Caso 26, Yáñez, AGI, 1800; Caso 26, Yáñez, RC, 1800.

Madrid: el conflicto sobre el blanqueamiento

Una primera manifestación de este conflicto se dio en diciembre de 1796, cuando la Cámara emitió su sentencia sobre el blanqueamiento del estudiante universitario Joseph Ponciano de Ayarza. Aunque los fiscales José de Cistué y Coll, y Ramón de Posada y Soto habían aconsejado a la Cámara rechazar la petición, los ministros decidieron más bien "que teniendo por extinguida" la calidad de pardo, pudiera graduarse en la universidad.[2] Incluyeron, sin embargo, la advertencia de poner fin a su defecto "sin que sirviese de ejemplar". Los documentos internos de la Cámara muestran cierta confusión respecto al veredicto, pues una primera versión concedía el blanqueamiento a los tres hermanos que lo habían solicitado, pero la versión final limitaba el favor a Joseph Ponciano.

Aun cuando la Cámara los había desautorizado —y a los fiscales de la Corona no les agradaba que su consejo fuese desechado— aquel mismo mes de diciembre el fiscal Ramón de Posada y Soto envió a la Cámara una recomendación negativa adicional. Al parecer, el cubano Joseph María Cowley se encontraba en Madrid cuando presentó personalmente su petición de blanqueamiento.[3] Al menos, el fiscal Posada y Soto parece haberlo conocido, pues observó que "nada aparece [...] ni de su calidad ni del origen de la de pardo". Si bien Cowley admitió ser "descendiente de pardos por línea materna", señaló también que había ocupado cargos que "han desempeñado siempre personas blancas", y que incluían el manejo de provisiones marinas y un empleo en la burocracia del tabaco.[4] El único otro servicio que Cowley mencionó en su favor era que había enseñado religión "a los negros bozales". Tampoco adjuntó cartas de las élites a su favor.

Para entonces, el fiscal Posada y Soto había llegado a una serie de conclusiones respecto al blanqueamiento. Su negatividad inicial solo se había profundizado. Decidió que era demasiado económico; debía tener un propósito específico; debía limitarse a la persona. Influenciado o no por el cabildo de Caracas, Posada y Soto coincidió con este en su queja de que el precio del blanqueamiento era excesivamente

---

2 Caso 22, Ayarza, 1803.
3 Caso 23, Cowley, 1797.
4 AGI, Contratación 5535, n.º 48, 1790 (don Joseph María Cowley). Pidió con éxito a la Corona que pagara por su regreso a La Habana, dada su "miserable constitución".

bajo. No era "verosímil", concluyó, "conceder por tan corto servicio una habilitación perpetua a toda una familia para poder quantos cargos y empleos de honor ser propios de los blancos". Creía que únicamente los pardos y mulatos que tuvieran razones particulares —para desempeñar un cargo y ocupación, por ejemplo— debían buscar la excepción necesaria y, en ese caso, únicamente para sí mismos. Aunque no hizo la comparación explícita, sus comentarios sugieren que el blanqueamiento debiera asemejarse más bien a las excepciones ocupacionales concedidas originalmente a los notarios panameños que a una transformación absoluta y total.

Sin duda, los años que pasó Posada y Soto en las Indias incidieron sobre sus más profundas inquietudes acerca de los "inconvenientes" que podría ocasionar el blanqueamiento. Como lo habían expresado antes, tanto él como Cistué y Coll en su evaluación de la petición de los Ayarza, temían que, si tales dispensas se convertían en algo común, tendrían como resultado la revocación general de las leyes y estatutos que exigían limpieza de sangre para ocupar determinadas posiciones. Estas incluían el ingreso a "las iglesias, catedrales, universidades, colegios y cabildos". Sugirió que si Cowley tenía una razón específica por la que necesitara ser blanco, debía presentar otra petición.

El desacuerdo entre los fiscales y la Cámara continuó fermentándose, pues en enero de 1797, cuando los integrantes de la Cámara revisaron la recomendación de Posada y Soto de rechazar la petición de Cowley, se negaron a acogerla. Más bien, "pasan a las reales manos de Usted [el rey]" su propia sugerencia, según la cual, "no obstante" lo dicho por el fiscal, Cowley debería recibir el blanqueamiento. Admitieron que su alcance sería limitado, pues restringieron el favor "para solo su persona". No sabemos cuál sería la disposición final del caso, ni por qué la Cámara se mostró más dispuesta a otorgar el blanqueamiento.

Al otro lado del Atlántico, las festividades de Navidad y Año Nuevo habían transcurrido tranquilamente en Caracas, sin que hubiera estallidos adicionales de las partes implicadas. Solo a comienzos de febrero de 1797 regresó el fiscal Julián Díaz de Saravia a la Audiencia con otras inquietudes acerca de la publicación de las gracias al sacar.[5] Aún le preocupaba que una serie de cláusulas beneficiosas, que no estaban relacionadas con el blanqueamiento, siguieran siendo descono-

---

5   RC, Doc. 13, 1796-1797.

cidas por el público. Saravia recomendó que la Audiencia manejara el contratiempo del blanqueamiento más abiertamente, y publicar todas las disposiciones de las gracias al sacar. Debía informar a Diego Mexías Bejarano acerca de las objeciones que tenía el cabildo a su blanqueamiento, para que él tuviera la oportunidad de responderlas. El presidente y los oidores apoyaron su plan, lo cual llevaría eventualmente a estallidos adicionales de parte del cabildo de Caracas, y a nuevos ruegos de Diego Mexías Bejarano.

Aquel mismo febrero de 1797 llegaron nuevas peticiones a Madrid. Los "pardos libres" Pedro de Olmedo y su yerno, Manuel Garay, escribieron desde Córdoba, La Plata (Argentina), refiriéndose a la "cédula que acaba de publicarse" que permitía la compra de la blancura.[6] Dado que estos solicitantes vivían en el interior del virreinato, esta petición podría sugerir que el conocimiento de la opción de blanqueamiento se extendió, más allá del Caribe, a los pardos de toda América.

No obstante, una conclusión semejante es menos segura, pues es probable que los Olmedo hayan presentado la petición por tener un conocimiento de primera mano de los beneficios de las gracias al sacar. En 1791, bien sea su hijo ilegítimo o un huérfano a quien había acogido caritativamente —los testigos no estaban de acuerdo acerca del origen de don Joseph Ramón de Olmedo— había solicitado la legitimación a través de las gracias al sacar y recibió la cédula correspondiente en 1796.[7] Es posible que el éxito obtenido por este hijo real o adoptivo hiciera a Olmedo más consciente que a otros pardos de las cláusulas de blanqueamiento. Como Pedro no estaba enterado de la consternación de los funcionarios imperiales por el precio y el efecto del decreto de blanqueamiento, intentó obtener una rebaja. Solicitó el blanqueamiento para sí mismo, su yerno y sus ocho hijos por el precio de quinientos reales.

Comparado con la riqueza de los hermanos Valenzuela, prósperos comerciantes, o con los elogios que prodigaron las élites de Bogotá y Portobelo a los Ayarza, la petición de Olmedo no parecía digna de mucho crédito. Pedro era un comerciante local y Manuel, pintor y dorador. Ambos demostraron que eran legítimos y educados, y presentaron cartas de recomendación de habitantes de Córdoba,

---

6 AGI, Buenos Aires 282, n.º 24, 1797 (Pedro de Olmedo).
7 Su petición de legitimación se encuentra en AGI, Buenos Aires 280, n.º 14, 1796 (don Joseph Ramón de Olmedo); Twinam, *Public*, 86.

aun cuando estas se caracterizaron por su tibio apoyo. No ayudó a su causa el que don Joseph Alvino Fernández atestiguara que conocía a Pedro, a Manuel y a sus esposas, quienes eran "de buena y notoria conducta, distinguida en los de su clase".[8] El mensaje implícito es que se trataba de pardos notables, pero que no eran aceptados por los blancos. El comerciante Juan Troncoso, quien admitió tener negocios con Pedro, lo condenó con un vago elogio cuando observó que los hijos de Pedro contaban "con educación que así mismo los deniegue en los de su clase".

Cuando la petición llegó al despacho del fiscal Cistué y Coll, a fines de marzo de 1797, este no se mostró impresionado. Redactó un críptico comentario que bien podría haberse referido a la creciente división entre los fiscales de la Corona y la Cámara. Observó deliberadamente que la Cámara no debía "conceder dicha gracia a todos los que la soliciten, *como y lo han pretendido otros varios*" (itálicas mías). Quizás estaba irritado porque la Cámara lo había desautorizado repetidamente, tanto a él como a Posada y Soto.

Cistué y Coll dejó claro que apoyaba el razonamiento contenido en la reciente opinión de Posada y Soto, mediante la cual negaba la petición de Cowley. Coincidió en que el blanqueamiento solo debía otorgarse para "oficios o empleos" imposibles de ocupar "sin la dispensa de dicha calidad". Consideraba que sería inapropiado conceder el blanqueamiento a Pedro de Olmedo, su yerno y sus descendientes por tan "corto servicio". Recomendó que la Cámara rechazara su petición y en esta ocasión, quizás porque la solicitud era débil, los ministros coincidieron con él.

Como era costumbre en el sistema imperial español, una sentencia negativa no significaba necesariamente que los solicitantes aceptaran un rechazo. Al mes siguiente, don Tomás Salustiano Gallardo, el apoderado de los Olmedo en Madrid, regresó a presentar la petición ante la Cámara. Se quejó de que sus clientes continuaban "sin poder lograr de las gracias que franquea vuestra real liberalidad".

Don Tomás debió haber hablado con el fiscal Cistué y Coll, o con otros que apoyaban la posición de que los efectos del blanqueamiento debían restringirse. Admitió que, para entonces, tenían una apreciación diferente de lo que podría implicar el blanqueamiento. "Entienden" que el blanqueamiento pertenece únicamente al individuo. No

---

8 Caso 24, Olmedo, 1797.

se trasmitiría a las siguientes generaciones, pues sus descendientes "se quedan como estaban antes de dispensarse no pudiendo heredar ni el honor ni el importe del servicio [blanqueamiento]". Como consecuencia, un "hijo pardo" podría tener un "padre" recientemente blanqueado. Aquello que don Tomás probablemente no sabía fue que, aun cuando los fiscales favorecían estas restricciones, el asunto aún no estaba resuelto. Solicitantes posteriores esperaban todavía transmitir el blanqueamiento a sus descendientes.

Hubo un asunto sobre el cual el Consejo, la Cámara, los abogados de la Corona y los solicitantes ahora coincidían: el costo del blanqueamiento era gravemente desproporcionado a su beneficio. Don Tomás prosiguió diciendo que "entienden" por qué la Cámara no haría del blanqueamiento algo "hereditario y perpetuo", dado "lo corto del servicio". Admitió que esto generaba un dilema para los padres Pedro y Manuel, "no queriendo para sí" algo que no pudieran transmitir "a sus hijos y posteridad". Para solucionar este problema, don Tomás ideó una ingeniosa sugerencia, de manera que sus clientes pudieran pagar más y obtener el blanqueamiento para ellos mismos y para sus descendientes. Tomó prestado el concepto de "vidas" utilizado tradicionalmente en el legado de las encomiendas, aquella temprana institución que asignaba tributos de los indígenas a los conquistadores y a sus descendientes.

Las encomiendas no eran concesiones a perpetuidad, sino que se contaban por el número de generaciones —"vidas"— que transcurrían desde el poseedor original hasta sus descendientes. Una encomienda basada en tres 'vidas", por ejemplo, pasaba de su poseedor original a dos generaciones más antes de revertir a la Corona.[9] Pedro y Manuel utilizaron creativamente esta idea, pues cada uno de ellos se ofreció a pagar un blanqueamiento de quinientos reales durante cuatro vidas, esto es, dos mil reales cada uno. Como resultado, ellos mismos, así como sus hijos, nietos y bisnietos, serían blancos. Puesto que para demostrar su "limpieza de sangre" la familia solo debía probar tres generaciones sin mancha, su efecto sería que, incluso cuando terminaran las "vidas", los descendientes de Pedro y de Manuel disfrutarían todavía de la blancura. Desgraciadamente, no sabemos cuál fue la decisión final en este caso, aunque la ausencia de una cédula de blanqueamiento sugiere que estos ingeniosos solicitantes no tuvieron éxito.

---

9   Haring, 47-54.

Los pardos contratacan: el Gremio de los Pardos Libres de Caracas

Mientras los fiscales y la Cámara pasaron la primera parte de 1776 en desacuerdos sobre la política de blanqueamiento, al otro lado del Atlántico los pardos se prepararon para pasar a la ofensiva. En junio, el Gremio de los Pardos Libres de Caracas respondió a la extensa protesta del cabildo de noviembre del año anterior.[10] Como los blancos excluyeron a pardos y mulatos de los gremios de artesanos, estos habían organizado sus propios gremios. Como sucedía con sus contrapartes blancas, el Gremio de los Pardos Libres ofrecía recursos y hombres a sus segregadas unidades militares.[11] Así como las únicas protestas contra el blanqueamiento de las gracias al sacar provinieron de las clases altas caraqueñas, la única respuesta en apoyo de este provino también de los pardos de dicha ciudad.

Los comentarios del gremio ofrecen una importante comprensión sobre cómo conceptualizaron algunas de las castas de Caracas el propósito de las cláusulas de blanqueamiento, cómo veían su condición comparada con la de los blancos, y cómo calibraban su relación con la Corona. No es de sorprender, entonces, que el Gremio de los Pardos Libres aplaudiera la "real intención" de las gracias al sacar, "elevándolos a la clase de vasallos útiles y honrados".[12] Eran conscientes igualmente de que el consejo municipal "se ha empeñado" en mantenerlos en "humilde dependencia", había puesto en duda su lealtad a la Corona, y había pedido la revocación de las cláusulas de blanqueamiento.

Así como el consejo municipal pudo haber debilitado su causa al acusar injustificadamente a la Audiencia de conspirar contra él para promover el blanqueamiento, es posible que el Gremio de los Pardos haya también socavado sus argumentos al hacer suposiciones erradas. La primera era lógica, aunque incorrecta. Al igual que el cabildo, el Gremio asumió que el rey y el Consejo de Indias, "al mero hecho de la expedición de la real cédula", había considerado seriamente las ramificaciones de una política de blanqueamiento. Después de todo, concedió la agremiación, "un tribunal encargado por Vuestra Majestad del Gobierno de América" debió tener "a la vista [...] los perjuicios y

---

10 Véase capítulo 8.
11 Vinson, *Bearing*, 17, 18. Puesto que los blancos excluyeron a pardos libres y mulatos de los gremios de los artesanos, ellos conformaron sus propias organizaciones.
12 RC, Doc. 16, 1797.

ventajas" que resultarían del blanqueamiento. A los pardos los alentó de manera especial que los funcionarios, de todas maneras, hubiesen procedido a publicar las gracias al sacar. Dado el proceso irreflexivo que había producido realmente las cláusulas de blanqueamiento, tanto las élites de Caracas como los pardos dieron mayor crédito del que merecía al carácter deliberativo del gobierno imperial.

El Gremio de los Pardos especuló, análogamente a como lo hizo el cabildo de Caracas en su extensa misiva de noviembre de 1796, acerca de por qué habían aparecido las cláusulas de blanqueamiento en primer lugar. A diferencia del concejo municipal, que sospechaba una conspiración, el gremio esperaba una utopía. Promulgó una interpretación completamente equivocada, según la cual la legislación sobre el blanqueamiento estaba dirigida a alentar a blancos, pardos y mulatos "de que se enlacen y unan entre sí, para llegar a formar y constituir, con el tiempo, una única y sola familia". ¿Cómo era posible que el Gremio concluyera que el objetivo último de la Corona sería la convergencia física de las poblaciones blanca y parda en una sola? Una respuesta probable sería que las acusaciones paranoides del cabildo de Caracas —que la Corona aprobaba tal fusión para evitar litigios— se había hecho de dominio público.

El Gremio de los Pardos Libres nunca reconoció tener conocimiento de las erradas conclusiones del cabildo. Por el contrario, ofreció su propia justificación de por qué podría la Corona propiciar la mezcla entre las poblaciones blanca y parda. La atención al lenguaje utilizado resulta crucial para comprender su argumento: es significativo que, en los miles de páginas de documentos en torno a las gracias al sacar, este sea el único texto que usa la palabra "colonias" aplicada a los asentamientos españoles en las Américas.

Los pardos describieron su conexión con España en términos más de jerarquía que de igualdad, identificando a España como una nación dominante y no concibieron al imperio español como compuesto de reinos iguales. Consideraron que las Américas se encontraban en una relación "colonial". Si bien el Gremio admitió que era "verdad" que "haya alguna distinción a favor de la Nación dominante", creía asimismo que no debería existir una "inmensa distancia" entre ella y sus "colonias".[13] Una manera de conseguir este "laudable objeto" sería que se acallaran las diferencias y las familias estuvieran "más unidas y enlazadas". Este razonamiento llevó a aventurar una explicación de por qué la Corona

---

13 Agradezco a Asunción Lavrin por sugerir algunos de los puntos más sutiles de este análisis.

había expedido las cláusulas de blanqueamiento: si los pardos se volvían blancos, podrían desposar a personas blancas. Esto propiciaría una población más homogénea y desalentaría el conflicto.

El Gremio de los Pardos creía también que la largueza y reciprocidad de la Corona podría estar en la base de la política de blanqueamiento. Aunque sus integrantes admitieron que "tienen la desgracia, es verdad, de no ser europeos", la justicia exigía que "si su conducta ha sido igual a la de los blancos", debían ser recompensados por su "mérito". Asimismo, deberían poder gozar de las "gracias y beneficios con que el Rey más justo sabe atender y recompensar el mérito del más humilde vasallo".

Otro de los objetivos del Gremio fue disipar las acusaciones del cabildo de Caracas, según las cuales los pardos no eran leales a España, aun cuando en este caso enviaron un mensaje ambiguo. Aunque ofrecieron evidencia de su fidelidad, también amenazaron con retirar su apoyo si la Corona revocaba las cláusulas de blanqueamiento.[14] Después de rebuscar en los "Archivos de la Provincia de Caracas", el Gremio halló los decretos (1694, 1780) que elogiaban a los pardos por su "celo" en "el servicio del rey". Encontraron un documento de 1749, "igualando la tropa de este gremio" a los ejércitos blancos, pues "no tan solamente les concedió el uso de las Armas ofensivas y defensivas, sino que [se empeñó] en distinguirlos". Enfatizaron que tal confianza era únicamente un "justo premio" por la lealtad mostrada por los pardos, pues algunos de ellos "sacrificaron sus vidas".

El Gremio de los Pardos Libres formuló luego una pregunta pertinente:

> Si los pardos permanecen separados de los blancos, sin esperanza de enlazarse con ellos, ni de llegar a gozar los mismos honores: ¿qué aliciente, u estímulo bastante poderoso se les podrá ofrecer para que abracen sus intereses, y los defiendan como propios?

¿Qué sucedería, preguntó el Gremio, si los pardos estuvieran "convencidos de que nunca han de salir de su abatimiento?". ¿Por qué habrían de "prestar unos servicios de que saben que no han de sacar la menor utilidad?". Es por ello, concluyó, que el decreto real era "un

---

14 Landers, *Black*, 208, rastrea estrategias similares en Florida, pues la Corona contaba con tropas desesperadamente necesitadas de las milicias de negros y pardos, los cuales "convirtieron iniciativas y habilidades militares" en favores, mientras "perseguían pragmáticamente sus mejores opciones durante los conflictos internacionales".

medio sabio [...] para reunir en un solo Cuerpo los que hasta ahora han estado divididos por la diferencia de color, haciendo tengan un solo y único interés", y pidió al rey mantener intactas las cláusulas de blanqueamiento.

Por desgracia, los funcionarios reales de Madrid nunca comentaron esta carta del Gremio de los Pardos en sus deliberaciones sobre las gracias al sacar, como lo harían —más tarde— con las protestas del cabildo de Caracas. Dadas las continuadas diferencias entre los fiscales y la Cámara, y la persistente ambigüedad sobre las consecuencias del blanqueamiento, una interpretación tan errada y exagerada de los objetivos imperiales de seguro no ayudó a la causa de los pardos. No obstante, visto desde otra perspectiva, los pardos habían lanzado un disparo de advertencia: si la Corona abolía las cláusulas de blanqueamiento, ellos tendrían pocas razones para permanecer leales a ella. Es significativo que, aun cuando los funcionarios de la Corona eliminaron efectivamente el blanqueamiento como opción al negarse a fallar sobre las peticiones, el Consejo de Indias nunca rescindió estas cláusulas de las gracias al sacar.

En un giro inesperado, tanto el cabildo de Caracas como el Gremio de los Pardos coincidieron, ambos equivocadamente y por razones diferentes en que la Corona había expedido las cláusulas de blanqueamiento para promover la mezcla entre blancos y pardos. Según la teoría de la conspiración del cabildo, las cláusulas daban poder a los pardos para comprar la blancura, eliminando así los litigios ocasionados por la Pragmática Sanción de 1776 —aplicada en las Indias a partir de 1778—, y permitiéndoles casarse con personas blancas. Según la teoría idealista del Gremio, los pardos esperaban comprar la blancura para disfrutar de los merecidos beneficios —incluyendo el matrimonio con personas blancas— que se habían ganado como vasallos leales y sin los cuales tenían pocos incentivos para servir a la Monarquía. Ensordecedor fue también el silencio del resto de las Américas: ¿conocían siquiera en otros lugares las élites de los pardos la existencia de la opción de blanqueamiento y, si así era, les importaba?

Madrid: primeras aplicaciones y complicaciones en Caracas

Si bien es posible que las respuestas institucionales como las enviadas por el cabildo de Caracas y por el Gremio de los Pardos Libres de la misma ciudad incidieran sobre las opiniones de los fiscales y de la

Cámara, las complicaciones que surgieron de los casos pueden haber tenido, en última instancia, un mayor impacto sobre los posteriores cambios de política. Al otro lado del Atlántico, en junio del mismo año, 1797, la Cámara comenzó a enfrentar las dificultades anticipadas años antes por el fiscal Antonio de Porlier y por el virrey José de Ezpeleta.[15] ¿Qué sucedería, se preguntaron estos funcionarios, si la Corona expidiera un decreto de blanqueamiento y los habitantes locales se negasen a acatarlo? La respuesta fue que la Corona tendría que obligarlos a hacerlo. Irónicamente, en el justo momento en que los ministros de la Cámara se mostraron cada vez más reticentes a conceder las peticiones fueron, a la vez, cada vez más exigentes respecto a que las personas a quienes se había concedido el blanqueamiento se beneficiaran de su nueva condición. A medida que transcurría el tiempo, es posible que los inconvenientes de esta constante acción afirmativa hayan alentado a la Cámara a renunciar a tan polémicas responsabilidades.

Rastrear las quejas de los solicitantes exitosos no solo revela la determinación imperial de hacer valer las cédulas de blanqueamiento, sino que ofrece también una comprensión de aquellos procesos que incidieron sobre si unas gracias al sacar podían o no mejorar la condición de una persona. Dada la oposición al blanqueamiento por parte de la élite caraqueña, no es de sorprender que el primero que regresara en busca de apoyo adicional fuese Diego Mexías Bejarano. Aquel mismo mes de junio de 1797 en el que el Gremio de los Pardos había escrito a Madrid, informó al Consejo de Indias que había presentado su cédula de blanqueamiento a la Real Audiencia de Caracas, pero esta se había negado a aplicarla debido a la "injusta resistencia" del concejo municipal.[16]

Mexías Bejarano negó la acusación del cabildo según la cual había mentido en su petición, al describirse como pardo cuando, en realidad, era mulato. Ofreció pruebas de que, cuando recibió autorización para ejercer la medicina, el concejo municipal lo había clasificado como pardo, de modo que su acusación era infundada. Lo que no sabía era que las afirmaciones contradictorias del cabildo sobre el carácter intercambiable de las categorías de mulato y de pardo en la carta enviada en noviembre de 1796 ya había debilitado su caso. Su petición reflejaba frases del informe del Gremio de los Pardos, pues concluía diciendo: "Fuese enhorabuena mulato, fuese negro, sus acciones han acreditado haber recibido una alma que haría apreciable a un blanco". Pidió al

---

15 Véanse capítulos 6 y 8.
16 Caso 19, Mexías Bejarano, 1789-1801.

Consejo que le entregara un documento "que ponga inmediatamente en ejecución la gracia que le fue concedida".

Mexías Bejarano debió aguardar tres meses, hasta el otoño de 1797, antes de que la Cámara considerara de nuevo asuntos relativos al blanqueamiento. Inexplicablemente, después de una demora de diez días, los ministros enviaron una cédula real al presidente y a la Audiencia de Caracas acerca del caso del "mestizo" y "leopardo" Juan Gabriel Landaeta, primo hermano y cuñado de Diego. Ofreció también algunos comentarios iniciales sobre su reacción a las vehementes protestas remitidas por el cabildo caraqueño el anterior mes de noviembre. Finalmente, respondieron al ruego de Diego Mexías Bejarano respecto a la ejecución de su cédula de blanqueamiento.

El orden en el que la Cámara trató con Landaeta, el cabildo de Caracas y Mexías Bejarano fue inusual. Dada su determinación de evitar inconvenientes, parecería razonable que hubiera considerado primero la política y los asuntos pragmáticos relativos al blanqueamiento y su respuesta al cabildo antes de fallar sobre las peticiones individuales de Landaeta y Mexías Bejarano. No parece que sus decisiones hayan seguido este orden, pues el Consejo de Indias expidió una cédula el viernes 15 de septiembre sobre Landaeta. Dado el tiempo requerido para preparar los documentos, esto significó que, probablemente, la Cámara expidió su veredicto sobre esta petición días, o incluso meses antes, para que apareciera en esta fecha. Al miércoles siguiente, la Cámara elevó una consulta sobre la respuesta que debía dar al concejo municipal de Caracas. Aquí hay un vínculo directo entre sus comentarios respecto al cabildo y su decisión sobre Mexías Bejarano dos días más tarde.

Por qué, después de casi diez años, emitió finalmente la Cámara un veredicto sobre la petición de Juan Gabriel Landaeta sigue siendo un misterio. Debido a las continuas protestas del concejo municipal de Caracas, y a la reticencia de la Audiencia para hacer valer las gracias al sacar, la Cámara pareció mostrarse especialmente sorda a las sensibilidades locales. Es posible que, sencillamente, el fiscal Cistué y Coll estuviera resolviendo asuntos acumulados desde hacía largo tiempo en su despacho, pues las Leyes de Indias prescribían que los ministros manejaran los casos con alguna prontitud.[17] Quizás concluyó que, como su decisión no confería oficialmente la blancura a Landaeta, no

---

17 *Leyes de Indias*, Lib. ii, Tit. v, Ley vi, https://www.boe.es/biblioteca_juridica/abrir_pdf.php?id=PUB-LH-1998-62_1, p. 274.

sería controvertida. De ser así, los acontecimientos futuros habrían de demostrar cuán equivocado estaba.

El decreto de la Cámara resumía lo que había ocurrido anteriormente, e incluía la petición original de Juan Gabriel Landaeta de 1788, donde hacía un recuento del servicio de su familia en las milicias y pedía que sus descendientes pudieran contraer matrimonio con personas blancas y hacerse sacerdotes, las cartas de protesta enviadas por el concejo municipal de Caracas en 1788, y el informe de 1789 remitido por la Audiencia de Caracas acerca de la familia Landaeta.[18] Aun cuando el veredicto apoyaba ostensiblemente a Landaeta, su efecto último no era a su favor, pues su intento de manipular las designaciones de casta y clasificar a su familia como mestiza en lugar de parda se había vuelto en su contra. Recordó que él había insistido en que era "leopardo" y "mestizo", aunque su genealogía y la evidencia del servicio de su familia en la milicia los clasificaban como pardos. Cistué y Coll, simplemente, le tomó la palabra y señaló que, si sus descendientes eran mestizos, no había ley alguna que les prohibiera ordenarse sacerdotes y, por lo tanto, no era necesaria ninguna acción de parte del Consejo de Indias.

Landaeta recibió un tratamiento análogo respecto a la petición de que los miembros de su familia pudieran casarse con personas blancas. El decreto informaba a la Audiencia de que, si eran mestizos, no existiría un "óbice justo y racional" —presuntamente a través de la Pragmática Sanción relativa a los matrimonios— que prohibiera a los Landaeta "enlazarse con cualquier otra familia". Si hubiera una protesta, la presuposición era —puesto que insistían en que eran mestizos— que podían demostrar esta condición y hacer valer "su respectivo derecho en los tribunales".

Aun cuando la Cámara no lo afirmó explícitamente, estaba condonando el *statu quo*. Si los Landaeta intentaban casarse con personas blancas, y no había oposición de los padres que podían acudir a la Pragmática Sanción, la boda podría celebrarse. Si los padres blancos se oponían, y los Landaeta podían demostrar que eran mestizos, entonces quienes desaprobaban el enlace no podrían usar la Pragmática Sanción para impedirlo. Si, por el contrario, la familia podía establecer que los Landaeta eran pardos, esta familia "leoparda" no habría recibido ninguna protección oficial por parte de la Cámara. Aunque —debido a que, en realidad, eran pardos— la parte sustancial del veredicto los perjudicaba, los Landaeta intentarían eventualmente utilizar esta sentencia a su favor.

---

18 Caso 14, Landaeta, 1798.

El miércoles siguiente (20 de septiembre de 1797), la Cámara presentó sus comentarios iniciales respecto a la extensa protesta contra el blanqueamiento enviada por el concejo municipal de Caracas en noviembre del año anterior. La Cámara no se mostró impresionada. Los ministros concluyeron, cosa que no es de sorprender dada la paranoide teoría de la conspiración presentada por el cabildo, que el "principal fundamento" de las protestas se debía a una "mala inteligencia". No, obstante, acordaron considerar el asunto luego en un "pleno del Consejo".[19]

Dos días más tarde, el 22 de septiembre de 1797, la Cámara comenzó a exigir que quienes hubieran recibido cédulas de blanqueamiento en las Américas gozaran de su nueva condición. Sus miembros respondieron una carta enviada por Diego Mexías Bejarano el anterior mes de junio, quejándose de que el cabildo y la Audiencia no acataban su cédula de blanqueamiento. La Cámara rechazó el "pretexto nada fundado" del cabildo, según el cual había concedido el blanqueamiento "suponiendo era pardo y callando fuese mulato".[20] Ordenó que, mientras no hubiera un "nuevo inconveniente legal", la Audiencia debía hacer valer la cédula de blanqueamiento. Esta decisión fue la primera de una serie de ellas, en las que la Cámara intervendría para exigir a los funcionarios de las Américas y a las élites locales que permitieran a los solicitantes exitosos disfrutar los beneficios del blanqueamiento.

¿Qué sugieren estas tres decisiones, si es que lo hacen, sobre el blanqueamiento, adoptadas la misma semana de septiembre de 1797, acerca del desarrollo de una política por parte del Consejo de Indias? En dos de estos casos, la Cámara siguió el precedente burocrático. El veredicto en el caso de Landaeta no constituyó una innovación, pues los ministros siguieron los lineamientos tradicionales, ya que el solicitante no había pedido pasar de pardo a blanco. La Cámara se limitó, sencillamente, a seguir la ley, y aceptó que, si era mestizo, los miembros de su familia podrían ordenarse sacerdotes y casarse con personas blancas. Análogamente, con las quejas de Diego Mexías Bejarano, la Cámara insistió, únicamente, en que los habitantes locales acataran las cédulas reales. Su respuesta a las quejas del cabildo de Caracas fue más ambigua: abrió la posibilidad de que los ministros pudieran ir más allá de su rechazo inmediato de la teoría de la conspiración propuesta por el cabildo y consideraran el impacto de los inconvenientes locales.

---

19 Caso 25, Gutiérrez, 1798. Una nota contenida en el expediente examina esta petición a la luz de la carta enviada por el cabildo de Caracas.
20 Caso 19, Mexías Bejarano, 1805.

La élite de Caracas ataca de nuevo

Del lado americano del Atlántico, no hubo nuevos acontecimientos durante las fiestas y durante siete meses más, aun cuando el descontento respecto al blanqueamiento debió continuar latente. No fue sino hasta abril de 1798 cuando un "cabildo extraordinario" se reunió en Caracas para responder a las cédulas reales expedidas a favor de Diego Mexías Bejarano y Juan Gabriel Landaeta. Los asuntos en torno al blanqueamiento debieron haber sido tema de conversación en todos los estratos de la sociedad caraqueña. Al menos, habían circulado en público reproducciones de la cédula de blanqueamiento de Diego, así como el veredicto sobre los derechos de su primo y cuñado Juan Gabriel como mestizo. Los miembros del cabildo comentaron que habían revisado "copias" no oficiales de los documentos de blanqueamiento que se encontraban "en las manos de muchos".

Aun cuando el cabildo ofreció su habitual "profundo y ciego obedecimiento a los prescriptos soberanos", rechazó la "falsedad monstruosa" de la sugerencia de Juan Gabriel Landaeta, según la cual su familia era mestiza "y no hallarse en toda su ascendencia esclavitud, ilegitimidad ni otra vileza".[21] El concejo municipal esperaba todavía que sus protestas dieran fruto. Sus miembros no sabían que la Cámara había rechazado inicialmente las extensas quejas que había enviado más de un año y medio antes contra la reforma administrativa de los Borbones, la ineficacia de la Audiencia y las nefastas consecuencias del blanqueamiento. Más bien, los regidores municipales rogaron a la Cámara que no hiciera cumplir las cédulas a favor de Diego y Juan Gabriel hasta cuando los ministros hubieran revisado sus informes sobre por qué el blanqueamiento sería disruptivo.

Madrid: peticiones y tensiones

Con la excepción de Venezuela, las cláusulas de blanqueamiento no habían ocasionado una avalancha de peticiones por parte de pardos o mulatos, como tampoco protestas de comunidad alguna a lo largo del imperio. Más sorprendente, sin embargo, fue el número de "grupos" de peticiones que comenzaron a llegar tanto antes como después de 1795,

---

21 Caso 14, Landaeta, 1798.

donde el conocimiento de una de ellas inspiraba otras. Entre estas se encontraron las solicitudes anteriores de los hermanos cubanos Joseph Francisco y Manuel Báez; las de los cirujanos cubanos Báez, Avilés y Cruz y Mena; la del notario panameño Masso, y las de sus protegidos, Paz y Borbúa; las de los primos y cuñados venezolanos Diego Mexías Bejarano y Juan Gabriel Landaeta; y la del padre argentino Olmedo y su hijo adoptivo.[22] Análogas conexiones precipitaron también, en mayo de 1797, la petición del residente de Portobelo, Manuel Antonio Gutiérrez, pues se movía en los mismos círculos que los Ayarza.[23]

El blanqueamiento del nuevo graduado en la universidad, Joseph Ponciano de Ayarza, debió alimentar las esperanzas de Manuel Antonio Gutiérrez, quien confesó que, "desde su pubertad", se había esforzado por tener la "más ajustada conducta".[24] Al igual que Pedro Antonio de Ayarza, se había dedicado inicialmente al "comercio", y luego al cultivo de cacao. Se había ganado el "común aprecio y estimación, principalmente de los superiores de aquella ciudad, y de los sugetos de la maior distinción". Sufría todavía, sin embargo, del "rubor" que su doble defecto causaba a su "muger e hijos", pues era, a la vez, ilegítimo y pardo. Convocó a una falange de testigos de la élite que incluían a dos funcionarios del cabildo, el director de la orden religiosa de San Juan de Dios, un lugarteniente coronel, el lugarteniente gobernador, el gobernador interino, y a una serie de funcionarios reales para que atestiguaran a su favor.

Como sucedió con los Ayarza, las cartas enviadas a favor de Manuel Antonio reflejaron el clima radicalmente más favorable que existía en Panamá frente a la movilidad de los pardos, en especial comparado con el de Venezuela. El funcionario del concejo municipal de Portobelo, don Juan Manuel de Fromesta, escribió con entusiasmo acerca de la "mayor honradez y christiandad" de Manuel Antonio, observó que había dado a sus hijos una "buena educación y crianza", y que frecuentaba los sacramentos. Fromesta utilizó luego las palabras codificadas que confirmaban que era "público y notorio" que sujetos

---

22 Véanse capítulos 5 y 6 para Báez; capítulo 5 para Báez, Avilés, Cruz y Mena, Masso, Paz y Borbúa; capítulos 7 y 8 para Mexías Bejarano y Landaeta; y este mismo capítulo para Olmedo.
23 Véase capítulo 8, donde ambos hombres aparecen juntos como pardos prominentes. AGS, SGU, Leg. 7060, n.º 81, fols. 386-388, 1793. Agradezco a Sergio Paolo Solano este documento.
24 Caso 25, Gutiérrez, 1798, incluye tanto su petición de legitimación como la de blanqueamiento.

"superiores" y personas "de la mayor distinción" aceptaban a Gutiérrez como un par. El alcalde agregó que, cuando hubo escasez en el erario real para abastecer a las tropas y pagar a los oficiales, Gutiérrez había suministrado "varios suplementos" para paliar el problema.

Don Pedro de Arizpe, el administrador del correo —quien había atestiguado también a favor de los Ayarza— se mostró igualmente entusiasmado respecto a Manuel Antonio Gutiérrez. Lo conocía desde hacía veintiocho años, y lo elogió por "una arreglada y escrupulosa conducta". Al igual que los Ayarza, Manuel Antonio socializaba con las élites locales, dado que "personas de la mayor distinción" visitaban su casa; como los Ayarza, atendía habitualmente a gente "que transita" por el istmo. Sus actividades como comerciante y como cultivador de cacao hacían de él uno de los residentes "más útiles".

Puesto que Manuel Antonio solicitó tanto que eliminaran su ilegitimidad como su calidad de pardo, su petición debía satisfacer los criterios cada vez más estrictos de la Cámara para borrar su defecto de nacimiento y los lineamientos aún vacilantes establecidos para eliminar su condición de casta.[25] Presentó una partida de bautismo que reveló que su párroco lo había clasificado en la sección reservada a "gente de color" y como hijo natural, el hijo ilegítimo de padres solteros que no tenían impedimento para casarse.[26] Aunque su madre lo reconoció al nacer, su padre era desconocido. Cuando Manuel Antonio tenía catorce años, don Bartolomé Gutiérrez Castañeda regresó para reconocerlo oficialmente. Como Manuel Antonio había tomado el apellido de su padre, parece probable que hubiera al menos algún contacto informal entre ellos desde su nacimiento.

Cuando el fiscal Cistué y Coll revisó, al mes siguiente, en junio de 1798, la petición de Manuel Antonio observó con aprobación que esta satisfacía los criterios para la legitimación, pues sus padres eran solteros y su padre luego lo reconoció. En un cambio inexplicable de su habitual posición negativa, sugirió que las "particulares circunstancias y méritos" del solicitante justificaban asimismo poner fin a su "calidad de pardo", aunque debería pagar cada favor por separado.

Unos pocos días más tarde, la Cámara aceptó la recomendación de Cistué y Coll sobre la legitimación. No obstante, los ministros se mostraron ahora cautelosos: decidieron separar la petición de blan-

---

25 Twinam, *Public*, 262-286, rastrea cómo desarrolló la Cámara criterios más estrictos para las legitimaciones.
26 Caso 25, Gutiérrez, 1798.

queamiento para considerar "si conviene o no abrir la mano fácilmente a estas instancias". Este fue un primer indicio de un cambio en la actitud de la Cámara, y de que sus ministros podrían estar arrepintiéndose de su propensión a aprobar las peticiones de blanqueamiento.

Esta incertidumbre sobre sus políticas podría explicar por qué la petición de Manuel Antonio Gutiérrez permaneció sin respuesta en el despacho de la Cámara durante todo el verano. Para septiembre de 1798, los funcionarios seguían los procedimientos tradicionales cuando no estaban seguros; rebuscaban de nuevo en los archivos para hallar orientación. El secretario para el Perú informó de manera algo extraña, "al no haber otro expediente en esta secretaría ni en la de Nueva España que trate este asunto". Una ausencia semejante pudo deberse a que los funcionarios habían reunido con anterioridad las peticiones de blanqueamiento para revisarlas, pues la Cámara ordenó entonces al secretario "agréguese" este expediente a los otros para "consulta". Entretanto, aun cuando ahora estaba legitimado, Gutiérrez aguardaba en vano un fallo sobre blanqueamiento. La celeridad con la que los funcionarios habían concedido el blanqueamiento a los primeros solicitantes, como a los Valenzuela, al aprobar su petición en algunos meses, había dado paso a la práctica de postergarlas.

Habrían de transcurrir seis meses más, hasta marzo de 1799, antes de que la Cámara y los fiscales se reunieran con el Consejo de Indias en pleno para discutir cómo debían responder a las peticiones de blanqueamiento. Solo existen algunos indicios de lo que ocurrió en unas enigmáticas referencias contenidas en un documento posterior.[27] Al parecer, continuaron los enfrentamientos entre la Cámara y los abogados de la Corona. Los fiscales Cistué y Coll y Posada seguían insatisfechos con la facilidad con la que la Cámara los desautorizaba y aprobaba el blanqueamiento. El Consejo de Indias tomó partido por los abogados de la Corona, y expidió una inusual amonestación a sus colegas de la Cámara. En lo sucesivo, el Consejo esperaba "la circunspección y madurez de la Cámara, que no accederá a dispensas ni habilitaciones que no recaigan sobre servicios y motivos justos y calificados, y en términos que no sean de temer aquellos inconvenientes". Únicamente los casos futuros habrían de revelar si esta reprimenda apaciguó la propensión de la Cámara a apoyar la concesión de la blancura.

---

27 Caso 26, Yáñez, AGI, 1800; Caso 26, Yáñez, RC, 1800.

El problema del don

En el mismo mes de marzo de 1799, aparecieron de nuevo algunos nombres conocidos, al parecer en relación con la inquietud de los fiscales y del Consejo de Indias acerca de los inconvenientes adicionales que podrían ocasionar los blanqueamientos. Los hermanos Valenzuela —los primeros pardos que recibieron el blanqueamiento oficial— enviaron una nueva petición, esta vez para comprar el título de don.[28] Aun cuando no ofrecieron detalles acerca de su situación, esta segunda petición sugiere que no estaban satisfechos con su condición. A pesar de que no hubo protestas de las élites antioqueñas por el blanqueamiento de los hermanos, una confirmación oficial de que eran "dones" borraría cualquier duda sobre su condición de blancos. Su solicitud se conjugó con las quejas anteriores de Diego Mexías Bejarano para establecer el precedente de que los solicitantes acudieran repetidamente a Madrid para pedir cédulas o intervenciones ulteriores.

Los Valenzuela no eran los únicos que deseaban usar el título de don.[29] Solicitantes previos, entre ellos Manuel Báez y Pedro Antonio de Ayarza, habían incluido también la adquisición de este título en su lista de deseos, aunque la Cámara, sencillamente, ignoró sus peticiones. Si bien las gracias al sacar de 1795 incluían esta opción, la petición

---

28 Caso 20, Valenzuela, 1796.
29 Tres grupos solicitaron autorización para utilizar el título de don. Los notarios públicos pedían autorización oficial para firmar sus nombres anteponiendo el don. Puesto que dos de ellos presentaron su petición antes de 1795, es posible que hayan establecido el precedente para que una compra de esta índole apareciera en las gracias al sacar. Nueve notarios presentaron peticiones similares después de 1795. El segundo grupo incluía personas que, sencillamente, pedían autorización para usar el título de don. De estas, dos pidieron el favor antes de 1795 y tres, después. Las peticiones más complicadas provenían de pardos y mulatos, pues el uso del título confirmaba de automáticamente la blancura. Antes de 1795, Manuel Báez la incluyó en su lista de deseos, al igual que las Almeyda, quienes se quejaron de no recibir este saludo respetuoso. Caso 9, Báez y Llerena, 1773; Caso 9, Báez y Llerena, 1787; Caso 15, Almeyda, 1792. Después de 1795, los Mexías Bejarano, Valenzuela y Ayarza se ofrecieron específicamente a pagar el precio más alto para obtener el don que estaba enumerado en el arancel. Caso 19, Mexías Bejarano, 1789-1801; Caso 19, Mexías Bejarano, RC, 1796; Caso 20, Valenzuela, 1796; Caso 22, Ayarza, 1803. Yáñez pidió que su esposa fuese confirmada como doña, pero no se ofreció a pagar. Caso 26, Yáñez, AGI, 1800, Caso 26, Yáñez, RC, 1800. Por lo tanto, cinco pardos, implícita o directamente, solicitaron el título de don. Al menos dos más, Luis Joseph de Paz y Manuel Caballero Carranza, disfrutaban ya de este título cuando enviaron su petición. Caso 13, Paz, 1786; Caso 38, Caballero Carranza, 1808.

de los Valenzuela sería la primera respecto a la cual Madrid falló sobre si la adición de este título honorífico pudiera ofrecer otro camino a los pardos para convertirse en blancos.

La cláusula de las gracias al sacar que permitía comprar el título de don suscitó un incómodo dilema para la Cámara, pues existía una desconexión transatlántica en la manera en que los españoles veían el título en España y cómo lo utilizaban los americanos en las Indias. Como explicó el fiscal Cistué y Coll, en la península "don" era "un título honorífico del que en lo antiguo gozaban los caballeros [...] y en el día se lo permite el uso de él a los nobles". Dado que "se les acababa de dispensar la calidad de pardos" a los Valenzuela, se mostró fuertemente reacio a "igualarlos con los nobles". Recomendó que la Cámara rechazara su petición.[30] Aunque desconocemos el veredicto, probablemente fue negativo.

El uso diferencial del título de don en España y en América se evidenció de manera aún más conspicua cuando el venezolano don Nicolás Francisco Yáñez solicitó, también en marzo de 1799, que su esposa parda María Nicolasa y sus seis hijos pudieran ser "doñas" y "dones". Sorprende que su esposa ya estuviera pasando visiblemente por blanca, pues aparecía invariablemente en los documentos como doña. Aun así, la solicitud pedía que recibiera el mismo tratamiento del que ya gozaba en los documentos.

A diferencia de la mayor parte de las peticiones en las cuales hombres blancos intentaban utilizar su condición y servicio a la Corona para obtener el blanqueamiento de sus esposas pardas, Doña María Nicolasa era —al menos desde la perspectiva de la élite— una suerte de heroína digna del favor por derecho propio. Había mostrado su lealtad a la Corona en tiempos de crisis. Su marido se ausentó al comienzo de la Rebelión de Coro en 1795, en la cual esclavos, negros libres y mulatos lucharon por abolir la esclavitud. Ella había contribuido activamente a sofocar la rebelión, al suministrar "pólvora" y "balas" para la defensa de la ciudad, así como "tres fusiles, una escopeta, una espada y un sable" a "varios hombres que estaban desarmados".[31] Ofreció una casa para encarcelar a los rebeldes, así como "luz, tabaco, agua y demás socorros" a los guardias. Había iluminado la calle durante veinte días al frente del arsenal para "desterrar las sombras sospechosas".

---

30 Caso 20, Valenzuela, 1796.
31 Caso 26, Yáñez, AGI, 1800; Caso 26, Yáñez, RC, 1800.

Cuando don Nicolás regresó a casa, contribuyó también a poner fin a la rebelión. Ayudó a construir un afuste, pagó un cañón y suministró "pólvora, balas, metralla, lanadas, sacatrapos, atacadores y demás adminículos". Aun cuando se ofreció de voluntario para manejar los cañones, pues había sido un artillero en la armada, el comandante de Coro lo envió más bien a construir y, eventualmente, comandar un fuerte. La petición de la pareja incluía una recomendación particularmente impresionante, enviada al Consejo de Indias, en la que se solicitaba que, "a la expresada doña María Nicolasa [...] se le concediese el tratamiento de don [doña] considerándola blanca".

El Consejo de Indias apoyó el otorgamiento de una recompensa para doña María Nicolasa, pues, en junio de 1798, había expedido una orden real mandando a la Cámara "que se atienda a Yáñez en sus pretensiones". No obstante, cuando don Nicolás remitió finalmente su petición, ahora solicitaba no solo que su esposa, sino sus seis hijos legítimos, recibieran el título honorífico. Al revisar el caso en octubre de 1799, Cistué y Coll ejerció cierta cautela: recomendó que la Cámara postergara cualquier decisión, pues aún no había recibido los documentos que sustentaban la solicitud.

No solo Cistué y Coll, sino también la Cámara, parecían ahora más dispuestos a proceder con mayor discreción. Los comentarios internos revelan que, al mes siguiente, en noviembre de 1799, cuando la Cámara revisó los documentos que confirmaban el servicio prestado por doña María Nicolasa, incluían asimismo "el expediente promovido por el Ayuntamiento de Caracas sobre los perjuicios que causan en aquellas Provincias las gracias de esta clase". Si bien inicialmente la Cámara había desechado las protestas del concejo municipal como resultado de "mala inteligencia", ahora se mostraba más receptiva a los inconvenientes asociados con el blanqueamiento. Es posible que la reprimenda del Consejo de Indias en pleno, enviada siete meses antes, la motivara a actuar con mayor cautela.

El fiscal Cistué y Coll se encontraba en una posición difícil. Debía sopesar el fallo emitido por el Consejo de Indias en 1798, según el cual la Cámara debía conceder a María Nicolasa el título de doña contra la reunión de marzo de 1799, en la que el Consejo había amonestado a la Cámara por otorgar blanqueamientos con facilidad. Esto puede explicar por qué tardó ocho meses en realizar su informe, hasta comienzos de agosto de 1799. Por primera vez, tomó explícitamente en cuenta las protestas del cabildo de Caracas contra los veredictos de blanqueamiento, pues citó su informe de 1796 sobre los "inconvenientes de gravedad" causados por las gracias al sacar. Concluyó que ni doña María Nicolasa, ni sus hijos, debían recibir cédulas de blanqueamiento.

Cistué y Coll se ocupó luego de si con la concesión del "distintivo de don se ofrecen iguales tropiezos". Recordó que el título, en "lo antiguo", se refería a los "Reyes, Infantes y Prelados", aunque, con el transcurso del tiempo, los "Nobles de Aragón", así como los "Caballeros e hijosdalgo", gozaron también de este honor. Sin duda, debido a su servicio en las Américas, reconocía que "don" tenía allí un significado diferente, pues "viene a ser el distintivo de los españoles blancos" comparado con "las diferentes castas de vasallos de color". Fue por esta razón, combinada con la orden real de que "se atienda a Yáñez", que finalmente recomendó a la Cámara conceder a María Nicolasa el título de doña, aunque ignoró el pedido de que los hijos de la pareja recibieran estos mismos títulos.

Es interesante considerar por qué el fiscal Cistué y Coll se negó a otorgar a doña María Nicolasa el favor menor, el del blanqueamiento, pero accedió a darle el título de doña. Quizás no deseaba crear precedentes adicionales en los cuales se eliminaba el defecto a los pardos; tal vez, tenía el interés político de seguir la recomendación específica del Consejo de Indias al respecto. Puesto que doña María Nicolasa ya gozaba del título —al menos en los documentos— es posible que accediera a la petición al estar solo confirmando el *statu quo*.

Aun cuando la Cámara coincidió con Cistué y Coll, nunca emitió la cédula oficial. Un garabato manuscrito en el margen del documento señala que, después haber aprobado los ministros la petición, "no haberla solicitado el interesante". Quizás doña María Nicolasa no prosiguió con la petición debido a circunstancias personales, porque el decreto no mejoraba de manera efectiva su condición, o porque la Cámara se había negado a extender el favor y conceder los títulos a sus hijos.

GRACIAS AL SACAR: LA VERSIÓN DE 1801

Transcurrió casi un año sin que el Consejo y la Cámara de Indias o los fiscales recibieran nuevas peticiones, peticiones reiteradas, ni quejas de pardos que ya hubieran recibido el blanqueamiento y pedían la intervención real para gozar de su condición. Aun así, la continuada falta de coordinación en el gobierno imperial entre quienes manejaban el dinero y quienes adoptaban las políticas se evidenció de nuevo el 3 de agosto de 1801, cuando funcionarios de la Contaduría General actuaron de nuevo. Expidieron unas nuevas gracias al sacar con precios más altos.[32]

Como la introducción a la versión de 1801 señala que los administradores de la Contaduría consultaron a la Cámara de Indias los nuevos precios, pareciera lógico que hubiesen discutido con ella las revisiones relacionadas con el blanqueamiento. El cambio más radical, considerando el origen casi accidental de las cláusulas y los inconvenientes resultantes, podría haber sido eliminarlas. Es probable que el hacerlo hubiera precipitado perturbaciones adicionales, pues el Gremio de los Pardos Libres de Caracas había amenazado con que el retiro de las opciones de movilidad llevaría a pardos y mulatos a poner en duda su fidelidad a la Corona.[33]

Otra opción, que sin duda hubieran favorecido los fiscales Cistué y Coll y Posada y Soto, dadas las opiniones expresadas en sus consultas, habría sido reformular las cláusulas. Un nuevo arancel podría haber limitado el blanqueamiento, convirtiéndolo en una excepción individual para que algunos pardos ejercieran ciertas profesiones, como las de cirujano o notario, sin extender el beneficio a sucesivas generaciones. Otra posibilidad habría sido mejorarlas, al eliminar la cláusula que concedía el blanqueamiento a quinterones por ochocientos reales. Nadie enviaría jamás una petición amparada por esta disposición, pues era menos costoso comprar el blanqueamiento por quinientos reales alegando la calidad de pardo. Tampoco entusiasmó a los funcionarios reales la compra del título de don, otra opción que posiblemente valía la pena eliminar. Una reforma aún más evidente habría sido un significativo aumento del arancel, de manera que los blanqueamientos se aproximaran más al precio por eliminar otros defectos, tales como las legitimaciones, haciendo que el costo fuese más proporcionado al beneficio.

¿Hubo alguna lógica en la forma en que los funcionarios de la Contaduría General revisaron las gracias al sacar? Una comparación de los precios revela que, básicamente, tomaron el arancel de 1795 y lo ajustaron en un promedio del 37% en la versión de 1801.[34] El incre-

---

32 RC, Doc. 22, 1801.
33 Véase capítulo 9.
34 Añadiendo todos los cargos posibles que podían pagarse en las gracias al sacar de 1795 y de 1801 se revela que el aumento promedio total fue del 25,6%. Parece que los funcionarios los redondearon hacia arriba o hacia abajo: por ejemplo, mil doscientos reales en lugar de mil doscientos siete.

mento porcentual de diversos tipos de legitimación, por ejemplo (hijo natural para ejercer como notario, hijo natural, sacrílegos/adúlteros), oscilaba entre el 30 y el 36%.[35] Los blanqueamientos aumentaron levemente, pues la nueva lista cobraba a los pardos setecientos en lugar de quinientos reales, esto es, el 40%, y a los quinterones mil cien en lugar de ochocientos reales, esto es, un incremento del 38%. Dado que una simple legitimación, según el nuevo listado, costaba cinco mil cuatrocientos reales, el precio revisado de setecientos reales por el blanqueamiento de un pardo seguía siendo excepcionalmente económico.

¿Por qué, entonces, cuando los fiscales de la Corona, la Cámara, las élites de Caracas, e incluso los solicitantes pardos admitieron que los precios del blanqueamiento eran desproporcionados comparados con el precio de otras gracias al sacar y, más aún, comparado con el beneficio ofrecido, la Contaduría no aumentó al menos su costo? Una posible explicación es que los funcionarios planearon un incremento uniforme de los precios de las gracias al sacar y, por lo tanto, llegaron mecánicamente a estas sumas. Esta suposición, sin embargo, no parece válida, pues, al menos en una instancia, los burócratas aumentaron sustancialmente los precios. Utilizaron el costo como arma para desalentar la conformación de mayorazgos en las Américas.

La compra del derecho a establecer mayorazgos, que permitía a las élites evadir la ley española de herencia, era otro de los favores de las gracias al sacar. En lugar de dividir sus bienes equitativamente entre sus herederos, un mayorazgo le permitía al legatario reunir sus propiedades y favorecer de forma significativa al sucesor que designara.[36] Si bien las gracias al sacar de 1795 cobraban ocho mil ochocientos reales por el privilegio de evadir la ley de herencia, la revisión de 1801 incrementó sustancialmente el precio a veinte mil reales (el 127%). No sabemos por qué, si los funcionarios estaban dispuestos a usar los precios para modificar la política de los mayorazgos, ignoraron las quejas por el blanqueamiento. Quizás los fiscales o la Cámara habían omitido mencionar el problema a la Contaduría. Esto pudo deberse a

---

35 RC, Doc. 7, 1795; RC, Doc. 22, 1801. Hijos naturales (hijos de padres solteros que habrían podido casarse) que deseaban ejercer como notarios, encontraron que los honorarios habían subido de cuatro mil cuatrocientos a seis mil reales (36%), el precio de la legitimación de hijos naturales pasó de cuatro mil a cinco mil cuatrocientos reales (35%), y el de los adúlteros, de diecinueve mil ochocientos a veinticinco mil ochocientos reales (30%).
36 Twinam, *Public*, 218-228, discute la ley de propiedad.

su incompetencia, o incluso a la indiferencia, pues no habían recibido peticiones de blanqueamiento durante un año.

Aunque es posible que el Consejo y la Cámara se hubieran desentendido de la elaboración de los precios del blanqueamiento de las gracias al sacar de 1801, dedicaron sus esfuerzos, por el contrario, a hacerlos valer. Dos meses después de la expedición del arancel, el 24 de octubre de 1801, la Cámara tuvo otra vez noticias de los primos Diego Mexías Bejarano y Juan Gabriel Landaeta, pues el cabildo de Caracas aún se negaba a aceptar su nueva condición. El Consejo expidió cédulas individuales en las que revisaba los casos de estas dos personas, y ordenó, tanto a los funcionarios locales como a los vasallos de las Américas, que "guarden, cumplan y ejecuten lo dispuesto en dichas mis Reales Cédulas".[37]

Lima no es Caracas

Los ministros del Consejo no solo insistieron en que los "vasallos" acataran las órdenes reales respecto al blanqueamiento, sino que defendieron con vehemencia sus propias prerrogativas. No dudaron en castigar a algunos funcionarios reales si creían que las habían usurpado. Una información acerca de estos posibles intentos proviene del Perú, donde —contrariamente a lo que sucedió en otros casos en los que las personas enviaban peticiones en su propio nombre— el virrey Gabriel de Avilés (1801-1806) parece haber tomado la iniciativa de pedir el blanqueamiento del cirujano pardo José Manuel Valdés para que pudiera obtener el título de médico en la Universidad de San Marcos. Lamentablemente, los documentos se han extraviado; solo queda un índice descriptivo que enumera los casos provenientes de Perú, complementado por fuentes secundarias.[38]

Los archivos cuentan dos historias diferentes. El índice del archivo revela que el Consejo de Indias recibió, en 1802, un documento acerca de "la dispensa de la calidad de pardo concedida por el virrey de Lima

---

37 Caso 19, Mexías Bejarano, 1805.
38 Caso 27, Valdés, 1802. Véase una discusión acerca de estos índices en el capítulo 1. Las listas manuscritas de los índices de los casos de las gracias al sacar del Perú presentan un inventario de expedientes remitidos al Consejo de Indias a lo largo de 1821. El problema es que alguien reubicó los documentos fechados después de 1799 en un lugar desconocido, por lo cual solo quedan los índices.

a José Manuel Valdés, profesor de cirugía de dicha ciudad". Debido a la ausencia del documento, no queda claro si el virrey, de hecho, declaró que José Manuel era blanco o si, como sugieren algunas fuentes secundarias, había despachado una resolución en la cual, él mismo, la Audiencia y el concejo municipal solicitaron a la Cámara que declarara blanco al cirujano.

Cualquiera que fuese la realidad, el Consejo de Indias, celoso de sus privilegios, se negó acérrimamente a permitir la intervención de funcionarios imperiales en las gracias al sacar. Ya desde agosto de 1797, la Cámara había observado que los administradores de las Indias y de las Filipinas habían intentado usar el arancel de 1795 como guía para cobrar y conceder algunos de los favores indicados en ella. El Consejo los refrenó de inmediato, al señalar que el arancel estaba destinado "únicamente a dar noticia" de los diferentes costos de las concesiones, pues únicamente la Cámara podía otorgar dichos favores.[39] Solo ella podía "calificar el mérito y circunstancias de los solicitantes". No es de sorprender, entonces, que un comentario manuscrito sobre el índice del caso de Valdés anotara que el derecho "que el conceder o negar las gracias a sacar es privativo de la Cámara".[40]

Entonces, ¿qué estaba sucediendo? Comprender los antecedentes de este célebre médico pardo explica por qué el virrey y las élites locales habrían podido dar el paso extraordinario de apoyar su blanqueamiento. Ofrece, además, una comprensión de aquellos procesos que generaron respuestas radicalmente diferentes a la opción de blanqueamiento en las Indias. Mientras que el presidente, la Audiencia, y el consejo municipal de Caracas se opusieron radicalmente al blanqueamiento de Diego Mexías Bejarano, o el virrey de Bogotá, José de Ezpeleta, temía los inconvenientes de conceder tal favor a Joseph Ponciano de Ayarza, en Lima, el virrey, la Audiencia y el cabildo promovieron activamente el blanqueamiento de José Manuel Valdés.

En años posteriores, la biografía de este estimado médico limeño se asemejaría a la de otros prodigios de las Indias, como sor Juana Inés de la Cruz, quien, durante los primeros años de su vida manifestó talentos extraordinarios.[41] Este no parecía ser el destino previsible del niño José Manuel, nacido en 1767 como hijo ilegítimo de una mulata llamada María y de un indígena de nombre Baltasar. Inscrito en

---

39 RC, Doc. 18, 1797.
40 Caso 27, Valdés, 1802.
41 Paz y Kirk ofrecen introducciones.

la escuela primaria a la edad de tres años, para cuando José Manuel cumplió cinco, su profesor concluyó que, por ser un niño tan precoz, necesitaba una educación avanzada. Tuvo la suerte de recibir el apoyo de una pareja sin hijos que pagó su educación, incluyendo la matrícula en el Colegio de San Ildefonso.

Las perspectivas laborales de José Manuel eran limitadas, pues afectaban "al que llevase en el color de su rostro el estigma de la esclavitud".[42] Aprendió latín para ejercer como aprendiz de cirujano latino pues, aun cuando su talento le habría permitido ser médico y recibir un doctorado de la universidad, la legislación real le impedía recibir estos títulos. Sin embargo, a la edad de veinticinco años, obtuvo una licencia especial del Protomedicato para ejercer la medicina.

Fue otro mentor, el distinguido médico limeño Hipólito Unanue, quien promovió la carrera del joven José Manuel. Aunque Unanue ejercía en "todas las grandes casas" de la capital, al parecer no sentía "gran gusto" en atender pacientes.[43] Introdujo a José Manuel en los círculos de la élite, proclamando célebremente que, cuando se enfrentaba a un caso difícil, aconsejaba a sus pacientes: "llamen a José Manuel para que venga a hacer aquí sus brujerías". A medida que florecía su práctica, José Manuel sostuvo a su madre y a su hermana y, eventualmente, a la anciana viuda de la pareja que había pagado su educación. Aprendió por su cuenta a leer en francés, italiano e inglés, y reunió una importante biblioteca médica. Los residentes de Lima se habituaron a verlo salir a sus visitas médicas con las ventanas del carruaje cerradas, para poder leer sin ser interrumpido. Así fue como lo retrató un acuarelista de la época, y como aparece ahora en anverso de la primera portadilla de esta monografía, el único solicitante del blanqueamiento de quien existe un retrato identificable.[44]

Al ser José Manuel "tan estimado en Lima", el virrey, la Audiencia, y el consejo municipal le habían —como sugiere el índice— concedido activamente el blanqueamiento, o bien —como sugieren fuentes secundarias— firmado una resolución pidiendo a la Cámara que expidiera la cédula correspondiente. Puesto que no disponemos de los documentos, resulta difícil determinar cuál fue la respuesta inmediata del fiscal Cistué y Coll o de la Cámara. Lo más probable, dado que

---

42 Lavalle, 2.
43 *Ibid.*, 5.
44 Ades, 84, 85. La acuarela original se encuentra en el Museo de Arte de Lima. Agradezco la autorización concedida para reproducirla.

José Manuel habría de aparecer nuevamente, fue que la Cámara solicitara una petición oficial con los documentos requeridos antes de dar una respuesta.

La situación de José Manuel subraya no solo que los funcionarios imperiales, sino las élites locales de las Indias podían manifestar actitudes radicalmente diferentes frente al blanqueamiento. El ambiente que prevalecía en Lima hizo posible que un talentoso joven pardo recibiera suficiente educación como para ejercer la medicina, obtuviera el patronazgo de un mentor blanco y, además —una vez que su habilidad se hizo evidente—, tuviera una clientela de miembros de la élite. Las instituciones limeñas, de manera activa y entusiasta, apoyaron su blanqueamiento.

El destino de José Manuel Valdés en Lima contrasta agudamente con aquel que enfrentó Diego Mexías Bejarano en Caracas. En dicha ciudad, el cabildo dirigió sus invectivas contra el blanqueamiento casi exclusivamente en contra de él y de su primo Juan Gabriel Landaeta, omitiendo a otros venezolanos que habían solicitado o recibido también cédulas de blanqueamiento. Cuando Diego ejerció como cirujano, las élites denigraron sus capacidades e intentaron limitar su práctica, al sugerir que había para entonces suficientes practicantes blancos y no era necesario autorizar la práctica a los pardos.[45] Quizás una de las pocas cosas que tenían en común los cirujanos pardos José Manuel Valdés y Diego Mexías Bejarano fue que sus casos habrían de aparecer de nuevo ante los ministros en Madrid.

No solo desde Perú, sino también desde Guatemala, comenzaron a surgir voces de las instituciones en favor de la movilidad de los pardos. En octubre de 1802, José Antonio Goicoechea, el provincial de la orden de los franciscanos, envió una carta de presentación y un informe que —años más tarde— habría de alentar al Consejo de Indias a aclarar la política de blanqueamiento. Dirigida al poderoso don Joseph Antonio Caballero, el canciller, el provincial Goicoechea envió una misiva acerca de "la necesidad de ennoblecer hasta cierto grado los mulatos y zambos de estos reynos".[46] Confesó que, "tocando [...] los setenta años y a la orilla del sepulcro", no estaba tentado a pedir favores para sí mismo. Más bien, "el motivo que me impele y anima no es otro que la urgente necesidad de tanto infeliz que clama por remedio

---

45 Caso 19, Mexías Bejarano, 1805.
46 AGI, Guatemala 919, sin n.º, 1802. Agradezco a Laura Matthew esta carta de presentación, que acompañaba la petición formal.

y no encuentra quién lleve al trono sus lamentos". Agregó que, como tenía "noticias exactas" de la "integridad, celo y religión" del canciller Caballero, habría sido "gran pesadumbre de no haber aprovechado ocasión tan oportuna".

Goicoechea ofreció un recuento detallado de un paisaje de discriminación en Guatemala que se asemejaba sorprendentemente al de Venezuela. Las élites consideraban a "mulatos y zambos" personas "viles y despreciables", a pesar de "tener las prendas más excelentes".[47] Si bien no había ningún "impedimento canónico" para que ingresaran al sacerdocio y a los monasterios, estas instituciones les negaban el permiso de hacerlo, como lo hacía también la universidad. El franciscano ofreció una interpretación más contemporánea de por qué las castas sufrían una condición tan despreciada. A diferencia de los funcionarios reales y de las élites, que afirmaban constantemente que la condición inferior de pardos y mulatos provenía de un defecto de naturaleza, concluyó "que el color decide aquí, en su mayor parte, la nobleza".[48]

Goicoechea describió de manera conmovedora los perniciosos efectos de esta discriminación sobre dos jóvenes conocidos suyos. Benito Sáez era un "organista estupendo" que deseaba hacer sus votos religiosos, pero enfrentaba el rechazo por la presunta "infamia [...] al ver un mulato en los altares".[49] José María Cabrejo descubrió que, después de tres años de estudios en la universidad, a raíz de una "secreta pesquisa" sobre sus antepasados, se le había negado el grado. Fue en respuesta a la "amargura" de este último como, afirma el franciscano, "le prometí a hacer curso a Vuestra Majestad, hablando en su favor".

Si bien Goicoechea esperaba promover las carreras de sus dos jóvenes protegidos, no pedía su blanqueamiento. Aun cuando no mencionó directamente las gracias al sacar, desechó la práctica de conceder excepciones individuales a la discriminación. Explicó que si un mulato, "a costa de repetidos esfuerzos", conseguía un éxito suficiente para que el rey lo "habilite y ennoblezca", el único resultado sería que "el favorecido para sentir aún más grave el peso de la infamia que el vulgo le atribuye, porque ridiculizan en ellos este tipo de gracias".[50] Concluyó que tales "eceptivas" solo "afirman la regla contraria y autorizan la ignominia de todos los mulatos".

---

47 Matthew, "Por qué", 161-170, comenta y reproduce el informe de Goicoechea.
48 *Ibid.*, 166.
49 *Ibid.*, 168-169.
50 *Ibid.*, 164.

Goicoechea proponía, más bien, que el Consejo promoviera una transformación más amplia y radical: el rey debería expedir un decreto que permitiera a pardos y mulatos "contraer enlace con gente española de la común nobleza", ser "aptos para obtener grados de la Real Universidad, y ser admitidos en el Clero y las Comunidades Religiosas".[51] Prometió que, si tuviesen "la opción para distinguirse", serían dignos de "maiores empleos y honores", lo cual llevaría al "arreglo de sus costumbres". Mientras su carta viajaba al otro lado del Atlántico a fines de 1802, no podía imaginarse lo que estaba iniciando. Al año siguiente, el canciller Caballero ordenó al Consejo de Indias que investigara las recomendaciones de Goicoechea, lo cual llevó eventualmente a amplias consultas en 1806 y 1808, en las que se reconsideraría la condición de pardos y mulatos dentro del imperio.

Conclusiones

De 1796 a 1802, el Consejo de Indias concedió el blanqueamiento al estudiante universitario de Bogotá Joseph Ponciano de Ayarza y al cubano Joseph María Cowley, rechazó al solicitante de Córdoba Pedro de Olmedo, admitió la petición del "leopardo" venezolano Juan Gabriel Landaeta, pospuso el veredicto sobre la petición del panameño Manuel Antonio Gutiérrez, concedió a la matrona venezolana María Nicolasa Yáñez el título de doña, y solicitó información adicional sobre el caso del cirujano limeño José Manuel Valdés. Si hubo una época en la que los ministros del Consejo de Indias hubieran podido desarrollar una política coherente de blanqueamiento, habría podido ser esta. A tal mezcla se agregó la estabilidad y continuidad en el cargo de los fiscales José de Cistué y Coll y Ramón de Posada y Soto, quienes dirigían los respectivos despachos de Perú y Nueva España.

Personas ajenas interesadas habrían podido observar positivamente que el Consejo de Indias parecía estar formulando una política clara y avanzaba con diligencia en la decisión de los casos de blanqueamiento. No obstante, la visión de alguien cercano sugiere una historia diferente. Por el contrario, los continuos desacuerdos entre los fiscales y la Cámara acerca de las políticas, la sostenida oposición de Venezuela

---

51 *Ibid.*, 170.

y la imposibilidad de los solicitantes a la blancura de disfrutar de sus codiciados beneficios siguieron ocasionando inconvenientes.

Cuando los fiscales Posada y Soto y Cistué y Coll redactaron sus consultas sobre las peticiones de blanqueamiento, comenzaron a expresar opiniones análogas. Ambos coincidían en que tales favores no debían invalidar la legislación de Indias, en el caso de Ayarza, por ejemplo, al permitir a los pardos graduarse de la universidad. En sus comentarios sobre Cowley, Posada y Soto sugirió que el Consejo debía otorgar el blanqueamiento únicamente para conceder una excepción específica, por oposición a una general. Se quejó de que el precio del blanqueamiento era excesivamente modesto, y agregó que el beneficio debía pertenecer únicamente a la persona. El fiscal Cistué y Coll secundó a su colega cuando observó, en la petición de Olmedo, que el costo era desproporcionado comparado con el beneficio.

La respuesta de la Cámara fue desconocer los comentarios de los abogados de la Corona y desautorizar sus recomendaciones, pues procedió a conceder el blanqueamiento a Ayarza y a Cowley, aun cuando aceptaron su opinión negativa sobre los Olmedo. Los fiscales y la Cámara no parecían hallar bases para un acuerdo. Cuando Cistué y Coll, inexplicablemente, sugirió que el blanqueamiento de Manuel Antonio Gutiérrez podría ser una decisión apropiada, la Cámara procedió luego a desautorizarlo y, más bien, se negó a emitir un veredicto. Esta discordia resultó en una inusual confrontación en 1799, cuando el Consejo de Indias en pleno apoyó a los fiscales y reprobó los juicios de los miembros de la Cámara.

Debido a un contratiempo semejante, ni los abogados de la Corona, ni la Cámara, dieron muestras de que les interesara arriesgar sus reputaciones mediante innovaciones burocráticas. Si bien Cistué y Coll y la Cámara confirmaron ambos el título ansiado por María Nicolasa Yáñez, lo hicieron por recomendación directa del Consejo de Indias. Cuando los documentos remitidos del Perú para el blanqueamiento de José Manuel Valdés no siguieron el procedimiento establecido, los ministros postergaron el caso. Quizás aún más desalentador para las esperanzas futuras de los solicitantes al blanqueamiento fue que las múltiples quejas del consejo municipal de Caracas comenzaron a figurar finalmente en la toma de decisiones. Aunque el Consejo de Indias había rechazado rotundamente sus argumentos, a partir de la petición de Yáñez, la Cámara reconoció por primera vez las particulares dificultades relacionadas con los solicitantes al blanqueamiento que provenían de Venezuela.

Ruegos posteriores de parte de solicitantes exitosos frenaron aún más cualquier inclinación que hubieran tenido los funcionarios reales a promover las gracias al sacar. Según el mandato de que los vasallos debían obedecer las leyes, el Consejo de Indias se sintió obligado a expedir órdenes adicionales y exigir acatamiento cuando Diego Mexías Bejarano se quejó en 1797 y de nuevo en 1801 —esta segunda vez junto con su primo "leopardo" Juan Gabriel Landaeta— de que el cabildo de Caracas no aceptaba su cambio de condición. Igualmente perturbadora fue una nueva petición de los Valenzuela, los primeros en recibir el blanqueamiento, quienes ahora regresaban a pedir el título de don.

Mientras el blanqueamiento de las gracias al sacar entraba en su séptimo año, los inconvenientes de decidir los casos, responder a las protestas y aplicar los decretos comenzaron a pasar factura. La segunda promulgación del arancel de las gracias al sacar en 1801 no resolvió los asuntos que ocasionaban discordia. Si bien la lista revisada elevaba el precio del blanqueamiento en conjunción con el de otros favores, no aumentó el precio en proporción al presunto beneficio.

Como era de esperar, los habitantes de Caracas no permanecieron en silencio. La carta del Gremio de los Pardos Libres evidenciaba niveles análogos de ideas equivocadas que la misiva anterior del cabildo de la ciudad. Mientras las castas ponían el énfasis en su lealtad a la Corona, amenazaban implícitamente con retirar su apoyo si no contaban con la prometida movilidad de las cláusulas de blanqueamiento. El concejo municipal de Caracas continuó manifestando su oposición en general, como también su particular rechazo a aceptar las cédulas reales que conferían el blanqueamiento a Diego Mexías Bejarano y confirmaban los privilegios de su primo "leopardo" Juan Gabriel Landaeta.

Los últimos meses de 1802 resultaron significativos. En octubre, el provincial de los franciscanos en Guatemala, José Antonio Goicoechea, envió un informe donde suplicaba que se hicieran reformas al canciller Joseph Antonio Caballero, quien lo remitió al Consejo de Indias. Aquel mismo mes, José de Cistué y Coll se retiró después de ocupar el cargo de abogado de la Corona para el Perú durante veinticuatro años.[52] Su partida puso fin a un importante período de estabilidad en el cargo de fiscal, así como a las políticas elaboradas con su colega Ramón de Posada y Soto.

---

52 Burkholder, *Biographical*, 29, 30.

Mientras la Cámara aguardaba al sucesor de Cistué y Coll, Posada y Soto adelantó la política de blanqueamiento elaborada por este par de fiscales, que limitaba el favor a la persona, y únicamente para excepciones ocupacionales. Al menos esto fue lo que descubrió Domingo Arévalo, un cirujano pardo del hospital militar de Caracas, cuando llegó su cédula real de Madrid. Aun cuando pensó que había pedido la blancura completa, encontró que la cédula limitaba este favor para "el efecto de que usted pueda ejercer la cirugía".[53] Dada la celeridad con la que respondían habitualmente los solicitantes cuando la Cámara no satisfacía sus peticiones, Arévalo habría de reaparecer en el futuro.

Cuando envió una nueva petición, Posada y Soto ya no ocupaba el cargo de fiscal pues, en febrero de 1803, recibió una promoción y fue nombrado ministro del Consejo de Indias.[54] Por primera vez desde 1717, no había ningún fiscal que leyera los documentos que llegaban de las Américas y preparara recomendaciones para la Cámara.[55] La reforma de los Borbones que nombraba ministros con experiencia en las Indias en el Consejo y en la Cámara, comenzó a presentar graves fallas, llevando a demoras en la elaboración de políticas y afectando la eficacia del gobierno. Entre sus víctimas potenciales se encontró el blanqueamiento de las gracias al sacar.

---

53 Caso 28, Arévalo, 1802; Caso 28, Arévalo, 1802-1803.
54 Burkholder, *Biographical*, 100-102.
55 Véase Anexo B.

Capítulo 10
Desenlaces, 1803-1806

> "Que si las dispensas de calidad a los mulatos llegaban a generalizarse, no tardará mucho en verse confundido y desorganizado el orden político [...] de que negarles toda esperanza de adelantamiento y estimación atraería igualmente funestas consecuencias".[1]
>
> Manuel de Guevara y Vasconcelos,
> gobernador y capitán general de Caracas, diciembre de 1803[2]

Introducción

Los años de 1803 a 1806 supusieron desenlaces tanto para el Consejo de Indias, como para las élites venezolanas y los pardos y mulatos. Con el retiro de José de Cistué y Coll y la promoción de Ramón de Posada y Soto, el Consejo no habría de estar nunca más provisto por completo de dos fiscales, uno para los asuntos del Perú y otro para los de Nueva España. La reforma de los Borbones llevaría a tardanzas en las respuestas y a una continuada confusión sobre las políticas a seguir. Aun cuando el Consejo de Indias continuó insistiendo en que quienes habían recibido la blancura gozaran de los privilegios atinentes a ella, los ministros vacilaron y se mostraron cada vez más cautelosos en la expedición de nuevas cédulas.

---

1 Aureliano, 149-150, reproduce la carta del gobernador que se cita en la consulta de 1806. Véase capítulo 11. RAH-ML, T. 77 (reproducido en Konetzke, vol. 3, n. 370, 1806, y RC, Doc. 31).
2 Henige, 345.

Las élites venezolanas habrían de continuar con su selectiva oposición al blanqueamiento, despotricando contra Diego Mexías Bejarano y Juan Gabriel Landaeta, aun cuando se mantuvieran conspicuamente silenciosas sobre otras personas que habían recibido gracias al sacar. La institucionalidad de Caracas —la Audiencia, la universidad y el obispo— se congregaron en un frente unido para protestar contra el blanqueamiento. El Consejo de Indias condenó severamente sus objeciones y exigió el acatamiento pleno e inmediato de las cédulas reales. Más tarde, los ministros suavizarían un poco su censura, al sugerir que el blanqueamiento podría limitarse a unas pocas personas y no igualaría a mulatos y blancos.

En estos días hubo gran frustración para pardos y mulatos. Quienes habían recibido la blancura luchaban por gozar de los privilegios de los blancos; quienes entonces la solicitaban se enfrentaron a demoras e incertidumbres. Aun así, hubo cierto impulso a su favor. En respuesta al informe del franciscano guatemalteco José Antonio Goicoechea, el canciller Joseph Antonio Caballero ordenó al Consejo de Indias pensar de nuevo la política de discriminación institucionalizada en contra de las castas. Las quejas y ruegos de quienes se oponían al blanqueamiento y de quienes lo apoyaban continuaron ofreciendo una comprensión excepcional de los permanentes debates sobre los procesos de inclusión y exclusión dentro del imperio.

La oficina del fiscal bajo presión

La mayor parte de estos conflictos estaban todavía en el futuro cuando, en 1803, el recientemente nombrado Ambrosio Cerdán y Pontero viajó de Guatemala a Veracruz para abordar un barco hacia España, donde debía reemplazar a José de Cistué y Coll como fiscal para el Perú. En su caso, golpeó la tragedia.[3] Sucumbió a una epidemia de fiebre amarilla que asoló el puerto. Durante seis meses, de marzo a septiembre de 1803, el Consejo de Indias aguardó en vano su llegada, pues no había abogados de la Corona que pudieran analizar los documentos provenientes de las Américas. Este fue el comienzo de una nueva y ominosa tendencia: entre los fallecimientos súbitos y la tardanza en la llegada de los nuevos nombramientos, el Consejo de Indias nunca estaría de nuevo completa-

---

3   Burkholder, *Biographical*, 28-29.

mente provisto del personal necesario, con dos fiscales que se dividieran los asuntos entre Nueva España y Perú.[4]

Los ministros del Consejo se vieron entonces obligados a desempeñar ambas tareas y asumir las responsabilidades adicionales de los abogados de la Corona. Fue solo en septiembre de 1803 cuando Lorenzo Serapio Hernández de Alva Alonso recorrió las mismas calles infestadas de pestilencia de Veracruz y llegó para asumir el despacho de la Nueva España.[5] Dos años y medio más tarde, murió súbitamente de un infarto cerebral. Los ministros se encontraron de nuevo con la responsabilidad de ser abogados de la Corona durante veinte meses, hasta cuando José Lucas de Gorvea y Vadillo viajó desde Buenos Aires para ocupar el cargo de fiscal para el Perú.[6] Un año y ocho meses más tarde falleció, dejando a los ministros con cinco meses más de doble trabajo antes de que Manuel del Castillo y Negrete viajara a través del Atlántico, asediado por la guerra, para ocupar el cargo de fiscal para la Nueva España.[7] Llegó en marzo de 1810, en el momento en que el sur de España caía ante la invasión de las tropas napoleónicas.

Indudablemente, las vacantes en los despachos de los fiscales afectaron el funcionamiento del gobierno imperial en todos los ámbitos. Como para los funcionarios reales la expedición de cédulas de blanqueamiento era un aspecto menor de sus responsabilidades, rastrear una política de blanqueamiento después de 1803 continúa siendo un caso de estudio en gobernanza, o, más precisamente, en ausencia de ella. En los años de la decadencia del imperio español, la reforma de los Borbones, que exigía ministros con experiencia en las Indias en el Consejo, perturbó la competencia y eficacia del gobierno, pues no ofreció continuidad a su personal ni el pronto despacho de los asuntos del imperio.

Incluso cuando se lo incitaba a hacerlo, el Consejo de Indias se abstuvo de actuar. En la primavera de 1803, el canciller don Joseph Antonio Caballero respondió afirmativamente a la carta enviada el otoño anterior por Goicoechea, el provincial de los franciscanos, en la que se lamentaba de la discriminación que sufrían talentosos pardos guatemaltecos en particular y las castas en general.[8] Cuando don Joseph

---

4   Véase Anexo B.
5   Burkholder, *Biographical*, 55-58.
6   *Ibid.*, 51-53.
7   *Ibid.*, 23-25.
8   AGI, Guatemala 919, sin n.º, 1803. Agradezco a Laura Matthew esta referencia. Véase capítulo 9.

escribió al Consejo, extendió específicamente su cobertura geográfica, sugiriendo la posibilidad de "honrar hasta cierto grado los mulatos y zambos de aquel reyno y de todos los de Indias".

Don Joseph admitió que la situación prevaleciente era "muy funesta al Estado", así como para la "perfección de las artes, y a la educación y costumbres" de las castas. Suscribió la propuesta de Goicoechea de igualar a pardos y mulatos con "la clase común de los españoles", permitiéndoles "contraer matrimonio" con blancos, "obtener grados en las universidades, aspirar al sacerdocio, entrar en los claustros y tener opción para distinguirse, hacerse acreedores a empleos y honores". Remitió una orden real el 3 de abril de 1803, en la que exigió al Consejo de Indias reunirse en pleno para considerar "tan grave asunto" y para que "le consulte". Su carta indicaba que influyentes funcionarios podrían estar dispuestos a considerar una importante movilidad de castas.

La respuesta del Consejo de Indias fue un prevaricato burocrático. Aun cuando los ministros, en efecto, se reunieron el mes siguiente, el 24 de mayo de 1803, y ordenaron una consulta sobre la condición de pardos y mulatos, el proceso se pospuso, posiblemente debido a que los despachos de ambos fiscales estaban vacantes.[9] Algunos garabatos en los documentos oficiales revelaron que el Consejo eventualmente envió la carta del guatemalteco y la orden del canciller a Contaduría General en el despacho del Perú. Ordenaron a los funcionarios analizar cuáles serían las posibles repercusiones financieras sobre el tesoro si las castas, en lo sucesivo, no se vieran obligadas a pagar tributos.[10]

Más de un año después, los documentos languidecían. El 4 de septiembre de 1804, el secretario para el Perú hizo una sugerente adición. "Unir el expediente" que trataba de la oposición de la Universidad de Caracas "a admitir en sus aulas a un hijo de Diego Mexías Bejarano, de la calidad de pardo", con la correspondencia de Goicoechea y la orden del canciller de revisar las políticas sobre las castas. Un comentario lateral anotaba que el documento de Mexías Bejarano era "muy voluminoso", y que había enviado todo el paquete completo al despacho del secretario para la Nueva España. Un garabato posterior revela un juego de *ping-pong* administrativo en el cual los funcionarios remitieron luego la creciente pila de documentos de nuevo al secretario para el Perú.

---

9 Véase Anexo B.
10 AGI, Guatemala 919, sin n.º, 1803, muestra garabatos oficiales que revelan el flujo de documentos. Agradezco a Laura Matthew esta referencia.

En algún momento, el Consejo de Indias debió finalmente nombrar a un ministro para revisar los documentos y redactar una consulta. No obstante, dada la adición, por parte del secretario de Perú, de los papeles de Diego Mexías Bejarano a la carta de Goicoechea y a la orden del canciller, el informe resultante tendría entonces un enfoque doble y modificado. No solo contemplaba la propuesta original del guatemalteco de promover la movilidad de pardos y mulatos, sino que examinaba también los expedientes de blanqueamiento para reconsiderar las gracias al sacar. Entretanto, los funcionarios aguardaban la consulta ordenada que, presuntamente, estaba "pendiente", pero que solo llegó en julio de 1806.

Respuestas locales a los decretos de blanqueamiento

Entretanto, en América, la menguada competencia del gobierno imperial influyó, no solo en la vida de quienes esperaban obtener la blancura, sino también en la de quienes ya la habían recibido. Esta tensión se hizo particularmente evidente cuando las personas que habían obtenido recientemente el blanqueamiento intentaron determinar si sus cédulas podrían ser algo más que bonitos documentos para ufanarse ante sus familias, amigos y vecinos. Las élites locales tenían también decisiones por tomar: ¿aceptarían esta movilidad social? Los funcionarios reales debían considerar, a su vez, qué hacer si los receptores de las gracias al sacar se enfrentaban a la oposición local.

Uno de los primeros en probar qué podría lograr una cédula de blanqueamiento fue Diego Mexías Bejarano. Habían transcurrido ya dieciséis años desde aquel septiembre de 1787 cuando había visitado por primera vez su parroquia de Altagracia para reunir copias de las partidas de bautismo de su familia e incluirlas en su petición de blanqueamiento. Para marzo de 1803, estaba finalmente preparado para cumplir el sueño de la familia, que su hijo Diego Lorenzo Mexías Bejarano pudiera asistir a la universidad y ordenarse sacerdote. Envió a su apoderado, Antonio Viso, para que recordara a la Audiencia de Caracas que el rey hubo "de dispensar [...] la calidad de pardo" a su cliente.[11]

Viso no solo citó la cédula original de blanqueamiento de julio de 1796, sino el seguimiento de octubre de 1801, que desechaba las quejas

---

11 Caso 19, Mexías Bejarano, 1805.

del cabildo de Caracas y confirmaba la nueva condición de Diego. Pidió a la Audiencia que remitiera copias de estos documentos al concejo municipal de Caracas, al obispo y al rector de la universidad. Es de presumir que Diego esperaba que esta jugada preventiva pudiera allanar el camino para que su hijo asistiera a clases sin dificultad. Incluso si los fiscales de Madrid y la Cámara habían vacilado y no determinaron con claridad si el blanqueamiento pasaba de padres a hijos, en Caracas Diego no abrigaba tal incertidumbre. Tampoco lo hacía el capitán Antonio Landaeta, sobrino de Diego e hijo del "leopardo" Juan Gabriel Landaeta. Unos pocos meses más tarde, pidió también a la Audiencia que confirmara que la cédula expedida a su padre se transmitía también a "los descendientes".[12]

En Bogotá, Joseph Ponciano de Ayarza, quien había recibido recientemente el blanqueamiento, comenzó también a probar la eficacia de las gracias al sacar. Se había graduado en la universidad y estaba en su segundo año de practicante para ser abogado cuando, en la primavera de 1802, surgió una controversia dentro de la comunidad jurídica. Los dos "abogados más antiguos" de Bogotá estaban en desacuerdo sobre el efecto de dicho blanqueamiento.[13] ¿Le permitía únicamente graduarse en la universidad o lo autorizaba también para ser abogado? Un lado argumentaba que no era una "consequencia precisa" que quienes detentaran títulos universitarios siguieran "la carrera de abogado cuando son muchos los que se gradúan y no la emprenden", mientras que otros apoyaron su aspiración.

El fiscal de la Corona de la Audiencia falló a favor de los Ayarza. Determinó que la "arreglada conducta" de Joseph Ponciano y el "mérito de su padre", así como la "real clemencia" que le habían permitido graduarse eran probablemente suficientes para que fuese abogado. Agregó, no obstante, que como faltaban aún dos años para que Joseph Ponciano tomara los exámenes correspondientes, sería mejor que "Su Magestad aclare su real intención". Este modesto cuestionamiento —con las importantes excepciones de los múltiples estallidos venezolanos— fue el único caso en el que las élites locales pusieron en duda los efectos del blanqueamiento ante el Consejo de Indias.

Joseph Ponciano no fue el único Ayarza cuyas cartas cruzaron el Atlántico en 1802. En octubre, su padre, había enviado otra petición a la Cámara de Indias. Admitió que sus dos hijos menores, Pedro Crisó-

---

12 Caso 19, Mexías Bejarano, 1804. El documento no tiene fecha, pero la Audiencia respondió en julio de 1803, así que tuvo que ser antes de ese mes.
13 Caso 22, Ayarza, 1803. Véase también comentarios en Uribe, 517-549.

logo y Antonio Nicanor, habían completado ya el "curso de filosofía" en la universidad, aun cuando no habían podido graduarse "por la falta de la real gracia de Vuestra Majestad".

Al parecer, después de que la Cámara negó su blanqueamiento en 1797, Pedro Antonio había continuado enviando peticiones adicionales para sí mismo y para sus dos hijos menores. Algo contritamente señaló que, aunque "dirigí mi petición por duplicado [...] parece que todas han perecido en manos de los enemigos". La segunda petición de Pedro Antonio detallaba sus servicios adicionales al rey, incluyendo sus más de veintiocho años como capitán de la milicia de los pardos. En dos ocasiones había subsidiado las tropas de Portobelo cuando las provisiones no llegaron y no había dinero en el tesoro, pues los piratas ingleses habían secuestrado el subsidio proveniente de Lima. Nunca había recibido un salario del Estado.

Pedro Antonio incluyó un ruego especial de padre a padre, pidiendo al monarca que evocara sus roles compartidos como progenitores. Sus hijos, dijo con entusiasmo, "han sabido honrar las canas de su padre" y, por lo tanto, merecían su "paternal amor". Pidió al rey que simpatizara con "los sentimientos de un padre reconvenido por sus dos hijos menores". Puesto que "como para el mayor solicité la real gracia de Vuestra Majestad", rogaba que sus "dos hijos menores" recibieran igual favor, pues "han correspondido a los deseos de su padre". En esta ocasión, el fiscal de la Corona y el virrey de Bogotá remitieron el paquete a España sin comentarios.

Como el 9 de julio de 1803 no había un fiscal para la Nueva España y tampoco para el Perú, resulta imposible determinar quién evaluó las peticiones de los Ayarza. La consulta incluyó el comentario inusual de que se trataba de un "ministro", en lugar de la anotación habitual de que un "fiscal" la había redactado. La recomendación a la Cámara dividió el caso de Ayarza en tres partes: los problemas que enfrentaba Joseph Ponciano en Bogotá, el grado de los hijos menores y la petición de Pedro Antonio para obtener el título de "don".

Los Ayarza recibieron las mejores noticias respecto a Joseph Ponciano. El ministro admitió que la cédula que ponía fin a su calidad de pardo debía llevar la plena fuerza de la ley. Recomendó que la Cámara ordenara que Joseph Ponciano recibiera autorización para ejercer como abogado, y que, si había pagado el "servicio [...] en el último arancel", podía comprar el título de "don". Tal decisión fue consistente con la insistencia de la Cámara, según la cual quienes borraban su defecto deberían gozar de todas las prerrogativas de la blancura.

La generosidad de este anónimo ministro, sin embargo, no se extendió al resto de los Ayarza. Si bien señaló con aprobación la "conducta" y "aprovechamiento" de los estudiantes Pedro Crisólogo y Antonio Nicanor, no recomendó que recibieran títulos universitarios. Concluyó, más bien, que estaban en "edad de emprender otra carrera y los conocimientos que han tomado pueden servirles en qualquiera otro destino". Luego pasó a extender esta decisión particular sobre los Ayarza para que incluyera a todos los pardos, argumentando que no debían ser abogados, dado que las ocupaciones en agricultura y comercio eran "más análogos a su condición y de maior utilidad privada y pública".

La negativa del ministro incluyó asimismo a Pedro Antonio de Ayarza pues, aun cuando reconoció el mandato de reciprocidad, no encontraba que el servicio adicional prestado al Estado fuese impresionante. Incluso si merecía algún elogio, "se pueden remunerar de otro modo". Reprobó especialmente el deseo de Pedro Antonio de comprar el título de "don", quejándose de que por peticiones semejantes "se confundan las castas con los blancos".

Cuando se reunió la Cámara a fines de julio de 1803 para considerar las recomendaciones del ministro, continuó sugiriendo políticas más generosas que aquellas recomendadas en la consulta. No solo coincidieron en que Joseph Ponciano tenía derecho a ser abogado, sino que decidieron que no era necesario que comprara el título de "don". Una vez que aprobara sus exámenes jurídicos, los miembros creían que, como abogado, merecía el título automáticamente, pues sería una "consecuencia lógica que podría usar el distintivo de don".

A los miembros de la Cámara les preocupaba también las repercusiones familiares del blanqueamiento: la "disonancia" que podría resultar del hecho que los "hermanos se hallan en tan diversos estados de calidad". Recomendaron que la Corona permitiera a los dos hermanos pagar los setecientos reales cada uno y recibieran el blanqueamiento. Al mes siguiente, la Cámara recibió una amonestación, pues si bien el rey apoyó el fallo sobre Joseph Ponciano, "no vengo en lo demás que se propone". No solo los fiscales anteriores, sino ahora también el rey, parecieron dispuestos a detener toda aprobación de las peticiones de blanqueamiento.

No sería hasta septiembre de 1803 cuando llegó finalmente a Madrid el nuevo fiscal para Nueva España, Lorenzo Serapio Hernández de Alva Alonso, y comenzó a despachar los documentos que se habían acumulado durante seis meses debido a la ausencia de fiscales de las Corona.[14] A fines del mes envió una opinión a la Cámara respecto de la nueva petición de Domingo Arévalo, un cirujano del hospital militar de Caracas. El año anterior, el fiscal saliente Posada y Soto le había concedido el blanqueamiento únicamente por razones ocupacionales, siguiendo la política desarrollada con su colega el fiscal Cistué y Coll.

El apoderado de Arévalo en Madrid protestó por la forma en que estaba redactada la cédula, al señalar que su cliente contaba ya con una dispensa del Protomedicato para ejercer en Caracas.[15] No había solicitado el blanqueamiento por razones ocupacionales. Por el contrario, deseaba gozar de los mismos privilegios concedidos a Diego Mexías Bejarano y a Juan Gabriel Landaeta, que permitían a sus familias hacer votos religiosos y casarse con personas blancas.

La petición especificaba que Arévalo deseaba tal "dispensación personal" no solo para sí mismo, sino también para sus cuatro hermanas.[16] Confesó que era de particular importancia que María de la Concepción y Petronila recibieran el blanqueamiento, pues todavía eran "solteras". Presumiblemente, un fallo favorable les permitiría casarse con blancos, eludiendo las prohibiciones de la Pragmática Sanción referente a los matrimonios. La segunda petición de Arévalo incluyó asimismo el registro militar de su padre, quien había servido en las milicias de los pardos, así como la copia de una orden real que le otorgaba una medalla de distinción.

El fiscal recientemente posesionado Hernández de Alva Alonso debió haber revisado casos anteriores de blanqueamiento, así como las protestas contra ellos antes de emitir su opinión, pues recordó a la Cámara precedentes pertinentes. Comentó que el padre de Juan Gabriel Landaeta había servido durante cincuenta y dos años en las milicias de los pardos en Caracas, mientras que el padre de Domingo Arévalo únicamente había servido treinta y cinco. Concluyó que, "si esto fuera título" para obtener tales favores, "innumerables pardos" resultarían ser candidatos aptos para blanqueamiento. Esto llevaría a una "confusión de las clases" así como a los "perjuicios que el

---

14 Burkholder, *Biographical*, 56.
15 RC, 1, 353, señala que una cédula real (julio 14, 1777) autorizó al protomedicato de Caracas que permitiera a los curanderos de color ejercer si demostraban la habilidad necesaria, dada la falta de cirujanos. Esta puede ser la razón por la cual Domingo Arévalo no necesitó pedir una dispensa para ejercer.
16 Caso 28, Arévalo, 1802-1803.

Ayuntamiento de Caracas ha reclamado con tanto vigor y empeño". Asimismo, afirmaba que "no había motivo" para fallar favorablemente ante la segunda petición de Arévalo. Si bien los funcionarios imperiales habían rechazado inicialmente las protestas del cabildo de Caracas por infundadas, con el transcurso del tiempo comenzaron a incluir sus quejas en los veredictos. El temor a los "inconvenientes" comenzó entonces a pesar más que el mandato de reciprocidad.

Detalles inusuales del caso de Arévalo revelan que únicamente dos miembros de la Cámara, el conde de Pozos Dulces y el ministro Fernando José Mangino, reflexionaron sobre las recomendaciones del fiscal Hernández de Alva Alonso. Ambos habían ocupado cargos en las Américas, el conde durante más de una década en Perú y Mangino durante dos décadas en Nueva España.[17] Al parecer, esta experiencia de las Indias no los llevó a asumir una actitud conservadora frente al blanqueamiento. Continuaron con las inclinaciones más liberales de sus colegas de la Cámara pues optaron, una vez más, por rechazar la opinión del fiscal. Decidieron, entonces, conceder a Arévalo las "mismas gracias" que a los Landaeta siempre y cuando pagara el "servicio correspondiente".[18]

Este veredicto demostró que los funcionarios de la Cámara no habían consultado los precedentes, y tampoco estaban familiarizados con las particularidades del caso de Landaeta. El fiscal Cistué y Coll, esencialmente, no había dado nada a Landaeta y no le cobró nada. Recordemos que Landaeta se había identificado a sí mismo como "leopardo" y falsamente como "mestizo" y afirmó que no tenía orígenes esclavos.[19] Si la familia fuera mestiza, tendría derecho a ordenarse como sacerdote y a casarse con blancos y no necesitaría dispensa alguna. El fiscal Cistué y Coll le había dicho a Landaeta, básicamente, que intentara hacer valer sus derechos, pues podía hacerlo. Landaeta tampoco había pagado por la cédula resultante. Aun así, parece que la Corona apoyó el veredicto de la Cámara de conceder un favor igual a Arévalo, o al menos este regresaría después a reclamar sus privilegios como blanco.

---

17 Burkholder, *Biographical*, 64-65, para el conde de Pozos Dulces; y 75-76, para Mangino.
18 Caso 28, Arévalo, 1802-1803.
19 Véase capítulo 7.

Poniendo a prueba el blanqueamiento

Mientras los ministros del Consejo disentían sobre el blanqueamiento y lo que este significaba, al otro lado del Atlántico, quienes habían recibido las cédulas de blanqueamiento intentaron hacer valer sus derechos. Para algunos, esto incluía la apropiación automática del codiciado título de "don". El mismo mes de septiembre de 1803, "don" Diego Lorenzo Mexías Bejarano escribió al rector de la Universidad de Caracas.[20] Se refirió a la cédula de blanqueamiento expedida a su padre, Diego, y a "toda su familia", y señaló que la Audiencia había remitido copias de ella al cabildo, al obispo y a la universidad. Observó que las clases de la universidad comenzarían pronto, y pedía autorización para presentar los exámenes de admisión para poder matricularse.

Diez días más tarde, Diego Lorenzo ya no se daba a sí mismo el título de "don" cuando escribió de nuevo al rector de la universidad. Sin duda, su reticencia obedeció a que, entretanto, la facultad se había reunido y había decidido no permitirle inscribirse en las clases. Si bien Diego Lorenzo manifestó su esperanza de que reconsiderara la decisión, ahora ejercía su "opción" de pedir "testimonio" de lo que había ocurrido en dicha reunión, para poder responder.

En octubre de 1803, tanto Diego Mexías Bejarano como la Universidad de Caracas se dedicaron a redactar cartas a la Corona acerca de la posible matrícula de Diego Lorenzo. Irónicamente, tanto Diego como los profesores de la universidad basaban su caso en el mandato de acatar los decretos reales. Diego se refirió a su cédula de blanqueamiento; los profesores citaron las ordenanzas que prohibían a mulatos y pardos el ingreso a la educación superior.

La carta de Diego recordó que el rey había expedido las cédulas reales en julio de 1796, septiembre de 1797 y octubre de 1801, dispensándolo de todos los "efectos civiles" de ser pardo, y extendiendo el favor a sus descendientes. Señaló que la cédula tenía "las claras y terminantes expresiones" que permitían a sus hijos "entrar en religión, llevar hábitos clericales y ascender al sacerdocio". No obstante, cuando solicitó a la universidad autorización para que su hijo Diego Lorenzo presentara los exámenes de admisión en latín y se inscribiera, el rector se había negado. Diego confesó que la "inesperada repulsa" había sido "vivamente sensible", por la "vergonzosa humillación", que

---

20 Caso 19, Mexías Bejarano, 1805.

ocasionó, en especial debido "los fines tan vivos como honestos" de su hijo para ingresar al sacerdocio.

Diego admitió que no sabía qué información planeaba enviar la universidad a Madrid, ni por qué había decidido "desconocer por esta vez la autoridad suprema de Vuestra Majestad". Su único remedio era "postrarse de nuevo a los pies de Vuestra Majestad", protestando que no había razón para la universidad "ni repulsar de los estudios a su hijo". Pidió una orden que permitiera a Diego Lorenzo presentar los exámenes de admisión e ingresar en la universidad. Esto era de particular importancia, recordó, "no habiendo en el país otros estudios que los de la predicha universidad".

Inserta en la petición de Diego está la sugestiva insinuación de que algunos pardos de Caracas hubieran comenzado a coordinar sus estrategias. Su objetivo era fusionar la calidad de pardo con la de mestizo para gozar de los beneficios superiores de esta última. Diego, al menos, señaló que su familia no era la única de Caracas que había recibido el favor real, pues Domingo Arévalo "acaba de declarar" que él "y los demás de su clase de *mestizos* tienen expresa habilitación en las leyes de estas Indias para recibir los sagrados órdenes" (itálicas mías). Diego agregó que la Corona había expedido "igual declaratoria" en 1801 respecto a la "solicitud de Juan Gabriel Landaeta", quien también se había calificado de mestizo, aunque omitió mencionar que Landaeta era su primo hermano y cuñado. Concluyó que, puesto que se encontraba en el "mismo grado y circunstancias" de Arévalo y Landaeta, había incluso mayor razón para que su hijo "disfrutase de un beneficio que los augustos predecesores de Vuestra Majestad quisieron hacer extensivo a todos sus vasallos de semejantes circunstancias".

La carta de Diego evidenciaba asimismo una nueva inquietud acerca del blanqueamiento, debida, sin duda, a las vituperantes protestas del cabildo contra las gracias al sacar, así como al dolor sufrido por el rechazo de su hijo por parte de la facultad de la universidad. Ya no bastaba con tener una cédula real que concediera el blanqueamiento; ahora era importante no padecer discriminación al realizar actividades de los blancos. Por esta razón, Diego pidió al rey que ordenara a los profesores tratar a sus hijos "como a los demás escolares, sin agraviarlos, calumniarlos ni ofenderles por la accidental diferencia de su color".

Debido a que Diego, así como los profesores de la Universidad de Caracas, firmaron sus respectivas cartas el 20 de octubre de 1803, es posible que sus respuestas hayan viajado en el mismo barco hacia España. Al parecer varios profesores habían participado en la respuesta al Consejo de Indias, pues una versión más apasionada, extensa y beligerante permaneció sin enviar en el archivo de la universidad. En lugar de esta mandaron una respuesta más legalista.[21]

La universidad se negó a aceptar las consecuencias de la cédula de blanqueamiento, pues la facultad todavía describía a Diego Mexías Bejarano como un "pardo libre". La primera carta de su hijo buscando la admisión los había enfurecido aún más, pues habían denunciado que Diego Lorenzo "disimulándole" y "dándose el tratamiento de don que se acostumbra entre personas blancas de estimación". La facultad señaló que tanto la ley como la costumbre social prohibía a los pardos el ingreso en la universidad. Numerosas leyes y decretos reales exigían que los estudiantes demostraran "legitimidad y limpieza", y "reiterados mandatos" del rey insistían en su "puntualísima observancia".

Un argumento fundamental de los profesores, previamente suscrito por los miembros del cabildo, era el tema de la proximidad social. La facultad señaló que los blancos no estarían dispuestos a demeritar su condición por la cercanía física y asociación con pardos. Los estudiantes no tolerarían la admisión de las castas, pues "han de tener a lo menos ladearse" con ellos, especialmente "a las horas de estudio". Más bien que sufrir una posible pérdida de su propia condición, los estudiantes blancos "abandonarán las clases".

Los profesores señalaron deliberadamente que las consecuencias de esta huida de los blancos habían conducido ya al deplorable estado de los estudios médicos en la universidad, pues "los estudiantes no querían aplicarse a estudiarla". Esta decadencia se debía al número de "mulatos y negros" que, aun cuando no se habían graduado en la universidad, ejercían como cirujanos y sanadores. Concluyeron rogando al rey "reprehender" a Diego Lorenzo, no solo por su falso uso del título de "don", sino por fingir que ya no era un pardo. Pedían, con "toda sumisión, veneración y respeto" al rey "conservar a esta universidad".

Mientras las cartas de Diego Mexías Bejarano y de la Universidad de Caracas viajaban hacia oriente, en Madrid el fiscal Hernández de Alva Alonso y la Cámara comenzaron a considerar otra petición de blanqueamiento (23 de noviembre de 1803). Como sucedió en varios otros casos, existía un vínculo específico entre el solicitante y peticiones anteriores. En 1767, el panameño Juan Evaristo de Jesús Borbúa había pedido una dispensa para ejercer como notario a pesar de su cali-

---

21 *Ibid.* reproduce ambas cartas.

dad de pardo. Como señalamos anteriormente, su petición se convirtió en punto de referencia, pues fue la primera vez que el fiscal Cistué y Coll relacionó el defecto de ser pardo con la compra de la blancura y la denominó una gracias al sacar.[22] Ahora, treinta y seis años más tarde, el hijo del panameño, Matías Joseph, pedía la blancura completa.[23] Para entonces, su padre había fallecido, pero la ocupación de su hijo como escribiente sugiere que había recibido la tutoría de su padre notario.

La petición de Matías Joseph revela cómo la adquisición de habilidades codiciadas, así como la transferencia a otra localidad, podían promover la movilidad social y ocupacional. Confesó que, cuando tenía diecinueve años, se había mudado de la casa de su familia en Portobelo a Ciudad de Panamá, donde ejercía como escribiente en el despacho del gobernador. Había obtenido numerosas promociones y, por entonces, trabajaba como funcionario en el "oficio primero" de la casa de la aduana real. Aunque reconoció que este era un empleo que "debe traer alguna distinción", ni su "conducta y arregladas operaciones, ni los destinos de que se ha hecho digno" habían podido borrar su "calidad de pardo". Y esto aun cuando el sacerdote no lo había designado oficialmente como pardo en su partida de bautismo. Pedía que "se le dispense de dicha calidad de pardo... y [ser] reputado y estimado por persona blanca".

El fiscal Hernández de Alva Alonso se mostró abiertamente hostil por las discrepancias que halló en la petición de Matías Joseph. Observó, de manera algo sarcástica, que el panameño no podía siquiera establecer que era pardo, dado que esta designación no aparecía en su partida de bautizo. Tampoco los testigos que daban fe de sus "buenas costumbres" mencionaban tal calidad. Puesto que Matías Joseph no había explicado en su petición que su padre pardo, décadas antes, había solicitado a la Cámara y obtenido de ella una excepción para ejercer como notario, el fiscal se preguntó abiertamente cómo "su padre entró al oficio de escribano". Cuestionó por qué los "oficiales reales de Panamá" habían permitido a su hijo ocupar un cargo en la burocracia local. Recomendó que la Cámara enviara una orden al gobernador de Panamá, pidiéndole que informara "sobre la verdadera calidad de dicho Borbua", con el fin de proceder con "perfecto conocimiento".

Mientras en décadas anteriores los miembros de la Cámara habían pedido habitualmente a los funcionarios de las Indias información adi-

---

22 Véase capítulo 5.
23 Caso 29, Borbúa, 1803.

cional respecto a casos como los de los Landaeta y los Ayarza, ahora se mostraron indiferentes. Decidieron: "no ha lugar por ahora". Incluso si la Cámara carecía de una política coherente al aprobar algunas peticiones y negar otras, permanecía firme en su disposición a desautorizar las recomendaciones de sus fiscales.

Interpretaciones alternativas: obispo y gobernador

A la semana siguiente, del lado americano del Atlántico, uno de los últimos miembros de las instituciones de Caracas que no había protestado contra la opción de blanqueamiento, entró en la disputa.[24] El 1 de diciembre de 1803, Francisco de Ibarra y Herrera, obispo de Caracas, escribió al Consejo de Indias que había remitido las cédulas de blanqueamiento concedidas a Diego Mexías Bejarano y a Domingo Arévalo, según las cuales se permitía a sus descendientes ingresar al sacerdocio. Admitió que, si hubiesen cumplido con los requisitos establecidos por la ley y tuvieran la educación y costumbres apropiadas, no habría dificultad alguna.

A la vez que profería "ciega obediencia" a las órdenes reales, el obispo Ibarra y Herrera se apresuró a presentar —en una variante eclesiástica del "obedezco, pero no cumplo"— numerosas páginas donde detallaba los inconvenientes que surgirían si los pardos se ordenaran como sacerdotes.[25] Su carta no solo reflejaba las objeciones que el cabildo y la universidad habían planteado ya acerca de la ordenación de los pardos, sino que comentaba específicamente las aspiraciones de los Mexías Bejarano y los Arévalo. El obispo hablaba con cierta autoridad de la escena local, pues recordó al Consejo que había vivido "más de setenta y siete años en esta Caracas".[26]

El obispo Ibarra y Herrera suscribió el argumento de la proximidad defendido por el cabildo y por la universidad, según el cual, si las cédulas reales permitían a los pardos participar en actividades previa-

---

24 Langue, "Moralista", presenta antecedentes del obispo Francisco de Ibarra y Herrera, y reproduce algunos de sus sermones, muchos de los cuales lamentan la ausencia de religiosidad, las lascivas danzas y vestido de los caraqueños, en especial de las mujeres y particularmente aquellas de la clase inferior.
25 Caso 19, Mexías Bejarano, 1805.
26 Véase http://www.arquidiocesiscaracas.com/fundacion.php para la historia del obispado y arzobispado de Caracas.

mente asociadas con los blancos, habría una "disminución del clero", que redundaría "en perjuicio del bien de las almas". Estaba seguro de tales consecuencias: "Estos sucesos no son solamente temibles y vistos como probables, sino moralmente ciertos atendidas todas las circunstancias pasadas". Apoyó la inquietud según la cual, si los pardos se ordenaban, se verían obligados a participar en "las funciones más solemnes". Esto conduciría a situaciones incómodas, pues el clero blanco no querría "juntarse con igualdad con aquellos que han descendido de sus esclavos" y, mucho menos, "sentarse públicamente con ellos", o "servir en el mismo altar". Dado que muchos mulatos, incluyendo a Diego Mexías Bejarano, conservaban el mismo apellido de la familia que mantuvo a sus antepasados en la esclavitud, sería especialmente incómodo que sus descendientes predicaran a las élites "desde los púlpitos".

Los intentos de las familias Mexías Bejarano y Arévalo por describirse como mestizos en lugar de pardos fueron también objeto de crítica por parte del prelado. Advirtió que "nunca en estas provincias se han reputado los mulatos por mestizos, ni se han confundido con ellos". Los mestizos, los vástagos de "indio y blanco" eran "tan aptos" como los blancos o "por muy cerca de esta clase". Las leyes distinguían con claridad entre "mulatos, negros y mestizos como de tres personas y clases diferentes".

Los pardos no solamente no eran mestizos; no estaban preparados para ingresar al sacerdocio. El obispo Ibarra y Herrera fue inequívoco en este punto: "no hay mulatos capaces para el santuario". Sugirió que habrían de transcurrir "cincuenta o más años" antes de que "este linaje de mulatos" pudiera tener "sujetos instruidos para el altar". Ridiculizó los esfuerzos de la familia Mexías Bejarano por preparar a su hijo para el sacerdocio, al sugerir que Diego Lorenzo solo contaba con "unos cortos principios de latinidad aprendidos fuera de la universidad".

Si bien el obispo Ibarra y Herrera creía que los pardos necesitarían dos o tres generaciones para estar preparados para recibir las sagradas órdenes, concedió que se había dado cierto progreso. Aceptó que las milicias de los pardos "han adquirido cierto grado de reputación", y que había algunos "sujetos" notables por sus "servicios y cualidades recomendables". Incluyó específicamente a los Mexías Bejarano y a los Arévalo en esta categoría, aun cuando puso mucho énfasis en afirmar que, incluso estas familias, "nunca han traspasado los límites de su esfera y linaje".

Los ataques específicos del obispo Ibarra y Herrera contra los Mexías Bejarano y los Arévalo son reveladores por cuanto se centran únicamente contra estas dos familias, así como, en años anteriores, el concejo municipal había atacado únicamente a los Landaeta y a los Mexías Bejarano. La extensa y estridente protesta de las instituciones caraqueñas seguía limitada a estas tres familias. Para entonces, resultó evidente un patrón de protesta local: las élites no objetaron el blanqueamiento de mujeres pardas como Ángela Inés Rodríguez o doña María Nicolasa Yáñez, que permitió a sus esposos transmitir su limpieza de sangre a sus mutuos descendientes.[27] No obstante, estaban dispuestas a desafiar al monarca antes de conceder que hombres pardos pudieran pasar el blanqueamiento a sus hijos, o que los mulatos pudieran ser sacerdotes.

El obispo Ibarra y Herrera concluyó su carta al Consejo de Indias con un extraño ruego. Aunque parecía perfectamente dispuesto a tomar partido por la élite de Caracas, no deseaba, hipócritamente, que pardos y mulatos supieran cuál era su posición. Pidió al Consejo mantener su carta en confidencialidad, pues deseaba que "los mulatos no entendieran que él era el autor de la reducción de su clase". Temía que esto conduciría a "desafecto" y a "impedir esto el fruto de su ministerio pastoral", debido a la necesidad de obtener "el amor de sus ovejas". Una admisión semejante habla explícitamente de la importancia numérica de los pardos y mulatos, así como de su condición, especialmente en la parroquia de Altagracia, donde Diego Lorenzo Mexías Bejarano aspiraba a asumir la capellanía.

Aquel mismo mes de diciembre de 1803, cuando el Consejo de Indias recibió la carta del obispo Ibarra y Herrera, leyó una interpretación sorprendentemente distinta de los acontecimientos enviada por Manuel de Guevara y Vasconcelos, el gobernador de Caracas. Comenzó con un comentario directo, que ofrece una comprensión reveladora de cómo otro funcionario imperial, que se encontraba también en el lugar, veía el contratiempo creado por el conflicto entre las aspiraciones de los pardos y las reacciones de la élite:

> Entre la multitud de asuntos de mucha gravedad que han ocurrido en cerca de cinco años que llevo en el mando de estas Provincias, ninguno es más delicado ni debe mirarse que el que contiene esta instancia de Diego Mexías Bejarano.[28]

---

27 Caso 21, Rodríguez, AGI, 1796; Caso 21, Rodríguez, RC, 1796.
28 "Historia", 3, reproduce este documento.

Temía que "la dispensación de calidad [...] si generaliza [...] no tardaría mucho si se siguiese esta regla en verse confundido y desorganizado el orden político". Advirtió, no obstante, "que cerrase enteramente las puertas al mérito y no brindase nuevas esperanzas de adelantamiento y estimación atraería igualmente funestas consecuencias". Le inquietaba que abstenerse de promover la movilidad de los pardos "debilitaría los pensamientos de fidelidad y esmero al Real servicio" en personas a quienes "es indispensable contarlas para la conservación de estos reinos".

El gobernador Guevara y Vasconcelos sugirió que "lo mejor en mi concepto" sería ofrecer "unas distinciones" en casos meritorios, dando a los pardos y mulatos designados "alguna preferencia a los de su clase. No recomendaba, sin embargo, conceder "una absoluta igualdad a los blancos para objetos políticos". Únicamente si los candidatos se destacaban "por unos servicios muy extraordinarios de raras y singulares circunstancias", podría la Corona otorgar "los efectos civiles en los mismos términos como si fueren ser verdaderamente blancos".[29]

Guevara y Vasconcelos prosiguió luego con el caso de Diego Mexías Bejarano y su hijo Diego Lorenzo. Sopesó los "inconvenientes expuestos" —la vociferante oposición de las instituciones locales— y las "buenas circunstancias del parte interesado y su familia". Agregó otra variable crítica, al observar que las "reales cédulas" eran "notorias en esta ciudad y quizás en toda la provincia", y exigían, por lo tanto, obediencia a los mandatos imperiales. Habiendo analizado la furia de la élite caraqueña, el merecimiento de los Mexías Bejaranos, y el mandato de obedecer las órdenes, el gobernador se atenía a lo que el rey y el Consejo "resolverá lo que sea de su real agrado".

Oposición de Caracas

Cuando el Consejo de Indias regresó de sus vacaciones en enero de 1804, confrontó no solo las cartas del obispo Ibarra y Herrera y del gobernador Guevara y Vasconcelos, sino también un ruego de Diego Mexías Bejarano quien para entonces —significativamente— se titulaba a sí mismo como "don".[30] Diego aún parecía vacilar un poco

---

29 Sus sugerencias de política prefiguran algunas de las conclusiones de la consulta de 1808. Véase capítulo 11.
30 Caso 19, Mexías Bejarano, 1805.

respecto a su identidad pues, aunque usó el título, admitió también que era un "pardo libre". Se disculpó por la necesidad de "molestar [...] a Vuestra Majestad" debido a la oposición de las élites caraqueñas a hacer valer las "repetidas reales resoluciones". Estas incluían la cédula original de blanqueamiento expedida en julio de 1796, su confirmación de septiembre de 1797, y otra de octubre de 1801. Explicó que había enviado los decretos al obispo, al concejo municipal y a la universidad, y solicitado que su hijo pudiera presentar el examen de latín. La universidad, sin embargo, se había negado a admitirlo. Diego rogó al rey "continuar favoreciéndole" y resolver el impase.

En Caracas, entretanto, en enero de 1804, la familia Landaeta experimentó también contratiempos al hacer valer su condición de "mestiza" y disfrutar cualquier posible beneficio del blanqueamiento. El capitán retirado de las milicias Antonio José, el hermano del "leopardo" Juan Gabriel, recordó a la Audiencia que su familia había recibido una cédula que "acreditó nuestra descendencia de casta mestiza sin haber en toda nuestra respectiva ascendencia ninguna esclavitud, ilegitimidad u otro vicio".[31] No obstante, cuando uno de "mis legítimos hijos trata de casarse", encontró problemas con el párroco local quien, como estaba "dudoso" de cómo proceder, había clasificado al novio, no como mestizo o como blanco, sino "en la misma forma como lo ha practicado con los otros pardos". En otras palabras, el sacerdote lo había clasificado como pardo.

Cambiar las designaciones oficiales, como las partidas de matrimonio, había sido siempre fundamental para establecer alteraciones en la calidad; por lo tanto, Antonio José pidió a la Audiencia que expidiera algunos lineamientos.[32] Debían informar a los clérigos locales que "han de proclamar mis actuales hijos a la vez que quieran casarse mandando que sirva de regla". El fiscal de la Audiencia de Caracas, Julián Díaz de Saravia, no simpatizó con esta petición. Se negó a intervenir, y falló que los párrocos debían seguir la práctica "ordinaria y acostumbrada" y designar a los descendientes de Landaeta como fuese apropiado para "los individuos de su condición y clase".

El fallo de la Audiencia fue importante, pues sugirió que la estrategia de los Landaeta de tratar de pasar por mestizos estaba fracasando. Aunque la familia había podido persuadir al Consejo de Indias de que expidiera una cédula real confirmando que, si eran mestizos, podrían

---

31 Caso 19, Mexías Bejarano, 1804.
32 Véase capítulo 6 para la petición similar de Manuel Báez.

disfrutar de tal condición, el verdadero poder residía localmente. Se trataba, en este caso, del párroco que estableció la categoría de casta de la familia según las percepciones populares. Igualmente significativo es que la Audiencia, aunque acusada en repetidas ocasiones por el concejo municipal de estar a favor de los pardos, se había negado de nuevo —como sucedió en la investigación anterior de Cortines sobre los Landaeta— a intervenir para apoyar la movilidad de los pardos.

La Audiencia de Caracas no solo rechazó los esfuerzos de los pardos que recientemente habían recibido el blanqueamiento por mejorar su condición, sino que se mostró cada vez más hostil frente a aquel otro camino informal de la movilidad de los pardos —las relaciones sexuales y los matrimonios con blancos—. Su estricta interpretación de la Pragmática Sanción relativa a los matrimonios llevó al mes siguiente (febrero de 1804) a los primeros dos casos en los cuales mujeres blancas pedían el blanqueamiento para sus prometidos pardos. Sus historias aparecieron anteriormente. Doña Francisca del Cerro y Blas Gallegos recordaron su "amor inocente" que se había convertido en un amorío y en una hija ilegítima.[33] La pareja proyectaba casarse y, puesto que la Pragmática Sanción de 1776 (1778 en las Indias) declaraba que "los mayores de veinte y cinco años puedan casarse a su arbitrio", esperaban "purificar [...] del cariño y amor recíproco". Descubrieron, sin embargo, que la excepción de los veinticinco años "había sido mal recibida en estas provincias". La Audiencia interpretó la expresión "a su arbitrio" como aplicable únicamente a "los iguales en condición", prohibiendo su matrimonio, aunque fuesen legalmente adultos.

Cinco meses más tarde, el 30 de julio de 1804, doña María del Carmen Correa y el pardo Juan Joseph Ximénez retomaron la insinuación de doña Francisca y Blas, y presentaron una petición análoga.[34] Aun cuando la pareja tenía veintitrés años, aún podía argumentar que cumplían con los lineamientos de la Pragmática Sanción, pues las revisiones introducidas en 1803 habían rebajado la edad del libre matrimonio a los veintitrés años para las mujeres. Dado que los padres de Juan Joseph apoyaban el matrimonio de su hijo pardo con su novia blanca, la pareja no enfrentaba más obstáculo que el de los funcionarios locales.

En un giro irónico, ambas parejas intentaron utilizar la oposición de la Audiencia de Caracas frente a los matrimonios de pardos con

---

33 Caso 30, Gallegos, 1806. Véase también capítulo 4.
34 Caso 31, Ximénez, 1806.

blancos como justificación para la necesidad de estas parejas de comprar la blancura. Transcurrieron cuatro meses antes de que el fiscal Hernández de Alva Alonso revisara los dos casos para la Cámara. Dijo, sencillamente, "declaró aquella Real Audiencia que no pueden casarse con los blancos los pardos", pero en aquel momento no ofreció recomendación alguna acerca de si debía intervenir o no para apoyar sus peticiones.

Como sucedió en otros años, las festividades de Navidad y Año Nuevo llevaron a una pausa en las peticiones y las protestas a ambos lados del Atlántico. Fue solo a mediados de febrero de 1805 cuando, en Bogotá, el virrey Antonio Amar se preparó para remitir otra petición a Madrid. Se trataba de un nombre conocido, pues Pedro Antonio de Ayarza continuó con lo que era para entonces una cruzada de diez años; regresó a pedir el blanqueamiento para sus dos hijos menores.[35] El rechazo de sus peticiones anteriores no había disminuido las expectativas de Pedro Antonio. No solicitaba nada para sí mismo, pero rogaba que Pedro Crisólogo y Antonio Nicanor recibieran el blanqueamiento y autorización para graduarse de la universidad. El virrey Amar, algo resignadamente, observó que prevalecían las "mismas circunstancias" que cuando su predecesor, el virrey José de Ezpeleta, había remitido a Madrid el caso del hijo mayor, Joseph Ponciano, en 1795. En esta ocasión, el virrey despachó la petición sin ninguna recomendación, con el único comentario de que la Cámara haría lo que estimara "justo".

Consejo de Indias: reproches y retirada

Solo tres días después de que la petición de Pedro Antonio de Ayarza iniciara su viaje a Madrid, al otro lado del Atlántico, el Consejo de Indias respondió finalmente, en cédulas separadas fechadas el 22 de febrero de 1805, a las protestas de los funcionarios reales de Caracas, a la universidad y al obispo.[36] Lo que estaba en juego era importante, pues las familias Mexías Bejarano, Landaeta y Arévalo esperaban que la Corona hiciera valer las cédulas reales para que pudieran disfrutar de su nueva condición, mientras que las élites esperaban que se atendieran sus quejas y se regresara al *statu quo*.

---

35 Caso 22, Ayarza, 1803.
36 Caso 19, Mexías Bejarano, 1805.

El Consejo de Indias asestó sorprendentes golpes al condenar la oposición de las instituciones de Caracas al blanqueamiento y exigir obediencia a las órdenes reales. La cédula enviada al capitán general y a la Audiencia revisó los últimos nueve años de correspondencia y órdenes que habían pasado entre esa entidad, Diego Mexías Bejarano y la Cámara. Concluyó, "no ha habido justo motivo para que dejen de observarse y cumplirse las gracias concedidas a [Mexías] Bejarano", como tampoco tenía la facultad el derecho "para suspender el examen" e impedir a Diego Lorenzo asistir a la universidad.

El decreto dirigido al rector y a los profesores de las Universidad de Caracas les ordenaba permitir a Diego Lorenzo presentar el examen de latín y, si lo aprobaba, admitirlo "en adelante sin excusa en obedecimiento a mis soberanas determinaciones". No bastaba con que asistiera a las clases; tampoco debía sufrir ninguna discriminación. Los profesores debían tratarlo con "el amor y atención que a los otros cursantes", y no "se le veje, ni mofe ni ultraje" a causa de su "color diferente".

No solo los funcionarios reales y la universidad, sino también el obispo Ibarra y Herrera recibieron una reprimenda del Consejo de Indias. La cédula enviada ignoraba las inquietudes del obispo por el futuro del sacerdocio si los pardos se ordenaban, así como su conclusión de que los pardos en general, y Diego Lorenzo en particular, no estaban preparados para ser sacerdotes. Aunque concedió "vuestro acreditado amor y celo" por el servicio real, el decreto ordenó al obispo, no solo obedecer "las particulares dispensas de calidad concedidas", sino también acatar "las que en lo sucesivo" pudieran darse. El rey recordó al obispo que estas "dispensas" derivan de "mis soberanas facultades y en ejercicio de mi Suprema Regalía" cuando "considere oportuno" recompensar "méritos y servicios".

El triple rechazo del Consejo de Indias a las posiciones de los funcionarios reales, la universidad y el obispo, confirmó los temores manifestados anteriormente por el fiscal Antonio de Porlier y por el virrey José de Ezpelcta, según los cuales, si los pardos se convertían en blancos, el Estado se vería obligado a intervenir para hacer valer su nueva condición. El Consejo de Indias comprendió que debía exigir que las personas que recibieron el blanqueamiento disfrutaran de los plenos privilegios de los blancos. Esto no se debió a que la discriminación contra pardos y mulatos fuese equivocada; en efecto, como lo señalaron en repetidas ocasiones las instituciones caraqueñas, la legislación española institucionalizó tal discriminación. No obstante, era imperativo que los vasallos acataran las órdenes del rey. Si el rey había convertido a un pardo en blanco, entonces el Consejo debía actuar con decisión para obligar su obediencia.

No estaba claro qué podría conseguir este trío de órdenes reales cuando esfuerzos anteriores habían fracasado. Lo que pareció importante fue que el Consejo de Indias avanzara hacia una doble política sobre el blanqueamiento. Por una parte, era cada vez más probable que negara o pospusiera cualquier fallo de las peticiones posteriores; por otra, intervenía para hacer valer los efectos de las cláusulas de blanqueamiento para aquellos pocos afortunados que habían recibido las cédulas correspondientes.

Tanto la determinación del Consejo de Indias de imponer el blanqueamiento, como la de las instituciones de Caracas de oponerse a él, fueron puestas a prueba al mes siguiente. En marzo de 1804, el representante en Madrid de la Universidad de Caracas presentó una segunda petición respecto al ingreso de Diego Lorenzo Mexías a la universidad. Aun cuando el agente no se refirió específicamente a las órdenes del Consejo de Indias que exigían obediencia, respondió directamente a sus contenidos. Insistió en que "jamás ha sido" la intención de la universidad "oponerse a las gracias que dimanan de Vuestra Real Persona". Por el contrario, esta corporación "siempre" ha prestado el "respeto y obediencia que debe a su Soberano". Intentó —algo engañosamente— sugerir que la facultad no había desobedecido la cédula real, pues no había impedido a miembros de la familia ordenarse como sacerdotes. Lo que omitió mencionar era que la facultad sí había negado la admisión de Diego Lorenzo en la universidad para poder estudiar para el sacerdocio.

La facultad intentó entonces utilizar una nueva estrategia, concediendo que, aun cuando "las gracias de Vuestra Majestad" había dispensado de su calidad inferior a los Mexías Bejarano, esta movilidad tenía límites. Los profesores intentaron definir con exactitud qué habría podido lograr una cédula de blanqueamiento. Admitieron que había hecho que la familia ocupara un lugar superior al de los pardos, pues serían "preferidos entre los de su clase". Esta condición elevada significaba que no serían rechazados, sino "mirados y atendidos por los blancos". Tal movilidad, sin embargo, no significaba que los miembros de dicha familia fuesen elegibles para las "distinciones" y "preeminencias" relacionadas con una "carrera literaria".

Los profesores sugirieron que no era necesario que Diego Lorenzo asistiera a la universidad para ser sacerdote. Los mestizos que se ordenaban "jamás pisan la universidad", como tampoco los clérigos pertenecientes a las órdenes regulares, pues estudiaban en sus monasterios. Puesto que estos dos grupos podían adquirir por fuera de la universidad "conocimientos [...] para desempeñar las funciones propias de los destinos que pueden ocupar", lo mismo, sugirió la facultad, podría hacer Diego Lorenzo.

Aun cuando la facultad declaró que no era su objetivo "injuriar ni abatir en lo más mínimo a los Mexías [Bejarano] ni a otros pardos que pueden tener regular moderación", insistió en que la educación de las castas era peligrosa, pues "todos los de su clase" tenían una "una oposición declarada al Cuerpo de los blancos". Si bien las élites de Caracas se habían quejado con anterioridad de la arrogancia de los pardos y puesto en duda su lealtad a la Corona, ahora los funcionarios de la universidad formulaban estas acusaciones con mayor estridencia, lo cual reflejaba la tensión intensificada en el Caribe después de la revuelta de Haití.[37]

Los profesores temían que, si los pardos asistían a la universidad, esto alimentaría la "perniciosa semilla de sus ideas de predominio". Leerían las "malas, infames y sediciosas" obras de "extranjeros". Esto les recordaría su "pasada esclavitud" así como su "actual abatimiento". Los pardos educados "comunicarían a sus hermanos el contagio". Tales conclusiones, enfatizó la facultad, no son "cavilaciones producidas por el calor de una pasión", sino conclusiones resultantes de "la experiencia de tres siglos". Aunque la facultad no ponía en duda la lealtad de los Mexías Bejarano, Landaeta y Arévalo en particular —muchos de los cuales servían en las milicias— temían que una élite de pardos educados pudiera incitar a las masas de las castas.

Al parecer, el Consejo de Indias consideró tanto los ruegos de Diego Mexías Bejarano como los de la Universidad de Caracas cuando, al mes siguiente, en abril de 1804, redactó una respuesta a ambas partes.[38] El decreto real enviado a Mexías Bejarano revisaba su otorgamiento original del blanqueamiento, así como sus múltiples apelaciones posteriores cuando enfrentó la oposición del concejo municipal, el obispo y la universidad. El Consejo de Indias permaneció firme: "no ha habido justo motivo para que dejen de observarse y cumplirse las gracias concedidas a [Mexías] Bejarano en los términos expresados en las insertas cédulas". En nombre del rey, exigió a la universidad cumplir la orden real "que así es mi real voluntad".

---

37 Gómez, "Revolución Haitiana", rastrea los múltiples impactos de la Revolución Haitiana sobre las élites venezolanas, los pardos, los mulatos y los esclavos.
38 RAH, Colección Mata Linares, T. 77 (reproducido en Konetzke, vol. 3, n.º 370, 1806, y RC, Doc. 31), incluye la consulta de 1806 donde se revisa lo ocurrido.

Aunque el Consejo de Indias insistió en la obediencia en reconocer la blancura de aquellas personas que habían recibido una gracias al sacar, hubo también buenas noticias para las instituciones de Caracas. Al parecer se expidió aquel mismo día una orden real —al menos documentos posteriores citan una cédula semejante— que limitaba los efectos del blanqueamiento. Pardos o mulatos no debían considerarse a sí mismos con derecho a numerosos "destinos y empleos", bien sea en "las carreras eclesiástica, militar, civil y política". No había intención de que pudieran "enlazarse con cualquiera familia legítima y limpia de mezcla". El ministro temía que, "semejante idea propagada entre ellos", exigiría "continua y progresivamente la atención del Consejo y produciría disputas, alteraciones y otras consecuencias que es preciso evitar en una monarquía".

La ausencia de apelaciones posteriores sugiere que estos pronunciamientos inequívocos del Consejo de Indias habían cumplido su propósito. Habían silenciado al cabildo de Caracas, al obispo y a la Audiencia, pues estos no enviaron posteriores protestas a Madrid. No era claro, sin embargo, si las instituciones venezolanas continuarían impidiendo la movilidad de los pardos en la cotidianidad, donde detentaban un mayor control.

Durante nueve meses, el Consejo de Indias tuvo algún alivio de los solicitantes pardos y de las élites caraqueñas que lo importunaban. Solo en enero de 1806 llegaron un par de peticiones provenientes de Cumaná, Venezuela. Los aprietos en los que se encontraba don Juan Martín de Aristimuño han aparecido en otro lugar, pues tipifican el patrón según el cual los peninsulares asentados en las Américas desposaban a mujeres pardas y luego les inquietaba el futuro de sus hijos. don Juan Martín había llegado a Venezuela como carpintero; más tarde trabajó en fortificaciones, dirigió expediciones para la explotación forestal, abrió tierras para la agricultura y, finalmente, se instaló en Cumaná, donde se dedicó activamente al comercio. De su matrimonio con la parda Agustina Albornoz tuvo dos hijos y tres hijas. Agustina debió tener una serie de antepasados blancos, pues el hijo mayor de la pareja había pasado por blanco al punto de servir en una compañía de milicianos blancos. Don Juan Martín, sin embargo, estaba consternado porque la "nota de calidad de la madre" perjudicaba el futuro de sus hijos e hijas.[39] Suministró más de cincuenta páginas de testimonios

---

39 Caso 32, Aristimuño, AGI, 1806; Caso 32, Aristimuño, RC, 1806.

en los cuales testigos prominentes dieron fe de la "regularidad de vida pública y privada", así como de "los nobles y cristianos sentimientos, la virtud y el honor" que "ha sabido inspirar en su familia".

Incluida en la petición de don Juan Martín había también una carta de recomendación de don Juan Manuel de Cagigal, el gobernador de Cumaná. Pedía al rey "dispensar en su indicada mujer y toda su descendencia la calidad de pardo". Dado que Cagigal había ocupado anteriormente un cargo real en Caracas debió estar enterado de las continuadas confrontaciones ocasionadas por el blanqueamiento de los Mexías Bejarano, Landaeta, y Arévalo.[40] Quizás se mostró dispuesto a apoyar a Agustina porque no hubo protestas contra el blanqueamiento de las esposas pardas de hombres de la élite, sino únicamente contra estas tres familias caraqueñas.

Esta justificación, sin embargo, no sería válida para la idéntica carta que envió el gobernador Cagigal tres meses más tarde, en marzo de 1806, a favor del solicitante pardo, Francisco de la Cruz Márquez. Quizás creyó el gobernador que el clamor contra el blanqueamiento en Caracas era único, y no ocasionaría protestas similares en Cumaná. Lo que resulta evidente fue que se trató de otra petición de grupo, pues parece inconcebible que este pardo no conociera a don Juan Martín de Aristimuño. Ambos habían trabajado en la industria maderera, ambos eran comerciantes, y ambos vivían en Cumaná.

Francisco de la Cruz Márquez era un ejemplo del patrón según el cual los pardos se casaban con pardas de padres blancos, pues confesó que Petronila Fuentes era la "hija legítima de padre blanco europeo que casó con parda".[41] Temía por el futuro de sus ocho hijos y, por lo tanto, pedía al rey "dispensarle la calidad de color pardo", para que sus descendientes no fuesen discriminados si elegían ingresar a la vida religiosa o ser médicos. La pregunta seguía abierta si el fiscal y la Cámara considerarían otros casos provenientes de Venezuela, dados los inconvenientes encontrados, si continuarían favoreciendo a las esposas pardas de blancos, o si era más probable que una pareja parda con relaciones blancas recibiera una respuesta positiva.

Para cuando llegaron a España estas peticiones provenientes de Cumaná, un retraso en las sentencias relativas al blanqueamiento había comenzado a acumularse en el despacho del fiscal Hernández de Alva

---

40 Pons, 2: 261, menciona el servicio de Cagigal en Caracas antes de su nombramiento como gobernador de Cumaná.
41 Caso 32, Aristimuño, AGI, 1806; Caso 32, Aristimuño, RC, 1806.

Alonso. El primer mes después de su llegada a Madrid, en septiembre de 1803, aconsejó en contra del blanqueamiento completo, por oposición al blanqueamiento ocupacional, del cirujano caraqueño Domingo Arévalo, aunque la Cámara lo desautorizó. Más tarde, sugirió que la Cámara investigara la petición del escribano panameño Matías Joseph Borbúa, pero los ministros decidieron posponer el caso. Aún aguardaban su opinión las dos peticiones de Caracas (doña Francisca del Cerro y doña María del Carmen Correa), mujeres blancas deseaban contraer matrimonio con pardos, los ruegos, al parecer perpetuos, del panameño Pedro Antonio de Ayarza, y las dos peticiones más recientes de Cumaná.

No se sabe a ciencia cierta si la procrastinación del fiscal Hernández de Alva Alonso obedecía a su reticencia a conceder el blanqueamiento, dadas las protestas de las élites de Caracas, a su insatisfacción por el hecho de que la Cámara hubiera desatendido en dos ocasiones su consejo, o a un exceso de trabajo —era el único fiscal para las Américas—. Este asunto se tornó improcedente cuando falleció el 20 de mayo de 1806.[42] Al carecer de un fiscal para la Nueva España y para el Perú, los ministros del Consejo y de la Cámara de Indias debieron asumir estas tareas adicionales durante veinte meses, hasta cuando llegó finalmente de Buenos Aires José Lucas de Gorvea y Vadillo.[43]

En algún momento, a comienzos de 1806, antes del fallecimiento del fiscal Hernández de Alva Alonso, otra petición de blanqueamiento había llegado a su despacho. Los índices del archivo revelan que el quinto documento que llegó aquel año era "un expediente sobre la dispensa de la calidad de pardo de José Manuel Valdés, cirujano de Lima".[44] Puesto que los documentos del Perú no se han hallado, resulta imposible saber con exactitud qué ocurrió. Quizás el virrey y las instituciones de Lima, tal vez el propio Valdés, enviaron una petición apropiada donde demostraba su pericia y aceptación en los círculos de la élite. Tampoco es posible determinar si el fiscal Hernández de Alva Alonso remitió una opinión sobre el caso de Valdés antes de morir. Lo que es indudable es que el Consejo de Indias expidió una cédula de blanqueamiento para el cirujano limeño el 11 de junio de 1806.[45]

---

42 Caso 33, Cruz Márquez, AGI, 1806; Caso 33, Cruz Márquez, RC, 1806.
43 Burkholder, *Biographical*, 56, señala que estaba paralizado de un lado y murió pocos días más tarde.
44 *Ibid.*, 52. Puesto que la carta, según el índice de Lima de Cartas y Expedientes, fue la primera de 1806, es probable que llegara durante los primeros meses del año.
45 Lavalle, 7.

Al mes siguiente, en julio de 1806, la consulta ordenada por el canciller Caballero y por el Consejo de Indias tres años antes finalmente llegó. Pareciera apropiado asignarle el título de "consulta misteriosa", pues solo queda una copia de ella, sin firma y anónima. Habría de ofrecer una comprensión sorprendente de la manera de pensar al menos de uno de los ministros del Consejo de Indias y, eventualmente, precipitaría una segunda consulta en 1808. Ambas consultas revisan las historias de las gracias al sacar en particular, y la de la movilidad de pardos y mulatos en general, y sugiere futuras políticas para resolver el contencioso problema de las castas.

Conclusiones

De 1803 a 1806, el Consejo de Indias recibió más peticiones de nombres conocidos que de parte de nuevos solicitantes. Ahora que se le había concedido una cédula real que confirmaba su blanqueamiento, Diego Mexías Bejarano regresó a pedir apoyo oficial para que su hijo Diego Lorenzo pudiera asistir a la Universidad de Caracas y estudiar para el sacerdocio. Los Ayarza buscaban la seguridad de que Joseph Ponciano pudiera ser abogado y asumir el título de "don". Su padre, Pedro Antonio, así como sus hermanos, Pedro Crisólogo y Antonio Nicanor buscaron todos veredictos favorables.

Domingo Arévalo envió una nueva carta a la Cámara recordándole que no necesitaba excepción alguna para ejercer como cirujano; pedía más bien que se le concediera la blancura completa a él y a sus hermanas. Matías Joseph, el hijo del pardo panameño Juan Evaristo de Jesús Borbúa, regresó para pedir la blancura completa para sus descendientes. El hermano del "leopardo" Juan Gabriel Landaeta, se presentó para quejarse cuando los funcionarios de Caracas insistieron en clasificar a su hijo como pardo en su partida de matrimonio. El limeño José Manuel Valdés remitió una segunda petición, esperando que se le concediera la blancura y el grado de la universidad. Es probable que estas continuas peticiones, segundas peticiones y pedidos de que se hiciera valer el blanqueamiento le indicaran al Consejo de Indias que el blanqueamiento llevaba consigo tantos inconvenientes como posibles beneficios.

Apareció también un nuevo grupo de venezolanos, algunos movidos por la desesperación debido a la estricta aplicación que la Audiencia de Caracas hacía de la Pragmática Sanción; otros, conscientes para entonces de la opción de blanqueamiento debido a las protestas de la élite contra ella. Doña Francisca del Cerro y doña María del Carmen Correa pidieron el blanqueamiento de sus prometidos pardos porque la Audiencia de Caracas se negó a concederles una excepción para poderse casar. Por fuera de la capital, los colegas de Cumaná, Juan Martín de Aristimuño y Francisco de la Cruz Márquez solicitaron el blanqueamiento de sus numerosos descendientes.

Únicamente dos de los solicitantes —Domingo Arévalo y José Manuel Valdés— recibieron cédulas de blanqueamiento durante aquellos años. El Consejo y la Cámara de Indias dedicaron la mayor parte de su tiempo a responder a las personas que ya lo habían recibido, y buscaron que el gobierno imperial hiciera valer sus cédulas, o bien a pardos que reiteraban sus peticiones esperando recibir finalmente un veredicto favorable. Continuaron, sin embargo, resolviendo los casos uno a uno, en lugar de elaborar una política general.

El Consejo de Indias se vio afectado tanto por la reforma de los Borbones, como por las tensiones internas que suscitaba la política de blanqueamiento. El mandato según el cual únicamente fiscales con experiencia en las Américas podían ocupar el cargo significó que el despacho tenía, cuando mucho, un fiscal de la Corona y, en ocasiones, ninguno, para evaluar los documentos llegados de las Indias. Continuaron también los desacuerdos entre la Cámara y los fiscales, pues los ministros de la Cámara seguían mostrándose más dispuestos a conceder el blanqueamiento. Apoyaron un veredicto favorable para los dos hermanos Ayarza y para Domingo Arévalo, contrariamente a las recomendaciones de un ministro desconocido y del fiscal recientemente posesionado, Lorenzo Serapio Hernández de Alva Alonso. Cuando este último sugirió que la Cámara solicitara información adicional de las Américas respecto a la petición de Matías Joseph Borbúa, los miembros de la Cámara ignoraron su recomendación.

Enfrentado a voluminosas protestas por parte de la Universidad de Caracas y del obispo Ibarra y Herrera, así como a la incapacidad de la Audiencia de hacer valer las cédulas de blanqueamiento, el Consejo de Indias envió atronadoras condenas a las élites civiles y eclesiásticas exigiendo acatamiento a las órdenes reales. Sin embargo, mientras insistía en los beneficios para quienes habían recibido el blanqueamiento, el Consejo se mostró más inclinado a negar o a postergar los casos que no habían sido decididos. También se replegó, insinuando que el blanqueamiento no necesariamente igualaba a los pardos con los blancos.

Lo que no sucedió durante aquellos años resultó ser pertinente también. El concejo municipal de Caracas se mostró inhabitualmente silencioso y se abstuvo de enviar otras diatribas al Consejo en contra del blanqueamiento, aunque, sin duda, la Universidad de Caracas y el obispo Ibarra y Herrera habían expresado adecuadamente sus sentimientos. Después de la feroz censura del Consejo de Indias a los funcionarios reales, a la universidad y al obispo, la élite venezolana permaneció muda en lo sucesivo, aunque su obediencia a las órdenes reales seguía siendo incierta. Lo que resultó claro fue que las repercusiones de sus muchas protestas continuarían reverberando e influyendo en los fallos sobre blanqueamiento. Entre ellas estuvo la "consulta misteriosa" de 1806, así como su sucesora de 1808, los siguientes intentos por dar forma a una política de blanqueamiento para las Indias.

Capítulo 11
Recalibraciones. Lo "consulta misteriosa" de 1806, la consulta Viaña de 1808 y las Cortes 1806-1810

> "Y en cuanto a los morenos y pardos que los acrediten en toda forma y solemnidad con documentos fehacientes y por información de testigos, su libre y legítima descendencia en cuatro generaciones son capaces de todo oficio o cargo que sirve cualquiera del estado general o llano en España".
>
> Ministro desconocido, Consejo de Indias, "consulta misteriosa", julio de 1806[1]

> "Aun cuando la Contabilidad General cree que, por varias razones políticas, no conviene igualarlos con los blancos [...] si se dexan de conceder absolutamente semejantes gracias, resultarían acaso otras consecuencias funestas, debilitándose por consiguiente la fidelidad y esmero en el real servicio respecto de unas gentes que no solo pueden ser tan útiles como los blancos en cualquier carrera a que se dediquen, sino que son absolutamente necesarias para la conservación y fomento de aquellos reinos".
>
> Don Francisco José Viaña, ministro, Consejo de Indias, consulta, enero de 1808.[2]

---

1 RAH, Colección Mata Linares, T. 55 (reproducido en Konetzke, vol. 3, n.º 370, 1806, y RC, Doc. 31).
2 AGI, Guatemala 743, sin n.º, 1808. Agradezco a Laura Matthew este documento, que ofreció información crucial sobre sus secuelas.

Introducción

De 1806 a 1810, no solo los funcionarios reales, sino también los peninsulares y criollos intentarían recalibrar la condición de pardos y mulatos dentro del imperio. Después de años de vacilaciones de los fiscales y de la Cámara acerca del blanqueamiento de las gracias al sacar, en julio de 1806 un ministro desconocido se esforzó por forjar un consenso. Preparó una larga "consulta misteriosa", donde revisaba el pasado y ofrecía recomendaciones para la futura condición de las castas. Dos años más tarde, en 1808, el ministro Francisco José Viaña resumió los intentos posteriores del Consejo de Indias por formular una política de blanqueamiento, analizó las recomendaciones de los funcionarios de la Contaduría General, y sugirió varias revisiones.

Al explorar el origen, las propuestas y el resultado final de la "consulta misteriosa" y de la consulta de Viaña, se revela un continuo deterioro en la eficacia del gobierno imperial. Subraya también las extremas dificultades inherentes en llegar a decisiones respecto a la movilidad de las castas. Estos eran asuntos profundamente espinosos. Tomaría, en comparación, más de otro siglo para que las instituciones estadounidenses comenzaran a confrontar los prejuicios institucionalizados y la frustrada movilidad de su población afroamericana. No obstante, durante aquellos últimos años del imperio español, funcionarios reales, élites locales, pardos y mulatos debatieron abiertamente las consecuencias de estas desigualdades y —al menos— consideraron posibles soluciones.

Mientras el Consejo de Indias luchaba por determinar la controvertida condición de las castas, en 1808, el golpe inesperado de la invasión napoleónica de la península, la abdicación de Carlos IV, el exilio de Fernando VII y la instauración de un Consejo de Regencia relegaron las políticas respecto a la movilidad de pardos y mulatos a un segundo plano administrativo. Resulta algo irónico que, mientras delegados de la península y de las Américas se reunían en Cádiz en el otoño de 1810 para redactar una Constitución para el imperio, las cuestiones relativas a la condición de las castas habrían de surgir como un tema central y contencioso. En este capítulo exploraremos tanto fines como comienzos: los últimos intentos del Consejo de Indias por elaborar una política de blanqueamiento a través de dos consultas finales, y los primeros pasos que produjeron unas Cortes en las que españoles europeos y americanos se reunieron para ubicar a pardos y mulatos dentro de un imperio refaccionado.

La "consulta misteriosa": antecedentes

Una opinión sin firma, fechada en julio de 1806, merece la designación contemporánea de "consulta misteriosa", pues es mucho lo que se desconoce de ella, incluso su posible autor. Su inicio es quizás su aspecto menos nebuloso. Parece estar directamente vinculado a la carta de octubre de 1802 del franciscano José Antonio Goicoechea, en la que suplicaba que se hicieran cambios, la directriz de abril de 1803 del canciller Joseph Antonio Caballero donde sugería una reconsideración de las políticas, la orden del Consejo de Indias de mayo de 1803 de realizar una consulta, y la adición, en septiembre de 1804, de los documentos de Diego Mexías Bejarano al expediente. La "consulta misteriosa" evolucionó con un doble mandato: informar sobre la posibilidad de una movilidad generalizada de los pardos, y también sobre la viabilidad del blanqueamiento de las gracias al sacar.

Un misterio más rodea la consulta de 1806: ningún historiador ha encontrado jamás una copia de ella en el Archivo de Indias. A cierto nivel, es posible que esto no sea sorprendente, pues, aunque puede haber sobrevivido, resulta difícil ubicar documentos que registren el funcionamiento interno del Consejo de Indias. La única razón por la cual los historiadores saben que se dio esta revisión de políticas, es porque una copia de ella permanece en la colección privada de un miembro del Consejo de Indias de la época. Comprender la carrera imperial del ministro Benito Mata Linares, y su pasión por coleccionar documentos, ofrecen un sugestivo indicio de que posiblemente fuese él el autor de esta opinión.

Benito Mata Linares tuvo una distinguida carrera en las Américas, comenzando en 1777 como oidor en Santiago y luego en Lima, intendente en Cuzco y, finalmente, regente, el magistrado de mayor rango, en Buenos Aires.[3] Fue designado ministro del Consejo de Indias en 1803. Todavía no era miembro de la Cámara cuando alguien escribió la consulta de 1806, pero recibió este nombramiento al año siguiente.

Lo que distingue a Mata Linares, e hizo que se ganara la simpatía de los historiadores, fue su obsesión de hacer copias de los documentos. Para el final de su carrera, había acumulado un asombroso portafolio de más de 10.000 cédulas reales, órdenes e informes provenientes de toda América, aunque tendía a concentrarse en las audiencias donde

---

3 Burkholder, *Biographical*, 77-79.

había sido oidor.⁴ Al parecer, reunía estos documentos con el fin de disponer de precedentes y de un contexto que le ayudaran a tomar decisiones sobre un amplio espectro de asuntos.⁵ Como una serie de cédulas que copió ya se han perdido o están insertas en partes no indexadas del Archivo de Indias, su colección continúa siendo una fuente fundamental para los historiadores y la única ubicación conocida de la anónima "consulta misteriosa".

No hay manera de demostrar que Benito Mata Linares redactó la opinión de 1806. No obstante, un descuidado comentario dentro del texto ofrece una sutil insinuación de que él pudiera ser quien la escribió. La observación aparece cuando el autor discute el tema de la lealtad de los mulatos a la Corona. Admitió que algunos pardos "han sido y son poco afectos a nuestro gobierno y nación".⁶ El primer ejemplo que da el ministro desconocido de esta fidelidad es cronológica y geográficamente extraño. No consideró primero las conocidas acusaciones remitidas por el concejo municipal de Caracas y de la universidad sobre la posible deslealtad de los pardos, pues estas se referían típicamente a la rebelión en Venezuela o en el Caribe, aunque el ministro desconocido las comenta también más tarde.

Este funcionario anónimo hizo referencia primero a un incidente de deslealtad de parte de los pardos ocurrido en la década de 1780 en los Andes, en "las provincias interiores del Perú" durante la rebelión de Diego Cristóbal Condorcanqui Castro, autodenominado Diego Túpac Amaru, primo del más conocido José Gabriel Condorcanqui Noguera, conocido como Túpac Amaru II. El autor señaló que hubo "clara prueba" de deslealtad durante esa revuelta, pues las "compañías de fusileros" que apoyaron la insurrección fueron "pardos y los [pardos] impropiamente titulados mestizos". Si tal referencia procedía de un conocimiento de primera mano que hubiera tenido el autor de este acontecimiento, entonces Mata Linares era un candidato probable. Mientras se desempeñó como oidor en Lima, no solo estuvo profundamente involucrado en la supresión de la revuelta liderada por

---

4   Contreras, *Catálogo*, xiii-xv, contiene su *curriculum vitae*, u hoja de servicio, pero nunca menciona su colección.
5   *Ibid*., ix, x. Ejemplo de temas que se encuentran en el volumen 1 incluyen Costumbres, Audiencias, Patronato Real, Órdenes Religiosas, Jesuitas, Misiones, Concejo Municipal, Ceremonias, Comercio, Consejo de Indias, Indígenas, Inquisición, Matrimonio, Minería, y Rebeliones y Desórdenes.
6   RAH, Colección Mata Linares, T. 77 (reproducido en Konetzke, vol. 3, n.º 370, 1806, y RC, Doc. 31).

José Gabriel Condorcanqui, Túpac Amaru II, sino que, más tarde, en Cuzco, persiguió la rebelión de Diego Condorcanqui o Diego Túpac Amaru. Por lo tanto, estaba íntimamente familiarizado con los dos acontecimientos sucedidos en los Andes.

Otro indicio de que Mata Linares pudo haber redactado la "consulta misteriosa" es que esta no tiene el formato habitual. Por lo general, cuando un fiscal de la Corona evaluaba los casos, hacía referencia a las Leyes de Indias, o señalaba que había consultado anteriores fallos específicos como precedente. Si bien la "consulta misteriosa" comienza con comentarios de índole similar acerca de Diego Mexías Bejarano y los problemas relacionados con el blanqueamiento, procede luego —quizás debido al mandato adicional de considerar la movilidad general para las castas— a citar más de veinte referencias a un amplio espectro de leyes sobre mestizos, pardos y la Pragmática Sanción relativa a los matrimonios. Es interesante que muchas de estas referencias, aunque no todas, sean documentos pertenecientes a la colección personal de Mata Linares.

Mata Linares no solo demostró un gran interés por la legislación sobre la movilidad de las castas en general, sino que prestó también particular atención a documentos generados por el blanqueamiento de las gracias al sacar. Sus archivos incluyen la única versión existente de la cédula de 1805 que ordena a la universidad admitir al hijo de Diego Mexías Bejarano, Diego Lorenzo, y también la única copia conocida de la "consulta misteriosa". La atribución de su autoría al coleccionista compulsivo Mata Linares es en extremo tentadora, pero debe seguir siendo, en última instancia, una especulación.

La "consulta misteriosa" de 1806 y el *establishment*

Quien quiera que fuese quien lo escribió, el informe de 1806 ofrece una sorprendente comprensión del pensamiento de uno de los ministros del Consejo de Indias sobre la movilidad de castas. Se centra en temas conocidos que habían surgido repetidamente en las discusiones en torno al blanqueamiento de las gracias al sacar. Incluso después de décadas de debate, los interrogantes acerca de problemas de inclusión y exclusión permanecían, en su mayor parte, sin respuesta. ¿Debería la Corona restringir el blanqueamiento a personas, o conceder un pase de movilidad a las generaciones posteriores? ¿Debería prefigurar oportunidades para un número mayor de pardos? ¿Qué debiera concederles el Estado para despertar en ellos un interés en su futuro y para que permanecieran leales? La opinión de 1806 no solo se refirió a estos asuntos, sino que concluyó con algunas sorprendentes recomendaciones de política.

El desconocido, "ministro que hace de fiscal" inicia la "consulta misteriosa" con una consideración de la más reciente respuesta de la Universidad de Caracas, donde ruega que el blanqueamiento de Diego Mexías Bejarano no se transmita a sus hijos y que los estatutos de la universidad no se violen. El ministro no profesó ninguna simpatía por las protestas de los profesores. Declaró que "todos los fundamentos, reflexiones y discursos producidos en apoyo de esta pretensión los tuvo muy presentes el Consejo" cuando emitió las triples cédulas del 22 de febrero de 1805, en las que condenaba a los funcionarios imperiales, a la universidad y al obispo, y les ordenaba que acataran la cédula de blanqueamiento. Independientemente de lo que los consejeros pudieran pensar en privado acerca de las repercusiones del blanqueamiento de Diego Mexías Bejarano, una vez expedida una orden real, fueron inflexibles en afirmar que esta exigía obediencia.

El ministro sugirió que las élites de Caracas habían reaccionado exageradamente al blanqueamiento de Diego Mexías Bejarano, pues se trataba de una dispensa individual en lugar de una apertura más amplia para los pardos en general. Tampoco eran las gracias al sacar una innovación, pues no "inducen derecho general o nuevo". Se limitaban a conceder un estrecho favor, y "debe restringirse y coartarse a los precisos y literales testimonios de su concesión". El ministro señaló que incluso los pardos que recibían una cédula de blanqueamiento no debían considerarse a sí mismos como iguales a las élites.[7] No apoyó una movilidad ulterior, al concluir que la separación de las "clases" entre blancos y pardos era fundamental para "el orden, seguridad y buen gobierno".[8]

Si bien el ministro ordenó que la élite caraqueña aceptara las consecuencias del blanqueamiento de los Mexías Bejarano, que incluían el ingreso en la universidad de Diego Lorenzo, simpatizó con sus quejas.[9] Al menos en sus documentos internos, los burócratas parecieron

---

7   La "consulta misteriosa" contiene la única referencia a la cédula del 7 de abril de 1805.
8   RAH, Colección Mata Linares, T. 77 (reproducido en Konetzke, vol. 3, n.° 380, 1806, y RC, Doc. 31).
9   Stolcke, *Marriage*, 174, y Díaz, *Female*, 52, concluyen que la consulta de 1806 retiró la transmisión del blanqueamiento de Diego Mexías Bejarano a la siguiente generación, así que su hijo no pudo asistir a la universidad. Parece, más bien, que el ministro confirmó que, en este caso, la condición del padre pasó a su hijo.

más enterados del malestar de los venezolanos que cuando emitieron declaraciones públicas sobre la situación. Reconoció el "uniforme modo de pensar" del obispo, el gobernador, el concejo municipal y la universidad, y admitió que podrían surgir "los inconvenientes y perjuicios" si los pardos se volvían "engreídos y orgullosos".[10]

No obstante, el ministro insistió también en que la "humanidad y la religión" exigían que los pardos recibieran un tratamiento respetuoso "de vasallos y hombres", incluso si se mantuvieran distinciones de casta y de clase. Recorrió una fina línea al exigir obediencia a las cédulas reales y apoyar las jerarquías tradicionales, pero reconociendo asimismo que pardos y mulatos eran vasallos dignos de la benevolencia real. Su objetivo era hallar un equilibrio dentro del sistema general, "sin que se falte a la justicia".

Dado el apoyo del ministro a la jerarquía establecida del sistema de castas, no es de sorprender que la consulta condenara los esfuerzos de los pardos por difuminar las fronteras y pasar por blancos. No podía condonar una situación en la cual "descendientes de esclavos y conocidos como tales" socializaran con "familias nobles" que eran "legítimas, blancas y limpias de toda fea mancha". Es por esta razón, argumentó, que la Pragmática Sanción referente a los matrimonios era fundamental. Al impedir que cualquier persona de ancestro africano se uniera con blancos o mestizos, las "castas viciadas" permanecerían en "notable inferioridad".

Mantener una separación semejante no era sencillo. El ministro rastreó una serie de cédulas reales que habían intentado negociar las confusas categorías del sistema de castas al impedir a quienes tenían mezcla de ancestro africano vincularse con blancos, mestizos o indígenas. En Chile, la Audiencia declaró que aquellos designados como "mestizos" eran únicamente las personas derivadas de una mezcla de español y de indígena o de origen puramente mestizo, pero que no incluían "otras diversas mezclas o castas".[11] En México, la Audiencia había ordenado a los sacerdotes que intentaran impedir a los indígenas casarse con pardos y mulatos, advirtiéndoles sobre los "perjuicios" de tales mezclas, pues sus descendientes se verían privados "de los empleos honorosos que solo pueden servir los que son indios puros".[12]

---

10 RAH, Colección Mata Linares, T. 77 (reproducido en Konetzke, vol. 3, n.° 370, 1806, y RC, Doc. 31).
11 El ministro citó una consulta del 5 de mayo de 1781.
12 El ministro se refirió a una consulta del 19 de agosto de 1781.

Aun cuando los padres podían usar la Pragmática Sanción para prohibir el matrimonio de quienes no habían llegado a la mayoría de edad, el ministro observó que la ley era menos clara una vez que fuesen adultos. Cuando, en 1803, una revisión de la Pragmática permitió a los hombres y mujeres que estaban en edad contraer matrimonio sin autorización de sus padres, el virrey de Buenos Aires se quejó de los "perjuicios que podían seguirse de la libertad absoluta para ello, en unos países que abundan de negros y mulatos de todas clases".[13] Como resultado, en 1805, el Consejo de Indias declaró que, cuando un adulto de "conocida nobleza o notoria limpieza de sangre" intentara casarse con una persona de las "castas", el virrey, el presidente o la Audiencia "conceda o niegue el permiso" dependiendo de los hechos del caso.[14]

Dadas las actitudes negativas del ministro hacia los mulatos, parece sorprendente que haya podido mostrar alguna simpatía por su movimiento en pos de la blancura a través de las gracias al sacar. Aunque no excluyó esta movilidad, sugirió que semejantes "dispensas de calidad" deben ser "raras", y concedidas únicamente después de tener pruebas de "arreglado proceder, fidelidad al soberano y amor a la patria". Quienes recibían el blanqueamiento deberían poseer "méritos sobresalientes y servicios extraordinarios". Tampoco debieran ser ilimitados dichos favores. Por el contrario, las concesiones debían restringir los beneficios a los "estrechos términos de su concesión". Sentimientos semejantes sustentaron las políticas anteriores, más conservadoras, elaboradas por los fiscales José de Cistué y Coll y Ramón de Posada y Soto, comparadas con la posición más liberal adoptada con frecuencia por la Cámara.[15]

Otro de los temas fundamentales a los que se refiere la "consulta misteriosa" fue el delicado asunto de la lealtad de los pardos a la Corona. El ministro admitió que, dada su "viciada índole, su orgullo y su inclinación a la libertad", los mulatos tienen "poco afectos a nuestro gobierno y nación". Después de citar el mencionado incidente de deslealtad de los pardos en la revuelta de Diego Túpac Amaru, se refirió

---

13 El ministro citó una revisión de esta Pragmática Sanción realizada el 10 de abril de 1803; el Consejo de Indias consideró la queja del virrey de Buenos Aires el 23 de marzo de 1805.
14 RAH, Colección Mata Linares, T. 77 (reproducido en Konetzke, vol. 3, n.º 380, 1806, y RC, Doc. 31).
15 Véase capítulo 9.

a una evidencia más reciente de posible traición. Escribía —en julio de 1806— en un momento crítico. Comentó que era de "público" conocimiento que Francisco de Miranda se encontraba entonces organizando una expedición "contra las provincias y costa de Caracas", y que esta incluía a "dos mil pardos tomados de aquellas partes".[16]

Lo que el ministro no podía saber fue que la expedición de Miranda —que no incluía tal apoyo de las castas y solo involucraba a varios cientos de integrantes— ya se encontraba en problemas.[17] Cuando, al mes siguiente, en agosto de 1896, Miranda consiguió desembarcar una pequeña fuerza en Coro, la falta de respaldo local lo obligaría a partir pocas semanas después. Aun así, el ministro desconocido pareció aceptar el rumor de que pardos y mulatos eran desleales, y podrían conformar una parte importante de la fuerza invasora.

Hasta aquel momento, aunque el ministro había apoyado decididamente la insistencia del Consejo de Indias en que Diego Mexías Bejarano y su hijo disfrutaran de los privilegios de los blancos, en el resto de su análisis simpatizaba con las inquietudes de la élite de Caracas. Apoyó las distinciones jurídicas entre blancos y castas, defendió el propósito de la Pragmática Sanción de prohibir las mezclas, y suscitó interrogantes sobre la lealtad de pardos y mulatos a la Corona.

La "consulta misteriosa" y la política frente a pardos y mulatos

Dada la defensa de las jerarquías existentes presentada por el ministro, y su visión escéptica sobre las lealtades de las castas, parecería poco probable que el siguiente tema tratado en la consulta fuese la posibilidad de eliminar la discriminación contra pardos y mulatos. El segundo mandato de la consulta, sin embargo, fue el de considerar los asuntos planteados en la carta de octubre de 1802, argumentada con vehemencia por el provincial de los franciscanos José Antonio Goicoechea, en la cual rechazaba el sistema discriminatorio de castas, y cuya evaluación había ordenado el canciller Caballero al Consejo de Indias.[18] El "ministro fiscal" informó que había examinado con "bastante meditación" la propuesta del fraile Goicoechea urgiendo al

---

16 RAH, Colección Mata Linares, T. 77 (reproducido en Konetzke, vol. 3, n.° 380, 1806, y RC, Doc. 31).
17 Robertson, 386-388.
18 Véase capítulo 9. Matthew reproduce la carta con comentario.

monarca a "honrar hasta cierto grado los zambos y mulatos de aquel Reino y todos los de Indias e igualarlos a la clase común de los españoles".[19] Concluyó, sin embargo, que el provincial había incurrido en una "manifiesta equivocación" al sugerir que era "la preocupación vulgar" —en realidad, Goicoechea había dicho que era la intolerancia debida al "color"— lo que había llevado a la degradada condición de las castas.[20] El ministro desconocido atribuía, más bien, su condición inferior al "derecho", pues este institucionalizó la discriminación contra ellos y llevó a aquel "miserable estado de despresio y abatimiento que sufren". Planteó entonces una sugestiva pregunta: si la inferencia lógica era que el desigual tratamiento jurídico había producido la triste condición de pardos y mulatos, ¿no debiera la Corona considerar una reparación?

Al parecer, la respuesta fue afirmativa, pues la "consulta misteriosa" adoptó luego un giro radical. El ministro concedió la necesidad de recalibrar la reciprocidad entre el monarca y las castas. Sugirió que, si pardos y mulatos eran "destituidos de toda esperanza de mejorar su suerte, de contarse en la esfera general de los demás vasallos", se desalentarían y caerían naturalmente en sus "naturales desórdenes y malas inclinaciones".

La conclusión del ministro fue asombrosa: puesto que pardos y mulatos eran "hombres" como los demás —incluso si algunos de ellos eran por entonces traicioneros y depravados— la mejor política gubernamental sería apoyar su movilidad social. Si bien oscilaba entre opciones tradicionales y opciones extremas respecto al tratamiento de los pardos, también ejerció cierta cautela. Al referirse a la imagen recurrente de la Corona como custodia, temió que, si esta hubiese de "abrir esta puerta franca e indistintamente a los pardos, mulatos y demás castas aficionadas", esto conduciría a "daños generales" que podrían resultar "irremediables", y que pesarían más que "las contingentes y parciales ventajas" de permitir una movilidad semejante.

En una compasiva interjección, el ministro comentó que le había impresionado una nota al margen de un documento enviado por Diego Mexías Bejarano al Consejo de Indias en diciembre de 1803. En ella, como señalamos anteriormente, el gobernador de Caracas, Manuel de Guevara y Vasconcelos, había captado con nitidez el di-

---

19 RAH, Colección Mata Linares, T. 77 (reproducido en Konetzke, vol. 3, n.º 380, 1806, y RC, Doc. 31).
20 Matthew, "Por qué", 166.

lema de la Corona. Había garabateado, "que si las dispensas de calidad a los mulatos llegaban a generalizarse no tardara mucho en verse confundido y desorganizado el orden político".[21] No obstante, concluyó también que "el negarles toda esperanza de adelantamiento y estimación atraería también igualmente funestas consecuencias". El rechazo "debilitaría" los "pensamientos de fidelidad y empeño en el Real servicio" de los pardos, y "es indispensable contarlas [...] para la conservación de aquellos dominios".

El ministro intentó luego trazar un camino entre aquello que, admitió, eran estos "dos opuestos extremos", o bien "no admitirlos absolutamente a las gracias o de hacerlos indistintamente capaces de todas las honras que disfrutan los blancos en América". Dados sus comentarios anteriores, sus primeras sugerencias de política no fueron sorprendentes. No restringiría el blanqueamiento de las gracias al sacar. Recomendó que los pardos pudieran enviar peticiones al rey para obtener recompensas por "sus méritos y servicios singulares y extraordinarios".

El ministro procedió luego a proponer un asombroso cambio de política. Sugirió que los "morenos y pardos" que pudieran demostrar, con documentos convincentes, que podían rastrear "su libre y legítima descendencia en cuatro generaciones", serían elegibles a "todo oficio o cargo que sirve cualquiera del estado general o llano en España".[22] Esta última sugerencia fue particularmente extrema, pues quienes figuraban como "estado general" en España gozaban de mayores oportunidades de conseguir una mejor condición en las Américas. Incluso más significativo fue la forma como el ministro continuó rechazando el color como variable definitoria. Por el contrario, privilegió el número de generaciones desde la esclavitud y la legitimidad como marcas cruciales.

Aquello que propuso el ministro era una variante multigeneracional de una política de vientres: quienes pudieran documentar cuatro generaciones de vientres libres, unidos en matrimonio, tendrían los privilegios de los blancos, al menos de los blancos que eran plebeyos. Presumiblemente, le tomaría a la mayor parte de los pardos múltiples generaciones avanzar hacia la blancura. El ministro, sin embargo, debió saber que había familias que ya satisfacían este criterio o se acer-

---

21 Véase capítulo 10.
22 Le preocupaba que pardos y mulatos pudieran mentir, así que estipuló que la información sobre el nacimiento no podía venir "por información de testigos".

caban a él: no Diego Mexías Bejarano, pero sí su hijo, el proyectado sacerdote, Diego Lorenzo, podía rastrear tres generaciones de personas libres y legítimas.[23]

¿Por qué habría de sugerir el ministro anónimo que una regla de cuatro generaciones podría ser una política viable? Es posible que haya tomado en serio el comentario del obispo de Caracas, Francisco de Ibarra y Herrera, de que los pardos podrían estar preparados para el sacerdocio en cincuenta años y, por lo tanto, supuso que esta era una línea de tiempo apropiada. Al menos señaló, algo ingenuamente, que pensaba que, en ese lapso, se superarían los "inconvenientes" manifestados por "el Gobernador, R. Obispo, Ayuntamiento y Universidad de Caracas".

Consideró el ministro que esta garantía de movilidad futura motivaría a los pardos a contraer "legítimos matrimonios, a la mejor educación de sus hijos, y a la reforma de sus desordenadas costumbres". Tendrían la "esperanza de distinguirse […] y el gobierno conseguirá hacer útiles, fieles y arregladas unas gentes", que entonces se distinguían por su "abandono y vicios". Advirtió que, indudablemente, si los pardos debían esperar cuatro generaciones de libertad y nacimientos legítimos, estarían más allá de cualquier recuerdo popular de su contacto con la esclavitud. Más reveladora aún fue la suposición de que no existía una deficiencia inherente que impidiera a las castas alcanzar una condición superior.

El párrafo final de la "consulta misteriosa" incluía algunas insinuaciones burocráticas de lo que habría de suceder después. Recordemos que, en 1804, el Consejo de Indias había remitido inicialmente la carta del guatemalteco Goicoechea acerca de la movilidad de castas a la Contaduría General para que evaluara el impacto potencial de eximir a pardos y mulatos del recaudo de los tributos.[24] Al parecer, el Consejo aún no había recibido respuesta, pues el ministro desconocido lo intentó de nuevo. Concluyó con la sugerencia de que los expedientes acumulados "relativos al punto" se remitieran a los despachos de la Contaduría en el Perú y en Nueva España para que evaluaran las consecuencias financieras de aceptar "la solicitud del Provincial". En cuanto a sus otras recomendaciones, concluyó diciendo que el Consejo de Indias decidiría sin duda "lo más acertado".

---

23 Véase capítulo 4. Caso 38, Caballero Carranza, 1808, cumpliría ese criterio.
24 Véase capítulo 10.

La "consulta misteriosa" y su influencia sobre la política de blanqueamiento

Puesto que la "consulta misteriosa" apareció únicamente como una copia en los archivos de Mata Linares, permaneció como un documento prístino y, por lo tanto, menos informativo. A diferencia de aquellos documentos que pasaban por la cadena de mando administrativa, no contenía las anotaciones de los funcionarios correspondientes, ni páginas en las cuales los burócratas lo comentaran, aprobaran o negaran. Si bien la detallada reacción del Consejo de Indias a estas recomendaciones sigue haciendo parte del "misterio", rastrear la suerte de las peticiones de blanqueamiento pendientes y futuras nos ofrece unos primeros indicios sobre cómo incidió la consulta de 1806 sobre esta política.

Una tendencia se hizo evidente de inmediato: el Consejo comenzó a buscar casos pasados de blanqueamiento y a encaminarlos hacia la Contaduría General. Una primera indicación de este proceso aparece dentro de los documentos de los hermanos Valenzuela, los primeros en recibir una cédula de blanqueamiento en 1796. A fines de julio de 1806, un funcionario introdujo una nota adicional a sus documentos, señalando que había enviado sus papeles para "unir a expediente general sobre inconvenientes que resultan de estas gracias".[25] Aunque la "consulta misteriosa" sugirió que el Consejo de Indias remitía los casos a la Contaduría General principalmente para que examinara sus implicaciones tributarias, esta nota informal insinuó que las complicaciones adicionales resultantes del blanqueamiento también podrían haber motivado la revisión.

Al final del mes siguiente, en agosto de 1806, los papeles de Ayarza recibieron un tratamiento similar y confirmación adicional de que las protestas locales, así como las finanzas, habían promovido esta reconsideración. Una nota agregada a los documentos explicaba que éstos, "Están unidos a un expediente de Caracas sobre oposición hecha por aquella universidad a admitir a cursos de filosofía a Lorenzo María Bejarano hijo de Diego".[26] Agregó que los papeles de Ayarza podían encontrarse entonces "en la Contaduría General".

La opinión de 1806 no solo llevó a los funcionarios a ir más allá de los expedientes de blanqueamiento hasta la Contaduría; resultó también en un congelamiento de los fallos, pues el Consejo de Indias co-

---

25 Caso 20, Valenzuela, 1796.
26 Caso 22, Ayarza, 1803.

menzó a enviar los casos pendientes a aquel mismo despacho. Este patrón se hizo aparente el mismo mes de agosto de 1806 cuando, después de una demora de dos años, un desconocido "ministro que hace de fiscal" revisó las peticiones de Doña María del Carmen Correa y Doña Francisca del Cerro, donde solicitaban que se les permitiera desposar a sus prometidos pardos, Juan Joseph Ximénez y Blas Gallegos.[27] Observó que las parejas caraqueñas habían pedido "dos gracias", a saber, el permiso real para casarse y el blanqueamiento de sus potenciales esposos a través de las gracias al sacar.

La respuesta del ministro a la primera fue negativa. Aun cuando las parejas eran adultas y técnicamente libres de los rigores de la Pragmática Sanción, veredictos posteriores —como había señalado el autor de la "consulta misteriosa"— habían conferido a los funcionarios locales la facultad de aprobar o negar matrimonios. Como la Audiencia de Caracas no era amiga de uniones semejantes, esta era una vía que probablemente no conduciría al resultado deseado.

El desconocido ministro impidió luego la segunda opción de las parejas, la compra del blanqueamiento para Juan Joseph y Blas, lo que les habría permitido evadir las prohibiciones de la Pragmática. Comentó que tales decisiones "se pueden reservar para después", dado "el expediente que pende en el Consejo, sobre si trae o no inconvenientes". Su observación insinuó, además, que no era solo la incertidumbre acerca de los ingresos tributarios, sino también las quejas provenientes de Venezuela lo que ocasionaba las demoras.

Mientras el Consejo de Indias exigía en público que las élites de Caracas aceptaran las consecuencias de las cédulas reales y desestimaba sus argumentos en contra del blanqueamiento, los ministros, internamente, prestaron mayor atención a las inquietudes locales.[28] Esto sucedió, aunque las únicas quejas que se presentaron se referían primordialmente al blanqueamiento de unas personas específicas: los Mexías Bejarano, los Landaeta y los Arévalo. El resto del imperio —y esto incluyó a las élites venezolanas— pareció mostrarse indiferente o bien aceptar la opción de que otros pudieran comprar la blancura. El caso de las peticiones de estas

---

27 Caso 30, Gallegos, 1806; Caso 31, Ximénez, 1806. No sabemos si el mismo ministro tomó también la decisión en el caso de Ayarza, así como en estos dos, pero parece probable, puesto que fue en la misma fecha.
28 Paquette, 153, observa que este objetivo de los Borbones de "mantener relaciones relativamente armoniosas con las élites locales" contribuyó al "eclecticismo" administrativo, dada la diversidad de las situaciones en todo el imperio.

desesperadas mujeres de Caracas supuso la primera vez, aunque no habría de ser la última, en que los ministros se negaron a fallar peticiones en curso, postergando los veredictos con el pretexto de que el Consejo de Indias se encontraba en proceso de desarrollar una política al respecto.

Dos meses más tarde, en octubre de 1806, otro ministro desconocido intentó remitir una petición de blanqueamiento más a la pila de casos que se encontraba en la Contaduría. El solicitante ciertamente no era desconocido del Consejo, pues el panameño Pedro Antonio de Ayarza había regresado por tercera vez a pedir el blanqueamiento de sus dos hijos menores, Pedro Crisólogo y Antonio Nicanor. Pedro Antonio debió haber recibido, a fines de 1803, la mala noticia de que el rey se había negado a conceder el blanqueamiento a sus dos hijos menores, así que envió una nueva petición, redactando una carta para el Consejo de Indias en marzo de 1804. Concedió que, en la época en que envió sus dos primeras peticiones, sus hijos menores estaban "en su menoría" y "continuaban sus estudios al lado de su hermano mayor".[29] Ahora, sin embargo, "los han concluido" y sus "progresos" eran tales como "para hacerse dignos de su amor paternal". Parece probable que Pedro Antonio haya remitido su carta de presentación a su hijo abogado, don Joseph Ponciano, quien, de abril a julio de 1804, organizó las declaraciones de los testigos.

Como sucedió antes, miembros de la élite bogotana se unieron para apoyar el blanqueamiento de los Ayarza, revelando no solo que aprobaban análoga movilidad para sus dos hermanos, sino que aceptaban también plenamente la nueva condición de Joseph Ponciano. Uno de los miembros del concejo municipal, don Juan de Uricochea, confirmó que los menores de los Ayarza manifestaban "una conducta irreprensible y cristiana", y que gozaban del "general aprecio y estimación de los sujetos más caracterizados y distinguidos de esta capital". Su colega, don José Joaquín Álvarez, recordó que conocía a los hijos de Ayarza desde 1795. No solo confirmó su excelente conducta, sino que comentó favorablemente la movilidad de su hermano: "Igualmente me consta que son hermanos legítimos de Dr. Don José [Joseph] Ponciano de Ayarza, abogado de esta Real Audiencia".

A diferencia de Caracas, donde el rector y los profesores de la universidad lucharon tenazmente por prohibir la admisión de Diego Lorenzo Mexías Bejarano, en Bogotá la facultad no solo admitió a los

---

29 Caso 22, Ayarza, 1803.

Ayarza en la universidad, sino que también los elogió. El rector de San Bartolomé, Gregorio Domínguez, confirmó que habían "desempeñado sus obligaciones con exactitud", obtenido buenos resultados en sus exámenes, y "que han merecido el general aprecio que disfrutan en esta capital". Otro profesor recordó que los dos jóvenes no eran únicamente "dignos de la estimación de los superiores del colegio"; gozaban asimismo de "general apreciación aún de las personas más condecoradas y distinguidas de esta capital".

Cuando el virrey don Antonio Amar remitió la tercera petición de Ayarza a Madrid, comentó, "por su parte", que parecía tratarse de las "mismas circunstancias" de 1795, cuando su predecesor, el virrey José de Ezpeleta, había comentado la primera petición de Ayarza y expresado algunos "reparos" acerca del blanqueamiento. Puesto que el Consejo de Indias seguía careciendo de fiscales, transcurrieron ocho meses, hasta octubre de 1807, cuando un ministro desconocido evaluó su petición. Señaló que el rey había negado el blanqueamiento de los jóvenes Ayarza en 1803.

El ministro procedió luego a ofrecer una interpretación poco frecuente de los debates que por entonces se tenían en el Consejo de Indias acerca de si debieran concederse dispensas individuales a través de las gracias al sacar, disposiciones generales para la movilidad de los pardos como grupo o ninguna de las anteriores. Señaló que la revisión anunciada de las peticiones de blanqueamiento pasadas y presentes tenía varios propósitos. Primero, decidir sobre el "punto general", si "convendrá o no dispensar algunas gracias y distinciones a los pardos". El Consejo debía elaborar "las reglas" que se aplicarían, bien fuese "sugetándolos a los pardos a su sistema común", o bien "señalando los requisitos y términos de sus dispensas". Recomendó que la Cámara remitiera la última petición de Ayarza a la Contaduría para "su unión al general".

Le tomó dos meses a la Cámara, hasta diciembre de 1807, responder a la recomendación del ministro sobre los Ayarza. En lugar de seguir el camino más sencillo y limitarse a enviar la petición a la inercia administrativa, la Cámara siguió demostrando su disposición a favorecer las peticiones de blanqueamiento. Sus miembros decidieron enviar el expediente al rey para "hacerlo todo presente a Vuestra Majestad [...] para que se sirva resolver lo que sea de su real agrado". Esta decisión dio a los Ayarza otra oportunidad de obtener un veredicto favorable.

Cuando la Cámara recibió la respuesta a mediados de diciembre, ésta fue decididamente enigmática: la respuesta era únicamente "como parece". Dado que la Cámara había remitido la petición de Ayarza sin ninguna sugerencia a su favor o en contra de ella, la única recomendación contenida en el paquete era el consejo del ministro de enviar la petición a la Contaduría General. La Cámara obedeció e informó al apoderado de los Ayarza en enero de 1807 que había pospuesto la decisión.

Don Manuel Antonio de Echevarría, el apoderado de los Ayarza en Madrid, se negó a aceptar la decisión de la Cámara. Argumentó, a mediados de febrero de aquel mismo año, que, como no había hecho una recomendación, sino solamente remitido los documentos, aquella sentencia "no es decisiva del asunto sobre el que recayó la consulta". Por esta razón, insistió en la necesidad de "repetir su anterior súplica", que constituía para entonces la cuarta petición de blanqueamiento de Ayarza.

Echevarría detalló el "complexo de circunstancias" que calificaban a Pedro Crisólogo y a Antonio Nicanor para obtener el blanqueamiento. Argumentó que el precedente debía operar a favor de los Ayarza. La situación de los dos hermanos menores —la "común estimación y aprecio, su continua aplicación a sus estudios y conocido aprovechamiento en ellos"— era similar en todas las circunstancias a la de su hermano mayor. Concluyó que "sería cosa dolorosa ver perdidos todos sus trabajos", obligándolos a "buscar destinos en nada correspondientes al mérito".

Las exigencias de armonía familiar, así como el precedente, argumentó Echevarría, debían llevar al blanqueamiento de los Ayarza menores. A falta de un veredicto favorable, la familia se vería dividida y sufriría "una disonancia y deformidad" si los "hermanos se viesen en tan diferentes estados de calidad". El mayor, blanco, don, abogado, mientras los dos más jóvenes serían pardos que aún aguardaban una autorización para recibir su grado universitario. Dado que la situación era "tan idéntica", el abogado pedía que el rey les concediera la blancura "en los mismos términos" que a su hermano. Rogó a la Cámara que "consultara a Su Majestad" sobre cuál sería "su real agrado". En esta ocasión, la Cámara tomó su ejemplo de la negativa del monarca a considerar el caso. Al mes siguiente (marzo de 1807), ordenó que la petición de Ayarza "únase al expediente general".

Solo le tomó tres meses al apoderado de los Ayarza (junio de 1807) regresar, por quinta vez, con una petición a la Cámara, que habría de ser la última, en nombre de la familia. Se quejó de que la acción de la Cámara "no fue decisiva", pues se había negado a remitir el caso al monarca para una decisión definitiva. Después de repetir todas las razones por las cuales los hermanos merecían que se les concediera el blanqueamiento, concluyó que, aunque la Cámara había remitido los documentos a la Contaduría, el monarca tenía aún la "soberana determinación" y podía siempre conceder favores semejantes. Le inquietaba que hubiese demoras adicionales, por "el tiempo que ha pasado", y porque "no se ha presentado persona", un fiscal, para "el despacho de dicho expediente". La suya no habría de ser la única queja respecto a la ineficiencia generada por la reforma de los Borbones.

Esta vez, el Consejo de Indias remitió la apelación de Ayarza a la Cámara a mediados de julio. Quizás los ministros se tomaron a pecho la crítica de Echevarría acerca de la tardanza, pues les tomó únicamente cinco días enviar esta última petición directamente a la pila de documentos análogos que se acumulaban en la Contaduría General. La petición de Pedro Antonio, durante más de doce años, había producido más de trescientas páginas de documentos; sus esperanzas de obtener un blanqueamiento oficial para sí mismo y para sus dos hijos menores, sin embargo, terminó en derrota. El resultado final dependió menos de las características concretas del caso que del momento en el cual presentó su solicitudes. Las protestas de Caracas, la dificultad de hacer valer las cédulas, las complicaciones en torno a los precios y la incertidumbre respecto a sus efectos últimos habían pasado su factura. Aquello que la Cámara de Indias estimó posible para el hermano mayor, Joseph Ponciano, en 1797, no era ya una opción viable, diez años más tarde, para su padre, Pedro Antonio, ni para sus hermanos menores, Antonio Nicanor y Pedro Crisólogo.

Si bien la noticia de este rechazo, en 1807, debió causar desesperanza en el hogar de los Ayarza en Panamá, hubo, por el contrario, regocijo en Perú, pues llegó finalmente de Madrid la cédula de blanqueamiento de José Manuel Valdés. En la forma en que respondieron las instituciones locales a su cambio de condición no podría presentar un contraste mayor con la helada recepción que se le dio con anterioridad a Diego Mexías Bejarano cuando presentó sus documentos de blanqueamiento a la Real Audiencia de Caracas. La élite limeña actuó con rapidez para confirmar la nueva condición de José Manuel: ahora que era oficialmente blanco, podía recibir un grado en Medicina de la universidad.

Pero incluso en el entorno social más benigno de Lima, la aceptación del recientemente blanqueado José Manuel Valdés no fue unánime. Al menos uno de los médicos que asistió, en febrero de 1807, a las celebraciones con las que el gremio de médicos celebró su inclusión en sus filas, resintió los favores concedidos al nuevo practicante.[30] Al parecer, el doctor Manuel Dávalos había observado, de manera bastante insidiosa, "que sin la gracia del soberano para el zambo José Manuel Valdés, cirujano latino de esta ciudad, siempre hubieran sido de bronce las puertas de ese liceo".

El biógrafo de Valdés, José Antonio Lavalle, sugiere que el médico Dávalos quizás estuviera celoso, pues era de la "misma casta" que aquel. Como las leyes le prohibían también la asistencia a la universidad, había viajado a Francia, donde había obtenido un título de médico de la Universidad de Montpellier. Igual de evidente es que otras personas de las instituciones médicas limeñas no compartían el desdén de Dávalos. Así, los colegas médicos de José Manuel lo eximieron del período de dos años de aprendizaje después de graduarse en la universidad para que pudiera realizar el examen de grado avanzado de doctor, que realizó con éxito aquel mismo año.

Para la mayor parte de los solicitantes las noticias no fueron tan positivas como para el limeño José Manuel Valdés: los Ayarza no fueron la única familia que vio destruidas sus esperanzas cuando la Cámara decidió posponer los casos pendientes. Los solicitantes de Cumaná don Juan Martín de Aristimuño y Francisco de la Cruz Márquez enviaron sus peticiones en enero y en marzo de 1806, y aguardaron inútilmente un veredicto de la Cámara. Escribieron en septiembre de 1807, esperando todavía un fallo favorable. No está claro si redactaron sus propias cartas o si su apoderado en Madrid las envió por cuenta propia. Esta diferencia adquiere importancia porque los documentos sugieren que el abogado Martínez Colmenares tuvo cierta información interna acerca de las discusiones que se llevaban a cabo entonces en el Consejo de Indias sobre el blanqueamiento, y utilizó este conocimiento para extraer un veredicto positivo a favor de sus clientes.

La carta en nombre de don Juan Martín de Aristimuño sugería que el apoderado tuvo tal conocimiento porque sabía que los ministros habían decidido no fallar sobre los casos, sino, en su lugar, remitirlos a la Contaduría, donde se estaba recopilando un "expediente general" respecto al blanqueamiento.[31] Señaló que la Cámara había postergado las peticiones no, como sugiere la "consulta misteriosa", para explorar las implicaciones financieras que tendría el que las castas dejaran de pagar tributos, sino en respuesta a las quejas del "cabildo" y de la

---

30 Mendiburu, 8, 239, y Lavalle, 8, incluyen información sobre este incidente.
31 Caso 32, Aristimuño, AGI, 1806; Caso 32, Aristimuño, RC, 1806.

"Universidad de Caracas". La carta sugería asimismo que el Consejo de Indias estaba considerando activamente alguna versión más radical de la propuesta remitida en la recomendación de 1806, la de borrar gradualmente las distinciones entre blancos y castas.

La misiva de don Juan Martín utilizó la suposición de que el Consejo de Indias estaba considerando la equiparación de blancos y pardos para rogar que se tomara especial atención a su caso. Argumentó que había una enorme diferencia entre una "determinación particular" y la elaboración de una política "absoluta" que aboliera "la diferencia hasta aquí observada entre blancos y pardos". El "público", argumentó, no consideraría un veredicto respecto a su petición como algo "tan importante", pues había poco "peligro de errar en aquel caso". No obstante, entendía que cualquier formulación de un "plan o reforma" más general conllevaba "profundas" consecuencias para cualquier decisión final "e influxos para resolver" dado que "tanto importa" la legislación.

Alusiones a los continuos aplazamientos mientras los solicitantes aguardaban que los ministros y la Cámara despacharan los casos aparecieron también en la petición de don Juan Martín de actuar de inmediato. Su carta observaba deliberadamente que el tiempo para que sus hijos recibieran una educación estaba pasando, y que habían "perdido en inacción los mejores años para aprender". La familia había sufrido "cerca de dos" años de "inacción" desde que había enviado inicialmente la petición. Se lamentó de que, si hubiera de esperar a que el Consejo de Indias llegara a "la resolución general", esto tomaría "muchos años", de modo que "sus hijos y tal vez sus nietos" tendrían que renunciar a cualquier esperanza de "poder servir al Estado como sus compatriotas los blancos". Rogó al Consejo que separara su petición de las demás y emitiera un veredicto.

No parece accidental que el otro solicitante de Cumaná, Francisco de la Cruz Márquez, registrara una queja análoga aquel mismo día, observando que "más de diez y nueve meses [...] han pasado" desde que envió su petición de blanqueamiento.[32] Se encontraba, confesó, "agobiado [...] con la incertidumbre del éxito, lamentándose del tiempo que van perdiendo sus hijos". Le inquietaba que "de que a poco más tiempo [...] pasarán la edad proporcionada para el estudio". Le preocupaba que "las razones políticas que puedan estorbar o detener el establecimiento general [de una política común] para todos los par-

---

32 Caso 33, Cruz Márquez, AGI, 1806; Caso 33, Cruz Márquez, RC, 1806.

dos" pudiera complicar la petición de blanqueamiento para su familia, y concluía que "hay mucha diferencia entre el exponente y los demás pardos o [aquellos] de otros colores", pues ellos "que ni han servido al público ni ofrecen ahora [...] la cantidad prevenida" para estos casos.

No se conoce la forma en que el abogado Martínez Colmenares había tenido conocimiento específico para remitir los casos de sus clientes de Cumaná. No obstante, en un comentario anotado en la petición de Cruz Márquez, el abogado ofrecía otra explicación de por qué consideraba imperativo separar las peticiones de sus clientes del expediente general. Observó, respecto al asunto de la movilidad de los pardos que "la resolución de este tardará mucho tiempo, porque no hay quien lo pueda". Al igual que al apoderado de Pedro Antonio de Ayarza, le inquietaba que el Consejo careciera de personal y, a la vez, de determinación para elaborar una política.

El abogado Martínez Colmenares no solo ideó una estrategia para sacar los documentos de sus clientes de la Contaduría; manifestó su interés en organizarse con otros abogados para hacer avanzar los casos de blanqueamiento. Observó que había "igual instancia de Pedro [Antonio] de Ayarza", pero que el Consejo la había postergado. Propuso que los solicitantes y sus apoderados colaboraran entre sí y "agitar" como grupo para expeditar los fallos del Consejo de Indias. Las permanentes ineficiencias, demoras y vacantes características de estos años de declive del gobierno imperial frustraron a estos dos abogados en Madrid, así como a los solicitantes en las Américas. Su llamado a llevar al Consejo de Indias a actuar parece haber surtido poco efecto, pues las cartas de sus clientes de Cumaná permanecieron en la creciente pila de casos de blanqueamiento de la Contaduría General.

La consulta Viaña, 1808

Como el Consejo de Indias había relegado a la Contaduría General las peticiones de blanqueamiento anteriores y pendientes, parece apropiado que la siguiente persona que sugiriera la opción de una política común hubiera ocupado un cargo en tal institución durante décadas y ahora la dirigiera.[33] Aun cuando el ministro Francisco José Viaña nunca había desempeñado un cargo en las Américas, provenía de una

---

33 Burkholder, *Biographical*, 138.

familia con contactos cercanos en las Indias, pues su hermano era un comerciante de ultramar. Después de ejercer como funcionario principal en la oficina del Canciller y en el Tesoro de Indias, Viaña había ascendido, en julio de 1806, a contador general, posición que lo hacía también ministro del Consejo de Indias. La consulta de Viaña, firmada en enero de 1808, presentó el análisis largamente esperado de las implicaciones financieras del blanqueamiento individual o generalizado.[34] Revisó una serie de documentos que antecedían al informe, revelando que habían llegado recientemente peticiones de blanqueamiento adicionales al Consejo, y sintetizó las recomendaciones de los funcionarios de la Contaduría.

Después de señalar la cadena causal conocida, desde la carta de 1802 del franciscano Goicoechea, la orden del canciller Caballero, y la adición, en 1804, de los documentos de Diego Mexías Bejarano, el ministro Viaña mostró un conocimiento interno de la reacción inmediata del Consejo de Indias a la "consulta misteriosa" de 1806. El Consejo no había actuado con base a las recomendaciones de política que contenía de continuar con el blanqueamiento de las gracias al sacar o bien conceder la igualdad a las castas descendientes de cuatro generaciones de vientres libres legítimos. Por el contrario, en septiembre de 1806, habían admitido vagamente la necesidad de considerar no solo "la suerte de los pardos, mulatos y otras castas de América, sino también los términos en que hubiere de procederse respecto a las dispensas o gracias que les concedieron en lo sucesivo". El Consejo había coincidido con el autor de la "consulta misteriosa" en la necesidad de un aplazamiento: no era posible proceder sin un informe que evaluara las consecuencias financieras de poner fin al tributo de las castas.

La consulta redactada en 1808 por el ministro Viaña no se limitó a revisar el pasado, sino que ofreció ideas acerca del presente administrativo. Reveló que habían llegado cuatro peticiones adicionales de blanqueamiento y que posteriores "acuerdos" del Consejo de Indias las habían agregado al "expediente general". Como estos casos no han podido ser ubicados, su informe ofrece solo mención de dos solicitantes de América Central, uno de Venezuela y otro de Cuba.[35] Estos incluían

---

34 AGI, Guatemala 743, sin n.º, 1808. Agradezco a Laura Matthew este documento.
35 No aparecen en las ubicaciones de archivo habituales de los documentos de las gracias al sacar. Quizás las disrupciones ocasionadas por la invasión napoleónica y el traslado del gobierno imperial de Madrid a Cádiz llevaron a la eventual pérdida de los documentos.

a Juan Antonio de Figueroa, un "mulato libre" que, sin embargo, había ocupado un cargo público en el concejo municipal de Tegucigalpa. Pedía que se les permitiera a sus dos hijos ingresar en la universidad. La viuda guatemalteca Francisca Gertrudis de Sandoval esperaba que, cuando el Consejo dispensara a sus cinco hijos del "defecto de mulatos libres", estos pudieran "obtener empleos". Joseph María Gallegos, proveniente de una prominente familia de cirujanos de Caracas, pedía que él y su esposa fuesen dispensados "de la calidad de pardos para poder emplearse en los mismos destinos que los blancos".[36] El cubano José Salas solicitó una excepción profesional para ser notario.

El ministro Viaña se mostró inclinado a apoyar las peticiones pendientes y las nuevas, pues señaló con aprobación que los solicitantes venían altamente recomendados por funcionarios reales o habían presentado expedientes convincentes. Observó que el gobernador de Cumaná había enviado cartas a favor de las peticiones anteriores de Francisco de la Cruz Márquez y de don Juan Martín de Aristimuño, el capitán general de Caracas había elogiado al cirujano Gallegos y el gobernador de Cuba había comentado el conocimiento que tenía José Salas de "francés e inglés". Señaló que las "mismas circunstancias" se aplicaban a los "testimonios" en favor del hondureño Figueroa y de la viuda guatemalteca Sandoval. Incluso —aunque los Ayarza probablemente nunca lo supieron— comentó favorablemente la "buena conducta, aplicación constante y concepto público" de los "otros dos hijos del capitán de pardos de Portobelo". Pareció dispuesto a rescatar a estos solicitantes del limbo de la Contaduría y concederles el blanqueamiento, aunque no hizo ninguna recomendación específica.

La tercera y última parte del informe del ministro Viaña sintetizó la largamente esperada opinión de los funcionarios acerca del impacto financiero de la movilidad de castas. No obstante, la consulta tenía una visión más amplia que el simple ingreso, pues consideró tres asuntos controversiales que habían dominado la historia del blanqueamiento de las gracias al sacar. Estos incluían las objeciones de las instituciones venezolanas, la ausencia de lineamientos en su concesión, la especificación de las consecuencias del blanqueamiento y las perspectivas de una política que concediera una movilidad general a las castas.

Como era previsible, los funcionarios de la Contaduría General no tuvieron consideración alguna con las élites venezolanas que des-

---

36 Existe una gran probabilidad de que estuviera relacionado con el cirujano Blas Gallegos: Caso 30, Gallegos, 1806.

obedecían las órdenes del rey. Concluyeron que "ni la Universidad, ni el Reverendo Obispo, ni ningún otro cuerpo de Caracas debieron haber resistido el cumplimiento de las cédulas expedidas en favor de Mexías [Bejarano] y Landaeta". Recomendaron que el Consejo expidiera de nuevo las órdenes, recordando a quienes se opusieran a ellas, que las tradiciones de reciprocidad vinculaban al monarca con todos sus vasallos:

> Aunque es cierto que por varias leyes de aquellos dominios están privados los negros y mulatos y otras castas de las gracias de que se trata, también es innegable que el rey en uso de sus facultades supremas puede dispensar particularmente las disposiciones de las leyes y los estatutos de los cuerpos civiles cuando los vasallos se hacen acreedores a su real piedad por efecto de sus servicios y particulares circunstancias.

El informe de la Contaduría condenaba a las élites venezolanas y, a la vez, proponía continuar con el blanqueamiento de las gracias al sacar y elogiaba las cualidades de los solicitantes pendientes. Los funcionarios concluyeron que "son verdaderamente dignas de la real piedad para la dispensa que solicitan". La única advertencia —algo igualmente predecible de los hombres a cargo de las finanzas imperiales— fue que tendrían que pagar "la quota prevenida en el arancel" expedido en 1801.

Los funcionarios de la Contaduría General sugirieron también normas para los beneficios y límites de las gracias al sacar. Aceptaron que el blanqueamiento debía ser absoluto, superando cualesquiera disposiciones discriminatorias contra las castas que estuvieran en la ley. No obstante, limitaron tales beneficios al individuo, declarando que no debían "ni entenderse tampoco trascendentales a las familias". Favores semejantes eran privativos al "mérito y circunstancias puramente personales". El informe concedió que una de las razones para tal limitación era financiera, pues "sería incalculable el perjuicio" al erario real si estas excepciones se extendieran a lo largo de las generaciones en las familias.

Finalmente, el informe de la Contaduría consideró la perspectiva de apoyar una movilidad general de castas como la defendía el franciscano Goicoechea. Los funcionarios concluyeron que, "por varias razones políticas", "no conviene igualarles con los blancos". Si los funcionarios basaron las "razones políticas" para negar una movilidad generalizada a pardos y mulatos exclusivamente en el recaudo de impuestos o si consideraron también la posible oposición de las élites es algo que no puede saberse. Lo que es evidente es que reconocieron que el asunto sobrepasaba las consideraciones meramente financieras:

> Si se dexan de conceder absolutamente semejantes gracias, resultarían acaso otras consequencias funestas, debilitándose por consiguiente la fidelidad y esmero en el real servicio respecto de unas gentes que no solo pueden ser tan útiles como los blancos en qualquier carrera a que se dediquen, sino que son absolutamente necesarias para la conservación y fomento de aquellos dominios.

Al igual que en la consulta de 1806, la de Viaña reconoció el mérito de las castas, pues podían ser "tan útiles como los blancos". Rechazó también la discriminación basada en la justificación de la mezcla de sangre. Por el contrario, el informe concluyó que "no siendo tampoco justo" que, debido únicamente a su "color accidental", las castas sufrieran "una restricción absoluta en la dispensa de calidad y habilitación para los efectos civiles". El ministro Viaña sugirió que un "medio prudente" podría ser el de mediar entre alguna "consideración hacia estas gentes", y sopesarla contra "las dificultades que se presentan si se generalizan estas gracias".

La consulta recomendó la creación de un sistema de movilidad de dos partes. Pardos y mulatos que pudieran demostrar su "mérito personal", podrían, con "pocas trabas y dificultades" recibir "algunas distinciones que les prefieran de los de su clase, sin entera igualdad a los blancos para los objetos políticos". Cómo habría de conseguirse esto no quedaba claro. Un segundo grupo, que prestara "servicios extraordinarios", podría obtener "efectos civiles en los mismos términos que a los blancos", presuntamente a través de las gracias al sacar. El ministro Viaña concluyó con la observación de que el Consejo de Indias tendría que "consultar en tan delicado punto" para decidir lo que fuese "conveniente".

Acontecimientos posteriores

Para aquellos abogados en Madrid y solicitantes americanos que aguardaban los veredictos de blanqueamiento, algunas de las recomendaciones de la consulta de 1808 podrían parecer positivas. Si bien los funcionarios de la Contaduría habían limitado el favor al individuo, habían declarado que la compra de unas gracias al sacar implicaba la blancura legal completa, y habían aprobado continuar con esta práctica. Promisorio también era el hecho de que la Cámara pudiera fallar los casos pendientes, pues, finalmente, después de veinte meses de vacancia, llegó un fiscal. Habían transcurrido tres años desde su nombramiento cuando, en febrero de 1808, José Lucas de Gorvea y Vadillo viajó desde Buenos Aires para asumir el despacho de Perú.[37] Al final de aquel mes, don Manuel Caballero Carranza, de Puebla, México, envió su petición, para probar si el Consejo de Indias había dejado de aplazar los casos.[38]

La historia de don Manuel ha aparecido antes. Recordó que los problemas de su familia comenzaron cuando su bisabuelo, don Juan Caballero Carranza, viajó desde Plasencia, España, a México, donde desposó a María Carmona, una "parda libre". Don Juan había prestado apoyo financiero a la milicia parda de Puebla, donde el hijo de la pareja, don Felipe, sirvió durante veintiséis años ascendiendo al rango de capitán. El hijo de don Felipe, don Joaquín, siguió los pasos de su padre y ascendió de lugarteniente a capitán y, por último, después de cuarenta y cinco años, comandó el batallón de infantería de los pardos, al que con frecuencia subsidió "a sus espensas". Fue su hijo, don Manuel, por entonces comerciante en Puebla —quien también continuó apoyando financieramente la milicia de los pardos— el que envió su petición de blanqueamiento.

La petición de don Manuel documentaba el matrimonio de su bisabuelo con una parda, y también los matrimonios posteriores de su abuelo, de su padre y el suyo propio con mujeres blancas. Para el momento en que envió la solicitud, el sacerdote local había registrado oficialmente a tres de sus cuatro hijos en el libro reservado a los "españoles" y, adicionalmente, había conferido a su padre el título de don. Los testigos coincidían en afirmar que el padre y sus hijos eran elegibles para "obtener cualesquiera empleo", no solo debido a sus "circunstancias", sino también a su "aspecto", el cual reflejaba "buen nacimiento". En otras palabras, lucían como blancos. Don

---

37 Burkholder, *Biographical*, 51-53. Estuvo demorado tres años debido a problemas locales que incluyeron la invasión inglesa del Río de la Plata.
38 Caso 38, Caballero Carranza, 1808. Vinson, "From", 114, señala que había un grupo "influyente" de población de casta en Puebla, incluyendo "una legión de oficiales militares de alto rango", a los que esta familia casi con certeza pertenecía.

Manuel pidió, sencillamente, que él y sus hijos pudieran obtener "los empleos honoríficos que la piedad de Vuestra Majestad tenga a bien concederles".

El 28 de febrero de 1808, el apoderado de don Manuel en Madrid presentó la petición de su cliente ante el Consejo de Indias. En esta ocasión, alguien actuó con celeridad, al redactar once días más tarde una reveladora observación sobre los documentos. Señaló que, "sobre arreglar esta materia de los pardos", había ahora un "expediente general" en el despacho de "la secretaría del Perú", que contenía "varias instancias" de estas peticiones. Al parecer, el Consejo de Indias había trasladado los casos acumulados de la Contaduría General al despacho del recientemente posesionado fiscal Gorvea y Vadillo. Tres días más tarde, el 14 de marzo de 1808, alguien escribió otro comentario en la petición, observando que "se sigue por la secretaría del Perú".

Incluso si el Consejo de Indias estaba entonces dispuesto a actuar, y aunque había ahora un fiscal para revisar su caso, don Manuel Caballero Carranza nunca recibió un veredicto. El tiempo se había agotado. Las tropas francesas habían comenzado a invadir España y el Consejo de Indias tenía acontecimientos más ominosos que considerar.

Conclusiones

Mucho había cambiado el funcionamiento del Consejo de Indias cuando —incluso antes de que apareciera el blanqueamiento en las gracias al sacar— los ministros habían concedido una excepción a Miguel Joseph Avilés para ejercer como cirujano en la década de 1760, habían considerado qué favor otorgar al guatemalteco Bernardo Ramírez en la de 1780 y debatido, en la de 1790, si Petronila Peralta y sus diecisiete hijos debieran recibir el blanqueamiento. La ausencia de fiscales que revisaran las peticiones, los disensos entre los abogados de la Corona y la Cámara, combinados con las continuas protestas de Venezuela y los impedimentos a los que hubieron de enfrentarse quienes recibieron cédulas de blanqueamiento, comenzaron a tener un impacto cuyo resultado fue sembrar dudas sobre la eficacia de las gracias al sacar y desalentar la intervención de la Corona. Aun así, la carta de Goicoechea, el provincial de los franciscanos, y la oposición de las élites al blanqueamiento de Diego Mexías Bejarano en Caracas se convirtieron en piedra de toque para las agendas de la "consulta misteriosa" de 1806 y la posterior de 1808. En ambas se consideró el futuro del blanqueamiento de las gracias al sacar, así como reformas dirigidas a mejorar la condición de pardos y mulatos en el imperio.

El ministro desconocido que redactó la consulta de 1806 intentó mediar entre jurisdicciones que diferían. Abordó el quid del asunto: el mandato de preservar las divisiones jerárquicas tradicionales de casta y clase, sopesado contra el imperativo de que pardos y mulatos gozaran de movilidad y de la condición de vasallos proporcionadas a sus logros. El ministro condenó a las instituciones de Caracas por su rechazo al blanqueamiento de Diego Mexías Bejarano, pues la obediencia a las cédulas reales seguía siendo primordial. Los consoló al recordarles que estos blanqueamientos estaban restringidos a los favores especiales citados en la cédula y no igualaban con las élites a quienes los recibían. Apoyó tanto las divisiones jerárquicas del imperio como el papel de la Pragmática Sanción relativa a los matrimonios, al condenar los intentos de las castas por mezclarse con los blancos. Tampoco la consulta de 1808 elogiaba a pardos y mulatos en general, pues el ministro describió a algunos de ellos como defectuosos, soberbios y no necesariamente leales a la Corona.

No obstante, cuando habló el rey, como sucedió con el blanqueamiento de Diego Mexías Bejarano, el ministro admitió que los súbditos dignos de él deberían gozar del completo apoyo de la Corona. El mandato de reciprocidad se aplicaba también, en general, a pardos y mulatos, que merecían "justicia" dentro del sistema. Como eran las leyes existentes y no los prejuicios las que relegaban a los pardos a su actual condición de degradación, era preciso considerar de nuevo su posición legislada dentro del imperio. Pardos y mulatos eran "hombres" como todos los demás. El objetivo final era alentar su necesario servicio a la Corona y ofrecer a estos vasallos una movilidad proporcional.

La conclusión de la "consulta misteriosa" de 1806 confirmaba el *statu quo*, por cuanto recomendaba mantener la opción de blanqueamiento a través de las gracias al sacar. Innovaba en su promesa de ofrecer una movilidad sustancial a pardos y mulatos que pudieran demostrar cuatro generaciones de nacimientos libres y legítimos. Su efecto final habría sido una equiparación gradual de las castas con los blancos. No obstante, el informe concluía con la incertidumbre atinente a las implicaciones financieras de dichas reformas, que exigía un análisis de la Contaduría, así como la consideración de las reformas propuestas por parte del Consejo de Indias.

El efecto inmediato y paralizador de las recomendaciones de la "consulta misteriosa" de 1806 fue el de remitir, no solo los casos ya decididos, sino también los pendientes, a una inercia administrativa. Como resultado de ello, las familias Ayarza, Aristimuño y Cruz Márquez aguardaron en vano una respuesta a sus peticiones. Noticias aún peores llegaron para doña María del Carmen Correa y doña Francisca del Cerro, pues se enteraron de que el Consejo de Indias no intervendría para sancionar los matrimonios con sus prometidos caraqueños.

En 1808, la aparición del informe largamente esperado de la Contaduría ofreció otra oportunidad para aclarar la política frente al blanqueamiento en particular y la movilidad de casta en general. El ministro Viaña apoyó, modificó y rechazó algunas de las disposiciones de la "consulta misteriosa". Tanto el informe de 1806 como el de 1808 exigieron acatamiento a las órdenes reales, condenando a la élite de Caracas por su continuada discriminación contra Diego Mexías Bejarano; ambas rechazaron la justificación del prejuicio debido al "color"; ambas reconocieron el mandato real de reciprocidad que exigía recompensar a todos los vasallos que prestaran servicios; ambas vacilaron en proponer una mejora generalizada de la condición de las castas, por temer que tuviera consecuencias negativas.

Las diferencias fundamentales entre las dos consultas residieron en aspectos específicos de las políticas. Si bien ambos informes recomendaron conservar el blanqueamiento de las gracias al sacar, diferían acerca de la frecuencia de su uso y acerca de su efecto. Mientras que el ministro desconocido consideró el blanqueamiento como una opción "rara", el ministro Viaña pareció estar más dispuesto a extender el número de blanqueamientos.[39] No solo comentó favorablemente los posibles resultados de los casos pendientes, sino que sugirió la institucionalización de estas excepciones individuales como uno de los dos caminos mediante los cuales pardos meritorios podrían buscar la movilidad social.

Aunque ambos ministros restringieron los beneficios del blanqueamiento de las gracias al sacar, lo hicieron de manera distinta. En la "consulta misteriosa" de 1806, el funcionario admitió que la cédula eliminaba el defecto, pero no equiparaba a quien la recibía con las élites blancas. La implicación era que sus presuntos beneficios —la posibilidad, por ejemplo, de transmitirla a la generación siguiente— podrían diferir de un caso a otro, según la redacción específica del documento.

---

39 RAH, Colección Mata Linares, T. 77 (reproducido en Konetzke, vol. 3, n.º 380, 1806, y RC, Doc. 31).

El ministro Viaña, por el contrario, ofreció lineamientos generales que extendían y, a la vez, limitaban, las concesiones del blanqueamiento: la gracias al sacar eliminaba por completo la discriminación prescrita por ley. No obstante, restringió los beneficios de tal concesión al individuo, prohibiendo su transmisión a futuras generaciones.

Ambos ministros lucharon con el segundo mandato de política de sus consultas, la respuesta al llamado del provincial Goicoechea a poner fin al prejuicio institucionalizado contra pardos y mulatos. A este respecto, la "consulta misteriosa" de 1806 resultó ser más explícita y radical, al prometer una eventual igualdad con los blancos a los pardos descendientes de cuatro generaciones de vientres libres y legítimos. Si bien el ministro Viaña reconoció también la necesidad de mejorar la movilidad de las castas, no ofreció detalles, aunque sugirió que la Corona podría conceder algunos beneficios no especificados a un estrato de las castas ubicado entre las masas y unas pocas personas que pudieran comprar la blancura. Resulta interesante también que, mientras la consulta de 1806 fue sincera en reconocer que no todos los pardos y mulatos eran leales a la Corona, su sucesor guardó silencio sobre este tema, quizás como reflejo de la precaria situación del momento.

El blanqueamiento de las gracias al sacar sobrepasado por los acontecimientos

Durante el mismo mes de febrero de 1808, cuando llegó a Madrid la petición del poblano Manuel Caballero Carranza, las tropas francesas comenzaron a ocupar el territorio español. En mayo, Napoleón Bonaparte obligó a renunciar a Carlos IV, envió a su heredero Fernando al exilio en Bayona, y puso a su propio hermano José en el trono de España.[40] Los españoles de toda la península se sublevaron en protesta el 2 de mayo, en especial los ciudadanos de Madrid, que atacaron y mataron a más de cien soldados franceses. Al día siguiente, el ejército galo tomó represalias, fusilando a cientos de madrileños, lo que alentó el surgimiento de guerrillas en toda la península. Se formaron juntas locales en todo el país, reuniéndose primero en una Junta Suprema y, eventualmente, en un Consejo de Regencia para gobernar el imperio y dirigir la guerra contra los franceses.

---

40 Un resumen se encuentra en Herr, 69-76.

Los graves acontecimientos de la primavera de 1808 son motivo de sobra para explicar por qué el fiscal José Lucas de Gorvea y Vadillo nunca evaluó los casos de blanqueamiento pendientes. Falleció al año siguiente, el 18 de octubre de 1809, sin haber tomado ninguna acción respecto a los expedientes.[41] El Consejo de Indias quedó de nuevo sin un abogado de la Corona durante cinco meses, hasta que Manuel del Castillo y Negrete viajó a través del Atlántico, asolado por la guerra, para asumir el despacho de Nueva España. Llegó en marzo de 1810, mientras la mayor parte del sur de España caía en manos de las tropas napoleónicas.

A medida que los franceses obligaban a la Regencia a refugiarse en la isla de León y en la contigua ciudad de Cádiz, los funcionarios reales intentaron mantener un gobierno operativo. Hicieron un llamado, el 1 de enero de 1810, a convocar un parlamento español "extraordinario", las Cortes, para que asumiera la soberanía y redactara una Constitución para el imperio.[42] Aquellas provincias de la península que no estaban ocupadas por los franceses organizaron votaciones populares para enviar un delegado a las Cortes por cada 50.000 pobladores. A medida que el ejército español y, más tarde, el británico, recuperaban gradualmente el territorio controlado por el ejército francés, las zonas recién liberadas enviaban también sus delegados.

La convocatoria del 14 de febrero de 1810 fue diferente para las Américas, pues, aunque la Regencia proclamó la igualdad de la península con los territorios de ultramar, no estableció una representación proporcional análoga. Más bien, instruyó a cada concejo municipal que fuese también la capital de una provincia para que eligiera a un representante. Al reconocer la posibilidad de que los delegados americanos no llegaran rápidamente, y que su número de representantes sería significativamente menor que el de los de la península, el Consejo estableció un proceso para elegir "suplentes" adicionales de ultramar. Envió al fiscal Castillo y Negrete a supervisar la elección de treinta americanos que residieran por entonces en la sitiada ciudad de Cádiz, y que pudieran ofrecer representación adicional e inmediata de las Indias.[43]

Entre tanto, al otro lado del Atlántico, cuando los cabildos se enteraron de la invasión francesa y de la abdicación del rey, declararon su propia soberanía y ambigua lealtad —proclamando "la mascarada de

---

41 Burkholder, *Biographical*, 23-25.
42 Rieu-Millán, 1-3, detalla la organización.
43 Mier, 219. Véase Rodríguez O., *We Are Now*, 99, para detalles sobre las formas divergentes en que las Cortes regularon la selección de los delegados de ultramar.

Fernando"— y, como habían hecho la Regencia y las Cortes, lealtad final al futuro Fernando VII, el monarca en el exilio. Caracas inició esta primera ola en abril de 1810, seguida por Buenos Aires y el Alto Perú en mayo, Bogotá en julio, Quito en agosto, y Santiago y Ciudad de México en septiembre.[44] Muchas de estas juntas americanas enviaron finalmente sus delegados a las Cortes. Otras, incluyendo las de Caracas y Buenos Aires, se negaron eventualmente a reconocer la legitimidad del parlamento e iniciaron caminos hacia la independencia. Durante aquellos tumultuosos años, nadie podía predecir qué sucedería.

Una medida aprobada por la Regencia en abril de 1810 cristalizó la nefasta situación que destrozó los vínculos de reciprocidad que relacionaban oficialmente al monarca con sus vasallos y que había estado siempre en el corazón de las gracias al sacar.[45] El "Consejo de Regencia y de los Reinos de España y de las Indias" pidió que, mientras "esté la Patria en peligro", el "único objeto" es el "de arrojar al enemigo del suelo español". Solicitó que las personas no enviaran peticiones por ninguna razón, a menos que fuese para "proponer planes y recursos para hacer la guerra". El documento lamentaba que demasiadas personas habían persistido "en molestar" al gobierno con "sus pretensiones particulares".

Aun con el rey en el exilio, Napoleón dominando la península y las Américas en posible sublevación, el debate sobre la condición de las castas habría de continuar. Un día resultó ser histórico. El 24 de septiembre de 1810, por primera vez en más de trescientos años, los representantes elegidos de la península y los de las Américas se reunieron en las Cortes y comenzaron a debatir el futuro del imperio.[46] Entre los temas más controvertidos estaba el de la condición de pardos y mulatos.

---

44 Lynch, "Origins", 75, 101-104, ofrece una visión general. Véase también Rodríguez O., *We Are Now*, 99.
45 RC, Doc. 33, 1810.
46 Como observa Rieu-Millán, xx, "por primera vez los americanos pudieron exponer directa y públicamente la situación de sus provincias [...] y exigir las reformas por la vía relativamente rápida de leyes aprobadas en la sesión". Véase Rodríguez O., *We Are Now*, 335, para una interpretación revisionista de la independencia mexicana como parte de una generalizada "revolución política", complicada por una "insurgencia fragmentada". La Constitución redactada eventualmente por las Cortes de Cádiz resultó ser, como señala Rodríguez O., *We Are Now*, "una hoja de ruta para el mundo hispánico", 338. Estableció la prensa libre y "abolió las instituciones señoriales, la Inquisición, el tributo indígena, el trabajo forzado". Dispuso el control del Estado sobre la Iglesia católica, limitó la autoridad monárquica, dio poder a las Cortes. Aun cuando excluyó a las castas de la ciudadanía, de todas maneras "sobrepasó a todos los gobiernos representativos existentes, tales como

Existían entonces dos instituciones paralelas. La infraestructura administrativa tradicional recorría la Regencia, que actuaba en nombre del rey, hasta el Consejo de Indias, y a través de los funcionarios reales hasta las poblaciones de las Indias. Continuó operando en lugares leales a la Corona mientras cédulas, informes, nombramientos y peticiones continuaban fluyendo en ambas direcciones a lo largo de esta cadena de mando. Entre estos se encontraban las dos últimas peticiones de blanqueamiento que no habían llegado todavía. Algunos de los intercambios más decisivos acerca del futuro del imperio tuvieron lugar en el universo alternativo de las Cortes. Burócratas, sacerdotes, abogados y oficiales militares peninsulares y americanos —representantes de ambos lados del Atlántico— intentarían dar una nueva forma a los vínculos imperiales forjando una Constitución que limitaba el poder del monarca y que unía a los dos hemisferios.

Sigue siendo sumamente paradójico que, aun cuando no figuraran directamente en estos amplios intercambios, las decisiones sobre la condición de pardos y mulatos resultarían fundamentales para cualquier resultado final de los mismos. Muchos interrogantes seguían abiertos. ¿En qué medida los generalizados temas concretados en décadas de conversaciones continuas entre los funcionarios reales y las castas incidieron sobre el debate constitucional? ¿Pasarían pardos y mulatos de la condición de vasallos del rey a la de ciudadanos iguales bajo la Constitución o bien, por el contrario, rechazarían su lugar dentro del imperio y se unirían a los movimientos independentistas?

Es probable que pocas de las personas involucradas en estos intensos y prolongados debates —los registros de las Cortes ocupan veintitrés volúmenes— hubieran predicho que sus esfuerzos se anularían con enorme velocidad. Ratificada el 19 de marzo de 1812, la Constitución únicamente permaneció vigente dos años. La derrota de los franceses y la restauración de Fernando VII en el trono llevó a su abolición el 28 de marzo de 1814, aunque sería restablecida de 1820 a 1823, y serviría eventualmente de modelo para las Constituciones liberales en todo Europa.[47] Aun cuando las deliberaciones sobre la Constitución de 1812 no necesariamente produjeron un mapa para el futuro imperial, ofrecen una asombrosa comprensión de aquel peculiar momento. Presentan, como se revelará en el próximo capítulo, una visión única

---

los de Gran Bretaña, Estados Unidos y Francia, al conceder derechos políticos a la gran mayoría de la población masculina".

47 *Ibid.*, 235-253, para México; y Herr, 79-81.

sobre las actitudes de las élites peninsulares y americanas mientras debatían la condición de pardos y mulatos en un momento profundo en el crepúsculo del imperio.

Capítulo 12
Evoluciones. ¿De vasallos a ciudadanos?

> "Los súbditos Españoles, que por cualquiera línea traigan su origen del África [...] puedan ser admitidos a las matrículas y grados de las Universidades, ser alumnos de los Seminarios, tomar el hábito en las Comunidades religiosas, y recibir los Ordenes sagrados".
> Cortes de Cádiz, 31 de enero de 1812[1]

Introducción

Desde el primer día en que se reunieron las Cortes de Cádiz, dos hechos escuetos se hicieron evidentes. Los delegados de ultramar se mostraron inflexibles sobre el hecho de que el imperio español no sobreviviría si el parlamento no reconocía plenamente y de inmediato la igualdad entre la península y las Américas. Era obvio también que, si las Cortes concedían tal paridad, en especial si asignaban lineamientos análogos para la representación —un delegado por cada 50.000 habitantes libres— los representantes americanos podrían eventualmente superar en número a sus contrapartes peninsulares, quizás hasta por un tercio.[2]

---

1 RC, Doc. 34, 1812. Para un temprano artículo sobre la cuestión de los pardos en las Cortes, véase King, "Colored". Anna resume otros asuntos americanos.
2 Rieu-Millán presenta antecedentes sobre el establecimiento de las Cortes. Para los procedimientos establecidos para seleccionar las delegaciones de ultramar, véase Rodríguez O., *We Are Now*, 98-102, quien estima, 149, que de los 220 diputados que participaron eventualmente en las Cortes extraordinarias, 67 eran americanos.

Implícitos en cada debate entre peninsulares y americanos, directa o implícitamente, hubo asuntos de poder relativo. ¿Habría igualdad entre los reinos de ambos lados del Atlántico en lugar de una relación de desequilibrio? Si las Américas tenían una población mayor que la de España, ¿recibirían una representación proporcional? Puesto que las castas componían una parte sustancial de la población americana, figuraron necesariamente como un elemento vital para las posteriores deliberaciones.

Este capítulo explora vínculos, dislocaciones y nuevas direcciones, centrándose en cuatro momentos críticos en los que las Cortes consideraron el futuro de las castas. El primer debate comenzó al segundo día de reunido el parlamento, el 25 de septiembre de 1810, y concluyó con una resolución el 15 de octubre. Insatisfecha con este resultado, la delegación americana revisó el tema a partir de 16 de diciembre, e insistió en que las Cortes se reunieran dos veces por semana para realizar los debates, lo cual tuvo como resultado otra votación el 7 de febrero de 1811, publicada dos días más tarde. Durante el verano, del 25 de agosto al 20 de septiembre, las Cortes consideraron aquellos artículos de la Constitución que definían la calidad de español, la ciudadanía y la representación, incluyendo la condición de las castas. Finalmente, en enero de 1812, el parlamento expidió un decreto especial dirigido directamente a pardos y mulatos. La reacción de Ciudad de México y de Lima a las Cortes ofrece respuestas esperadas e inesperadas. Explorar estos debates de las Cortes y las reacciones que suscitaron ofrece un enfoque alternativo a las conversaciones entre la Corona, las élites locales y los pardos y mulatos sobre la condición de las castas en general, y sobre el blanqueamiento en particular.

Las Cortes de Cádiz establecieron un programa exhaustivo. Sus miembros no solo se reunían en sesiones que se prolongaban durante todo el día, sino que también asistían a reuniones secretas en las noches. Participaban, además, en comisiones encargadas de redactar legislación especial, incluyendo la Constitución. Durante los primeros años, la situación de los delegados fue desesperada, pues debían orquestar una ofensiva contra los franceses, preservar el orden en la península y en ultramar, y redactar una Constitución para el porvenir.

De manera especial, durante los primeros meses, de septiembre de 1810 a enero de 1811, que resultaron críticos, las actas oficiales de las discusiones de las Cortes y de las resoluciones adoptadas son incompletas y escasas. El parlamento aún no había contratado expertos en estenografía para que reprodujeran los discursos e intercambios y registraran las resoluciones. Informes de periódicos locales y de testigos que habrían de escribir más tarde recuentos, tales como el observador mexicano fray Servando Teresa de Mier, ayudan a completar los detalles de lo que sucedió durante aquellas primeras reuniones.

Inclusive después de enero de 1811, cuando expertos transcribieron los debates palabra por palabra para su publicación oficial y divulgación en todo el imperio, resulta difícil reproducir el ritmo y tono de las reuniones. Por lo general, un delegado o una comisión proponía una resolución, y luego los representantes respondían a ella. Los discursos resultantes podían ser cortos, o bien extenderse durante páginas enteras, y estar seguidos por otro orador que introducía nuevos temas, sin responder directamente al anterior. Luego, los participantes podían aceptar o rechazar los temas introducidos por los delegados anteriores, o bien ignorarlos y presentar sus propias ideas. Eventualmente, el presidente llamaba a votar la propuesta y las Cortes avanzaban al tópico siguiente, En ocasiones los representantes de la península apoyaban la posición de sus colegas de las Américas, otras veces se oponían a ellas. Tampoco los delegados americanos mostraron una posición unificada respecto a todos los asuntos y, de especial importancia, respecto al de los pardos.

Del 24 de septiembre al 15 de octubre de 1810: ¿son iguales españoles y americanos?

Las inquietudes acerca de la igualdad y la representación, que incluían las de las castas, estuvieron principalmente en la mente de los delegados americanos que asistieron a las primeras sesiones de las Cortes. Una lectura de las actas oficiales, comparadas con las descripciones de los periódicos y de los testigos, ofrecen versiones radicalmente diferentes de estas primeras confrontaciones. El boletín parlamentario —el cual, dada la ausencia de estenógrafos, fue reconstruido más de un año después de los acontecimientos— ofrece un recuento insulso y parcial.[3]

Estas actas oficiales revelan que, durante la segunda sesión de las Cortes, el 25 de septiembre, los delegados americanos presentaron el

---

3 *DDAC*, V. 1, 1811, señala en un prefacio su posterior recreación y publicación. Mier, 223, menciona asimismo la ausencia de estenógrafos durante los primeros debates.

asunto de la paridad. Creían imperativo que el parlamento no solo enviara noticia al otro lado del Atlántico de que estaba reunido, sino que debería "hablar al mismo tiempo a la América de su igualdad de derechos con los españoles europeos". Dado que las Indias eran "parte integrante de la monarquía", su población debía gozar de análoga "representación nacional" otorgada a los habitantes de la península.[4] Los americanos pidieron, adicionalmente, una "amnistía" para aquellos de ultramar que aún no habían reconocido la legitimidad del parlamento.

El boletín revela que, durante las dos semanas siguientes, los delegados peninsulares protestaron dichas resoluciones, afirmando que tales asuntos "no podían decidirse en el momento". Señala que el 1 de octubre, el delegado neogranadino José Mexía "reproduxo la proposición", como lo hizo otro representante americano el día 3.[5] El boletín concluye con un críptico comentario: el 16 de octubre, en las Cortes, "se abrió la sesión con la lectura del decreto expedido en la sesión secreta del día anterior en favor de las Américas", aunque no reproduce esta legislación.[6] ¿Qué estaba pasando?

Esta anodina narrativa oficial ocultaba algunos de los estallidos más explosivos que tuvieron lugar en las Cortes. Esconde el hecho de que las preguntas sobre la condición de las castas estuvieron presentes desde los primeros días de sesiones del parlamento, y que provocaron disputas desde el comienzo. Encubre también una primera derrota de aquellos americanos que apoyaban la igualdad de derechos para pardos y mulatos. Fuentes adicionales —de las sesiones secretas, recuentos de los periódicos y testimonio del observador fray Servando Teresa de Mier— ofrecen un relato sustancialmente diferente de las tensiones suscitadas por el asunto de la igualdad en general y, específicamente, el de la igualdad de las castas.

---

4   *DDAC*, V. 1, 9/25, 1810, 12.
5   *Ibid.*, V. 1, 10/1, 1810, 24; V. 1, 10/3, 1810, 26. En ocasiones, resulta difícil identificar a los representantes en las Cortes, pues las actas oficiales utilizan con frecuencia uno de sus nombres mientras que otro de ellos aparece en otro lugar. Por esta razón, el *DBPE* es fundamental para identificar quién estaba hablando y a qué lugar representaba. Cuando los diputados eran especialmente conocidos por sus discursos a favor o en contra de las castas, o por otra información pertinente, esto aparece también al pie de página. Para Mexía del Valle y Lequerica, véase *DBPE*, 2: 611-16. Fue uno de los más elocuentes líderes de la delegación americana, y apoyó el ingreso de pardos y mulatos al sacerdocio y a las universidades, 2: 614.
6   *DDAC*, V. 1, 10/16, 1810, 45.

Fue quizás comprensible, dadas las ceremonias, misas oficiales y toma de juramentos que ocuparon el día de la inauguración de las Cortes, que los americanos aguardaran —pero únicamente hasta el día siguiente— para presentar los problemas atinentes a la paridad. El periódico de Cádiz, *El Conciso*, informó que, durante la sesión de la noche del 25 de septiembre, los americanos habían pedido que se concediera una amnistía general para aquellos en las Indias que no habían reconocido la legitimidad del parlamento. Explicaron que sus compatriotas americanos habían cometido una "equivocación", pues habían llegado noticias a ultramar de que la península "no existía libre y había sido dominada por enemigos".[7]

Los americanos solicitaron también recibir representación análoga a la de los peninsulares: "un diputado por cada 50.000 almas". De manera significativa, *El Conciso* desarrolló la información diciendo que estas cifras incluían también a "las castas, con tal que fuesen libres". Este informe periodístico, contrastado con la versión oficial, hace evidente que, desde un comienzo, los miembros de la delegación americana lucharon por incluir a pardos y mulatos en los conteos de la población de ultramar. Para algunos, esta fue, casi ciertamente, una táctica para obtener la mayor representación posible y así conseguir la consiguiente influencia para moldear la legislación. Otros —como reflejan comentarios posteriores— creían asimismo que las castas se habían ganado la ciudadanía.

Mientras que el acta oficial solo registró brevemente el hecho de que José Mexía había presentado de nuevo el asunto de la igualdad el 1 de octubre, *El Conciso* publicó varias páginas del discurso que pronunció aquel día. Pidió que las Cortes afirmaran que "los reinos y provincias de América y de Asia" eran "partes integrantes de la monarquía española". La resolución declaraba también que "sus naturales y habitantes libres son iguales en derechos y prerrogativas a los de esta península".[8] Si bien el decreto propuesto no mencionaba directamente a pardos y mulatos, dejaba claro que no solo los "naturales", sino también "los habitantes libres" —claramente las castas— deberían contar en cualquier cálculo de la población americana.

Aun cuando el acta oficial no incluyó los turbulentos debates del día siguiente, otro periódico de Cádiz, *El Observador*, ofreció detalles

---

7 Castro, 155. No deseando caer bajo el control de los franceses, los cabildos estimaron que la soberanía había revertido en ellos y, por lo tanto, gobernaron bajo la "máscara de Fernando", prometiendo lealtad cuando regresara el monarca.
8 *Ibid.*, 175.

de ellos. Señaló que, el 2 de octubre, las Cortes discutieron "la moción hecha a favor de los americanos sobre su equalidad de derechos con los europeos", y observó deliberadamente que, incluidas dentro de la población de ultramar "sin distinción" estaban las "castas libres".[9] El discurso más citado fue el de José Mexía, quien "volvió de nuevo [...] a la tribuna y oró en estilo floridísimo".

Mexía se refirió directamente al asunto de los pardos, rogando a los diputados que "extiéndase la igualdad a todas las castas libres". Sugirió que la mezcla de etnias había tenido consecuencias positivas: "Como se mejoran los frutos injertándose, así las castas cruzadas en América". Elogió el "ingenio" y "el valor" de los mulatos y se preguntó por qué algunos consideraban su sangre "impura".

Mexía realizó también una advertencia. Las juntas que habían surgido en las Américas en respuesta a la invasión napoleónica habían dado a los pardos "la igualdad" a la que aspiraban. Era imperativo que las Cortes ofrecieran "igual declaración". Se elevó a alturas oratorias aún mayores cuando intentó dar a las Cortes algunos lineamientos sobre cómo ganarse el apoyo de los pardos.

Al usar el "tuteo" familiar —como si le hablara a un niño— Mexía, de manera algo condescendiente, los lisonjeó: "Ven acá pardo, les diría, no te extravíes para buscar el pasto dulce que tanto apeteces; no te huyas (son muy humildes y gustan a ser así tratados) no te huyas de casa [...] toma, en casa lo tienes". El periódico informó que Mexía estaba tan "lleno de entusiasmo" que cayó de rodillas mientras "abogaba por los miserables implorando la piedad de los jueces". El grupo de delegados se "conmovió".

El representante de Cádiz, Vicente Terrero, se quejó de que Mexía, quien seguía arrodillado, intentaba usar "las artes [...] para mover el corazón, abusando con la magia de su elocuencia".[10] Declaró que era imposible responder de inmediato a las exigencias del americano. Señaló que había un "mayor número de americanos que de europeos, excediendo en un tercio la población de aquellos a la de estos". Las provincias de ultramar, observó el delegado Terrero, no eran las únicas que tenían una menor representación de delegados, pues la ocupación francesa había tenido como consecuencia que muchas de las regiones españolas no pudieran realizar las elecciones requeridas. Aquellos españoles privados de sus derechos no se quejaban, como tampoco

---

9 *Ibid.*, 176-179, describe este incidente.
10 DBPE, 3: 604-608.

debían hacerlo los americanos. El asunto de la igualdad debería decidirse cuando se redactara la Constitución. Hubo también problemas prácticos, dada la ausencia de censos en América y la incertidumbre respecto a los "alborotos" en Caracas.[11] El presidente dio por terminada la sesión, anotando que "negocios de esta importancia no deben proponerse y determinarse en un solo [día]".

Agregar el testimonio presencial de fray Servando Teresa de Mier a los inocuos recuentos oficiales, así como a las crónicas más picantes de los periódicos de estas primeras confrontaciones sobre la igualdad y las castas, añade otra capa al análisis. Parece que los acontecimientos que habían llevado al delegado neogranadino a ponerse de rodillas eran más que mero entusiasmo por la causa; surgían también de una profunda frustración. Al escribir sobre estos intercambios, Mier comentó que era "odioso" recordar "estos muy tempestuosos debates".[12] Se quejó de que los periódicos "trataron mal a la América y a sus diputados", y ofreció detalles adicionales.

Los intercambios que habían precedido a la dramática actuación de Mexía y a su imploración de justicia habían sido virulentos, revelando los prejuicios contra los americanos de algunos de los diputados, así como su profundo desconocimiento de las Indias. Uno de los representantes peninsulares se preguntó "a qué género de animales" pertenecían los americanos; otro revivió el tropo aristotélico al preguntarse si los indígenas eran "esclavos *a natura*"; uno más se interrogaba "si los americanos éramos blancos" y si "profesábamos la religión católica". Incluso alguno proclamó que preferiría "que se perdiese toda la América o que se entregase a manos de Napoleón, que concederles iguales derechos a los de los españoles". Al parecer fue en respuesta a estos arrebatos por lo que Mexía había caído dramáticamente de rodillas, implorando paridad.

Al día siguiente del debate, el 3 de octubre, el acta oficial registraba sencillamente que "se discutieron largamente estas proposiciones", pero no ofreció detalles específicos.[13] De manera más signifi-

---

11 Véase Langue, "Representación", par. 9, para información sobre las actividades de los tres delegados venezolanos ante las Cortes. Esteban (de) Palacios y Fermín Clemente fueron suplentes de Caracas y estuvieron en Cádiz al mismo tiempo, pero no participaron en las discusiones respecto a la igualdad entre España y las Américas, ni en aquellas sobre la condición de los pardos. José Domingo Rus de Maracaibo llegó después de terminadas estas discusiones.
12 Mier, 221-222.
13 *DDAC*, V. 1, 10/3, 1810, 26.

cativa, aquella noche, las Cortes comenzaron a reunirse en una serie de sesiones secretas. Los delegados decidieron "lo conveniente que sería no exponer al público" aquello que ya habían demostrado ser discusiones polémicas.[14]

Su resultado inmediato fue que las Cortes no establecieron actas públicas de las discusiones nocturnas a puerta cerrada (9-11 y 14 de octubre) respecto a la igualdad entre España y las Américas y sobre la condición de las castas, como tampoco aparecieron detalles de ellas en los diarios locales. Solo unos pocos comentarios sugestivos ofrecen indicios de lo que ocurrió: los americanos insistieron en declaraciones de igualdad, quejándose de tener una representación significativamente menor de delegados, y exigieron amnistía para aquellos "puntos de América" que aún no habían reconocido a las Cortes.[15]

Aun cuando los "diputados europeos" se mostraron dispuestos a conceder que debiera existir una equivalencia entre España y las Indias, rechazaron la igualdad entre ellos y todos los americanos. Adujeron que la presencia de "las diferentes castas y gente de color" suscitaba "gravísimos inconvenientes que de ello resultarían contra los intereses de España y de los mismos dominios de ultramar". El acta simplemente anotó: "este punto de las castas dio lugar a vivos debates en pro y en contra".

La sesión a puerta cerrada del 11 de octubre resultó ser decisiva cuando la delegación americana se dividió. El diputado Mexía, de la Nueva Granada, pidió igualdad entre España y las Américas, y entre los indígenas y personas libres de ambos hemisferios. A diferencia de él, Vicente Morales Durárez, del Perú, se pronunció en contra de la inclusión de las castas.[16] "Propuso que en el decreto se suprimiesen todas aquellas palabras que se dirigían a igualar a las castas pardas con los demás súbditos de América".[17] Temía los "graves inconvenientes que una igualdad de esta naturaleza tendría, señaladamente en el Perú". La sesión terminó sin que los miembros pudieran resolver el asunto, pero abrió la puerta a una negociación.

---

14 *Actas de las Sesiones*, 10/3, 1810, 8.
15 *Ibid.*, 10/10, 1810, 15.
16 *DBPE*, 2: 661-667. Sí apoyó la ciudadanía para los indígenas.
17 *Actas de las Sesiones*, 10/11, 1810, 16. Morales Durárez no estuvo solo. Para una comprensión de las actitudes de la tardía élite colonial, según las cuales los mulatos de Lima "no eran aptos para el nuevo marco cultural del país", véase Meléndez, 219.

En la noche del 14 de octubre, las Cortes aprobaron eventualmente una propuesta presentada por Ramón Power, el diputado de Puerto Rico.[18] De manera algo opaca esta afirmaba:

> Los dominios españoles en ambos hemisferios forman una misma y sola monarquía, una misma y sola nación, y una sola familia, y que por lo mismo los naturales que sean originarios de dichos dominios europeos o ultramarinos son iguales en derechos a los de esta península.[19]

Prosiguió a confirmar que esta población constituiría "el número y forma que deba tener para lo sucesivo la representación nacional en ambos hemisferios". La resolución ofreció también perdón a aquellos reinos de ultramar donde había habido "conmociones", si estos ofrecían "reconocimiento a la legítima autoridad soberana que se halla establecida en la madre patria".

Analizar estas frases ambiguas revela que peninsulares y americanos habían llegado a un acuerdo, y que pardos y mulatos habían perdido. Los españoles habían concedido finalmente la igualdad de los reinos peninsulares y los reinos de ultramar, pues eran "una sola familia". Los americanos, implícita si no explícitamente, aceptaron excluir a las castas como parte del conteo de la población americana. Lo hicieron al aceptar el concepto de "originario", que implica "originarse de" o ser "nativo de" un lugar específico.

¿Quiénes eran, entonces, estos originarios "de dichos reinos europeos o ultramarinos", que eran "iguales en derechos a aquellos de esta península?". Los originarios europeos eran los españoles peninsulares y sus descendientes criollos que ahora vivían en las Américas. Sus contrapartes en los "dominios ultramarinos" eran los indígenas, los pueblos nativos de ese continente. Las mezclas españolas e indígena de ambos originarios —los mestizos— eran también iguales a los peninsulares.

Una definición semejante de originario excluía a pardos y mulatos, pues las castas no eran nativas ni de la península española, ni de las Américas, sino de África. Este acuerdo beneficiaba a los españoles europeos, pues el conteo de la población en las Américas excluiría aquellos de mezcla africana y, por lo tanto, sería más equivalente al de la península. Conciliaba, además, a aquellos delegados españoles y americanos que no deseaban conceder la igualdad civil a las castas.

---

18 *DBPE*, 3: 224-228.
19 *Actas de las Sesiones*, 10/14, 1810, 19.

Fue la noticia de la resolución —y no la resolución misma— lo que el acta oficial publicó el 15 de octubre de 1810, como el "decreto expedido en la sesión secreta del día anterior en favor de las Américas".[20] Como observó desdeñosamente fray Servando Teresa de Mier, las Cortes habían utilizado "términos ambiguos y oscuros" para enmascarar la exclusión "y seducir a los pardos o castas de América" con la idea de que podrían estar eventualmente incluidos en la "igualdad de derechos" aunque el propósito de la resolución era excluirlos. Señaló amargamente que, si bien muchos "aplaudiesen la generosidad del decreto respecto de los criollos e indios", su efecto final fue negar la igualdad a las castas.[21]

Este compromiso no habría de pasar sin objeción. Tanto los peninsulares como los americanos pensaron de nuevo las declaraciones de igualdad entre los hemisferios, debatieron cuándo se haría efectiva la "igualdad" de los diputados americanos, y reconsideraron la exclusión de las castas. A medida que los delegados aprendían unos de otros, más representantes electos llegaban de ultramar y los movimientos independentistas se radicalizaban, las Cortes habrían de revisar este crucial compromiso forjado en las primeras semanas cuando se habían reunido por primera vez los delegados peninsulares y los americanos para confrontar las complejidades de su imperio.

Del 16 de diciembre de 1810 al 7 de febrero de 1811: el problema latente de las castas

Aunque las Cortes habían reconocido la igualdad entre los hemisferios, la pregunta de cuándo podría darse este equilibrio seguía sin respuesta. La delegación americana preparó once propuestas en las que detallaban las urgentes inequidades que exigían acción inmediata, presentadas el 16 de diciembre de 1810 por el diputado peruano Dionisio Uchu Inca Yupanqui, hablando como "Inca, indio y americano". La primera prioridad de los americanos fue la inmediata e incrementada representación en las Cortes que se reunían entonces.[22]

---

20 *DDAC*, V. 1, 10/16, 1810, 45.
21 Mier, 223.
22 *DBPE*, 2: 352-254. Aunque nacido en Lima, Dionisio Uchu Inca Yupanqui se mudó a España de joven. Morales Durárez, uno de los otros representantes peruanos, se quejó de que no conocía la realidad del Perú.

Aun cuando hubo otros objetivos —poner fin a los monopolios en la agricultura, la eliminación de las restricciones al comercio y a la minería, mayor igualdad en el acceso a "carreras eclesiásticas, políticas o militares"—, la mayor parte del debate se centró de nuevo en problemas de igualdad y en las castas.[23]

La primera exigencia de los americanos, la igualdad de representantes en el parlamento entonces reunido fue un primer objetivo obvio, que ocupó los debates desde diciembre de 1810 hasta febrero de 1811. Los diputados consideraron que era esencial confirmar la legitimidad de las Cortes a las poblaciones de las Américas mediante pruebas de que reconocían la igualdad entre los dos hemisferios. Los americanos eran conscientes también de que más votos darían a su delegación una mayor ventaja para alcanzar sus objetivos.

Aun cuando la resolución del 15 de octubre de 1810 eliminó presuntamente a pardos y mulatos del conteo para la representación, la controversia respecto a la paridad entre España y las Américas continuaría girando en torno al problema de las castas. El debate resultante se extendería por más de 150 páginas.[24] Los españoles señalaron la dificultad de contar y de clasificar tales mezclas como una justificación para posponer la igualdad inmediata entre los hemisferios. Algunos americanos intentaron evadir el compromiso de 1810, para incluir a pardos y mulatos en el conteo ultramarino; otros continuaron insistiendo en su exclusión.

Aunque los delegados americanos aguardaron durante varias semanas sin protestar después de la presentación de sus once propuestas en 1810, para enero de 1811 su paciencia se agotaba. Comenzaron a presionar a las Cortes, insistiendo en que sus inquietudes eran "de muchísima más urgencia" que otros asuntos.[25] En respuesta, las Cortes decidieron reservar los miércoles y los viernes para la discusión de los temas de ultramar después de despachar los asuntos cotidianos.

La reserva de las Cortes de un tiempo de debates para la consideración de los asuntos americanos suscitó cierta controversia. Desde la perspectiva de los españoles europeos, la situación era nefasta: los franceses ocupaban la península; los representantes, en ocasiones, es-

---

23 Rodríguez O., *We Are Now*, 393-394, reproduce las reformas solicitadas en su totalidad.
24 *DDAC*, V. 2, 233-234, 261-263, 316-330, 346-372, 410-434; V. 3, 3-5, 10-17, 19-35, 39-42, 59-77, 82-98, 149-171, 191-207, 268, 273-290.
25 *Ibid.*, V. 2, 1/2, 1811, 233.

cuchaban, literalmente, el fragor de la batalla en torno a la sitiada ciudad de Cádiz. Los diputados peninsulares presionaban para aplazar la consideración de los asuntos americanos, urgiendo a las Cortes "que se trate de otras cosas de más trascendencia para el presente".[26] Se quejaban de que en el parlamento "malogramos el tiempo más precioso", que sería mejor empleado "en libertar a Fernando, en formar una Constitución digna de la nación española".[27] La mayor parte de ellos deseaba postergar la discusión de estos asuntos hasta "el tiempo de la Constitución".[28]

Los miembros de la delegación americana amenazaron con la pérdida del hemisferio si las Cortes se negaban a considerar sus inquietudes con prontitud. El delegado de Tlaxcala, José Miguel Guridi y Alcocer, respondió que, si las Cortes no debatían asuntos claves "las Américas van a perderse".[29] Ramón Power, de Puerto Rico, reiteró que las Cortes debían estudiar seriamente estas cuestiones, pues eran "los únicos arbitrios [...] [para] tranquilizar a las Américas".[30]

El primer tema que discutieron las Cortes durante sus sesiones de los miércoles y los viernes, durante los meses de enero y febrero de 1811, fue el del incremento inmediato de los miembros de la delegación de ultramar. Mientras que los delegados españoles casi unánimemente aceptaron que los americanos tuvieran una eventual paridad, muchos de ellos argumentaron que debían llegar para las próximas Cortes, no para la que entonces se reunía. El delegado español de Guadalajara, Andrés Esteban, intentó aplacar a los americanos al explicar que, cuando los diputados redactaran la Constitución, "arreglaremos" el problema de la "presentación de los americanos" y "todos quedaremos contentos".[31] Lo que no se dijo fue que, si los delegados ultramarinos continuaban con el mismo número de diputados que tenían en aquel momento, tendrían muchos menos votos que los peninsulares cuando las Cortes redactaran y ratificaran los artículos de la Constitución.

---

26 *Ibid.*, 1/9, 1811, 325. Para Lera y Cano, véase *DBPE*, 2: 425-427.
27 *DDAC*, V. 3, 1/18, 1811, 4.
28 *Ibid.*, 10.
29 *DBPE*, 2: 285-291. José Miguel Guridi y Alcocer, 288, fue considerado "una de las más importantes" voces para estos asuntos, incluyendo el de la igualdad entre España y América, y el de "la igualdad de los indios y de las castas en América". *DDAC*, V. 2, 1/9, 1811, 318-319.
30 *DDAC*, V. 2, 1/15, 1811, 425.
31 *DDAC*, V. 2, 1/9, 1811, 329. *DBPE*, 1: 738-740.

Como sucedió anteriormente, la condición de las castas fue un tema contencioso. El diputado español de Santiago de Compostela, el obispo Manuel Ros, se quejó de que las Cortes no tenían tiempo "en calcular el número de almas de indios, criollos, europeos y mixtos que pueblan la América y Asia".[32] El delegado catalán, Ramón Utgés, comentó que, "según lo que he oído" había incluso desacuerdo en la delegación americana, pues algunos diputados "admiten [...] ciertas castas que otros excluyen", con lo cual era difícil llegar a un conteo de delegados de ultramar.[33]

En respuesta a lo anterior, los americanos reiteraron la urgencia de que la península concediera la igualdad y, a la vez, cuestionaron lo que percibieron como un proceso inequitativo. El delegado de Lima, Ramón Feliú, declaró que la "pacificación de las Américas es probabilísima" si las Cortes accedieran a atender las inquietudes ultramarinas, "pero si se le niegan es desesperada".[34] Blas Ostoloza, de Trujillo, Perú, se lamentó de que el proceso era injusto, pues las Cortes aceptaban todavía nuevos representantes de la península, "que irán viniendo y serán admitidos sin este escrúpulo".[35] Por el contrario, el parlamento había dicho a la delegación americana que "esperen para esto la Constitución" en lo referente a "la igual representación de las Américas".

Como era previsible, fue José Mexía, de la Nueva Granada, quien pronunció el más poderoso y controvertido discurso a favor de las Américas.[36] Se preguntó cómo podía ser que "hombres iguales" no tuviesen "iguales derechos", y "¿por qué dexamos para mañana lo que se puede hacer hoy?". Incluso entonces, los enemigos del imperio español "se aprovecharán" y mofarán: "Mirad cómo os trata la metrópolis si ahora flaca y afanada, ahora débil y asaltada os desconoce ¿qué hará mañana si se robustece y vuelve poderosa?".

Mexía se enfrentó a los diputados españoles al preguntarse "¿qué males traerá a España el que tenga la América más representantes? ¿A quién se perjudica con esto?". Afirmó que las Cortes debían dar "igualdad" a las Américas de inmediato, como lo garantizaba el decreto del 15 de octubre. Luego amenazó: "Dígase pues sí o no. Si se de-

---

32 *DDAC*, V. 2, 1/16, 1811, 418; *DBPE*, 3: 418-422.
33 *DDAC*, V. 2, 1/9, 1811, 325; *DBPE*, 3: 636-641.
34 *DDAC*, V. 2, 1/11, 1811, 348; *DBPE*, 1: 753-757.
35 *DBPE*, 3: 113-118; *DDAC*, V. 3, 1/18, 1811, 21.
36 *DDAC*, V. 3, 1/18, 1811, 11-14.

cide que sí [...] tendrán la representación justa; si no [...] no podemos estar aquí". Mexía concluyó con una deliberada observación acerca del triste estado de la península: "Todo el de España está ahora reducido a Cádiz y esta plaza, el puente y aduana donde los extrangeros pagan el portazgo de lo que va y viene de América". Y tronó: "ya que somos hermanos para los sacrificios, seámoslo para todo, sean iguales en representación los americanos y esto se declare hoy mismo".

Así como las castas aparecieron en las justificaciones españolas de por qué la igualdad no podía concederse de inmediato a los reinos de ultramar, aparecieron también en los intentos americanos por revisar las bases originarias del acuerdo del 15 de octubre. Aunque no hubo un enfoque unificado, un tema común que surgió en las continuas discusiones fue la insatisfacción de los peninsulares y de los americanos con ciertos elementos de la negociación. El asunto más controvertido no era el de la igualdad entre los hemisferios, sino el de cómo poner en práctica tal paridad, dada la condición disputada de las poblaciones mixtas. Los delegados españoles y los americanos propusieron diversas soluciones. Una de las sugerencias fue que pardos y mulatos podrían contar en la asignación de los delegados de ultramar por cada 50.000 habitantes, pero no podrían votar para elegir a los representantes ni detentar cargos.[37] Otros plantearon nuevos problemas, al cuestionar por qué las Cortes contaban a las poblaciones indígenas en iguales condiciones que a las españolas, o bien propusieron que temas tan controvertidos solo podrían resolverse durante la redacción de la Constitución.[38]

Mientras los delegados argumentaban y contrargumentaban, el representante de Asturias, Agustín Argüelles —quien había trabajado con la Regencia en la creación del proceso original para seleccionar a los delegados— ofreció algunos antecedentes de por qué pensaba que la "equalidad de derechos entre europeos y americanos" no podía resolverse en las "actuales Cortes".[39] Basó directamente las dificultades en el problema de las castas, y culpó también a la delegación americana. Argüelles recordó que, cuando "se discutió el decreto del

---

[37] *DBPE*, 3: 254-256.
[38] *DDAC*, V. 2, 1/16, 1811, 420-421; *DBPE*, 2: 758-764. Otras secciones de este debate se refieren a los indígenas: *DDAC*, V. 3, 1/23, 1811, 75-76; *DBPE*, 2: 492-499; *DDAC*, V, 3, 1/25, 1811, 87; sobre el aplazamiento de los fallos, *DDAC*, V. 2, 1/9, 1811, 317, 327-328.
[39] *DDAC*, V. 3, 1/23, 1811, 65-67. *DBPE*, 1: 266-275.

15 de octubre, se excluyeron varias partes de la población de América de la participación de derechos". Denunció que los americanos habían creado el problema por su insistencia en excluir a los "negros y otros". Luego se preguntó cómo cualquier "persona prudente" podría dedicarse a nombrar representantes de América "sin tomar antes medidas proporcionadas para evitar los resentimientos y las conmociones de aquellas castas excluidas".

Al reconocer que muchos miembros de las castas "se han creído degradados por nuestras leyes", Argüelles temía que, ahora "con más razón", sostuvieran esta idea cuando descubrieran que la designación de originario los excluía de la "igualdad". Creía que sería mejor dejar "este gravísimo negocio" de la inclusión de las castas a los redactores de la Constitución, en lugar de apresurarse a tomar una decisión anticipada. Observó que la "comisión" que redactaría la Constitución incluía a "muchos americanos", y esperaba que ellos ofrecieran la orientación necesaria.

Francisco Borrull, un representante de Valencia apoyó la posición americana al señalar que los tiempos estaban cambiando, y que "la discordia y la independencia" se habían difundido en todas las Indias.[40] Pensaba que sería desastroso que las Cortes promulgaran una declaración "que excluye a las demás castas de los rangos honoríficos de diputados". Esto crearía oportunidades a otras facciones para "atraerles a su partido y a militar baxo sus banderas, ofreciéndolos amplísimos privilegios". El resultado de lo anterior sería "un incendio que con dificultad podría extinguirse". Arguyó que "conceder ahora unos amplísimos privilegios a algunos y negarlos a otros" únicamente conduciría a "nuevas revoluciones".

Después de varios meses de debates, tanto los delegados peninsulares como los americanos desarrollaron una comprensión más matizada de la diversidad de actitudes y dificultades prácticas relativas a conceder la ciudadanía a las castas. El delegado de Tlaxcala, Guridi y Alcocer, reconoció "que el punto sobre castas sea [cosa] tan difícil".[41] Aun cuando los descendientes de los esclavos eran "alienígenas de la América", en el sentido de la palabra latina, natural de un país que no es el propio, merecían, sin embargo, al menos "algún derecho" a la representación. Muchos, sin duda, coincidían con el delegado de Extremadura, Manuel Mateo Luxan, quien pensaba que en el Congreso "se

---

40 *DDAC*, V. 3, 1/25, 1811, 89; *DBPE*, 1: 372-381.
41 *DDAC*, V. 3, 1/25, 1811, 90-91.

ha hablado de este asunto casi hasta el fastidio".[42] El 7 de febrero, las Cortes decidieron que la medida había sido "bastantemente discutida" y procedieron a votar ambos temas.[43]

Para entonces había casi un acuerdo unánime sobre la "igualdad de representación" entre los hemisferios, pues ciento veintitrés delegados apoyaron la proposición y solo cuatro la rechazaron. La segunda propuesta era para determinar si la paridad entre los delegados españoles y los americanos debiera darse "en las Cortes actuales". Aquí perdieron los americanos, mas no por mucho, pues setenta y nueve votaron contra un cambio inmediato, mientras que setenta y uno se mostraron dispuestos a agregar representantes adicionales a la delegación de ultramar. Lo que resultó evidente fue que estas discusiones podrían incidir sobre la comisión que para entonces redactaba la Constitución, que sería la próxima ocasión para debatir la suerte de las castas. Incidiría asimismo sobre los acontecimientos en las Américas.

Mientras las Cortes consideraban el porvenir del imperio, el gobierno paralelo del Consejo de Indias se esforzaba por preservar el *statu quo*, lo cual incluía responder a las peticiones de blanqueamiento. De alguna manera, la petición de Francisco Fernández, un pardo de Santiago de los Caballeros, actual Antigua Guatemala, que solicitaba una dispensa ocupacional para practicar como boticario, atravesó el Atlántico asolado por la guerra hasta el gobierno español atrincherado en la fortificada isla de León.[44] Desde allí, el fiscal Manuel del Castillo y Negrete escribió aprobando el "juicio, talento y aprovechamiento" de Francisco y su "celo, trabajo y esmero en conservar la salud pública" de su ciudad.[45] Al recaudar los setecientos reales asignados en la gracias al sacar, el Consejo de Indias expidió otra cédula de blanqueamiento el 7 de febrero de 1811, el mismo día en que las Cortes votaron el aplazamiento de la decisión sobre el destino de las castas.

La incapacidad de las Cortes para ponerse de acuerdo sobre los detalles referentes a la igualdad con las Américas y el abstenerse de aclarar la condición de pardos y mulatos comenzaron a dar amargos

---

42 *Ibid.*, V. 3, 2/1, 1811, 199.
43 *Ibid.*, V. 3, 1/7, 1811, 290.
44 Sobre el sitio, véase Hindley.
45 AGC, SA1, L 49, E 1219, 1808 (Francisco Fernández); AGC, SSSA, L 1886, E 12291, 1811 (Francisco Fernández), incluye información sobre su petición. Agradezco a Mauricio Pajon por proporcionarme estos documentos. Los boticarios necesitaban también limpieza de sangre y contar con la aprobación del Protomedicato. Véase Huerta Jaramillo.

frutos. Cuatro meses más tarde, en junio de 1811, en Cartagena, una coalición entre las élites blancas y las de las castas redactó una declaración de independencia. Debe señalarse que una de las justificaciones de la ruptura fue que "las Cortes españolas se han abstenido de reconocer la plena igualdad entre americanos y peninsulares".[46]

En julio de 1811, Caracas declaró su primera independencia de España. El abogado Juan Germán Roscio —quien apareció anteriormente por sus comentarios sobre los matices de las castas que pasaban por blancas— fue coautor de la Constitución para aquella primera república.[47] En el papel, la Constitución otorgaba plena igualdad a las castas, pues "quedan revocadas y anuladas en todas sus partes, las leyes antiguas que imponían degradación civil a una parte de la población libre de Venezuela, conocida hasta ahora bajo la denominación de pardos". Por el contrario, estos habría de gozar desde entonces de los mismos "derechos [...] como a los demás ciudadanos".[48]

La igualdad en el papel, sin embargo, no significaba igualdad en la vida cotidiana. Más bien, mientras la élite de Caracas aprobaba requisitos de propiedad para votar y continuaba segregando a las milicias negras y pardas de las blancas, comenzó a perder el apoyo de las castas, especialmente en las provincias. El primer movimiento de independencia duraría apenas un año.[49] No obstante, aunque la Constitución

---

46 Helg, "Limits", 8.
47 Véase capítulo 2. Lynch, *Simon*, 565. El otro autor fue Francisco Iznardi.
48 "Constitución Federal".
49 Lynch, *Simon*, 44-57, presenta una elegante visión general de los complejos acontecimientos venezolanos de 1808 a 1812. Véanse también King, "Royalist" y González-Silen, "Unexpected", para las maniobras transatlánticas. Gómez, "Pardo" y "Revoluciones", esboza la situación fluida y cambiante de noviembre de 1808, cuando la élite mantuana intentó derrocar al capitán general y gobernar a través del cabildo, pero fue derrotada por las milicias de los pardos; la declaración, el 19 de abril de 1810, de una junta conservadora, facilitada por las alianzas entre los mantuanos, otros blancos y las élites pardas (en especial la milicia); hasta la independencia oficial el 5 de julio de 1811. Para el 31 de julio de 1811, la coalición de las élites comenzó a deshacerse, dado que las élites blancas y pardas de Caracas fracasaron en su intento de persuadir a las élites provinciales de acordar la ciudadanía de los pardos. Esto, sin embargo, produjo, en diciembre de 1811, la cláusula de la Constitución que abolió la discriminación contra los pardos, pero estableció condiciones de propiedad para obtener la ciudadanía. Los realistas obtuvieron la lealtad de los pardos debido a su exclusión por estos requisitos de propiedad. Ambos bandos comenzaron a liberar a los esclavos para luchar en brutales guerras civiles. Esta fase terminó cuando Francisco de Miranda se entregó a Juan Domingo de Monteverde y a las fuerzas realistas el 12 de julio de 1812. Geggus, "Slavery", compara astutamente las similitudes radi-

venezolana de 1811 concedió la igualdad únicamente en el papel, estableció un punto de referencia difícil de igualar. En lo sucesivo, quienes estuvieran a favor de la independencia o de la preservación del imperio deberían enfrentarse a los problemas de la paridad entre peninsulares y americanos, así como a las aspiraciones de las castas a la igualdad. Fue en este contexto de guerra en la península y de incertidumbre al otro lado del Atlántico en el que las Cortes redactaron la Constitución e intentaron preservar el imperio.

La Constitución de 1812: ¿quiénes son españoles, quiénes son ciudadanos?

Al mes siguiente, el 25 de agosto, la comisión especial comenzó a presentar los artículos constitucionales para su aprobación por las Cortes, incluyendo aquellos que afectaban a pardos y mulatos. Después de que el parlamento despachaba los asuntos críticos del día, el comité presentaba un artículo después del otro, los delegados lo debatían, enviaban algunos de ellos para su revisión y cada uno culminaba con una eventual votación. Aquellas secciones en las cuales se definía la condición de las castas incluyeron los artículos 1 y 6, que determinaban quiénes eran españoles; el artículo 18, donde se establecía la ciudadanía; los artículos 19 a 21, que presentaban las vías para obtener la ciudadanía; el artículo 22, centrado específicamente en las castas; y los artículos 28 y 29, que aclaraban cómo se llevaría a cabo la elección de representantes para futuras Cortes.[50]

Resulta llamativa la gran cantidad de tiempo que dedicaron las Cortes a los asuntos relacionados con las castas. Mientras que los debates sobre las definiciones de quién era un español, un ciudadano o un extranjero ocupaban 135 páginas de las actas oficiales, la mayor parte, el 82% de estas páginas, o sea, 111 páginas, se enfocó en la controversia sobre pardos y mulatos. Comprender cómo revisaron las Cortes las decisiones anteriores, las estrategias de los peninsulares y

---

cales entre los movimientos independentistas venezolanos y la Revolución de Haití, señalando que incluyeron "alianzas entre múltiples clases", 23, "esclavos armados", 23, y "excepcional brutalidad", 22. En ambos casos, la necesidad de tener un ejército de castas libres "forzaron el desmantelamiento de la discriminación racial ante los arraigados temores y prejuicios", 17.

50 *Constitución de Cádiz*, 12-14.

las respuestas de la delegación americana ofrece una comprensión de las cambiantes dinámicas de inclusión y exclusión.

Artículos 1 y 6

El artículo 1 de la Constitución define sencillamente "la nación española" como "la reunión de todos los españoles de ambos hemisferios".[51] Este comienzo deja abierta la pregunta obvia: ¿quiénes son los españoles? El artículo 6 ofrece la respuesta: españoles son todos los "hombres libres" nacidos en los reinos españoles y sus descendientes.[52] Se incluía también a los esclavos que se liberaban y a los extranjeros que obtuvieran una carta de naturaleza de las Cortes. Estos artículos no eran controvertidos, por lo que las Cortes los aprobaron con rapidez durante los dos primeros días de debates con una mínima discusión.

En apariencia, una definición semejante se veía como una victoria para pardos y mulatos, a quienes ahora las Cortes reconocían como españoles. Aunque los delegados no discutieron sus ramificaciones, los artículos 1 y 6 fueron una transformación radical de las definiciones tradicionales. A lo largo de los siglos, "español" se había referido a alguien que era blanco y en plena posesión de sus derechos civiles. Estas definiciones, sin embargo, ya no se aplicaban, pues aquello que las Cortes concedieron en un artículo, lo negaron con otro. Aunque ahora la deseada categoría de "español" los incluía, la Constitución relegó luego a pardos y mulatos a una condición inferior en el artículo 18, donde se creaba la categoría adicional y superior de "ciudadano". Los únicos españoles que eran automáticamente "ciudadanos" serían los definidos anteriormente como originarios: aquellos "que por ambas líneas, traen su origen de los dominios españoles de ambos hemisferios y están avecindados en cualquier pueblo de los mismos dominios".[53]

Artículo 18

El propósito de este artículo fue un paralelo directo a aquel del 15 de octubre de 1810, la negociación del originario que únicamente privilegiaba a los españoles de la península y de las Américas, así como a los

---

51 DDAC, V. 8, 8/25, 1811, 14.
52 *Ibid.*, V. 8, 8/31, 1811, 99.
53 *Ibid.*, V. 8, 9/4, 1811, 134.

indígenas, y excluía a las personas de origen africano.⁵⁴ Su efecto fue definir a los integrantes de las castas como españoles, mas no como ciudadanos y, por lo tanto, como extranjeros. Los artículos 19 a 21 consideraron entonces cómo las personas "reales" que no eran ciudadanas podrían adquirir plenos derechos civiles, mientras que el artículo 22 se centró específicamente en cómo los miembros de las castas, ahora técnicamente definidos como foráneos, podían acceder a la ciudadanía.

Desde el primer momento del debate de los artículos sobre la ciudadanía, la delegación americana rechazó la exclusión de las castas. Después de que la comisión leyera el artículo 18, el delegado de Costa Rica, Florencio José Castillo, quien había llegado recientemente, pidió a los miembros de la comisión constitucional que le explicaran si "el origen por ambas líneas de los dominios españoles" tenía algún límite temporal.⁵⁵ ¿Estaba restringido a la "primera generación" o hasta dónde se extendía?⁵⁶ Aunque no mencionó directamente a pardos y mulatos, la discusión posterior reveló que el objetivo de Castillo era tratar de identificar algún límite generacional específico, después del cual aquellas personas de ascendencia africana que habían vivido en las Américas durante siglos pudieran calificarse automáticamente como ciudadanos.

La respuesta de un miembro chileno de la comisión, Joaquín Lucas Fernández de Leiva, dejó patente que entendía que la oblicua pregunta de Castillo se refería directamente a la ciudadanía de los pardos.⁵⁷ Admitió que la condición de las castas continuaba siendo un tema controvertido cuando la comisión había redactado los artículos. Señaló que el "espíritu de la comisión" era incluir como ciudadanos únicamente a quienes eran "naturales" de la península y de América, "excluyendo a los que traxasen su origen, aunque remoto, de los países extrangeros de África".⁵⁸

Leiva reconoció que el comité estaba dividido respecto al tema, reflejando sin duda los meses de debate sobre las castas que se habían

---

54 Rodríguez O., *We Are Now*, 164, señala que la extensión de la ciudadanía a los indígenas aprobada por las Cortes fue una propuesta radical comparada con Inglaterra, país que nunca consideró a los indígenas como súbditos reales, o con Estados Unidos, donde no extendieron la ciudadanía a los indígenas hasta 1924.
55 *DBPE*, 1: 514-522. Llegó el mes anterior, 1: 516, y fue uno de los más decididos defensores de la ciudadanía para las castas, 1: 518.
56 *DDAC*, V. 8, 9/4, 1811, 134.
57 *DBPE*, 1: 775-781.
58 *DDAC*, V. 8, 9/4, 1811, 134.

dado previamente, así como la creciente insatisfacción con la negociación del 15 de octubre donde se definían los originarios. Admitió que su opinión era que la Constitución debería conceder la ciudadanía a todos los hombres libres, inclusive a aquellos de origen africano, si el súbdito tenía suficiente ocupación y recursos como para figurar "de hombres buenos y del estado llano común general". Prometió que en los próximos artículos "se examine este punto por separado". Las Cortes aprobaron el artículo 18 prácticamente sin debate, aun cuando el acta oficial no registró la votación.

Artículos 19 a 21

La siguiente discusión se refirió a los artículos 19, 20 y 21, donde se definía cómo los extranjeros "reales" podían acceder a la ciudadanía. Aunque estos artículos no aludían directamente a las castas, en posteriores intercambios algunos diputados contrastaron los prerrequisitos para los extranjeros comparados con los requisitos para la ciudadanía de las castas. La Constitución estableció un proceso de dos pasos para que los extranjeros obtuvieran plenos derechos civiles. Primero, debían solicitar a las Cortes una carta de naturaleza para adquirir la condición de españoles. Los artículos 19 y 20 procedían luego a detallar cómo podían pedir una "carta especial de ciudadano" a las Cortes.[59] Los solicitantes debían estar casados con un español, haber presentado alguna valiosa "invención o industria", haber adquirido un capital sustancial u ofrecido "servicios señalados" a la nación. El artículo 21 permitía la transmisión a futuras generaciones, a los hijos adultos de padres que hubieran adquirido la ciudadanía española, si ejercían "alguna profesión, oficio o industria". La discusión no fue controversial y los artículos se aprobaron con rapidez.

Artículo 22

Esto no sucedió con el artículo 22, referente a la ciudadanía de las castas, el cual consumió una semana de debates y ocupó ochenta páginas de las actas oficiales. Estaba dirigido "a los españoles que, por cualquier línea, traen origen de África".[60] Las Cortes prometieron que "les queda abierta la puerta de la virtud y del merecimiento" al conceder

---

59   *Ibid.*, V. 8, 9/3, 1811, 135.
60   *Ibid.*, V. 8, 9/4, 1811, 134.

una "carta de ciudadano" a aquellos solicitantes que satisficieran los requisitos. Debían haber prestado "servicios eminentes a la patria", o bien "que se distingan por su talento, aplicación y su conducta". Debían, además, ser hijos legítimos de padres libres, casados con una mujer libre, y vivir en los dominios españoles. Necesitaban, además, ejercer alguna "profesión, oficio o industria", y contar con recursos suficientes para "mantener su casa y educar a sus hijos con honradez". No se especificaban cuáles eran las calidades precisas para satisfacer estos criterios, ni si las Cortes se proponían conceder estas cartas rara vez o ampliamente. Aun así, es de señalar que los criterios para que pardos y mulatos adquirieran la ciudadanía resultaban más altos que los solicitados a los extranjeros, pues las castas debían demostrar servicios "eminentes" en lugar de "señalados", así como documentar su legítima descendencia de padres libres.

También evidente es que un número significativo de miembros de la delegación americana continuó presionando con el fin de obtener una mayor movilidad para las castas, aun cuando sus comentarios comenzaron a diferir de los esfuerzos realizados anteriormente. En el tiempo transcurrido entre los debates de febrero de 1811 y la discusión de los artículos de la Constitución en agosto, una nueva ola de delegados había llegado de las Américas. Estos se mostraron aún más estridentes en su apoyo a la ciudadanía para las castas.

El tono de las conversaciones comenzó a cambiar. Mientras que, anteriormente, los diputados americanos se habían centrado más en las castas y en el problema de las cifras —bien sea para contar a la población en ambos hemisferios o en la asignación de los representantes— para entonces el debate había evolucionado. Los nuevos representantes hablaban con mayor familiaridad acerca de la valía de los pardos y de los mulatos, y apoyaron su igualdad con renovado fervor. Hubo, asimismo, algunas excepciones, pues los delegados del Caribe permanecieron en silencio la mayor parte del tiempo, lo cual era un reflejo de su ansiedad ante sus poblaciones esclavas, así como sus prejuicios más fuertes contra las castas libres.[61]

Su familiaridad con las Américas fue evidente en los comentarios del delegado José Simeón de Uría. Este diputado llegó a Cádiz unos seis meses antes, procedente de Guadalajara, trayendo noticias de la

---

61 Sartorius, *Ever Faithful*, 26-31, rastrea la posición de los delegados cubanos ante las Cortes y las respuestas locales.

sublevación de Hidalgo durante el otoño anterior.[62] Fue el primer comentarista, después de que la comisión constitucional presentara el artículo 22 a discusión, y apoyó con vehemencia la ciudadanía para los pardos. Es de resaltar que leyó su discurso, en lugar de hablar espontáneamente, lo cual sugiere que lo pensó y preparó con antelación.

El juicio de Uría fue severo. Profetizó que el artículo 22 habría de "deslucir la grande obra de la Constitución".[63] Aun cuando concedió que "nuestras castas" se habían originado en África, señaló también que "la sangre que de esta sacaron sus ascendientes" era únicamente "unas gotas en sus venas, por las mezclas de sus diferentes generaciones". Rogó a las Cortes que los "eleve a la clase de ciudadanos", pues este es "el lugar que les corresponde como hombres buenos que son".

Uría procedió luego a enumerar las contribuciones de las castas a las Américas, refiriéndose a ellas como "las depositarias de todo nuestro bien y felicidad". Ofrecieron "los brazos que cultivan la tierra que produce sus abundantes frutos". Eran las castas las que extraían la plata de las minas "que anima el comercio". Eran los artesanos quienes contribuían al trabajo "público y particular". Eran soldados, la "robusta columna" que luchaba contra la "insurrección de algunos de nuestros hermanos". Propuso un artículo revisado: "Son también ciudadanos los españoles originarios de África, hijos de padres ingenuos que exerzan alguna profesión o industria útil, o tengan alguna propiedad con que puedan subsistir honradamente".

El siguiente orador, Guridi y Alcocer, de Tlaxcala, insistió fuertemente en "que los oriundos de África sean ciudadanos lo exige la justicia y lo demanda la política".[64] Temía que "la suerte de algunos millones de almas, el bienestar general de América y quizás también el de toda la monarquía" descansaban en aquella decisión. Se preguntó por qué, después de "haber hecho a las castas la injusticia de esclavizar a sus mayores", consentirían ahora las Cortes "la otra injusticia" de "negarles el derecho de ciudadanía". Presentó una lista que habría sido conocida para los funcionarios reales y para los solicitantes de las gracias al sacar de por qué el derecho de ciudadanía debería aplicarse a las castas. Pardos y mulatos merecían inclusión en razón "del naci-

---

62 *DBPE*, 3: 630-636. Llegó en febrero y presentó sus credenciales en marzo de 1811, 632. Fue un fuerte partidario de la igualdad de las castas, 633-634.
63 *DDAC*, V. 8, 9/4, 1811, 148-150.
64 *Ibid.*, 150-153.

miento, el vasallaje, la crianza, el servicio en las armas, el casamiento, la herencia, la vecindad", así como por su compartido catolicismo. Por estas razones, una "rigurosa justicia" exigía que pardos y mulatos obtuvieran la ciudadanía.

El conocimiento práctico que tenía Guridi y Alcocer de las Américas lo llevó también a explicar que la exclusión de las castas de la ciudadanía no sería viable. Señaló que las mezclas producidas a lo largo de los siglos significaron que a aquellos de ascendencia africana los hicieron "siempre confundirse o con los indios o con los españoles, llamándose tales según su color". Ciertamente, se daría un proceso similar con el derecho al voto, pues aquellas personas con antepasados africanos distantes reclamarían también la "qualidad de ciudadano". Como muchos con mezclas semejantes se habían fusionado ya con grupos blancos e indígenas, los únicos a los que entonces denominaban castas eran los "que han nacido en África" o bien "los negros cuya cara no les dexara ocultar su calidad".

Agustín Argüelles, de Asturias, ofreció la primera respuesta peninsular al vehemente rechazo americano del artículo 22. Señaló que las distinciones entre originarios y extranjeros incluidas entonces en los artículos constitucionales eran "precisamente" aquellas que los americanos habían acordado en el decreto del 15 de octubre de 1810, aunque admitió que seguían siendo algo "muy discutido y controvertido".[65] Intentó dar otra interpretación al artículo 22, argumentando que no privaba a las castas de la ciudadanía —presuntamente porque nunca habían gozado de un estado civil igualitario—, sino que, por el contrario, señalaba "el medio de adquirirlo". Sugirió que las Cortes podrían ser generosas en conceder cartas de ciudadanía, "no solo a pocos individuos a la vez, sino a muchos conforme a sus merecimientos".

Argüelles declaró que el comité había escuchado a los delegados americanos con "toda la deferencia y atención que se merecen". No obstante, quienes redactaron los artículos se encontraron, esencialmente, entre "Escila y Caribdis". Aun cuando algunos representantes estaban fuertemente a su favor, había también "una numerosa clase de españoles" que rechazaba la dispensa de "todos los derechos de ciudadanía" a las castas. Por esta razón, la comisión creyó que la vía "prudente y justa" era ofrecer un proceso mediante el cual pardos y mulatos pudieran "progresiva y gradualmente" adquirir la ciudadanía.

---

65 *Ibid.*, 155-158.

Durante los cinco días de debate siguientes, los representantes continuaron argumentando en pro y en contra del artículo 22 y sobre la negación de la ciudadanía a las castas. Varios temas surgieron en el transcurso de las discusiones. Los peninsulares se quejaron de que la indecisión de los americanos no les había dejado más alternativa que los artículos propuestos. Se preguntaron si las castas estaban preparadas para la ciudadanía, y los americanos preparados a concederla. Recordaron a los diputados ultramarinos que ningún país europeo había ofrecido un estado civil semejante a una población equivalente.

En respuesta a lo anterior, los americanos intentaron demostrar que su delegación favorecía, en general, la ciudadanía para las castas. Impugnaron el tratamiento que daba la Constitución a los extranjeros "reales" en comparación con los pardos y mulatos, a quienes consideraban americanos. Ofrecieron reminiscencias personales para apoyar sus afirmaciones. Denunciaron que la exclusión de las castas procedía primordialmente del deseo de los peninsulares de disminuir el número de representantes americanos y la influencia de su delegación, y no de razones sustantivas.

Finalmente, de estos debates emergió cierto consenso. Españoles europeos y americanos coincidieron en que la discriminación de las castas debía terminar. Pardos y mulatos que satisficieran ya los requisitos del artículo 22 debían convertirse en ciudadanos. Las Cortes deberían ofrecer a las castas acceso a recursos que facilitaran su continua movilidad social.

Comprender la riqueza de estos debates ofrece voces alternativas a los producidos en torno a las gracias al sacar. Permite entender por qué —con la obvia excepción de Venezuela— las élites no habían protestado cuando pardos y mulatos solicitaron el blanqueamiento. Una serie de diputados americanos revelaron no solo que eran íntimamente conscientes de la movilidad de las castas, sino que la apoyaban. Sus declaraciones nos recuerdan que el blanqueamiento de las gracias al sacar había operado únicamente como una variante oficial, análoga a los procesos informales de larga data implementados para mejorar la condición de algunos grupos.

Una primera etapa del contencioso debate sobre la ciudadanía se dio cuando los españoles europeos, de manera algo incongruente, culparon a los americanos, denunciando que su falta de consenso había generado directamente los artículos constitucionales en los que se discriminaba a pardos y mulatos. El representante de Extremadura, Antonio Oliveros, concluyó que las Cortes no habían concedido iguales derechos a las castas "porque no lo creyeron conveniente algunos señores americanos".[66] "Tanta variedad de opiniones" había persuadido a la comisión constitucional de que no había "reglas seguras para discernir quantos y quales deban ser los que gocen de los derechos de ciudadano".

En respuesta a tal aserción, algunos miembros de la delegación americana explicaron de nuevo sus posiciones expuestas el otoño e invierno anteriores, ofreciendo una mejor comprensión de sus actitudes pasadas y presentes. El delegado peruano Dionisio Uchu Inca Yupanqui recordó que, en septiembre, cuando "le pedí para todo hombre libre" que contara para la representación, el parlamento se "escandalizó".[67] La delegación americana, por lo tanto, había "prudentemente" decidido "contemplar con su resistencia sin desistir por eso de la justicia de la proposición". Recordó las noches de octubre de 1810 cuando las Cortes se habían reunido a puerta cerrada: "Insistí en que se declarase la igualdad de representación comprehensiva de todo hombre libre". Señaló que, si bien el compromiso acerca de los originarios había incluido únicamente a españoles e indígenas, no mencionó a las castas "y de consiguiente, no las excluye". Por esta razón, rechazaba el uso de las "bases fixas" en el decreto del 15 de octubre para establecer la ciudadanía.

Varios de los diputados señalaron que se había dado una evolución en las actitudes de los americanos frente a las castas. Mientras que en septiembre algunos se habían opuesto a su inclusión, para diciembre la delegación estaba, en su mayoría, unida a su favor. José Miguel Ramos Arizpe, delegado de Coahuila, señaló que, "en lo general", la delegación americana está "en favor de las castas, esto es, que se les liberte de la infamia, del envilecimiento y la miseria [...] haciéndolos capaces de ser todo, aun diputados, obispos y Papas".[68] Leiva, el delegado chileno, coincidió en que "casi toda la representación de América había hecho "el mayor empeño por dar existencia civil a los originarios de África, pero no fue posible conseguirlo".[69] La respuesta americana consistió en afirmar que las acusaciones de los peninsu-

---

66 *DBPE*, 2: 781-787.
67 *DDAC*, V. 8, 9/7, 1811, 220-221.
68 *Ibid.*, V. 8, 9/5, 1811, 170; *DBPE*, 3: 269-273. Fue un fuerte partidario de la igualdad de castas, 3: 272.
69 *DDAC*, V. 8, 9/6, 1811, 195-196.

lares no eran válidas, pues había un consenso en ultramar en conceder la ciudadanía a las castas.

Los españoles peninsulares cuestionaron también el elogio que hicieron los americanos de las castas al poner en duda su disposición a tratarlas como ciudadanos iguales. El delegado catalán Ramón Lázaro de Dou se preguntó si las Américas abrirían "las puertas de los ayuntamientos", para que pardos y mulatos pudieran ser "regidores y alcaldes", si podrían ser "¿ministros, oidores, regentes y virreyes [...] curas, párrocos, canónigos, obispos y arzobispos?".[70] El también catalán José de Espiga señaló deliberadamente que la costumbre de las Indias de establecer registros de bautismo separados para los blancos y para las castas era prueba de la inferioridad de estas últimas. Preguntó: "Pues, Señor, quando los señores americanos no permiten que sus nombres sean escritos en un mismo libro, ¿querrán de buena fe unirse en un mismo cuerpo civil ó político?"[71].

Más de un representante de la península puso en duda la preparación de las castas para adquirir la ciudadanía. Había una "gran diferencia" entre conceder la ciudadanía a pardos y mulatos y otorgarla a otros extranjeros. Jaime Creus, otro delegado catalán, explicó: "sabemos que todas las de Europa recibe casi una misma educación" y, por lo tanto, si estos europeos fuesen también católicos, "queda muy poco que vencer para que sean iguales a los españoles".[72] Al representante de Soria, García Herreros, le preocupaba el "abandono con que los han educado [a las castas] y las malas costumbres que son una consequencia inevitable de estas circunstancias".[73]

El catalán José de Espiga concluyó que la comisión había adelantado un "detenido examen y una larga discusión", y decidido que las castas necesitaban "formar nuevas inclinaciones, nuevos hábitos, nuevas afecciones y prepararlos por la educación pública".[74] Sugirió que podría haber "dos terceras partes de las castas" que carecían de la "educación y costumbres [...] que es propio de los pueblos civi-

---

70 *Ibid.*, V. 8, 9/5, 1811, 174; *DBPE*, 1: 673-686. Fue el primer presidente de las Cortes de Cádiz, un eminente académico jurídico, 673, 675.
71 *DDAC*, V. 8, 9/7, 1811, 219.
72 *Ibid.*, V. 8, 9/10, 1811, 233; *DBPE*, 1: 607-618. Fue arzobispo de Menorca y de Tarragona, 607.
73 *DDAC*, V. 8, 9/7, 1811, 225.
74 *Ibid.*, 219; *DBPE*, 1: 722-732. Fue arzobispo electo de Sevilla, uno de los miembros más liberales de las Cortes, aun cuando se opuso a la ciudadanía para los indígenas y para las castas, 730.

lizados". Eventualmente, sin embargo, creía que podrían llegar a ser "dignos ciudadanos de la nación española".⁷⁵

Los delegados españoles señalaron que los hombres libres en otros lugares del mundo no gozaban de igual estado civil, pues en Estados Unidos eran "excluidos de los empleos civiles y militares". Tampoco Gran Bretaña se "ha atrevido a incorporar a las castas entre sus ciudadanos". Si estos dos países se habían negado a hacerlo, ¿cómo podría España dar un salto semejante, cuando estaba saliendo de "tres siglos de arbitrariedad y despotismo, y apenas vemos la aurora de la libertad política". El delegado de Extremadura, Antonio Oliveros, señaló "que ninguna nación de la Europa [los] ha tratado hasta ahora con tanta consideración".⁷⁶

Los americanos respondieron que las castas habían formado parte de su hemisferio durante siglos; sería, entonces, injusto tratarlas peor que a los "verdaderos" extranjeros, y que estaban más que dispuestos a considerarlas como iguales. El delegado de Zacatecas, José Miguel Gordoa, evocó el tropo de la longevidad, al preguntar cómo podía la Constitución ubicar a las castas en un lugar que a "veces será más infecto y repugnante el origen de los extranjeros" cuando "hayan pasado veinte o más generaciones" en las Indias.⁷⁷ Florencio José Castillo, el delegado de Costa Rica, comparó los privilegios otorgados a los hijos de extranjeros con los de las castas. Cuando un padre extranjero adquiría la ciudadanía, sus hijos la heredaban automáticamente, así como plenos derechos civiles. ¿Cómo, preguntaba Castillo, era posible "que el hijo de extranjero españolizado pueda ser ciudadano", mientras "que los españoles descendientes de África que puedan contar entre sus descendientes a cuatro o cinco generaciones [...] sean excluidos de este honor?"⁷⁸. Concluyó diciendo: "Verdaderamente, Señor, que no comprehendo de esta desigualdad".

El delegado de Lima, Ramón Feliú, sugirió que las castas serían más leales que los extranjeros, pues formaban parte integral del imperio.⁷⁹ Por el contrario, los emigrantes, que no eran españoles, "conservarán siempre por su país nativo una predilección que, en ocasiones,

---

75 *DDAC*, V. 8, 9/7, 1811, 215-216.
76 *Ibid.*, V. 8, 9/10, 1811, 241; *DBPE*, 2: 781-787.
77 *DDAC*, V. 8, 9/4, 1811, 158; *DBPE*, 2: 259-267. También fue obispo de Guadalajara, México, 259, y apoyó fuertemente la ciudadanía para los pardos, 263.
78 *DDAC*, V. 8, 9/4, 1811, 162.
79 *DBPE*, 1: 253-257.

puede ser opuesta a los intereses de España".[80] A diferencia de ellos, las castas eran "españoles por nacimiento y que han mamado desde la cuna la religión, idioma, costumbres y preocupaciones de España".

Los representantes americanos se apresuraron también a asegurar a las Cortes que ellos estaban más que dispuestos a conceder a pardos y mulatos plenos derechos civiles. El representante chileno, Leiva, ofreció una comprensión inusual del continuado proceso de transición social. Explicó: "Yo he conocido mulatos que han sido marqueses, oidores, canónigos, coroneles y caballeros", si bien admitió que era frecuente que utilizaran "sobornos [...] falsos perjurios y adulteramiento de los libros ó registros públicos" para obtener tal condición. Aun así, el resultado final era su aceptación por parte de las élites locales que, "a pesar de saber su mezcla", le concedían los "honores correspondientes", los consideraba "libres de la infamia", y se casaban con ellos. Leiva sugirió que si la movilidad de las castas a través de semejantes "medios ilícitos y reprobados producía iguales efectos", entonces, una "reintegración que la ley haga restituyéndolos a la clase de ciudadanos deben resultar mismos".

Dionisio Uchu Inca Yupanqui, el antedicho representante peruano, pidió a las Cortes "paso, pues a hacer" y considerar la condición de las castas en Lima, donde "el número de gentes de color compone un tercio del total del reyno".[81] Creía que las castas eran "capaces de todo", y profetizó que, si enviaban representantes a las Cortes, "ya sentiría la nación palpablemente esta verdad". Sus milicias acostumbraban a participar en ceremonias con sus contrapartes blancas, y sus "campañas militares" en defensa de la Corona ciertamente les daba derecho a "premios". Un grupo importante de pardos ejercía la profesión, usualmente reservada a los blancos, de cirujano.

Inca Yupanqui hizo una sorprendente afirmación, con la cual demostró que el mundo de la élite limeña era cerrado y pequeño. Señaló que había dos pardos en la capital que eran médicos: "dos doctores, el uno de ellos graduado antes en Montpellier". Dado que los únicos dos médicos de las castas que había en Lima en aquel momento eran el egresado de Montpellier, el doctor Manuel Dávalos, y el doctor José Manuel Valdés, tal comentario resulta sugerente. Indica que probablemente al menos uno de los delegados americanos conocía la opción de blanqueamiento y las gracias al sacar que habían permitido a Valdés

---

80 *DDAC*, V. 8, 9/5, 1811, 187.
81 *Ibid.*, V. 8, 9/7, 1811, 221-223.

graduarse como médico en la universidad local, en lugar de verse obligado a estudiar en el extranjero.

La velada referencia que hizo el representante Inca Yupanqui a José Manuel Valdés ofrece una posible comprensión de una pregunta desconcertante —planteada por James F. King durante los inicios historiográficos del blanqueamiento— sobre por qué las gracias al sacar nunca aparecieron como precedente en los debates de las Cortes sobre las castas.[82] Una respuesta podría ser que los delegados peninsulares nunca las mencionaron porque no eran conscientes de la existencia de esta opción, pues la Corona había expedido la gracias al sacar de 1795 únicamente para los reinos de ultramar, no para España. Incluso en las Américas, la posibilidad de comprar la blancura no había tenido mucha publicidad ni gozado de amplia divulgación.[83]

El indicio sugerente sigue ahí: puesto que el delegado Inca Yupanqui sabía que el pardo José Manuel Valdés era médico egresado en una universidad local, casi ciertamente era consciente de que había recibido una cédula de blanqueamiento. ¿Hubo alguna razón para que no lo mencionara? Quizás el peruano eligió deliberadamente no comentarlo por no ser políticamente conveniente, pues probablemente habría fortalecido la posición de los peninsulares. Podrían haber citado el ejemplo histórico de las gracias al sacar como precedente, ofreciendo cierta legitimidad al compromiso del artículo 22, pues ambos establecían procesos para que pardos y mulatos buscaran la igualdad civil.[84]

Aunque peninsulares y americanos no estuvieron de acuerdo sobre la mayor parte de los asuntos referentes a las castas, sí coincidieron en uno: pardos y mulatos no deberían sufrir las discriminaciones del pasado. En este aspecto, confirmaron las opiniones de las consultas de 1806 y de 1808, sobre el hecho de que la Corona debería implementar medidas que mejoraran la movilidad general de las castas. Ramos Arizpe, el delegado mexicano, criticó de manera especial que aquellas "leyes bárbaras tienen cerradas las puertas de los colegios y de las universidades", prohibido a pardos y mulatos el ingreso a "casas de edu-

---

82 Véase capítulo 1.
83 *DDAC*, V. 2, 1/3, 1811, 255. El delegado de Soria García Herreros hace una referencia a las gracias al sacar. No menciona el blanqueamiento sino únicamente, en general, que las Cortes deben tomar la decisión si estas deben ser consideradas. Véase *DBPE*, 2: 154-162.
84 Desde luego, un argumento en contra podría ser que si los peninsulares hubieran mencionado las gracias al sacar como precedente, los americanos podrían haberlas rechazado como algo del pasado y no suficientemente liberal.

cación", e incluso a las "comunidades religiosas de ambos sexos".[85] Consideró que una discriminación semejante era un "escándalo inaudito" que únicamente podía existir en "siglos bárbaros, pero que no puede subsistir en el presente".

Castillo, el diputado de Costa Rica, estuvo de acuerdo, al evocar memorias personales de los perniciosos efectos de dichos prejuicios. Recordó a "varios jóvenes" que deseaban recibir una educación "pero que habiéndoseles cerrado la puerta de los honores, tuvieron que abandonar sus empresas y se quedaron como plantas mutiladas, sin dar fruto".[86] No solo los americanos, también algunos delegados peninsulares, como el representante catalán Jaime Creus, coincidieron en que "no se les debe privar de su educación".[87] Afirmó que la Corona debía asegurarse de "que sean admitidos en todas partes en donde puedan recibirla y tomar todas las medidas que puedan darles inclinación al trabajo y aversión a la ociosidad". Su objetivo era que "puedan entrar al goce y disfrute de los derechos que Vuestra Majestad desea concederles".

Aun cuando los peninsulares se opusieron a conceder la ciudadanía a las castas en general, admitieron que había un grupo meritorio que ya era digno de inclusión. Evaristo Pérez de Castro, representante de Valladolid, prometió que las "Cortes futuras concederán cartas de ciudadanos sin gastos, sin agentes, sin litigio" a quienes las merecieran.[88] En prueba de la buena fe de las Cortes, sugirió que los primeros en recibir la ciudadanía serían quienes servían en las milicias, pues "han sujetado a los revoltosos y restituido el orden y la tranquilidad en aquellos vastos países".[89] Con esta posible concesión, las Cortes fueron mucho más allá de la movilidad prefigurada en las consultas de 1806 y 1808, prometiendo, en su lugar, prerrogativas similares a las de las gracias al sacar a un grupo importante de las castas. A diferencia del informe de 1808, que restringía los beneficios del blanqueamiento estrictamente a la vida del individuo, una vez que un padre pardo recibiera la ciudadanía, podía transmitir plenos derechos civiles a las generaciones posteriores.

---

85 *DDAC*, V. 8, 9/5, 1811, 172.
86 *Ibid.*, V. 8, 9/4, 1811, 164.
87 *Ibid.*, V. 8, 9/10, 1811, 234.
88 *Ibid.*, V. 8, 9/6, 1811, 193; *DBPE*, 3: 17.
89 Sartorius, *Ever Faithful*, 34, intentó rastrear estas solicitudes de ciudadanía utilizando el artículo 22 para Cuba y solo halló una, en 1813.

En el transcurso del debate, los delegados habían enviado una serie de revisiones posibles a la comisión constitucional antes de las votaciones finales. Los americanos consiguieron modificar el requisito de que las castas hicieran contribuciones "eminentes", sustituyéndolo con la exigencia más modesta de servicios "calificados".[90] Eliminaron también la cláusula que exigía a los solicitantes disponer de recursos suficientes para "mantener su casa y educar a sus hijos con honradez".

Tras cinco días de discusiones sobre el artículo 22, el entonces presidente de las Cortes, el asturiano Agustín Argüelles, sugirió que se habían "dilatado ya demasiado" y era momento de votar.[91] Si bien algunos de los americanos aún pidieron la palabra, se convocó a una votación. Las Cortes aprobaron el artículo 22 por ciento ocho contra treinta y seis votos.[92] Aun cuando es posible que los peninsulares apoyaran algunas posiciones americanas, en este caso, los hemisferios se dividieron drásticamente. No habría una ciudadanía automática para las castas.

Los delegados americanos continúan apoyando la ciudadanía de las castas

Aun cuando derrotada, la delegación americana se negó a rendirse. El representante de Coahuila, Ramos Arizpe, presentó una moción revisada que intentaba incluir a pardos y mulatos que tuviesen padres o abuelos libres entre los originarios, confiriéndoles así la ciudadanía. Argumentó que el artículo 22 desencadenaría el disenso social, pues la "medida de la opinión" podría determinar quién votaba y quién no.[93] Arguyó de manera elocuente que las castas merecían la ciudadanía:

> Yo conozco descendientes de África dignamente condecorados con el sacerdocio, yo estoy causado de ver á muchos empleados en todas carreras yo los he visto ser jueces justos y zelosos regidores en los ayuntamientos especialmente en lugares modernos que ellos mismos han fundado, yo he visto á sus familias enlazadas con muy distinguidas de españoles, yo conozco á infinidad de esas castas casados con mugeres llenas de virtudes morales y domésticas y á sus bellísimas y honestas hijas adornadas de tantas gracias y donayre como el de las hermosas andaluzas.

---

90 *Constitución de Cádiz*, 1812, 13, refleja estos cambios.
91 *DDAC*, V. 8, 9/10, 1811, 232.
92 *Ibid.*, 234.
93 *Ibid.*, 235.

Ramos Arizpe suplicó que "no siembre Vuestra Majestad la disensión y la discordia entre esas innumerables familias". Su tono sugiere que la preocupación de los delegados americanos no se limitaba sencillamente a contar a las castas como ciudadanos para aumentar el número de representantes de ultramar, como tampoco únicamente a apaciguar los incipientes movimientos independentistas. Más bien, el delegado de Coahuila confirmaba su familiaridad con los procesos históricos y permanentes mediante los cuales los pardos se esforzaban por disfrutar de las prerrogativas de los blancos, así como una significativa aquiescencia de la élite a una movilidad semejante. A diferencia de él, los peninsulares estaban centrados en las cifras: Juan Nicasio Gallego, el representante de Zamora, respondió bruscamente que esto era "contrario a lo que se había acordado".[94]

El 11 de septiembre de 1811, el último día del debate sobre el artículo 22, hubo algunos intentos por conceder la ciudadanía inmediata a soldados y sacerdotes pardos y mulatos. El delegado de Soria, García Herreros, propuso que quienes se "hallan ordenados" y "están alistados [...] del exercito nacional" se convirtieran en ciudadanos, siempre y cuando vivieran en "los dominios de España u exerzan alguna profesión o industria con capital propio y mantenga casa".[95] Debían ser asimismo "hijos legítimos de padres ingenuos".

García Herreros confesó que había propuesto esta modificación porque el artículo 22 había prometido la ciudadanía a todos aquellos que pudieran demostrar "mérito". Consideró que "el mejor modo de hacer patente la verdad" era identificar a "los que tengan aquellas qualidades o requisitos". Por otra parte, deseaba aplacar a los americanos quienes, al parecer, denunciaron que, debido a que los representantes peninsulares eran un número mayor que los representantes de ultramar, las Cortes habían aprobado un artículo "injusto". Una serie de delegados apoyaron revisiones análogas, sugiriendo que algunos peninsulares reconocían la justicia de los argumentos de los americanos, y que los delegados ultramarinos se habían sentido alienados por el resultado de la votación.[96] Las Cortes pasaron luego a los artículos constitucionales finales, incluyendo los dos últimos, el 28 y el 28, que afectaban directamente a las castas.

Aun cuando la delegación americana había cedido terreno en la negociación del 15 de octubre de 1810, y no consiguió modificar los artículos constitucionales relativos a la ciudadanía en septiembre de 1811,

---

94 *Ibid.*, 237; DBPE, 2: 121-124.
95 DDAC, V8, 9/11, 1811, 248-249; DPBE, 2: 154-62.
96 DBPE 2: 563-568.

continuó insistiendo para que las castas fueran incluidas. Otras oportunidades para hacerlo surgieron en el artículo 28, donde se estableció que la "representación nacional" sería "la misma en ambos hemisferios", y en el artículo 29, que definía la base de la población que contaba para la representación.[97] Si bien las Cortes habían debatido estos temas desde su presentación, no habían aprobado oficialmente los artículos, dejando así una pequeña apertura para las protestas de los americanos.

El artículo 28 decía, sencillamente, "la base para la representación nacional es la misma en ambos hemisferios". El delegado de Tlaxcala, Guridi y Alcocer, se dirigió de inmediato al meollo del asunto. Aunque admitió que, "sin añadirle una tilde ni quitarle una jota", sí tenía una pregunta.[98] La "equalidad de derechos entre las provincias de la península y de ultramar" ¿significaba que habría igual representación, esto es, que cada hemisferio tendría un número igual de delegados? De no ser así, la igualdad se daría a través de un proceso igual de repartir los representantes según la población designada. Los miembros de la comisión constitucional sugirieron que el artículo 29 se ocupaba de estos detalles específicos, así que las Cortes votaron su pronta aprobación.

Los detalles del artículo 29 desencadenaron otros tres días y treinta páginas de debates. El artículo definía "esta base [esto es, españoles europeos y americanos e indígenas] es la población" que cuenta para la representación como "originarios", así como aquellas personas que obtuvieran una "carta de ciudadano" expedida por las Cortes. Leiva, el delegado chileno, que era miembro de la comisión constitucional, señaló que "todos los americanos, a excepción de uno", estaban en desacuerdo con el artículo, pues excluía a las castas.[99] Se preguntó cómo podían suponer las Cortes que estaban ofreciendo una voz a los reinos de ultramar cuando "una considerable parte de ella ni es representada ni acensuada". Leiva ofreció luego una lista de aquellos que no podían votar o detentar cargos, pero que, según estas definiciones, figuraban, no obstante, en el conteo para la representación. Estos incluían a mujeres y niños, y a las personas privadas de razón. Argumentó que todos, "sin distinción alguna deben ser representados", incluyendo a "los originarios de África".

El delegado de Coahuila, Ramos Arizpe, sostuvo que para las castas sería "degradante" el tratamiento que recibían de las Cortes. Aunque la Constitución había negado el derecho a la ciudadanía a un "loco", "al

---

97 *Constitución de Cádiz*, 1812, 14.
98 *DDAC*, V. 8, 9/14, 1811, 300.
99 *Ibid.*, 301.

demente" y a "un criminal", estas personas, sin embargo, contarían en el censo para la representación.¹⁰⁰ Se preguntó, entonces, "¿será posible de concebir que millones de americanos lleven con paciencia el ser tenidos en menos que un loco, un ladrón [...] un criminal?". Las castas no eran "salvajes errantes" ni "tribus de meros cazadores", sino que habían sido "españoles civilizados después de siglos". Se preguntó por qué las Cortes actuarían "con tanta crueldad", para con ello "destrozar esta unión tan fraternal que tanto aprecian europeos y americanos".

El delegado Oliveros, de Extremadura, defendió a la comisión al explicar que "los principios" que se habían utilizado al redactar los artículos provenían de los debates adelantados en el otoño y el invierno.¹⁰¹ Más aún, las Cortes habían garantizado a "todos los habitantes libres" el "goce de los derechos civiles". Fue esta la razón por la que los delegados habían propuesto que la comisión expidiera un decreto para admitir a las castas en las instituciones educativas y religiosas, privilegio del que nunca habían gozado. La Constitución también "les abre aun la puerta para la ciudadanía". Su objetivo era preparar "estas familias [para] neutralizar la opinión contraria y llegar por último a la igualdad civil política".

El asunto regresó finalmente a las cifras. El guatemalteco Antonio Larrazábal señaló que América tiene "dobles los habitantes que la península y terrenos sin límite".¹⁰² Cómo, se preguntó, ¿podrían competir "treinta o cuarenta diputados de América" con "ciento cuarenta o más de la península", cuando la "aprobación o negativa dependen de la pluralidad?". Más aún, los delegados de la península exhibieron "mucha conformidad", dados sus "usos y costumbres" compartidos. A diferencia de ellos, "los de ultramar son muy diversos" y, en ocasiones, incluso "contrarios entre sí".

La intervención del consulado mexicano

En aquel punto, con los españoles frustrados por haber pasado tanto tiempo en los asuntos americanos, y los americanos insatisfechos con los resultados, una bomba explotó en las Cortes. No se trató de un explosivo real procedente de las líneas francesas, sino de un infor-

---

100 *Ibid.*, 305-306.
101 *Ibid.*, 311.
102 *Ibid.*, V. 8, 9/25, 1811, 331; *DBPE*, 2: 406-415. Apoyó la ciudadanía para los indígenas y las castas, 412.

me enviado por los peninsulares del consulado de Ciudad de México. Puesto que, como recordó más tarde el presidente Argüelles, se había enterado de que la larga misiva se refería al tema de la representación, decidió que la leyeran en voz alta, pues "podía conducir a la mayor ilustración del artículo 29 de la Constitución".

Sin embargo, Argüelles no era consciente —al menos eso fue lo que admitió después— de su contenido. La lectura generó respuestas "muy acaloradas", pues los miembros de la delegación americana lo consideraron "subversivo, calumniesco e incendiario", así como un ataque contra "su buena reputación y fama". Hubo tal alboroto que las Cortes se apresuraron a cerrar la sesión. Los delegados pasaron los cuatro días siguientes y cuarenta páginas más de discursos discutiendo el contenido y la disposición de la carta.

Pero ¿qué fue lo que envió el consulado mexicano a las Cortes que causó tal revuelo?[103] Los comerciantes habían remitido un escandaloso y prolongado comentario sobre el "estado de las diversas castas de habitantes de la Nueva España".[104] Ofrecía una cáustica crítica de las poblaciones criolla, indígena y de castas, y postulaba la "verdad amarga" de que las Américas "no está aún en sazón de ser igualadas a la metrópoli" en términos de "representación nacional". Una conclusión semejante reflejaba sin duda la agenda de los comerciantes de Nueva España, en su mayoría españoles, que se habían beneficiado enormemente del control peninsular de la política y el comercio, dominio que disminuiría sustancialmente con la promulgación de la Constitución.

El consulado no ahorró ningún golpe: condenó agresivamente a las castas, que procedían "de la comunicación recíproca y forzosa entre castellanos, indios y negros y de las mezclas de su prole", y de una "diversidad extraordinaria" de mezclas.[105] Su población trabajaba en "el peonaje, servicio doméstico, oficios artefactos y tropa". Estas personas existían "a la sombra de las ciudades en donde forma la clase ruin de populacho". Eran "perdidos y miserables, ebrios, incontinentes, flojos", sin "pundonor, agradecimiento, nociones de la religión y de la moral". Vivían "sin lujo, aseo ni decencia". El consulado los juzgaba "aún más maquinales y desarreglados que el indio".

---

103 *DDAC*, V. 8, 9/16, 1811, 338; en Cavo y Bustamante hay una copia de la carta del consulado, 882-905.
104 *Ibid.*, 892. Incluía también una virulenta condena de las poblaciones indígenas y criollas.
105 *Ibid.*, 894-895.

La consecuencia era evidente: "las castas no poseen ninguna de las calidades características de la dignidad de ciudadano, ninguna de las propiedades que califican al vasallo [...] ninguno de los atributos que honran al hombre civil y religioso". Después de más páginas de insultos, la carta concluía que, únicamente 100.000 de los cuatro millones que conformaban la población, merecían la plena ciudadanía.[106] Una disminución semejante reflejó, tanto el desprecio del consulado por la población americana, como su determinación de mantener los reinos de ultramar en una condición de inferioridad respecto a la metrópoli.

Cuando las Cortes se reunieron al día siguiente, el 17 de septiembre de 1811, el presidente Argüelles se disculpó por permitir que la carta se hiciera pública, confesando su "imprudencia proponiendo la lectura de este papel sin enterarme antes de su contenido".[107] Rogó a las Cortes que actuaran con "decoro" y, de manera especial, que "los senadores americanos deben estar bien persuadidos de nuestro afecto y unión".[108] La respuesta del peruano Morales Durárez fue típica. Pidió a la Regencia proceder con "el rigor de las leyes" contra "tan sedicioso y calumnioso libelo", pues "la América ha sufrido ayer el mayor ultraje".[109] Finalmente, los delegados decidieron que se "selle y archive" la carta, y que "no puede volverse a abrir sin mandato de las Cortes".[110]

Fue solo el 21 de septiembre cuando las Cortes regresaron a la consideración del artículo 29, relativo a la población que debía ser contada para el reparto de los delegados. Para entonces, los argumentos de los diputados peninsulares y americanos ya eran bien conocidos, y la conmoción suscitada por la carta del consulado mexicano tampoco pareció cambiar su forma de pensar. Los peninsulares insistieron en que el artículo 29 procedía lógicamente de los acuerdos realizados en octubre sobre quiénes eran los originarios, y a partir de febrero habría un proceso igualitario de reparto. Los americanos los instaron repetidamente a que se extendiera a todos los españoles, incluyendo a las castas.[111] Las Cortes votaron afir-

---

106 *Ibid.*, 900.
107 *DDAC*, V. 8, 9/17, 1811, 356.
108 *Ibid.*, 340.
109 *Ibid.*, 341.
110 *Ibid.*, V. 8, 9/19, 1811, 376.
111 *Ibid.*, V. 8, 9/21, 1811, 382-390.

mativamente el artículo 29, excluyendo así a pardos y mulatos del censo para el conteo, aunque el acta oficial no registró el número de votos.

El acuerdos sobre las castas

Durante los meses siguientes, las Cortes continuaron con sus asuntos habituales, avanzando metódicamente en la aprobación de los artículos de la Constitución. Para el 26 de enero de 1812, sus miembros habían pasado del artículo 29 al 238, cuando la comisión regresó con una propuesta. Respondió al raro consenso entre peninsulares y americanos sobre la idea de que las castas deberían dejar de sufrir algunas de las discriminaciones del pasado.[112] Declaró que el objetivo de las Cortes era "facilitar a los súbditos españoles que por cualquiera línea traigan su origen de la África el estudio de las ciencias y el acceso a las carreras eclesiásticas". En el futuro, debieran "ser admitidos a las matrículas y grados y títulos de las universidades, ser alumnos de los seminarios, tomar hábitos en las comunidades religiosas y recibir los órdenes sagrados", siempre y cuando demostraran "los demás requisitos y circunstancias" dictaminados por "las leyes del reino y las constituciones particulares de las diferentes corporaciones". El acta oficial no registró el total de votos, sino que, sencillamente, indicaba: "aprobado".

Sin duda, uno de los objetivos de esta legislación era ganarse las inciertas lealtades de pardos y mulatos por los disturbios que ocurrían en las Américas.[113] No obstante, subsiste una pregunta difícil: ¿en qué medida influyeron los acontecimientos inmediatos o las décadas de debates sobre el blanqueamiento, o los siglos de movilidad de castas en tal apertura? En cierta forma, esta legislación procedió como un subproducto directo de las opiniones liberales compartidas forjadas en las Cortes tanto por los representantes peninsulares como por los americanos. Para que estos cambios no fuesen radicales y hacerlos posibles, sin embargo, debía existir un consenso histórico más profundo que apoyara la transformación. Consideremos

---

112 *Ibid.*, V. 11, 1/26, 1812, 392.
113 Landers, *Atlantic*, 162, concluye erradamente que la disposición fue parte de la Constitución de Cádiz, en lugar de un decreto adicional promulgado meses antes de su ratificación oficial.

una sorprendente comparación: ¿por qué fue posible para las Cortes españolas, pero inconcebible para el Congreso de Estados Unidos, ordenar a las universidades que admitieran a personas de ascendencia africana en 1812?

Siglos de movilidades de casta habían facilitado estos significativos avances. Aun cuando el Consejo de Indias no había implementado políticas específicas para poner fin a la discriminación, los ministros de la Cámara desconocieron las recomendaciones negativas de los fiscales y concedieron cédulas de blanqueamiento. Funcionarios de alto rango, como el canciller Joseph Antonio Caballero, no habían ignorado el informe del franciscano José Antonio Goicoechea sobre los perniciosos efectos de la desigualdad de las castas, sino que, por el contrario, había ordenado reconsiderarlo. Las consultas resultantes, enviadas en 1806 y 1808, resultaron ser precursoras, por cuanto recomendaron que al menos algunas de las distinciones legales que perjudicaban a pardos y mulatos deberían abolirse, y que las gracias al sacar debían continuar. Las élites de las Américas y sus delegados en las Cortes validaron y apoyaron transformaciones semejantes. Aun así, la pregunta seguía en pie: ¿habían ido las Cortes suficientemente lejos? Dado que los delegados todavía negaban la inmediata y plena ciudadanía a las castas, ¿en qué medida tuvieron algún impacto estas concesiones largamente buscadas?[114]

Respuestas de Lima

Una publicación de 1811 redactada por los pardos y mulatos de Lima nos ofrece una singular comprensión de la respuesta, al menos de parte de un grupo. Al parecer, algunos miembros de la élite habían estado siguiendo de cerca los debates. Decidieron publicar los discursos que aparecieron en las actas de septiembre de 1811, en los cuales los delegados americanos denunciaron el artículo 22 que restringía la ciudadanía de las castas a los solicitantes aprobados por las Cortes.[115] Los limeños agregaron a las citas sus propios comentarios en itálica, revelando así sus reacciones frente a temas cruciales. A fines de julio de 1812, justo cuando esta publicación iba a ser enviada a la imprenta, las personas involucradas en ella tuvieron noticia del decreto de las Cortes, expe-

---

114 Rodríguez O., *We Are Now*, 160-165, presenta una excelente evaluación de las innovaciones y fracasos de la Constitución de 1812.
115 *Colección de los discursos*, iii. Publicaron extractos de los debates de septiembre 4-7.

dido el 29 de enero, que abriría las puertas de las universidades y de las profesiones a las castas. Su reacción a esta noticia de último minuto permite, por lo tanto, no solo un análisis de las respuestas inmediatas de los pardos y mulatos de Lima al fracasado debate sobre la ciudadanía, sino también a estas concesiones posteriores.

Su introducción habla llanamente, al expresar que se infligió "un acervo dolor a los españoles pardos del Perú".[116] Se hace eco de las inquietudes de los delegados americanos que habían profetizado que las castas se resentirían profundamente del tratamiento desigual que se les daba. ¿Por qué, se preguntaron los limeños, "la grande nación española derrama con igual profusión sus dones [...] a los estraños y enemigos" y, sin embargo, "cierra sus manos liberales a los pardos nacidos en su propio seno?".[117]

En varias extensas secciones respondieron a las declaraciones de los diputados de las Cortes sobre el servicio de los pardos en la milicia y como cirujanos. Algunas anotaciones dispersas estuvieron dirigidas también a las observaciones sobre la lealtad de las castas y la discriminación en la educación superior. El objetivo de estos comentarios tenía por objetivo contradecir a aquellos representantes de las Cortes que consideraban que las castas no eran dignas de obtener la ciudadanía.

Parece probable que pardos y mulatos hubiesen redactado la sección sobre sus contribuciones. En respuesta a la observación de las Cortes, según la cual las milicias eran "muy importantes a la patria", los limeños ofrecieron una detallada lista de sus campañas que ocupaba varias páginas, desde la década de 1660 en adelante, reflejando un siglo y medio de esfuerzos en defensa del imperio.[118] Ellos habían protegido "las costas contra los corsarios enemigos", contribuido a "apagar el fuego de las insurrecciones suscitadas por los indios", y ayudado a "las necesidades del erario". Habían hecho todas estas cosas a pesar de enfrentar un trato injusto de parte de sus superiores, falta de pago, y un tratamiento diferencial comparado con el de los blancos, trato documentado también. Concluyeron con el agraviado comentario de que, aun cuando pertenecían a "los militares notos de la patria", no eran "ciudadanos".

En respuesta al comentario del peruano Dionisio Uchu Inca Yupanqui acerca del predominio de las castas en la profesión médica,

---

116 *Ibid.*, i.
117 *Ibid.*, 1.
118 *Ibid.*, 40-51.

los pardos de Lima, en esta ocasión probablemente los cirujanos, ofrecieron también páginas enteras de anotaciones.[119] Incluyeron varios párrafos sobre el médico doctor José Manuel Valdés, a quien el rey "le dispensase el defecto de calidad y que colocando en la clase de ciudadano español [...] con el aplauso general de esta ciudad". Se refirieron al doctor don Manuel Dávalos, quien había obtenido su título en el extranjero, en la Universidad de Montpellier. Se quejaron de que las leyes existentes impedían a otros obtener títulos médicos semejantes, confinándolos a la profesión menos prestigiosa y lucrativa de cirujano.

En este campo, sin embargo, los cirujanos pardos de Lima se destacaron, pues presentaron una lista de las cirugías difíciles que habían practicado. Su habilidad era tal que "los señores virreyes y arzobispos, y todas las personas de la más sublime gerarquía los han honrado con su mesa, familiaridad, protección y confianza".[120] Puesto que estos practicantes gozaban de reputación por su "cultivo de las letras", así como por su "moderación y la honoradez", era natural que, ellos también, se resintieran del hecho de que "no serían ciudadanos".

Una cuestión más difícil, planteada por una serie de delegados americanos en las Cortes, fue si las castas permanecerían leales una vez que se las privara de la ciudadanía. Los pardos de Lima respondieron con un rotundo "sí". Desde luego, parece poco probable que el virrey les hubiera permitido publicar el texto de haber dado otra respuesta. No obstante, sus anotaciones reconocen tanto su lealtad como su amargura frente al tratamiento recibido. En respuesta a un comentario del representante mexicano ante las Cortes, José Simeón de Uría, según el cual los pardos eran "hombres buenos" que debieran ser ciudadanos, los pardos de Lima respondieron que "esta asombrosa fidelidad que no se ha desmentido en el espacio dilatado de dos siglos sin esperanza de premio".[121] Los pardos declararon su "ardiente amor a la misma patria que desatiende su virtud y sus servicios". Cuando, en un discurso posterior, el delegado de Tlaxcala, Guridi y Alcocer, amenazó con que la negación de la ciudadanía perdería a las Américas, la respuesta de los pardos limeños fue negativa: "Nuestra fidelidad es inviolable".[122] Su única repuesta sería "redo-

---

119 *Ibid.*, 92-106.
120 *Ibid.*, 98.
121 *Ibid.*, 4; *DBPE*, 3: 630-636.
122 *Colección de los discursos*, 8.

blar nuestros connatos para dar sucesivamente nuevas pruebas de nuestra virtud, honradez y patriotismo".

Como fue anunciado en numerosos discursos en las Cortes, el trato diferenciado de los extranjeros y las castas suscitó un profundo resentimiento. Los pardos de Lima se apresuraron a responder a la denuncia del delegado Gordoa, de Zacatecas, quien protestó contra la "dureza" de privar de igual condición a las castas que habían pasado "veinte o más generaciones" en las Américas.[123] Los pardos admitieron su consternación al recibir un tratamiento peor que el dado "a los extranjeros y aun a los enemigos de la patria". Profetizaron que, una vez terminada la guerra con Francia, incluso "el francés inhumano" podría asentarse en las Américas, y sus hijos gozarían de "la carrera de honor y los empleos". Entretanto, las castas "no recibiremos otro premio por nuestra inalterable fidelidad que la vexación y el abatimiento".

Y ¿qué hay del comentario, hecho por una serie de representantes, incluyendo a su propio delegado, el peruano Feliú, quien afirmaba que las ciudades rebeladas de las Américas habían concedido ya la igualdad a las castas? Los pardos de Lima demostraron estar bien enterados de los acontecimientos que sucedían en otros lugares de las Indias: "Sabemos que en Buenos Ayres y en Caracas han declarado a las castas libres iguales en derechos a los demás españoles". No obstante, concluyeron, "no envidiamos su suerte, por sernos más estimable la fidelidad y la virtud que la ciudadanía".[124]

Desde que se iniciaron las peticiones de las gracias al sacar, cuando pardos y mulatos buscaron movilidad, la admisión a la educación superior fue uno de sus principales objetivos. Recordemos que el representante mexicano, José Miguel Ramos Arizpe, había secundado esta aspiración en las Cortes, al denunciar "leyes bárbaras" que "tienen cerradas las puertas de los colegios y de las universidades".[125] Los cirujanos de Lima coincidieron con él, pues deseaban que sus hijos pudieran entrar a los "colegios" y hacer votos religiosos.[126] Les enojaba especialmente que las universidades locales admitieran estudiantes extranjeros, mas no a sus hijos.

A fines de julio de 1812, "al concluir la impresión de este libro" por parte de este grupo de pardos, llegó un correo de España. El

---

123 *Ibid.*, 15.
124 *Ibid.*, 64-65.
125 *Ibid.*, 35.
126 *Ibid.*, 99.

paquete incluía el decreto de las Cortes del 29 de enero que abría las universidades, monasterios y profesiones a las castas. La reacción de los pardos de Lima a este "inexperado favor" fue extática. Vieron "ya abiertas para nosotros las puertas de la ilustración y del honor". Podían prometer a sus hijos que "los talentos con que os ha distinguido el Soberano" ya no "sofocaréis", sino que, por el contrario, "vuestros nombres se verán escritos en los fastos de las más ilustres academias y las más respectables sociedades".[127] Los pardos describieron su "común y justo regocijo", así como sus "tiernas lágrimas", y enviaron "bendiciones" a las Cortes.

Su publicación terminó con el anuncio de que "los españoles pardos de esta ciudad" habían decidido patrocinar "una misa solemne en la que pedirán a Dios por el triunfo de nuestras armas en toda la monarquía española". También, "renovarán" su "juramento [...] de derramar su sangre en caso necesario en defensa de su patria". Durante los años siguientes, cuando se enfrentaron los ejércitos independentistas y realistas, las alianzas cambiaron una y otra vez; pardos y mulatos ciertamente participaron en este "derramamiento" de sangre a ambos lados del campo de batalla.

Conclusiones

A lo largo de los siglos y de las generaciones, los grupos de élite de negros, pardos y mulatos lucharon por la movilidad. Habían pasado de la condición de esclavos a la de personas libres y, eventualmente, a la de vasallos reales. Desde mediados del siglo XVIII, un pequeño número de ellos había solicitado excepciones para ejercer profesiones prohibidas; habían enviado, una y otra vez, peticiones de blanqueamiento, de modo que las gracias al sacar evolucionaron hasta convertirse en una "práctica" institucionalizada en las Américas.

Los diálogos resultantes con los funcionarios reales y las élites locales habían generado acuerdos importantes. Aun cuando variaban en sus detalles específicos, las consultas de 1806 y 1808, y la resolución de las Cortes del 29 de enero de 1812, concedían que debían cesar algunas de las discriminaciones de larga data contra pardos y mulatos. Si bien las Cortes negaron su igualdad inmediata

---

127 *Ibid.*, 118-119.

con los blancos, establecieron, sin embargo, vías individuales para obtener la ciudadanía. Tales promesas, aunque rara vez produjeron frutos perdurables, no fueron insustanciales. Revelaron acuerdos forjados en Hispanoamérica a lo largo de los siglos, y admitieron, a ambos lados del Atlántico, que el futuro de las castas debía incluir la igualdad. Pardos y mulatos utilizarían este consenso en beneficio propio cuando pasaron de ser vasallos de un monarca a ciudadanos de una república.[128]

No obstante, el mes de julio de 1812, mientras los pardos de Lima publicaban sus respuestas a las Cortes, ni su futuro ni el de las Américas estaba decididos aún. Durante el mismo mes, colapsó el primer movimiento independentista en Caracas, y la ciudad regresó de nuevo al control real.[129] El vaivén entre los realistas y las fuerzas independentistas solo había comenzado. Las políticas peninsulares pasaron del regreso al gobierno monárquico en las Indias, con la restauración de Fernando VII en 1814, a la abolición de la Constitución de Cádiz, y luego a las épicas batallas que confirmaron eventualmente la independencia del continente hispanoamericano y la ciudadanía de las castas.

Este vaivén dejó asimismo una posibilidad abierta para una última petición de blanqueamiento. Una de las primeras solicitudes presentadas después de divulgado el arancel de 1795 regresó para convertirse en la petición final. En 1796, el funcionario real Pedro Rodríguez de Argumedo había escrito desde Trinidad en nombre de su esposa, doña Ángela Inés, para solicitar con éxito una cédula de blanqueamiento que borró una "antigua tradición" practicada por el "vulgo", según la cual su esposa "desciende de pardos".[130]

Veinte años más tarde, y después de enviudar, Pedro apeló de nuevo al Consejo de Indias. En 1816, desde el pueblo costero venezolano de Puerto Cabello, que continuaba siendo un baluarte realista, buscó aprobación oficial para su retiro. Solicitó también un favor para su segunda esposa, doña Juana Josepha. Después de elogiar su "virtud y honestidad", le inquietaba que, debido a su "color trigueño", "sufrió injustamente" por el rumor acerca de su ancestro pardo. Pedía, por lo tanto, a los funcionarios reales que la declararan "por

---

128 Véase Chambers; Helg, *Liberty*; Lasso, *Myths*, para complicaciones de la transición.
129 Lynch, *Simon*, 55-57.
130 Caso 21, Rodríguez, AGI, 1796; Caso 21, Rodríguez, RC, 1796.

persona blanca".[131] La cédula real resultante, la última del blanqueamiento de las gracias al sacar, la dio "por dispensada de la calidad de pardo", para que pudiera gozar de "los propios honores que los demás mis vasallos honrados". La pareja partió luego a su retiro en Cuba, dominada por los realistas.

Cuando, en 1838, la Corona española expidió una nueva lista especificando los favores de las gracias al sacar, el continente americano ya se había independizado.[132] La lista no contemplaba la compra de la blancura. Pardos y mulatos habrían de seguir otros caminos.

---

131 Caso 40, Rodríguez, 1816. Shumway, 212-213, observa que la categoría de "trigueño" facilitó el paso de los negros a la blancura en Argentina en el siglo XIX.
132 RC, Doc. 3., 1838.

Quinta parte
Conclusiones

Capítulo 13
Retrospectivas. Detalles, pedazos y conclusiones

> "Tiempo —el largo tiempo— extenderá un velo sobre los blancos y los negros en este hemisferio, y futuras generaciones contemplarán el registro de las luchas como se revela en la historia de los pueblos de este Nuevo Mundo nuestro, maravillados e incrédulos. Pues no comprenderán los problemas que motivaron el conflicto".
> Frank Tannenbaum, *Slave and Citizen*[1]

Introducción

Este capítulo se inicia con historias que —al menos en este momento— no pueden ser contadas.[2] Buena parte de las personas cuyos nombres aparecen en las peticiones de blanqueamiento han desaparecido del registro histórico, con lo cual resulta imposible rastrear en qué forma las gracias al sacar afectaron sus vidas o no lo hicieron. Desconocemos el destino de los cubanos Báez: Joseph Francisco, quien recibió autorización para ejercer como cirujano, y el de su hermano Manuel, la primera persona que solicitó el blanqueamiento completo. Tampoco hay indicio alguno que nos permita saber si el capitán pardo de las milicias de La

---

1 Tannenbaum, *Slave*, 128. Jones, 301, sin embargo, con menos optimismo, advierte del mandato de erradicar una continuada "cultura supremacista blanca", en la cual las "mitologías raciales" legitiman la "injusticia" y no solo han dado forma al pasado de los Estados Unidos, sino que podrían moldear su "futuro".
2 Con la digitalización, aparecerá más información.

Habana, Antonio Flores, consiguió negociar la admisión a la universidad de su promisorio hijo, Joseph Ignacio. Y las hermanas Almeyda, obsesionadas por la ambigüedad que rodeaba los orígenes de su madre, ¿consiguieron obtener plena aceptación por parte de sus iguales en Caracas? La llegada de las cédulas de blanqueamiento ¿modificó la vida de los hermanos Valenzuela en Antioquia? ¿Qué ocurrió con los venezolanos Juan Martín de Aristimuño y Francisco de la Cruz Márquez que, angustiados por las demoras de la Cámara, se inquietaban ante la idea de que sus hijos, e incluso sus nietos, nunca podrían gozar de la blancura?

Estas son solo una muestra de las historias de vida que no aparecen en las fuentes disponibles. Perdidas aún más profundamente están las historias no narradas de miles de desconocidos que, aun cuando nunca solicitaron el blanqueamiento oficial, disfrutaron de manera informal de una mejora parcial o completa de su condición. Este capítulo se centra, más bien, en las sagas personales de aquellas personas cuyas historias —bien sea en migajas o en detalles— pueden ser relatadas. Su objetivo es resaltar aquellos procesos que influyeron en los resultados del blanqueamiento, la medida en que un veredicto positivo, negativo, o incluso un veredicto ambiguo, pudo contribuir a generar escenarios variables. Una sección final concluye al rastrear las variables que dieron forma a la historia del blanqueamiento y de la movilidad de las castas en Hispanoamérica.

Metodologías: estrategias digitales alternativas

Puesto que los solicitantes al blanqueamiento eran pocos en número y como no podían ocupar cargos públicos ni ejercer muchas de las profesiones, rara vez crearon altos perfiles que tuvieran múltiples referencias en los documentos del archivo y, por lo tanto, son particularmente difíciles de rastrear. La investigación local de los archivos en Caracas dio como resultado algunos detalles sobre los solicitantes venezolanos, completados con hallazgos fortuitos en archivos guatemaltecos y colombianos.[3] No obstante, la mayor parte de los datos sobre las vidas posteriores de los solicitantes de las gracias al sacar se obtuvo de fuentes digitales en línea. Se basa en menciones de un nombre en una colección de documentos impresos, oscuros compendios del siglo XIX,

---

[3] Agradezco de manera especial a Mauricio Pajon por sus hallazgos documentales en Ciudad de Guatemala, a Laura Matthew en Guatemala, y a Sergio Paolo Solano en Colombia.

artículos o monografías en línea, o los documentos que pueden consultarse en el Archivo de Indias (Portal de Archivos Españoles [PARES]).

Desde el punto de vista metodológico, este enfoque es diferente al de las búsquedas tradicionales. Consideremos, por ejemplo, el caso del estudiante universitario que se convirtió en abogado, Joseph Ponciano de Ayarza. Su ubicua presencia a lo largo de estas páginas exigió hallar tanto como fuese posible sobre su vida posterior. El Archivo de Indias contiene el voluminoso caso del expediente de Ayarza, de más de trescientas páginas, que incluye información sobre su petición, la cédula de blanqueamiento, su grado de la universidad, su práctica y su admisión en el ejercicio del Derecho en Bogotá. Aparece por última vez en 1804, cuando ayudó a su padre, Pedro Antonio, a preparar otra petición en su intento, finalmente fallido, de recibir la blancura para sus otros hijos, Pedro Crisólogo y Antonio Nicanor.

Joseph Ponciano desaparece luego del registro histórico. Una investigación típica podría considerar algunos indicios obvios: ¿permaneció en Bogotá?, ¿se trasladó al hogar de su familia en Portobelo?, ¿qué tipo de documentos podría haber generado un abogado o alguien en su posición? Una búsqueda en las genealogías o historias locales no arrojó inicialmente ninguna información. Únicamente con el poder de las búsquedas digitales surgieron unos primeros indicios. Lo que resulta sorprendente es que estas pistas jamás hubieran sido descubiertas con el uso de la metodología tradicional. No habría habido, por ejemplo, razón lógica alguna para consultar una publicación titulada *Anales del Supremo Tribunal de Responsabilidad Judicial*, publicado en Lima en 1880, donde, por primera vez, aparece de nuevo Joseph Ponciano.[4] Una exploración en línea, sin embargo, reveló que este arcaico tomo señalaba que, en 1831, el Congreso peruano había elegido al doctor don Joseph Ponciano de Ayarza en su recientemente creada Corte Suprema. A medida que más publicaciones se hallaban disponibles en la red, fue posible encontrar ulteriores referencias a su carrera, así como a la de otros. En lo que sigue, se revelan detalles y, en ocasiones, pedazos históricos más sólidos, que nos ofrecen una mejor comprensión de la forma en que las gracias al sacar pudieron haber promovido la movilidad de los pardos o, por el contrario, no consiguieron instigarla.

Sigue siendo un reto el intento por evaluar —habitualmente con muy poca información— si las cédulas de blanqueamiento, parciales

---

4 García y García, 67, 68, sobre su servicio; 6, sobre la creación del tribunal.

o completas, supusieron una diferencia en la vida de quienes las solicitaron. Rara vez hay una conexión directa mediante la cual un solicitante que hubiera recibido una de estas cédulas de las gracias la haya presentado y recibido un beneficio en particular. La evaluación de los resultados se encuadra, más bien, de manera aproximada, en tres grupos. Primero, hubo casos que sugerían que la presencia o ausencia de las gracias al sacar demostró ser efectiva, para bien o para mal. Tales ocasiones se daban cuando un solicitante enfrentaba un obstáculo específico para alcanzar un objetivo determinado, y recibir una cédula de blanqueamiento solucionaba el problema inequívocamente. Por el contrario, al menos en un caso, la negación del blanqueamiento parece probablemente vinculada a un resultado desfavorable.

Los dos últimos grupos exigen, sin embargo, un análisis más minucioso, pues en ellos resulta más difícil vincular el recibo de la cédula, su negación, o incluso la ausencia de un fallo, con lo que ocurrió finalmente. Algunos solicitantes recibieron veredictos negativos o aplazados, pero, a pesar de ello, consiguieron parte de los privilegios, o todos, los que habían buscado en vano en el Consejo de Indias. Otros, a quienes se concedió el blanqueamiento, experimentaron resultados variables y ambiguos. Un sondeo semejante de la medida y límites de la movilidad de los pardos revela aquellas variables subyacentes que se combinaron para producir tan diversos resultados. De manera igualmente importante, nos recuerda que el blanqueamiento de las gracias al sacar fue únicamente una más entre multitud de estrategias que propiciaron la movilidad de las castas en las Américas.

El blanqueamiento: resultados directos

El blanqueamiento resultó más exitoso cuando su alcance fue explícito y limitado, como el de los pardos y mulatos dispensados de su defecto para efectos profesionales y que habitualmente gozaron de este beneficio. Documentos posteriores, por ejemplo, revelaron que Juan Evaristo de Jesús Borbúa y Ciriaco Hipólito Correoso ejercieron como notarios.[5] A este respecto, los fiscales José de Cistué y Coll, y Ramón de Posada y Soto, resultaron prescientes cuando ar-

---

5 *Asociación* reproduce un documento de 1790 donde aparece que el notario Juan Evaristo de Jesús Borbúa estaba ejerciendo; "Autos", 3, y que Ciriaco Hipólito Correoso se convirtió también en notario.

gumentaron que el blanqueamiento sería más efectivo si se concedía para razones ocupacionales específicas.[6]

Otra dispensa, la referente a la admisión de los pardos a la educación superior, tenía un resultado menos seguro. Los decretos *ex-post-facto* que prohibían la movilidad en los siglos XVII y XVIII sugieren que, anteriormente, algunas de las castas tenían autorización de asistir a las universidades y graduarse de ellas sin necesidad de un blanqueamiento oficial. Para fines del siglo XVIII, sin embargo, la legislación prevaleciente se combinó con la discriminación local para cerrar estas opciones, incluyendo los grados de Joseph Ponciano de Ayarza y de José Manuel Valdés. De no recibir las gracias al sacar, no hubieran obtenido sus títulos universitarios en Bogotá y en Lima.

De igual interés es señalar que la llegada de la cédula de blanqueamiento de Diego Mexías Bejarano no le bastó para permitir a su hijo Diego Lorenzo asistir a la Universidad de Caracas. Parece evidente que variables tales como la ubicación y el momento resultaron ser tan decisivos como cualquier decreto oficial. Las opciones posibles en Lima y Bogotá demostraron ser imposibles en Caracas; fue más probable obtener la movilidad durante las primeras décadas del siglo XVIII que durante las últimas.

Un caso al menos sugiere una relación directa entre causa y efecto, en el cual la negación de las gracias llevó posiblemente a un desafortunado resultado. Tal fue la suerte de la viuda doña Francisca del Cerro, quien había solicitado el blanqueamiento a la Cámara en nombre de su amante pardo, Blas Gallegos. Esta pareja caraqueña había confiado en que podría evitar las prohibiciones de la Pragmática Sanción de 1776 (aplicada en Indias en 1778) mediante el blanqueamiento de Blas, y proceder luego a la legitimación de su pequeña hija, Belén, en una ceremonia posterior. Los funcionarios imperiales, sin embargo, se negaron a fallar el caso y remitieron a la pareja al presidente y a la Audiencia de Caracas para solicitar la autorización de casarse.

Dada la apasionada oposición de la élite venezolana a esta clase de matrimonio, es probable que los funcionarios se negaran a permitir la unión. En 1806, dos años después del nacimiento de la hija de la pareja, Blas redactó un último testamento en el que reconocía tener una hija ilegítima llamada Belén, aun cuando protegió el nombre de la madre en deferencia a su "honor". Es posible que, ante la imposibilidad del

---

6 Véase capítulo 9.

matrimonio, la pareja se hubiera separado, pues Blas señaló que la niña vivía con los dos albaceas de su testamento: su madre y su hermano. En el testamento, legaba sus posesiones —190 pesos, un caballo, un esclavo, su tienda con suministros, una sastrería y una casa— a su hija de dos años.[7] Una vez que la Cámara se negó a intervenir, el clima local de Caracas sepultó las esperanzas que abrigaba la desesperada pareja de legitimar su unión.

Vías alternativas

Si bien el éxito o fracaso ante el Consejo de Indias podía incidir directamente en los resultados, hubo un número sorprendente de casos en los cuales los pardos que presentaron peticiones de blanqueamiento no parecían necesitarlo. Incluso después de que los ministros rechazaron o aplazaron sus peticiones, consiguieron alguno de sus objetivos y, a veces, todos. Sus historias de vida demuestran que siglos de movilidad a través de intersticios generaron vías alternativas y mecanismos informales que podían conducir a consecuencias favorables.

La historia posterior de uno de los primeros solicitantes rechazados —Bernardo Ramírez, de Guatemala— es un ejemplo de cómo buscaron los pardos caminos para lograr lo que ambicionaban. Eventualmente alcanzó el codiciado objetivo de ser considerado blanco y disfrutar del título de don. La petición presentada por Bernardo en 1782 manifestaba originalmente la esperanza de que sus contribuciones después del devastador terremoto ocurrido en Santiago de los Caballeros (actual Antigua), en 1773, y, en particular, su construcción de un acueducto para llevar agua a la nueva ciudad, pudieran tener como resultado la largueza real. Por el contrario, el fiscal Antonio de Porlier se mostró poco impresionado, debido a la cantidad de antepasados mulatos de Bernardo. Aun cuando reconoció la justicia de otorgar a este meritorio guatemalteco alguna recompensa, se negó a concederle el blanqueamiento.[8]

Documentos locales que no fueron incluidos en la petición de Bernardo ofrecen ulteriores detalles acerca de aquellas variables que contribuyeron, eventualmente, a su cambio de condición. Un incidente ocurrido después de que los terribles terremotos golpearan la ciudad en

---

7 AGN-Registro, Escribanos, Gallegos, Blas (Ascanio), 1806.
8 Véase capítulo 7.

1773 revela cómo la pericia de Bernardo propició su movilidad. Indican también por qué pudo haberse mostrado optimista de que el Consejo de Indias se la concedería cuando presentó su petición en 1782.

En una ciudad en ruinas, la habilidad de Bernardo para evaluar las edificaciones afectadas y para construir otras nuevas le dio una importancia que usualmente se negaba a los pardos. Una indicación de su renombre fue que el capitán general lo incluyó en una prominente camarilla de locales que investigaron los daños ocasionados por el terremoto de 1773.[9] Este selecto grupo incluía al arzobispo, un profesor universitario, un funcionario del concejo municipal y un ingeniero, todos los cuales anteponían el prefijo de doctor o don a sus nombres.

La única otra persona nombrada para esta comisión fue el "Maestro Mayor de Obras, Bernardo Ramírez", quien, conspicuamente, no ostentaba ningún título honorífico. Un observador contemporáneo elogió a estos integrantes de la comisión como personas "dotadas de alta comprensión, maduro juicio", y "acreditado celo", aunque se desconoce si incluía a este hábil pardo en su descripción. Lo que revela este incidente es que, en un momento de crisis, las personas con competencias como las de Bernardo pudieron hallar aperturas que les permitieran la interacción con los notables de la ciudad, promoviendo así la movilidad.

Después de que un tercer temblor golpeara la ciudad en diciembre de 1773, la Corona ordenó el traslado de la capital desde su lugar original a una nueva ubicación, la actual Ciudad de Guatemala. De nuevo, Bernardo Ramírez resultó fundamental en este traslado, pues se convirtió en uno de los principales protagonistas durante la transición. Supervisó el traslado de las poblaciones indígenas aledañas, que continuaban siendo fuentes esenciales de trabajo; construyó la casa de la aduana y la iglesia de los Capuchinos. Para el momento en que envió su petición de blanqueamiento, en 1782, se encontraba en medio de un proyecto, que se prolongó durante una década, la construcción de un acueducto para llevar agua a la nueva ciudad, estructura que funcionó hasta 1938.[10]

Bernardo se encontraba inmerso en estas actividades cuando, en febrero de 1785, se enteró de que el Consejo de Indias había rechazado su petición. Si bien el fiscal Porlier había desechado la posibilidad del blanqueamiento, había persistido en buscar alguna recompensa para

---

9 Cadena, 41.
10 Caso 11, Ramírez, 1783. Véase también Markman.

el guatemalteco, debido a sus sobresalientes servicios. Después de que Bernardo desdeñosamente rechazara el cargo ofrecido como oficial de la milicia de los pardos, Porlier consiguió que le otorgaran una medalla de la Real Academia de San Fernando. Establecida dentro de la tradición de la Ilustración, la academia promovía el desarrollo de las artes, incluyendo pintura, escultura y —más apropiado para Bernardo— arquitectura. Aunque Porlier propuso que Bernardo recibiera algún tipo de medalla, limitó también el favor, pues estipuló que no debía recibir los "honores de académico".[11]

No está clara la manera exacta en que se valió Bernardo de la obtención física de esta medalla para lograr el título de don, y la consiguiente presunción de que era blanco. Pero pareció haberlo conseguido para 1790, cuando figura en un documento de los franciscanos, donde los miembros de esta orden elogian a "don Bernardo Ramírez" y, en particular, la "eficacia, amor y exactitud" que mostró en la construcción de su monasterio.[12] Los monjes declararon "que en el término de casi dos años y medio, se ha fabricado tanto y tan costosamente que admira, no solo a nosotros, sino a todas las personas".

Entonces, ¿cómo se convirtió Bernardo en don? Un indicio proviene de la carta que los descendientes de Ramírez enviaron a las autoridades locales de Guatemala en 1798, después de su muerte. Las hermanas "doñas" Vicenta, Gerónima y Juana se unían a su hermano don Juan, para pedir la confirmación de su calidad.[13] Explicaron que su padre había recibido "dos reales órdenes", la primera de las cuales le concedía "una medalla de las que reparte la Real Academia de San Fernando a sus alumnos de mérito". Esta era, evidentemente, la recompensa que el fiscal Porlier consiguió para Bernardo cuando rechazó el cargo en la milicia.

Al parecer, una segunda orden real alentó a Bernardo a reclamar el título de don. Sus hijos se mostraron sospechosamente ambiguos acerca de la forma en que estaba redactado este decreto. Sugirieron que declaraba que su padre "pudiere nombrarse en juicio y fuera de él con el distintivo de Don". Puesto que Porlier era ciertamente consciente de que otorgar este título equivalía a conceder la blancura, parece poco probable que lo haya conferido directamente. Una posibilidad es que,

---

11 Caso 11, Ramírez, 1783.
12 Tovas Astorga, 326.
13 "AGCA, SA 1 Leg 19 E. 29, 1798 (familia Ramírez). Le agradezco a Mauricio Pajon este documento.

en el decreto de San Fernando, haya aparecido por error su nombre antecedido de don. Es probable que haya utilizado esta referencia en un documento oficial como algo que ofrecía justificación suficiente para que asumiera el título. Una apropiación semejante no habría sido inusual, pues otras familias usaban este título honorífico sin tener cédulas de blanqueamiento, incluyendo a los Yáñez en Venezuela y a los Caballero Carranza en México.[14]

Al parecer, Bernardo no solo obtuvo el codiciado título de don durante su vida, sino que consiguió también preservarlo con éxito mucho tiempo después de su muerte. En 1847, por ejemplo, el litigio por una casa que había sido previamente propiedad del guatemalteco todavía lo mencionaba con su título de honor: don Bernardo Ramírez.[15] En su caso, la terrible situación generada por el terremoto, su pericia, su manifiesto servicio a la Corona —y, probablemente su medalla— produjeron el resultado deseado, aunque los funcionarios reales hubieran negado su petición.

Otra persona que no recibió un veredicto positivo a su petición de gracias al sacar, pero que parcialmente consiguió su objetivo, fue don Joseph Briceño de Trujillo, Venezuela. Su petición en nombre de su esposa parda, Petronila, registraba los vínculos sexuales de la madre y la abuela, ambas mulatas, que le habían dado una apariencia blanca y cierta aceptación dentro de la élite social. Don Joseph suplicó a la Cámara que confirmara la calidad de su esposa, para que sus diecisiete hijos no sufrieran ninguna discriminación, en especial al contraer alianzas maritales convenientes.

Los funcionarios reales vacilaron, debido a su preocupación por el impacto que tendría el ingreso de diecisiete Briceño solteros al mercado matrimonial. Se decidieron por negar el blanqueamiento oficial, pero enviaron una carta, en febrero de 1794, en la que confirmaban "a este interesado y su familia el buen concepto en que se hallan". Garantizaron su "crédito" si hubiesen "casos" —presuntamente preguntas acerca de sus antepasados pardos— que pudieran ocurrir. ¿En qué medida impidieron tales acciones la posterior discriminación?

Evidencia proveniente de las genealogías nos ofrece promisorios indicios de que Petronila y don Joseph no solo debieron superar la desaprobación inicial de la familia de este último —quien se ocultó de su ira

---

14 Caso 26, Yáñez, AGI, 1800; Caso 26, Yáñez, RC, 1800; Caso 38, Caballero Carranza, 1808.
15 Andreu y Reyes Bustamante 13, 21.

inmediatamente después de la boda—, sino que es posible que hubieran enfrentado luego dificultades en encontrar novios para sus hijas. Resulta revelador que las seis hijas mayores de la pareja nunca se casaran. Permanecieron solteras y, como especula un genealogista, colaboraron sin duda "con su madre" para educar "a los otros hermanos menores".[16]

Los once Briceño restantes hallaron todos cónyuges a partir de 1794. El séptimo hijo de la pareja, el primer varón, José Antonio, contrajo matrimonio en enero de 1794, un mes antes de que la familia recibiera la carta de apoyo de parte del Consejo de Indias. Aun cuando las genealogías no incluyen las fechas de matrimonio de todos los hijos menores de don Joseph y Petronila, cuando están disponibles, indican que las ceremonias restantes fueron posteriores a la carta de 1794.[17]

Hubo, sin embargo, una excepción a estos armoniosos cruces. En 1805, la novena hija, Juana Paula, fue objeto de un "voluminoso juicio de disenso" por parte de la familia de su proyectado novio y primo segundo, don Domingo Uzcategui Briceño.[18] La familia del prometido intentó recurrir a la Pragmática Sanción referente a los matrimonios para impedir el enlace, quizás debido a los antepasados maternos de Petronila. No obstante, a pesar de las objeciones de la familia, la pareja eventualmente contrajo matrimonio.

Dada la soltería de las seis hermanas mayores, y los posteriores matrimonios de sus once hermanos después de 1794, pareciera que la carta del Consejo de Indias haya podido surtir algún efecto. Aunque los ministros se habían negado a conceder el blanqueamiento a Petronila, su percibida blancura y su matrimonio con un hombre de la élite habían prevenido muchas dificultades. Los hijos de don Joseph y Petronila demostraron ser especialmente prolíficos, dando a la pareja más de cuarenta nietos y produciendo, como señaló, un genealogista, una "gran cantidad de Briceños".[19]

Otro solicitante que no recibió noticias positivas del Consejo de Indias pero que, al parecer, superó la discriminación, fue Manuel Caballero Carranza, de Puebla, México. Para cuando sus documentos

---

16 Casas Briceño, 436-437.
17 Picón-Parra, 86-87. José Antonio se casó en 1794, Vicente en 1798, María Merced en 1797, Pedro en 1799, Isidro en 1804, y Juana Paula en 1805. No se sabe cuándo se casaron Ana Gertrudis, Fernando, Nicolasa, José Lorenzo y Petronila. Casas Briceño, 431-536, rastrea a los descendientes de Petronila y don Joseph Briceño hasta la fecha.
18 Ibid., 432.
19 Sologenealogia.com (www.sologenealogia.com), José Lorenzo Briceño Toro.

llegaron a Madrid en 1808, los funcionarios reales estaban postergando las peticiones y ni siquiera consideraron los méritos del caso. Aunque Manuel no ofreció información específica diferente a un vago deseo de ser blanco, acontecimientos posteriores sugieren que la preocupación por el futuro de su hijo Francisco, de catorce años, pudo haber precipitado su solicitud. Si bien Manuel, su padre y su abuelo se habían casado con mujeres blancas, la unión de su bisabuelo con una parda ponía en peligro la genealogía de la familia.

En el momento de la petición, la familia de Manuel había experimentado ya una extraordinaria movilidad. Mientras que los clérigos oficiantes lo clasificaron inicialmente como pardo en su propia partida de bautismo, así como en las de sus dos primeros hijos, para cuando nacieron sus dos últimos hijos Manuel aparecía entonces como blanco y don. Aun así, la existencia de documentos oficiales en los que se declaraba que era pardo constituía una amenaza para el futuro de su hijo menor, Francisco. Puesto que pensaba asistir a la universidad en Ciudad de México, tendría que documentar la limpieza de sangre de la familia, que incluía varias generaciones de blancura.

A pesar de que el Consejo de Indias se negó a borrar el defecto, los repetidos matrimonios de la familia con mujeres blancas, así como el paso de pardo a blanco en los documentos posteriores, parece haber tenido éxito. Registros subsiguientes muestran que Francisco Mariano Caballero Carranza, de Puebla, hijo de "don Manuel Caballero y Carranza" y de "doña María Guadalupe Montero", ambos "españoles" se graduó de la universidad en Ciudad de México en 1817, se entrenó como médico, y realizó su internado en el hospital real de San Pedro.[20] Aunque el Consejo de Indias se negó a responder a la petición de blanqueamiento de Manuel, los cambios en las anotaciones de los registros oficiales obraron en su beneficio.

Solo unos pocos indicios aparecen sobre la historia posterior de dos de los miembros de aquella familia que ha figurado frecuentemente en estas páginas, los Ayarza. ¿Qué pasó con Pedro Crisólogo y Antonio Nicanor, a quienes se les negó el grado en la universidad de Bogotá, aun cuando su hermano Joseph Ponciano había recibido su título y ejercía como abogado? Es posible que su educación universitaria, en especial su conocimiento del latín haya favorecido a Pedro Crisólogo, pues se hizo sacerdote. Una vía semejante —siempre difícil para los

---

20 Hospitales.

pardos— pudo haber sido más sencilla en el ambiente panameño, de mayor tolerancia. Ya desde 1775, el obispo local había admitido que, "por falta de vocaciones sacerdotales entre los blancos", no "le había quedado otro remedio que admitir a mulatos para cubrir las plazas que quedaban vacantes".[21] La ubicación fue siempre importante; en Panamá, a diferencia del virulento clima de Venezuela, un pardo educado podía llegar a ordenarse sacerdote.

Es posible que la escasez de sacerdotes haya operado a favor de Pedro Crisólogo, pues los funcionarios eclesiásticos no lo relegaron al servicio de una remota parroquia. Por el contrario, aparece en 1809 como el "vicario" de su ciudad natal, Portobelo, contribuyendo a una colecta realizada en la península para derrotar a Napoleón.[22] En 1820 aparece de nuevo, conduciendo la procesión religiosa del ícono local, el Cristo Negro, en la que el pueblo suplicaba su intercesión para detener una epidemia.[23] Para noviembre de 1821, los sentimientos de Pedro Crisólogo hacia España habían cambiado, pues se unió a otros dignatarios eclesiásticos y civiles en el reconocimiento de la independencia de Panamá.[24] En su caso, variables tales como la educación, la ubicación y, sin duda, la escasez, complementaron la riqueza y condición de la familia. Es probable que Pedro Crisólogo consiguiera algunos de sus objetivos, o quizás todos, a pesar del Consejo de Indias.

La historia posterior del hermano de Pedro Crisólogo, Antonio Nicanor, nos ofrece un primer recordatorio acerca de cómo la independencia alteró de manera importante las oportunidades de los pardos. Él había seguido los pasos de su padre, Pedro Antonio, y había ingresado a las milicias. El 12 de febrero de 1821, cuando el general Francisco de Paula Santander escribió a Simón Bolívar, le transmitió la solicitud del "patriota" y "capitán [Antonio Nicanor de] Ayarza" de Portobelo, quien remitía "documentos justificativos" para su promoción al rango de "teniente coronel", rango antes negado a los pardos.[25]

---

21 Castillero Calvo, "Afromestizaje", 90.
22 Rodríguez-Bobb, 125.
23 "La mirada", un folleto local que ya no está en línea, por lo menos había señalado que Pedro Crisólogo de Ayarza encabezó la procesión: Davidson y Gitlitz, 490, aporta antecedentes sobre el "Cristo Negro"; Dudenhoefer, 131, vincula el proceso a una epidemia de cólera en 1821. Ayarza fue el primer clérigo en ser asociado públicamente con las procesiones en torno a la imagen.
24 Soler, 28-29.
25 Santander y Bolívar, 295. Los detalles señalaban que la carta era de Antonio Nicanor de Ayarza, descrito como "capitán, patriota". Andrews, 86, observa que era

Poco se sabe de su vida posterior, aunque, al parecer, permaneció en su pueblo natal y disfrutó de una alta categoría. Cuando Panamá intentó separarse de Colombia en 1841, el delegado que representó a la ciudad de Portobelo fue Antonio Nicanor de Ayarza.[26]

Las posteriores historias de don Bernardo Ramírez, de la multitud de los Briceño que contrajo matrimonio, y de los hermanos Ayarza, revela que el blanqueamiento de las gracias al sacar funcionó primordialmente como una variante oficial, paralela a procesos informales de larga data. Al negárseles una cédula de blanqueamiento, algunos solicitantes buscaron vías alternas. Sus logros personales —bien sea la reconocida pericia de Bernardo Ramírez, la educación superior de Pedro Crisólogo, o el servicio militar de Antonio Nicanor— incidieron asimismo en el resultado. Las mujeres pardas de tez clara como Petronila, que desposaron a hombres blancos, pudieron ver cómo las élites locales aceptaban a sus hijos o, como, en el caso de Manuel Caballero Carranza, que su hijo asistiera a la universidad.

Resultados variables y ambiguos

Si bien es posible establecer una relación directa de causa y efecto entre la recepción de la cédula de blanqueamiento de Joseph Ponciano de Ayarza y su graduación, o concluir que el conocimiento del latín que tenía su hermano Pedro Crisólogo casi ciertamente facilitó su ingreso al sacerdocio, en otros casos la conexión entre una cédula de blanqueamiento y acontecimientos posteriores es más circunstancial. Puede argumentarse que las gracias al sacar resolvieron la angustia de don Pedro Rodríguez de Argumedo, quien consiguió la blancura para dos esposas. En 1796, había escrito inicialmente a la Cámara preocupado por "una antigua tradición" entre el "vulgo" según la cual su esposa, doña Ángela Inés Rodríguez, descendía de pardos.[27] Su principal inquietud

---

poco común mas no imposible que en Buenos Aires los pardos alcanzaran rangos más altos que el de capitán antes de la independencia.
26 *United*, 322. No se sabe si Joseph Ponciano o Antonio Nicanor de Ayarza se casaron y tuvieron hijos. Hubo un don Juan Ponciano Ayarza registrado como empleado de la Universidad de San Marcos en 1841; *Calendario*, 88. Documentos del gobierno de Panamá incluyen a Manuel Ayarza en 1864 como teniente coronel, y a Ponciano Ayarza como subteniente; *Memoria que*, xxxv, xl.
27 Caso 21, Rodríguez, AGI, 1796; Caso 21, Rodríguez, RC, 1796. Información adicional sobre un viaje a España y su cargo como capitán del puerto que intercambió

era que esas habladurías perjudicaran las perspectivas matrimoniales de los hijos de la pareja. A diferencia de lo que ocurrió con los Briceño, la Cámara respondió de inmediato y en forma positiva, enviándole una cédula de blanqueamiento a su esposa y confirmando que "los hijos que han procreado y procrearen" serían oficialmente blancos.

Seis años más tarde, en 1802, la pareja sería objeto de una indeseada atención por parte de los funcionarios reales. El hermano de doña Ángela Inés, José Fermín Rodríguez Rendón, que era "pintor y alumno de la Academia de San Fernando", había enviado, al parecer, algunos "escritos sediciosos" a su cuñado Pedro, para entonces residente en Caracas.[28] Aun cuando las acusaciones de posible traición nunca se concretaron, es interesante que los funcionarios imperiales describieran al hermano de doña Ángela indistintamente como "pardo" o "mulato". Estas referencias sugieren que la "antigua tradición" que había manchado también a los antepasados de su hermana pudo haber tenido alguna validez.[29]

En este caso, el blanqueamiento de las gracias al sacar parece haber sido efectivo: al menos permitió a las hijas de doña Ángela Inés casarse bien. Varias listas de uniones de Cumaná —algunas de las cuales incluían a las élites con títulos de don y doña y otras que omitían títulos honoríficos semejantes— señalaban que don Cayetano Espersa, de Vizcaya, había contraído matrimonio con doña Ana Rodríguez, hija de don Pedro Rodríguez de Argumedo y de doña Ángela Inés Rodríguez.[30] Don Pedro debió sentirse satisfecho con la mejora que obtuvo del blanqueamiento de las gracias al sacar, porque veinte años más tarde, en 1816, envió una petición para su segunda esposa. Puesto que doña Juana Josepha llevaba también el apellido Rodríguez, es posible que haya sido pariente de su primera esposa y enfrentara análoga discriminación. Después de recibir esta última cédula de blanqueamiento, la pareja huyó de la devastación causada por las guerras de independencia venezolanas y, eventualmente, se instaló en la Cuba leal al rey.[31]

---

prisioneros de guerra aparecen, respectivamente, en AGI, Contratación 5529, n.° 2, r. 795; AGI, Estado 67. n.° 45. Fue funcionario del Tesoro Real en Trinidad.

28 AGI, Estado 60, n.° 7, 1802. Solo queda la nota de presentación de los documentos.

29 Desde luego, los hermanos habrían podido tener diferentes padres. No obstante, incluso si el padre de doña Ángela Inés fue blanco y el de José no, la cercana conexión social con pardos pudo haber puesto en peligro su reputación.

30 Marcano, 88.

31 Case 40, Rodríguez, 1816; AGI, Ultramar 134, n.° 2, 1819.

Otro de quienes había solicitado inicialmente una gracias al sacar para mejorar sus oportunidades matrimoniales y aquellas de sus hermanas, y que también abandonó su hogar en Venezuela, fue el cirujano del ejército Domingo Arévalo. Cuando, en 1802, llegó a Madrid su petición inicial, el fiscal Cistué y Coll únicamente le concedió a Domingo una excepción ocupacional para ejercer como cirujano. Domingo envió otra petición, en la que señalaba que ya disponía de tal autorización, y que buscaba una "dispensación personal", no solo para sí mismo, sino también para sus cuatro hermanas, en especial las dos que eran "solteras".[32] Aunque el fiscal Lorenzo Serapio Hernández de Alva Alonso recomendó que la Cámara rechazara esta petición, la Cámara aprobó su blanqueamiento el año siguiente.

Domingo parece haber prosperado, aun cuando no apareció ninguna información adicional sobre la suerte de sus hermanas. En 1808, compró una casa en el centro de Caracas, cerca al convento de San Jacinto.[33] Continuó con su práctica en el ejército, pues la "guía universal" de Venezuela de 1810 lo incluye entre los "cirujanos pardos" de la ciudad.[34] Al parecer, en su siguiente nombramiento se reconoció su blanqueamiento, pues, en 1811, aparece una comisión concedida a "don Domingo Arévalo" para ejercer como cirujano del cuerpo de artillería.[35] No estaba destinado, sin embargo, a asumir este cargo; el 26 de marzo de 1812, un terrible terremoto destruyó el 90% de Caracas.[36] Aunque debía posesionarse en su nuevo cargo militar en mayo, el hospital local —quizás abrumado por el número de heridos— le pidió que permaneciera en la ciudad.[37]

En algún momento durante aquel año o el siguiente, posiblemente debido a la devastación ocasionada por el terremoto, o por el permanente caos desatado por la lucha entre los ejércitos realistas y republicanos, Domingo decidió abandonar Venezuela. No estaba solo; olas de emigrantes huyeron de Caracas al puerto mercantil de St. Thomas, en las islas Vírgenes, así como a las más tranquilas posesiones españolas de Cuba y Puerto Rico.[38] Para 1813, Domingo había presentado

---

32 Case 28, Arévalo, 1802-1803.
33 *Memoria escrita*, 490.
34 Bello, 64.
35 Vargas, Gutiérrez Montes, y Álvarez Milán, 39-41.
36 Altez, 55.
37 *Boletín*, 108.
38 Sonesson, 83, 84.

sus credenciales ante el concejo municipal de San Juan, donde acreditó su "profesión como cirujano".³⁹ A medida que cambiaba el curso de la guerra, Domingo se encontró de nuevo en movimiento: en 1814 estaba de regreso en Caracas ejerciendo como cirujano en el segundo batallón de La Guaira; luego canceló sus planes de unirse al ejército en el interior del país y se dedicó a la práctica privada.

Para 1816, Domingo se había unido de forma permanente a un grupo de familias venezolanas de la élite que había abandonado Caracas para instalarse en el puerto puertorriqueño de Ponce.⁴⁰ Es posible que fuera alentado por un decreto real de 1815 que propiciaba la migración, mediante concesiones de tierra, del continente hacia la isla que aún era leal a la Corona.⁴¹ Sin duda, algunos de estos emigrantes debieron saber que Domingo había recibido una gracia al sacar, pues el concejo municipal de Caracas se había opuesto vehementemente a su blanqueamiento. ¿En qué medida su salida de este escenario y, especialmente, de Venezuela, cambió su vida?

Su pericia como cirujano allanó el camino para su aceptación en su nuevo destino. Poco después de su llegada a Ponce, disfrutó de títulos honoríficos, como "doctor don Domingo Arévalo", y participó en los esfuerzos locales por sofocar una epidemia de fiebre amarilla.⁴² Es posible que su contribución haya acelerado su aceptación por parte de las élites locales pues, al año siguiente, se unió al comandante militar de la isla, al cura párroco, al capitán del puerto y a los funcionarios del concejo municipal como asesor. Figuró como uno de los "empleados públicos, autoridades y vecinos honorados que asistieron a la junta".⁴³

Para 1820, Domingo era uno de los miembros oficiales de la comisión médica. Participó en reuniones en las que se trataban una serie de asuntos relativos a la salud: un horno nocivo dentro del pueblo que emitía gases peligrosos, la necesidad de poner en cuarentena a un barco francés pues varios miembros de la tripulación padecían una enfermedad "grave y contagiosa", el establecimiento de días señalados para vacunar a los niños contra la viruela.⁴⁴ En 1823, el concejo

---

39 *Actas-San Juan*, 3.
40 Pérez Vega, "Efecto", 877-878, menciona también la llegada de Arévalo, aun cuando supone que era blanco.
41 *Ibid.*, 870-871; Kinsbruner, 41.
42 Neumann Gandía, 272. Esto fue en 1816.
43 *Actas-Ponce*, 76, 103.
44 *Ibid.*, 68-69, 165, 342-343.

municipal incluyó a "don Domingo Arévalo" como "médico titular" y en la "junta de sanidad" oficial.[45] En 1828 ejerció como "curador de los menores", cuidando de la herencia de los huérfanos, posición que probablemente nunca habría ocupado en la Caracas anterior a la independencia.[46]

Si bien Domingo ocupó posiciones de honor y responsabilidad, hubo algunos indicios de que no era completamente aceptado dentro de la sociedad de la élite de Ponce. Aunque asistió a las reuniones de la junta médica, nunca participó en las sesiones regulares del concejo municipal, y tampoco desempeñó un cargo en esa entidad. En 1829, a pesar de que el cabildo lo nombró miembro de la comisión médica, puso también en duda sus credenciales. Los miembros del concejo municipal observaron que había presentado "unas simples habilitaciones" para ejercer que no habían sido "despachadas por tribunal competente o comisión". El cabildo decidió "consultar [...] si los tales documentos eran suficientes".[47]

Si bien el cabildo eventualmente pareció mostrarse satisfecho de su competencia, Domingo se sentía inseguro. En 1838, pidió a uno de sus colegas, José Vargas, quien había huido también a Puerto Rico, pero había regresado al continente, que se acercara al cabildo de Caracas "a nombre de su amigo don Domingo Arévalo, hijo de esta ciudad y ahora vecino del pueblo de Ponce en la Isla de Puerto Rico". Puesto que Vargas era para entonces un expresidente de Venezuela, Domingo tenía amigos en altos cargos. Pidió que expidieran copias oficiales certificando su título en la "profesión médica".[48]

Hay poca información acerca de la vida privada de Domingo, aun cuando aparece, sorprendentemente, en un litigio que revela que estaba casado, era propietario de una plantación de azúcar y tenía esclavos.[49] En 1823, figura como "inmigrante de Venezuela" cuando adoptó las disposiciones necesarias para conceder la libertad a una niña esclava de siete años llamada María Concepción. No obstante, hubo condiciones

---

45 *Ibid.*, 342.
46 Pérez Vega, *Cielo*, 95.
47 *Actas-Ponce*, 116.
48 *Doctor*, 65. Pérez Vega, "Efecto", 881-882.
49 *El Proceso*, 259, incluye una demanda jurídica contra la hacienda por el maltrato de un esclavo en 1868, en la cual la persona y la propiedad se registran como la "sucesión" de don Domingo Arévalo. Existe un don Domingo Arévalo más joven, de 24 años, registrado como capataz y maltratador del esclavo, aunque no resulta claro si era el hijo del venezolano.

para esta emancipación: los términos del documento estipulaban que solo sería liberada "cuando su esposa muriese". Dos años más tarde, cuando al parecer se disponía a vender a la madre de la niña esclava, ella apeló a los funcionarios locales para que su hija no permaneciera con los Arévalo, sino que fuese vendida más bien en el pueblo.[50] Aquí de seguro hay una historia oculta. Dado el momento de la llegada de Domingo a Ponce, en 1815 o 1816, y el nacimiento de María en 1818, ¿podría la niña esclava haber sido su hija?

En el caso de Domingo, aquello que no sucedió es, quizás, tan revelador como lo que ocurrió. Aun cuando hubo un grupo sustancial de familias venezolanas de la élite que emigró a Puerto Rico, parece que no experimentó desafíos inmediatos. Por el contrario, su pericia médica y el apartarse de aquel hervidero de discriminación le ofrecieron una importante movilidad. En qué medida el blanqueamiento de las gracias al sacar impidió cualquiera de estos retos sigue siendo ambiguo.

Otras personas que han aparecido a lo largo de estas páginas son los primos hermanos y cuñados Juan Gabriel Landaeta y Diego Mexías Bejarano, de Caracas. El "leopardo" Juan Gabriel tenía sesenta y ocho años cuando redactó, en 1803, un testamento que pudo ser el último, e incluía entre sus posesiones tres almacenes. Su estrategia de que la Cámara confirmara a su familia como "leopardos", desconociendo cualquier ancestro africano, fracasó. Al menos, al año siguiente, su hermano, el capitán de las milicias Antonio José, no consiguió persuadir al párroco local de que los Landaeta pertenecían a la "casta mestiza", y, por lo tanto, el sacerdote debía clasificar el matrimonio de su hijo en la sección reservada a los blancos.[51] Poco se sabe acerca de la historia posterior de la familia, aun cuando siguió existiendo un clan numeroso de apellido Landaeta en Caracas, al que pertenecieron varios pintores y músicos.[52]

Hay evidencia contradictoria sobre si Diego Mexías Bejarano cumplió su largamente buscado objetivo de hacer ingresar a su hijo Diego

---

50 Potthast, 43.
51 Caso 19, Mexías Bejarano, RC, 1796.
52 Morales, 324. Arellano, 388-389, presenta información sobre miembros de la familia Landaeta de diferentes generaciones que fueron artistas. No resulta claro si estaban emparentados con Juan Gabriel, aun cuando sus hermanos, llamados Antonio José y Joseph, fueron dos de los nombres que aparecen en pinturas religiosas existentes. El problema, como señala Arellano, 388, es que, "entre 1770 y 1814, ocho diferentes personas llamadas Juan José llevaron el apellido Landaeta", por lo cual es difícil determinar si estas personas pertenecieron a la familia "leoparda" Landaeta.

Lorenzo en la Universidad de Caracas para que pudiera ser ordenado sacerdote y asumir la capellanía de la familia. Mientras que el historiador Santos Rodulfo Cortés ofrece algunos sugestivos detalles sobre desarrollos posteriores, no suministra información que los corrobore, y otros documentos parecen contradecir algunas de sus conclusiones.

Rodulfo Cortés sugiere que Diego Lorenzo eventualmente se hizo sacerdote y asumió el beneficio familiar de Altagracia, aunque renunció a este cargo en abril de 1803, debido a la advertencia de un médico de que "ponía en peligro su capacidad visual" si continuaba ocupándolo.[53] Sin embargo, ¿cómo podría Diego Lorenzo haber sido ordenado y abandonado la capellanía en abril de 1803, cuando cinco meses más tarde —en septiembre de 1803— presentó su primera petición para asistir a la Universidad de Caracas y estudiar para el sacerdocio?[54] Habrían de pasar dos años más, durante los cuales el Consejo de Indias todavía expedía órdenes (en febrero 1805) instruyendo a la universidad que lo admitiera en las clases.[55] ¿Qué podría estar sucediendo?

Una opción podría ser que los ojos de Diego Lorenzo mejoraran, y la familia continuara, después de 1803, con sus esfuerzos por asegurar su admisión a la universidad y su eventual ordenación. O bien, quizás se hizo sacerdote sin asistir a la universidad. También es posible que Diego Lorenzo haya asumido la capellanía aun cuando no fuese sacerdote. No es imposible, dependiendo de los términos específicos del beneficio, que quien ocupara el cargo no estuviese ordenado y que otras personas cumplieran con las demás obligaciones atinentes a la capellanía, como decir misa.[56]

Rodulfo Cortés argumenta que la determinación de la familia Mexías Bejarano de colocar a uno de sus hijos como sacerdote en la parroquia local no había cesado.[57] Afirma —aun cuando sin indicar sus fuentes— que un mes después de la renuncia de Diego Lorenzo, su hermano José Vicente Mexías Bejarano presentó una petición para ocupar esta posición, al remitir una copia de las gracias al sacar de 1796 que concedía el blanqueamiento a su padre.[58] Al parecer, la respuesta de la institución

---

53 RC, 1, 424-436, presenta esta versión.
54 Caso 19, Mexías Bejarano, 1805.
55 RAH, Colección Mata Linares, T. 77 (reproducido en Konetzke, vol. 3, n.º 370, 1806, y RC, Doc. 31), incluye la consulta misterio que revisa lo que había ocurrido.
56 Católico, "Capellán".
57 RC, 1, 432.
58 *Ibid.*, 435-436, narra este incidente.

eclesiástica fue el prevaricato. Al menos Rodulfo Cortés cita, de nuevo sin atribuir la autoría, a un funcionario local, quien replicó que en la iglesia "se proveerá lo que haya lugar en justicia". Esta expresión era un circunloquio tradicional, semejante a los "inconvenientes", el cual sugiere que los funcionarios no deseaban aprobar la solicitud.[59]

El registro histórico sigue siendo inconcluyente sobre si Diego Lorenzo preservó la vista, o si él o su hermano José Vicente alguna vez entraron al sacerdocio. Su padre, Diego, registró su último testamento cuatro años más tarde, en 1807. Incluía una lista de sus propiedades, donde aparecían veintiséis casas y ocho mil ochocientos pesos en efectivo, señalándolo como uno de los pardos más prósperos de Caracas.[60] Murió al año siguiente.

Al menos algunos de los Mexías Bejarano, probablemente la esposa de Diego, y ciertamente uno de sus hijos, se unieron eventualmente a los miles de personas que huyeron durante los años de violencia siguientes, cuando se sucedieron en el país despiadadas batallas entre los ejércitos realistas e independentistas. Los Mexías Bejarano restantes buscaron refugio en St. Croix, en las Islas Vírgenes. Allí, un sacerdote venezolano exiliado anunció, en julio de 1815, el matrimonio de Saturnino Mexías Bejarano "hijo legítimo del fallecido Diego Mexías y Juana Antonia Bejarano" con Melchora Pereira, ambos originarios de "Caracas".[61] A diferencia de Pedro Crisólogo de Ayarza, quien, sin una cédula de blanqueamiento, se convirtió en vicario en Panamá, es poco probable que los hermanos Mexías Bejarano, incluso con un padre "blanco", hayan asumido la capellanía de Altagracia.

Otra de las personas que ha figurado a menudo en estas páginas es José Manuel Valdés, de Lima, aunque, a diferencia de Diego Mexías Bejarano, consiguió cumplir muchos de sus propósitos. Sus humildes orígenes como hijo ilegítimo de una parda y un indígena, sus logros intelectuales, su habilidad médica como cirujano, lo habían llevado a recibir el patronazgo del médico más preeminente de Lima, Hipólito Unanue, y a tener una importante práctica propia. Los elogios de funcionarios reales, incluyendo los del virrey, lo alentaron a presentar una petición de blanqueamiento, para poder graduarse en la universidad y ejercer la medicina.

---

59 RC, 1, 361-363, presenta detalles que sugieren que la viuda de Diego Mexías Bejarano y su hijo José Vicente continuaron luchando por su nombramiento en la capellanía, aun cuando no hay citas que lo corroboren.
60 Gómez", Revoluciones", par. 9.
61 Cañedo, 368. Véase Figura 1.

Una vez aseguradas sus credenciales como médico, José Manuel se embarcó en una carrera aún más distinguida. Se convirtió en funcionario del principal cuerpo médico de Lima, el Protomedicato, y ocupó una cátedra de Medicina en la Universidad de San Marcos.[62] Sus pacientes incluyeron a aristócratas locales, altos clérigos, funcionarios imperiales españoles y —después de la independencia— a sus contrapartes republicanas, como también a los más humildes.[63] Su casa se convirtió en centro de reuniones intelectuales y sociales de las élites locales. Algunos observadores recuerdan los muchos carruajes aparcados en sus inmediaciones cuando los notables acudían a tertulias nocturnas. Publicó tratados de medicina, poesía, una oda a San Martín y una biografía del mulato San Martín de Porres. Demostró su conocida humildad en la dedicatoria a esta última obra, al señalar que San Martín fue "de mi ínfima clase y humilde nacimiento".[64] Se desempeñó como diputado en el Congreso republicano. Desde muchas perspectivas, la cédula de blanqueamiento facilitó el éxito de José Manuel, promoviendo su alta posición dentro de su profesión y su aceptación por parte de las élites locales.

Puesto que existen varias biografías, es posible también —más que en la mayor parte de los casos— sondear los límites de su cédula de blanqueamiento. Si bien las gracias al sacar lo habían hecho blanco, no habían eliminado su ilegitimidad. En algún momento de 1815, solicitó —o recibió de alguna manera, pues los detalles acerca de quién inició este proceso no están claros— una bula papal que lo dispensara de su ilegitimidad y su color.[65]

Su nacimiento ilegítimo resultó ser un problema, pues el más profundo anhelo de José Manuel era recibir las órdenes sacerdotales. El documento papal eliminó cualquier dificultad y autorizó al obispo a ordenarlo. Después de recibir esta dispensa, José Manuel consultó al arzobispo de Lima sobre su posible ordenación. El clérigo, sin embargo, le advirtió que se enfrentaría a una fuerte oposición, pues los cánones locales no permitirían a los demás "sentarse en el coro con un negro".[66]

A pesar de que, según las gracias al sacar, era oficialmente blanco, en lugar de crear un escándalo, José Manuel renunció a su propósito.

---

62 Véase Lavalle, 1-31, y Mendiburu, 219-222.
63 Lossio registra sus peleas con médicos extranjeros.
64 Valdés, 13.
65 Lavalle, 10.
66 *Ibid.*, 11.

Presuntamente comentó a sus amigos que "no sería voluntad de Dios que fuese sacerdote, y que esa oposición del cabildo eclesiástico era merecido castigo de su orgullo". A lo largo de su vida, José Manuel siguió siendo un devoto católico, que asistía diariamente a misa. Después de su muerte, a la edad de setenta y seis años, sus papeles privados revelaron que, a los diecinueve, había hecho un voto de castidad que, al parecer, mantuvo durante toda su vida.[67]

Detalles como estos de la vida de José Manuel Valdés ilustran los límites que podría tener una cédula de blanqueamiento de las gracias al sacar, incluso combinada con una dispensa de su ilegitimidad. El lugar y la variabilidad de la discriminación desempeñaron un papel crucial. Resulta sorprendente, dada la facilidad con la que Pedro Crisólogo de Ayarza, a quien se negó el blanqueamiento, se hiciera sacerdote y vicario de Portobelo, que en Caracas y Lima se impidiera una movilidad semejante.

Parece apropiado, puesto que el primer caso de blanqueamiento descubierto por los historiadores haya sido el de Joseph Ponciano de Ayarza, que su historia sea la última. Después de recibir las gracias al sacar, graduarse en la universidad y ejercer como practicante de abogado, fue admitido en el Colegio de Abogados el 17 de febrero de 1803.[68] Parece haber estado en Bogotá en 1804, cuando ayudó a su padre a elaborar las últimas peticiones, que fueron negadas, para el blanqueamiento de sus hermanos Pedro Crisólogo y Antonio Nicanor.[69] Dado que una guía de los "forasteros" que vivían en Bogotá, publicada en 1810 anotaba que en aquel entonces residía en "Portobelo", debió haber regresado a casa para estar con su familia.[70] Cuando comenzaron las guerras de independencia, Joseph Ponciano abandonó Panamá y se embarcó con destino al Perú. Registros de enero de 1812 muestran que estaba dedicado al comercio y enviaba dinero y bienes a Panamá.[71] Puesto que se encontraba en la capital en aquel momento, es posible que figurara entre los pardos de Lima que publicaron sus respuestas a los debates de las Cortes.[72]

Para el año siguiente, Joseph Ponciano había regresado a Portobelo, donde fue uno de los electores que seleccionó a los delegados

---

67 *Ibid.*, 27.
68 Garnica y Ardila, 55.
69 Caso 22, Ayarza, 1803.
70 Garnica y Ardila, 55.
71 *Colección Documental*, 60.
72 Véase capítulo 12.

panameños ante las Cortes. Aun cuando el obispo Manuel González de Acuña era de Panamá y, por lo tanto, estaba enterado de la posición local de la familia Ayarza —y debió saber que Pedro Crisólogo era vicario de Portobelo—, objetó, sin embargo, el papel desempeñado por Joseph Ponciano. Denunció que, entre los electores que votaron por los dos últimos delegados, había uno "originario de África" y otro "de color y calidad de mulato".[73] El primero de ellos era Joseph Ponciano. Este incidente revela que, incluso con el título universitario y el de abogado, su cédula de blanqueamiento, y un lugar de nacimiento donde su familia ocupaba un puesto prominente, Joseph Ponciano se enfrentaba todavía a prejuicios. Por otra parte, sus conciudadanos lo habían seleccionado como elector, un honor evidente.

No resulta claro cómo pasó Joseph Ponciano los siete años siguientes, pero parece que regresó a Lima pues, en 1821, pagó impuestos por bienes que importaba y exportaba.[74] Al año siguiente, la "Guía" de aquella capital anotó que había establecido allí su práctica jurídica.[75] No hay registros de las actividades desarrolladas por Joseph Ponciano durante la década siguiente, pero probablemente halló aceptación en el ambiente más tolerante de Lima.

Considerando los círculos en los que se movía, resulta interesante especular si conoció al médico José Manuel Valdés, fue su paciente o quizás asistió a sus tertulias nocturnas. Lima era un lugar pequeño para quienes se movían dentro de los círculos de la élite. En 1831, Joseph Ponciano ocupó un cargo en la Junta de Liquidación del gobierno, mientras continuaba con su práctica jurídica.[76] Aquel año confirmó lo que debió ser su destacada reputación y posición en la ciudad: el Congreso lo eligió como uno de los siete abogados que actuarían como magistrados de la primera Corte Suprema del Perú.[77]

Cuánto tiempo permaneció Joseph Ponciano en Lima después de su nombramiento en la Corte no está claro, pero acontecimientos posteriores habrían de propiciar su regreso a Panamá y, sin duda, la reunión con su familia. La reorganización del antiguo virreinato de la Nueva Granada, cuando pasó de ser la Gran Colombia a Nueva Gra-

---

73 Castillero Calvo, "Afromestizaje", 96; Sánchez González, 118, ofrece detalles sobre este incidente.
74 Tauro, 375.
75 Paredes, *Guía*, 10.
76 *Ibid.*; *Calendario*, 34, 39.
77 García y García, 6, 67, 68. Recibió un voto para ser presidente del tribunal.

nada, había dejado a los panameños sujetos a diversas jurisdicciones. Quienes se encontraban en el istmo se mostraron descontentos con la distancia y las demoras en los procesos de la Corte. Desde 1834, comenzaron a reclamar una Corte propia, proceso que se retrasó por un sinnúmero de complicaciones, pero que finalmente concluyó en 1838, cuando el Congreso en Bogotá votó para crear una jurisdicción independiente para Panamá.[78]

Uno de los primeros magistrados que se desempeñó en este nuevo tribunal fue Joseph Ponciano. Casi con seguridad participó en las complejas ceremonias que tuvieron lugar en mayo de 1839, cuando el gobernador tomó el juramento para la toma de posesión de los magistrados y todas las "corporaciones y funcionarios públicos, el obispo de la diócesis, todo el clero regular y numerosos ciudadanos sin distingos sociales" participaron en ellas. Podemos preguntarnos si Joseph Ponciano pudo haber recordado aquella protesta, años atrás, cuando el obispo había puesto en duda su derecho a ser elector.

Parece que los temores de la Cámara de Indias acerca de que el blanqueamiento de uno de los hermanos podría dividir a la familia Ayarza no se hicieron realidad. Por el contrario, Joseph Ponciano pasó sus últimos años en Panamá, posiblemente en compañía de sus hermanos. De ser así, no estarían juntos mucho tiempo pues, en julio de 1842, el periódico oficial de Bogotá señaló la vacante en un cargo judicial en el "istmo" ocasionada por la "muerte del doctor José Ponceano Ayarza" el año anterior.[79]

Las historias posteriores de quienes se acogieron al blanqueamiento de las gracias al sacar son solo uno de los elementos de un arsenal de recursos desarrollado a lo largo de los siglos, cuando pardos y mulatos buscaron intersticios y estrategias con el fin de progresar. Demostró ser más eficaz cuando fue específico y concedió una movilidad ocupacional o educativa. La posesión de una cédula de blanqueamiento nunca fue garantía de obtener resultados positivos, pues una serie de variables, incluyendo el lugar, el momento, la pericia, la riqueza y la posición de la familia podrían combinarse de maneras inesperadas para promover o impedir el éxito. A medida que avanzaba el siglo XIX, y la legislación republicana reemplazaba a su antepasada imperial, pardos

---

[78] Moscote y Arce, 41-43, narra la creación de la Corte de Panamá; Susto, 4, detalla la fecha de la ceremonia y anota que Joseph Ponciano de Ayarza fue uno de los magistrados.
[79] Vargas, Gutiérrez Montes y Álvarez Milán, 285.

y mulatos encontraron que las discriminaciones tradicionales habían sido abolidas, pero a menudo reemplazadas por otro tipo de represión alternativa. Habrían de continuar buscando, como lo habían hecho durante siglos, aperturas que promovieran el éxito.

Conclusiones y procesos

Hace más de un siglo, el historiador brasilero Manoel de Oliveira Lima, dictó una conferencia en la Universidad de Stanford acerca de las sorprendentes diferencias en las construcciones y prácticas anglosajonas e ibéricas en relación con la raza. Una de las pruebas de lo anterior fueron las gracias al sacar de 1795, pues permitían a pardos y mulatos de Hispanoamérica comprar la blancura. Durante las décadas siguientes, esta opción sirvió de punto de referencia, fundamentando debates historiográficos sobre las diferencias entre los regímenes raciales en los Estados Unidos y América Latina, la importancia de casta versus clase en las Indias, la creación de identidades latinas, y los potenciales racismos del sur latinoamericano.

Incluso cuando los estudiosos debatieron su importancia histórica, el descubrimiento de casos de gracias al sacar resultó elusivo. La ubicación sistemática de documentos de blanqueamiento en el Archivo de Indias ofreció algunas primeras respuestas. Únicamente un pequeño número de personas lo solicitaron, y un número aún menor compró la blancura; las categorías y precios procedían de peticiones anteriores, que precedían a las de 1795. Tampoco apareció el blanqueamiento de las gracias al sacar en el arancel publicado en 1795 debido a una meditada política de la Corona. Más bien, los funcionarios reales que compilaron la lista de precios de favores que podían comprarse lo incluyeron por existir precedentes anteriores en las Indias, aunque en ninguno de estos casos se había concedido antes la blancura completa.

Estas respuestas inmediatas suscitaron preguntas que resultaron ser aún más intrigantes. ¿Quiénes eran aquellos pardos y mulatos cuyas peticiones precursoras habían dado lugar al blanqueamiento de las gracias al sacar? ¿Qué procesos históricos los habían alentado a solicitar un blanqueamiento parcial, y más tarde, uno completo? ¿Por qué habría de considerar seriamente sus peticiones el Consejo de Indias? ¿Cuál fue la respuesta, después de 1795, de los funcionarios reales, las élites locales y las castas, a la publicación de una lista de precios oficial que permitía comprar la blancura? ¿Cuáles fueron sus consecuencias?

Rastrear la historia del blanqueamiento de las gracias al sacar en particular, y de la movilidad de castas en general, ha resultado ser, comprensiblemente, un proyecto complejo. Las tendencias no pueden clasificarse con facilidad en "secuencias ordenadas e inevitables".[80] Existe, más bien, una variedad de intervenciones a ambos lados del Atlántico en lugares distintivos y en momentos diferentes que dieron forma —o no lo hicieron, o alteraron posteriormente— progresiones que parecer ser más cercanas a "una inherente discontinuidad" que a fenómenos fácilmente discernibles. Explorar complejidades semejantes a través de una metodología procesal invita a extraer conclusiones acerca de cómo tres focos generales —contextos, actores y cronologías— interactuaron para configurar los desarrollos acaecidos.

Contextos: tradiciones, tiempo, patrones, genealogía, ubicación

Prácticas españolas profundamente arraigadas ofrecieron contextos esenciales a aquellas progresiones que facilitaron la mutabilidad. Si bien los peninsulares reconocieron jerarquías de exclusión basadas en el color y la clase, privilegiando la blancura y el rango, dejaron, sin embargo, posibilidades abiertas para la inclusión. A ambos lados del Atlántico hispano compartían un plano conceptual que reconocía, no solamente el origen (naturaleza) del ser pardos o mulatos, sino también su método de transmisión (naturaleza, limpieza), su significado (limpieza, calidad), y su potencial de modificación mediante la eliminación del defecto.

Las tradiciones peninsulares se combinaron de manera única con el ambiente americano para abrir intersticios a los recién llegados africanos, de manera que pudieran negociar caminos para pasar de la esclavitud al vasallaje. Las *Siete Partidas* medievales admitían que los esclavos buscarían naturalmente la libertad, estableciendo así la posibilidad de comprar o conceder esta con la aquiescencia de la Corona. El reconocimiento jurídico de que las mujeres de vientres libres darían a luz siempre a niños libres tuvo un impacto incalculable en las Américas, dado el potencial para la maternidad de millones de mujeres indígenas. Suministró a los esclavos negros la opción de liberar automáticamente a sus hijos nacidos de parejas indígenas y, luego, de pardas libres.

---

80 Pettigrew, 339.

Esclavos, negros libres, pardos y mulatos podían acceder al sistema jurídico en busca de reparación. Las leyes de propiedad fueron ciegas al color, al permitir la adquisición de posesiones y su segura transferencia a las generaciones siguientes.

El paso del tiempo tuvo gran importancia. Comparadas con la América anglosajona, las primeras olas de africanos desembarcaron siglos antes en las Indias. Su llegada se combinó con la insistencia real en que los esclavos se convirtieran al catolicismo para influir profundamente en el resultado, aunque las creencias africanas persistieron y se amalgamaron con las católicas. Con el transcurso de los siglos, una religión compartida unió a los habitantes de las Indias, fusionándolos en un "nosotros" español y católico. Así, como correligionarios, los negros, pardos y mulatos recibieron autorización para tomar las armas en defensa de su mutua tierra natal contra enemigos foráneos y, a menudo, no católicos. Esta evidencia de servicio al rey trasladó a las castas que participaron en él de la categoría de inconvenientes a la condición de vasallos, dignos de reciprocidad y recompensas.

Los pardos libres y los mulatos siguieron patrones identificables en su búsqueda de la movilidad social. Primero se esforzaron por deshacerse de las marcas de inferioridad, como el pago de tributos; luego buscaron indicadores de blancura, como el permiso de portar armas o de ejercer ocupaciones prohibidas. Habitualmente, la eliminación de estas discriminaciones correspondió inicialmente a la persona; más tarde, fue posible que grupos designados recibieran el favor y, finalmente se les concedió a las castas en general. Aun cuando algunos privilegios de los blancos —el ingreso en la universidad o la entrada al sacerdocio— resultaron particularmente difíciles de conseguir, otros —el cargo de oficial en la milicia, las profesiones de notario o de cirujano— se hicieron posibles. Estas excepciones ocupacionales establecieron los precedentes que llevaron a la promulgación del blanqueamiento de las gracias al sacar.

Las matemáticas genealógicas incidieron asimismo sobre los resultados. La propensión de los hombres blancos a unirse con parejas negras y pardas llevó, a lo largo de las generaciones, a la creación de grupos intermedios que avanzaban hacia la blancura. Estrategias sexuales influenciadas por el género, pues las pardas y mulatas gozaban de mayor laxitud para establecer relaciones transitorias, a más largo plazo, o matrimoniales, con hombres blancos en sucesivas generaciones dieron como resultado que sus hijos fuesen cada vez más blancos. A diferencia de ellas, los pardos se enfrentaron a mayores obstáculos para asegurar la movilidad de la generación siguiente. Formaban relaciones con parejas cuyos padres eran blancos o con blancas plebeyas.

La ubicación geográfica resultó fundamental para la movilidad. Fue más probable que las castas de Centroamérica, Perú y Nueva España experimentaran un mayor éxito que sus contrapartes en Cuba o Venezuela. No obstante, en cualquier lugar, podía darse un logro individual, a pesar de que pardos y mulatos que rechazaban estrategias semejantes se enfrentaron al parecer a mayores dificultades para acceder a una posición informal u oficial como blancos.

Los actores: castas, funcionarios reales, élites locales

Las castas, los funcionarios reales y las élites locales figuraron como actores que conformaron las "personalidades decisivas" cuyas interacciones configuraron la historia de las gracias al sacar.[81] Pardos y mulatos establecieron las dinámicas iniciales. Una vez que obtuvieron la condición de vasallos leales, las probabilidades de que los funcionarios reales no desecharan de inmediato, sino que, por el contrario, consideraran sus peticiones, aumentaron significativamente. Los solicitantes intentaron detallar las consecuencias del blanqueamiento, aunque difirieron acerca de si se trataba de un favor personal, o de una modificación completa de su condición que se transmitiría a generaciones futuras. Sus expedientes, cada vez más completos, ofrecieron el material a los funcionarios reales para que estos consideraran elaborar guías para su aprobación. Aunque los burócratas prevaricaron, pues el blanqueamiento no era una prioridad imperial ni una política meditada, pardos y mulatos enviaron sus peticiones una y otra vez, a menudo a lo largo de varios años. Solicitudes de grupo vincularon algunas peticiones entre sí, pues el pariente, el colega o el vecino exitosos podían inspirar a otros.

Pardos y mulatos nunca pusieron en duda que la blancura fuese un atributo superior, y que el ancestro africano era un defecto. Por el contrario, argumentaron que ellos debían ser excepciones a las reglas generales de discriminación, si bien algunos cuestionaron las inequidades implícitas en las tradiciones y legislación españolas.[82] Inclusive

---

81 *Ibid.*, 345.
82 Coincido con Gross, 182, quien cita a Eve Kosofsky Sedgwich sobre la medida en que los intentos de movilidad representaron un desafío al *statu quo*. "En resumidas

cuando las élites caraqueñas objetaron el blanqueamiento de las gracias al sacar, las castas recordaron a los funcionarios locales e imperiales el mandato de reciprocidad, esto es, la obligación del monarca de ofrecer recompensas conmensuradas por servicios leales. Aunque pocos pardos y mulatos recibieron una cédula de blanqueamiento, sus historias revelan evidencias de transiciones informales, sugiriendo que ellos eran únicamente la punta visible de un número mayor de personas.

Los pardos y mulatos a quienes el Consejo de Indias negó el blanqueamiento siguieron caminos contradictorios. Un veredicto favorable no significó que la persona recibiera las prerrogativas de los blancos; su negación tampoco significó que fuese imposible la movilidad buscada. Los privilegios solicitados, el momento de la petición, el lugar, la riqueza, la apariencia y las conexiones personales, incidieron de diversas maneras sobre los resultados. Mientras que el imperio colapsaba, pardos y mulatos consiguieron algunos objetivos largamente anhelados: la autorización para ingresar en la universidad y para ordenarse sacerdotes, aun cuando la Constitución de 1812 contemplaba únicamente un tipo de proceso expedito, análogo a las gracias al sacar, para obtener la ciudadanía. Esto no sería suficiente. Los hombres de las castas consiguieron —al menos en teoría— la igualdad con los blancos después de la independencia.

Los funcionarios imperiales españoles demostraron ser otros actores decisivos en los debates sobre la inclusión y exclusión de las castas. En un primer momento, aplicaron códigos represivos contra los esclavos africanos, pues circunscribieron sus movimientos y persiguieron ferozmente cualquier transgresión. Los burócratas mantuvieron asimismo un complejo régimen discriminatorio contra las castas libres, al exigir el pago del tributo, prohibir el ingreso en la universidad, ocupar cargos, la práctica de las profesiones y el porte de ropas lujosas. Muchos consideraron el creciente número de miembros de las castas como un peligro para el imperio, dada su incierta lealtad a España.

Los prejuicios comenzaron a ceder en la década de 1620, cuando los funcionarios, tanto en el ámbito imperial como en el local, comenzaron a apreciar la lealtad de las castas, en especial su contribución a la defensa contra atacantes extranjeros. Los decretos reales pasaron de una casi uniforme condena a más de un elogio ocasional. Los funcionarios imperiales aprobaron la expansión de las milicias de pardos y

---

cuentas", escribe [Sedgwich], "es generalmente lo mismo: más o menos subversivo, más o menos hegemónico".

mulatos, los eximieron del tributo, les concedieron el fuero militar, y sancionaron el nombramiento de sus propios oficiales. El Consejo de Indias y los funcionarios locales reconocieron que los miembros de las castas eran vasallos, dignos de reciprocidad, si bien de una condición inferior a la de los blancos.

Cuando, a mediados del siglo XVIII, el Consejo de Indias comenzó a recibir peticiones de parte de las castas solicitando un blanqueamiento ocupacional o completo, se esforzó por elaborar guías para la evaluación de las peticiones. Uno de los problemas fue que las cláusulas de blanqueamiento habían aparecido debido a una reorganización burocrática y no por una política pensada para promover la movilidad de las castas. Por otra parte, resultó difícil establecer precedentes, pues las peticiones llegaban esporádicamente, en ocasiones separadas por meses o años.

Surgen, sin embargo, algunas tendencias. Fue más probable que los funcionarios sin experiencia en cargos en las Américas carecieran de una adecuada comprensión de la información transmitida, así como del posible impacto de sus decisiones sobre las comunidades locales. Los ministros se mostraron más susceptibles de conceder excepciones a cirujanos y notarios que poseían las habilidades requeridas en el momento de presentar la petición. El blanqueamiento de esposas pardas de hombres blancos de la élite resultó ser menos controvertido que conceder la movilidad a sus contrapartes masculinas.

Incluso los funcionarios con larga experiencia en las Indias adoptaron decisiones contradictorias, impidiendo así el desarrollo de una política coherente. El fiscal Antonio de Porlier suscitó preguntas de amplio alcance acerca de las posibles dificultades que surgirían al hacer valer las cédulas. El fiscal de la Corona para el Perú, José de Cistué y Coll, quien ocupó este cargo durante largos años, fue quien tuvo el mayor impacto, pues mercantilizó el blanqueamiento como un favor que podía comprarse, y determinó que estas excepciones pertenecían a las gracias al sacar. Cuando apareció, en 1795, el arancel con la opción del blanqueamiento completo colaboró con su colega, el fiscal Ramón de Posada y Soto, y ambos intentaron en vano restringir el favor a las excepciones ocupacionales. La respuesta de los funcionarios reales en las Américas fue ambigua, pues el merecimiento personal del solicitante se combinó con las circunstancias locales para incidir sobre si eran apoyados o desaprobados.

En España, los continuos desacuerdos entre los abogados de la Corona y la Cámara fueron moneda común. Antes de 1795, la Cámara tendió a mostrarse reacia a conceder la gracia y los fiscales más favorables a hacerlo. Después de 1795, el patrón se invirtió y, mientras los fiscales intentaban negar las peticiones, la Cámara desconoció sus recomendaciones. Estos contratiempos llevaron a un enfrentamiento, en 1799, con el Consejo de Indias en pleno, el cual reprochó a la Cámara su liberalidad.

Los obstáculos a su implementación en Caracas solo complicaron aún más el fracaso del Consejo, la Cámara y los fiscales en llegar a un acuerdo sobre la política de blanqueamiento. Los primos y cuñados Diego Mexías Bejarano y Juan Gabriel Landaeta regresaron en repetidas ocasiones a pedir al Consejo de Indias que obligara a los funcionarios locales a aceptar su nueva condición de blancos. Los ministros los apoyaron resueltamente en público, exigiendo a las élites obediencia a los decretos reales. No obstante, comentarios manuscritos en los documentos revelan que las protestas de Caracas tuvieron un impacto importante. Incluso si los blanqueamientos en otros lugares no fueron controversiales, el temor a las protestas locales comenzó a pesar más que el mérito de los solicitantes en la toma de decisiones oficial.

Si bien los ministros lucharon con su implementación, no descartaron aminorar o abolir la discriminación contra pardos y mulatos. El canciller Joseph Antonio Caballero respondió positivamente al ruego apasionado del franciscano José Antonio Goicoechea a favor de la promoción de las castas en Guatemala, pues ordenó al Consejo de Indias considerar una política semejante para todo el imperio. La fusión posterior realizada por el secretario para el Perú entre los casos de blanqueamiento y la carta del guatemalteco llevó al Consejo de Indias a encargar al desconocido autor de la "consulta misteriosa" de 1806 que considerara las consecuencias de poner fin a la discriminación individual, así como a la discriminación en general.

Aunque el autor de la consulta de 1806 estaba enterado de las protestas de la élite venezolana, e incluso simpatizaba con ellas, el ministro desconocido admitió que a pardos y mulatos debería permitírseles comprar la blancura. Condenó las distinciones jurídicas que dejaron a las castas en una condición permanente de inferioridad, y sugirió una política para poner fin al prejuicio contra aquellos que descendían de cuatro generaciones de vientres libres y legítimos. El Consejo de Indias ignoró esta recomendación específica y decidió, más bien, postergar los fallos sobre el blanqueamiento y entablar ulteriores discusiones. Aun cuando una razón para hacerlo fue la incertidumbre que rodeaba a las implicaciones negativas sobre los ingresos que tendría la exención del tributo de las castas, otra de sus inquietudes fue la de evitar posteriores estallidos en Venezuela.

Mientras el imperio se derrumbaba, el director de la Contaduría, Francisco José Viaña, intentó, en su largamente esperado informe sobre las consecuencias financieras del blanqueamiento de las castas, resolver décadas de incertidumbre. La consulta que presentó en 1808 apoyaba decididamente continuar con las gracias al sacar, las cuales, determinó, deberían ofrecer los beneficios de la blancura completa, pero limitó su concesión al individuo. Sugirió la creación de alguna vaga plataforma para mejorar la condición de un grupo mayor de pardos y mulatos, pero sin igualarlos a los blancos. Desconocemos si tales recomendaciones de política habrían resuelto las controversias acerca del blanqueamiento, pues el tiempo se había agotado.

En 1808, con la invasión napoleónica de la península, el debate sobre el futuro de la movilidad de las castas pasó del Consejo de Indias a los delegados ante las Cortes de Cádiz, encargados de redactar una Constitución para el imperio. A pesar de que las gracias al sacar nunca figuraron en los numerosos discursos pronunciados sobre la condición de pardos y mulatos, los artículos resultantes propusieron soluciones análogas a las de las consultas. Aunque la Constitución designó a pardos y mulatos como españoles, debían enviar una petición y demostrar su valía para convertirse en ciudadanos. Aun así, los debates entre peninsulares y americanos sobre la condición de las castas llevaron, de hecho, a un consenso, según el cual el Estado tenía la obligación de disminuir los obstáculos y ofrecer oportunidades de movilidad a las castas, incluyendo el acceso a la educación superior y al sacerdocio. Cuando Fernando VII regresó en 1814, los fallos sobre el blanqueamiento revirtieron al Consejo de Indias, donde los ministros aprobaron el menos controvertido de los favores, al conceder una última cédula de blanqueamiento a la esposa de un funcionario español.

No solo las castas y los funcionarios reales, sino también las élites americanas, figuraron como participantes clave en el proceso de blanqueamiento, aunque su impacto se debió tanto a su ausencia como a su presencia. La tendencia más evidente fue un absoluto silencio de aquellos lugares donde pardos y mulatos recibieron cédulas de blanqueamiento. Cuando aparecieron las élites, fue usualmente como testigos, que dieron fe, con grados variables de entusiasmo, a favor de amigos y colegas de las castas. La principal excepción fue Caracas, donde los mantuanos denunciaron específicamente las peticiones de los Mexías Bejarano, Landaeta y Arévalo y, de manera más general, el blanqueamiento de las castas. No obstante, la institucionalidad de Caracas no se quejó cuando los esposos de la élite solicitaron el blanqueamiento de sus esposas pardas.

Los debates adelantados en las Cortes de Cádiz acerca de la ciudadanía nos ofrecen otra mirada sobre las actitudes de la élite frente a la igualdad civil. La delegación americana se mostró dividida y conservadora durante los primeros meses. Inicialmente, comprometió la igualdad de las castas a cambio de la ciudadanía para ellos mismos y para la población indígena. En los meses subsiguientes, los representantes intentaron regresar al asunto de la ciudadanía de pardos y mulatos para aumentar el número de delegados, pero también porque advirtieron que las Américas podrían perderse si les negaban la paridad a las castas.

Mientras las Cortes debatían los artículos de la Constitución de 1812, los diputados de Perú, Nueva España y Centroamérica lucharon apasionadamente por obtener la igualdad para pardos y mulatos, aunque sabían que sus opositores eran más en número y casi ciertamente fracasarían en su intento. Manifestaron un profundo conocimiento de los procesos de movilidad social que configuraron sus propias comunidades; afirmaron que el imperio no permanecería intacto si la Constitución excluía a las castas. Nunca hubo unanimidad en la delegación americana, pues los delegados de Cuba y de Puerto Rico, que no estaban a favor de la igualdad, permanecieron en silencio. En las Indias, otros grupos con intereses contradictorios —los peninsulares del consulado mexicano, los pardos peruanos— reaccionaron negativa y positivamente a la legislación proveniente de Cádiz. En un irónico giro final, las élites venezolanas —aquellas que con mayor vehemencia se opusieron al blanqueamiento— fueron quienes redactaron, en 1811, una primera Constitución que prometía la igualdad a las castas calificadas.

Cronologías: largas, lineales, congeladas, atlánticas, tradicionales

Prestar atención a los contextos subyacentes e identificar a los actores importantes debe complejizarse también mediante una apreciación de los cambiantes lapsos de tiempo. Las cronologías largas, lineales, congeladas, atlánticas y tradicionales permiten calcular la ausencia y presencia del cambio. El tiempo largo importó, pues algunos procesos históricos —la transición de esclavo a libre, a vasallo y a ciudadano; el posterior blanqueamiento de los descendientes; la creación de un coherente "nosotros" católico americano— pudieron incluir generaciones sucesivas y extenderse durante varios siglos. La movilidad de pardos y mulatos figuró en las décadas de 1760, 1700, 1760 y 1790 como un punto de referencia, pues, respectivamente, estos recibieron respeto por su defensa del imperio, aspiraron a prerrogativas tales como el sacerdocio y la universidad, buscaron excepciones ocupacionales para ejercer profesiones antes reservadas a los blancos y solicitaron por primera vez el blanqueamiento de las gracias al sacar.

El tiempo lineal rastreó cada petición de blanqueamiento desde la primera solicitud hasta el último veredicto. En los blanqueamientos ocupacionales, el hecho cumplido fue aquello que llevó más probablemente el éxito, pues se concedía la dispensa a personas que fuesen ya competentes en las habilidades requeridas. La posición social, la riqueza, la relativa blancura y la excelencia de las cartas de presentación podían ser factores importantes en las peticiones, pero no necesariamente determinaban el resultado.

El tiempo lineal reveló, más bien, que la variable más significativa para el éxito fue la fecha en que llegó la petición de blanqueamiento. El Consejo de Indias se mostró más dispuesto a conceder las peticiones que llegaron inmediatamente después de expedir el arancel, en 1795 y 1796, antes de que las protestas de las élites de Caracas y las dificultades a las que debieron enfrentarse quienes recibieron las cédulas afectaran la inclinación de los ministros a emitir un veredicto favorable. Otras variables —una petición repetida, una recomendación del Consejo de Indias, un desconocimiento de la consulta por parte de la Cámara, una opinión especialmente positiva de un fiscal— pudieron llevar a fallos favorables.

El tiempo congelado reveló vínculos y, a la vez, conexiones fallidas. Hubo períodos definidos en los que los fiscales compartieron información sobre los casos, colaboraron en el diseño de una política, o bien utilizaron precedentes de un caso para determinar el siguiente. Existieron relaciones disfuncionales, pues los abogados de la Corona y la Cámara disputaron veredictos, o el cabildo y la Audiencia de Caracas no se comunicaron adecuadamente. El tiempo congelado revela períodos estáticos, pues los fallos por lo general se aplazaban al final del año por las festividades de Navidad y de Año Nuevo, o interrupciones, cuando faltaron uno o ambos fiscales y los asuntos del Consejo y de la Cámara tomaron mucho más tiempo en decidirse.

El tiempo atlántico agregó un elemento geográfico al tiempo congelado, al reconocer que la distancia creó ignorancias simultáneas en la península y en las Américas. El Consejo de Indias aprobó casos de blanqueamiento en Madrid mientras el cabildo redactaba una violenta condena de las gracias al sacar en Caracas. Ministros y fiscales disintieron sobre los casos de blanqueamiento en España, mientras que el Gremio de los Pardos se regocijaba por la promulgación de esta política en Caracas. Un ministro desconocido habría redactado una "consulta misteriosa" en Madrid en la que consideraba vías para la movilidad de las castas durante las mismas semanas en las que Francisco de Miranda desembarcaba en Venezuela intentando sublevar a pardos y mulatos contra el imperio. Mientras el Consejo de Indias reunía a los delegados americanos en Cádiz para redactar una Constitución, los cabildos en todos los lugares de las Indias darían los primeros pasos para independizarse de España. La apreciación de los tiempos de retraso entre las acciones de ambos hemisferios resaltó aquellas discontinuidades inmediatas y a largo plazo.

Finalmente, la cronología tradicional ubicó a las gracias al sacar dentro de las historiografías existentes. En un comienzo, el blanqueamiento pareció ser únicamente un producto periférico de la reforma social de los Borbones, pues no hubo una política coherente del Consejo de Indias en 1795 dirigida a promover la movilidad de las castas. En cualquier caso, la posibilidad de comprar la blancura apareció más como un producto del esfuerzo de los Borbones por organizar y codificar el gobierno. Resultó ser un fracaso para incrementar los ingresos, y costó más administrarla de lo que la Corona recibió en pagos de los solicitantes.

En Caracas, donde las tensiones entre los blancos y las castas fueron particularmente delicadas, las gracias al sacar se entrelazaron con otra de las medidas de los Borbones, la Pragmática Sanción relativa a los matrimonios (1776/1778), según la cual los padres podían apelar a la Corona para impedir el matrimonio de sus hijos con personas de otra categoría. El Consejo de Indias se negó a utilizar las gracias al sacar para blanquear a novios pardos con el fin de que eludieran estas prohibiciones. Los funcionarios dejaron las decisiones sobre los matrimonios objetados en manos de las audiencias locales que se mostraron —especialmente en Venezuela— adversas a las mezclas raciales.

La historia de las gracias al sacar sugiere la necesidad de revisar las interpretaciones de la reforma administrativa de los Borbones, en particular su esfuerzo por nombrar en el Consejo de Indias a funcionarios que hubieran ocupado previamente cargos en las Américas. Una comparación entre los fiscales que no habían servido en las Indias y sus contrapartes después de 1777 —todos los cuales habían pasado tiempo en ultramar— sugiere que esta política tuvo algún éxito. El conocimiento personal de las Américas supuso que los abogados de la Corona leyeran los expedientes con una comprensión más profunda. Les dio la confianza necesaria para exigir obediencia a las belicosas élites americanas y, sin embargo, mostrarse sensibles al mandato imperial de no alienar a las poblaciones de ultramar.

Menos comprendido, hasta la realización de este estudio, fue el lado oscuro de la reforma burocrática de los Borbones. El nombramiento de fiscales con experiencia en las Américas significó que podrían pasar meses y años durante los cuales el cargo permanecía vacante debido a las demoras ocasionadas por el viaje de los funcionarios nombrados hasta la península. Puesto que solo había dos abogados de la Corona, la ausencia de uno de ellos, o de ambos, creó varios cuellos de botella que disminuyeron la efectividad del Consejo de Indias y de la gobernanza imperial. El blanqueamiento, que nunca fue una prioridad, fracasó respecto a las respuestas oficiales a las peticiones individuales, así como en su incapacidad de formular una política clara sobre la movilidad de las castas.

Las cambiantes fortunas de las empresas imperiales en el Caribe incidieron sobre la historia del blanqueamiento de las gracias al sacar. El sitio británico y la captura de La Habana en 1762 abrieron la puerta a que los pardos cubanos prestaran sus servicios a la Corona y pidieran excepciones ocupacionales y la blancura completa. La Revolución de Haití (1791-1804) no solo despertó temores acerca de la lealtad de las castas, sino que les suministró municiones para presionar por una movilidad más extensa en consideración a su fidelidad. Las élites venezolanas pasaron de sus diatribas anteriores, en las cuales denigraban a pardos y mulatos por arrogantes en sus intentos de obtener los privilegios de los blancos, a las frenéticas denuncias, posteriores a la Revolución de Haití, según las cuales quienes tenían educación y experiencia militar conformaban una quinta columna debido a su posible deslealtad al imperio.

El ministro desconocido que redactó la "consulta misteriosa" de 1806 reconoció estas tensiones entre la movilidad de las castas y la lealtad, así como la obligación de la Corona de preservar su fidelidad. Si bien es posible que las gracias al sacar de 1795 no hubieran procedido de inquietudes ministeriales semejantes, la carta enviada en 1802 por el franciscano Goicoechea en la que condenaba la discriminación contra las castas, la orden expedida en 1803 por el canciller Caballero para que el Consejo de Indias evaluara la política de blanqueamiento en particular, y la discriminación contra las castas en general, señaló un cambio. Aunque los ministros desestimaron la política radical de las cuatro generaciones de vientre libres propuesta en la "consulta misteriosa", la conclusión de su autor, según la cual la legislación imperial perjudicaba injustamente a las castas, tendría eco en su sucesor en 1808. El ministro Viaña no solo apoyó la continuación del blanqueamiento de las gracias al sacar, sino que propuso movilidad adicional para las poblaciones de las castas que la merecieran. Concluyó que tanto la conveniencia como la justicia exigían que hubiera una reforma de las políticas discriminatorias dirigidas contra pardos y mulatos.

Análogos sentimientos surgieron de las Cortes de Cádiz, donde los debates sobre la condición de las castas resultaron centrales en la distribución del poder relativo entre la península y las Américas. Con la excepción de Caracas, cuando las castas presentaron solicitudes de blanqueamiento, las élites locales permanecieron, en su mayor parte, en silencio. Los representantes americanos rompieron con fuerza este silencio en los debates parlamentarios, en los cuales, con vehemencia, pero infructuosamente, apoyaron la concesión de la ciudadanía a pardos y mulatos. Los delegados de las Cortes confrontaron la realidad de que un conteo americano que incluyera a las castas podría eventualmente pesar más que los representantes de España. La respuesta peninsular fue negarles la ciudadanía inmediata en la Constitución de 1812, insistiendo en vías análogas a las gracias al sacar para las castas elegibles. Un decreto adicional ofreció movilidades largamente buscadas, al abolir las barreras al ingreso en la universidad y el sacerdocio. La eventual respuesta de pardos y mulatos, así como del resto del continente americano, sería rechazar la unión imperial y optar por la independencia.

Conclusiones

La ubicación final del blanqueamiento de las gracias al sacar dentro de un siglo de historiografía sugiere una posible respuesta a una pregunta formulada al comienzo del libro: ¿por qué los académicos españoles y latinoamericanos esencialmente dieron por hecho que la compra de la blancura no era particularmente controversial, mientras que sus contrapartes anglosajones y estadounidenses la caracterizaron como una opción novedosa y radical? La respuesta debería ser evidente ahora: elementos diferentes de su pasado siguieron arraigados en su presente. Rastrear la historia de la movilidad de las castas y del blanqueamiento de las gracias al sacar ha expuesto algunas características únicas de los caminos profundamente entretejidos a través de los cuales el mundo hispánico ha negociado en general procesos de inclusión y exclusión —incluyendo el blanqueamiento— a través de los siglos.[83]

Una última paradoja historiográfica. Durante décadas, un gran número de académicos buscó intensamente descubrir evidencia de los casos de blanqueamiento en Hispanoamérica. Incluso cuando sus pesquisas fallaron, de alguna manera, sugirieron de un modo obsesivo —y, en la mayor parte de los casos, errado— la posibilidad de que pardos y mulatos de su región hubieran solicitado con éxito el blanqueamiento de las gracias al sacar. Ahora sabemos que pocos presentaron sus peticiones, y que un número aún menor obtuvo cédulas reales concediéndoles la blancura. No obstante, quienes insinuaron que una movilidad semejante era posible, no estuvieron completamente equivocados. El blanqueamiento de las gracias al sacar solo pudo haber existido porque descansaba en la movilidad real de miles de desconocidos —esclavos, negros libres, castas, pardos y mulatos vasallos y que serían pronto ciudadanos— que aprovecharon las posibilidades inherentes a su mundo para buscar una mejor vida para sí mismos y para sus hijos.

---

83 Como ha señalado Asunción Lavrin, la historia de las gracias al sacar ofrece únicamente indicios de una "historia no contada y posiblemente irrecuperable de aquellos que marcharon desde la esclavitud, a través de las mezclas raciales y las oportunidades educativas hasta la eventual separación de un fenotipo que era considerado defectuoso" (comunicación personal, marzo de 2013).

ANEXOS

Anexo A
Adenda: nuevas investigaciones y actualizaciones

Una nota introductoria: como saben aquellos que publican y particularmente aquellos que publican trabajos de muchas páginas como *Purchasing*, este tipo de monografías toma años para investigar y escribir. También lleva años pasar del manuscrito final aceptado a copias impresas y digitales y, en este caso, a una edición en español. Dado ese cronograma, Iberoamericana Vervuert gentilmente ha brindado la oportunidad de agregar una actualización a la versión impresa original.

Desde la aparición de *Purchasing* se han publicado tantas obras sobre temas relacionados con las experiencias africanas y castas en las Indias, que esta adición —desafortunadamente— tiene que ser estrictamente limitada. Este apéndice se centra en dos temas clave en los que la nueva investigación ha mejorado el análisis. Una primera sección señala cómo los académicos han profundizado en la metodología de creación legislativa, brindando una nueva perspectiva sobre el origen de decretos como el blanqueamiento y gracias al sacar. Una segunda, hace referencia a nuevas investigaciones sobre el tema general de *Purchasing*: el seguimiento de las multitudes de experiencias de negros, pardos y mulatos, a medida que pasaban del estado de esclavos a personas libres, a vasallos, para unos pocos a vasallos blancos, y eventualmente al de ciudadanos. El objetivo aquí no es una cobertura historiográfica exhaustiva, sino algunas sugerencias sobre investigaciones más recientes que —si hubieran existido cuando se publicó *Purchasing*— ciertamente habrían aparecido citadas y, por lo tanto, podrían interesar a los lectores.

La metodología de la creación legislativa

Un buen número de estudios posteriores a la publicación de *Purchasing* han profundizado en la comprensión de las interacciones dinámicas entre España y las Indias y en los procesos que crearon decisiones burocráticas que determinaron la legislación aplicable al proceso de blanqueamiento. Recuérdese que una de las conclusiones francamente sorprendentes de mi investigación fue descubrir que el impulso para la creación del blanqueamiento habilitado por las gracias al sacar surgió de los peticionarios en Indias, más que de las iniciativas políticas de los ministros en Madrid.[1] Más bien, fueron las solicitudes de los cirujanos y los notarios pardos para ejercer, y luego de los individuos que apelaban a la blancura total, lo que finalmente condujo a las cláusulas de las gracias al sacar de 1795. Fue solo entonces cuando la consideración del Consejo de Indias sobre las aplicaciones de blanqueamiento también eventualmente se desplazó hacia deliberaciones relacionadas con el tema más amplio de la movilidad de las castas. Las investigaciones recientes han confirmado y ampliado esta idea, revelando que la transformación de peticiones de las Américas en precipitantes de la legislación real no resultó ser nueva. Más bien, historiadores como Robert Schwaller, Adrian Masters y Bianca Premo, han detallado últimamente las formas en que no solo las élites, sino también los esclavos, pardos y mulatos, y las mujeres podrían influir seriamente en la legislación real.

La investigación de Robert Schwaller (2016) sobre *Géneros de Gente in Early Colonial Mexico: Defining Racial Difference* ha explorado cómo, al igual que con el blanqueamiento de las gracias al sacar, fueron los peticionarios de las Indias las que proporcionaron la plantilla para los decretos eventualmente emitidos por el Consejo y la Cámara de las Indias. A través de peticiones y quejas, tanto las élites como los mestizos o mulatos "instruyeron al monarca y sus cabildos" sobre cuestiones relativas a las mezclas de población que se desarrollaban en las Indias, brindando así definiciones de aquellas que desarrollaban "nuevas categorías de diferencia".[2] La respuesta oficial fue entonces emitir reales decretos copiados directamente de estos documentos que "perpetuaron y arraigaron" esas "categorías socio-raciales dentro de los códigos legales coloniales".

---

1 Twinam, 30-31.
2 Schwaller, 50-51.

Dado que la Corona rara vez emitió una legislación general para todas las Américas a un mismo tiempo, la "legislación real" que respondía "a un problema particular en una jurisdicción de las Indias podría considerarse válida en otras áreas donde existieran problemas similares".[3] Lo que comenzó en las Américas como "categorías sociales de diferencia constituidas popularmente", como las designaciones de mestizo y mulato, se transformó "en categorías jurídicas susceptibles de regulación y aplicación por el sistema legal".[4] Los habitantes de las Indias crearon y definieron las categorías de casta; la legislación real los consolidó como "estereotipos populares codificados".[5]

En "A Thousand Invisible Architects: Vassals, The Petition and Response System", Adrian Masters (2018) también ha explorado cómo "vasallos de todos los orígenes sociales" crearon la legislación real.[6] Participaron en un "sistema de petición y respuesta" del siglo XVI en el que los suplicantes "sugerían constantemente nuevas leyes al gobernante Consejo de Indias". En efecto, los "abrumados ministros" del Concilio "a menudo trasplantaban el vocabulario de las peticiones palabra por palabra a los decretos". Masters rastrea cómo "durante el siglo XVI el Consejo emitió respuestas a peticiones de más de 100.000 decretos reales, muchos de los cuales incluían pasajes que coincidían exactamente con las peticiones que los inspiraron".[7] Tal como señaló Schwaller, el resultado fue que

> categorías legales como mestizo y mulato surgieron a través de las peticiones no solo de los españoles, sino también de los propios indios, mestizos y mulatos. Los súbditos de cualquier trasfondo social podrían [...] introducir y dar forma a las construcciones legales de las Indias y a la agenda del imperio.[8]

Masters concluye que "con las raras excepciones de las normas castellanas impresas y las leyes y ordenanzas basadas en juntas, la mayor parte de la legislación de la Corona consistía en decretos reales que surgían de la iniciativa de los vasallos".[9] El resultado fue que "este

---

3 *Ibid.*, 54.
4 *Ibid.*, 51.
5 *Ibid.*, 55.
6 Masters, 377.
7 *Ibid.*, 379.
8 *Ibid.*, 377.
9 *Ibid.*, 395.

sistema de petición y respuesta permitió propuestas exitosas de una amplia gama de vasallos de las Indias para establecer la agenda del imperio de abajo hacia arriba".[10] Más tarde, el blanqueamiento propiciado por las gracias al sacar sería uno de esos ejemplos.

Mientras Schwaller y Masters brindan una nueva visión de los procesos de elaboración de decretos del siglo XVI, Bianca Premo se enfoca en el siglo XVIII en España y las Américas. En *Enlightenment on Trial: Ordinary Litigants and Colonialism in the Spanish Empire* (2017), también explora cómo la gente común demostró ser fundamental en la elaboración de peticiones que eventualmente produjeron legislación. Premo rastrea cómo los de abajo pudieron invocar "derechos sin revolución, libertad sin emancipación y costumbre sin tradición".[11] En el proceso produjeron su propia versión de una Ilustración desde abajo.

The Enlightenment on Trial utiliza, al igual que *Purchasing*, una nueva metodología imperial con un enfoque en todo el imperio que extiende la cobertura de investigación a múltiples sitios: en las Indias, las ciudades de México, Oaxaca, Lima, y Trujillo; en España, a Toledo y Valladolid. Esta obra demuestra ser una "historia social y etno-histórica" en vario sentidos: 1. Rastrea los desafíos nativos a lo que definió la tradición en lugar de defender el mérito; 2. Es una "historia de las ideas", en su explicación de las cambiantes definiciones de los derechos naturales; 3. Es una "historia de esclavos", en su exploración de rutas alternativas hacia la libertad; 4. Es una "historia de género", en su seguimiento de cómo las mujeres rechazaron los tribunales de la Iglesia para defender los derechos naturales ante la Corona. También es una "historia legal", ya que no solo expone el meollo de cómo funcionaba la ley, sino cómo se transformó de representante de una "cultura legal tradicional arraigada durante mucho tiempo en las nociones de justicia a una nueva cultura orientada en las nociones modernas de la ley".[12] Como concluye una reseña de Michelle McKinley: "Premo muestra cómo los litigantes ordinarios merecen ser el centro de atención como agentes de la Ilustración".[13] En esencia, Schwaller, Masters y Premo cambian la orientación de las interpretaciones de la historia de arriba hacia abajo, rastreando cómo

---

10 *Ibid.*, 379.
11 Premo, 226.
12 Premo, 3.
13 McKinley, "Review", 985.

los de abajo —tal como ocurrió en el blanqueamiento de las gracias al sacar— ayudaron a crear la legislación real y transformar las normas políticas derivadas de la misma.

La transición de esclavo a libre a vasallo y a ciudadano

Otro objetivo central de *Purchasing* fue rastrear aquellos temas que propiciaron el paso de los africanos de la esclavitud a la libertad. Este movimiento no ocurrió directamente, como planteó Frank Tannenbaum, de esclavo a ciudadano.[14] Más bien, fue un movimiento más complejo de esclavo a persona libre, y de vasallo a ciudadano, aunque sí hubo unos pocos que compraron la blancura. Tales patrones ocurrieron dentro de las tendencias aún más dramáticas de las mezclas creando por la sociedad de castas. La investigación reciente ha agregado profundidad y ha complicado la comprensión de tales transiciones.

En *Fractional Freedoms: Slavery, Intimacy, and Legal Mobilization in Colonial Lima, 1600*, Michelle McKinley (2016) brinda percepciones sorprendentes sobre algunos aspectos menos estudiados de la vida de los esclavos. Su objetivo es explorar "las corrientes jurídicas y sociales que se desarrollaron en el momento de la expansión imperial de España a las Américas" para "contextualizar las normas de la tradición legal normativa en la que los esclavos litigaron sus reclamos".[15] Su investigación rastrea cómo los esclavos comúnmente experimentaron libertades "contingentes" o parciales, o como ella lo llama "libertades fraccionarias" ("fractional freedoms").[16]

McKinley concluye que "ni la autonomía corporal total ni la servidumbre absoluta eran la norma para la mayoría de los pueblos esclavizados en Lima durante este período". Más bien, los esclavos podrían ser "tanto propiedad como personas, y lo que es más importante, muchos eran propietarios de fracciones de sí mismos".[17] También demuestra cómo los esclavos experimentarían tales "libertades fraccionarias" a través de acciones como la "auto-compra a plazos", o la de "liberar a un niño" mientras el adulto "permanece esclavizado"

---

14 Twinam, 8-9.
15 McKinley, 5.
16 *Ibid.*, 13.
17 *Ibid.*, 227.

o la de "manumisión después de años de servicio".[18] Estas posibilidades demostraron "procesos de género, accesibles a hombres y mujeres de distintas maneras". Tales "intimidades sexuales y domésticas [....] nutrieron intensas relaciones personales que se tuvieron en cuenta en el cálculo de la libertad y la esclavitud"

Los historiadores que consideran el movimiento de esclavos a libres menos desde las perspectivas de arriba hacia abajo o de las leyes imperiales, o de las acciones de los propietarios de esclavos, están ahora rastreando las experiencias vividas por aquellos que negociaron esos pasajes de una "libertad fraccional" a una total. Pablo Miguel Sierra Silva, en *Urban Slavery in Colonial Mexico: Puebla de los Ángeles, 1531-1706* (2018) explora tales transiciones a través de "microhistorias que ilustran cómo una familia soportó o trascendió su esclavitud o un estado particular de esclavitud".[19] Como señala el historiador Douglas Cope, esta existencia de una "autonomía relativa" de los amos hizo posible que "muchos afropoblanos forjaran redes sociales que, al final, trascendieron y socavaron la esclavitud".[20] Tampoco era raro que "cónyuges, padres y padrinos" contribuyeran con "fondos que compraron la libertad de sus familiares".[21] Sin embargo, como yo noto en *Purchasing*, el género todavía importaba: los esclavos varones "no se casaban al entrar en uniones formales con mujeres mestizas, se casaban con libres".[22]

También eran básicas para tales pasajes de la esclavitud a la libertad algunas nuevas cargas. No solo existe la necesidad de lograr la autosuficiencia, sino también la obligación de pagar tributos a la Corona. Las investigaciones recientes de Danielle Terrazas Williams (2022), Nora Andrews (2016) y Norah L. A. Gharala (2019) han explorado temas inherentes a tales evoluciones.

En *The Capital of Free Women: Race, Legitimacy, and Liberty in Colonial Mexico*, Danielle Terrazas Williams (2018, 2022) ha utilizado registros notariales del siglo XVI en Xalapa, México, para investigar cómo "las mujeres afrodescendientes libres realizaban negocios con las élites españolas, poseían esclavos, liberaron a sus familias de la esclavitud, [e] interactuaron con representantes reales en la plaza del

---

18 *Ibid.*, 13.
19 Sierra Silva, 7.
20 Cope, 690
21 Sierra Silva, 168.
22 *Ibid.*, 198.

pueblo".²³ Como señala la historiadora Sylvia Arrom: "Al abordar los documentos como textos literarios, también muestra cómo las mujeres afrodescendientes construyeron narrativas libres dentro de las limitaciones del género notarial para proteger su reputación pública y reforzar sus intereses".²⁴ Arrom señala que "Estas mujeres conocían sus derechos y los defendieron con éxito. Cuando fue necesario, movilizaron una amplia red de amigos y mecenas, incluidos hombres prominentes y poderosos que estaban dispuestos a servir como testigos o de garantes de sus préstamos". Es sugerente que "el título del libro se deriva del astuto despliegue de capital social, cultural y económico por parte de las mujeres. En suma, estaban lejos de ser actores marginales en la economía y la sociedad de Xalapa".

El paso de esclavo a libre no solo introdujo la necesidad de la autosuficiencia: marcó a aquellos ahora libres como contribuyentes. Como señaló *Purchasing*, en 1574 la Corona había dictaminado que aquellos "esclavos, mulatos y mulatas" que se habían vuelto "libres" debían pagar tributo, al igual que los nativos, un impuesto que los marcaba como inferiores en comparación con otros miembros de la sociedad que pagaban impuestos como la alcabala.²⁵ La investigación de Norah Andrews (2016) —"Calidad, Genealogy, and Disputed Free-Colored Tributary Status in New Spain"— y la de Norah L. A. Gharala (2019) —*Taxing Blackness: Free Afromexican Tribute in Bourbon New Spain*— exploran esas transiciones revelando tendencias revisionistas.

Así como en *Purchasing* los solicitantes de gracias al sacar manipulaban su ascendencia buscando aproximarse a la blancura, los descendientes liberados de los esclavos maniobraban de forma similar.²⁶ Su objetivo era establecer que ellos o las generaciones posteriores no fueran marcados como tributarios y, por lo tanto, como inferiores. Norah Gharala ha rastreado "las diferentes interpretaciones de la negritud que liberaban a las personas de color [...] mientras argüían sobre quién estaba sujeto a la carga tributaria".²⁷ Gharala concluye que "aquellas personas de color libres que obtuvieron la exención se enorgullecieron

---

23 Terrazas Williams, 216.
24 Arrom, revista.drclas.harvard.edu/review-the-capital-of-free-women/, 9 de junio, 2022.
25 Twinam, 103.
26 *Ibid*., 200-201, por ejemplo, "leopardo".
27 Gharala, 21.

de haber evitado el impuesto, fortalecieron su reputación e intentaron transmitir estos privilegios a sus descendientes".[28]

Norah Andrews también ha explorado numerosos casos en los que los solicitantes lucharon agriamente y a menudo con éxito cuando los administradores intentaron agregarlos a las listas de tributos que antes habían evitado. En cierta forma, tal litigio resultó algo irónico, dado que la Corona demostró ser notablemente incompetente en la recaudación de tributos; como señaló Andrews, el tributo resultó ser un "fuente insignificante de ingresos totales".[29] Sin embargo, los negros, pardos y mulatos libres litigaron no solo por ellos, sino por sus descendientes, ya que "ser o convertirse en tributario de color libre representaba una carga social y financiera que marcaría a las generaciones futuras como contribuyentes y afrodescendientes".[30] Ambos autores concluyen que lo que contaba en las disputas por el tributo era tanto la motivación reputacional como la financiera: en el proceso "la gente común reveló sus opiniones sobre los significados del linaje, las elecciones maritales, la reputación y la subjetividad de color libre".[31]

En el seguimiento de las nuevas investigaciones históricas es crucial preguntarse qué tendencias caracterizan la próxima etapa de transición: de persona libre a vasallo. Este proceso parece más complicado. *Purchasing* sugería que décadas y hasta siglos de residencia de negros, mulatos y pardos en las Indias, su inclusión como miembros del "nosotros" católico español, así como su servicio en las milicias, validaban el estatus de vasallo.[32] En 1714, Felipe V señaló de manera inequívoca que entre "mis vasallos" estaban los negros y mulatos que servían en las milicias de Cuba, dada "la entera satisfacción que siempre han mostrado en mi real servicio".[33] Sin embargo, los funcionarios reales también reconocían la jerarquía: como comentó uno de ellos, había "diferentes castas de vasallos de color".[34]

Sin duda, la cronología del vasallaje requiere más investigación. Adrian Masters ha sugerido que ya en el siglo XVI había "una amplia gama de vasallos de las Indias" peticionando a la Corona.[35] Norah

---

28 *Ibid.*, 200-201.
29 Andrews, 148.
30 *Ibid.*, 142.
31 *Ibid.*, 145.
32 Twinam, 57-58, 106.
33 *Ibid.* 57.
34 *Ibid.*, 58.
35 Masters, 379.

Andrews cita a un funcionario mexicano de finales del siglo XVIII que señaló que las castas pagaban tributo con "las obligaciones asociadas con ser vasallos".[36] Una investigación futura podría trazar un seguimiento a largo plazo de cómo el monarca y los funcionarios reales en España y las Indias definían el vasallaje y su significación, y también cómo los negros, pardos y mulatos en las Indias se autoidentificaban.

En "'They Are Blacks of the Caste of Black Christians': Old Christian Black Blood in the Sixteenth- and Early Seventeenth-Century Iberian Atlantic", Chloe Ireton (2017) ofrece una exploración de cómo la Corona reconoció muy pronto que los africanos occidentales que vivían en España eran vasallos.[37] La investigación de Ireton siguió las "vidas transoceánicas de hombres y mujeres negros libres que obtuvieron licencias de viaje reales para cruzar el Atlántico en el siglo XVI y principios del XVII como cristianos viejos negros".[38] Aprovecharon con éxito el "color de su piel", así como sus "orígenes de África occidental" para argumentar que "eran tan viejos cristianos como cualquier cristiano viejo castellano blanco".[39] Llegaron a la conclusión de que se les debería "conceder el privilegio [...] de viajar a las Indias como vasallos de la Corona" y los funcionarios reales "respetarían [...] su condición de vasallos".[40]

Before Mestizaje: The Frontiers of Race and Caste in Colonial Mexico de Ben Vinson III (2018) complica aún más el ya complejo mundo de las castas y anticipa su transición. La clave fue una dicotomía entre la burocracia y sus "documentos oficiales" que replicaban las "categorías de castas centrales [...] españoles, mestizos pardos mulatos y morenos" y la complejidad que existía en el mundo real.[41] Como señala en su reseña Pablo Miguel Sierra Silva: "Vinson hace bien en resaltar la tensión que a veces provocaba las interacciones de las personas con los censistas, los notarios y las autoridades religiosas. Estos individuos tenían sus propios objetivos al distinguir o conglomerar grupos de personas en categorías específicas".[42]

---

36 Andrews, 165.
37 Ireton, 581.
38 *Ibid.*, 585.
39 *Ibid.*, 607.
40 Ireton 607-609.
41 Vinson, 123.
42 Sierra Silva, 554.

Más bien, Vinson sugiere que ese "pluralismo de castas" representaba "un estado de cosas más natural" en el que un individuo podría experimentar "pertenencias de casta múltiples [...] en serie, simultáneamente o ambas".[43] Como resultado:

> La gente saltaba dentro y fuera de las categorías. Vivían de casta pluralmente [...] Las castas eran contraídas, alisadas, compuestas, expandidas. Los significados variaban regionalmente, localmente, individualmente. La casta, nunca rígida y precisa, ni siquiera desde un primer momento, se aflojó aún más. La movilidad se convirtió en la norma.[44]

Como concluye la reseñadora Susan Deans-Smith: "las jerarquías socio-raciales en la América Latina colonial se caracterizaron más por la flexibilidad y la maleabilidad que por el estatismo y la inmovilidad, variaron ampliamente dentro y entre las regiones a lo largo del imperio español y fueron moldeadas tanto por accidente como por diseño".[45] La investigación de Vinson también anticipó una ulterior transición, ya que sugiere que el castizaje colonial finalmente se transformó en su variante republicana, el mestizaje, a medida que los vasallos reales se transformaban en ciudadanos republicanos.[46]

Una de las conclusiones de *Purchasing* al rastrear los debates en las Cortes de Cádiz que proporcionaron concesiones significativas pero aún limitadas a las castas —admisión al sacerdocio y entrada a la universidad, pero no ciudadanía inmediata— fue que "pardos y los mulatos seguirían otros caminos".[47] La colección editada de Scott Eastman y Natalia Sobrevilla Perea (2015) sobre *The Rise of Constitutional Government in the Iberian Atlantic World: The Impact of the Cádiz Constitution of 1812* presenta la sorprendente variedad de respuestas de las castas en el éxito o el fracaso en la transición del estado de vasallos de un imperio al de ciudadanos de una república.

Tides of Revolution: Information, Insurgencies, and the Crisis of Colonial Rule in Venezuela, de Cristina Soriano (2018), agrega una nueva corriente a esta evolución de vasallo a ciudadano a medida que explora las variadas consecuencias de la búsqueda de educación y alfabetización de pardos y mulatos a finales de la colonia y princi-

---

43 Vinson, 64.
44 *Ibid.*, 292.
45 Dean-Smith, 693.
46 Vinson, 123.
47 Twinam, 387.

pios de la república.⁴⁸ Tales aspiraciones habían sido fundamentales para la creación del blanqueamiento de las gracias al sacar: después de todo, las familias de élite como los Landaeta en Venezuela o los Ayarza en Panamá habían buscado el blanqueamiento precisamente para que la siguiente generación pudiera asistir a la universidad.⁴⁹ Soriano señala que

> En la época de las revoluciones atlánticas, el conocimiento escrito se expandió a grupos sociales como los pardos, los negros libres y los esclavos que antes estaban al margen de la alfabetización. Estos grupos populares habían encontrado formas de aprender las habilidades básicas de lectura, escritura y aritmética, participando en una cultura semianalfabeta […] [hasta] la configuración de comunidades políticas locales.⁵⁰

Un resultado fue la evolución de "innumerables estrategias para difundir y adaptar ideas revolucionarias" que dieron como resultado levantamientos coloniales tardíos (Rebelión de Coro en 1795, conspiración de La Guaira en 1797, revuelta de Maracaibo en 1799).⁵¹ Sin embargo, también hubo otra reverberación: "las autoridades pronto se dieron cuenta de que era esencial evitar el descontento entre la población de color. De este modo, gradualmente comenzaron a hacer concesiones en un esfuerzo por calmar la agitación política que, de otro modo, podría haber llevado a la rebelión y al malestar".⁵² Soriano concluye que "Esta estrategia […] abrió espacios de negociación y contestación que permitieron a los pardos y negros buscar nuevos roles sociales y políticos" al transformarse de vasallos en ciudadanos.

Esta menos obvia respuesta a la transformación de vasallo en ciudadano también aparece en los primeros movimientos de independencia. En *Indian and Slave Royalists in the Age of Revolution: Reform, Revolution, and Royalism in the Northern Andes, 1780-1825*, Marcela Echeverri (2016) explora "un momento notable en la historia de la esclavitud" donde "los representantes del rey español movilizaron esclavos contra los dueños de esclavos, y los esclavos se aliaron con la Corona y la defendieron".⁵³ Esta situación fue posible porque "A

---

48 Véase también Cromwell para una revisión de los antecedentes.
49 Twinam, 207, 251.
50 Soriano, 259
51 *Ibid.*, 24.
52 Soriano 264.
53 Echeverri, 1-2.

diferencia de sus amos, que habían dejado de servir a la Corona española, los esclavos preferían seguir siendo vasallos del rey y gozar de la libertad y derechos que tenían los demás vasallos".[54] Al mismo tiempo, "los descendientes de los indígenas [...] defendieron su condición de vasallos tributarios de la Corona española".[55] Echeverri concluye: "En esta coyuntura sin precedentes, las personas que habían sido objeto del gobierno imperial se convirtieron en sus defensores".

Otros historiadores también han buscado explicar el proceso del paso de vasallo a ciudadano en la presencia, pero también en la ausencia de pardos y mulatos en el discurso público en la Argentina de finales de la colonia y principios de la república. Alex Borucki, en *From Shipmates to Soldiers: Emerging Black Identities in the Río de la Plata* (2015), ha estudiado la aparición y el desarrollo de las redes africanas desde la llegada de los barcos de esclavos hasta la participación en las milicias hasta mediados del siglo XIX. En contraste con la presencia africana, Erika Denise Edwards (2020) busca su desaparición. En *Hiding in Plain Sight: Black Women, the Law, and the Making of a White Argentina Republic*, sigue el "ascenso de los afrodescendientes a la blancura, tanto como una serie de decisiones tomadas conscientemente por ellos mismos como en un proyecto institucionalizado construido por las autoridades gobernantes y eclesiásticas".[56] Concluye que este proceso, al igual que el blanqueamiento por las gracias al sacar, "los convirtió en protagonistas de su propio borramiento".[57]

Magdalena Candioti (2017), en "Ciudadanos negros en el río de la plata. Repensar la inclusión política de los emancipados entre la Revolución y la Constitución", también señala que "En ese discurso, la presencia negra fue relegada a pintorescas anécdotas fechadas en tiempos coloniales y revolucionarios (sobre esclavas vendedoras ambulantes, y abnegados soldados negros de la patria) para ser luego decretada desaparecida, por muerte violenta, enfermedad o fusión democrática".[58] Esta autora explora el desarrollo de una política de "tradición de no distinguir por su raza o color a los ciudadanos" desde la independencia hasta la Constitución de 1853.[59] Concluye que

---

54 *Ibid.*, 1.
55 *Ibid.*, 2.
56 Edwards, 2.
57 *Ibid.*, 115.
58 Candioti, 184.
59 *Ibid.*, 204.

Si en el plano jurídico-político la eliminación de diferencias de clase, casta, calidad y raza de los ciudadanos podía suponer una afirmación igualitaria, en el plano social y cultural esta no podía borrar ni cambiar otra arraigada tradición, la de otrerizar, subalternizar y discriminar a la población de color.

Como también concluye George Reid Andrews (2016) en su estudio *Afro-Latin America: Black Lives 1600-2000*, incluso cuando los pardos y mulatos se convirtieron en ciudadanos, no se abolió la discriminación. Más bien, la misma produjo otra invisibilidad que enmascaró la desigualdad, con un "silenciamiento de lo subalterno" marcado por la desaparición de los afrolatinoamericanos de los registros oficiales.[60]

Por supuesto, había otra opción: la ausencia de cualquier transición de vasallo a ciudadano. Tanto Elena A Schneider, en *The Occupation of Havana: War, Trade, and Slavery in the Atlantic World* (2018), como Michele Reid-Vazquez en *The Year of the Lash: Free People of Color in Cuba and the Nineteenth-Century Atlantic World* (2011) trazan las historias posteriores a la independencia de Hispanoamérica de los negros pardos y mulatos en uno de los territorios coloniales que aún quedaron unidos a España. Ambos historiadores llegan a la conclusión final que coincide con la de Schneider: por varias razones, los negros finalmente fueron "borrados de la narrativa".[61]

Sin embargo —como señalo en *Purchasing*— a mediados del siglo XVIII los pardos y mulatos cubanos buscaban y a veces obtenían movilidades significativas. Después de todo, los cirujanos negros y pardos cubanos habían dado uno de los primeros pasos hacia el eventual blanqueamiento cuando la Corona eliminó su "defecto", otorgando exenciones a la práctica de tal actividad.[62] Si bien las milicias pardas de Cuba sufrieron discriminación, también lograron movilidad. Como señala Michelle Reid-Vazquez: "Los cambios en la política imperial, que permitieron a los hombres libres de color y sus familias acceder a beneficios militares, estimularon efectivamente el crecimiento económico negro y la movilidad social ascendente en estas regiones, particularmente en Cuba".[63]

---

60 Andrews, 20.
61 Schneider, 316.
62 Twinam, 152-156.
63 Reid-Vazquez, 4-5.

Esas milicias también estaban en el centro de la interpretación revisionista de Schneider de la captura británica de La Habana en 1762, destacando, especialmente en comparación con las élites blancas, cómo "los negros libres y esclavizados habían desempeñado un papel fundamental en los eventos del asedio". Ellos formaban dos tercios de los defensores de la ciudad.[64] Sin embargo, como relata Reid-Vazquez, en *Year of the Lash*, el levantamiento de La Escalera de 1844 contra la esclavitud y la subsiguiente represión significaron que "los libres de color sufrirían un golpe casi irreversible en su estabilidad económica, posición militar y estatus social. Los anteriores patrones de acomodación se desvanecieron a medida que se afianzaba la era post-Escalera".[65] Es notable cómo estas investigaciones han expuesto la complejidad de la transferencia o la ausencia de esas transferencias de esclavo a persona libre, de vasallo a ciudadano, un tema que vale la pena seguir explorando.

Conclusión

Una nota final. Quienes estén interesados en dos grupos especiales que ocuparon un lugar destacado en *Purchasing*, los notarios panameños y los médicos limeños, pueden consultar el artículo de Silvia Espelt-Bombín sobre "Notaries of Color in Colonial Panama", mientras que José R. Jouve Martín ha investigado *The Black Doctors of Colonial Lima: Science, Race, and Writing in Colonial and Early Republican Peru*, que incluye muchos datos sobre la fascinante vida de José Manuel Valdés. Sin duda, seguirá apareciendo más información sobre las personas que pueblan las páginas de *Purchasing* y agregará profundidad y matices al análisis posterior.

Solo otro ejemplo: cuando comencé a escribir este anexo, un estudiante de posgrado me envió información nueva sobre José Ponciano de Ayarza, sin duda una de las personalidades más importantes en *Purchasing*.[66] Recuérdese que luego de obtener la blancura y su título de abogado, residió en Lima, donde fue elegido miembro de la primera corte suprema del Perú, aunque en años posteriores regresó a Pana-

---

64 Schneider, 223, 123.
65 Reid-Vazquez, 5.
66 Agradezco a Alexander Chaparro-Silva la información sobre este documento.

má.[67] Una visión intrigante de su interludio peruano surge en el periódico *Mercurio Peruano* en 1832.[68] Cuestionó un aviso anterior en el periódico que lo ubicaba "en la clase de los ciudadanos extranjeros americanos, no inscritos en el registro nacional". Si bien José Ponciano admitió que "lo primero es efectivo, como colombiano", impugnó la nota de que no estaba "inscrito en el registro nacional" peruano, asegurando que "ha padecido equivocación el articulista".

Parece notable que José Ponciano hiciera todo lo posible para proporcionar esta prueba y publicarla en el principal periódico de Lima. Tal publicación ciertamente proporcionó pruebas de sus conexiones en Lima: detalló que si alguien acudía al "secretario de la junta municipal" encontraría su nombre en su archivo en "página 213 num 638" con aviso de que tenía "vecindad en esta capital de más de catorce años". Además, recordó que había ocupado cargos locales: "vocal de la junta de liquidación", que había "concurrido a votar en las elecciones parroquiales", que había ejercido como "juez de comercio" y que "como abogado tuvo el honor de ser del número de los elegidos para el sorteo de que debían componer el tribunal de los siete jueces siendo en el día uno de estos".

¿Por qué José Ponciano publicó esta nota en el *Mercurio Peruano*? Explicó que "no deje ese vacío en sus diversas funciones de ciudadano en ejercicio de sus derechos". ¿Por qué sentiría la necesidad de hacer todo lo posible para publicar estos detalles? ¿Podría proporcionar una visión más profunda de su personalidad, tanto de sus logros como de sus vulnerabilidades? Después de todo, había sido relevado de su "defecto", era graduado universitario, abogado, residente en Lima durante catorce años, había servido en la Corte Suprema de Perú, pero ¿estaba todavía inseguro? ¿Por qué iría a tales extremos para defender su reputación y dejar las cosas claras? ¿O tal vez había otra razón para su acción? Lo que queda claro es que estos rastreos en aquellas generaciones que pasaron de la esclavitud a personas libres, de vasallos a ciudadanos, recuerdan el imperativo de atender sus historias de vida individuales y colectivas mientras buscaban la movilidad tanto para ellos como para las generaciones venideras.

---

67 Twinam, 407-409.
68 *Mercurio Peruano*, n.º 1296, 12 de enero de 1832.

Bibliografía

Andrews, George Reid. *Afro-Latin America: Black Lives 1600-2000*. Cambridge: Harvard University Press, 2016.

Andrews, Norah. "Calidad, Genealogy, and Disputed Free-Colored Tributary Status in New Spain". *The Americas* 73:2 (abril 2016): 139-170.

Arrom, Silvia. "Review of *The Capital of Free Women: Race, Legitimacy, and Liberty in Colonial Mexico*, by Danielle Terrazas Williams". *Harvard Review of Latin America*, 2022, https://revista.drclas.harvard.edu/review-the-capital-of-free-women/.

Borucki, Alex. *From Shipmates to Soldiers: Emerging Black Identities in the Río de la Plata*. Albuquerque: University of New Mexico Press, 2015.

Candioti, Magdalena. "Ciudadanos negros en el río de la plata. Repensar la inclusión política de los emancipados entre la Revolución y la Constitución". *Estudios Sociales: Revista Universitaria Semestral*, vol. 53. 2 (2017): 183-213.

Cope, R. Douglas. "Review of *Urban Slavery in Colonial Mexico: Puebla de los Ángeles, 1531-1706*. By Pablo Miguel Sierra Silva". *The American Historical Review*, vol. 125.2 (2020): 689-690.

Cromwell, Jesse. *The Smuggler's World: Illicit Trade and Atlantic Communities in Eighteenth-Century Venezuela*. Chapel Hill: University of North Carolina Press, 2018.

Deans-Smith, Susan. "Review of *Before Mestizaje: The Frontiers of Race and Caste in Colonial Mexico*, by Ben Vinson III". *The Journal of Interdisciplinary History*, 2019, vol. 49 (4): 693-695.

Eastman, Scott, y Natalia Sobrevilla Perea, eds. *The Rise of Constitutional Government in the Iberian Atlantic World: The Impact of the Cádiz Constitution of 1812*. Tuscaloosa: The University of Alabama Press, 2015.

Echeverri, Marcela. *Indian and Slave Royalists in the Age of Revolution: Reform, Revolution, and Royalism in the Northern Andes, 1780-1825*. New York: Cambridge University Press, 2016.

Edwards, Erika Denise. *Hiding in Plain Sight: Black Women, the Law, and the Making of a White Argentine Republic*. Tuscaloosa: University of Alabama Press, 2020.

Espelt-Bombín, Silvia. "Notaries of Color in Colonial Panama: Limpieza de Sangre, Legislation, and Imperial Practices in the Administration of the Spanish Empire". *The Americas* 71.1 (2014): 37-69.

GHARALA, Norah L. A. *Taxing Blackness: Free Afromexican Tribute in Bourbon New Spain*. Tuscaloosa: University of Alabama Press, 2019.

IRETON, Chloe. "They Are Blacks of the Caste of Black Christians: Old Christian Black Blood in the Sixteenth- and Early Seventeenth-Century Iberian Atlantic". *Hispanic American Historical Review* 97.4 (2017): 579-612, https://doi.org/10.1215/00182168-4214303.

JOUVE MARTÍN, José R. *The Black Doctors of Colonial Lima: Science, Race, and Writing in Colonial and Early Republican Peru*. Montreal: McGill-Queen's University Press, 2014.

MASTERS, Adrian. "A Thousand Invisible Architects: Vassals, the Petition and Response System, and the Creation of Spanish Imperial Caste Legislation". *Hispanic American Historical Review* 98.3 (2018): 377-406, https://doi.org/10.1215/00182168-6933534.

Mercurio Peruano, n.° 1296, 12 de enero de 1832.

MCKINLEY, Michelle A. *Fractional Freedoms: Slavery, Intimacy, and Legal Mobilization in Colonial Lima, 1600-1700*. New York: Cambridge University Press, 2016.

— "Review of *The Enlightenment on Trial: Ordinary Litigants and Colonialism in the Spanish Empire. By Bianca Premo*", *The American Historical Review*, vol. 12.3 (June 2018), 984-985, https://doi.org/10.1093/ahr/123.3.984.

PREMO, Bianca. *The Enlightenment on Trial: Ordinary Litigants and Colonialism in the Spanish Empire*. New York: Oxford University Press, 2017.

REID-VAZQUEZ, Michele. *The Year of the Lash: Free People of Color in Cuba and the Nineteenth-Century Atlantic World*. Athens: University of Georgia Press, 2011.

SCHNEIDER, Elena A. *The Occupation of Havana: War, Trade, and Slavery in the Atlantic World*. Chapel Hill: University of North Carolina Press, 2018.

SCHWALLER, Robert C. *Géneros de Gente in Early Colonial Mexico: Defining Racial Difference*. Norman: University of Oklahoma Press, 2016.

SIERRA SILVA, Pablo Miguel. *Urban Slavery in Colonial Mexico: Puebla de los Ángeles, 1531-1706*. Cambridge: Cambridge University Press, 2018.

— "Review of *Before Mestizaje: The Frontiers of Race and Caste in Colonial Mexico* by Ben Vinson, III", *Hispanic American Historical Review* 99.3 (2019): 553-554, https://doi-org.ezproxy.lib.utexas.edu/10.1215/00182168-7573666.

Soriano, Cristina. *Tides of Revolution: Information, Insurgencies, and the Crisis of Colonial Rule in Venezuela.* Albuquerque: University of New Mexico Press, 2018.

Terrazas Williams, Danielle. *The Capital of Free Women: Race, Legitimacy, and Liberty in Colonial Mexico.* New Haven: Yale University Press, 2022.

Twinam, Ann. *Purchasing Whiteness: Pardos, Mulattos and the Quest for Social Mobility in the Spanish Indies.* Stanford: Stanford University Press, 2015.

Vinson, Ben, III. *Before Mestizaje: The Frontiers of Race and Caste in Colonial Mexico.* New York: Cambridge University Press, 2018.

Anexo B
Referencias de archivo/impresas a casos de blanqueamiento

Caso	Referencia archivo/ impresa	Tipo de dispensa	Veredicto	Origen
Caso 1, Grageda, 1743	*Catálogo*, T. 2, n.º 797, 1743, p. 166 (Matías Pérez Grageda), índice a Cartas y Expedientes	Boticario	D	La Habana Cuba
Caso 2, Salazar, 1758	AGI, Panamá 276, n.º 3, 1767 (Juan Evaristo de Jesús Borbúa), menciona la petición de Bartolomé Salazar 1758	Notario	A	Portobelo Panamá
Caso 3, Flores, 1760	AGI, Santo Domingo 1455, n.º 4, 1760 (Antonio Flores para hijo)	Hijos asisten a universidad / medicina	N	La Habana Cuba
Caso 4, Báez y Llerena, 1760	AGI, Santo Domingo 1455, n.º 10, 1760 (Joseph Francisco Báez y Llerena)	Cirujano	A	La Habana Cuba
Caso 5, Avilés, 1763	AGI, Santo Domingo 1457, n.º 7, 1763 (Miguel Joseph Avilés)	Cirujano	A	La Habana Cuba
Caso 6, Cruz y Mena, 1764	AGI, Santo Domingo 1357, sin n.º, 1764 (Juan de la Cruz y Mena)	Hijos asisten a universidad / medicina	N	Bayamo Cuba

Caso 7, Polo, 1765	Konetzke, T. 3, Doc. 199, 1765; AGI, Panamá 293, n.º 2, 1803 (Pedro Antonio de Ayarza para sí y para sus hijos), menciona a Polo.	Grado de la universidad (Colombia)	A	Cartagena New Granada
Caso 8, Borbúa, 1767	AGI, Panamá 276, n.º 3, 1767 (Juan Evaristo de Jesús Borbúa)	Notario	A	Portobelo Panamá
Caso 9, Báez y Llerena, 1773	AGI, Santo Domingo 1463, n.º 8, 1773 (Manuel Francisco Báez y Llerena)	Blanqueamiento	N, N	La Habana Cuba
Caso 9, Báez y Llerena, 1787	AGI, Santo Domingo 1471, n.º 2, 1787 (Manuel Francisco Báez y Llerena)			
Caso 10, Correoso, 1778	AGI, Panamá 286, n.º 4, 1786 (Luis Joseph de Paz), menciona 1778, petición de Ciriaco Hipólito Correoso	Notario	A	Ciudad de Panamá Panamá
Caso 11, Ramírez, 1783	AGI, Guatemala 411, n.º 8, 1783 (Bernardo Ramírez)	Blanqueamiento	N	Ciudad de Guatemala 1783 Guatemala
Caso 12, Homboni, 1785	AGI, Panamá 286, n.º 4, 1786 (Luis Joseph de Paz), menciona petición de Francisco Homboni de 1785	Notario	A	Portobelo Panamá
Caso 13, Paz, 1786	AGI, Panamá 286, n.º 4, 1786 (Luis Joseph de Paz)	Notario	A	Portobelo Panamá
Caso 14, Landaeta, 1798 (Venezuela)	RC, Doc. 10, 1798 (Juan Gabriel Landaeta	Blanqueamiento	A	Caracas New Granada
Caso 14, Landaeta, 1804	RC, Doc. 26, 1804 (Diego Mexías Bejarano, Antonio José Landaeta)			
Caso 15, Almeyda, 1792	AGI, Caracas 319, n.º 69, 1792 (Doña Ana Dalmasia, Doña Juliana María Almeyda). (Venezuela)	Blanqueamiento	SF	Caracas New Granada
Caso 16, Briceño, 1794	AGI, Caracas 334, n.º 61, 1794 (don Joseph Briceño para Petronila Antonia de la Parra Briceño e hijos). (Venezuela)	Blanqueamiento	A	Maracaibo New Granada

ANEXO B

Caso 17, Tamayo, 1795	AGI, Guatemala 676, n.º 7, 1795 (Joseph Gil Tamayo)	Notario	D	Guatemala
Caso 18, Lucian, 1795	Konetzke, T. 3, Doc. 342, 1795	Oficina	A	San Salvador El Salvador
Caso 19, Mexías Bejarano, (Venezuela) 1789-1801	RC, Doc. 5 1789-1801 (Diego Mexías Bejarano)	Blanqueamiento	A	Caracas New Granada
Caso 19, Mexías Bejarano, RC, 1796	RC, Doc. 12 (Diego Mexías Bejarano			
Caso 19, Mexías Bejarano, AGI, 1796	AGI, Caracas 4, sin n.º 12 de julio de 1796 (Diego Mexías Bejarano)			
Caso 19, Mexías Bejarano, 1804	RC, Doc. 26, 1804 (Diego Mexías Bejarano, Antonio José Landaeta)			
Caso 19 Mexías Bejarano, 1805	RC, Doc. 25, 1805 (Diego Mexías Bejarano)			
Caso 20, Valenzuela, 1796	AGI, Santa Fe, n. 12, 1798 (Julián y Joseph Antonio Valenzuela). (Colombia)	Blanqueamiento	A	Antioquia New Granada
Caso 21, Rodríguez, AGI, 1796	AGI, Caracas 4, sin n.º, 26 de noviembre de 1796 (Ángela Inés Rodríguez)	Blanqueamiento	A	Puerto España Trinidad
Caso 21, Rodríguez, RC, 1796	RC, Doc. 15, 1796 (Ángela Inés Rodríguez)			
Caso 22, Ayarza, 1797	AGI, Panamá 293, n.º 2, 1803 (Pedro Antonio de Ayarza)	Blanqueamiento	A, N N, N	Portobelo Panamá
Caso 22, Ayarza, 1803	AGI, Caracas 4, sin n.º, 16 marzo 1797 (Pedro Antonio de Ayarza)			
Caso 23, Cowley, 1797	AGI, Santo Domingo 1493, n.º 56, 1797 (Joseph María Cowley)	Blanqueamiento	A	La Habana Cuba
Caso 24, Olmedo, 1797 (Argentina)	AGI, Buenos Aires 282, n. 24, 1797 (Pedro de Olmedo)	Blanqueamiento	N	Córdoba Río de la Plata
Caso 25, Gutiérrez, 1798	AGI, Panamá 291, sin n.º, 1798 (Manuel Antonio Gutiérrez)	Legitimación y blanqueamiento	A, N	Portobelo Panamá

Caso 26, Yáñez, AGI, 1800	AGI, Caracas 378, n. 47, 1800 (Nicolás Francisco Yañes para María Nicolasa Garcés Yañes e hijos). (Venezuela)	Don	A	Coro New Granada
Caso 26, Yañes, RC, 1800	RC, Doc. 20, 1800			
Caso 27, Valdés, 1802	AGI, Lima 982, 1802 (José Manuel Valdés)	Blanqueamiento	A	Lima, Perú
Caso 28, Arévalo, 1802 (Colombia)	AGI, Caracas 4, sin n.°, 27 de diciembre de 1802	Blanqueamiento	A	Caracas, Nueva Granada
Caso 28, Arévalo, 1802-1803	RC, Doc. 23, 1802-1803 (Domingo Arévalo)			
Caso 29, Borbúa, 1803	AGI, Panamá 293, n.° 3, 1803 (Matías Joseph Borbúa)	Blanqueamiento	N	Ciudad de Panamá Panamá
Caso 30, Gallegos, 1806 (Colombia)	AGI, Caracas 404, 13 de septiembre de 1806 (Blas Gallegos)	Blanqueamiento	N	Caracas Nueva Granada
Caso 31, Ximénez, 1806. (Venezuela)	AGI, Caracas 404, 12 de septiembre de 1806 (Juan Joseph Ximénez)	Blanqueamiento	N	Caracas Nueva Granada
Caso 31, Ximénez, RC, 1806	RC, Doc. 28, 1806			
Caso 32, Aristimuño, AGI, 1806 (Venezuela)	AGI, Caracas 395, sin n.°, 1806	Blanqueamiento	SF	Cumaná Nueva Granada
Case 32, Aristimuño, RC, 1806	RC, Doc. 29, 1806 (Juan Martín de Aristimuño para esposa e hijos)			
Caso 33, Cruz Márquez, AGI, 1806. (Venezuela)	AGI, Caracas 395, n.° 5, 1806	Blanqueamiento	SF	Cumaná Nueva Granada
Caso 33, Cruz Márquez, RC, 1806	RC, Doc. 32, 1806 (Francisco de la Cruz Márquez para la familia)			
Caso 34, Figueroa, 1808	AGI, Guatemala 743, sin n.°, 1808, menciona a Juan Antonio de Figueroa	Hijos asistan a la universidad	SF	Tegucigalpa Honduras
Caso 35, Sandoval, 1808	AGI, Guatemala 743, sin n.°, 1808, menciona a Francisca Gertrudis de Sandoval	Blanqueamiento	SF	Nandaime Nicaragua

Caso 36, Gallegos, 1808 (Venezuela)	AGI, Guatemala 743, sin n.º, 1808, menciona a Joseph María Gallegos	Blanqueamiento	SF	Caracas Nueva Granada
Caso 37, Salas, 1808	AGI, Guatemala 743, sin n.º, 1808, menciona a José Salas	Notario	SF	La Habana Cuba
Caso 38, Caballero Carranza, (México) 1808	AGI, México 1909, sin n.º, 1808 (Manuel Caballero Carranza)	Blanqueamiento	SF	Puebla Nueva España
Caso 39, Fernández, 1808	AGC, SA1, L 49, E 1219, 1808 (Francisco Fernández)	Boticario	A	Antigua Guatemala
Case 39, Fernández, 1811	AGC, SSSA, L 1886, E 12291, 1811 (Francisco Fernández)			
Caso 40, Rodríguez, 1816 (Venezuela)	AGI, Caracas 4, sin n.º, 22 de marzo de 1816 (Juana Josepha Rodríguez)	Blanqueamiento	A	Puerto Cabello Nueva Granada

NOTA: Para agilizar las citas, las cuarenta peticiones parciales o totales de blanqueamiento aparecen en orden cronológico, con número de caso, nombre y fecha. Si hay más de una referencia, el caso cita también otras fechas. Si las fechas son iguales, la referencia cita adicionalmente las fuentes, bien sea el Archivo General de Indias (AGI), Rodulfo Cortés (RC) o Konetzke. Estas abreviaciones se aplican únicamente a los cuarenta casos; otras referencias de archivo aparecen en su forma habitual. Mientras que unos pocos de estos casos aparecen también en Konetzke, este rara vez reproduce el expediente completo; por lo tanto, las referencias de archivo ofrecen la mejor información.

Los números para el blanqueamiento cuentan los casos de las peticiones "precursoras" para blanqueamiento ocupacional y para el blanqueamiento completo antes de 1795, así como después de la publicación del arancel. Aunque la mayor parte de los casos (veintinueve) deriva del proceso descrito utilizando los índices de Cartas y Expedientes, otras peticiones que satisfacen los criterios, en las que pardos o mulatos solicitaron la blancura parcial o total, contaron también. Esto incluye dos documentos publicados en Konetzke (vol. 3, Doc. 199, 1765, Polo; T. 3, Doc. 342, 1795, Lucian); los documentos de Rodulfo Cortés para Landaeta; tres menciones de pardos que recibieron dispensas como ejemplos en otros casos (Case 13, Paz, 1786, Homboni, Correoso; Case 8, Borbúa, 1767, Salazar); la adición de cuatro casos en la consulta de 1808 (AGI, Guatemala 743, sin n.º, 1808, Figueroa, Sandoval, Gallegos, Salas; agradezco a Laura Matthew este documento); y uno proveniente de un archivo guatemalteco (AGC, SSSA, L 1886, E 12291, 1811, Fernández; agradezco a Mauricio Pajon este documento). Aun cuando parece muy posible que haya otras peticiones que no se encuentran en Cartas y Expedientes, dada la novedad del proceso y la dispersión de los documentos ocasionada por las guerras, es probable que la mayor parte de ellos siguiera este camino burocrático. El número de personas incluidas en cada caso varió de una sola a diecisiete.

A (aprobada), N (negada), D (desconocido), SF (sin fallo), O (ambigua).

Anexo C
Fechas de servicio, vacantes y experiencia de los fiscales para Perú y Nueva España

Nombre	Período	Vacante	Días vacante	Experiencia de Indias
PERÚ				
Juan Cavallero y Soto	3/9/1717 a 7/11/1720	7/12/1720 a 10/7/1720	88	No
Juan de Valcárcel y Forment	10/8/1720 a 4/21/1721	4/22/1721 a 7/10/1721	80	No
Pedro de Afán de Rivera	7/11/1721 a 7/27/1723	7/28/1723 a 9/22/1723	148	No
José de Laysequilla y Palacios y Aguilar	9/23/1723 a 2/8/1738	Ninguna	Ninguno	Santo Domingo, Quito, Santa Fe
Prudencio Antonio de Palacios	2/2/1738 a 3/3/1744	3/4/1744 a 3/27/1744	24	Santo Domingo, Guadalajara
José Manuel de Rojas	3/28/1744 a 11/22/1748	11/23/1748 a 2/1/1749	71	No
Manuel Pablo de Salcedo	2/2/1749 a 2/4/1764	Ninguna	Ninguno	No
Manuel Patiño	2/4/1764 a 6/1/1767	6/2/1767 a 6/15/1767	14	No
Pedro Gonzáles de Mena y Villegas	6/16/1767 a 5/10/1772	5/11/1772 a 8/25/1772	107	No
Pedro de Piña y Mazo	8/26/1772 a 5/21/1777	5/21/1777 a 6/14/1778	389	No

José de Cistué y Coll	6/15/1778 a 9/25/1802	9/26/1802 a 2/9/1808	1963		Guatemala, México
Ambrosio Cerdán y Pontero	Murió en camino				Chile, Lima, Guatemala
José Lucas de Gorvea y Vadillo	2/10/1808 a 10/18/1809				Chile, Lima, Buenos Aires

Nombre	Fecha Fiscal	Vacante	Días vacante	Experiencia de Indias
NUEVA ESPAÑA				
Antonio Jacinto Valcárcel y Formento	8/5/1715 a 2/8/1718	No	Ninguno	No
Tomás de Sola y Soto	1/27/1718 a 3/28/1726	No	Ninguno	No
Manuel Martínez Carval	3/28/1726 a 2/27/1738	No	Ninguno	No
José Borrull y Ramón	3/26/1738 a 11/29/1750	2/28/1738 a 3/26/1738	26	No
Tomás de Maldonado Sánchez Romero	3/22/1752 a 12/18/1760	11/30/1750 a 3/22/1752	479	No
Luis Francisco Mosquera	7/19/1761 a 2/3/1765	12/19/1760 a 7/19/1761	212	No
Bernardo Cavallero y Tineo	2/14/1765 a 8/23/1766	2/4/1765 a 2/14/1765	10	No
Manuel Miguel Lanz de Casafonda	8/23/1766 a 7/29/1773	No	Ninguno	No
Antonio de Porlier	9/9/1775 a 7/8/1787	7/30/1773 a 9/9/1775	771	Charcas, Lima
Ramón Rivera y Peña	10/4/1787 a 7/13/1789	7/9/1787 a 10/4/1787	87	Charcas, Lima
Juan Antonio Uruñuela Aransay	2/5/1791 a 4/7/1793	7/14/1789 a 2/5/1791	571	Manila, México, Guatemala
Ramón de Posada y Soto	10/26/1794 a 2/9/1803	4/8/1793 a 10/26/1794	567	Guatemala, México
Lorenzo Serapio Hernández de Alva Alonso	9/5/1803 a 5/20/1806	2/10/1803 a 9/5/1803	207	Santo Domingo, México
Manuel del Castillo y Negrete	2/10/1803 a 3/22/1810	5/21/1806 a 3/22/1810	1401	Manila, México, Guadalajara, Guatemala

Fuentes: Para Perú, Burkholder, *Biographical*, 25-26, 129-130, 2-3, 68-69, 91-92, 108, 114-115, 92, 51, 89, 29-30, 28-29, 51-52. Para México, Burkholder, *Biographical*, 130, 118, 77, 18, 75, 83-84, 26, 67, 97-98, 107-108, 126-127, 100-102, 55-56, 23-25.

Nota: Los períodos calculados se inician con la fecha en la que los fiscales asumieron el cargo, no a aquella en que recibieron el nombramiento.

Abreviaturas de las fuentes mencionadas con frecuencia	
AGCA	Archivo General de Centro América (Ciudad de Guatemala, Guatemala). Agradezco a Mauricio Pajon por estas referencias.
AGI	Archivo General de Indias (Sevilla, España)
AGN-Bogotá	Archivo General de la Nación (Bogotá, Colombia). Agradezco a Sergio Paolo Solano por estas referencias.
AGN-Caracas	Archivo General de la Nación (Caracas, Venezuela)
AGN-Registro	Archivo General de la Nación-Registro General del Sello (Caracas, Venezuela)
AGS	Archivo General de Simancas (Simancas, España). Agradezco a Sergio Paolo Solano por estas referencias.
AHN-Ayala	Archivo Histórico Nacional (Madrid, España), *Cedulario de Ayala*
AHN-Madrid	Archivo Histórico Nacional (Madrid, España)
ARCV	Archivo de la Real Cancillería de Valladolid (Valladolid, España). Agradezco a Sergio Paolo Solano por estas referencias.
BN	Biblioteca Nacional (Madrid, España)
DBPE	*Diccionario Biográfico de Parlamentarios Españoles: Cortes de Cádiz, 1810-1814.* 3 vols. Madrid: Cortes Generales, 2010
DDAC	*Diario de las discusiones y actas de las Cortes.* Cádiz: Imprenta Real, 1811-1812 (en adelante volumen, mes, fecha, año referencia a página)
HAHR	*Hispanic American Historical Review*
Konetzke	Konetzke, Richard. *Colección de documentos para la historia de la formación social de Hispanoamérica, 1493-1810.* 5 vols. Consejo Superior de Investigaciones Científicas, 1953. (en adelante tomo [T.], número de documento [Doc.] y año)
RAH	Real Academia de Historia (Madrid, España)
RAH-ML	Real Academia de Historia (Madrid, España): Colección Mata Linares
RC	RC Rodulfo Cortes, Santos. *El régimen de las gracias del sacar en Venezuela durante el periodo hispánico.* 2 vols. Caracas: Academia Nacional de la Historia, 1978. (A menos que se indique como "1", la referencia es al vol. 2, que es la colección de documentos.)
Recopilación	*Recopilación de leyes de los reinos de las Indias, imprimir y publicar por la Magestad católica del Rey Don Carlos II, nuestro señor.* 4 vols. Madrid: Boix, 1841
SP	*Siete Partidas del rey don Alfonso el Sabio,* https://7partidas.hypotheses.org/8032.

Bibliografía

Actas de las Sesiones Secretas de las Cortes Generales Extraordinarias de la Nación Española que se instalaron en la Isla de León el día 24 de setiembre de 1810 y cerraron sus sesiones en Cádiz el 14 de igual mes de 1813; de las celebradas por la Diputación Permanente de Cortes, instalada en la propia ciudad el día 9 de dicho mes, y de las Secretas de las Cortes Ordinarias, que se instalaron en la misma ciudad el 25 del propio mes, y, trasladadas a Madrid, fueron disueltas en su segunda legislatura el 10 de mayo de 1814. Madrid: J. Antonio García, 1874.

Actas del Cabildo de Ponce, Puerto Rico, 1812-1823. Ponce: Gobierno Municipal Autónomo de Ponce, 1993.

Actas del Cabildo de San Juan Bautista de Puerto Rico. San Juan: Publicación Oficial del Gobierno de la Capital, 1977.

ADES, Dawn. *Art in Latin America: The Modern Era, 1820-1980.* New Haven: Yale University Press, 1989.

AGUIRRE, Severo. *Prontuario alfabético y cronológico por orden de materias de las instrucciones, [...] que han de observarse para la administración de justicia y gobierno en los pueblos del reyno.* Madrid: Imprenta Real, 1799.

AGUIRRE BELTRÁN, Gonzalo. *La población negra de México, 1519-1810. Estudio etno-histórico.* Ciudad de México: Fuente Cultural, 1946.

Alberro, Solange y Pilar GONZALBO AIZPURU, eds. *La sociedad novohispana. Estereotipos y realidades.* Ciudad de México: El Colegio de México, 2013.

ALFONSO X, EL SABIO; Alfonso DÍAZ DE MONTALVO. *El fuero real de España.* Madrid: Pantaleón Aznar, 1781.

ALLEN, Theodore W. *The Invention of the White Race: The Origin of Racial Oppression in Anglo-America.* London: Verso, 1997.

ALTEZ, Rogelio. "New Interpretations of the Social and Material Impacts of the 1812 Earthquake in Caracas, Venezuela". En *Ancient Earthquakes*, editado por Manuel Sintubin, 47-59. Boulder: Geological Society of America, 2010.

ÁLVAREZ-COCA GONZÁLEZ, María Jesús. *La Cámara de Castilla. Inventario de los libros de la Secretaría de Gracia y Justicia que se conservan en el Archivo Histórico Nacional*. Madrid: Dirección de Archivos Estatales, 1993.

ANDERSON, Rodney D. "Race and Social Stratification: A Comparison of Working-Class Spaniards, Indians, and Castas in Guadalajara, Mexico in 1821". *HAHR* 68, n.º 2 (mayo 1988): 209-243.

ANDREU, Andrés y María Josefa REYES BUSTAMANTE. *Estado actual de la causa promovida por Doña María Josefa Reyes de Bustamante: Para que se declaren nulas las ventas de sus casas, que ejecutó el gobierno de 829*. Ciudad de Guatemala: Imprenta de La Paz, 1847.

ANDREWS, George Reid. "The Afro-Argentine Officers of Buenos Aires Province, 1800-1860". *Journal of Negro History* 64, n.º 2 (abril 1979): 85-100.

ANDRIEN, Kenneth J. *The Human Tradition in Colonial Latin America*. Lanham: Rowman & Littlefield, 2002.

ANNA, Timothy E. "Spain and the Breakdown of the Imperial Ethos: The Problem of Equality". *HAHR* 62, n.º 2 (mayo 1982): 254-272.

ANSALDO, Umberto, Stephen MATTHEWS y Lisa LIM. *Deconstructing Creole*. Philadelphia: John Benjamins, 2007.

APPIAH, Anthony y Henry Louis GATES. *Africana: The Encyclopedia of the African and African American Experience*. New York: Basic Civitas Books, 1999.

ARCHER, Christon I. "Pardos, Indians, and the Army of New Spain: Inter-Relationships and Conflicts, 1780-1810". *Journal of Latin American Studies* 6, n.º 2 (1974): 231-255.

— *The Army in Bourbon México, 1760-1810*. Albuquerque: University of New Mexico Press, 1977.

ARELLANO, Fernando. *El arte hispanoamericano*. Caracas: Universidad Católica Andrés Bello, 1988.

ARQUIDIÓCESIS DE CARACAS, http://www.arquidiocesiscaracas.com/fundacion.php.

ASOCIACIÓN PARA EL FOMENTO DE LOS ESTUDIOS HISTÓRICOS EN CENTROAMÉRICA. "Relación de las fiestas celebradas por la muy noble y muy leal ciudad de Panamá en la proclamación del Rey Nuestro

Señor Don Carlos, Cuarto", 1790, https://www.afehc-historia-centroamericana.org/index_action_fi_aff_id_2284.html.

AUBERT, Guillaume. "Colonial Mésalliances: The Metropolitan Roots of Racial Prejudicein the French Americas". WP 00001, *paper* presentado en el International Seminar on the History of the Atlantic World, 1500-1825, Harvard University, 2000.

— "'The Blood of France': Race and Purity of Blood in the French Atlantic World". *William and Mary Quarterly* 61, n.º 3 (julio 2004): 439-478.

AURELIANO, Chanchica G. et al. *Antología documental. Historia de las ideas pedagógicas en Venezuela*. Caracas: Universidad Central de Venezuela, 1997.

"Autos originales de la sumaria y pesquisa secreta ordenada en la visita realizada por el Gobernador de Panamá, Don Ramón de Carvajal y Castelet, en compañía del Notario Ciriaco Hipólito Correoso, Escribano de su Majestad en la población de San Juan Bautista de Penonomé (1784)". *Suplemento Épocas* 10 (octubre 1996).

BAILEY, Stanley. *Legacies of Race: Identities, Attitudes, and Politics in Brazil*. Stanford: Stanford University Press, 2009.

BANKOFF, Greg. *Crime, Society, and the State in the Nineteenth-Century Philippines*. Quezon City: Ateneo de Manila University Press, 1996.

BARRAS, Colin. "Gene Study Shows Human Skin Tone Has Varied for 900,000 Years," https://www.newscientist.com/article/2150253-gene-study-shows-human-skin-tone-has-varied-for-900000-years/.

BARRENECHEA, Raúl Porras. *Cedulario del Perú, siglos XVI, XVII y XVIII*. Lima: Departamento de Relaciones Culturales-Ministerio de Relaciones Exteriores, 1944.

BARSH, G. S. "What Controls Variation in Human Skin Color?". *PLoS Biol* 1, n.º 1 (2003): e27.

BEEZLEY, William H., y Colin M. MACLACHLAN, eds. *Latin America: The Peoples and Their History*. Fort Worth: Harcourt Brace, 1999.

BELLO, Andrés. *Calendario manual y guía universal de forasteros en Venezuela para el año 1810*. Caracas: Academia Nacional de la Historia, 1959.

BENNETT, Herman Lee. *Africans in Colonial Mexico*. Bloomington: Indiana University Press, 2005.

— *Colonial Blackness: A History of Afro-Mexico*. Bloomington: Indiana University Press, 2009.

BERLIN, Ira. *Many Thousands Gone: The First Two Centuries of Slavery in North America*. Cambridge: Harvard University Press, 1998.

BERMEJO CABRERO, José Luis. *Poder político y administración de justicia en la España de los Austrias*. Madrid: Ministerio de Justicia, 2005.

BETHELL, Leslie, ed. *The Cambridge History of Latin America*, vols. 1-3. Cambridge: Cambridge University Press, 1984, 1985.

BIELLO, David W. "Researchers Identify Human Skin Color Gene". *Scientific American* (diciembre 2005).

BLANCO, José Félix, y Ramón AZUPURÚ, eds. *Documentos para la historia de la vida pública del libertador de Colombia, Perú y Bolivia*. Caracas: Imprenta de "La Opinión Nacional", 1875.

BLANCO-FOMBONA, Rufino. *Ensayos históricos*. Caracas: Fundación Biblioteca Ayacucho, 1981.

BLANCO-FOMBONA, Rufino, y Edgar GABALDÓN MÁRQUEZ, eds. *Obras selectas. Selección, prologo y estudio bibliográfico*. Madrid: EDIME, 1958.

Boletín de la Academia Nacional de la Historia. Caracas: Academia Nacional de la Historia, 1988.

BOOKER, Jackie R. "Needed but Unwanted: Black Militiamen in Veracruz, Mexico, 1760–1810". *The Historian* 55, n.° 2 (diciembre 1993): 259-276.

— *Veracruz Merchants, 1770-1829*. Boulder: Westview Press, 1993.

BORAH, Woodrow Wilson, Jorge Enrique HARDOY, y Gilbert Arthur STELTER, eds. *Urbanization in the Americas: The Background in Comparative Perspective: Proceedings of Section VII, The Process of Urbanization, International Congress of Americanists, Vancouver, August 11-17, 1979*. Ottawa: History Division, National Museum of Man, 1980.

BOWSER, Frederick P. "The African in Colonial Spanish America: Reflections on Research Achievements and Priorities". *Latin American Research Review* 7, n.° 1 (primavera 1972): 77-94.

— *The African Slave in Colonial Peru, 1524-1650*. Stanford: Stanford University Press, 1974.

— "Colonial Spanish America". En *Neither Slave nor Free: The Freedmen of African Descent in the Slave Societies of the New World*, editado por David W. Cohen y Jack P. Green, 19-58. Baltimore: Johns Hopkins University Press, 1974.

BOYER, Richard. "Negotiating Calidad: The Everyday Struggle for Status in Mexico". *Historical Archaeology* 31, n.° 1 (1997): 64-72.

BRADING, D. A. "Bourbon Spain and Its American Empire". En *The*

Cambridge History of Latin America, editado por Leslie Bethell, 1: 112-162. Cambridge: Cambridge University Press, 1984.

BRANCHE, Jerome. *Colonialism and Race in Luso-Hispanic Literature*. Columbia: University of Missouri Press, 2006.

BROWN, Kendall W. *Bourbons and Brandy*. Albuquerque: University of New Mexico Press, 1986.

BRUBAKER, Rogers, y Frederick COOPER. "Beyond 'Identity'". *Theory and Society* 29, n.º 1 (febrero 2000): 1-47.

BUENAVENTURA BELENA, Eusebio. *Recopilacion sumaria de todos los autos acordados de la Real Audiencia y Sala del crimen de esta Nueva España [...] Y providencias de su superior gobierno: De varias reales cedulas y órdenes*. Ciudad de México: Zúñiga y Antiveros, 1787.

BURDICK, John. "The Myth of Racial Democracy". *NACLA Report on the Americas* 25, n.º 4 (1992): 40-43.

BURKHOLDER, Mark A. "From Creole to Peninsular: The Transformation of the Audiencia of Lima". *HAHR* 52, n.º 3 (agosto 1972): 395-415.

— "The Council of the Indies in the Late Eighteenth Century: A New Perspective". *HAHR* 56, n.º 3 (1976): 404-423.

— *Biographical Dictionary of Councilors of the Indies, 1717-1808*. Westport: Greenwood, 1986.

— "Life without Empire: Audiencia Ministers after Independence". *HAHR* 91, n.º 2 (mayo 2011): 271-298.

BURKHOLDER, Mark A., y Lyman L. JOHNSON. *Colonial Latin America*. New York: Oxford University Press, 1994.

BURNS, Kathryn. "Unfixing Race". En *Rereading the Black Legend: The Discourses of Religious and Racial Difference in the Renaissances Empires*, editado por Margaret Greer, Walter Mignolo, y Maureen Quilligan, 188-201. Chicago: University of Chicago Press, 2007.

BURNS, Kathryn. *Into the Archive: Writing and Power in Colonial Peru*. Durham: Duke University Press, 2010.

BYFIELD, Judith Ann-Marie, LaRay DENZER, y Anthea MORRISON. *Gendering the African Diaspora: Women, Culture, and Historical Change in the Caribbean and Nigerian Hinterland*. Bloomington: Indiana University Press, 2010.

CÁCERES GOMES, Rina. *Del olvido a la memoria. Africanos y afromestizos en la historia colonial de Centroamérica*. San José: UNESCO, 2008.

CADENA, Felipe. *Breve descripción de la noble ciudad de Santiago de los Caballeros de Guatemala y puntual noticia de su lamentable ruina ocasionada de un violento terremoto el día veintinueve de julio de 1773*. Ciudad de Guatemala: Imprenta de Luna, 1858.

CADENA, Marisol de la. "Are 'Mestizos' Hybrids? The Conceptual Politics of Andean Identities". *Journal of Latin American Studies* 37, n.° 2 (1 de mayo, 2005): 259-284.

CAHILL, David. "Colour by Numbers: Racial and Ethnic Categories in the Viceroyalty of Peru, 1532-1824". *Journal of Latin American Studies* 26, n.° 2 (mayo 1994): 325-346.

Calendario y guía de forasteros de la Republica Peruana para el año de 1841. Lima: Imprenta del Instrucción Primaria, 1840.

CAMACHO, Cristián. "La corrupción administrativa como efecto de la conducta no recíproca de la monarquía española durante la colonia en Venezuela" (julio 2012), http://dialnet.unirioja.es/servlet/oaiart?codigo=1251465.

CAMPBELL, León G. "Black Power in Colonial Peru: The 1779 Tax Rebellion of Lambayeque". *Phylon* 33, n.° 2 (1972): 140-152.

— *The Military and Society in Colonial Peru, 1750-1810*. Philadelphia: American Philosophical Society, 1978.

CAÑEDO, Lino G. "Emigrados de Venezuela en St. Thomas". En *El movimiento emancipador de Hispanoamérica*, 1: 361-369. Caracas: Monte Ávila Editores, 1961.

CAÑEQUE, Alejandro. *The King's Living Image: The Culture and Politics of Viceregal Power in Colonial Mexico*. New York: Taylor & Francis, 2004.

CANNY, Nicholas, and Anthony PAGDEN, eds. *Colonial Identity in the Atlantic World, 1500-1800*. Princeton: Princeton University Press, 1989.

CARRERA, Magali Marie. *Imagining Identity in New Spain*. Austin: University of Texas Press, 2003.

— "'El Nuevo [Mundo] no se parece a el Viejo': Racial Categories and the Practice of Seeing". *Journal of Spanish Cultural Studies* 10, n.° 1 (2009): 59-73.

CARROLL, Patrick. "Black-Native Relations and the Historical Record in Colonial Mexico". En *Beyond Black and Red: African-Native Relations in Colonial Latin America*, editado por Matthew Restall, 245-267. Albuquerque: University of New Mexico Press, 2005.

— "Black Aliens and Black Natives in New Spain's Indigenous Communities". En *Black Mexico: Race and Society from Colonial to*

Modern Times, editado por Ben Vinson III y Matthew Restall, 72-95. Albuquerque: University of New Mexico Press, 2009.

Cartas de Indias. Madrid: Ministerio de Fomento, 1877.

"Casa del Fiscal (Cistué y Coll)", https://www.fonz.es/informaci%-C3%B3n-tur%C3%ADstica.

Casas Briceño, Pedro José. *Los Briceño: entronques familiares*. Caracas: P. J. Casas Briceño, 1998.

Castillero Calvo, Alfredo. "Color y movilidad". En *Historia general de Panamá*, editado por Alfredo Castillero Calvo, 285-312. Bogotá: D'Vinni, 2004.

— *Historia general de Panamá*, vol. 1. Bogotá: D'Vinni, 2004.

— "Afromestizaje y movilidad social en Panamá colonial". En *Del olvido a la memoria. Africanos y afromestizos en la historia colonial de Centroamerica*, editado por Rina Cáceres Gomes, 78-104. San José: UNESCO, 2008.

Castillo Palma, Norma Angélica. *Cholula, sociedad mestiza en Ciudad India*. Ciudad de México: Plaza y Valdés, 2001.

Castillo Palma, Norma Angélica, y Susan Kellogg. "Conflict and Cohabitation between Afro-Mexicans and Nahuas in Central Mexico". En *Beyond Black and Red: African-Native Relations in Colonial Latin America*, editado por Matthew Restall, 115-136. Albuquerque: University of New Mexico Press, 2005.

Castleman, Bruce A. "Social Climbers in a Colonial Mexican City: Individual Mobility within the Sistema de Castas in Orizaba, 1777-1791". *Colonial Latin American Review* 10, n.º 2 (2001): 229-249.

Castro, Adolfo de. *Cortes de Cádiz: Complementos de las sesiones verificadas en la isla de León y en Cádiz: Extractos de las discusiones, datos, noticias, documentos y discursos publicados en periódicos y folletos de la época*. Madrid: Imprenta de Prudencio Pérez de Velasco, 1913.

Catálogo de los fondos cubanos del Archivo General de Indias. 2 vols. Sevilla: Instituto Hispano-Cubano de América, 1935.

Catholic Encyclopedia Online. "Chaplain", https://www.catholic.org/encyclopedia/view.php?id=2801.

Cavo, Andrés, y Carlos María de Bustamante. *Los tres siglos de Méjico durante el gobierno español. Hasta la entrada del ejército trigarante*. Xalapa: Tipografía Veracruzana de A. Ruiz, 1870.

Chambers, Sarah. *From Subjects to Citizens: Honor, Gender, and Politics in Arequipa, Peru, 1780-1854*. University Park: Penn State University Press, 1999.

CHANCE, John K. y William B. TAYLOR. "Estate and Class in a Colonial City: Oaxaca in 1792". *Comparative Studies in Society and History* 19, n.º 4 (octubre 1977): 454-487.
— "Estate and Class: A Reply". *Comparative Studies in Society and History* 21, n.º 3 (julio 1979): 434-442.
CHAPMAN, Charles Edward. *Colonial Hispanic America: A History.* New York: Macmillan, 1933.
CHASTEEN, John Charles. *Born in Blood and Fire.* New York: Norton, 2001.
CHÁVEZ-HITA, Adriana Naveda. *Pardos, mulatos y libertos: Sexto Encuentro de Afro-mexicanistas.* Xalapa: Universidad Veracruzana, 2001.
COHEN, David W., y Jack P. GREENE. *Neither Slave nor Free: The Freedmen of African Descent in the Slave Societies of the New World.* Baltimore: Johns Hopkins University Press, 1974.
Colección de los discursos que pronunciaron los señores diputados de América contra el artículo 22 del proyecto de constitución. Ilustrados con algunas notas interesantes por los españoles pardos de esta capital. Lima: Imprenta de Los Huérfanos, 1812.
Colección documental de la independencia del Perú. Lima: Comisión Nacional del Sesquicentenario de la Independencia del Perú, 1972.
Constitución de Cádiz, 1812. Ciudad de México: PRI Comité Ejecutivo Nacional, Comisión Nacional Editorial, 1976.
"Constitución Federal de 1811" (Venezuela), https://www.cervantesvirtual.com/obra-visor/constitucion-federal-de-los-estados-de-venezuela-21-de-diciembre-1811/html/86de8dbc-4b14-4131-a616-9a65e65e856a_2.html.
CONTRERAS, José Enciso. *Cedulario de Zacatecas (1554-1596).* Zacatecas: Ayuntamiento de Zacatecas, 1998.
CONTRERAS, Remedios. *Catálogo de la Colección Mata Linares.* Madrid: Academia de la Historia, 1977.
COOK, Noble David. *Born to Die: Disease and New World Conquest, 1492-1650.* New York: Cambridge University Press, 1998.
COOPER, Frederick. *Colonialism in Question: Theory, Knowledge, History.* Berkeley: University of California Press, 2005.
COOPER, Frederick, Thomas C. HOLT, y Rebecca Jarvis SCOTT. *Beyond Slavery: Explorations of Race, Labor, and Citizenship in Postemancipation Societies.* Chapel Hill: University of North Carolina Press, 2000.

COOPER, Frederick, y Ann Laura STOLER. "Between Metropole and Colony: Rethinking a Research Agenda". En *Tensions of Empire: Colonial Cultures in a Bourgeois World*, editado por Frederick Cooper y Ann Laura Stoler, 1-56. Berkeley: University of California Press, 1997.
— *Tensions of Empire: Colonial Cultures in a Bourgeois World*. Berkeley: University of California Press, 1997.
COPE, R. Douglas. *The Limits of Racial Domination*. Madison: University of Wisconsin Press, 1994.
COTTROL, Robert J. "Clashing Traditions: Civil Law and Common Law and the American Culture of Slave Governance". *Slavery & Abolition* 19, n.º 1 (1998): 150-157.
— *The Long, Lingering Shadow: Slavery, Race and Law in the American Hemisphere*. Athens: University of Georgia Press, 2013.
CROSBY, Alfred W. *The Columbian Exchange: Biological and Cultural Consequences of 1492*. Westport: Greenwood, 2003.
CROW, John Armstrong. *The Epic of Latin America*. Garden City: Doubleday, 1946.
CUNNINGHAM, Charles Henry. *The Audiencia in the Spanish Colonies*. Berkeley: University of California Press, 1919.
CURCIO-NAGY, Linda A. *The Great Festivals of Colonial Mexico City: Performing Power and Identity*. Albuquerque: University of New Mexico Press, 2004.
DANIEL, G. Reginald. *Race and Multiraciality in Brazil and the United States: Converging Paths?* University Park: Penn State University Press, 2006.
DAVIDSON, D. M. "Negro Slave Control and Resistance in Colonial Mexico, 1519-1650". *HAHR* 46, n.º 3 (1966): 235-253.
DAVIDSON, Linda Kay, y David Martin GITLITZ. *Pilgrimage: From the Ganges to Graceland: An Encyclopedia*. Santa Barbara: ABC-CLIO, 2002.
DAVIES, Carole Boyce. *Encyclopedia of the African Diaspora*. Santa Barbara: ABC-CLIO, 2008.
DAVIS, Darién J. *Beyond Slavery: The Multilayered Legacy of Africans in Latin America and the Caribbean*. Lanham: Rowman & Littlefield, 2007.
DAVIS, Harold Eugene. *History of Latin America*. New York: Ronald Press, 1968.
DEANS-SMITH, Susan. "Creating the Colonial Subject: Casta Paintings, Collectors, and Critics in Eighteenth-Century Mexico and Spain". *Colonial Latin American Review* 14, n.º 2 (2005): 169-204.

— "Dishonor in the Hands of Indian, Spaniards, and Blacks: The (Racial) Politics of Painting in Early Modern Mexico". En *Race and Classification: The Case of Mexican America*, editado por Ilona Katzew y Susan Deans-Smith, 43-72. Stanford: Stanford University Press, 2009.

DeGuzmán, María. *Spain's Long Shadow: The Black Legend, Off-Whiteness, and Anglo-American Empire*. Minneapolis: University of Minnesota Press, 2005.

Denevan, W. M. *The Native Population of the Americas in 1492*. Madison: University of Wisconsin Press, 1992.

Díaz, Arlene J. *Female Citizens, Patriarchs, and the Law in Venezuela, 1786-1904*. Lincoln: University of Nebraska Press, 2004.

Díaz, Maria Elena. *The Virgin, the King, and the Royal Slaves of El Cobre: Negotiating Freedom in Colonial Cuba, 1670-1780*. Stanford: Stanford University Press, 2002.

— "Beyond Tannenbaum". *Law and History Review* 22, n.º 2 (verano 2004): 371-376.

Disposiciones complementarias de las leyes de Indias. Madrid: Imprenta Sáez Hermanos, 1930.

Dobyns, H. F. "Disease Transfer at Contact". *Annual Review of Anthropology* 22 (1993): 273-291.

Doctor José Vargas, Obras Completas: Compilación y notas del Doctor Blas Bruni Celli. Caracas: Imprenta Nacional, 1965.

Domínguez, Jorge I. *Insurrection or Loyalty*. Cambridge: Harvard University Press, 1980.

Dudenhoefer, David. *Fodor's Panama*. New York: Random House Digital, 2008.

Elkins, Stanley M. *Slavery: A Problem in American Institutional and Intellectual Life*. Chicago: University of Chicago Press, 1968.

Elliott, John Huxtable. "Spain and America before 1700". En *The Cambridge History of Latin America*, editado por Leslie Bethell, 1: 59-111. New York: Cambridge University Press, 1984.

— *Empires of the Atlantic World: Britain and Spain in America: 1492-1830*. New Haven: Yale University Press, 2007.

Elliott, Michael A. "Telling the Difference: Nineteenth-Century Legal Narratives of Racial Taxonomy". *Law & Social Inquiry* 24 (1999): 611-636.

El proceso abolicionista en Puerto Rico: Documentos para su estudio. San Juan: Universidad de Puerto Rico, 1974.

Estatutos de la Real Academia de San Fernando. Madrid: Gabriel Ramírez, 1757.

FIEHRER, Thomas. "Slaves and Freedmen in Colonial Central America: Rediscovering a Forgotten Black Past". *Journal of Negro History* 64, n.° 1 (invierno 1979): 9-57.
FIELDS, Barbara J. "Of Rogues and Geldings". *American Historical Review* 108, n.° 5 (diciembre 2003): 1397-1405.
FINKELMAN, Paul, y Joseph Calder MILLER. *Macmillan Encyclopedia of World Slavery*. London: Macmillan, 1998.
FISCHER, Kirsten. *Suspect Relations: Sex, Race, and Resistance in Colonial North Carolina*. Ithaca: Cornell University Press, 2002.
FISHER, Andrew B. "Creating and Contesting Community: Indians and Afromestizos in the Late-Colonial Tierra Caliente of Guerrero, Mexico". *Journal of Colonialism and Colonial History* 7, n.° 1 (2006), http://muse.jhu.edu/.
FISHER, Andrew B., y Matthew David O'HARA, eds. *Imperial Subjects: Race and Identity in Colonial Latin America*. Durham: Duke University Press, 2009.
FLORA, Jan L., y Edelberto TORRES-RIVAS, eds. *Central America*. New York: Monthly Review Press, 1989.
— "Central America: Cultures in Conflict". En *Central America*, editado por Jan L. Flora y Edelberto Torres-Rivas, 17-31. New York: Monthly Review Press, 1989.
FONER, Laura, y Eugene D. GENOVESE, eds. *Slavery in the New World: A Reader in Comparative History*. Englewood Cliffs: Prentice Hall, 1969.
FORBES, Jack D. *Africans and Native Americans: The Language of Race and the Evolution of Red-Black Peoples*. Urbana: University of Illinois Press, 1993.
FORDHAM, Damon L. *True Stories of Black South Carolina*. Charlestown: History Press, 2008.
FOSTER, David William, y Daniel ALTAMIRANDA. *Theoretical Debates in Spanish American Literature*. New York: Garland, 1997.
FREDERICK, J. "Pardos Enterados: Unearthing Black Papantla in the Eighteenth Century". *Journal of Colonialism and Colonial History* 5, n.° 2 (2004), http:// muse.jhu.edu/.
FREDERICK, Julia C. "A Blood Test before Marriage: 'Limpieza de Sangre' in Spanish Louisiana". *Louisiana History: Journal of the Louisiana Historical Association* 4, n.° 1 (invierno 2002): 75-85.
FRIEDMAN, Douglas. *The State and Underdevelopment in Spanish America*. Boulder: Westview Press, 1984.
FUENTE, Alejandro de la. "Slave Law and Claims-Making in Cuba:

The Tannenbaum Debate Revisited". *Law and History Review* 22, n.º 2 (julio 2004): 339-369.
— "Slavery and the Law: A Reply". *Law and History Review* 22, n.º 2 (julio 2004): 383-387.
— "Slaves and the Creation of Legal Rights in Cuba: Coartacion and Papel". *HAHR* 87, n.º 4 (2007): 659-692.
— "From Slaves to Citizens? Tannenbaum and the Debates on Slavery, Emancipation, and Race Relations in Latin America". *International Labor and Working-Class History* 77, n.º 1 (2010): 154-173.
García, Guadalupe. "'Nuestra patria La Habana': Reading the 1762 British Occupation of the City". *Nuevo Mundo Mundos Nuevos. Debates* (31 de marzo, 2011), http://nuevomundo.revues.org/61119.
García, Juan Andreo. *La Intendencia en Venezuela. Don Esteban Fernández de León, intendente de Caracas, 1791-1803*. Murcia: Universidad de Murcia, 1991.
García, Vicente Rodríguez. *El fiscal de Real Hacienda en Nueva España. Don Ramón de Posada y Soto, 1781-1793*. Oviedo: Universidad de Oviedo, 1985.
García Chuecos, Héctor. *Los abogados de la Colonia*. Caracas: Archivo General de la Nación, 1965.
García Jordán, Pilar. *Las raíces de la memoria: América Latina, ayer y hoy*. Barcelona: Universitat Barcelona, 1996.
García Pérez, Rafael. *El Consejo de Indias durante los reinados de Carlos III y Carlos IV*. Pamplona: Universidad de Navarra, 1998.
García y García, José Antonio. *Anales del Supremo tribunal de responsabilidad judicial*. Lima: Imprenta del Teatro, 1880.
Gardner, William James. *A History of Jamaica*. London: Elliot Stock, 1873.
Garnica, Armando Martínez, y Daniel Gutiérrez Ardila. *Quién es quién en 1810: Guía de forasteros del virreinato de Santa Fe*. Bogotá: Universidad del Rosario, 2010.
Garofalo, Leo J. "Conjuring with Coca and the Inca: The Andeanization of Lima's Afro-Peruvian Ritual Specialists, 1580-1690". *The Americas* 63, n.º 1 (1 de julio, 2006): 53-80.
Gaspar, David Barry, y David Patrick Geggus, eds. *A Turbulent Time: The French Revolution and the Greater Caribbean*. Bloomington: Indiana University Press, 1997.
Gaspar, David Barry, y Darlene Clark Hine, eds. *Beyond Bondage: Free Women of Color in the Americas*. Urbana: University of Illinois Press, 2004.

Gates, Henry Louis. *Black in Latin America*. New York: New York University Press, 2011.
Geggus, David Patrick. "Slave Resistance in the Spanish Caribbean in the Mid-1790s". En *A Turbulent Time: The French Revolution and the Greater Caribbean*, editado por David Barry Gaspar y David Patrick Geggus, 130-155. Bloomington: Indiana University Press, 1997.
— "Slavery, War, and Revolution in the Greater Caribbean, 1789-1815". En *A Turbulent Time: The French Revolution and the Greater Caribbean*, editado por David Barry Gaspar y David Patrick Geggus, 1-50. Bloomington: Indiana University Press, 1997.
— "The Sounds and Echoes of Freedom: The Impact of the Haitian Revolution on Latin America". En *Beyond Slavery: The Multilayered Legacy of Africans in Latin America and the Caribbean*, editado por Darién J. Davis, 19-36. Lanham: Rowman & Littlefield, 2007.
Ghirardi, M. Mónica. *Matrimonios y familias en Córdoba, 1700-1850: Prácticas y representaciones*. Córdoba: Universidad Nacional de Córdoba, 2004.
Gibson, Charles. *Spain in America*. New York: Harper & Row, 1966.
— *The Black Legend: Anti-Spanish Attitudes in the Old World and the New*. New York: Knopf, 1971.
Gil, Carlos B. *The Many Faces of the Mexican American: An Essay Concerning Chicano Character*. Seattle: Centro de Estudios Chicanos-University of Washington, 1982.
Glenn, Evelyn Nakano. "Shades of Difference". En *The Latin Americanization of U.S. Race Relations*, editado por Eduardo Bonilla-Silva y David R. Dietrich, 40-60. Stanford: Stanford University Press, 2009.
Gómez, Alejandro E. "¿Ciudadanos de color?". *Nuevo Mundo Mundos Nuevos* (15 de noviembre, 2007). doi:10.4000/nuevomundo.9973.
— "El estigma africano en los mundos hispanoatlánticos (siglos xiv al xix)". *Revista de Historia* (São Paulo) 153 (diciembre 2005): 139-179.
— "Las revoluciones blanqueadoras: elites mulatas haitianas y 'pardos beneméritos' venezolanos, y su aspiración a la igualdad, 1789-1812". *Nuevo Mundo Mundos Nuevos*. Coloquios (19 de marzo, 2005), http://nuevomundo.revues.org/868.
— "La Revolución Haitiana y la Tierra Firme hispana". *Nuevo Mundo Mundos Nuevos* (17 de febrero, 2006), http://nuevomundo.revues.org/211.

— "The 'Pardo Question'". *Nuevo Mundo Mundos Nuevos*. Materiales de seminarios (8 de junio, 2008), http://nuevomundo.revues.org/34503.
— "La Revolución de Caracas desde abajo". *Nuevo Mundo Mundos Nuevos*. Debates (17 de mayo, 2008), http://nuevomundo.revues.org/32982.
GÓMEZ-MULLER, Alfredo. *Alteridad y ética desde el descubrimiento de América*. Madrid: Akal, 1997.
GONZALBO AIZPURU, Pilar. "La trampa de las castas". En *La sociedad novohispana. Estereotipos y realidades*, editado por Solange Alberro y Pilar Gonzalbo Aizpuru, 11-191. Ciudad de México: El Colegio de México, 2013.
GONZÁLEZ, Michael J. *This Small City Will Be a Mexican Paradise: Exploring the Origins of Mexican Culture in Los Angeles, 1821-1846*. Albuquerque: University of New Mexico Press, 2005.
GONZÁLEZ-SILEN, Olga. "Unexpected Opposition: Independence and the 1809 Leva De Vagos in the Province of Caracas". *The Americas* 68, n.º 3 (2012): 347-375.
— "Holding the Empire Together: Caracas under the Spanish Resistance during the Napoleonic Invasion of Iberia". Ph.D. diss., Harvard University, 2014.
GOULD, Eliga. "Entangled Histories, Entangled Worlds: The English-Speaking Atlantic as a Spanish Periphery". *American Historical Review* 112 (junio 2007): 764-786.
GRAUBART, Karen B. "The Creolization of the New World: Local Forms of Identification in Urban Colonial Peru, 1560-1640". *HAHR* 89, n.º 3 (1 de agosto, 2009): 471-499.
— "'So Color De Una Cofradía': Catholic Confraternities and the Development of Afro-Peruvian Ethnicities in Early Colonial Peru". *Slavery & Abolition* 33, n.º 1 (2012): 43-64.
GREER, Margaret Rich, Walter MIGNOLO, y Maureen QUILLIGAN, eds. *Rereading the Black Legend: The Discourses of Religious and Racial Difference in the Renaissance Empires*. Chicago: University of Chicago Press, 2007.
GROSS, Ariela J. "Litigating Whiteness: Trials of Racial Determination in the Nineteenth-Century South". *Yale Law Journal* 108, n.º 1 (1 de octubre, 1998): 109-188.
GUARDIOLA-RIVERA, Oscar. *What If Latin America Ruled the World? How the South Will Take the North into the 22nd Century*. London: Bloomsbury, 2011.

GUDMUNDSON, Lowell, Justin WOLFE, Paul LOKKEN, y Russell LOHSE, eds. *Blacks and Blackness in Central America: Between Race and Place*. Durham: Duke University Press, 2010.

GUÉDEZ, José Marcial Ramos. *Contribución a la historia de las culturas negras en Venezuela colonial*. Caracas: Instituto Municipal de Publicaciones-Alcaldía de Caracas, 2001.

GUERRA, Lillian. *Popular Expression and National Identity in Puerto Rico: The Struggle for Self, Community, and Nation*. Tallahassee: University Press of Florida, 1998.

GUITAR, L. "Boiling It Down: Slavery on the First Commercial Sugarcane Ingenios in the Americas (Hispaniola, 1530-45)". En *Slaves, Subjects and Subversives: Blacks in Colonial Latin America*, editado por Jane Landers and Barry Robinson, 39-82. Albuquerque: University of New Mexico Press, 2006.

GUSS, David M. "The Selling of San Juan: Performance of History in an Afro-Venezuelan Community". En *Blackness in Latin America and the Caribbean*, editado por Norman E. Whitten and Arlene Torres, 244-277. Bloomington: Indiana University Press, 1998.

GUTIÉRREZ BROCKINGTON, Lolita. *Blacks, Indians, and Spaniards in the Eastern Andes: Reclaiming the Forgotten in Colonial Mizque, 1550-1782*. Lincoln: University of Nebraska Press, 2007.

HAAS, Lisbeth. *Conquests and Historical Identities in California, 1769-1936*. Berkeley: University of California Press, 1996.

HANGER, Kimberly S. *Bounded Lives, Bounded Places: Free Black Society in Colonial New Orleans, 1769-1803*. Durham: Duke University Press, 1997.

— "Conflicting Loyalties: The French Revolution and Free People of Color in Spanish New Orleans". En *A Turbulent Time: The French Revolution and the Greater Caribbean*, editado por David Barry Gaspar and David Patrick Geggus, 179-203. Bloomington: Indiana University Press, 1997.

HANKE, Lewis. "A Modest Proposal for a Moratorium on Grand Generalizations: Some Thoughts on the Black Legend". *HAHR* (1971): 112-127.

HAREVEN, Tamara K. "Family History at the Crossroads". *Journal of Family History* 12 (1987): ix-xxiii.

HARING, Clarence Henry. *The Spanish Empire in America*. New York: Oxford University Press, 1947.

HARLEY, Earl H. "The Forgotten History of Defunct Black Medical Schools in the 19th and 20th Centuries and the Impact of the Flexner Report". *Journal of the National Medical Association* 98, n.° 9 (septiembre 2006): 1425-1429.

HARRIS, Marvin. "History and Significance of the Emic/Etic Distinction". *Annual Review of Anthropology* 5 (enero 1976): 329-350.

HARTWELL, David G. *The Science Fiction Century*. New York: Macmillan, 1997.

HASENBALG, Carlos. "Racial Inequalities in Brazil and throughout Latin America: Timid Responses to Disguised Racism". En *Constructing Democracy: Human Rights, Citizenship, and Society in Latin America*, editado por Elizabeth Jelin y Eric Hershberg, 161-175. Boulder: Westview Press, 1996.

HELG, Aline. "The Limits of Equality: Free People of Colour and Slaves during the First Independence of Cartagena, Colombia, 1810-15". *Slavery & Abolition* 20, n.° 2 (1999): 1-30.

— *Liberty and Equality in Caribbean Colombia, 1770-1835*. Chapel Hill: University of North Carolina Press, 2004.

HENDERSON, Timothy J. *The Mexican Wars for Independence*. New York: Hill & Wang, 2009.

HENIGE, David P. *Colonial Governors from the Fifteenth Century to the Present*. Madison: University of Wisconsin Press, 1970.

HERBERT, Frank. "Greenslaves". En *The Science Fiction Century*, editado por David G. Hartwell, 694-715. New York: Macmillan, 1997.

HERING TORRES, Max S. "Color, pureza, raza: la calidad de los sujetos coloniales". En *La cuestión colonial*, editado por Heraclio Bonilla, 451-470. Bogotá: Universidad Nacional de Colombia, 2011.

HERR, Richard. *An Historical Essay on Modern Spain*. Berkeley: University of California Press, 1974.

HERRERA, Robinson A. *Natives, Europeans, and Africans in Sixteenth-Century Santiago De Guatemala*. Austin: University of Texas Press, 2003.

HERZOG, Tamar. "'A Stranger in a Strange Land': The Conversion of Foreigners into Community Members in Colonial Latin America (17th-18th Centuries)". En *Constructing Collective Identities and Shaping Public Spheres*, editado por Luis Roniger y Mario Sznajder, 46-64. Portland: Sussex Academic Press, 1998.

— *Defining Nations: Immigrants and Citizens in Early Modern Spain and Spanish America*. New Haven: Yale University Press, 2003.

HEUMAN, Gad J. *Between Black and White: Race, Politics, and the Free Coloreds in Jamaica, 1792-1865*. Westport: Greenwood, 1981.

Heuman, Gad, y Trevor Graeme Burnard, eds. *The Routledge History of Slavery*. New York: Taylor & Francis, 2011.

Hill, Ruth. "Entering and Exiting Blackness: A Color Controversy in Eighteenth-Century Spain". *Journal of Spanish Cultural Studies* 10, n.º 1 (marzo 2009): 43-58.

Hindley, Meredith. "The Spanish Ulcer: Napoleon, Britain, and the Siege of Cádiz". *Humanities* 31, n.º 1 (febrero 2010), http://www.neh.gov/news/ humanities/2010-01/Napoleon.html#.

"Historia de las ideas pedagógicas en Venezuela: Modulo de aprendizaje", https://www.scribd.com/document/466383304/Reflxiones-sobre-el-estado-actual-de-la-escuela..

Hodes, Martha Elizabeth. *White Women, Black Men: Illicit Sex in the Nineteenth-Century South*. New Haven: Yale University Press, 1997.

Hoefte, Rosemarijn, y Jean Jacques Vrij. "Free Black and Colored Women in Early Nineteenth-Century Paramaribo, Suriname". En *Beyond Bondage: Free Women of Color in the Americas*, editado por David Barry Gaspar y Darlene Clark Hine, 145-168. Urbana: University of Illinois Press, 2004.

Hollinger, David A. "Amalgamation and Hypodescent: The Question of Ethnoracial Mixture in the History of the United States". *American Historical Review* 108, n.º 5 (diciembre 2003): 1363-1390.

"Hospitales fundados en el siglo xvi". https://historicas.unam.mx/publicaciones/publicadigital/libros/hospitales/hne_t1.html.

Huerta Jaramillo, Ana María D. "Los boticarios en Nueva España (siglos xvii-xviii). El caso de Puebla". *Elementos* 19, n.º 3 (1993): 46-53.

Hünefeldt, Christine. *Paying the Price of Freedom: Family and Labor among Lima's Slaves, 1800-1854*. Berkeley: University of California Press, 1994.

Jablonski, Nina G. "The Evolution of Human Skin and Skin Color". *Annual Review of Anthropology* 33 (enero 2004): 585-623.

— "Skin Color and Race", https://onlinelibrary.wiley.com/doi/full/10.1002/ajpa.24200.

Jablonski, Nina G., y George Chaplin, "The Colours of Humanity: the Evolution of Pigmentation in the Human Lineage", https://pubmed.ncbi.nlm.nih.gov/28533464/.

Jelin, Elizabeth, y Eric Hershberg. *Constructing Democracy*. Boulder: Westview Press, 1996.

Jenks, Albert E. "The Legal Status of Negro-White Amalgamation in the United States". *American Journal of Sociology* 21, n.° 3 (marzo 1916): 666-678.

Johnson, Lyman L. "'*A Lack of Legitimate Obedience and Respect*': Slaves and Their Masters in the Courts of Late Colonial Buenos Aires". *HAHR* 87, n.° 4 (2007): 631-657.

Jones, Jacqueline. *A Dreadful Deceit: The Myth of Race from the Colonial Era to Obama's America*. New York: Basic Books, 2013.

Jouve Martín, José R. "Public Ceremonies and Mulatto Identity in Viceregal Lima: A Colonial Reenactment of the Fall of Troy (1631)". *Colonial Latin American Review* 16, n.° 2 (2007): 179-201.

Katzew, Ilona. *Casta Painting: Images of Race in Eighteenth-Century Mexico*. New Haven: Yale University Press, 2005.

Katzew, Ilona, y Susan Deans-Smith, eds. *Race and Classification: The Case of Mexican America*. Stanford: Stanford University Press, 2009.

Keen, Benjamin. "The Black Legend Revisited: Assumptions and Realities". *HAHR* 49, n.° 4 (1969): 703-719.

— "The White Legend Revisited: A Reply to Professor Hanke's 'Modest Proposal'". *HAHR* 51, n.° 2 (1971): 336-355.

— *A History of Latin America*. Boston: Houghton Mifflin, 1996.

Kellogg, Susan. "Depicting Mestizaje: Gendered Images of Ethnorace in Colonial Mexican Texts". *Journal of Women's History* 12, n.° 3 (2000): 69-92.

Kettering, Sharon. *Patrons Brokers and Clients in Seventeenth-Century France*. New York: Oxford University Press, 1986.

King, James F. "The Case of José Ponciano de Ayarza: A Document on Gracias al Sacar". *HAHR* 31, n.° 4 (noviembre 1951): 640-647.

— "The Colored Castes and American Representation in the Cortes of Cádiz". *HAHR* 33, n.° 1 (febrero 1953): 33-64.

— "A Royalist View of the Colored Castes in the Venezuelan War of Independence". *HAHR* 33, n.° 4 (1953): 526-537.

King, Stewart. "The Maréchaussée of Saint-Domingue: Balancing the Ancien Régime and Modernity". *Journal of Colonialism and Colonial History* 5, n.° 2 (septiembre 2004), http://muse.jhu.edu/.

Kinsbruner, Jay. *Not of Pure Blood: The Free People of Color and Racial Prejudice in Nineteenth-Century Puerto Rico*. Durham: Duke University Press, 1996.

Kirk, Pamela. *Sor Juana Inés de la Cruz: Religion, Art, and Feminism*. New York: Continuum, 1998.

KLEBER, John E. *The Encyclopedia of Louisville*. Lexington: University Press of Kentucky, 2001.

KLEIN, Herbert S. "Anglicanism, Catholicism and the Negro Slave". *Comparative Studies in Society and History* 8, n.º 3 (1966): 295-327.

— "The Free Colored Militia of Cuba, 1568-1868". *Caribbean Studies* 6, n.º 2 (1966): 17-27.

KUETHE, Allan J. "The Status of the Free Pardo in the Disciplined Militia of New Granada". *Journal of Negro History* 56, n.º 2 (abril 1971): 105-117.

— *Military Reform and Society in New Granada, 1773-1808*. Tallahassee: University of Florida Press, 1978.

— *Cuba, 1753-1815: Crown, Military, and Society*. Knoxville: University of Tennessee Press, 1986.

"La iglesia parroquial de Altagracia de la ciudad de Caracas. 008028067; Harvard College Library; Harvard University", https://curiosity.lib.harvard.edu/latin-american-pamphlet-digital-collection/catalog/43-990080280670203941.

"La mirada misericordiosa de Jesús Nazareno", http://www.panoramacatolico.com/senderos/200610/nazareno.htm. [URL caducada.]

LANDERS, Jane. *Black Society in Spanish Florida*. Urbana: University of Illinois Press, 1999.

— "Transforming Bondsmen into Vassals: Arming Slaves in Colonial Spanish America". En *Arming Slaves: From Classical Times to the Modern Age*, editado por Christopher Leslie Brown y Philip D. Morgan, 120-145. New Haven: Yale University Press, 2006.

— *Atlantic Creoles in the Age of Revolutions*. Cambridge: Harvard University Press, 2010.

LANDERS, Jane, y Barry ROBINSON. *Slaves, Subjects, and Subversives: Blacks in Colonial Latin America*. Albuquerque: University of New Mexico Press, 2006.

LANGUE, Frédérique. "De moralista a arbitrista: Don Francisco de Ibarra, obispo de Venezuela (1798-1806)". *Anuario de Estudios Americanos, Sección Historiografía y Bibliografía* 49, n.º 1 (1992): 55-84.

— *Aristócratas, honor y subversión en la Venezuela del siglo XVIII*. Caracas: Biblioteca de la Academia Nacional de Historia, 2000.

— "La representación venezolana en las Cortes de Cádiz: José Domingo Rus". *Nuevo Mundo Mundos Nuevos* (12 de noviembre, 2005), https://journals.openedition.org/nuevomundo/1153.

— "Les identités fractales: Honneur et couleur dans la société vénézuélienne du XVIIIᵉ siècle". *Nuevo Mundo Mundos Nuevos* (14 de febrero, 2005), http://nuevomundo.revues.org/633.
— "Orígenes y desarrollo de una élite regional. Aristocracia y cacao en la provincia de Caracas, siglos XVI-XVIII". *Nuevo Mundo Mundos Nuevos* (22 de febrero, 2005), http://nuevomundo.revues.org/769.
— "Les pardos vénézuéliens, hétérodoxes ou défenseurs de l'ordre social?". *Nuevo Mundo Mundos Nuevos*. Coloquios (29 de junio, 2009), http://nuevomundo .revues.org/56302.
LANNING, John Tate. "The Case of José Ponseano de Ayarza: A Document on the Negro in Higher Education". *HAHR* 24 (agosto 1944): 432-451.
— *The Eighteenth-Century Enlightenment in the University of San Carlos of Guatemala*. Ithaca: Cornell University Press, 1956.
— "The Church and the Enlightenment in the Universities". *The Americas* 15, n.° 4 (abril 1959): 333-349.
LANNING, John Tate, y John Jay TEPASKE. *The Royal Protomedicato*. Durham: Duke University Press, 1985.
Las Siete Partidas del Rey Don Alfonso el Sabio. Madrid: En la Real Imprenta, 1807.
LASSO, Marixa. "A Republican Myth of Racial Harmony: Gran Colombia, 1810-1831". WP 01010, paper delivered at the International Seminar on the History of the Atlantic World, 1500-1825, Harvard University, 2001.
LASSO, Marixa. *Myths of Harmony*. Pittsburgh: University of Pittsburgh Press, 2007.
LAU, Estelle T. "Can Money Whiten—Exploring Race Practice in Colonial Venezuela and Its Implications for Contemporary Race Discourse". *Michigan Journal of Race & Law* 3 (1998): 417-473.
LAVALLE, José Antonio. *El Dr. D. José Manuel Valdés*. Lima: Torres Aguirre, 1886, http://vc.lib.harvard.edu/vc/deliver/~LAP/005765627.
LAVRIN, Asunción, ed. *Sexuality and Marriage in Colonial Latin America*. Lincoln: University of Nebraska Press, 1992.
LETT, James. "Emic/Etic Distinctions". En *Encyclopedia of Cultural Anthropology*, editado por David Levinson y Melvin Ember, 382-383. New York: Henry Holt, 1996.
LEVINE, Robert M. *Race and Ethnic Relations in Latin America and the Caribbean*. London: Scarecrow Press, 1980.

Lewis, Laura A. *Hall of Mirrors*. Durham: Duke University Press, 2003.
Leyes de Indias, https://www.boe.es/biblioteca_juridica/publicacion.php?id=PUB-LH-1998-62.
Liss, Peggy K. *Atlantic Empires*. Baltimore: Johns Hopkins University Press, 1983.
Livi-Bacci, M. "The Depopulation of Hispanic America after the Conquest". *Population and Development Review* 32, n.º 2 (2006): 199-232.
Lokken, Paul. "Marriage as Slave Emancipation in Seventeenth-Century Rural Guatemala". *The Americas* 58, n.º 2 (octubre 2001): 175-200.
López, Irene. "Puerto Rican Phenotype: Understanding Its Historical Underpinnings and Psychological Associations". *Hispanic Journal of Behavioral Sciences* 30, n.º 2 (mayo 2008): 161-180.
López Bohórquez, Alí Enrique. *Los ministros de la Audiencia de Caracas, 1786-1810*. Caracas: Academia Nacional de la Historia, 1984.
López Núñez, Olga. "Notas sobre la pintura colonial en Cuba". En *Pintura europea y cubana en las colecciones del Museo Nacional de La Habana*, editado por Amaranta Ariño, 49-73. Madrid: Fundación Cultural MAPFRE, 1997.
Los códigos españoles, concordados y anotados. Novísima recopilación de las leyes de España. Madrid: Imprenta de la Publicidad, a cargo de M. Rivadeneyra, 1850.
Lossio, Jorge. "British Medicine in the Peruvian Andes: The Travels of Archibald Smith M.D. (1820-1870)". *História, Ciências, Saúde-Manguinhos* 13, n.º 4 (diciembre 2006): 833-850.
Love, Edgar F. "Negro Resistance to Spanish Rule in Colonial Mexico". *Journal of Negro History* 52, n.º 2 (abril 1967): 89-103.
Lutz, Christopher, y Matthew Restall. "Wolves and Sheep? Black-Maya Relations in Colonial Guatemala and Yucatan". En *Beyond Black and Red: African-Native Relations in Colonial Latin America*, editado por Matthew Restall, 185-221. Albuquerque: University of New Mexico Press, 2005.
Lynch, John. "The Origins of Spanish American Independence". En *The Cambridge History of Latin America*, editado por Leslie Bethell, 3: 1-50. Cambridge: Cambridge University Press, 1985.
— *Simón Bolívar: A Life*. New Haven: Yale University Press, 2007.
Macdonald, Robert R., John R. Kemp, y Edward F. Haas. *Louisiana's Black Heritage*. New Orleans: Louisiana State Museum, 1979.

Madariaga, Salvador de. *Cuadro histórico de las Indias, introducción a Bolívar*. Buenos Aires: Sudamericana, 1945.

Mago de Chópite, Lila. *El cabildo de Caracas*. Madrid: Consejo Superior de Investigaciones Científicas, 2002.

Maltby, W. S. *The Black Legend in England: The Development of Anti-Spanish Sentiment, 1558-1660*. Durham: Duke University Press, 1971.

Maravall, José Antonio. *Poder, honor y élites en el siglo XVII*. Madrid: Siglo XXI, 1979.

Marcano, Pedro Elías. *Consectario de la ciudad de Cumana*. Caracas: Poligráfica Venezuela, 1956.

Markman, Sidney D. "The Plaza Mayor of Guatemala City". *Journal of the Society of Architectural Historians* 25, n.º 3 (octubre 1966): 181-196.

Martín, Luis. *Daughters of the Conquistadores: Women of the Viceroyalty of Peru*. Dallas: Southern Methodist University Press, 1989.

Martínez, María Elena. "Religion, Purity and 'Race'. The Spanish Concept of Limpieza de Sangre in Seventeenth-Century Mexico and the Broader Atlantic World". WP 00002, paper delivered at the International Seminar on the History of the Atlantic World, 1500-1825, Harvard University, 2000.

— "The Black Blood of New Spain: Limpieza de Sangre, Racial Violence, and Gendered Power in Early Colonial Mexico". *William and Mary Quarterly* 61, n.º 3 (julio 2004): 479-520.

— *Genealogical Fictions: Limpieza de Sangre, Religion, and Gender in Colonial Mexico*. Stanford: Stanford University Press, 2008.

— "The Language, Genealogy and Classification of 'Race' in Colonial Mexico". En *Race and Classification: The Case of Mexican America*, editado por Ilona Katzew y Susan Deans-Smith, 25-42. Stanford: Stanford University Press, 2009.

Matthew, Laura. *Memories of Conquest: Becoming Mexicano in Colonial Guatemala*. Chapel Hill: University of North Carolina Press, 2012.

— "'Por que el color decide aquí en la mayor parte la nobleza'. Una carta de Fr. José Antonio Goicoechea, Guatemala, siglo XIX". *Mesoamérica* 55 (2013): 153-171.

McAlister, Lyle N. "The Reorganization of the Army of New Spain, 1763-1766". *HAHR* 33, n.º 1 (febrero 1953): 1-32.

— "Social Structure and Social Change in New Spain". *HAHR* 43, n.º 3 (agosto 1963): 349-70.

— *Spain and Portugal in the New World, 1492-1700*. Minneapolis: University of Minnesota Press, 1984.

McCaa, Robert, Stuart B. Schwartz, y Arturo Grubessich. "Race and Class in Colonial Latin America: A Critique". *Comparative Studies in Society and History* 21, n.° 3 (julio 1979): 421-433.

McCune Smith, James, y J. L. Stauffer. *The Works of James McCune Smith: Black Intellectual and Abolitionist*. New York: Oxford University Press, 2006.

McFarlane, Anthony. "Civil Disorders and Popular Protests in Late Colonial New Granada". *HAHR* 64, n.° 1 (febrero 1984): 17-54.

McKinley, Michelle. "Fractional Freedoms: Slavery, Legal Activism, and Ecclesiastical Courts in Colonial Lima, 1593-1689". *Law and History Review* 28, n.° 3 (2010): 749-790.

— "Till Death Do Us Part: Testamentary Manumission in Seventeenth-Century Lima, Peru". *Slavery & Abolition* 33, n.° 1 (septiembre 2012): 381-401.

McKinley, P. Michael. *Pre-revolutionary Caracas: Politics, Economy, and Society, 1777-1811*. New York: Cambridge University Press, 1985.

McMillen, Neil R. *Dark Journey: Black Mississippians in the Age of Jim Crow*. Urbana: University of Illinois Press, 1990.

Medina, Charles Beatty. "Caught between Rivals: The Spanish-African Maroon Competition for Captive Indian Labor in the Region of Esmeraldas during the Late Sixteenth and Early Seventeenth Centuries". *The Americas* 63, n.° 1 (julio 2006): 113-136.

Meisel, Seth. "'The Fruit of Freedom:' Slaves and Citizens in Early Republican Argentina". En *Slaves, Subjects, and Subversives: Blacks in Colonial Latin America*, editado por Jane Landers y Barry Robinson, 273-305. Albuquerque: University of New Mexico Press, 2006.

Meléndez, Mariselle. "Patria, Criollos and Blacks: Imagining the Nation in the Mercurio Peruano, 1791-1795". *Colonial Latin American Review* 15, n.° 2 (2006): 207-227.

Memoria escrita por disposición del general Guzmán Blanco, ilustre Americano, regenerador y presidente constitucional de los Estados Unidos de Venezuela, y presentada al ministro de hacienda. Caracas: Imprenta al Vapor de "La Opinión Nacional", por F. T. de Aldrey, 1877.

Memoria que el secretario de gobierno dirige a la Asamblea legislativa. Ciudad de Panama: Torres e Hijos, 1882.

MENDIBURU, Manuel de, Evaristo SAN CRISTÓVAL, y José DE LA RIVA AGÜERO. *Diccionario histórico-biográfico del Perú*. Lima: Imprenta F. Solís, 1887.

MENDOZA, José Rafael. "Orígenes y desarrollo de la sociología en Venezuela". *Revista Mexicana de Sociología* 22, n.º 2 (agosto 1960): 351-393.

MIER, fray José Servando Teresa. *Historia de la revolución de Nueva España antiguamente Anáhuac: Ó Verdadero origen y causas de ella con la relación de sus progresos hasta el presente año de 1813*. London: G. Glindon, 1813.

MIGNOLO, Walter. "What Does the Black Legend Have to Do with Race?". En *Rereading the Black Legend: The Discourses of Religious and Racial Difference in the Renaissance Empires*, editado por Margaret Rich Greer, Walter Mignolo, y Maureen Quilligan, 312-324. Chicago: University of Chicago Press, 2007.

MILES, Tiya. *Ties That Bind: The Story of an Afro-Cherokee Family in Slavery and Freedom*. Berkeley: University of California Press, 2006.

MILTON, Cynthia, y Ben VINSON III. "Counting Heads: Race and Non-native Tribute Policy in Colonial Spanish America". *Journal of Colonialism and Colonial History* 3, n.º 3 (2002): 1-18.

MIROW, Matthew Campbell. *Latin American Law: A History of Private Law and Institutions in Spanish America*. Austin: University of Texas Press, 2004.

MITCHELL, Dayo Nicole. "'The Middle Situation': Free People of Color in Dominica and Trinidad, 1800-1825". WP 02017, paper delivered at the International Seminar on the History of the Atlantic World, 1500-1825, Harvard University, 2002.

MONTANER, Carlos Alberto. *Twisted Roots*. New York: Algora Publishing, 2003.

MORALES, María Elena. "'Las dispensas del color': Un discurso sobre la desigualdad". En *Las raíces de la memoria*, editado por Pilar García Jordán, 323-328. Barcelona: University of Barcelona, 1996.

MÖRNER, Magnus. "The History of Race Relations in Latin America: Some Comments on the State of Research". *Latin American Research Review* 1, n.º 3 (verano 1966): 17-44.

— *Race Mixture in the History of Latin America*. Boston: Little, Brown, 1967.

— "Economic Factors and Stratification in Colonial Spanish America with Special Regard to Elites". *HAHR* 63, n.º 2 (mayo 1983): 335-369.

Morrison, Karen Y. "Creating an Alternative Kinship: Slavery, Freedom, and Nineteenth-Century Afro-Cuban Hijos Naturales". *Journal of Social History* 41, n.º 1 (2007): 55-80.

— "White Fathers and Slave Mothers in Nineteenth-Century Cuba Defining Family and Social Status". *Slavery & Abolition* 31, n.º 1 (marzo 2010): 29-55.

Morse, Richard. "The Urban Development of Colonial Spanish America". En *The Cambridge History of Latin America*, editado por Leslie Bethell, 2: 67-104. New York: Cambridge University Press, 1984.

Moscote, José Dolores, y Enrique Arce. *La vida ejemplar de Justo Arosema*. Ciudad de Panamá: Biblioteca de la Nacionalidad, 1999.

Moss, Rick. "Not Quite Paradise: The Development of the African American Community in Los Angeles through 1950". *California History* 75, n.º 3 (otoño 1996): 222-235.

Motta Sánchez, J. Arturo. "Familias esclavas en el ingenio de San Nicolás Ayotla, Teotitlán del Camino Real, Oaxaca". En *Pardos, mulatos y libertos: Sexto Encuentro de Afromexicanistas*, editado por Adriana Naveda Chávez-Hita, 117-137. Xalapa: Universidad Veracruzana, 2001.

Navarrete, Carlos, y Luis Luján Muñoz. *El Gran Montículo de la Culebra en el Valle de Guatemala*. Ciudad de México: Universidad Nacional Autónoma de México, 1986.

Nazzari, Muriel. "Vanishing Indians: The Social Construction of Race in Colonial São Paulo". *The Americas* 57, n.º 4 (abril 1, 2001): 497-524.

Nectario María, hermano. "Colonial Venezuela, Documentary Collection and Archival Guide, 1511-1821". Sevilla: Archivo General de Indias.

— *Índices de documentos de la Sección A. de Caracas*. Vol. 2. Sevilla: Ejemplar Mecanografiado, 1950.

Neumann Gandía, Eduardo. *Verdadera y autentica historia de la ciudad de Ponce desde sus primitivos tiempos hasta la época contemporánea resultado de prolijas investigaciones*. San Juan: Instituto de Cultura Puertorriqueña, 1987.

Newman, Brooke N. "Contesting 'Black' Liberty and Subjecthood in the Anglophone Caribbean, 1730s-1780s". *Slavery & Abolition* 32, n.º 2 (2011): 169-183.

New York Times, "The Meaning of Birmingham", 10 de mayo, 1963.

Nieto-Phillips, John M. *The Language of Blood: The Making of Spanish-American Identity in New Mexico, 1880s-1930s*. Albuquerque: University of New Mexico Press, 2004.

OLEACHEA LABAYEN, Juan B. "El negro en la sociedad hispanoindiana". *Revista de Estudios Políticos* 161 (octubre 1968): 219-250.

OLIVEIRA LIMA, Manoel de. "The Evolution of Brazil Compared with That of Spanish and Anglo-Saxon America". En *Leland Stanford Junior University Publications: University Series*. Leland Stanford Junior University Publications: University Series. Stanford: Stanford University Press, 1913.

— *The Evolution of Brazil Compared with That of Spanish and Anglo-Saxon America*. Stanford: Stanford University Press, 1914. Reprint, General Books, 2009.

O'TOOLE, Rachel Sarah. *Bound Lives: Africans, Indians, and the Making of Race in Colonial Peru*. Pittsburgh: University of Pittsburgh Press, 2012.

OTS CAPDEQUI, José María. "Don Manuel Josef de Ayala y la Historia de Nuestra Legislación de Indias". *HAHR* 3 (1920): 281-332.

— "Sobre las 'confirmaciones reales' y las 'Gracias al sacar' en la historia del derecho indiano". *Estudios de Historia Novohispana* 2 (1968): 35.

OWENSBY, Brian P. "How Juan and Leonor Won Their Freedom: Litigation and Liberty in Seventeenth-Century Mexico". *HAHR* 85, n.° 1 (febrero 2005): 39-79.

PAGDEN, Anthony. *The Fall of Natural Man: The American Indian and the Origins of Comparative Ethnology*. Cambridge: Cambridge University Press, 1987.

— "Identity Formation in Spanish America". En *Colonial Identity in the Atlantic World, 1500-1800*, editado por Nicholas Canny and Anthony Pagden, 51-93. Princeton: Princeton University Press, 1989.

PAQUETTE, Gabriel. *Enlightenment, Governance and Reform in Spain and Its Empire 1759-1808*. New York: Palgrave Macmillan, 2008.

PAREDES, José Gregorio. *Guía de forasteros de Lima correjida: Para el año de 1822*. Lima: Imprenta del Estado, 1822.

— *Calendario y guía de forasteros de Lima, para el año de 1833*. Lima: Imprenta de J. M. Masias, 1832.

PARRY, John Horace. *The Spanish Seaborne Empire*. Berkeley: University of California Press, 1990.

PARSONS, James. *Antiqueño Colonization in Western Colombia*. Berkeley: University of California Press, 1968.

PAZ, Octavio. *Sor Juana, or The Traps of Faith*. Cambridge: Harvard University Press, 1988.

Peabody, Sue. "Négresse, Mulatresse, Citoyenne: Gender and Emancipation in the French Caribbean, 1650-1848". En *Gender and Slave Emancipation in the Atlantic World*, editado por Pamela Scully and Diana Paton, 56-78. Durham: Duke University Press, 2005.

Pellicer, Luis Felipe. *La vivencia del honor en la provincia de Venezuela, 1774-1809: Estudio de casos*. Caracas: Fundación Polar, 1996.

— *Entre el honor y la pasión: Familia, matrimonio y sistema de valores en Venezuela durante la crisis del orden hispánico (1778-1820)*. Caracas: Fondo Editorial Humanidades, 2005.

Pérez Vega, Ivette. *El cielo y la tierra en sus manos: Los grandes propietarios de Ponce, 1816-1830*. Río Pedro: Huracán, 1985.

— "El efecto económico, social y político de la emigración de Venezuela en el sur de Puerto Rico (Ponce), 1810-1830". *Revista de Indias* 47 (1987): 869-85.

Pérez y López, Antonio Xavier. *Teatro de la legislación universal*, 28 vols. Madrid: En la Imprenta de M. González, 1798.

Petley, Christer. "'Legitimacy' and Social Boundaries: Free People of Colour and the Social Order in Jamaican Slave Society". *Social History* 30, n.º 4 (2005): 481-498.

Pettigrew, Andrew M. "What Is a Processual Analysis?". *Scandinavian Journal of Management* 13, n.º 4 (1997): 337-348.

Phelan, John Leddy. "Authority and Flexibility in the Spanish Imperial Bureaucracy". *Administrative Science Quarterly* 5, n.º 1 (junio 1960): 47-65.

— *The Kingdom of Quito in the Seventeenth Century: Bureaucratic Politics in the Spanish Empire*. Madison: University of Wisconsin Press, 1967.

— *The People and the King: The Comunero Revolution in Colombia, 1781*. Madison: University of Wisconsin Press, 1978.

Phillips, William D. *Slavery from Roman Times to the Early Transatlantic Trade*. Minneapolis: University of Minnesota Press, 1985.

— *Slavery in Medieval and Early Modern Iberia*. Philadelphia: University of Pennsylvania Press, 2013.

Picón-Parra, Roberto. *Fundadores, primeros moradores familias coloniales de Mérida (1558-1810)*. Caracas: Academia Nacional de la Historia, 1988.

Plane, Ann Marie. *Colonial Intimacies: Indian Marriage in Early New England*. Ithaca: Cornell University Press, 2000.

Pons, François Raymond Joseph de. *Travels in South America*. 2 vols. London: Hurst, Rees & Orme, 1807.

Poole, Stafford. "The Politics of Limpieza de Sangre: Juan de Ovando and His Circle in the Reign of Philip II". *The Americas* 55, n.º 3 (1 de enero, 1999): 359-389.

Potthast, Barbara, et al. *Entre la familia, la sociedad y el Estado. Niños y jóvenes en América Latina (siglos XIX y XX)*. Madrid/Frankfurt: Iberoamericana/Vervuert, 2005.

Premo, Bianca. *Children of the Father King: Youth, Authority, and Legal Minority in Colonial Lima*. Chapel Hill: University of North Carolina Press, 2005.

— "An Equity against the Law: Slave Rights and Creole Jurisprudence in Spanish America". *Slavery & Abolition* 32, n.º 4 (2011): 495-517.

Proctor, Frank T. "Gender and the Manumission of Slaves in New Spain". *HAHR* 86, n.º 2 (2006): 309-336.

— *Damned Notions of Liberty: Slavery, Culture, and Power in Colonial Mexico, 1640-1769*. Albuquerque: University of New Mexico Press, 2010.

Puga, Vasco de. *Provisiones, cedulas, instrucciones para el gobierno de la Nueva España, por Vasco de Puga*. Obra impresa en México, por Pedro Ocharte, en 1563 y ahora editada en facsímil. Madrid: Ediciones Cultura Hispánica, 1945.

Quintero, Inés. "Esplendor y decadencia de la elite mantuana". *Akademos* 8, n.º 1 (julio 2011), http://saber.ucv.ve/ojs/index.php/rev_ak/article/view/1048.

Rappaport, Joanne. "Mischievous Lovers, Hidden Moors, and Cross-Dressers: Passing in Colonial Bogotá". *Journal of Spanish Cultural Studies* 10, n.º 1 (2009): 7-25.

— "Quién es mestizo? Descifrando la mezcla racial en el Nuevo Reino de Granada, siglos XVI y XVII". *Varia Historia* 25, n.º 41 (2009): 43-60.

— "'Asi lo paresçe por su Aspeto': Physiognomy and the Construction of Difference in Colonial Bogotá". *HAHR* 91, n.º 4 (noviembre 2011): 601-631.

— *The Disappearing Mestizo: Configuring Difference in the Colonial New Kingdom of Granada*. Durham: Duke University Press, 2014.

Real Academia de Bellas Artes de San Fernando, http://www.realacademiabellasartessanfernando.com/es/academia/historia.

Real Díaz, José Joaquín. *Estudio diplomático del documento indiano*. Madrid: Dirección de Archivos Estatales, 1991. (Primera ed. Cádiz: Diputación Provincial de Cádiz, 1970.)

Reales, Leonardo. "Racism, Interest Groups and Lack of Political Information: Why Did Most Latinos Not Support Candidate Barack Obama in the 2008 Democratic Presidential Primaries?". *Revista de Relaciones Internacionales, Estrategia y Seguridad* 3, n.º 2 (2008): 15-40.

Reinhardt, C. A. "Forgotten Claims to Liberty: Free Coloreds in St. Domingue on the Eve of the First Abolition of Slavery". *Colonial Latin American Historical Review* 10, n.º 1 (2001): 105-124.

Restall, Matthew. *Beyond Black and Red: African-Native Relations in Colonial Latin America*. Albuquerque: University of New Mexico Press, 2005.

— "Introduction: Black Slaves, Red Paint". En *Beyond Black and Red: African-Native Relations in Colonial Latin America*, editado por Matthew Restall, 1-13. Albuquerque: University of New Mexico Press, 2005.

— *The Black Middle: Africans, Mayas, and Spaniards in Colonial Yucatan*. Stanford: Stanford University Press, 2009.

Restall, Matthew, y Jane Landers. "The African Experience in Early Spanish America". *The Americas* 57, n.º 2 (2000): 167-170.

Restall, Matthew, y Ben Vinson III. "Black Soldiers, Native Soldiers: The Meanings of Military Service in the Spanish American Colonies". En *Beyond Black and Red: African-Native Relations in Colonial Latin America*, editado por Matthew Restall, 15-52. Albuquerque: University of New Mexico Press, 2005.

Restrepo, José Manuel. *Ensayo sobre la geografía, producciones, industria y población de la provincia de Antioquia en el Nuevo Reino de Granada*. Medellín: Universidad EAFIT, 2007.

Richmond, Douglas W. "Africa's Initial Encounter with Texas: The Significance of Afro-Tejanos in Colonial Tejas, 1528-1821". *Bulletin of Latin American Research* 26, n.º 2 (2007): 200-221.

Rieu-Millán, Marie Laure. *Los diputados americanos en las Cortes de Cádiz. Igualdad o independencia*. Madrid: Consejo Superior de Investigaciones Científicas, 1990.

Rípodas Ardanaz, Daisy. *El matrimonio en Indias: Realidad social y regulación jurídica*. Buenos Aires: Fundación para la Educación, la Ciencia y la Cultura, 1977.

— *Un ilustrado cristiano en la magistratura indiana: Antonio Porlier, marques de Bajamar*. Buenos Aires: PRHISCO, 1992.

Robertson, William Spence. *Francisco de Miranda and the Revolutionizing of Spanish America*. Washington, DC: Government Printing Office, 1908.

RODRÍGUEZ, David R. Chacón. *Hoja de vida e índice de publicaciones del reverendo "Hermano Nectario María"*. Caracas: Ministerio de Educación, Dirección General, Dirección de Información y Relaciones, División de Publicaciones, 1986.

RODRÍGUEZ, Junius P. *Slavery in the United States: A Social, Political, and Historical Encyclopedia*. Santa Barbara: ABC-CLIO, 2007.

RODRÍGUEZ-BOBB, Arturo. *Exclusión e integración del sujeto negro en Cartagena de Indias en perspectiva histórica*. Madrid/Frankfurt: Iberoamericana/Vervuert, 2002.

RODRÍGUEZ O., Jaime. *The Mexican and Mexican American Experience in the 19th Century*. Tempe: Bilingual Press/Editorial Bilingüe, 1989.

— *"We Are Now the True Spaniards": Sovereignty, Revolution, Independence, and the Emergence of the Federal Republic of Mexico, 1808-1824*. Stanford: Stanford University Press, 2012.

RONIGER, Luis, y Mario SZNAJDER. *Constructing Collective Identities and Shaping Public Spheres: Latin American Paths*. Portland: Sussex Academic Press, 1998.

ROSENBLAT, Ángel. "El mantuano y el mantuanismo en la historia social de Venezuela". *Nueva Revista de Filología Hispánica* 24, n.º 1 (1975): 64-88.

ROUT, Leslie B. *The African Experience in Spanish America, 1502 to the Present Day*. New York: Cambridge University Press, 1976.

SAETHER, Steinar A. "Bourbon Absolutism and Marriage Reform in Late Colonial Spanish America". *The Americas* 59, n.º 4 (2003): 475-509.

SALCEDO-BASTARDO, José Luis, y Annella MCDERMOTT. *Bolivar: A Continent and Its Destiny*. Richmond: Richmond Publishing, 1977.

SALMORAL, Manuel Lucena. "El derecho de coartación del esclavo en la América Española". *Revista de Indias* 59, n.º 216 (1999): 357-374.

SÁNCHEZ, Joseph P. "African Freedman and the 'Fuero militar': A Historical Overview of 'Pardo' and 'Moreno' Militiamen in the Late Spanish Empire". *Colonial Latin American Historical Review* 3, n.º 2 (1994): 165-184.

SÁNCHEZ GONZÁLEZ, Salvador. "Los primeros diputados panameños: Ortiz y Cabarcas". *Foro Constitucional Iberoamericano* 11 (2005): 1-135.

SANTANDER, Francisco de Paula, y Simón BOLÍVAR. *Cartas Santander-Bolívar: 1820-1822*. Bogotá: Fundación para la Conmemoración del Bicentenario del Natalicio y el Sesquicentenario de la Muerte del General Francisco de Paula Santander, 1988.

Sartorius, David. "My Vassals: Free-Colored Militias in Cuba and the Ends of Spanish Empire". *Journal of Colonialism and Colonial History* 5, n.º 2 (2004), http:// muse.jhu.edu.ezproxy.lib.utexas.edu/.
— *Ever Faithful: Race, Loyalty and the Ends of Empire in Spanish Cuba*. Durham: Duke University Press, 2013.
Schafer, Daniel L. *Anna Madgigine Jai Kingsley: African Princess, Florida Slave, Plantation Slaveowner*. Tallahassee: University Press of Florida, 2010.
Schmidt, Henry C. *The Roots of Lo Mexicano*. College Station: Texas A&M University Press, 1978.
Schmidt-Nowara, Christopher. "Still Continents (and an Island) with Two Histories?". *Law and History Review* 22, n.º 2 (julio 2004): 377-382.
Schwaller, Robert C. "'Mulata, Hija de Negro y India': Afro-Indigenous Mulatos in Early Colonial Mexico". *Journal of Social History* (primavera 2011): 889-914.
— "'For Honor and Defense': Race and the Right to Bear Arms in Early Colonial Mexico". *Colonial Latin American Review* 21, n.º 2 (agosto 2012): 239-266.
Scott, Rebecca Jarvis. *Degrees of Freedom: Louisiana and Cuba after Slavery*. Cambridge: Harvard University Press, 2005.
Scully, Pamela, y Diana Paton, eds. *Gender and Slave Emancipation in the Atlantic World*. Durham: Duke University Press, 2005.
Seed, Patricia. "Social Dimensions of Race: Mexico City, 1753". *HAHR* 62, n.º 4 (1982): 569-606.
Seed, Patricia, y Philip F. Rust. "Estate and Class in Colonial Oaxaca Revisited". *Comparative Studies in Society and History* 25, n.º 4 (octubre 1983): 703-710.
Semple, Robert. *Bosquejo del estado actual de Caracas, incluyendo un viaje por la Victoria y Valencia hasta Puerto Cabello, 1810-1811*. Caracas: Grupo Montana, 1964.
Serna, Juan M. de la. "Bregar y liberar: Los esclavos de Querétaro en el siglo xviii". En *Pardos, mulatos y libertos. Sexto Encuentro de Afromexicanistas*, editado por Adriana Naveda Chávez-Hita, 99-116. Xalapa: Universidad Veracruzana, 2001.
"Seven Years War". *The Columbia Encyclopedia*, 6ª ed., 2008. Encyclopedia.com, http://www.encyclopedia.com/topic/Seven_Years_War.aspx#4.
Shafer, Robert Jones. *A History of Latin America*. Lexington: D. C. Heath, 1978.

Shumway, Jeffrey M. "'The Purity of My Blood Cannot Put Food on My Table': Changing Attitudes towards Interracial Marriage in Nineteenth-Century Buenos Aires". *The Americas* 5, n.º 2 (octubre 2001): 201-220.

Sicroff, Albert A. *Los estatutos de Limpieza de Sangre*. Madrid: Taurus, 1985.

Simonsen, Gunvor. "Moving in Circles: African and Black History in the Atlantic World". *Nuevo Mundo Mundos Nuevos* (septiembre 19, 2008), https://journals.openedition.org/nuevomundo/42303?lang=es.

Sintubin, Manuel. *Ancient Earthquakes*. Boulder: Geological Society of America, 2010.

Sloan, Kathryn A. *Women's Roles in Latin America and the Caribbean*. Santa Barbara: Greenwood, 2011.

Smedley, Audrey. "'Race' and the Construction of Human Identity". *American Anthropologist* 100, n.º 3 (1998): 690-702.

Smith, Jessie Carney. *Notable Black American Women*. Detroit: Gale Research, 1996.

Smithsonian National Museum of Natural History, https://humanorigins.si.edu/evidence/genetics/human-skin-color-variation.

Smolenski, John, y Thomas J. Humphrey. *New World Orders: Violence, Sanction, and Authority in the Colonial Americas*. Philadelphia: University of Pennsylvania Press, 2005.

Snow, Peter G. *Government and Politics in Latin America*. New York: Holt, Rinehart & Winston, 1967.

Socolow, Susan Migden. *The Bureaucrats of Buenos Aires, 1769–1810: Amor al Real Servicio*. Durham: Duke University Press, 1987.

— "Acceptable Partners: Marriage Choice in Colonial Argentina, 1778-1810". En *Sexuality and Marriage in Colonial Latin America*, editado por Asunción Lavrin, 209-251. Lincoln: University of Nebraska Press, 1989.

Soler, Ricaurte. *El pensamiento político en Panamá en los siglos XIX y XX*. Ciudad de Panamá: Universidad de Panamá, 1988.

Sologenealogia.com (www.sologenealogia.com). "José Antonio Briceño Parra, Vicente Briceño Parra, María Mercedes Briceño Parra, María Nicolasa Briceño Parra, Juana Paula Briceño Parra, Ana Gertrudis Briceño Parra, Fernando Briceño Parra, Pedro José de Briceño Parra, José Lorenzo Briceño Parra, Isidro Briceño Parra, Petronila Briceño Parra, Trinidad Briceño Parra, Inés Briceño Parra, Teresa Briceño Parra, María de Jesús Briceño Parra, María Josefa Briceño Parra y Francisca Briceño Parra".

SOLÓRZANO PEREIRA, Juan de. *Política indiana*. Madrid: Matheo Sacristán, [1647] 1736.

SONESSON, Birgit. *Vascos en la diáspora: La emigración de la Guaira a Puerto Rico, 1799-1830*. Sevilla: Consejo Superior de Investigaciones Científicas, 2008.

SPICKARD, Paul R. *Race and Nation: Ethnic Systems in the Modern World*. New York: Psychology Press, 2005.

STARK, David M. "Rescued from Their Invisibility: The Afro-Puerto Ricans of Seventeenth- and Eighteenth-Century San Mateo de Cangrejos, Puerto Rico". *The Americas* 63, n.º 4 (abril 2007): 551-586.

STAVIG, Ward. *The World of Túpac Amaru: Conflict, Community, and Identity in Colonial Peru*. Lincoln: University of Nebraska Press, 1999.

STOAN, Stephen K. *Pablo Morillo and Venezuela, 1815-1820*. Columbus: Ohio State University Press, 1974.

STOLCKE, Verena (MARTÍNEZ-ALIER, Verena). *Marriage, Class, and Colour in Nineteenth-Century Cuba: A Study of Racial Attitudes and Sexual Values in a Slave Society*. Ann Arbor: University of Michigan Press, 1989.

— "Los mestizos no nacen sino que se hacen". *Avá* 14 (julio 2009): 1-29.

STOLER, Ann Laura. "On Political and Psychological Essentialisms". *Ethos* 25, n.º 1 (1 de marzo, 1997): 101-106.

— *Carnal Knowledge and Imperial Power: Race and the Intimate in Colonial Rule*. Berkeley: University of California Press, 2002.

— *Along the Archival Grain: Epistemic Anxieties and Colonial Common Sense*. Princeton: Princeton University Press, 2010.

STURTZ, Linda L. "Mary Rose: 'White' African Jamaican Woman? Race and Gender in Eighteenth-Century Jamaica". En *Gendering the African Diaspora: Women, Culture, and Historical Change in the Caribbean and Nigerian Hinterland*, editado por Judith Ann-Marie Byfield, LaRay Denzer, y Anthea Morrison, 59-87. Bloomington: Indiana University Press, 2010.

SUSTO, Juan Antonio. "Efemérides de mayo". *Lotería* 84 (mayo 1948): 4.

SWARTHOUT, Kelley R. *Assimilating the Primitive: Parallel Dialogues on Racial Miscegenation in Revolutionary Mexico*. New York: Peter Lang, 2004.

SWEET, Frank W. *Legal History of the Color Line: The Rise and Triumph of the One-Drop Rule*. Palm Coast: Backintyme, 2005.

Sweet, James Hoke. "The Iberian Roots of American Racist Thought". *William and Mary Quarterly* 54, n.º 1 (enero 1997): 143-166.
— "Manumission in Rio De Janeiro, 1749-54: An African Perspective". *Slavery & Abolition* 24, n.º 1 (2003): 54-70.
— *Recreating Africa: Culture, Kinship, and Religion in the African-Portuguese World, 1441-1770*. Chapel Hill: University of North Carolina Press, 2003.
Tannenbaum, Frank. *Slave and Citizen: The Negro in the Americas*. New York: Vintage Books, 1947.
— "Slavery, the Negro and Racial Prejudice". En *Slavery in the New World: A Reader in Comparative History*, editado por Laura Foner y Eugene D. Genovese, 3-7. Englewood Cliffs: Prentice Hall, 1969.
Tauro, Alberto. *Asuntos económicos: Informes y oficios del Tribunal del Consulado*, vol. 21. Lima: Comisión Nacional del Sesquicentenario de la Independencia del Perú, 1971.
Tech Interactive, https://www.thetech.org/ask-a-geneticist/articles/2017/genetics-skin-color/.
Thibaud, Clément. "La ley y la sangre. La 'guerra de razas' y la constitución en la América Bolivariana". *Almanack* 1, n.º 1 (2011): 5-23, https://www.scielo.br/j/alm/a/nwTYtMtcRYrswLXQQj-5fWSF/abstract/?lang=es.
Thoughtco, https://www.thoughtco.com/search?q=skin+color.
Tilly, Charles. "Family History, Social History, and Social Change". *Journal of Family History* 12, n.º 1 (enero 1987): 319-330.
Tompson, Doug. "Between Slavery and Freedom on the Atlantic Coast of Honduras". *Slavery & Abolition* 33, n.º 3 (2012): 403-416.
Tovas Astorga, Fray Romeo, ed. *Documentos para la historia de la orden Franciscana en América Central*. Ciudad de Guatemala: Ministerio de Gobernación, Tipografía Nacional, 1986.
Townsend, Camilla. *Malintzin's Choices: An Indian Woman in the Conquest of Mexico*. Albuquerque: University of New Mexico Press, 2006.
Twinam, Ann. *Miners, Merchants, and Farmers in Colonial Colombia*. Austin: University of Texas Press, 1982.
— *Public Lives, Private Secrets: Gender, Honor, Sexuality, and Illegitimacy in Colonial Spanish America*. Stanford: Stanford University Press, 1999.
— "Pedro de Ayarza—The Purchase of Whiteness". En *The Human Tradition in Colonial Latin America*, editado por Kenneth J. Andrien, 194-210. Lanham: Rowman & Littlefield, 2002.

- "The Etiology of Racial Passing; Constructions of Informal and Official 'Whiteness' in Colonial Spanish America". En *New World Orders: Violence, Sanction, and Authority in the Colonial Americas*, editado por John Smolenski y Thomas J. Humphrey, 249-272. Philadelphia: University of Pennsylvania Press, 2005.
- "Purchasing Whiteness: Conversations on the Essence of Pardo-ness and Mulato-ness at the End of Empire". En *Imperial Subjects: Race and Identity in Colonial Latin America*, editado por Andrew B. Fisher y Matthew D. O'Hara, 141-166. Durham: Duke University Press, 2009.

United States Congressional Serial Set. Washington, DC: Government Printing Office, 1904.

URIBE, Víctor M. "The Lawyers and New Granada's Late Colonial State". *Journal of Latin American Studies* 27, n.° 3 (1995): 517-549.

URRIETA, Luis, Jr. "'Las indentidades también lloran', Identities Also Cry: Exploring the Human Side of Indigenous Latina/o Identities". *Educational Studies* 34, n.° 2 (2003): 147-168.

VALDÉS, José Manuel. *Vida admirable del bienaventurado Martín de Porres: Natural de Lima y donado profesor del Convento del Rosario del Order de Predicadores de esta ciudad*. Lima: La Providencia (San Francisco, n.° 86), 1908.

VALLENILLA LANZ, Laureano. *Cesarismo democrático: Estudios sobre las bases sociológicas de la Constitución efectiva de Venezuela*. Caracas: Tipografía Garrido, 1961.

VARGAS, Diego Uribe, Beatriz C. GUTIÉRREZ MONTES, y Mario Iván ÁLVAREZ MILÁN. *El meridiano 82: Frontera marítima entre Colombia y Nicaragua*. Bogotá: Universidad de Bogotá, 1999.

VÁZQUEZ, Francisco H. *Latino Thought*. Lanham: Rowman & Littlefield, 2009.

VILLELLA, Peter B. "'Pure and Noble Indians, Untainted by Inferior Idolatrous Races': Native Elites and the Discourse of Blood Purity in Late Colonial Mexico". *Hispanic American Historical Review* 91, n.° 4 (noviembre 1, 2011): 633-663.

VINSON, Ben, III. "Free Colored Voices: Issues of Representation and Racial Identity in the Colonial Mexican Militia". *Journal of Negro History* 80, n.° 4 (otoño 1995): 170-182.

- "Studying Race from the Margins: The 'Forgotten Castes'—Lobos, Moriscos, Coyotes, Moros, and Chinos in the Colonial Mexican Caste System". WP 02008, paper delivered at the International Seminar on the History of the Atlantic World, 1500-1825, Harvard University, 2002.

— *Bearing Arms for His Majesty*. Stanford: Stanford University Press, 2004.
— "From Dawn 'til Dusk: Black Labor in Late Colonial Mexico". En *Black Mexico: Race and Society from Colonial to Modern Times*, editado por Ben Vinson III y Matthew Restall, 98-135. Albuquerque: University of New Mexico Press, 2009.
Vinson, Ben, III, y Stewart R. King. "Introducing the 'New' African Diasporic Military History in Latin America". *Journal of Colonialism and Colonial History* 5, n.° 2 (2004): 1-24.
Vinson, Ben, III, y Matthew Restall, eds. *Black Mexico: Race and Society from Colonial to Modern Times*. Albuquerque: University of New Mexico Press, 2009.
Von Vacaro, Diego A. *The Color of Citizenship: Race, Modernity and Latin American / Hispanic Political Thought*. Oxford: Oxford University Press, 2012.
Wade, Peter. "Representation and Power: Black in Colombia". En *Social Construction of the Past*, editado por George C. Bond, 59-73. New York: Routledge, 1994.
Walker, Tamara J. "'He Outfitted His Family in Notable Decency': Slavery, Honour and Dress in Eighteenth-Century Lima, Peru". *Slavery & Abolition* 30, n.° 3 (2009): 383-402.
Wallis, Lucy. "What Makes a Mixed-Race Twin White or Black?", https://www.bbc.com/news/health-14885513.
Wauchope, Robert, y Manning Nash. *Social Anthropology*. Austin: University of Texas Press, 1967.
Webre, Stephen. "Water and Society in a Spanish American City: Santiago de Guatemala, 1555-1773". *HAHR* 70, n.° 1 (febrero 1, 1990): 57-84.
Wickberg, Edgar. *The Chinese in Philippine Life, 1850-1898*. Manila: Ateneo de Manila University Press, 2000.
Willems, Emilio. *Latin American Culture*. New York: Harper & Row, 1975.
Winn, Peter. "Frank Tannenbaum Reconsidered: Introduction". *International Labor and Working-Class History* 77, n.° 1 (2010): 109-114.
Wolfe, Justin. "'The Cruel Whip' Race and Place in Nineteenth-Century Nicaragua". En *Blacks and Blackness in Central America: Between Race and Place*, editado por Lowell Gudmundson y Justin Wolfe, 177-208. Durham: Duke University Press, 2010.
Worcester, Donald Emmet, y Wendell G. Schaeffer. *The Growth and Culture of Latin America: From Conquest to Independence*. New York: Oxford University Press, 1970.

Wright, Winthrop R. *Café con Leche: Race, Class, and National Image in Venezuela*. Austin: University of Texas Press, 1990.

Yong, Ed. "The Ancient Origins of Both Light and Dark Skin", https://www.theatlantic.com/science/archive/2017/10/a-brief-history-of-the-genes-that-color-ourskin/542694/.

Zahler, Reuben. "Complaining Like a Liberal: Redefining Law, Justice, and Official Misconduct in Venezuela, 1790-1850". *The Americas* 65, n.º 3 (2009): 351-374.

Zorita, Alonso de. *Leyes y ordenanzas reales de las indias del Mar Océano: Por las cuales primeramente se han de librar todos los pleitos civiles y criminales de aquellas partes: Y lo que por ellas no estuviere determinado se ha de librar por las leyes y ordenanzas de los reinos de Castilla*. Ciudad de México: Miguel Ángel Porrúa, 1985.

Índice onomástico y conceptual

abogados, 115, 117, 121-23, 188, 259, 270, 275, 281, 283-84, 294, 321-23, 341-42, 349, 378, 390, 403, 409, 412, 414, 457, 461, 463, 469, 540-41, 548, 552, 554
Acosta, Juana Rosalía, 213
África 82, 129, 153, 367, 471, 479, 493, 496, 498, 502, 504, 508, 541
africano(s), 21, 27, 67, 77-78, 80, 82, 86, 92-93, 99-100, 102, 124, 136-38, 140-41, 143, 149-51, 153-59, 162, 166, 171, 186, 225, 291-92, 335, 494, 545, 547, 563, 567
afroamericano(s, as), 77, 232, 248, 438
afroperuano(s), 109, 159
Aguirre Beltrán, Gonzalo, 150
Alarcón, Alonso de, 249
Albornoz, Agustina, 204, 431-32
Allen, Theodore W., 140, 150
Almeyda, Ana Dalmasia (GS), 316, 391
Almeyda, Juliana María, 316
Altagracia, 221-22, 294, 298-99, 325, 411, 423, 537-38
Álvarez, José Joaquín, 451
Álvarez-Coca González, María Jesús, 57
Álvarez de Quiñones, Antonio Claudio, 189
Amar, Antonio (V), 427, 452
Amat y Juniet, Manuel de (V), 188

análisis procesual, 70-73, 108, 111, 124, 126. *Véase también* búsquedas digitales, *emic/etic*, enfoques, ingeniería inversa
Andrews, George Reid, 530, 571
Andrews, Norah, 564-67
angloamericana (o, as, os), 26, 32-33, 51-52, 67, 74-75, 147
Anguiano, Ramón de, 338
Antigua, 271, 486, 524. *Véase también* Santiago de los Caballeros
Antioquia, 19, 22, 39, 113-14, 195, 219, 345, 350, 354, 520
Arango, Joseph, 244
Arate, Bartolomé de, 150
Archivo de Indias, 20, 31, 45-46, 134, 350, 439-40, 521, 543
Archivo Histórico Nacional, 135
Areche Sornoza, José Antonio, 256
Arellano, Fernando, 536
Arévalo, Domingo (GS), 405, 415-16, 418, 421-22, 427, 432-35, 450, 533-36, 550
Arévalo, María de la Concepción, 415
Arévalo, Petronila, 415
Argentina, 25, 55, 60, 65, 376, 515, 570. *Véase también* Buenos Aires, Córdoba
argumento de proximidad, 107, 110-11, 187, 299-300, 312, 329, 352, 421
Argüelles, Agustín, 484-85, 494, 502, 506-07

Arias, Juan Bautista, 299-300
armas, 157, 160-62, 165, 174-78, 180, 186, 191, 230, 266, 367, 371, 381, 494, 513
Aristimuño, Juan Martin de (GS), 202, 204, 211, 431-32, 435, 455, 459, 465, 520
Arizpe, Pedro de, 338, 389
Armada, Juan Ignacio de, 342-43
Arrate, Joseph Agustín de, 207
Arrate de Báez, María Gertrudis, 207, 266
Atlántico, 73, 76, 102, 126, 148, 232, 260, 287, 289, 294, 321, 327, 331, 342, 344, 347, 349, 370, 375, 379, 383, 387, 402, 409, 412, 417, 421, 427, 467, 469, 472, 474, 486, 488, 514, 544, 553, 567
Aubert, Guillaume, 84, 92, 150, 230
audiencia(s), 25, 46, 56-58, 113-15, 117, 120, 148, 161, 169, 173, 181, 211-12, 247-49, 254, 268, 277, 284, 293-94, 300, 302-04, 306-09, 313-16, 321, 330, 337, 342, 347, 350-53, 357-59, 361-65, 368-71, 375-76, 379, 383-87, 398-99, 408, 411-12, 417, 425-28, 431, 435, 439-40, 443-44, 450-51, 454, 523, 552-53
Aureliano, Chanchica G., 213, 407
Avendaño, Nicolas de, 190
Avilés, Gabriel de (V), 397
Avilés, Miguel Joseph (GS), 240, 242, 246, 288, 341
Ayarza, Antonio Nicanor de (GS), 336, 413-14, 427, 434, 451, 453-54, 521, 529-31, 541
Ayarza, Joseph Ponciano de (GS), 31-33, 35-36, 53, 235, 294, 331, 336-37, 340-41, 352-55, 374, 388, 398, 402, 412-14, 427, 451, 454, 521, 523, 529, 531, 540-42, 572-73
Ayarza, Pedro Antonio de (GS), 53, 214, 331, 335-41, 352-53, 356, 360, 371, 388, 391, 413-14, 427, 433-34, 451, 454, 457, 521, 530
Ayarza, Pedro Crisólogo de (GS), 336, 412-14, 427, 434, 451, 453, 521, 529-31, 538, 540-41
Ayarza Gutiérrez de Bocanegra, Pedro de, 214
ayuntamiento(s), 36, 46, 291, 393, 416, 448, 497, 502
Azupurú, Ramón, 36

Báez, Ignacio, 206-08, 219
Báez, Joseph, 206-07
Báez y Llerena, Joseph Francisco (GS), 207, 216, 219, 238-42, 246-47, 251, 259, 261-63, 268, 283, 288, 388, 519
Báez y Llerena, Manuel (GS), 207, 216, 219, 261-71, 274-76, 279, 282-84, 287-88, 311, 329-30, 388, 391, 519
Bajamar, Marqués de, 274. *Véase* Porlier, Antonio de
Baptista, Juan, 184
Barces, Julián, 190-91
Barisno, Fernando, 160
Barrero, María Francisca, 203
Bayamo, 209, 242, 244-45, 263
Bejarano, Francisco, 222, *223*
Bejarano, Juana Antonia, *223*, 538
Bejarano, María Graciela, *223*, 293
Beltrán de Santa Cruz, Gabriel, 268
Bennett, Herman, 99, 104, 134, 141, 143, 153, 159, 169, 171, 312
Berlin, Ira, 138
Berrio, Joseph Antonio, 337
blanco(s), 10, 22, 29, 31-34, 36-37, 39, 41, 48, 52, 60, 62-63, 67, 69-70, 78, 80-86, 90, 93-98, 101, 104-07, 109-11, 116, 125, 128-29, 134, 136, 142, 144, 146-47, 149-51, 157, 159-60, 162, 168-70, 173-78, 181-88, 190-92, 196-226, 229-30, 232-33, 235-36, 238-39, 245, 248, 253-55,

ÍNDICE ONOMÁSTICO Y CONCEPTUAL 627

262, 265-67, 269, 272, 274-76, 283, 290-91, 293, 296-301, 303-04, 309-12, 315-20, 322-23, 328-29, 346-54, 357-58, 360-63, 365-69, 371, 375, 377-383, 385-86, 391-92, 394, 398, 400, 408, 410, 414-16, 418-19, 422, 424-32, 435, 437, 442-43, 445, 447, 453-56, 459-62, 464, 466-77, 487, 489, 494, 497, 499, 503, 510, 514, 519, 524, 526, 529-32, 536, 538-39, 545-50, 552-54, 559, 567
Blanco, José Félix, 36
Blanco, Lope Joseph, 281
Blanco, Manuela, 208
Blanco-Fombona, Rufino, 34, 38, 55
blanqueamiento, 21, 25-56, 58-69, 71-73, 77, 80, 83-85, 88-89, 91, 94, 96-98, 101-05, 107, 111-12, 115-19, 121-28, 133-35, 168, 178, 189, 195-97, 199-202, 204-11, 214, 216, 219-222, 224-26, 229-32, 237, 239-41, 245-46, 250-54, 256-57, 259-66, 269-70, 272-77, 279-85, 288-90, 294-95, 297, 299, 308-11, 314-21, 324-32, 336-37, 340-61, 363-66, 368-74, 375-84, 386-405, 408-09, 411-419, 421, 423, 425-36, 438-39, 441-42, 444, 447-67, 469, 472, 495, 499-500, 508-09, 514, 519-25, 527-29, 531-34, 536-56, 559-60, 562-63, 569-71
Bogotá, 25, 31-32, 35, 57, 105, 114, 120-21, 235, 245, 330, 335-37, 339-42, 350, 352-54, 370-71, 376, 398, 402, 412-13, 427, 451, 468, 521, 523, 529, 540, 542
Bolívar, Simón, 38, 530
Bolivia, 153
Bonaparte, Joseph, 466
Bonaparte, Napoleón, 466, 468, 477, 530. *Véase también* napoleónico
Booker, Jackie R., 184
Borbón(es), 40, 99, 112, 115, 118-19, 123, 126-28, 180-81, 183, 185, 274, 288, 296, 307, 316, 324, 326-27, 330, 359, 361, 364, 387, 405, 407, 409, 435, 450, 454, 553-54
Borbúa, Juan Evaristo de Jesús (GS), 203-04, 247, 250-53, 255, 257-58, 288, 388, 419-20, 434, 522.
Borbúa, Matías Joseph (GS), 420, 433-35
Borbúa, Pedro Fernández de, 203
Borla de los Santos, Francisco, 356
Borrull, Francisco, 485
Borucki, Alex, 570
Botacio Grillo, Manuel, 249
Botacio Grillo, Silvestre, 249
Bowser, Frederick P., 43-44
bozales, 374
Branche, Jerome, 93
Briceño, José Antonio, 528
Briceño, Joseph, 201, 211, 288, 316-19, 324, 327, 343, 356, 527, 531-32
Briceño, Juana Paula, 528
Brito, Theresa María, 281
Brother Nectario María, 45
Buenos Aires, 56-58, 114-15, 128, 143, 153, 256, 409, 433, 439, 444, 462, 468, 531
Burkholder, Mark, 30, 114, 119-20, 122, 257, 354, 433
Burns, Kathryn, 81, 248
búsquedas digitales, 28, 520-21

Caballero, Joseph Antonio, 400, 404, 408, 439, 509, 549
Caballero Carranza, Felipe, 210, 216, 462
Caballero Carranza, Francisco Mariano Miguel, 217, 529
Caballero Carranza, Joaquín, 210, 216, 391
Caballero Carranza, José María, 216
Caballero Carranza, Juan, 210
Caballero Carranza, Manuel (GS), 210-11, 216-17, 391, 462-63, 466, 529

Caballero Carranza, Manuel María, 217
Caballero Carranza, Mariano, 217
caballos, 92, 99, 137-38, 165, 172
cabildo(s), 20, 36, 85, 106, 109, 113, 118, 120, 126, 133, 184, 190, 221, 249-51, 255, 294, 296, 303-12, 314-15, 319, 327, 329-30, 347-49, 354, 357-68, 370-71, 374-76, 379-80, 382-84, 386-88, 393, 397-98, 400, 404, 412, 416-19, 421, 431, 455, 467, 475, 487, 535, 540, 552-53, 560. *Véase también* ayuntamiento
Cabrejo, Joaquín, 254
Cabrejo, José María, 401
Cadena, Marisol de la, 108
Cádiz, 94, 313, 338, 438, 458, 467, 475, 476-77, 482, 484, 492, 553
Cagigal, Juan Manuel de, 432
calidad(es), 25, 55, 63, 69, 84, 89, 95-98, 103, 107, 111, 170, 182, 189-90, 195, 203-04, 207, 211, 216, 218, 225, 232, 234, 236, 239-40, 244, 249-53, 264-65, 268-70, 275, 278, 282, 292, 302-03, 313, 317-19, 322, 325-28, 335-37, 340, 343-46, 350-54, 357-58, 360, 374, 377, 389, 392, 397, 407, 410-11, 413-14, 418, 424-25, 428-29, 431-33, 444, 453, 459, 461, 472, 492, 494, 507, 511, 515, 526-27, 541, 544, 565, 571
California, 55
Callao, 161, 172-73, 176
Cámara de Indias, 89, 95, 97, 102, 112, 115, 117-122, 124, 201, 203, 205, 208, 210-14, 217, 224, 237-41, 243-44, 247, 250-53, 255, 257, 261-71, 273, 275-80, 282-85, 287-89, 293, 309, 313, 316-18, 321, 323-31, 335-36, 340-51, 353-57, 364-66, 370, 373-75, 377-79, 382-87, 389-400, 402-03, 405, 412-16, 419-21, 427-28, 432-35, 438-39, 444, 452-56, 462-63, 509, 520, 523-24, 527, 531-33, 536, 542, 548-49, 552, 560
Candioti, Magdalena, 570
Cañeque, Alejandro, 98, 112, 301
Cangrejos (Puerto Rico), 173
capellanía, 222, 265, 299, 325, 327, 344, 423, 537-38
Caracas, 25, 28, 36, 39-41, 45-50, 56, 58, 65, 83-85, 106, 109, 112, 114, 118, 120, 126, 128, 184-85, 189, 192, 199, 211-12, 221, 225, 277, 287-88, 292, 295-303, 304-14, 316-17, 319-23, 326-27, 329-30, 338-39, 342-44, 347-49, 351-52, 354-55, 357-58, 360-71 373-76, 379-87, 393, 395-98, 400, 403-05, 407-08, 410-12, 415-18, 419, 421, 423-36, 440, 442, 445-46, 448-51, 454, 459-60, 463-65, 468, 477, 487, 512, 514, 520, 524, 532-38, 540, 549-53, 555. *Véase también* ayuntamiento/cabildo
Carbonell, Pedro, 315, 347-48, 370
cargo público, 134, 165, 204, 269, 459
Carmen Correa, María del, 211, 213, 433, 435, 450, 465
Carmona, María, 210, 462
Carrera, Magali Marie, 86
Carroll, Patrick, 155
Cartagena, 114, 171, 189, 245, 251, 298, 300, 322, 336, 338, 487
Casas, Bartolomé de la, 158
Casas, Juan de la, 137
casta(s), 21, 34, 36, 38, 47-51, 61, 66-67, 73, 75, 77-78, 80, 84, 86-88, 90, 101, 108-10, 125-26, 128, 134-36, 139, 143, 146, 149, 152, 155-56, 158, 160, 164-69, 171-84, 186-90, 192-93, 195-200, 203, 206-07, 215, 218-20, 225, 230-32, 235, 242, 247, 252-53, 255, 258-59, 269, 272-74, 276, 282-83, 285, 290-92, 296-04, 308-09, 311-12,

ÍNDICE ONOMÁSTICO Y CONCEPTUAL 629

315-16, 318, 320-23, 329-30, 339, 345, 348-49, 358-59, 362-63, 365-67, 371, 373, 379, 385, 389, 394, 401, 404, 408-10, 414, 419, 425-26, 430, 434, 441, 443-46, 448, 455-56, 458-62, 464-66, 469, 472-86, 487-88, 490-514, 520, 522-23, 536, 543-51, 553-56, 559-61, 563, 566-68, 571
casta contra clase, 27, 49, 52, 73, 128, 543
Castillero Calvo, Alfredo, 248
Castillo, Florencio José, 490, 498, 501
Castillo Palma, Norma Angélica, 153, 156
Castillo y Negrete, Manuel del (F), 123, 409, 467, 486
Castleman, Bruce A., 162
Castro, Álvaro de, 144
catolicismo, 75, 92-93, 101, 140-42, 146-47, 171, 173, 494, 545
católicos, 74, 91, 140, 142, 171, 497, 545
Cedulario de Ayala, 134
Cerdán y Pontero, Ambrosio (F), 408
Cerro, Francisca, 211-12, 217, 426, 433, 435, 450, 465, 523
Chapman, Charles E., 29
Charcas, 56, 114
Carlos III (1759-1788), 127, 187
Carlos IV (1788-1808), 127, 438, 466
cartas mandadas 294, 308, 310
Chávez, Luis de, 352
Cheroquis, 159
Chile, 56, 114, 443
chirimías, 176-77, 192, 231
Cholula, 153, 177
cirujano(s), 39, 94, 127, 192 230-32, 237, 242, 245-53, 259, 262, 267, 271, 297, 309, 331, 335, 341, 388, 400, 415, 419, 459, 510-12, 533, 548, 571. *Véase también* médicos
Ciudad de Guatemala, 272, 277

Ciudad de México, 114, 148, 150, 153, 161, 171, 240, 254, 277, 468, 472, 506, 529
Ciudad de Panamá, 182, 190
cronologías, 67, 72-73, 77, 87, 108, 124-26, 142, 551, 553, 566
Cistué y Coll, José de (F), 117, 120-21, 123, 195, 229, 253-60, 264, 277-78, 282, 288-90, 316-18, 321, 323, 327-28, 330-41-340-42, 349-50, 353-55, 357, 369-70, 374-75, 377, 384-85, 389-90, 392-95, 399, 402-05, 407-08, 415-16, 420, 444, 522, 533, 548
ciudadanía, 21, 27, 58, 75-76, 127, 475, 478, 485, 488, 491-98, 502-03, 505, 509, 511-12, 514, 547, 551, 555, 568
ciudadano(s), 33, 48, 67, 77, 88, 290, 466, 469, 487, 489-90, 492, 499, 501, 503-04, 507, 510-11, 514, 542, 550, 552, 556, 559, 563, 568-71, 573
clase(s) estatus, 34, 38, 50, 55, 73, 75, 79, 85-86, 88, 140, 147, 164, 182, 185, 201, 204, 218, 220, 273, 294-98, 302, 309-10, 312, 317-20, 322, 352, 366, 377, 379, 410, 415, 418, 421-25, 429-30, 442-44, 446, 461, 488, 493-94, 499, 506, 511, 523, 539, 544, 573. *Véase también* casta contra clase
clase(s) universitaria(s), 40, 233, 235-36, 242-45, 265, 305, 360, 412, 417, 428, 537
Clemente, Fermín, 477
coartación, 140, 143, 232. *Véase también* manumisión
cofradías afroperuanas, 109, 166. *Véase también* gremio pardo
Cohen, David W., 43, 81
Colegio de Abogados, 321-22, 540
Colombia, 19, 25, 53, 87-88, 114, 184, 224, 295, 301, 531, 541, 573. *Véase también* Antioquia, Bogotá, Cartagena, Medellín, Nueva Granada, Valledupar

color, 26, 29, 35, 38, 44, 47, 52-53, 73, 78-80, 82, 85, 88, 90-92, 95, 101, 103, 105, 108, 111, 147, 179, 183, 185, 191, 195, 197-98, 214, 237, 273, 276, 291-92, 299-300, 314, 345, 382, 389, 394, 399, 401, 415, 418, 428, 432, 446-47, 457, 461, 478, 494, 499, 514, 539, 541, 544-45, 565-67, 569-72

Compañía de Caracas, 296, 307, 309

conjuntos (aplicaciones), 229, 239, 242, 247, 261, 285. *Véase también* peticiones vinculadas, puntos de referencia, solicitudes en grupo

consulado (Ciudad de México), 506-07, 551

consulta(s), 115, 117, 119-22, 126, 237, 275, 289, 293, 317, 319, 327, 330, 342, 354, 384, 390, 402-03, 407, 410-11, 413-14, 424, 430, 434, 443, 459, 561, 500-01, 509, 513, 537, 550, 552, 581

consulta misteriosa, 273, 434, 436-442, 444, 446, 449-50, 455, 458, 463-65, 537, 549, 554-55

constitución (Cádiz), 502, 504, 508, 514. *Véase también* Cádiz, Cortes de Cádiz

Contaduría (General), 33, 62-63, 66, 256, 258, 260, 331, 341, 373, 395-96, 410, 438, 448-49, 451-55, 457-60, 462-64, 550

Contreras, Gerónimo de, 280

Cooper, Frederick, 61, 66, 71, 75-76, 89

Cope, R. Douglas, 51, 79, 108, 237, 564

Corbacho, Lorenzo, 338

Cordero, Juan Gabriel, 292

Cordero, María Paula, 222, *223*

Córdoba, (Argentina) 128, 376, 402

Cornejo, Joseph Antonio, 224, 325-27

Coro, 205, 300, 445. *Véase también* Rebelión de Coro (1795)

Correoso, Ciriaco Hipólito (GS), 253, 257-58, 522

Cortés, Isabel Josefa, 210

Cortes (de Cádiz 1810-1814), 21, 36, 67, 88, 127, 438, 467-69, 471-97, 499-514, 540, 550-51, 555, 568

Cortines, Francisco Ignacio, 313-15, 363-65, 369, 426

Cottrol, Robert J., 76, 138-39

Consejo de Regencia, 438, 466, 468

Consejo de Indias, 21, 47, 55, 57, 61-63, 66, 69, 71, 95-98, 103, 110-111, 114-15, 117-18, 120-26, 133, 141, 144-45, 152-53, 167-69, 172, 176-78, 180, 182-83, 185, 189-90, 192, 195, 221, 229, 237, 243-46, 249-50, 252, 254, 256-57, 260, 262-63, 270, 275, 277, 281, 284, 288-90, 293-94, 302, 306-08, 313-16, 318-19, 321, 324-26, 328, 330-31, 336, 338, 343, 348, 354, 358, 361, 369-69, 373, 379, 382-86, 390-91, 393-94, 397-400, 402-05, 407-12, 419, 421, 424-25, 427-31, 433-41, 444-46, 448-52, 454-58, 462-65, 467, 469, 486, 509, 514, 522, 524-25, 528-30, 537, 543, 547-50, 552-55, 560-66. *Véase también* Cámara de Indias

Concilio de Trento (1545-1563), 128, 146, 311

Cowley, Joseph María (GS), 374-75, 402-03

creación legislativa, 559-60

Crespo de Bolaños, María Guadalupe, 210

Creus, Jaime, 497, 501

Crow, John, 29

Cruz, Juana Inés de la, Sor, 398

Cruz Marqués, Francisco de la (GS), 208, 432, 435, 455-57, 459, 465, 520

Cruz y Mena, Fernando Joseph de la, 242

Cruz y Mena, Juan Antonio de la, 242

Cruz y Mena, Juan de la (GS), 188, 209, 212, 216, 242-46, 270, 288, 341, 388
Cuba, 47, 55, 127, 140, 143, 155, 172, 183, 185, 192, 201-02, 215, 235-38, 240-45, 271, 283, 348, 458, 501, 532-33, 546, 551, 566, 571. *Véase también* Bayamo, la Habana
Cumaná, 356, 431-33, 435, 455-57, 459, 532
cuarterones, 5, 80, 182-83, 188, 220, 236, 251, 257, 297

Darién, 179
Dávalos, Manuel, 455, 499, 511
Davidson, D. M., 143
Deans-Smith, Susan 86, 199, 568
defecto(s), 20, 62-63, 85, 89, 91-92, 95-98, 103-05, 109-11, 133, 164, 179, 183, 193, 203-07, 211, 216-17, 220, 224, 229, 238-39, 241, 243, 246, 249, 251-53, 255-57, 259, 262, 264-67, 269-70, 272, 275, 282, 293, 309, 313, 317-19, 323, 328, 331, 335, 340-41, 346, 349-51, 365, 371, 374, 388-89, 394-95, 401, 413, 420, 459, 465, 511, 522, 529, 544, 546, 571, 573
Derham, James, 232
Díaz, Arlene, 76, 295-96
discriminación, 20-21, 39, 44, 47, 50, 52-53, 67, 71, 74-75, 78, 82, 91, 93-94, 126, 136, 168, 183, 187-88, 192, 202, 224-25, 242-43, 245, 249, 273, 277, 291, 341, 355, 369, 401, 408-09, 418, 428, 445-46, 461, 465-66, 487-88, 495, 500-01, 508-10, 513, 523, 527-28, 532, 536, 540, 543, 545-47, 549, 555, 571. *Véase también* cargo público, limpieza de sangre
Domínguez, Gregorio, 452
Domínguez, Jorge I., 49
don/doña, 63-64, 84, 107, 110-11, 210, 215-17, 266-67, 331, 346-47, 350, 371, 391-95, 404, 413-14, 417, 419, 424, 434, 524-27, 529, 532
Dos Repúblicas, 113, 164-66
Dou, Ramón Lázaro de, 497

Eastman, Scott, 568
Echeverri, Marcela, 569-70
Echevarría, Manuel Antonio de, 453-54
Ecuador, 156
Edwards, Erika Denis, 570
Elkins, Stanley M., 41
El Morro, 267
El Observador (Cádiz), 475
Emparan, Vicente de, 339
encomienda/s, 62, 157, 378
enfoques, 28, 67, 70-73, 77-78, 111, 124-26, 134, 321, 472, 384, 521. *Véase también* búsquedas digitales, *emic/etic*, ingeniería inversa, análisis procesual
emic/etic, 20, 70-71, 73, 136. *Véase también* búsquedas digitales, enfoques, ingeniería inversa, análisis procesual
Enríquez de Almansa, Martín (V), 150-52
Escalada, Manuel de, 57
Escalera, La (1844), 572
escribano, *Véase también* notario público
esclavo(s), 27, 32-33, 37, 39, 42, 47, 50, 74-77, 80, 82, 88, 95, 99-100, 124, 127, 134-46, 148-62, 164-66, 169, 171-72, 174, 177-78, 181-87, 189-92, 196, 199, 202, 222, 267, 273, 291-92, 296-98, 301-03, 305, 311-12, 315, 323, 326, 335-36, 348, 365-67, 369, 392, 416, 422, 430, 443, 477, 485, 487-89, 513, 524, 535, 544-45, 552, 556-59, 562-65, 569-70, 572
esclavitud, 21, 27, 30, 32-33, 48-49, 67, 74-76, 80, 100, 109, 127, 135, 138-

39, 142-45, 147, 149-51, 162, 191, 199, 225, 273, 290-91, 313, 326, 348, 365, 369, 387, 392, 422, 425, 430, 447-48, 493, 556, 563-64, 569, 572-73
Esmeraldas, 156
España, 33, 36, 42, 48, 62-63, 84-85, 126-27, 191, 230, 339, 358, 361, 380-81, 392, 437, 447, 466, 468, 472, 478, 481, 483-84, 499-500, 503, 548, 555, 562-63, 567, 571. *Véase también* Cádiz, Cortes de Cádiz, Galicia
españoles, 21, 28, 38, 51, 76, 78, 82, 84-86, 88-91, 93-94, 96, 98-99, 102, 111, 113, 127, 129, 135-36, 138, 145, 149, 151-66, 168, 171, 174, 176, 181, 183, 191, 199, 202, 215-17, 225, 245, 266, 269-70, 272-73, 276-77, 292, 298, 305, 307, 321, 361, 364, 367, 380, 392, 394, 410, 438, 446, 462, 466, 471, 474, 476-77, 481, 483-84, 486, 488-99, 504-08, 510, 512-13, 529, 539, 547-50, 555, 561, 567
Espelt Bombín, Silvia, 250, 572
Espersa, Cayetano, 532
Espiga, José de, 497
Estados Unidos, 26, 32, 41, 43, 49, 70, 74-75, 78-81, 95, 104, 107, 147, 200, 232, 469, 490, 498, 509, 519, 543
Estatuto de Toledo (1449), 248
Esteban, Andrés, 482
expósito(s), 91, 190, 217, 253-54
Ezpeleta, José de (V), 338-39, 342, 352-55, 370, 383, 398, 427

Felipe II (1556-1598), 150
Felipe V (1700–1746), 100, 126, 187, 566
Feliú, Ramón, 483, 498, 512
Fernando VI (1746-1759), 126
Fernando VII (1808-1833), 438, 468-69, 514, 550

Fernández, Francisco (GS), 486
Fernández, Joseph Alvino, 377
Fernández de Leiva, Joaquín Lucas, 490, 496, 499, 504
Fernández Sarmiento y Ballón, Manuel Ignacio, 256-57
Ferreguert, Andrés Vicente, 280
fiebre amarilla, 408, 534
Fields, Barbara J., 148
Figueroa, Juan Antonio de (GS), 459, 581
Filipinas, 56, 356, 398
fiscal, 41, 62, 84, 97, 114-15, 117-26, 173, 183, 222, 249, 259, 269-70, 278-80, 282-85, 288-90, 328, 330-31, 344, 351-55, 370, 373, 375, 379, 382, 390, 396, 410, 412, 421, 435, 438, 441, 452, 552-54. *Véase* fiscales individuales notado con (F)
Fischer, Kirsten, 147
Flores, Antonio (GS), 209, 232-38, 240, 243, 236, 270, 341, 520
Flores, Joseph Ignacio, 233-36, 520
Florida, 55, 80, 147, 172, 381
Forbes, Jack D., 143, 151, 290
Francia, 90, 99, 230, 455, 469, 512
Frederick, J., 200
Freyre, Gilberto, 26
Fromesta, Juan Manuel de, 340, 388
Fuente, Alejandro de la, 74-76, 143
Fuentes, Petronila, 432
fuero (militar), 183-86, 230, 367, 548

Gabaldón Márquez, Edgar, 34, 38
Galicia, 209
Gallardo, Bartolomé, 209
Gallardo, Thomas Salustiano, 377
Gallego, Juan Nicasio, 503
Gallegos, Andrés, 213
Gallegos, Blas (GS), 212-13, 217, 426, 450, 523
Gallegos, Diego de, 319
Gallegos, Joseph María (GS), 459

Gálvez, Matías de, 271, 273-74
Garay, Manuel 376
García, Guadalupe, 267
García, Juan Andreo, 62
García Herreros, Manuel, 497, 500, 503
García Pérez, Rafael, 115, 117-18, 124, 289
Garofalo, Leo, 159
Gasca, Pedro de la (V en funciones), 149
Gates, Henry Louis, 51
Geggus, David P., 127, 273, 348, 487
género, 20, 90, 95, 153-54, 187, 189, 199-200, 206, 214, 225, 269, 297, 320, 327, 545, 562, 564-65
genes, 197-98
Georgia, 232
Gharala, Norah L. A., 564-65
Gibson, Charles, 55
Gil, Carlos B., 51
Gil, Pedro Domingo, 321-22
Glenn, Evelyn Nakano, 54
Goicoechea, José Antonio, 14, 373, 400-02, 409-11, 439, 445-46, 448, 458, 460, 466, 509, 549, 555
Gómez, Alejandro E., 48, 82, 199, 207, 298, 430, 487
Gonzalbo Aizpuru, Pilar, 86-87, 88
Gonzáles de Mena y Villegas, Pedro (F), 251-52, 259, 275
González de Acuña, Manuel, 541
González-Silen, Olga, 315, 322, 487
Goodenough, Ward, 71
Gordoa, José Miguel, 498, 512
Gorvea y Vadillo, José Lucas de (F), 123, 409, 433, 462-63
Gould, Eliga, 76
gracias al sacar, 20-21, 25-32, 34-58, 60-67, 69, 71, 73-74, 77, 83-85, 87, 89, 95-96, 102-04, 107, 112, 118, 125, 128-29, 133, 178, 196-97, 200-02, 204, 208, 215, 218-19, 226, 229, 239, 245-47, 262-66, 282, 288, 290, 292, 297, 318, 321, 331, 335, 340-48, 351, 357-63, 366, 368-71, 373, 375-76, 379-80, 382-84, 391-92, 394, 395-98, 401, 404-05, 408, 411-12, 418, 420, 434, 438-39, 441-42, 444, 447, 450, 452, 458-66, 468, 486, 493, 495, 499-501, 509, 512-13, 515, 519-23, 527, 531-33, 536-37, 539-40, 542-48, 550, 552-56, 559-60, 562-63, 565, 569-70. *Véase también* aplicantes notado con GS
Gran Bretaña, 230, 469, 498
Graubart, Karen B., 109, 166
Greene, Jack P., 43, 51
Gremio pardo (de los pardos), 112, 118, 379-83, 395, 404, 553
Gross, Ariela, 79, 107, 218, 546
Guardiola-Rivera, Oscar, 294
Guatemala, 47, 56, 59, 69, 114, 146, 153, 155-56, 166, 180, 220, 254, 271-73, 275-78, 280, 283-84, 321, 400-01, 404, 408, 486, 524-26, 549. *Véase también* Antigua, Santiago de los Caballeros
Guerra de los Siete Años (1756-1763), 230, 237
Guerrero, 156
Guerrero, Domingo, 207
Guerrero, María Raphaela, 207
Guevara y Vasconcelos, Manuel de, 407, 423-24, 446
Guitar, L., 143
Gumilla, José, 199
Guridi y Alcocer, José Miguel, 482, 485, 493-95, 504, 511
Guss, David M., 52
Gutiérrez, Manuel Antonio (GS), 339, 388-90, 402-03
Gutiérrez Brockington, Lolita, 153
Gutiérrez Castañeda, Bartolomé, 389
Gutiérrez de Caviedes, Frutos Joaquín, 352
Guy, Abby, 107, 218

Habana, 89, 127, 149, 170-71, 174, 176, 183, 185, 187, 192, 207, 209, 229-30, 232-35, 239-40, 244-45, 261, 266-68, 270, 279-91, 374, 520, 554, 572
Haití, 127, 430
Hanger, Kimberly S., 199, 273
Haring, C. H., 55
Harris, Marvin, 70
Hasenbalg, Carlos, 52
Helg, Aline, 53, 64, 273, 298, 300, 322
Henige, David P., 114, 306, 343
Herbert, Frank, 40
Hering Torres, Max S., 92
Hernández de Alva Alonso, Lorenzo Serapio (F), 123, 409, 414-16, 419-420, 427, 432-33, 435, 533
Herrera, Robinson A., 154
Herzog, Tamar, 54
Hidalgo y Costilla, Miguel, 493
Hill, Ruth, 199
Hodes, Martha Elizabeth, 79-80, 200
Hoefte, Rosemarijn, 80
Hollinger, David A., 77, 147, 150
Holt, Thomas, 76
Homboni, Francisco (GS), 253, 257-58
Honduras, 60, 162
honor, 20, 85, 96, 104-05, 111, 243, 245, 269, 277-78, 292, 312-13, 337, 375, 378, 381, 394, 402, 410, 432, 498-99, 501, 512-13, 515, 523, 526, 535, 541, 573
Howard University, 232
Humboldt, Alexander von, 298

Ibarra y Herrera, Francisco de, 92, 421-24, 428, 435-36, 448
ilegitimidad, 20, 89-90, 97-98, 105-06, 110, 177, 189, 192, 206, 253, 264-65, 290, 313, 387, 539-40
inconvenientes, 73, 103, 107, 111, 116, 119, 153, 161, 163, 175, 192, 266, 285, 318, 343, 353-54, 368-69, 373, 375, 384, 386, 391, 393, 398, 403-04, 416, 421, 424, 432, 434, 443, 448-50, 478, 538, 545
índice, 28, 45-46, 56-58, 256, 291, 399, 433
indios, 92, 150, 152, 156-58, 161, 166, 179-80, 182, 186, 298, 443, 480, 482-83, 494, 506, 510, 561. *Véase también* nativos
ingeniería inversa, 27, 31, 56, 58. *Véase también* búsquedas digitales, *emic/etic*, enfoques, análisis procesual
Inglaterra, 156, 238. *Véase también* Gran Bretaña
interrogatorio(s), 116-17, 280, 337
intersticio (de movilidad), 67, 137, 139, 147, 151, 177, 195, 225, 231, 264, 335, 524, 542, 544
Ireton, Chloe, 567
Isabel (reina 1474-1504), 99, 141
Islas Vírgenes, 538

Jamaica, 80-81, 147
Jáuregui y Bárcena, Juan de, 189
Jenks, Albert E., 95
Johnson, Lyman L., 143
Jones, Jacqueline, 78, 150, 301
Jorgan y Domingo, Pedro, 263
Jouve Martín, José R., 172, 572
justicia, 73, 99, 102-03, 107, 111, 115, 143, 160, 172, 304, 324, 381, 443, 464, 477, 494, 496, 503, 524, 538, 555, 562

Katzew, Ilona, 95
Kellogg, Susan, 153, 156, 198
Kentucky, 249
Kettering, Sharon, 99
King, James F., 30-31, 33-36, 39, 43, 54, 56, 471, 487, 500
King, Stewart, 100
Klein, Herbert, 100, 140, 143-44, 159
Konetzke, Richard, 25, 30, 38-40, 43, 45-46, 54, 56, 58, 134-35, 581

La Guaira, 292, 313, 569
Landaeta (familia), 221, *223*, 224-25, 291-92, 295, 298, 352, 366, 369, 423, 425-27, 430, 450, 569
Landaeta, Andres, *223*
Landaeta, Antonia, *223*
Landaeta, Antonio, 412
Landaeta, Antonio José, *223*, 425
Landaeta, Basilio, 221, *223*, 292
Landaeta, Juan José, 536
Landaeta, Juana María, 222, *223*
Landaeta, Juan Gabriel (GS), 62, 83, 85, 221, *223*, 287, 290, 292, 294, 298, 308, 310, 313-16, 318-19, 321-22, 325, 329, 344, 363-64, 384-88, 397, 400, 402, 404, 408, 412, 416, 418, 421, 425, 434, 460, 536, 549, 550
Landaeta, María Raphaela, 221, *223*, 299
Landaeta, Miguel, 222, *223*
Landers, Jane, 55, 102, 138, 143, 154, 171, 173, 184, 196, 199, 232, 381, 508
Langue, Frédérique, 48, 296, 349, 421, 477
Lanning, John Tate, 30-33, 35-37, 39, 42, 54, 231
Lanz de Casafonda, Manuel Miguel (F), 268-70, 275-76, 283-84, 311
La Plata, Charcas, 114, Córdoba 376, Rio de 115, 462, 570
Larrazábal, Antonio, 505
Lasso, Marixa, 53, 86, 295, 514
Lavalle, José Antonio, 455
Lavrin, Asunción, 31, 146, 556
legislación suntuaria, 165-66, 300, 339
legitimaciones, 39, 56, 58, 62-65, 71, 96, 110, 135, 265, 274, 285, 328, 389, 395
leopardo, 105, 290-91, 308, 313, 329, 344, 384-85, 402, 404, 412, 416, 434, 536, 565
Lewis, Laura A., 181, 143, 202

ley(es), 31, 33, 54, 61, 66, 74-75, 80, 93, 107, 113, 118, 134-35, 137, 139, 141, 146-47, 150, 157, 161, 165, 169, 180, 191, 231, 235, 239, 243, 248, 251, 256, 290-91, 300-01, 307, 312, 314, 322, 337, 339, 343, 346, 352-56, 358, 361, 364-65, 367, 370, 375, 385-86, 404, 413, 418-19, 421-22, 444, 455, 460, 464, 466, 468, 485, 487, 499-500, 507-08, 511-12, 545, 561-62, 564
Leyenda Negra, 368
leyenda urbana, 143-46, 149
Leyes de Indias, 31, 246, 248, 310, 336, 341, 354, 372, 384, 441
Leyes de Soria, 146
Leyes de Toro (1505), 110, 146
Leyva de la Cerda, Juan de (V), 174-75, 177
Lima, 8, 56, 109, 114, 146, 148, 156-58, 161, 167, 169-70, 172-74, 176, 178, 188, 190, 192, 231, 237, 244, 274, 293, 398-400, 413, 433, 439-40, 454, 472 478, 480, 483, 498-99, 509-14, 521-24, 538-41, 562-63, 572-73
limpieza (de sangre), 44, 88-89, 91-98, 103, 106-07, 111, 164, 188-89, 203, 209, 229, 231, 236, 238, 243-44, 248, 256, 290, 292, 305, 307, 317, 326, 362, 375, 378, 419, 444, 486, 529, 544
Liñán y Cisneros, Melchor (V), 178
Lokken, Paul, 138, 153, 155-56, 181
López, Manuel Joseph, 250
López Bohórquez, Alí Enrique, 296, 306-07
Love, Edgar, 41-43
Lucian, Domingo (GS), 133
Luisiana, 55, 348
Lutz, Christopher, 153
Luxan, Manuel Mateo, 485
Lynch, John, 54, 468, 487

Madariaga, Salvador de, 37
Maldonado, Tomás de (F), 236-39, 246, 251, 259
Mangino, Fernando José, 355, 416
Mantuanos, 47-48, 295-96, 298-300, 305, 321, 487, 550
manumisión, 74, 136, 138-40, 143, 564. *Véase también* coartación
Maracaibo, 287, 316, 319-20, 323-24, 329, 342, 348, 368-70, 477, 569
Martínez, Joseph Antonio, 201
Martínez, María Elena, 55, 86, 91-92, 94
Martínez Colmenares, Francisco de la Cruz, 457
Martínez de Compañón, Baltasar, 339
Martínez de Leguízamo, Juan, 49
máscara de Ferdinando, 48, 475
Masso, María del Carmen, 217, 254
Masso, Pedro Joseph, 247, 250, 255, 388
Masters, Adrian, 560-61, 566
Mata Linares, Benito, 135, 439-41, 449
matemáticas genealógicas, 87, 199, 209, 220, 545
matrimonio(s), 52, 74, 85, 94, 106, 125, 128-29, 136, 138, 143-47, 149, 152-53, 156, 186, 196, 200-04, 206-07, 209-16, 220-22, 224-25, 236, 242, 265-66, 269, 275-76, 287, 290-91, 293, 296, 301-02, 304-05, 308-10, 312-13, 315, 317-18, 321, 325, 328-30, 356, 358, 362, 382, 385, 410, 415, 426, 431, 433-34, 440-41, 443-44, 447-48, 450, 462, 464-65, 523-24, 528-29, 531-32, 536, 538, 553
Matthew, Laura, 14, 402
mayorazgo(s), 58, 62, 147, 396
McAlister, Lyle, 49-50, 115, 165
McCune Smith, James, 232
McDermott, Annella, 48
McKinley, Michelle, 562-63
McKinley, P. Michael, 46, 295-96, 305, 310

Medellín, 19, 113
Medina, Charles Beatty, 156
médicos, 231-32, 240, 288, 419, 432, 454-55, 499, 511, 539, 572. *Véase también* cirujanos
Meharry Medical College, 232
Mena, Pedro de, 209
Méndez, Vicente, 178-79, 190
Mendoza, José Rafael, 38
Mercurio Peruano, 573
mestizos, 21, 34, 55, 67, 88, 109, 146, 151, 153-54, 156-57, 160, 163, 167, 177, 199-200, 215, 236, 249, 290-93, 297, 323, 385, 418, 422, 425, 429, 440-41, 443, 479, 460-61, 567
Mexía, del Valle y Lequerica, José, 474-78, 483-84
Mexías, Felipe, 222, *223*
Mexías Bejarano, Diego (GS), 39-40, 221-22, *223*, 224, 294, 298, 310, 315, 325-27, 329, 344, 346-47, 349-51, 354-55, 357-59, 366, 368-71, 376, 383-84, 386-88, 391, 397-98, 400, 404, 408, 410-11, 415, 417, 419, 421-24, 428, 439, 441-42, 445-46, 448, 454, 458, 463-65, 523, 536, 538, 549
Mexías Bejarano, Diego Lorenzo, 39-41, 45, 50, *223*, 325-26, 344-45, 351, 360, 411, 417-19, 422-24, 428-30, 434, 441-42, 448, 451, 523, 537-38
Mexías Bejarano, José Vicente, *223*, 537-38
Mexías Bejarano, Saturnino, *223*, 538
Mier, Servando de, fray, 473-74, 477, 480
Mignolo, Walter, 92
milicia(s), 48, 100, 129, 162, 168, 171, 173-76, 178, 180-87, 191, 209-10, 219, 221-22, 224-25, 230, 232, 235, 243, 248, 271, 278, 291-93, 298-301, 308, 313, 322, 326, 329, 338, 345-46, 351, 366-67, 381, 385, 413,

415, 422, 430-31, 462, 487, 499, 501, 519, 526, 530, 536, 545, 547, 566, 570-72
militar(es), 93, 100, 114, 116, 162, 171-76, 183-86, 230, 232-33, 236-37, 245, 271, 293, 299, 339, 355, 379, 381, 405, 415, 431, 462, 469, 481, 485, 498-99, 510, 531, 533-34, 554, 571-72
Miles, Tiya, 159
Miranda, Francisco de, 445, 487, 553
Mississippi, 41-42, 248
monarquía (española), 21, 26, 32, 38, 40, 61, 91-92, 100, 104, 112, 128, 141, 146, 266, 327, 368, 382, 431, 474-75, 479, 493, 513, 592
Montero y Española, María (María Guadalupe Montero), 210, 216-17, 529
Montesclaros, Marqués de (V), 163
Monteverde, Juan Domingo de, 487
Morales Durárez, Vicente, 478, 480, 507
Mörner, Magnus, 40, 43, 46, 50, 108
Morrison, Karen Y., 196, 201
Morse, Richard, 114
Mosquera y Pimentel, Luis Francisco (F), 240-41, 234-44, 246, 275
Motta Sánchez, J. Arturo, 153
muerte civil, 93
mulato(s), *Véase* pardo(s)
musulmanes, 82, 141

napoleónico(a), 36, 409, 438, 458, 467, 476, 550
Naranjo, Joseph Antonio, 302
Narváez, Antonio, 337, 340
nativo(s), 55, 202, 356, 479, 565. *Véase también* indio(s)
naturaleza, 89-91, 94-97, 103, 111, 169, 183, 191, 203, 269, 295, 401, 478, 489, 491, 544
Nazzari, Muriel, 92, 200
Nectario María, Brother, 45
New York Times, 42

Nicaragua, 55, 182, 339
No ha lugar, 270, 283, 341, 421
Nolasco Pantoja, Pedro, 184
North Carolina, 147
notario(s) público(s), 60-61, 64-65, 93-94, 116, 165, 169, 187-88, 192, 203, 207, 226, 230, 248-56, 259, 261-62, 264, 267, 269-71, 280, 282, 288, 297, 328, 335, 340-41, 347, 375, 388, 391, 395-96, 419-20, 459, 522, 545, 560, 567, 572
notorio, 85, 95, 107, 216, 245, 277, 388. *Véase también* público y privado
Nueva España, 25, 88, 94, 112, 114, 120-23, 126, 133, 145, 148, 150, 161, 169, 171, 177, 182, 184, 206, 224, 235, 246, 254, 256, 259, 274, 283, 288-90, 293, 312, 317, 321, 325, 327, 344, 353, 355, 390, 402, 409-10, 413-14, 416, 433, 448, 467, 506, 551. *Véase también* Cholula, Guerrero, Ciudad de México, Oaxaca, Papantla, Puebla, Veracruz, Xalapa, Yucatán, Zacatecas
Nueva Inglaterra, 156
Nueva Granada, 25, 47, 114-15, 224, 257, 276, 306, 317, 337, 478, 483, 541, 478, 483. *Véase también* Colombia
Nuevo México, 55
Nueva Orleans, 232, 273
Núñez del Castillo y Sucre, Juan Clemente, 281

Oaxaca, 153, 562
Obedezco pero no cumplo, 178, 343, 349, 421
Ochoa, Juan de, 169
Oleachea Labayen, Juan Bautista, 41-43
Oliveira Lima, Manoel de, 26, 28, 31, 34, 52, 73, 543
Oliveros, Antonio, 496, 498, 505
Olmedo, Joseph Ramón de, 376

Olmedo, Pedro de (GS), 58, 376-77, 388, 402-03
originario, 168, 236, 538, 541; en Cortes de Cádiz, 479, 485, 489, 491, 493-94, 496, 502, 504, 507
Ortiz, Fernando, 26
Ostoloza, Blas, 483
O'Toole, Rachel, 100, 155, 162
Ots Capdequi, José María, 37, 135
Owensby, Brian P., 101

Pagden, Anthony, 112
Paita, 173
Palacios, Esteban (de), 477
Palafox, Juan de, 99
Panamá, 47, 59-61, 108, 114-15, 120, 170-71, 182-83, 190, 192, 215, 247-51, 253-55, 257, 335, 337-38, 340 454, 531, 538, 540, 569, 572. *Véase también* Darién, Ciudad de Panamá, Portobelo
Papantla, 200
Paquette, Gabriel, 128, 326, 450
Pardo, Andrés, 345
pardo(s), (mulatos), 20-22, 32, 34-41, 48-50, 54-55, 60-67, 69-70, 73, 82-89, 92-107, 109-111, 115-16, 118, 126-29, 134-37, 160, 164-92, 195-200, 202-19, 221-22, 224-25, 229-39, 241, 244-51, 253, 255, 257-79, 282-84, 287-88, 290-92, 294-95, 297-301, 303-04, 308-16, 319, 321-23, 326-32, 336, 338-39, 341-42, 344-355, 357-63, 365-77, 379-83, 385, 387-88, 391-92, 394-96, 400-04, 407-11, 413-15, 417-19, 421-35, 437-48, 450, 452-53, 456-66, 468-77, 479-81, 484, 486-90, 492-95, 498-500, 502-03, 508-15, 521-27, 530-33, 536, 538, 540, 542-47, 549-51, 553-56, 559-60, 566-71
Parsons, James, 113
partidas de bautismo, 105, 190, 196-97, 210, 214-18, 220-22, 266, 287, 291, 294, 302, 338, 344, 411

pasar (pasando), 30, 104, 106-07, 109, 197, 219, 255, 264, 309, 351, 386, 392, 423, 425, 443, 469, 514, 544, 573
Paz, Crisanta de, 217, 254-55
Paz, Luis Joseph de (GS), 217-18, 229, 247, 253-57, 259, 282, 388, 392
Peabody, Sue, 143, 149, 230
Pellicer, Luis, 128, 296, 298, 302, 322
Peña, María Francisca de la, 300
peninsulares, 67, 84, 93, 112, 248, 270, 307, 361, 371, 431, 469-72, 474-75, 477, 479-80, 482, 484, 487-88
Peralta Briceño, Petronila (GS), 201-04, 206-08, 214, 218-19, 225, 317-20, 323, 327, 329, 343, 356, 463, 527-28.
Pereira, Melchora, 538
Pérez de Castro, Evaristo, 501
Pérez Grageda, Matías (GS), 229
Pérez Vega, Ivette, 534
Perú, 60, 112, 115, 120-21, 137, 142, 148, 155, 158, 161, 163, 167, 173, 188, 327, 354, 397, 411, 416, 462-63, 468, 478, 480, 483, 510, 540-41, 546, 548-49, 551, 572-73. *Véase también* Callao, Lima, Paita, Piura
peruano(a), 6, 81, 150, 161-62, 174-75, 480, 496, 499-500, 507, 512, 521
peticiones vinculadas, 287. *Véase también* conjuntos, puntos de referencia, solicitudes en grupo
Petley, Christer, 147
Pettigrew, Andrew M., 72
Phillips, William D., 138, 202
Pike, Kenneth, 70
Piura, 173
Plane, Ann Marie, 156
Polanco, Manuela, 207
Política indiana, 152, 154, 235
Polo, Cristóbal (GS), 245-46, 336-37, 341
Ponce, 534-36.
Pons, François Raymond Joseph de, 202, 298-99, 301, 432

Porlier, Antonio de (F), 54, 69-70, 85, 98, 101-02, 120, 124, 220, 225, 261, 274-78, 280, 282-84, 288, 290, 293, 311, 331, 353, 383, 428, 524, 526, 548
Porres, Martín de, Saint, 539
Portobelo, 214, 217-18, 249-51, 253-55, 257, 335-40, 353-54, 371, 376, 388, 413, 420, 459, 521, 530-31, 540-41
Posada y Soto, Ramón de (F), 121, 123, 133, 290, 325, 353-55, 370, 374-75, 377, 395, 402-05, 407, 415, 444, 522, 548
Potosí, 163
Power, Ramón, 479, 482
Pozos Dulces, Conde de, 416
Pragmática Sanción, 128, 186, 191, 211-13, 265, 301-03, 308, 315-16, 329, 362, 382, 385, 415, 426, 434, 441, 443-45, 450, 464-65, 523, 528, 553
Premo, Blanca, 128, 136, 560, 562
Proctor, Frank T., 140, 153
protomedicato, 236, 238, 240-42, 245, 247, 326, 399, 415, 539
público y privado, 104-05, 110-11, 300, 388
Public Lives, Private Secrets, 71, 104, 119
Puebla (México), 99, 171, 209-10, 216-17, 219, 235, 462, 529, 564
Puerto Cabello, 204, 514
Puerto España, 59.
Puerto Rico, 55, 155, 173, 348, 479, 482, 533, 535, 536, 551. *Véase también* Cangrejos, Ponce, San Juan
puntos de inflexión, 100, 126-27, 172, 187
puntos de referencia, 230, 259, 262, 267. *Véase también* conjuntos, peticiones vinculadas, solicitudes en grupo

Quintero, Inés, 296
quinterón(es), 25, 34-35, 37, 61-64, 87, 89, 95, 97, 203, 229, 251-59, 264, 282, 292, 297, 300-31, 340-41, 349, 395-96

Ramírez, Bernardo (GS), 39-40, 54, 69, 85, 101-02, 219-20, 225, 271-80, 282, 284, 292, 311, 318, 329, 353, 356, 463, 524-27, 531
Ramos Arizpe, José Miguel, 496, 500, 502-04, 512
Rappaport, Joanne, 86-88, 91, 95, 105, 109, 224
Rascon, Agustín, 177
raza(s), 26, 30-31, 38, 44, 49-53, 71, 73-75, 77-79, 81-82, 86, 91-93, 95-96, 105, 107, 109, 111-12, 143, 147, 164, 186, 197-98, 201, 543, 570-71
Real Academia de Bellas Artes de San Fernando, 278, 526
Rebelión de Coro (1795), 127, 348, 367, 369, 393, 569
Rebelión de los Comuneros (1781), 276, 295, 317, 319
reciprocidad, 102, 111, 115, 168, 179, 192, 268, 275, 283-84, 318, 346, 367, 381, 414, 416, 446, 460, 464-65, 468, 545, 547-48
recopilaciones, 134
reformas borbónicas, 73, 127-28, 187, 288, 296, 307, 359, 362, 364
regla de una gota, 80, 94, 147
Reid-Vazquez, Michele, 571-72
Reinhardt, C. A., 230
religión, *Véase* catolicismo/católicos; musulmanes
Rendon, Leonor, 214
Rengifo, José Ignacio, 349, 358-59
Restall, Matthew, 78-79, 109, 137-38, 140, 153, 155, 159-60, 168, 171, 174-75, 196
Rieu-Millán, Marie Laure, 467-68, 471
Rincón, Francisco de, 188-89
Rivera, Albina de, 220
Rivera, Joaquín, 352

Rivera, Joaquín Primo de, 343
Rivera y Peña, Ramón (F), 289-90, 293, 316
Rodríguez, Ana, 532
Rodríguez, Angela Inés (GS), 35, 43, 202, 205, 357, 363-64, 369-72, 423, 531-32
Rodríguez, Juana Josepha (GS), 532
Rodríguez, Junius, 232
Rodríguez de Argumedo, Pedro, 205, 356-57, 514, 531-32
Rodríguez O., Jaime, 467-68, 471, 481, 490, 509
Rodríguez Rendón, José Fermín, 532
Rodulfo Cortés, Santos, 25, 31, 45-49, 54-56, 59, 64, 110, 297, 315, 327, 363-64, 537-38, 581
Roma, 224, 325-26, 344
Romero Alsesón, Manuel, 257, 354
Ros, Manuel, 483
Roscio, Juan Germán, 106-02, 109, 487
Rout, Leslie B., 44-45, 54
Rus, José Domingo, 477

sacerdote/sacerdocio, 45, 47, 93, 110, 139, 142, 146, 156, 171, 176, 186-90, 203, 211, 213, 215-16, 218, 222, 224, 231, 235, 254, 263, 265-66, 291, 293, 299, 302, 304, 309-12, 319, 325-27, 330, 344-51, 355, 371-72, 385-86, 410-11, 416-18, 420-23, 425, 428-29, 434, 443, 448, 462, 469, 474, 502-03, 530-31, 536-40, 545, 547, 550, 552, 555, 568
Saether, Steinar A., 128, 315
Sáez, Benito, 401
Saint-Domingue, 178, 207, 230
Salas, José (GS), 459
Salazar, Bartolomé de (GS), 247, 250-51, 288
Salcedo-Bastardo, José Luis, 48
San Bartolomé, 336, 452
Sánchez, José, 183
Sánchez, Joseph P., 173
Sánchez González, Salvador, 541
Sandoval, Alonso de, 91
Sandoval, Francisca Gertrudis de (GS), 459
San Juan (Puerto Rico), 534
San Juan de Dios, 238, 337, 388
San Salvador, 133, 180
Santa María, Pablo de, 96
Santander, Francisco de Paula, 530
Santiago de los Caballeros, 271, 486, 524. *Véase también* Antigua
Santo Domingo, 57, 114, 120, 144-45, 172, 175, 189, 306, 330
Saravia, Julián Díaz de, 304, 307, 368-69, 375-76, 425
Sartorius, David, 100, 173, 492, 501
Schafer, Daniel L., 80, 147
Schmidt, Henry C., 51
Schmidt-Nowara, Christopher, 76
Schneider, Elena A, 571
Schwaller, Robert, 156, 177, 560-62
Scott, Rebecca, 76, 80
Shumway, Jeffrey M., 515
Siete Partidas (1256-1265), 89, 133, 138, 142, 145, 191, 544
Sierra Silva, Pablo Miguel, 564, 567
Simonsen, Gunvor, 159
sistema de petición y respuesta, 561-62
Slave and Citizen, 32-33, 42, 74-76, 519
Smedley, Audrey, 79
Sobrería, Gerardo Joseph de la, 250
Sobrevilla Perrea, Natalia, 568
socio-racial (raciales), 78-80, 86, 90, 106, 110, 146-47, 162, 198, 224, 295, 297, 302-03, 560, 568
Solano, Joseph, 185
solicitudes en grupo, 65, 288, 387, 432, 546. *Véase también* conjuntos, peticiones vinculadas, puntos de referencia
Sollojo y Urrea, Beatriz, 281

ÍNDICE ONOMÁSTICO Y CONCEPTUAL 641

Solloso, Juan, 281
Solórzano, Joseph Gabriel, 184
Solórzano, Rosalía, 317
Solórzano Pereira, Juan de, 152, 163-64, 176, 189, 235
Soriano, Cristina, 568-69
Sorolate, Domingo, 137
Soto, Manuel de, 337
South Carolina, 218, 248
Spickard, Paul R., 78
St. Croix, 538
St. Thomas, 533
Stark, David, 155, 173, 199
Stoan, Stephen K., 54
Stolcke, Verena, 156, 198, 202, 215, 442
Stoler, Ann Laura, 61, 66, 72, 78
Sturtz, Linda L., 81
Surinam, 80
Sweet, James, 55, 82, 142-43

Tamayo, Joseph Gil (GS), 256
Tamayo Durán Guerra, Rosa de, 209, 242
Tannenbaum, Frank, 32, 41-42, 74-77, 93, 100, 519
Taranco, Antonio Ventura de, 319-21
Tegucigalpa, 459
TePaske, John Jay, 231
tercerones, 220-297
Terrazas Williams, Danielle, 564
terremoto, 271-72, 277-78, 524, 527, 533
Terrero, Vicente, 476
Thibaud, Clément, 48
títulos de nobleza, 62, 64
Toledo, Francisco de (V), 163
Tompson, Doug, 162
Toral, Sebastian de, 168, 173, 180-81
tributo, 62, 90-91, 136, 152-54, 157, 165-68, 173, 175, 177, 180-82, 191, 230, 278, 298, 378, 410, 448, 455, 458, 469, 545, 547-48, 550, 564-67

Trinidad, 35, 147, 205, 356, 514, 532
Troncoso, Juan, 377
Trujillo, 201, 527
Tupac Amaru, Diego, 440, 444
Tupac Amaru, José Gabriel, 276, 295, 441
Twinam, Ann, 46, 69, 71, 110, 119, 128, 133, 146, 164, 179, 192, 211-12, 248, 265, 289, 335, 256-57

Unanue, Hipólito, 399, 538
universidad(es), 36, 47, 60, 93-94, 99, 110, 116, 135, 165, 187-88, 191, 231, 233, 243, 246, 249, 265-66, 269-70, 292, 294, 304, 309, 345-46, 360, 371-72, 374-75, 388, 399, 401-03, 410-13, 418-19, 421-22, 425, 427-30, 440-41, 443, 449, 452, 454, 459, 471, 474, 500, 508-10, 512-13, 521, 531, 538, 540, 545, 547, 552, 555, 569
Universidad de Caracas, 39-40, 45, 50, 118, 305, 408, 417, 434-36, 442, 448, 456, 460, 537
Universidad de Glasgow, 232
Universidad de Manila, 356
Universidad de México, 529
Universidad de Mississippi, 41-42
Universidad de Montpellier, 455, 511
Universidad de San Gerónimo de La Habana, 216, 234-38, 242, 244-45, 275, 341
Universidad de San Marcos (Lima), 161, 188, 397, 539
Universidad de Santa Fe (Bogotá), 31, 335-38, 352-55
Universidad de Stanford, 543
Uría, José Simeón de, 492, 511
Uricochea, Juan de, 451
Uruñuela Aransay, Juan Antonio (F), 290, 321, 323-25
Utgés, Ramón, 483
Uzcategui Briceño, Domingo, 528

Valdés, José Manuel (GS), 8, 231, 397-98, 400, 402-03, 433-35, 454-55, 499-500, 511, 523, 538, 540-41, 572
Valenzuela (hermanos), 22, 195, 219, 346, 349-51, 354-55, 369-72, 376, 390-92, 404, 449, 520
Valenzuela, Joseph Antonio (GS), 345
Valenzuela, Julián (GS), 39-40, 43, 335, 345
Valladolid, 501, 562
Valladolid Moboron, Juan de, 175-76
Valledupar, 301
Vallenilla Lanz, Laureano, 37-38, 296
Vargas, José, 535
Vasconcelos, José, 26
Vaso, Álvaro, 209
vasallo(s), 21, 27, 30, 67, 77, 83, 99, 100-03, 111, 119, 125, 128, 134, 137, 162, 173, 182, 205, 261-62, 264, 274-75, 278, 282, 284, 326, 335, 368, 379, 381-82, 394, 397, 404, 418, 428, 443, 446, 460, 464-65, 468-69, 507, 513, 515, 545-46, 548, 552, 556, 559, 561-63, 566-73
Velasco, Luis de (V), 163
Venezuela, 25, 28, 31, 35, 38, 46-49, 53, 55, 59-60, 92, 112, 114, 120, 127, 152, 202, 205, 285, 288, 291, 295, 300, 303, 305, 312, 319-22, 324, 329, 338, 348, 354, 356, 366-67, 371, 387-88, 402-03, 431-32, 440, 450, 458, 463, 487, 495, 527, 530, 533-35, 546, 550, 553, 568-69. *Véase también* Caracas, Coro, Cumaná, La Guaira, Maracaibo, Trujillo
Vera Cruz, 174, 408-09
Viaña, Francisco José, 438, 457-59, 461, 465-66
vientre(s) libre(s), 10, 139, 149-52, 191, 225, 447, 458, 466, 544, 549, 555
Villagarcía, Marqués de (V), 119
Ville, Juan, 187
Villegas, Juan Feliz de, 339
Villella, Peter B., 99
Vinson, Ben, III, 27, 49-51, 90, 100, 166, 175, 200, 209, 462, 567-68
Virginia, 150, 268
Viso, Antonio, 357, 411
Vrij, Jean Jacques, 80

Wade, Peter, 54
Winn, Peter, 33
Wolfe, Justin, 55
Wright, Winthrop R., 46, 53, 80

Xalapa, 565
Xavier del Rosario, Francisco, 319
Xedler, Antonio, 184
Ximénez, Juan Joseph (GS), 213-14, 426, 450

yanaconas, 153
Yañes, María Nicolasa, 206, 392-94, 402-03, 423
Yañes, Nicolás Francisco (GS), 205-06, 392
Yucatán, 137, 153, 155, 168, 171, 190, 192
Yupanqui, Dionisio Uchu Inca, 480, 496, 499-500

Zacatecas, 160, 498, 512
Zahler, Reuben, 357
zambaigos, 154, 160, 163-64, 167, 177
zambos, 34, 45, 83, 88, 183, 188, 236, 297, 303, 359, 400-01, 410, 446

Los números de página en cursiva se refieren a las ilustraciones.
Abreviaturas: F, fiscal; GS, gracias al sacar peticionario; V, virrey.